Cronologia E Calendario Perpetuo...
- Primary Source Edition

Adriano Cappelli

CRONOLOGIA E CALENDARIO PERPETUO

MANUALI HOEPLI

A. CAPPELLI

Cronologia
E
Calendario Perpetuo

**Tavole cronografiche e quadri sinottici
per verificare le date storiche
dal principio dell' Era Cristiana ai giorni nostri.**

ULRICO HOEPLI
EDITORE-LIBRAIO DELLA REAL CASA
MILANO
—
1906

PROPRIETÀ LETTERARIA

Stab. Tipografico Marino Bellinzaghi
Milano, Corso Porta Nuova, 26

PREFAZIONE

Il fine che mi sono proposto nella compilazione del presente Manuale è di porgere agli studiosi, ed in particolar modo agli Archivisti e frequentatori d'Archivi, un aiuto, che vorrei sperare efficace, nelle loro indagini storiche. È noto quante difficoltà cronografiche s'incontrano consultando antiche scritture, sia pei diversi sistemi già usati nel computo degli anni, mesi e giorni, sia per l'uso di ere o di calendari diversi dai nostri. Per ovviare a queste frequenti cause d'incertezze e d'errori, nonchè di perditempo, mi studiai riunire entro il minor spazio possibile, compatibilmente con la maggior chiarezza, tutto ciò che l'esperienza m'insegnò essere più necessario aver sott'occhio, quando occorra verificare qualche data storica; limitandomi al periodo che corre dal principio dell'Era Cristiana ai giorni nostri. I Fasti Consolari, la successione degli Imperatori, Re e Papi, l'Era Bizantina, quella di Spagna, l'Indizione, l'Egira di Maometto, l'Era della Repubblica Francese, sono poste tutte a riscontro con gli anni dell'Era Cristiana. A questa fa seguito un Calendario perpetuo, con glossarî di date, allo scopo di far risparmiare agli studiosi i calcoli che rendonsi necessari incontrando documenti datati con nomi di feste religiose.

Una cura speciale posi all'ultima parte del Manuale che comprende, in tante tavole sinottiche, la successione dei governi ai quali andarono soggetti nell'evo medio e moderno i principali Stati d'Europa, studiandomi di abbondare nelle notizie genealogiche e storiche, attinte non solo dalle migliori pubblicazioni moderne, ma anche da documenti inediti conservati nei nostri Archivi.

Quanto a citazioni bibliografiche, mi limitai, per brevità, a segnare a piè di pagina, per gli Stati italiani, alcune fra le opere consultate, mentre per gli Stati esteri basterà qui ricordare che tenni sott'occhio le più pregiate cronologie straniere e special-

mente la celebre Art de vérifier les dates *dei PP. Maurini* (1), *l'*Handbuch der mathematischen Chronologie *dell' Idelcr* (2) *e il* Manuel d'histoire, de généalogie, ecc. *dello Stokvis* (3).

Queste opere insigni non sono più oggi alla portata di tutti, sia per la loro mole come per la rarità, e non pochi lavori storici più recenti, dei quali mi studiai tener conto, hanno modificato parecchi loro dati e colmate molte lacune.

Altre pregevoli pubblicazioni cronografiche ci diedero pure recentemente il Grotefend (4), *il Brinkmeier* (5), *il Kopallik* (6), *il Rühl* (7), *il Mas Latrie* (8) *ecc. e, per l'Italia, il Carraresi e il Paoli* (9), *alle quali tutte rimando gli studiosi che amassero una più vasta trattazione della materia.*

Questo Manuale non sarà purtroppo riuscito scevro da mende, ma mi lusinga il pensiero di non avere, per parte mia, risparmiato tempo nè fatiche pur di raggiungere quella scrupolosa esattezza di nomi e di date tanto necessaria in lavori consimili.

Debbo poi rivolgere le più vive espressioni di gratitudine ai colleghi e studiosi tutti che fecero buon viso a questa pubblicazione fino dal suo primo annunzio, e mi furono cortesi d'incoraggiamenti e d' aiuti; augurandomi di aver fatto cosa che possa riuscir loro talvolta di qualche giovamento.

Novembre 1905.

A. CAPPELLI.

---

(1) Parigi, 1818-44, voll. 44. Una versione italiana fu edita a Venezia, 1832-46, voll. 42.

(2) Berlino, 1825-26, voll. 2.

(3) Leida, 1888-93, voll. 3. — Una delle più vaste e pregiate opere, tra le moderne, di cronologia e ricchissima di alberi genealogici delle principali famiglie regnanti. Oltre le dette opere, consultai, per la cronologia dei papi, gli studî del JAFFÈ e del POTTHAST, *Regesta Pontificum*, Lipsia, 1885-88 e Berlino, 1874-75, e del DUCHESNE, *Le liber pontificalis*, Paris, 1886-92. Per la cronologia degli imperatori di Germania, consultai inoltre i *Regesta Imperii* di BÖHMER-MÜHLBACHER e dell'ALTMANN, Innsbruck, 1893-1905.

(4) Handbuch der historischen Chronologie etc. Hannover, 1872, e Zeitrechnung des deutschen Mittelalters etc., ivi, 1891.

(5) Praktisches Handbuch der historischen Chronologie etc., Berlin, 1882.

(6) Vorlesungen über Chronologie des Mittelalters, Vienna, 1885.

(7) Chronologie des Mittelalters und der Neuzeit, Berlin, 1897.

(8) Trésor de chronologie, d'histoire et de géographie etc., Paris, 1889.

(9) G. CARRARESI, Cronografia generale dell' Era volgare dall'anno 1º al 2000, Firenze 1875. — C. PAOLI, Programma scolastico di Paleografia e Diplomatica, vol. III, Firenze, 1889.

BREVI NOZIONI DI CRONOGRAFIA

PER L'USO

DELLE TAVOLE CRONOGRAFICHE E DEL CALENDARIO PERPETUO

I.

Diversi modi di computar gli anni.

Anni del Consolato. — L'anno ufficiale dei Romani, secondo il quale si datavano per legge gli atti pubblici, indicavasi col nome dei Consoli che entravano in carica a Roma il 1° gennaio di ogni anno. Nel 541 dell'Era Cristiana Flavio Basilio Iuniore rivestì il consolato per l'ultima volta e gli anni che seguirono si numerarono con la formola P. C. (*post consulatum*) *Basilii anno I, II* ecc. fino al XXIV cioè al 565. Il 1° gennaio 566 d'Imperatore Giustino II, assunse egli stesso la dignità consolare, che rimase in seguito per gl'Imperatori soltanto, e nelle date si usò porre, accanto all'anno dell'impero, quello del *postconsolato* (1).

Tuttavia, col correre dei tempi si finì per confondere frequentemente, come nota il Giry (2), il computo degli anni dell'impero con quello del *postconsolato*, i quali venivano talora espressi con le stesse cifre, finchè questo cadde in disuso, rimanendo nelle datazioni il solo anno dell'impero o del regno.

Molte lettere di papi dal 385 al 546 (3) e molti papiri dei sec. VI e VII trovansi datati con gli anni dei Consoli. Il più recente documento che si conosca con la data del postconsolato è una lettera dell'anno 904 di papa Sergio III (4).

Era di Diocleziano o dei Martiri. — Il 29 agosto dell'anno 284

---

(1) Si noti che Giustino II fu console anche una seconda volta nel 568 e gli anni seguenti si numerarono I, II, ecc. dopo il secondo consolato. In un papiro del 572 si legge: " *Imperante Domino nostro Justino, perpetuo Augusto, anno septimo et post consulatum eius secundo, anno quarto* " V. MAFFEI, Istoria diplomatica ecc., Mantova, 1727, pag. 163.

(2) Manuel de Diplomatique, Paris, 1894, pag. 84.

(3) JAFFÈ, Regesta pontif., I, pag. VIII.

(4) GIRY, Manuel de Diplom., pag. 85.

ebbe principio e si diffuse dapprima in Egitto, Era di Diocleziano, la quale a partire dal VII secolo f chiamata anche *Era dei Martiri*, ricordando essa le grandi persecuzioni contro la chiesa ordinate da quell'Imperatore. Oltrechè nell'Egitto essa fu presto adottata in alcuni paesi d'Occidente, come a Milano ai tempi di S. Ambrogio (1), e fu usata da S. Cirillo d'Alessandria nella sua tavola pasquale, da Evagrio, da Beda, ecc. ed è tuttora in uso presso i Copti.

Per ricavare da un anno qualunque di quest'Era gli anni di Cristo basterà aggiungere all'anno stesso il 284, se trattasi del periodo dal 1° gennaio al 28 agosto, e 283 pel periodo dal 29 agosto al 31 dicembre

Indizione. — È un periodo cronologico di 15 anni, originario, a quanto pare, dall'Egitto e che dal sec. IV in poi divenne una delle più importanti note croniche dei documenti tanto in Occidente che in Oriente. Il suo punto di partenza risale ai tempi di Costantino il Grande e precisamente al 313 dell'Era Cristiana. Gli anni di ciascuno di questi periodi quindicennali numeravansi progressivamente da 1 a 15, poi si ricominciava da capo senza mai indicare di qual periodo indizionale trattavasi. Anche per le indizioni variò, secondo i paesi e i tempi la data del mese e giorno da cui facevasi cominciar l'anno. In origine pare che il suo punto di partenza fosse al 1° settembre come l'anno bizantino e questa fu detta **indizione greca** o **costantinopolitana**, perchè molto usata in Oriente e specialmente in Grecia. In Italia la vediamo in uso, sino dalla fine del sec. IV, specie in Milano e nel dominio longobardo (2), tanto pei documenti regi come pei ducali e privati. Fu pure usata a Venezia, Lucca, Pistoja, Napoli, Puglie, Calabria e in Sicilia. Anche i papi si servirono di preferenza dell'indizione greca dal 584 al 1147 (3). Fu usata anche, ma raramente, in Francia.

Altra indizione aveva il suo principio d'anno al 24 settembre ed era detta **bedana** o **costantiniana** o **cesarea**. Fu molto usata, secondo il Giry, in Inghilterra, dalla Cancelleria degli Imperatori di Germania da Corrado I fino a Carlo IV (912-1378) e in Francia, dall'XI al XIII sec. In Italia la vediamo usata a Firenze dal principio del secolo IV e fors'anche prima; a Pisa e a Pontremoli, secondo il Gloria (4), a Piacenza (5) e negli Stati della Monarchia di

(1) Si rileva da una lettera di S. Ambrogio ai suoi diocesani dell'anno 387. V. IDELER, Handbuch, vol. II, pag. 257.

(2) PAOLI, Progr. di diplom., pag. 185.

(3) JAFFÈ, Regesta pontif, pag. IX e GROTEFEND, Handbuch der hist. Chron. Hannover, 1872, pag. 18.

(4) Lezioni teor.-prat. di Paleogr. e Dipl, Padova, 1870, pag. 328.

(5) V. PALLASTRELLI. Dell'anno dell'Incarnazione usato dai Piacentini, Piacenza, 1856, pag. 14.

Savoia. Genova pure ne fece uso, ma computando un'indizione di meno, cioè ritardando di un anno sulla stessa usata altrove (1). Nella cancelleria pontificia l'indizione bedana fu in uso sotto Urbano II (1088-99) e, dal 1147 in poi, assieme agli altri sistemi indizionali.

In fine abbiamo l'indizione detta **romana** o **pontificia** che partiva dal 25 dicembre, o, più spesso, dal 1º gennaio, e che fu moltissimo usata in Occidente dal IX secolo in poi (2). Nella cancelleria pontificia si cominciò ad usarla nel 1088, senza abbandonare le altre due indizioni, ma dal XIII sec. in poi, e specie nel XIV e XV, fu usata molto più frequentemente e a preferenza delle altre.

Nello stesso sec. XIII cominciò a divenire di uso comune in Germania e in molti paesi d'Italia, come a Bologna, a Parma, a Pavia dal principio del XIII sec. (3), a Padova, secondo il Gloria, e negli Stati della Monarchia di Savoia, ove fiorì assieme con la bedana (4).

Quest'indizione, essendosi sempre più generalizzata nei tempi moderni, fu poi la sola, che rimase nei computi del calendario ecclesiastico (5).

A queste alcuni aggiungono l'*indizione papale*, attribuita a Gregorio VII, che partiva dal 25 marzo e che troverebbesi usata in Francia, pei diplomi imperiali, e specialmente nel Delfinato nel XIV sec.

Nelle Tavole Cronografiche abbiamo segnato ad ogni anno l'indizione romana corrente, ma si noti che nei documenti, ne' quali si fece uso dell'indizione greca, che sulla romana anticipava, come vedemmo, di 4 mesi, si troverà segnata un'unità di più dal 1º settembre al 31 dicembre di ogni anno. Per quelli che usavano la

---

(1) Nell'atto di cessione dell'isola di Corsica al Duca di Milano nel 1464, leggesi in fine: " Actum Janue in logia de Fassiolo, anno Dominice nativitatis MCCCCLXº quarto, indictione undecima secundum cursum Janue, die mercurij quarta Julij, in terciis. ,, Nel 1464 correva invece l'indizione XII, ma pei genovesi rimaneva ancora l'indizione XI fino al 25 settembre.

(2) Il RÜHL, op. cit., pag. 173, afferma che a Roma questa indizione era già in uso nei sec. VI e VII, ma poi prevalsero altri sistemi.

(3) Nel minutario del notaio pavese Anselmo Jugi in Cuppe del 1229, cambiavasi l'indizione il 25 dicembre. Similmente in quello del notaio, pure pavese Ardito Vacca dell'anno 1250. Così a Bologna il notaio Nicola da Bagno nel 1394, mutava anno ed indizione il 25 dicembre.

(4) In una tregua conclusa nel 1447 fra il duca di Savoia e la repubblica di Milano, leggesi la data in questi termini: " Anno a Nativitate Domini nostri Jesu, MCCCCXLVII, indictione decima, secundum vero cursum inclitae urbis Mediolani indictione XI, die autem veneris decima septima mensis novembris. ,, Nella Savoia usavasi dunque l'indizione romana e a Milano la greca.

(5) PAOLI, Programma di Diplom., pag. 186.

bedana, che pure anticipava, tale diversità decorrerà dal 24 settembre al 31 dicembre. Quanto poi al sistema genovese, si noti che esso andava d'accordo coll'indizione romana dal 24 settembre alla fine dell'anno, segnando invece un'unità di meno dal 1º gennaio (o dal 25 dicembre prec.) al 23 settembre.

Era di Spagna. — Verso il V secolo s'introdusse in Spagna l'uso di quest'Era (1) che datava dall'anno in cui, compiuta da Augusto la conquista della Spagna, fu adottato il calendario giuliano, cioè dal 1º gennajo dell'anno 38 avanti l'Era Cristiana. Essa trovasi usata nei documenti con la formula " *sub aera* „ ed anche semplicemente *era*, e fu molto in uso per quasi tutto il Medio Evo nella penisola Iberica, in Africa e nelle provincie meridionali, visigotiche, della Francia (2). Fu abolita nel 1180 in Catalogna, nel 1349 in Aragona, nel 1358 in Valenza e nel 1383 nel regno di Castiglia e di Leon per un ordine di re Giovanni I, il quale vi sostituì l'Era Cristiana con principio d'anno al 25 dicembre. La stessa sostituzione avvenne nel Portogallo, ma soltanto nel 1422. Però anche dopo l'abolizione ufficiale continuarono alcuni a datare con l'Era di Spagna fin verso la metà del XV secolo.

Era Cristiana. — Si fa comunemente risalire allo Scita Dionigi il Piccolo, abbate a Roma nel VI secolo e dotto canonista e computista, l'introduzione di quest'Era che doveva più tardi propagarsi quasi universalmente. Pubblicando una nuova tavola di cicli pasquali, in continuazione a quella di Cirillo, egli sostituì pel primo all'Era di Diocleziano gli anni di Gesù Cristo, del quale fissò la nascita al 25 dicembre dell'anno 753 di Roma. Così il primo anno dell'Era Cristiana veniva a corrispondere col 754 di Roma (3). Questo calcolo, che fu poi da varî eruditi riconosciuto erroneo e in ritardo di cinque o sei anni dalla vera epoca della nascita di Cristo, ciononostante è anche oggi necessariamente adottato (4).

Fino dal sec. VI vediamo usata l'Era Cristiana dapprima in Italia negli atti pubblici, poi, dal principio del VII sec., in Inghilterra, in Spagna ed in Francia, ma, nei primi tempi, dai cronisti e dagli storici soltanto.

Nei documenti la usarono pei primi gli Anglosassoni nel prin-

---

(1) Fr. Rühl, Chronologie, pag. 206, cita il più antico esempio sicuro dell'uso di quest'Era, cioè un'iscrizione con la data " Era DIIII „ corrispondente all'anno 466, E. V.

(2) Paoli, Diplomat. pag. 189.

(3) Si noti che l'anno dionisiano incominciava il 25 marzo, festa dell'Incarnazione del Verbo, cioè tre mesi dopo la nascita di Cristo.

(4) Il prof. E. Millosevich, *L'Era Volgare*, in *Nuova Antologia*, a. 1894, fasc. XXI, dimostrò abbastanza fondata l'opinione dei PP. Maurini che Cristo sia nato il 25 dicembre dell'anno sesto avanti l'Era Volgare e messo in croce nell'anno 29 o 30.

cipio del sec. VIII (1), con qualche raro esempio in atti privati del sec. VII (2). In Francia se ne cominciò l'uso più tardi, verso la metà del sec. VIII (3); in Germania, nel sec. IX (4); in Spagna, nel XIV (5); in Grecia e nel Portogallo soltanto nel XV. Quanto all'Italia, il più antico esempio sicuro rinvenuto nei diplomi imperiali, è dell'anno 840 in un diploma di Lotario I (6). I papi l'accolsero pure nel IX sec., trovandosene un esempio, quantunque isolato, nell'878 in una lettera di Giovanni VIII (7); ma fu soltanto sotto il pontificato di Giovanni XIII (965-72) che la cancelleria pontificia cominciò a farne uso (8).

Nel X secolo, del resto, la vediamo ormai generalizzata in quasi tutto l'Occidente.

Nei documenti trovasi indicata l'Era Cristiana con le formole: *anno incarnationis, ab incarnatione Domini, o Dominicae incarnationis, trabeationis, ab incarnati verbi misterio, anno Domini, a nativitate Domini, orbis redempti, salutis, gratiae, a passione Domini, a resurrectione, circumcisionis,* ecc. Di tali formole conviene tener conto perchè possono talvolta darci indizio dello stile usato nella datazione del documento.

É nota la diversità che correva nel Medio Evo tra paese e paese ed anche fra diversi in una stessa città, riguardo al principio dell'anno. Rimanendo uguale per tutti i sistemi l'indicazione dei mesi e dei giorni, la data dell'anno di uno stesso avvenimento poteva variare di una unità più o meno a seconda dello stile usato. Così lo stile detto **della Natività**, che indicavasi per lo più con le formole: *anno a Nativitate Domini,* o anche soltanto *anno Domini,* stabiliva il primo giorno dell'anno al 25 dicembre, festa di Natale, anticipando di sette giorni sullo stile odierno. Tutti i documenti quindi, datati dalla Natività, segneranno in quei sette giorni una unità di più nella cifra dell'anno. Questo stile fu il più diffuso tanto in Italia che altrove.

Altro stile, detto **dell'Incarnazione**, che indicavasi per lo più con

---

(1) V. Giry, op. cit. pag. 89, il quale cita un esempio dell'anno 704, in Facsim. of ancient charters in the Brit. Mus. I, 3.

(2) Il più antico esempio rinvenuto è dell'anno 676. V. Bond, Handy book for verifying dates, London, 1889, p. 25.

(3) Il primo esempio rinvenuto è dell'anno 742. V. Böhmer-Mülbacher, Regesten unter den Karolingen, n. 24.

(4) Il più antico esempio rinvenuto è dell'anno 876, in diplomi regi. V. Bresslau, Handbuch der Urkundenlehre, Berlin, 1889, pag. 839.

(5) Per un ordine di Pietro IV re d'Aragona del 16 dicembre 1349. V. Giry, op. cit., pag. 93.

(6) V. Sickel, Acta Regum et Imperatorum Karolinorum, vol. I, pag. 221.

(7) V. Jaffè, Regesta pontif, vol. I, pag. 403.

(8) Jaffè, op. cit., vol. I, pag. IX e Giry, op. cit., pag. 89.

le formole: *anno ab incarnatione Domini, Dominicae incarnationis, trabealionis,* ecc. (1) prendeva per principio d'anno il giorno 25 marzo, festa dell'Annunciazione di M. V., posticipando sul computo odierno di due mesi e 25 giorni. Fu detto anche *stile fiorentino* pel lungo uso che se ne fece a Firenze e in altre città della Toscana e differiva da un altro, chiamato **stile pisano**, di un anno preciso, poichè questo in luogo di posticipare, anticipava sul computo odierno di nove mesi e sette giorni, facendo incominciar l'anno al 25 marzo precedente.

Con le formole: *anno a resurrectione,* o *a paschate* o *a passione Domini* (2) usate però assai raramente, indicavasi il così detto **stile francese** (*mos gallicanus*) cioè il principio d'anno al giorno della Pasqua di Resurrezione, ritardando sul computo odierno di 2 mesi e 22 giorni a 3 mesi e 25 giorni. È stile di uso antichissimo, trovandosene esempi nelle Fiandre, secondo il Giry (3), fino dal sec IX e poscia molto usato in Francia fino al 1564.

Il computo odierno, detto anche **stile moderno o della Circoncisione**, indicavasi qualche volta con la formola: *anno Circumcisionis,* dal nome della festa che ricorre il 1° gennaio.

È noto che presso i Romani l'anno civile incominciava il 1° gennajo, fino dal 153 av. l'E. V. Tale sistema non fu mai interamente abbandonato, anche attraverso il Medio Evo e rimase in uso in alcuni paesi, come in Spagna, Portogallo, Francia (epoca merovingica) ed altrove contemporaneamente ad altri stili. In Italia si cominciò a farne uso costante in diverse cancellerie e dai privati nella seconda metà del secolo XV (4), ma assai più tardi negli atti notarili. La curia pontificia cominciò a servirsene nelle bolle alla fine del XVI sec., sotto Gregorio XIII (5).

Altri due stili, anch'essi in uso nel Medio Evo, ma non dipendenti da feste religiose, erano: lo **stile veneto** e il **bizantino**. Il **veneto** cominciava l'anno il primo giorno di marzo, posticipando di due mesi sul computo odierno. Fu usato in Francia nell'epoca

---

(1) Giova notare però che queste stesse formole si usarono spesso per indicare semplicemente: *anno dell'era cristiana* senza tener conto del giorno dal quale facevasi cominciar l'anno medesimo. Se ne trovano moltissimi esempi in carte lombarde dal XII al XIV sec. con la formola: *anno dominicae incarnationis,* mentre usavasi lo stile della Natività.

(2) In luogo delle formole suddette per la pasqua usavansi anche più frequentemente quelle di: *anno incarnationis, anno Domini, anno gratiae* ed altre.

(3) Op. cit., pag. III.

(4) Nel registro N. 29 delle lettere missive ducali degli Sforza, che conservasi nell'Archivio di Stato di Milano, notasi il cambiamento del millesimo al 1° gennaio 1457, e così nei registri successivi, mentre negli anni anteriori mutavasi data il 25 dicembre.

(5) V. PAOLI, Diplomatica, pag. 181

merovingica e fu detto *stile veneto* pel lungo uso che se ne fece a Venezia nel Medio Evo e tempi moderni, fino alla caduta della Repubblica. In alcuni documenti trovasi designato con la formula *more veneto* e talora con le sole sigle m. v. Molti notai veneziani dei secoli XIII e XIV usarono però le formole *ab incarnatione* o *a nativitate*, pur cominciando l'anno il primo giorno di marzo (1).

Lo **stile bizantino** anticipava sul comune di quattro mesi facendo cominciar l'anno il 1° di settembre. Si usò, secondo il Paoli (2), nell'Italia meridionale e segnatamente nelle Puglie, nelle Calabrie e nei territorî italo-greci. Molti esempi ne offrono le carte di Bari fino al secolo XVI.

Riepilogando, abbiamo dunque i seguenti modi usati per cominciar l'anno, cioè:

Stile moderno, o della Circoncisione, cominciante dal 1° gennaio.

Stile veneto . . . . cominciante dal 1° marzo, posticipando sul moderno, al quale corrisponde dal 1° marzo al 31 dic.

Stile dell'Incarnazione al modo fiorentino, cominciante dal 25 marzo, posticipando sul moderno, al quale corrisponde dal 25 mar. al 31 dic.

Stile dell'Incarnazione al modo pisano, cominciante dal 25 marzo, anticipando sul moderno, al quale corrisponde dal 1° genn. al 24 marzo.

Stile della Pasqua, o francese, cominciante dal giorno di Pasqua, posticipando sul moderno, al quale corrisponde da Pasqua al 31 dic.

Stile bizantino . . . . . cominciante dal 1° settembre, anticipando sul moderno, al quale corrisponde dal 1° genn. al 31 agosto.

Stile della Natività, cominciante dal 25 dicembre, anticipando sul moderno, al quale corrisponde dal 1° genn. al 24 dic.

Esaminati i diversi sistemi seguiti nel Medio Evo per cominciar l'anno, ci rimane a vedere, più precisamente, in quali paesi e in quali tempi furono usati. I documenti che recano nella datazione qualche formola indicante, di quale stile si fece uso, sono assai scarsi, e spesso, come vedemmo, queste indicazioni possono trarre in errore. Non poche ricerche furono quindi fatte in proposito dai diplomatisti, altre, specialmente per l'Italia, facemmo noi stessi, ma purtroppo molto rimane ancora a farsi per stabilire con esattezza le varietà di stili usati, paese per paese, secolo per secolo, non solo nel Medio Evo ma anche nei tempi moderni. Tuttavia giu-

---

(1) V. PAOLI, op. cit., pag. 177.
(2) Programma di Paleogr. e Diplom., vol. III, pag. 177.

dicammo opportuno riassumere in un elenco alfabetico, per città e Stati, il risultato degli studî a questo proposito fatti fino ad oggi.

Italia.

Alessandria, stile della Natività, ancora usato nella seconda metà del sec. XV. Nel 1476 era già in uso lo stile moderno (1).

Arezzo, stile della Natività (2), poi stile moderno, dal 1749 in poi.

Bari, stile bizantino, usato generalmente nel secolo XI fino al principio del XVI (3).

Benevento, stile della Circoncisione dal X sec., ma nel XII, stando al Carraresi (4), si usò lo stile del 1° marzo.

Bergamo, stile della Incarnazione al modo pisano (5). Nel 1310 era già in uso lo stile della Natività

Bologna, stile dell'Incarnazione già in uso nel 1025, fino al 1204 circa, ma rarissimo negli ultimi anni. Nel 1073 era incominciato l'uso dello stile a Natività che poi prevalse e durò sino alla fine del XV. (6). Formole: *anno ab Incarnatione, anno Domini* e *a Nativitate.*

Borgonovo, stile dell'Incarnazione, ancora in uso nel 1466 (7).

Brescia, stile della Natività, ancora in uso alla metà del sec. XVI.

Calabria, stile bizantino (1° sett.) fino al XVI sec.

Chiavenna, stile della Natività dalla metà del sec. XIII almeno. Formola: *Anno Dominicae Incarnationis.*

Colle di Valdelsa, stile dell'Incarnazione fino al 1749, poi stile moderno.

Como, stile della Natività nel sec. XIV. Nel 1476 era già in uso lo stile moderno.

Corneto, stile pisano fino al 1234 (8).

Cortona, stile della Natività fino al XV sec. Nel 1411 era già in uso

---

(1) Desunto esaminando le date di molte lettere di condoglianza, scritte negli ultimi giorni del 1476 ai duchi di Milano per la morte di Galeazzo Maria Sforza. Cosi dicasi per altri paesi che seguono.

(2) V. Paoli, Programma di Diplomatica, pag. 174. Secondo il Giry, Manuel de Diplomatique, pag. 127, Arezzo seguì lo stile pisano.

(3) Paoli, Programma di Diplomatica, pag. 178.

(4) Cronografia generale dell'Era volgare, pag. 234.

(5) V. Fumagalli, Istituzioni diplomatiche, Milano, 1802, vol II, pag. 61.

(6) V. Malagola, Sunti delle lezioni del corso ufficiale di Paleografia e Diplomatica, Bologna, 1897.

(7) Ricavato dall'esame di parecchie lettere dirette a Bianca Maria Sforza per la morte di Francesco I duca di Milano, avvenuta l'8 marzo 1466.

(8) V. Pflungk-Hartung, Iter Italicum, pag. 530.

lo *stile fiorentino*, però qualche notaio rimase fedele al vecchio stile fino al 1450 (1).

Crema, stile della Natività; nel 1176 era già in uso lo stile moderno. Formola: *anno Domini*.

Cremona, stile dell'Incarnazione, usato ancora nel sec. XVI. Alla metà del XVIII sec. era già in uso lo stile moderno anche negli atti notarili, ma con qualche eccezione (2).

Ferrara, stile della Natività, ancora usato dai notaj alla fine del XV sec.

Fiesole, stile dell'Incarnazione fino al 1749, poi stile moderno.

Firenze, stile dell'Incarnazione dal X sec. al 1749 inclusivo, poi stile moderno.

Gallarate (Milano), stile della Natività, ancora usato nel 1477.

Genova e Liguria, stile della Natività fin oltre la metà del XV sec. Nel 1476 era già in uso lo stile moderno.

Guastalla, stile della Natività, ancora usato nel 1466.

Lodi, stile dell'Incarnazione al modo pisano (3). Nel 1476 usavasi lo stile a Natività.

Lucca, stile dell'Incarnaz. fin verso la fine del sec. XII, poi si usò lo stile a Natività fino al 1510. Nel XIV sec. trovasi però qualche esempio di stile pisano (4) e, dal 1510 in poi, si usò lo stile moderno.

Mantova, stile dell'Incarnazione nel sec. XII, poi stile a Natività già in uso alla metà del sec. XIII.

Massa, stile della Natività, ancora in uso nel XIV sec.

Milano, stile dell'Incarnazione al modo pisano, secondo il Giulini (5), dalla metà del sec. IX, usato negli atti pubblici e solenni, sino verso la fine del sec. X. Dal principio del sec. XI cominciò a prevalere lo stile della Natività fino oltre la metà del XV e fino al XVIII per gli atti notarili. La cancelleria ducale cominciò ad abbandonare lo stile della Natività nel 1457,

---

(1) G. MANCINI, Cortona nel medio evo. Firenze, 1897, e PAOLI, Diplomatica, pag. 174.

(2) Un atto notarile del 1782, 20 marzo (st. mod.), incomincia: " *In Christi nomine, anno ab Eiusdem Incarnatione millesimo septingentesimo octogesimo primo, seu ut communiter et iuxta stylum fori Cremonensis, millesimo septingentesimo octogesimo secundo, indictione XV, currente die vero mercurii, vigesima mensis martii...* "

(3) V. FUMAGALLI, Istituzioni diplomatiche, vol. II, pag. 61.

(4) V. " L. FUMI, Avvertenza per la cronologia nella datazione dei documenti lucchesi ", in Rivista delle Biblioteche e degli Archivi, a. XIV (1903), N. 3, 4, pag. 43 segg. Secondo questo autore lo stile a Natività rimase inalterato in Lucca anche nel periodo della dominaz. pisana, 1342-1368.

(5) Mem. sulla Storia di Milano, agli anni: 881, 899, 902, 956, 962, 984, 987 1042. — V. anche FUMAGALLI, Istituzioni diplomatiche, Milano, 1802, vol. II, pag. 61.

sostituendo lo stile moderno. Formole usate: *anno Domini e Incarnationis* nei sec. X e XIII, poi *anno a Nativitate Domini.*

Modena, stile della Natività con formole *Dominicae Incarnationis* e *a Nativitate Domini* dal sec. XII fino alla fine del XV negli atti notarili (1), poi incomincia lo stile moderno, rimanendo però la formola *anno a Nativitate Domini*, fino alla fine del XVIII (2).

Monza, stile della Natività, con formola: *anno Dominicae Incarnationis,* dal sec. XIII almeno, fino al XV.

Napoli, stile della Natività dalla metà del sec. XIII, ma sotto Carlo I (1282-85) s'introdusse lo stile della Pasqua. Dal 1270 trovasi usato, specialmente dai notai, lo stile dell'Incarnazione (3).

Novara, stile della Natività, con formola: *Dominicae Incarnationis,* nel sec. XII in poi; nel 1476 era già in uso lo stile moderno.

Orvieto, stile della Natività.

Padova, stile della Natività, dal sec. XII almeno.

Parma, stile dell'Incarnazione. Cominciò ad usarsi in principio del secolo X (4), poi, dopo la metà del XII (5) trovasi usato lo stile della Natività, il quale durò fino al XVI sec. poscia venne sostituito dallo stile moderno. La formola: *anno a Nativitate Domini* rimase però negli atti notarili fino al principio del sec. XIX.

Pavia, stile della Natività nei sec. XII al XV, con formole: *ab Incarnatione, Dominicae Incarnationis* e *Dominicae Nativitatis.* Nel 1476 era già in uso lo stile moderno.

Piacenza, stile dell'Incarnazione dal principio del sec. X almeno fino al principio del XIX, specie dai notaj, poi si usò lo stile moderno (6).

Piombino, stile dell'Incarnazione al modo pisano (7).

Pisa, stile dell'Incarnazione, ma anticipando di un anno sullo stile

---

(1) Nel 1486 era già in uso lo stile moderno da alcuni notaj.

(2) P. Tosatti, Il Calendario perpetuo, Modena, 1883, pag. 172.

(3) V. Del Giudice, Codice diplomatico del regno di Carlo I e II d'Angiò. Napoli, 1863, pag. XXV.

(4) Il documento più antico che rinvenimmo datato dall'Incarnazione, è una carta vescovile dell'aprile 913 che conservasi nell'Archivio capitolare di Parma. Però i notaj di questa città continuarono a datare con gli anni dell'impero fino alla metà del sec. XI.

(5) Il più antico documento da noi rinvenuto negli Archivi di Parma con la data della Natività è del 25 marzo 1170. Nel 1153 usavasi ancora lo stile dell'Incarnazione.

(6) V. Pallastrelli, Dell'anno dell'Incarnazione usato dai Piacentini. Piacenza, 1856. — La più antica carta rinvenuta con la data dell'Incarnazione è del 904.

(7) Paoli, l. c., pag. 172.

fiorentino. Questo stile, detto *pisano*, fu usato dai tempi più antichi fino al 1749 inclusivo Dal 1750 si usò lo stile moderno.

Pistoia, stile della Natività (1) fino al 1749; poi stile moderno.

Pizzighettone, stile della Natività, ancora usato nel 1498.

Pontremoli, stile dell'Incarnazione e della Natività usati dal principio del XIII sec. fino al 1749 (2).

Prato, stile dell'Incarnazione dal sec. XII al 1749.

Puglie, stile bizantino nel Medio evo.

Ravenna, stile dell'Incarnazione nei sec. XII e XIII.

Reggio Emilia, stile dell'Incarnazione ancora usato nel 1177, con formola: *anno ab Incarnatione*, poi della Natività dal sec. XIII, con formole: *anno Domini* e *a Nativitate*, poscia stile della Circoncisione, già in uso nel 1379, con formola: *anno Circumcisionis.*

Rimini, stile della Natività, sec. XIII al XV. Formola: *ab Incarnatione.*

Roma e suo territorio, stile a Natività usato dai notaj e dai privati dal sec. X al XVII. I papi usarono lo stile a Natività da Giovanni III (968-70) fino ad Urbano II (1088). Però si trova usato, qualche volta, lo stile dell'Incarnazione fino dal pontificato di Nicolò II (1059-61). Usarono contemporaneamente lo stile a Natività, quello dell'Incarnaz. al modo fiorentino e lo stile pisano i papi: Urbano II, Pasquale II, Calisto II, Onorio II, e Innocenzo II. Lo *stile fiorentino* prevalse però da Eugenio III (1145) fino al sec. XVII, ma si trovano bolle datate *a Natività* sotto il pontificato di Alessandro III (1159-81) (3). Nicolò IV (1288-94) usò lo stile della Pasqua (4), Bonifacio VIII (1294-1303) quello a Natività che durò per tutto il sec. XIV. Eugenio IV nel 1445 rese obbligatorio per le bolle lo *stile fiorentino*, mentre i brevi si datavano *a Natività*. Gregorio XIII (1572-85) cominciò negli ultimi anni del suo pontificato a datare le bolle con lo *stile moderno*, uso confermato poi definitivamente nel 1691 da Innocenzo XII (5). Pei brevi lo stile moderno era stato introdotto nel 1621 da Gregorio XV. Lo stile dell'Incarnazione si usò sempre e si usa ancora oggi, per le nomine dei Vescovi (6).

Salerno, stile dell'Incarnazione.

---

(1) V. Paoli, Progr., par. 174. — Secondo il Giry, Diplomatique, pag. 127, Pistoja seguì lo stile pisano.

(2) V. G. Sforza, Memorie e documenti per servire alla Storia di Pontremoli, Lucca, 1887, p. II, pag. 175.

(3) Jaffè, Regesta Pontificum, II ediz., pag. IX:

(4) V. Papebrochio, Acta Sanctorum, Propylaeum C. p. 65.***

(5) Paoli, op. cit., pag. 181.

(6) Rühl, op. cit., pag. 40.

San Geminiano (Toscana), stile dell'Incarnazione fino al 1749 inclus., poi stile moderno.

San Miniato del Tedesco, stile pisano fino al 1369 (1), poi stile fiorentino fino al 1749 inclus., poscia stile moderno.

Savona, stile della Natività ancora in uso nel 1476.

Sicilia, stile dell'Incarnazione e a Natività, usati promiscuamente
fino al sec. XVI, poi stile moderno (2).

Siena, stile dell'Incarnaz. dal sec. X, con qualche esempio di stile
pisano, fino al 1749, poi stile moderno.

Spezia, stile della Natività usato ancora nel 1476.

Torino, stile dell'Incarnazione, poi della Natività dal XIII sec. almeno ed usato ancora nel 1476.

Tortona, stile della Natività, usato ancora dai notai nel 1661.

Venezia, stile del 1° marzo (detto Veneto), da tempi antichissimi
fino al 1797, ma solo per gli atti pubblici ed ufficiali. I notai
usarono pure lo stile veneto ma con le formole: *anno ab Incarnatione* e *a Nativitate*. Per gli atti destinati all'estero la cancelleria veneziana usava lo stile moderno. Nel 1520 circa s'introdusse a Venezia lo stile moderno negli atti privati.

Vercelli, stile della Natività, ancora in uso nel 1476.

Verona, stile della Natività dal sec. IX (3) al XVI, spesso con formola: *anno incarnationis*.

Vicenza, stile della Natività, ancora in uso nel 1468.

Voghera, stile della Natività con la formola: *Dominicae Incarnationis* nel sec. XIII.

Altri Stati e città d'Europa.

Alvernia, stile dell'Incarnazione, usato ancora dai notaj nel 1478 (4).

Alsazia, stile della Natività fino al XV sec. nel quale cominciò a
prevalere lo stile moderno.

Amiens, stile della Circoncisione dal XIII sec. in poi; stile della
Pasqua almeno nel XV e XVI sec. (5).

---

(1) PAOLI, Progr., pag. 172.

(2) Il RÜHL, op. cit., pag. 30, dice che in Sicilia si usò lo stile dell'Incarnazione fino al XVI sec., poi lo stile moderno; ma dai notaj, fino al 1604, con-
tinuò ad usarsi lo stile dell'Incarnazione.

(3) Con la formola: " *anno salutiferae ac perenniter adorandae Incarnationis Domini* ". V. Arch. paleogr. ital , vol. III, N. 23.

(4) Per tutto ciò che riguarda la Francia e la Germania, veggasi:
GIRY, Manuel de Diplomatique, pagg. 112 e segg., al quale in gran parte ci
siamo attenuti.

(5) Art de vérifier les dates, Dissert., pag. 28.

Angoumois, stile dell'Incarn.ᵉ dalla fine del XIII sec. almeno, fino al 1565 compreso, poi stile moderno.

Anjou, stile della Natività nel 1000, ancora in uso alla fine del sec. XI, ma contemporaneamente usavasi forse lo stile dell'Incarnazione. Dal 1204 in poi prevale a poco a poco lo stile della Pasqua.

Aquitania, stile dell'Incarnazione usato fino al XII sec., poi stile della Natività o della Pasqua fino alla fine del XIII sec. Al principio del XIV si ritornò allo stile dell'Incarnazione.

Aragona, Era di Spagna (1° genn.) ed anche stile dell'Incarnazione dal 1180 al 1350, poi stile della Natività (1) fino al principio del XVII sec. nel quale cominciò l'uso dello stile moderno.

Arles, stile dell'Incarnazione.

Artois, stile della Pasqua, già in uso nell'856 (2).

Austria, stile della Natività ancora in uso nel 1477 nella cancelleria ducale (3).

Auxerre, stile della Pasqua più frequentemente, ma anche stile a Natività.

Avignone, stile della Natività, usato di preferenza al principio del XIII sec.

Bar le-Duc, stile della Pasqua nel XV sec. e al principio del XVI.

Baviera, stile della Natività, ancora usato nel 1465.

Bearn, stile della Pasqua, già in uso alla fine del sec. XI.

Bellinzona, stile della Natività; nel 1477 era già in uso lo stile moderno.

Besançon, stile della Natività forse dalla fine del XII sec., poi stile della Pasqua dalla metà del XIII, eccetto alcuni notaj che datarono a Circoncisione. Dal 1566 si usò lo stile moderno. Ciò secondo il Giry (4); secondo il Rühl (5), a Besançon si usò lo stile dell'Incarnazione fino al sec. XVI.

Borgogna, stile della Natività o a Circonc.ᵉ nell'XI sec. Più tardi, dalla fine del XIV sec. alla cessazione del ducato (1477), si usò generalmente lo stile della Pasqua (6).

---

(1) Rühl, Chronologie, pagg. 31 e 39.

(2) Rühl, Chronologie, pag. 34.

(3) Una lettera del duca Sigismondo d'Austria, diretta a Galeazzo Maria Sforza duca di Milano, finisce in questo modo: " *Datum in oppido nostro Insprügg, vicesima septima mensis decembris, anno Domini etc. septuagesimo septimo* „. Essendo diretta allo Sforza pred., che moriva il 26 dicembre 1476, la lettera non può essere del 1477, ma del 1476, quindi si usò lo stile a Natività.

(4) Manuel de diplomatique, pag 120.

(5) Chronologie, pag 35.

(6) Bruel, *Etudes sur la chronologie des rois de France et de Bourgogne* etc. in Bibl. de l'École des Chartes, a. 1880.

Bourges, stile della Pasqua, usato dall'Arcivescovo alla fine del XIII sec.

Brabante, stile della Pasqua fino al XVI sec.; dal 1576 stile a Circoncis.ᵉ

Bretagna, stile della Pasqua a partire dal XIII sec. almeno.

Cambrai, stile della Pasqua.

Castiglia e Leon, Era di Spagna, con principio d'anno al 1° gennajo, fino al 1383, poi stile della Natività fino al principio del XVII sec., indi stile moderno.

Catalogna, Era di Spagna (1° genn) fino al 1180, poi stile dell'Incarnazione usato ancora nel XIII sec.; dal 1351 stile della Natività fino alla fine del sec. XVIII.

Champagne, stile della Pasqua dal sec. XII circa.

Chartres, stile della Natività o della Circoncis.ᵉ dalla fine del X sec. usato da Eude I C.ᵉ di Blois, di Chartres e di Tours Però Fulberto, vescovo di Chartres (1007-1028) usò lo stile del 1° marzo (1).

Colonia, stile della Pasqua. Però a partire dal 1310 il clero cominciò ad usare lo stile a Natività, i laici continuarono con lo stile della Pasqua. L'Università cominciò l'anno dall'Incarnaz.ᵉ e quest'uso durava ancora nel 1428.

Danimarca, stile della Natività con qualche esempio di stile a Circoncis.ᵉ, fino al 1559, poi da taluni si usò cominciar l'anno il giorno di S. Tiburzio, cioè l'11 agosto, da altri il 1° gennaio, e ciò fino al 1700, poscia prevalse definitivamente lo stile moderno (2).

Delfinato, stile dell'Incarnazione fino alla fine del XIII sec., poi si trovano esempi di stile a Natività che finalmente prevale al principio del XIV sec. Luigi XI delfino usò di preferenza lo stile della Pasqua (3).

Fiandra (*francese*), stile della Pasqua dalla metà del IX sec. fino alla fine del Medio Evo, però con qualche esempio di stile a Natività.

Fiandra (*Paesi Bassi*), stile della Pasqua fino al XVI sec., poi, dal 1576, stile moderno.

Figeac, stile del 1° marzo, ancora in uso alla fine del XIII sec.

Fleury-sur-Loire (*Abbazia di*), stile dell'Incarnazione dal sec. XI al XII circa, poi stile della Pasqua.

---

(1) Ch. PFISTER, Études sur le règne de Robert le Pieux. Étude prelim. pag. XXXVII, Paris, 1885.

(2) V. ED. BRINCKMEIER, Praktisches Handbuch der histor. Chronologie etc. Berlin, 1882, pag. 94.

(3) V. U. CHEVALIER, Itinéraire des dauphins de Viennois, Voiron et Valence, 1886-87.

Foix, stile della Natività nel XII sec., e al principio del XIV sec. stile della Pasqua, poi, dal 1564, stile moderno.

Franca Contea, stile della Natività alla fine del XII sec., poi, dalla metà del XIII fino al 1566, stile della Pasqua. Dal 1566 in poi, stile moderno.

Francia. Nell'epoca Merovingica l'anno cominciava il 1º gennaio e il 1º marzo, nell'epoca Carolingia si usò lo stile a Natività. Sotto i primi Capetingi la cancelleria reale cominciò l'anno ora dal 25 marzo, ora dal 1º gennajo ed ora dal 1º marzo. Dal sec. XI (1) fino alla metà del XVI, si usò lo stile della Pasqua. Nel 1563 Carlo IX fissò il principio dell'anno al 1º gennajo per tutta la Francia, ma fino al 1567 non ne cominciò l'uso. Questo durò fino a 1793 quando fu proclamato il calendario repubblicano che cominciava l'anno il 21 o 22 settembre. Dal 1805 in poi, si usò lo stile moderno. V. in questo elenco altri Stati e città della Francia in ordine alfabetico.

Frisia, stile della Natività fino al 1576, poi stile moderno.

Germania, stile della Natività dai tempi più antichi. La cancelleria imperiale sotto i Carolingi adottò lo stile a Natività che fu seguito da tutti i sovrani tedeschi fino alla metà del XVI sec., poi s'introdusse lo stile della Circoncisione (2). V. Colonia, Treviri, Magonza.

Ginevra, stile della Pasqua dal 1220 circa fino al 25 dicembre 1305, poi stile a Natività fino al 1575, nel qual anno cominciò ad usarsi lo stile moderno.

Grecia, Era bizantina, con principio d'anno al 1º settembre fino al sec. XV, poi fu introdotta l'Era cristiana.

Gueldria (*Paesi Bassi*), stile della Natività fino al 1576, poi stile moderno.

Hainaut (*Francia*), stile della Natività usato di preferenza, ma usavasi anche lo stile della Pasqua.

Hainaut (*Paesi Bassi*), stile della Pasqua fino al XVI sec., poi, dal 1576, stile moderno.

Inghilterra ed Irlanda, stile della Natività, forse dal sec. VII, secondo alcuni cronologi, fino alla fine del XII circa; ma dopo il 1066 trovasi usato anche lo stile dell'Incarnazione. Alla fine del XII sec. si usarono da alcuni anche lo stile della Circoncis.ᵉ e quello della Pasqua. Nel XIII si generalizzò lo stile dell'Incarnazione escludendo gli altri, e rimase in uso fino al 1752 nel qual anno si cominciò ad usare lo stile moderno (3).

---

(1) Secondo il RÜHL, Chronologie, pag. 34, trovansi frequenti esempi dello stile francese fino dai tempi di Filippo I (1060-1108).

(2) V. BRICKMEIER, Prakt. Handbuch etc., pag. 89-90.

(3) J. BOND, Handy-book of Rules and Tables for verifying dates etc. Londres, 1875, pag. 91.

Islanda, stile della Natività ancora usato ai tempi di Olao Worm (1588-1654) (1).

Liegi (*Paesi Bassi*), stile della Pasqua dalla metà del XII sino al XIV sec. Dal 1333 si usò lo stile della Natività.

Limousin, stile della Pasqua fino al 1301, poi stile dell'Incarnazione fino al 1565. Dal 1566 in poi, stile moderno.

Linguadoca, stile della Natività e dell'Incarnaz.ᵉ usati nel sec. XI, poi si usò lo stile della Pasqua, del quale si trovano esempi nel sec. XIII, e che divenne di uso generale nel XIV sec.

Lionnese, stile della Pasqua dal XII sec. al 1566.

Livonia, stile dell'Incarnazione fino alla fine del XIII sec., poi stile della Natività (2).

Lorena (*Ducato*), stile dell'Incarnazione fino al 1579.

Losanna, stile della Natività fin verso la metà del XV sec., poi stile dell'Incarnazione (3).

Lovanio, stile della Natività dal 1333 usato dal clero e dai notaj. L'Università usò lo stile della Circoncisione, la corte degli Scabini quello della Pasqua (4).

Lugano, stile della Natività fino oltre la metà del XVI sec. poi stile della Circoncisione.

Lussemburgo, stile dell'Incarnazione.

Magonza, stile della Natività fino al XV sec., poi va prevalendo lo stile della Circoncisione (5).

Metz, stile dell'Incarnazione dal XIII sec. fino al 1° gennajo 1581, poi stile a Circoncis.ᵉ

Montbéllard, ora stile dell'Incarnaz.ᵉ ed ora della Circoncis.ᵉ fino al 1564, poi prevale quest'ultimo.

Montdidier, stile dell'Incarnaz. fino al XVI sec.

Narbona, stile della Natività, che trovasi ancora in uso alla fine del XIII sec.

Navarra (*Spagna*). Era di Spagna (1° genn.), poi stile dell'Incarnazione dal 1234, ma, dal XIV sec. circa, s'introdusse lo stile della Natività che durò fino al principio del XVI sec., poi stile moderno.

Normandia, stile della Pasqua dal principio del XIII sec.

Norvegia, stile della Natività, poi della Circoncisione dalla seconda metà del XV sec.

Olanda, stile della Pasqua fino al XVI sec. Dal 1576 in poi si usò lo stile moderno.

---

(1) Rühl, op. cit., pag. 39.

(2) Rühl, Chronologie, pag. 31 e Grotefend, op. cit., pag. 12.

(3) Art de vérifier les dates. Dissert., pag. 4.

(4) Reusens, Element de paléographie et de diplomatique, Louvain, 1891, pag. 97.

(5) Brinkmeier, Praktisch. Handbuch etc., pag. 90.

Parigi, stile della Pasqua, ma, dal 1470, i priori del collegio della Sorbona cominciarono ad usare lo stile della Natività o quello della Circoncisione (1).

Peronne, stile della Circoncisione dal XIII sec, della Pasqua nel XV e XVI.

Poitou, stile della Natività fino al 1225, poi stile della Pasqua, e contemporaneamente con quello dell'Incarnazione fino alla fine del XVI sec.

Polonia, stile della Circoncisione, usato dal 1364 nella cancelleria regia: divenne d'uso costante dalla metà del XV sec. (2).

Portogallo. Era di Spagna (1° genn.) fino al 1422, poi stile a Natività (3) fino alla fine del XVI sec. o al principio del XVII, indi stile a Circoncisione.

Provenza, ora stile della Natività ed ora dell'Incarnaz.° nei secc. XI al XIII: a metà del XIII fu introdotto lo stile della Pasqua.

Quercy (l'Alto), stile del 1° marzo dalla fine del XIII sec.

Reims, stile della Pasqua dal X sec. Alla fine del XIV e a metà del XV sec. si usò, secondo il Mabillon, lo stile pisano.

Rodi, stile dell'Incarnazione, ancora in uso alla fine del sec. XV.

Rossiglione, stile dell'Incarnazione alla fine del XII sec. e nel XIII. Dal 1351 si adottò l'uso dello stile a Natività che durò fino alla fine del sec. XVIII.

Rouergue (Francia), stile dell'Incarnazione in uso nel 1289.

Russia, stile del 1° marzo da tempi antichissimi, poi, dal sec. XI stile del 1° settembre (era bizantina), fino al 1725, indi stile del 1° gennaio secondo il calendario giuliano. Secondo il Rühl (4). i più antichi cronisti russi, pur usando l'Era bizantina, erano soliti cominciar l'anno col 1° marzo. V. Livonia.

Savoia (Stati della Monarchia di), stile dell'Incarnazione e della Natività usati promiscuamente, ma dal XIII sec. in poi prevale quello della Natività (5).

Scozia, stile dell'Incarnazione fino al 1599; dal 1600 in poi si usò lo stile moderno.

Sion (Svizzera), stile dell'Incarnaz.° fino al 1230 poi stile a Natività e della Pasqua. Però, dalla fine del XIV sec., trovasi usato anche lo stile moderno.

Soissons, stile della Natività dal sec. XII.

Spagna, Era di Spagna (1° genn.) fino al principio del sec. XV, ma

---

(1) GIRY, op. cit., pag. 114.

(2) GROTEFEND, op. cit, pag. 12 e RÜHL, op. cit., pag. 26.

(3) Introdotto dal re Giovanni I il 22 agosto di detto anno.

(4) Chronologie etc., pag. 29 Secondo il Grotefend (Taschenbuch etc. pag. 12) lo stile del 1° marzo durò fino alla metà del XIII sec.

(5) DATTA, Lezioni di Paleografia e critica diplomatica, ecc. Torino, 1834, pagg. 378-379.

già fino dal XII sec. usavansi anche per l'Era Cristiana, gli stili dell'Incarnazione e della Circoncisione, e, dalla fine del XIV sec., quello a Natività che durò fino al principio del XVII sec. nel quale s'introdusse lo stile moderno. V. Aragona, Castiglia, Catalogna, Navarra, Valenza.

Svezia, stile della Natività, poi stile moderno dal 1559 in poi.

Svizzera, stile della Natività molto in uso fino dalla seconda metà del XVI sec., poi stile moderno. V. Ginevra, Losanna, Vaud, Sion, Vallese.

Tolosa, stile dell'Incarnazione nei secc. XII e XIII poi si usò anche lo stile della Pasqua. Nel 1564 s'introdusse lo stile moderno.

Toul (*Francia*), stile della Pasqua.

Treviri, stile dell'Incarnazione dal 1307 almeno, fino al sec. XVII; però dalla fine del XVI sec. si trova usato anche lo stile moderno.

Ungheria, stile dell'Incarnazione fino alla metà del XIII sec., poi stile a Natività; ma dal XIV sec. fu usato contemporaneamente anche lo stile moderno.

Utrecht, stile della Pasqua fino al 1333, poi stile a Natività. Il Gachet (1) afferma che anticamente, fino al 1317, si usò ad Utrecht lo stile dell'Incarnazione.

Valenza. Era di Spagna (1° genn.) fino al 1358, poi stile a Natività fino al principio del XVII sec., nel quale cominciò lo stile moderno.

Vallese (*Svizzera*), stile dell'Incarnazione fino al 1230, poi stile a Natività e della Pasqua. Però dalla fine del XIV sec. si usò anche lo stile moderno.

Vaud (*Svizzera*), stile a Natività fin verso la metà del XV sec., poi stile dell'Incarnazione (2).

Velay (*Francia*), stile a Natività o a Circoncisione nell'XI sec. Poco tempo appresso trovasi usato anche lo stile del 1° marzo.

Vendôme (*nell'Abbazia della Trinità*), stile a Natività o a Circoncisione nel sec. XI e, dal secolo XII circa, si usò quello della Pasqua.

Verdun, stile della Pasqua dal XIII sec. fino al 1° genn. 1581, nel qual anno s'introdusse lo stile moderno.

Vestfalia (*in parte*), stile della Pasqua (3).

Era Bizantina. — Fra le molte Ere desunte dal principio del mondo, la bizantina, detta anche costantinopolitana, o greca, è

---

(1) Bull. de la comm. d'histoire de Belgique, II serie, vol. I, pag. 47. — V. anche GIRY, Manuel de Diplom., pag. 128.

(2) Art de vérifier les dates. Dissert., pag. 24.

(3) RÜHL, Chronologie, pag. 34.

quella che trovasi più spesso usata nei documenti del Medio Evo. Sorta non si sa dove, nè per opera di chi nel sec. VII, ebbe poscia grandissima diffusione specialmente presso i Greci ed in tutto l'Oriente ortodosso. Anche nel mezzodì d'Italia e soprattutto in Sicilia, molti documenti greci e latini sono datati secondo l'Era bizantina. Essa stabiliva il principio del mondo nell'anno 5508 avanti l'Era Cristiana, cosicchè il primo anno di questa corrispondeva al 5509. Per verificare, mediante le tavole cronografiche (pagine 23-93), a qual anno dell'Era Cristiana corrisponda una data qualunque dell'Era bizantina, si dovrà tener presente che l'anno bizantino incominciava il 1° settembre anticipando di 4 mesi sull'anno comune: quindi se trattasi dei mesi da settembre a dicembre, l'anno dell'Era Cristiana da noi segnato va diminuito di un'unità (1).

L'Era bizantina rimase in vigore anche dopo la caduta dell'Impero d'Oriente e fu molto usata fino alla fine del XVII sec. Pietro il Grande l'abolì in Russia il 1° gennaio 1700.

Egira di Maometto. — Quest'Era parte, come è noto, dal giorno della fuga (*egira*) di Maometto dalla Mecca, cioè dal 16 luglio dell'anno 622 dopo Cristo, ma non ne cominciò l'uso che 10 anni appresso. Nel calendario maomettano l'anno è puramente lunare e si compone di 12 mesi di 29 o 30 giorni ciascuno ed è quindi più corto del nostro di 10 o 11 giorni, e 33 anni maomettani equivalgono a 32 giuliani.

A pagg. 229-240 diamo altri cenni sugli anni maomettani ed una tavola che servirà per trovare la corrispondenza dei medesimi con quelli dell'Era Cristiana.

II.

Il Calendario.

Calendario Romano. — Dell'antico calendario romano, che si fa risalire fino ai tempi di Romolo, si hanno poche ed incerte notizie. Secondo il Mommsen (2) l'anno contava allora 295 giorni all'incirca,

---

(1) Una lettera di Iwan III Wassiliewitch, diretta al duca di Milano Gian Galeazzo Maria Sforza, porta questa data: " *Datae Moscoviae, mense aprilis annis a constitutione mundi uno et septemmilibus.* ,, Trattandosi del mese d'aprile, l'anno 1493 dell'Era Cristiana, che corrisponde al 7001 nelle tavole cronografiche, sarà esatta. Se il documento portava invece la data da settembre a dicembre, l'anno corrispondente sarebbe stato il 1492.

(2) *Römische Chronologie bis auf Caesar*, Berlin, 1859, pag. 52. Questo autore opina però che non si trattasse di un vero anno ma di un periodo di 10 mesi, secondo il quale regolavansi i contratti.

distribuiti in dieci mesi lunari e cominciava con quello di marzo; poscia venne riformato da Numa Pompilio che vi aggiunse i mesi di gennajo e febbrajo facendone così un vero anno lunare di 355 giorni, cominciante sempre dal marzo. Ogni due anni vi si dovevano però intercalare 22 o 23 giorni (1) per metterlo d'accordo con l'anno solare, ma con un errore di due giorni in più ogni biennio. Ciò durò per parecchi secoli, finchè nell'anno 708 di Roma (46 av. Cristo), Giulio Cesare, essendo sommo pontefice, chiesta la cooperazione del grande astronomo Sosigene di Alessandria, riformò di nuovo il Calendario formando un anno solare di 365 giorni e 6 ore circa e cominciante col gennajo. Delle 6 ore eccedenti si formò un giorno che dovevasi aggiungere, ogni quattro anni, al mese di febbrajo, tra il quint'ultimo e il sest'ultimo giorno (24 febbrajo). L'anno così accresciúto, cioè di 366 giorni, fu detto *bissextilis*. L'equinozio di primavera fu fissato al 25 marzo.

Ciascuno dei dodici mesi componenti l'anno era diviso in tre parti disuguali, cioè le *Calende* che cadevano sempre al 1° del mese, le *None* al 5 e le *Idi* al 13, eccetto nei mesi di marzo, maggio, luglio e ottobre, nei quali le None cadevano invece il giorno 7 e le Idi al 15. Gli altri giorni del mese numeravansi a ritroso a seconda della distanza che correva dalle Calende, dalle Idi e dalle None, computando nel calcolo anche il giorno di queste. La vigilia delle None, delle Idi e delle Calende dicevasi *pridie Nonas*, *pridie Idus*, ecc., ma nel medio evo anche *secundo Nonas, secundo Idus*, ecc.; *postridie* indicava invece il giorno posteriore alle Calende, alle None o alle Idi. Diamo a pag. 107-112 l'intero calendario romano riformato, tanto usato anche in tutto il Medio Evo e tempi moderni (2).

Calendario Ecclesiastico. — Frequentissimo fu pure nel Medio Evo, specialmente in Francia, nella Svizzera e, dalla metà del XIII sec. in Germania, il sistema di indicare i giorni, nella datazione

---

(1) Questi giorni venivano collocati dopo il 23 febbraio e i cinque giorni tolti a questo mese venivano aggiunti all'altro detto " *intercalare* „ che riusciva di 27 o 28 giorni.

(2) Nel Medio Evo, oltre alla maniera romana di computare i giorni dei mesi, fu molto in uso anche il sistema *a mese entrante e uscente*, detto *consuetudo bononiensis*. I giorni della prima metà numeravansi in ordine diretto, chiamando il primo giorno: *prima dies*; il secondo, *secunda intrantis, o introeuntis, o incipientis*, ecc. fino al 14 pel mese di febbraio, al 15 pei mesi di 30 giorni, e al 16 per quelli di 31. L'altra metà del mese numeravasi a ritroso, cominciando dall'ultimo giorno che dicevasi sempre *ultima dies*; il penultimo dicevasi *secundu exeuntis o instantis o astantis o restantis*, il terz'ultimo, *tertia exeuntis* ecc. fino a *decima quinta exeuntis*, cioè il 17° giorno pei mesi di 31 il 16° per quelli di 30 e il 14° pel febbraio. Ad es.: " *die decimatertia exeuntis mensis aprilis* „, 18· aprile. — " *die nona instantis mensis maij* „ 23 maggio, ecc.

dei documenti, coi nomi dei santi o delle altre feste religiose che ricorrevano nel calendario ecclesiastico (1). Ad es.: " *Datum Curie, sabbato ante festum beati Georgii, anno 1419* „ (22 aprile), " *l ies solis proxima ante festum omnium sanctorum, anno 1496* „ (30 ottobre) oppure: *Ex Berno, die Antonii 1493* „ (17 gennojo). Anche i giorni della settimana, anzichè coi soliti nomi di *dies lunae, martis,* ecc., indicavansi molte volte per *feriae*, eccetto la domenica e spesso anche il sabato. Si aveva quindi: *dies dominicus* (2), la domenica; *feria secunda*, il lunedì; *feria tertia*, il martedì: *feria quarta*, il mercoledì; *feria quinta*, il giovedì; *feria sexta*, il venerdì; *dies sabbati*, o *feria VII*, il sabato. Ad es.: " *Feria quarta pascae, anno 1498* „ (mercoledì 18 aprile); " *Feria sexta proxima post festum S. Johannis Baptistae, anno 1456* „ (venerdì 25 giugno).

Per rinvenire le date precise del mese e giorno nei documenti datati con nomi di feste religiose, convien conoscere le ricorrenze delle solennità stesse, come dei principali santi, nonchè le diverse denominazioni ecclesiastiche e popolari che ebbero certi giorni dell'anno. Noi ne compilammo quindi due speciali elenchi alfabetici (3), che crediamo sufficienti, specie con l'aiuto del *Calendario perpetuo* (pag. 113 segg.), il quale serve anche per rinvenire il giorno della settimana di qualunque data storica (4).

È noto che le feste religiose possono essere: *fisse*, se cadono ogni anno nello stesso giorno, o *mobili*, se cambiano annualmente la data della loro ricorrenza. Fra quest'ultime la più importante è la Pasqua di Risurrezione sulla quale è regolato tutto il calendario ecclesiastico. Fu stabilito dalla Chiesa che essa venga celebrata la prima domenica che segue il plenilunio dopo il 21 marzo, quindi non può cadere prima del 22 marzo nè dopo il 25 aprile. In origine essa veniva celebrata il giorno stesso della Pasqua degli Ebrei, cioè il XIV giorno della luna di marzo qualunque fosse il giorno della settimana, e ciò diede origine più tardi al così detto

---

(1) Se ne trovano esempi anche in Italia, ove fu adottato, come nota anche il Paoli (Diplomat., pag. 208) dalla cancelleria Angioina per influenza francese, e dai privati, ma più raramente.

(2) Rarissime volte trovasi anche *feria prima*.

(3) V. pagg. 184-227. Nella compilazione di questi elenchi ci servimmo specialmente dell'*Art de vérifier les dates*, del Glossario del Du Cange, del Trèsor de Chronologie del Mas Latrie e delle opere già citate del Grotefend, del Giry e del Rühl, nonchè del CAHIER, Caractéristiques des Saintes dans l'art. populaire, Paris, 1867.

(4) Un Calendario perpetuo, compilato col sistema delle 35 Pasque, pubblicava il P. Escoffier, prof. di liturgia a Perigneux, nel 1880 col titolo: " Calendrier perpetuel developpe sous forme de calendrier ordinaire „. Lo stesso fu riprodotto testualmente dal Mas Latrie nel suo *Trésor de Chronologie*, Paris, 1889, pag. 265 e segg.

rito quartodecimano. Altri la celebravano la domenica seguente (rito domenicale), mentre le chiese delle Gallie fissavano la Pasqua al 25 marzo, altri, in epoche diverse. Tutte queste divergenze nella celebrazione della Pasqua, che durarono fin verso la fine del secolo VIII, sono segnate a piè di pagina per ciascun anno nelle nostre Tavole Cronografiche.

Le altre feste mobili, dipendenti dalla Pasqua, trovansi spesso indicate nei documenti medioevali con le prime parole dell'*Introito* alla messa, e sono: la domenica di Settuagesima, detta *Circumdederunt me*; la Sessagesima, *Exurge*; la Quinquagesima, *Invocabit me*. Le domeniche di Quaresima s'indicavano rispettivamente con le parole: *Invocabit, Reminiscere, Oculi, Laetere, Judica*; quest'ultima festa dicevasi, più comunemente, *dominica in passione Domini*. Quella che seguiva, cioè la prima avanti Pasqua, era detta: *Domine ne longe*, o *Palmarum festum*. Le domeniche che seguivano la Pasqua, erano: la I*ª*, o *in albis*, detta *Quasi modo*; la II, *Misericordia Domini*; la III, *Jubilate*; la IV, *Cantate*; la V, *Rogate*; la VI, *Exaudi*. Seguiva a questa la festa di Pentecoste e la sua ottava, o festa della SS. Trinità, detta *Trinitas aestivalis*. Le altre domeniche dopo Pentecoste, che potevano essere di maggiore o minore numero a seconda degli anni, fino a 27, citavansi anch'esse con le prime parole dell'Introito (1). Altre due feste importanti erano: l'Ascensione di G. C. che si celebra 40 giorni dopo Pasqua, detta *Ascensa Domini*, e il *Corpus Domini* o *Festum Christi*, istituita nel 1264 e che celebrasi il giovedì dopo la festa della SS. Trinità. Infine, le quattro domeniche di preparazione al Natale, dette d'*Avvento*, designavansi con le parole: *Ad te levavi, Populus Sion, Gaudete* e *Memento nostrum Domine*.

Si comprenderà di quanta importanza doveva essere nel Medio Evo il determinare esattamente ogni anno in qual giorno dovesse cadere la Pasqua, se con essa potevasi costruire, come abbiamo veduto, tutto il calendario. Computisti ed astronomi immaginarono quindi diversi ingegnosi sistemi per giungere agevolmente a questo scopo, come la *lettera domenicale*, il *ciclo solare* e il *lunare*, l'*epatta*, ecc. che sarebbe assai lungo e poco utile per noi fermarci ad esaminarli, trovandosene troppo rari esempi nella datazione dei documenti.

Riforma gregoriana del Calendario. — Nella riforma giuliana del Calendario, la durata dell'anno solare erasi calcolata, come vedemmo, di 365 giorni e 6 ore con una differenza in più, sul corso vero del sole, di circa 11 minuti e 14 secondi. Per quanto lieve, tale eccedenza veniva a formare, ogni 128 anni circa, un giorno intero, facendo retrocedere gradatamente l'equinozio di primavera, già fissato al 25 marzo. Infatti, al Concilio di Nicea, te-

---

(1) V. Glossario di date, pag. 184 e segg.

nuto nel 325, si dovette far retrocedere l'equinozio stesso al giorno 21 di detto mese.

Diversi tentativi per correggere il calendario si fecero quindi fino dal principio del medio evo (1) e continuarono più o meno alacremente, finchè nel XIII sec. Giovanni da Sacrobosco, Roberto Grosseteste e specialmente Ruggero Bacone, studiarono la questione più da vicino facendo vere proposte di riforma. Nel secolo XIV i papi stessi si fecero promotori di questi studi; Clemente VI (1342-52) dava incarico a valenti matematici di studiare la materia e più tardi ai Concilii di Costanza e di Basilea (1417 e 1434) furono presentati dei progetti di riforma di Pietro d'Ailly e di Nicolò di Cusa. Anche il celebre Giovanni Müller, detto Regiomontano, se ne occupava, poco prima di morire (1476), per incarico avutone da Sisto IV.

Ma fu soprattutto nel XVI secolo che gli studi sulla desiderata riforma furono intrapresi con grandissima attività. Leone X, bramoso di venirne a capo, se ne interessò di proposito scrivendo all'Imperatore, alle Università, ai Vescovi e ai più insigni matematici dei suoi tempi perchè si prendesse a cuore la questione, ed infatti, durante il quinto Concilio Lateranense (1513-17) scritti opportuni furono pubblicati da diversi illustri scienziati. Spetta dunque a questo pontefice ed anche al suo cooperatore, il celebre Paolo di Middelburg, come ben nota il Paoli (2), il merito intrinseco della riforma stessa che più tardi Gregorio XIII doveva finalmente porre in attuazione.

Questo papa, fino dai primi anni del suo pontificato, nominava una Commissione di dotti Italiani e stranieri, sotto la presidenza del Cardinale Sirleto, perchè prendessero in esame diversi progetti di riforma ultimamente presentati. Fra questi distinguevasi per chiarezza e semplicità, uno di certo Luigi Giglio calabrese, morto da poco tempo, e presentato alla Commissione dal fratello Antonio. Il lavoro del Giglio venne in gran parte approvato dopo, lunghe discussioni e Gregorio XIII, con sua bolla " Inter gravissimas „ del 24 febbrajo 1581 (1582 st. com.), potè in fine promulgare la riforma del Calendario giuliano.

I punti principali di essa erano:

1.° Ricondurre l'equinozio di primavera, che era retroceduto fino all'11 marzo, al giorno stabilito dal Concilio di Nicea, cioè al

---

(1) V. F. KALTENBRUNNER, Die Vorgeschischte der Gregorianischen Kalenderreform, nei Sitzungberichte der Kaiserlichen Akademie der Wissenschaften, Vienna, 1876.

D. MARZI, La questione della riforma del calendario nel quinto concilio lateranense (1512-17), Firenze, 1896.

(2) Programma di Diplomatica, pag. 164.

21 marzo, togliendo nel 1582 dieci giorni al mese di ottobre dal 5 al 14 inclusivi.

2.° Per impedire l'eccedenza che erasi verificata in passato, intercalando un giorno ogni quattro anni, si decise che degli anni secolari, tutti bisestili nel Calendario giuliano, uno soltanto fosse bisestile ogni quattro e precisamente quelli che erano perfettamente divisibili per 400, cioè il 1600, il 2000, il 2400. il 2800 ecc., rimanendo comuni gli altri, cioè il 1700, il 1800, il 1900, il 2100, il 2200, il 2300, il 2500 ecc.

Però il Calendario gregoriano, nonostante queste correzioni, non può dirsi in tutto perfetto, giacchè l'anno civile reca ancora una lieve eccedenza di circa 24 secondi sull'anno tropico; ma occorreranno più di 3500 anni prima che tale differenza formi lo spazio di un giorno (1).

La riforma gregoriana non fu subito e dovunque accettata: ragioni politiche e specialmente religiose recarono non pochi ostacoli alla sua propagazione. Nel 1582 fu accolta in Italia, Spagna, Portogallo, Francia, Lorena; altri Stati l'accolsero più tardi, ma taluni, come Russia, Grecia, Serbia, ecc. rimangono ancora oggidì fedeli al vecchio calendario giuliano (2).

Crediamo utile dar qui un elenco alfabetico degli Stati e città d'Europa che adottarono o meno la riforma gregoriana, indicando anche, quando ci è possibile, quali giorni precisamente furono soppressi.

Alsazia, gli Stati cattolici, accolsero il calend. gregor. nel 1584; nel 1648 gli altri Stati (3).

Anversa, accolse il calend. greg. nel 1582, sopprimendo					dal 22 al 31 dic.	
Artois,	„	„	„	„ 1582	„	dal 22 al 31 dic.
Augsburgo,	„	„	„	„ 1583	„	dal 14 al 23 feb.
Augusta (il Vescovado)		„	„ 1583		„	dal 14 al 23 feb.
Austria, accolse il calend. greg.		„	1584		„	dal 7 al 16 gen. (4)
Baviera,	„	„	„	„ 1583	„	dal 6 al 15 ott.
Boemia,	„	„	„	„ 1584	„	dal 7 al 16 gen.
Brabante,	„	„	„	„ 1582	„	dal 22 al 31 dic. (5)
Bressanone,	„	„	„	„ 1583	„	dal 6 al 15 ott.

Bulgaria, usa ancora il calendario giuliano.

---

(1) Delambre, Astronomie théorique et pratique, Paris, 1814, III, pag. 696.

(2) Fuori d'Europa il Calendario Giuliano è usato ancor oggi dagli Armeni, dai Giorgiani, dai Siriani non uniti e dai Copti.

(3) Schöpflin, Alsatia illustrata, II, Colmarie, 1761, pag. 343.

(4) Secondo il Grotefend, Zeitrechnung, nel 1583, sopprim. dal 6 al 15 ott.

(5) Secondo il Grotefend, Zeitrechnung, pag. 23, furono soppressi, nel 1582 nel Brabante, i giorni dal 15 al 24 dic. inclusivi, e lo stesso avvenne in Olanda, Fiandre ed Hainaut.

Colonia, accolse il calend. gregor. nel 1583, sopprimendo dal 4 al 12 novembre

Curlandia, accolse il calend. gregor. nel 1617 ma fu usato in principio da pochi: nel 1796 ritornò al calend giuliano.

Danimarca, accolse il calend. gregor. nel 1700. ma modificato da Weigel (1), sopprimendo gli ultimi 11 giorni di febb. Editto regio del 28 nov. 1699. V. Seeland.

Eichstädt, accolse il calend. gregor. nel 1583, sopprim. dal 6 al 15 ott.

Fiandra,	„	„	„	„	1582	„ dal 22 al 31 dic.
Francia,	„	„	„	„	1582	„ dal 10 al 19 dic.
Frisia,	„	„	„	„	1701	„ dal 2 al 12 genn.
Frissinga (*Baviera*),	„	„	„	1583		„ dal 6 al 15 ott.
Germania (*Stati protestanti*),		„	„	1700		„ gli ultimi 11

giorni di febbraio. Modif. di Weigel.

Grecia, usa ancora il calendario giuliano.

Groninga, accolse il calend. gregor. nel 1583, sopprim. dall'1 al 10 mar., ma il 24 giugno 1594 (2) fu ripreso il calendario giuliano il quale durò fino al 31 dic. 1700, poi si ritornò al gregoriano, sopprimendo i giorni dal 2 al 12 gen. 1701. Decis 6 febb. 1700.

Gueldria (*in parte*) accolse il calend. greg. nel 1582, sopprim. dal 22 al 31 dic. Altra parte della Gueldria accettò il calend. nel 1700, sopprim. dall'1 all'11 lugl. Decisione 26 magg. 1700.

Hainaut, accolse il calend. greg. nel 1582, sopprim. dal 22 al 31 dic. V. Brabante.

Inghilterra e Irlanda,	„	„	„	1757, sopprim. dal 3 al 13 sett.		
Italia,	„	„	„	„	1582	„ dal 5 al 14 ott.
Limburgo,	„	„	„	„	1582	„ dal 22 al 31 dic.
Lorena,	„	„	„	„	1582	„ dal 10 al 19 dic.
Lusazia,	„	„	„	„	1584	„ dal 7 al 16 gen.
Lussemburgo,	„	„	„	„	1582	„ dal 22 al 31 dic.

Magonza (*Princip. elettorale*), accolse il calend. greg. nel 1583, sopprim. dal 12 al 21 nov.

Malines, accolse il calend. gregor. nel 1582, sopprim. dal 22 al 31 dic.

Montenegro, usa ancora il calend. giuliano.

Namour, accolse il calend. gregor. nel 1582. sopprim. dal 22 al 31 dic.

Neuenburg (*Principato di*) „ „ 1582.

Neuburg, (*Palatinato di*) „ „ 1615, sopprim. dal 14 al 23 dic.

Olanda, (Rotterdam, Amsterdam, Leida, Delft, Harlem e l'Aja) nel 1582, sopprim. dal 22 al 31 dic. V. Brabante.

---

(1) L'astronomo Erardo Weigel modificò il Calendario Gregoriano, per uso dei Protestanti, cambiando la data dell'equinozio di primavera, il quale invece di cadere sempre al 21 di marzo, può variare, a seconda degli anni, dal 19 al 23 marzo.

(2) Dopo la presa della città per Maurizio di Nassau.

Over-Yssel accolse il calend. gregor. nel 1701, sopprim. dall'1 all'11 gen.

Paderborn,   „   „   „   „ 1585   „   dal 17 al 26 giu.

Polonia,   „   „   „   „ 1582, secondo il Weinert e il Bostel (1); nel 1585, secondo il Giry (1), sopprimendo dal 22 al 31 dic.

Portogallo, accolse il calend. gregor. nel 1582, sopprim. dal 5 al 14 ott.

Prussia,   „   „   „   „ 1610   „   dal 22 ag. al 2 sett.

Rumania, usa ancora il calendario giuliano.

Russia, usa ancora il calendario giuliano.

Ratisbona, accolse il calend. gregor. nel 1583, sopprim. dal 6 al 15 ott.

Salisburgo (*Salzburg*),   „   „   „ 1583   „   dal 6 al 15 ott.

Savoia,   „   „   „ 1582   „   dal 22 al 31 dic.

Seeland (*Danimarca*),   „   „   „ 1582   „   dal 22 al 31 dic. Nel 1700 accoglie le modificazioni di Weigel.

Serbia, usa ancora il calendario giuliano.

Slesia, accolse il calend. gregor. nel 1584, sopprim. dal 13 al 22 gen.

Spagna,   „   „   „   „ 1582   „   dal 15 al 14 ott.

Stiria,   „   „   „   „ 1583   „   dal 15 al 24 dic.

Strasburgo (*città*),   „   „   „ 1682   „ dal 19 al 28 febb. (2)

Strasburgo (*Vescovado*),   „   „ 1583   „   dal 12 al 21 nov.

Svezia, accolse il calend. gregor. sotto Giovanni III (1568-92), ma fu abolito da Carlo IX (1600-11). Nel 1753 fu ripreso il calend. gregor., sopprimendo dal 18 al 28 febb. (3).

Svizzera I cantoni di **Lucerna, Uri, Schwytz, Zug, Soletta** (Solothurn) e **Friburgo** accolsero il calendario gregoriano nel 1584, sopprimendo i giorni dal 12 al 21 gennaio.

    Unterwalden accolse la riforma gregor. nel giugno 1584 e così **Appenzell,** ma nel 1590, questo ritornò al calend. giuliano e non riprese il gregoriano che nel genn. 1724.

    Nel **Vallese** si accettò il calend. gregor. nel 1622.

    A **Zurigo, Berna, Basilea, Sciaffusa, Ginevra, Bienna, Mülhausen, Neuchâtel, Turgovia, Baden, Sargans, Reinthal** nel 1701, sopprimendo dal 1° all'11 genn.

    A **San Gallo,** nel 1724, ma non da tutti i Protestanti i quali osservarono per molto tempo l'antico calendario.

    A **Glarona, Ausserhoden, Toggenburg,** nel gennaio 1724.

    I **Grigioni** soltanto nel 1811.

---

(1) Zur gregorianischen Kalenderreform in Polen, in Mittheilungen des Institut für österreichische Geschictsforschung, VI (1885), pag. 626 seg.

(2) GIRY, Diplomatique, pag. 166.

(3) RÜHL, Chronologie, pag. 241. Secondo il BOND, Handy-Book of Rules and Tables for verifying dates etc. Londres, 1875, pag. 98, in Svezia furono, per un ordine di Carlo XI, resi comuni tutti gli anni bisestili dal 1696 al 1774. Così quest'anno venne a coincidere col nuovo stile. V. anche GIRY, Diplom., pag. 167.

Transilvania,	accolse il calend. greg. nel 1590, sopprim. dal 15 al 24 dic.
Treviri (*Principato elettor.*)	»	»	1583	»	dal 5 al 14 ott.
Ungheria,	»	»	»	»	1587	»	dal 22 al 31 ott.
Utrecht,	»	»	»	»	1700	»	dal 1° al 10 dic.
Vestfalia,	»	»	»	»	1584	»	dal 2 all'11 lugl.
Würzburg (*Baviera*),	»	»	»	1583	»	dal 5 al 14 nov.
Zelanda,	»	»	»	»	1582	»	dal 22 al 31 dic.
Zutphen,	»	»	»	»	1701 in gennaio.

Calendario della Repubblica francese — In Francia, durante la rivoluzione, s'introdusse un nuovo calendario, progettato dietro incarico del comitato d'Istruz. Pubb. da una commissione di dotti, quali Lagrange, Monge, Lalande, Pingré, Guyton, ecc, presieduti da Romme, poscia riveduto e in parte modificato da Fabre d'Églantine. Un decreto della Convenzione Nazionale del 5 ottobre 1793 fissò il punto di partenza della nuova Era al 22 settembre 1792, giorno della proclamazione della Repubblica. Siccome questa data coincideva con l'equinozio d'autunno, fu stabilito (art. III) che ciascun anno dovesse cominciare alla mezzanotte del giorno in cui cadeva l'equinozio vero d'autunno per l'Osservatorio di Parigi. Il principio dell'anno doveva quindi esser fissato dagli astronomi e poteva cadere il 22, il 23 o il 24 settembre, ciò che formava uno dei maggiori inconvenienti del nuovo calendario (1). Tuttavia esso venne promulgato con un nuovo decreto della Convenzione Nazionale il 24 nov. 1793. I punti principali di questo decreto sono riassunti, per maggior comodità degli studiosi a pag. 241, seguiti da 14 tavole che recano le concordanze degli anni e giorni del calendario repubblicano con quelli del gregoriano, per tutto il tempo della sua durata.

---

(1) V. anche Giry, Diplomat. pag. 170.

I.

SERIE CRONOLOGICA

DEI

CONSOLI ROMANI

NB. La data *dalla fondazione di Roma (ab urbe condita)*, che in queste tavole abbiamo posto a riscontro di ciascun anno dell'era cristiana, è quella, più generalmente usata, del computo di Varrone, pel quale Roma fu fondata il 21 aprile dell'anno 753 av. Cristo.

Nella serie dei Consoli abbiamo indicato con l'abbrev. *sost.*, che vale *sostituito (suffectus)*, quelli che venivano a surrogare gli ordinari, entrati in carica nel mese di gennaio.

I.

Serie cronologica dei Consoli Romani

dall'anno 1° al 566 dell'Era Cristiana.

Era cristiana	Anni di Roma	CONSOLI
1	754	Gaius Caesar Augustus. — Lucius Aemilius Paullus. — M. Herennius Picens, *sost. 1 lug.*
2	755	P. Vinicius. — P. Alfenus Varus. — P. Cornelius Lentulus Scipio, *sost. 1 lug.* — T. Quinctius Crispinus Valerianus, *sost. 1 lug.*
3	756	L. Aelius Lamia. — M. Servilius Nonianus. — P. Silius, *sost. 1 lug.* — L Volusius Saturninus, *sost. 1 lug.*
4	757	Sex. Aelius Catus. — C. Sentius Saturninus. — Cn. Sentius Saturninus, *sost. 1 lug.* — C. Clodius Licinius, *sost. 1 lug.*
5	758	L. Valerius Potiti Messalla Volusus. — Cn. Cornelius Cinna Magnus. — C. Vibius Postumus, *sost. 1 lug.* — C. Ateius, Capito, *sost. 1 lug.*
6	759	M. Aemilius Paulli Lepidus. — L. Arruntius. — L. Nonius Asprenas, *sost. 1 lug.*
7	760	Q. Caecilius Metellus Creticus Silanus. — A. Licinius Nerva Silanus. — Lucilius Longus, *sost. 1 lug.*
8	761	M Furius Camillus. — Sex. Nonius Quinctilianus. — L. Apronius, *sost. 1 lug.* — A. Vibius Habitus, *sost. 1 lug.*
9	762	C. Poppaeus Sabinus. — Q. Sulpicius Camerinus. — M. Papius Mutilus, *sost. 1 lug.* — Q. Poppaeus Secundus, *sost. 1 lug.*
10	763	P. Cornelius Dolabella. — C. Junius Silanus. — Scr. Cornelius Lentulus Maluginensis, *sost. 1 lug.* — Q. Junius Blaesus, *sost. 1 lug.*
11	764	M. Aemilius Lepidus. — L. Cassius Longinus, *sost. 1 lug.* — T. Statilius Taurus.
12	765	Germanicus Caesar I. — C. Fonteius Capito. — C. Visellius Varro, *sost. 1 lug.*
13	766	C. Silius Caecina Largus. — L. Munatius Plancus. — .... cus. *sost. 1 lug.*
14	767	Sex. Pompeius. — Sex. Appuleius.
15	768	Drusus Julius Caesar I. — C. Norbanus Flaccus. — M. Junius Silanus, *sost. 1 lug.*
16	769	T. Statilius Sisenna Taurus. — L. Scribonius Libo. — C. Vibius Libo, *sost.* — C. Pomponius Graecinius, *sost. 1 lug.*
17	770	L. Pomponius Flaccus. — C. Caelius Rufus. — C. Vibius Marsus, *sost.* — L Voluscius Proculus, *sost.*

Era cristiana	Anni di Roma	CONSOLI
18	771	**Tiberius** Aug. III. — L. Seius Tubero, *sost. 14 genn.* — Germanicus Caesar II. — [L. Valerius ?] Acisculus, *sost. 29 apr.* — Q. Marcius Barea, *sost. 1 ag.* — T. Rustius Nummius Gallus, *sost. 1 ag.*
19	772	M. Junius Silanus. — L. Norbanus Balbus. — P. Petronius, *sost.*
20	773	M. Valerius Messala. — M. Aurelius Cotta.
21	774	**Tiberius** Aug. IV. — Drusus Julius Caesar II. — Mam. Aemilius Scaurus, *sost. 30 magg.* — Cn. Tremellius, *sost. 10 lug.*
22	775	D. Haterius Agrippa. — C. Sulpitius Galba.
23	776	C. Asinius Pollio. — C. Antistius Vetus. — [M. Sanquinius M]aximus I, *sost.*
24	777	Serv. Cornelius Cethegus. — L. Visellius Varro. — C. Calpurnius Aviola, *sost.* — P. Cornel. Lentulus Scipio, *sost.*
25	778	Cossus Cornelius Lentulus. — C Petronius (?) *sost. 5 sett.* — M. Asinius Agrippa.
26	779	Cn. Cornelius Lentulus Gaetulicus. — C. Calvisius Sabinus.
27	780	M. Licinius Crassus Frugi. — L. Calpurnius Piso. — P. [Cornelius] Le[ntulus]. — C. Sall[ustius].
28	781	C. Appius Junius Silanus. — P. Silius Nerva. — L. Junius Silanus, *sost. 4 dic.* — C. Velbaeus Tutor, *sost.*
29	782	L. Rubellius Geminus. — C. Fusius Geminus. — A. Plautius, *sost. 6 lugl.* — L. Nonius Asprenas, *sost. 7 ott.*
30	783	M. Vinicius I. — L. Cassius Longinus. — L. Naevius Surdinus, *sost.* — C. Cassius Longinus, *sost.*
31	784	**Tiberius** Aug. V. — L. Aelius Seianus. — Faustus Cornelius Sulla, *sost. 9 magg.* — Sex. Teidius Catullinus, *sost. 9 magg.* — L. Fulcinius Trio, *sost. 1 lug.* — Pub. Memmius Regulus, *sost. 1 ott.*
32	785	Cn. Domitius Ahenobardus. — M. Furius Camillus Scribonianus. — A. Vitellius, *sost. 1 lug.*
33	786	Ser. Sulpicius **Galba**. — L. Corn. Sylla Felix. — L. Salvius Otho, *sost. 1 lug.*
34	787	Paulus Fabius Persicus. — L. Vitellius I.
35	788	C. Cestius Gallus. — M. Servilius Nonianus o Momianus.
36	789	Sex Papinius Allenius. — Q. Plautius.
37	790	Cn. Acerronius Proculus. — Caius Petronius Pontius Nigrinus. — C. Caesar Germanicus (**Caligula**) *sost. 1 lug.* — Tiberius **Claudius** Germanicus I, *sost. 1 lug.*
38	791	M. Aquila Julianus. — P. Nonius Asprenas.
39	792	C. Caesar German. (**Caligula**) II. — L. Apronius Caesianus. — M. Sanquinius Maximus II, *sost. 1 febb.* — Cn. Domitius Corbulo, *sost. 1 lug.* — Cn. Domitius Afer, *sost. 1 lug.?*
40	793	Caius Caesar Germanicus (**Caligula**) III. — ... nius .... us, *sost. 29 magg.* — Q. Terentius Culleo, *sost. 29 magg.* — Gellius Publicola, *sost. 1 lug.?* — M. Cocceius Nerva, *sost. 1 lug.?*

Era cristiana	Anni di Roma	CONSOLI
41	794	Caesar Germ (**Caligula**) IV. — Cn. Sentius Saturninus. — Q. Pomponius Secundus, *sost.*
42	795	Tib. **Claudius** Aug. II *sino a tutto febb.* — Caius Cecina Largus. — C. Cestius Gallus, *sost. 1 mar.* — Cornelius Lupus, *sost.* — C. Svetonius Paullinus I, *sost.*
43	796	Tib. **Claudius** Aug. III, *sino a tutto febb.* — L. Vitellius II. — L. Pedanius Secundus, *sost. 1 mar.* — Sex. Palpellius Hister, *sost. 1 mar.*
44	797	L. Passienus Crispus II. — T. Statilius Taurus. — L. Pomponius Secundus. *sost. 4 magg.*
45	798	M. Vinicius II. — T. Statilius Taurus Corvinus. — T. Plautius Silvanus I, *sost. 1 apr.* — Rufus, *sost. 28 giu.* — M. Pompeius Silvanus. *sost. 28 giu.*
46	799	Valerius Asiaticus I. — M. Junius Silanus. — Vellaeus Tutor, *sost.* — Q. Sulpicius Camerinus Peticus, *sost. 25 mar.*
47	800	Tib. **Claudius** Aug. IV. — L. Vitellius III.
48	801	Aulus Vitellius. — Q. Vipstanus Publicola. — L. Vitellius, *sost. 1 lug.*
49	802	C. Pompeius Longus Gallus. — Q. Veranius. — L. Memmius Pollio, *sost. 23 dic.* — Q. Allius Maximus, *sost. 23 dic.*
50	803	C. Antistius Veto. — M. Suillius Nerullinus.
51	804	Tib. **Claudius** Aug. V. — Serv. Corn. Orfitus. — C. Minutius Fundanus, *sost. 1 lug.* — L. Cal[idius] Vet[us], *sost. 27 sett.* — Titus Flavius **Vespasianus** I, *sost. 1 nov.*
52	805	Faustus Corn. Sulla Felix. — Lucius Salvius Otho Titianus. — Barea Sorianus, *sost.* — L. Salvidienus Rufus Salvianus, *sost. 11 dic.*
53	806	Decimus Junius Silanus Torquatus — Quintus Haterius Antoninus.
54	807	M. Asinius Marcellus. — Manius Acilius Aviola.
55	808	**Nero** Aug. I. — L. Antistius Vetus. — Cn. Corn. Lentulus Gaetulicus, *sost. 6 dic.* — T. Curtilius Mancia, *sost. 30 dic.*
56	809	Q. Volusius Saturninus. — P. Cornelius Scipio. — L. Annaeus Seneca, *sost. 25 ag.* — L. Trebellius Maximus Pollio, *sost. 3 sett.* — L. Duvius Avitus, *sost. 5 nov.* — P. Clodius Thrasea Paetus, *sost. 18 dic.*
57	810	**Nero** Aug. II, *sino al 1° luglio.* — L. Calpurnius Piso. — L. Caesius Martialis, *sost. 18 lugl. e 23 dic.*
58	811	**Nero** Aug. III. — M. Valerius Messala Corvinus. — C. Fontius Agrippa, *sost. in giugno* — A. Paconius Sabinus, *sost. 14 ag.* — A. Petronius Lurco, *sost. 15 dic.*
59	812	C. Vipstanus Apronianus. — C. Fonteius Capito. — T. Sextius Africanus, *sost. 10 lug.* — M. Ostorius Scapula, *sost. 11 sett.*
60	813	**Nero** Aug. IV. — Cossus Cornelius Lentulus. — Cn. Pedanius Salinator, *sost. 2 lug.* — L. Velleius Paterculus, *sost. 1 ag.* — Vopiscus, *sost.*

Era cristiana	Anni di Roma	CONSOLI
61	814	L. Caesennius Paetus. — P. Petronius Turpilianus. — P. Calvisius Ruso, *sost. 1 mar.*
62	815	P. Marius Celsus. — L. Afinius Gallus, *sost. 1 lug.* — Q. Junius Marullus, *sost. 27 ott.*
63	816	C. Memmius Regulus. — L. Verginius Rufus I.
64	817	C Lecanius Bassus. — M. Licinius Crassus·Frugi.
65	818	A. Licinius Nerva Silianus. — M. Vestinius Atticus. — C. Pomponius, *sost. 13 ag.* — Anicius Cerealis, *sost. 13 ag.*
66	819	C. Lucius Telesinus. — C. Suetonius Paulinus II. — Annius Vinicianus, *sost.* — M. Arruntius [Aquila], *sost. 25 sett.*
67	820	Fonteius Capito. — C. Julius Rufus. — Vettius Bolanus.
68	821	C. Silius Italicus. — Galerius Trachalus Turpilianus. — **Nero** Aug. V. — Ti. Catius Silius Italicus. — M. Ulpius Traianus, *sost.* — C. Bellicus Natalis, *sost. 22 dic.* — P. Corn. Scipio Afric. Asiat., *sost. 22 dic.*
69	822	**Galba** Aug. II. — T. Vinius Rufinus. — Salvius **Otho** Aug., *sost. 30 genn.* — L. Salv. Otho Titianus II, *sost. 30 genn.* — L. Verginius Rufus II, *sost. 1 marzo.* — L. Vopiscus Pompeius Silvanus, *sost. 1 marzo.* — Titus Flavius Sabinus I, *sost. 30 apr.* — Cn. Arulenus Celius Sabinus, *sost. 30 apr.* — Arrius Antonius, *sost. in giu.* — Marius Celsus, *sost. in lug.* — Fabius Valens, *sost. in ag.* — Aulus Alienus Caecina, *sost. in ottobre?* — Roscius Regulus, *sost. 31 ott.* — Cn. Caecilius Simplex, *sost. 1 nov.* C. Quintius Atticus, *sost. 1 nov.*
70	823	Titus Fl. **Vespasianus** Aug. II. — **Titus** Caesar Vespasianus I. — C Licinius Mutianus II, *sost. 1 lug.* — Q Petillius Cerialis Caesius Rufus I, *sost. 1 lug.* — L. Annius Bassus, *sost. 17 nov.* — C. Caecina Paetus, *sost. 17 nov.*
71	824	Flav. **Vespasianus** Aug. III — M. Cocceius **Nerva** I. — Flav. **Domitianus** Caesar I, *sost.* — Cn. Paedius Cascus, *sost. 5 apr.* — C. Calpetanus Rantius Quirinalis Valer. Festus, *sost.* — L. Flavius Fimbria. — C. Atilius Barbarus, *sost. 20 lug.*
72	825	**Vespasianus** Aug IV. — **Titus** Caesar Vespasianus II. — L. Licinius Mucianus III. — T. Flav. Sabinus, *sost. 29 maggio?*
73	826	**Domitianus** Caesar II. — L. Valerius Catullus Messalinus. — M. Arrecinus Clemens, *sost.*
74	827	**Vespasianus** Aug. V. — **Titus** Caesar Vespasianus III. — T. Plautius Silvanus Aelianus II, *sost. 13 genn.* — **Domitianus** Caesar III, *sost. 1 lug.* — Q. Petillius Cerialis Caesius Rufus II, *sost. 21 magg.* [S. I. Fr]on[tinus] I.
75	828	**Vespasianus** Aug. VI. - **Titus** Caesar Vespasianus IV.
76	829	**Vespasianus** Aug. VII. — **Titus** Caesar Vespasianus V. — **Domitianus** Caesar IV, *sost. 2 dic.* — Galeo Tettienus Petronianus, *sost. 2 dic.* — M. Fulvius Gillo, *sost. 2 dic.*

Era cristiana	Anni di Roma	CONSOLI
77	830	**Vespasianus** Aug. VIII. — **Titus** Caesar Vespasianus VI. **Domitianus** Caesar V, *sost.* — Cn. Jul. Agricola, *sost.*
78	831	L. Ceionius Commodus. — Decimus Novius Priscus.
79	832	**Vespasianus** Aug. IX. — **Titus** Caesar Vespasianus VII.
80	833	**Titus** Aug. VIII. — **Domitianus** Caesar VII — L. Aelius Plautius, *sost. 13 giu.* — C. Marius Marcellus Octavius, *sost. 13 giu.* — Q. Pactumeius Fronto, *sost.* — M. Tittius Frugi, *sost. 7 dic.* — T. Vinicius Julianus, *sost. 7 dic.*
81	834	Lucius Flavius Silva Nonius Bassus. — Asinius Pollio Verrucosus.
82	835	**Domitianus** Aug. VIII. — T. Flavius Sabinus. — P. Valerius Patruinus, *sost. 20 lug.*
83	836	**Domitianus** Aug. IX. — Q. Petillius Rufus II. — C. Scoedius Natta Pinarianus, *sost. 18 lug.* — T. Tettienus Serenus, *sost. 18 lug.*
84	837	**Domitianus** Aug. X. — C. Oppius Sabinus. — Flav. (?) Ursus, *sost.*
85	838	**Domitianus** Aug. XI. — T. Aurelius Fulvus. — Cornel. Gallicanus, *sost.* — D. Aburius Bassus, *sost. 5 sett.* — Q. Julius Balbus, *sost. 5 sett.*
86	839	**Domitianus** Aug. XII. — Ser. Corn. Dolabella Petronianus. — C. Secius Campanus, *sost. 12 genn.* — Sex. Octavius Fronto, *sost. 7 magg.* — Ti. Jul. Candidus Marius Celsus, I, *sost. 13 magg.*
87	840	**Domitianus** Aug. XIII. — L. Volusius Saturninus. — C. Calpurnius, *sost. 22 genn.* — C. Bellicus Natalis Tebanianus, *sost. 19 magg.* — C. Ducenius Proculus, *sost. 20 magg.* — Priscus, *sost. 22 sett.*
88	841	**Domitianus** Aug. XIV. — Q. Minucius Rufus. — Plotius Gripus, *sost. 15 apr.*
89	842	T. Aurelius Fulvus. — Attratinus. — Blesus, *sost. in magg.* — Paeducaeus Saenianus, *sost. 25 ag.*
90	843	**Domitianus** Aug. XV. — M Cocceius **Nerva** II.
91	844	M. Ulpius **Traianus** I. — M. Acilius Glabrio. — Q. Valerius Vegetus, *sost. 5 nov.*
92	845	**Domitianus** Aug. XVI. — Q. Volusius Saturninus.
93	846	Pompeius Collega. — Priscinus.
94	847	Lucius Nonius Torquat. Asprenas. — T. Sextus Magius Lateranus.
95	848	**Domitianus** Aug. XVII. — T. Flavius Clemens.
96	849	C. Antistius Vetus. — T. Manlius Valens.
97	850	**Nerva** Aug. III. — L. Verginius Rufus III. — Domitius Apollinaris, *sost.*
98	851	**Nerva** Aug. IV. — M. Ulpius **Traianus** Caesar II. — P. Cornelius Tacitus, *sost.* — Sex. Jul. Frontinus II, *sost. 20 febb.*
99	852	A. Cornelius Palma I. — Q. Sosius Senecio I. — Q. Fabius Barbarus. — C. Caecilius Faustinus, *sost. 14 ag.* — T. Julius Ferox.

Era cristiana	Anni di Roma	CONSOLI
100	853	**Traianus** Aug. III. — Sex. Julius Frontinus III. — Q. Acutius Nerva. — C. Plinius Caecilius Secundus, *sost. in sett.* — C. Julius Cornutus Tertullus, *sost. in sett.* — L. Roscius Aelianus Maecius Celer, *sost. 29 dic.* — T. Claudius Sacerdos Julianus, *sost. 29 dic.*
101	854	**Traianus** Aug. IV. — Q. Articuleius Paetus — Corn. Scipio Orfitus, *sost. 1 marzo.* — Rebius Macer, *sost. 1 marzo.* — M. Valerius Paulinus, *sost. 1 marzo.* — Rubricus Gallus, *sost. 1 lug.* — Q. Caelius Hispo, *sost. 1 lug.*
102	855	L. Julius Ursus Servianus II. — L. Licinius Sura II. — L. Fabius Justus, *sost. 1 marzo.*
103	856	**Traianus** Aug. V. — M. Laberius Maximus II. — Q. Glitius Atilius Agricola II, *sost. 19 genn.*
104	857	Sex. Attius Suburanus II. — M. Asinius Marcellus. — C. Julius Proculus. *sost.*
105	858	Tib. Julius Candidus II. — C. Antius Julius Quadratus II. — C. Julius Bassus, *sost. 13 magg.* — Cn. Afranius Dexter, *sost. in giugno.*
106	859	L. Ceionius Commodus Verus. — L. Titius Cerealis.
107	860	L. Licinius Sura III. — Q. Sosius Senecio II. — C. Minicius Fundanus, *sost. 30 giu.* — C. Vettenius Severus, *sost. 1 ag.*
108	861	App. Annius Trebonius Gallus. — M. Atilius Metellus Bradua. — P. Aelius Hadrianus I, *sost. 22 giu.* — M. Trebatius Priscus, *sost. 22 giu.*
109	862	A. Cornelius Palma II. — Q. Baebius Tullus. — P. Calvisius Turnus II, *sost.* — L. Annius Largus, *sost.*
110	863	Servius Scipio Salvidienus Orfitus. — M. Paeducaeus Priscinus.
111	864	C. Calpurnius Piso. — M. Vettius Bolanus.
112	865	**Traianus** Aug. VI. — T. Sextius Africanus.
113	866	L. Publicius Celsus II. — C. Clodius Crispinus.
114	867	Q. Ninnius Hasta. — P. Manilius Vopiscus.
115	868	L. Vipsanius Messala. — M. Vergelianus Paedo.
116	869	L. Aelianus Lamia. — Vetus.
117	870	Quinctius Niger. — C. Vipsanius Apronianus.
118	871	**Hadrianus** Aug. II. — Cn. Pedanius Fuscus Salinator.
119	872	**Hadrianus** Aug. III. — Q. Junius Rusticus.
120	873	L. Catilius Severus. — T. Aurelius Fulvus Boionius Arrius Antoninus I.
121	874	M. Annius Verus II. — Aurelius Augurinus.
122	875	Manius Acilius Aviola. — Caius Corn. Pansa.
123	876	Q. Arrius Paetinus. — L. Venuleius Apronianus.
124	877	Manius Acilius Glabrio. — C. Bellicius Torquatus.
125	878	Valerius Asiaticus II. — P. Vettius Aquilinus.
126	879	M. Annius Verus III. — Eggius Ambibulus.
127	880	Titianus. — Gallicanus.
128	881	L. Nonius Torquatus Asprenas II. — M. Annius Libo.
129	882	Q. Julius Balbus. — P. Iuventius Celsus II. — C. Neratius Marcellus, *sost.* — Cn. Lollius Gallus, *sost.*

Era cristiana	Anni di Roma	CONSOLI
130	883	Q. Fabius Catullinus. — M. Flavius Asper.
131	884	Ser. Octavius Laenas Pontianus. — M. Antonius Rufinus.
132	885	Sentius Augurinus. — Arrius Severianus o Sergianus II.
133	886	M. Ant. Hiberus. — Nummius Sisenna.
134	887	L. Jul. Servianus III. — C. Vibius Varus.
135	888	Pontianus. — Atilianus o Atelanus.
136	889	L. Ceionius Commodus Verus. — Sex. Vetulenus Civica Pompeianus.
137	890	Lucius Aelius Caesar II. — L. Caecilius Balbinus Vibullius Pius.
138	891	C. Pomponius Camerinus. — T. Junius Niger.
139	892	**Antoninus** Pius Aug. II. — C. Bruttius Praesens II. — Aul. Jun. Rufinus, *sost.*
140	893	T. Ael. **Antoninus** Pius Aug. III.—**Marcus Aelius Aurelius** Verus Caesar I.
141	894	M. Paeducaeus Syloga Priscinus. — T. Haenius Severus.
142	895	L. Cuspius Rufinus — L Statius Quadratus.
143	896	C. Bellicus Torquatus. — T. Claudius Atticus Herodes.
144	897	L. Lollianus Avitus. — T. Statilius Maximus.
145	898	**Antoninus** Pius Aug. IV. — **Marcus Aurelius** Verus Caesar II.
146	899	Sex. Erucius Clarus II. — Cn. Claudius Severus.
147	900	L. A. Largus. — C. Prastina Pacatus Messalinus.
148	901	C. B. Torquatus — M. Salvius Julianus.
149	902	Serv. Scipio Orfitus. — Q. Nonius Priscus.
150	903	M. Gavius S. Gallicanus. — Sex. Car. Vetus.
151	904	S. Quintilius Condianus. — S. Quintilius Maximus.
152	905	M. Acilius Glabrio. — M. Valerius Homullus.
153	906	C. Bruttius Praesens. — A. Junius Rufinus.
154	907	**Lucius Aelius Verus** I. — Titus Sextius Lateranus.
155	908	C Julius Severus. — M. Junius Rufinus Sabinianus.
156	909	M. Ceionius Silvanus. — C. Serius Augurinus.
157	910	M. Ceonius Civ. Barbarus. — M. Metilius Aquil. Regulus.
158	911	Ser. Sul. Tertullus. — Claudius Sacerdos.
159	912	Plautius Quintillius II. — Statius Priscus.
160	913	Appius Annius Atilius Bradua. — T. Clodius Vibius Barus o Varus.
161	914	**Marcus Aurelius** Verus Caesar III. — **Lucius** Aurel. **Verus** Aug. II.
162	915	Q. Junius Rusticus. — L. Plautius Aquilinus.
163	916	A. Jun. Pastor. — M. Pontius Laelianus. — Q. Mustius Priscus, *sost.*
164	917	M. Pompeius Macrinus. — P. Juventius Celsus.
165	918	L. Arrius Pudens. — M. Gavius Orfitus.
166	919	Q. Servilius Pudens. — L. Fufidius Pollio.
167	920	**Lucius Verus** Aug. III. — M. Ummidius Quadratus.
168	921	L. Ven. Apronianus II. — L. Sergius Paullus II.
169	922	Q. Sosius Priscus Senecio. — P. Caelius Apollinaris.
170	923	M. Cornelius Cethegus. — C. Erucius Clarus.
171	924	T. Statilius Severus — L. Aufidius Herennianus.

Era cristiana	Anni di Roma	CONSOLI
172	925	Quintilius Maximus. — Ser. Calp. Orfitus.
173	926	Cn. Claudius Severus II. — **Tib. Claudius Pompeianus** II.
174	927	Gallus. — Flaccus.
175	928	Calpurnius Piso. — P. Salvius Julianus. — P. Helvius **Pertinax** I, *sost. 27 marzo.* — M. **Didius** Severus **Julianus**, *sost. 27 marzo,*
176	929	T. Pomp. Proc. Pollio II. — M. Flavius Aper II.
177	930	L. Aurelius **Commodus** Aug. II. — M. Pl. Quintillus.
178	931	Orfitus. — Rufus.
179	932	L. Aurelius **Commodus** Aug. II. — P. Martius Verus II.
180	933	L. Fulvius Praesens II. — Sex. Quintillius Condianus.
181	934	M. Aurelius Anton. **Commodus** Aug. III. — L. Antistius Burrhus Adventus.
182	935	Petronius Mamertinus. — Rufus.
183	936	M. Aurelius Anton. **Commodus** Aug. IV. — C. Anfidius Victorinus II.
184	937	L. Cossonius Eggius Marullus. — Cn. Papirius Aelianus.
185	938	M. Corn. Nigrinus Curiatius Maternus. — T. Cl. Attilius Bradua.
186	939	**Commodus** Aug. V. — M. Acilius Glabrio II.
187	940	L Bruttius Crispinus. — L. Roscius Aelianus.
188	941	Seius Fuscianus II. — Servillius Silanus II.
189	942	[Duil]ius Silanus. – Q. Servilius Silanus
190	943	M. Aur **Commodus** Aug. VI. — L. **Septimianus Severus** I, *sost.*
191	944	[Cass]ius Pedo Apronianus. — M. Val. Bradua Mauricius.
192	945	**Commodus** Aug. VII. — P. Helvius **Pertinax** II.
193	946	Q. Sosius Falco. — C. Julius Erutius Clarus.
194	947	**Septimius Severus** Aug. II. — Decimus **Clodius** Septimius **Albinus** Caesar II.
195	948	Scapula Tertullus. — Tincius Clemens.
196	949	C. Domitius Dexter II. — L. Valerius Messala Thrasea Priscus. — P. Fuscus, *sost.*
197	950	T. Sextius Lateranus. — L. Cuspius Rufinus.
198	951	Saturninus. — Gallus — Q. Anicius Faustus, *sost.*
199	952	P. Cornelius Anullinus II. — M. Anfidius Fronto.
200	953	Tib. Claudius Severus. — C. Anfidius Victorinus.
201	954	L. Annius Fabianus. — M. Nonius Arrius Mucianus.
202	955	**Septimius Severus** Aug. III. – M. Aurelius Antoninus (**Caracalla**) I.
203	956	C. Fulvius Plautianus II. — P. Septimius **Geta**.
204	957	L. Fabius Septimius II. — M. A. Flavius Libo.
205	958	M. Aurel. Antoninus (**Caracalla**) II. — P. Septimius **Geta** Caesar I.
206	959	L Fulvius Aemilianus. — M. Nummius Senecio Albinus.
207	960	Aper. — Maximus.
208	961	M. Aurel. Antoninus (**Caracalla**) III. — P. Septimius **Geta** Caesar II.
209	962	Pompeianus. — Avitus.

Era cristiana	Anni di Roma	CONSOLI
210	963	M. Acilius Faustinus. — A. Triarius Rufinus.
211	964	Gentianus. — Bassus.
212	965	C. Julius Asper II. — C. Julius Galerius Asper. — Elvius Pertinax, *sost.*
213	966	M. Aurel. Antoninus (**Caracalla**) Aug. IV. — D. Caelius Calvinus Balbinus II. — M. Antonius **Gordianus**, *sost.*
214	967	S. Messala. — C. O. Sabinus.
215	968	Maecius Laetus II. — Sulla Cerialis.
216	969	P. Catius Sabinus II. — P. Cornelius Anullinus.
217	970	C. Bruttius Praesens. — T. Messius Extricatus II.
218	971	**Macrinus** Aug. — Oclatinus Adventus. — **Elagabalus** Aug. I, *sost.*
219	972	**Elagabalus** Aug. II. — Q. Tineius Sacerdos II.
220	973	**Elagabalus** Aug. III. — P. V. Euthychianus Comazon.
221	974	C. V. Gratus Sabinianus. — M. Fabius Vitellius Seleucus.
222	975	**Elagabalus** Aug. IV. — M. Aurel. **Severus Alexander** Caesar I.
223	976	L. Marius Maximus II. — L. Roscius Aelianus.
224	977	A. Cl. Julianus II. — C. Bruttius Crispinus.
225	978	T. M. Fuscus II. — Ser. Calp. Domitius Dexter.
226	979	**Severus Alexander** Aug. II. — L. Aufidius Marcellus II.
227	980	M. N. Senecio Albinus. — M. Laelius Maximus.
228	981	Modestus II. — Probus.
229	982	**Severus Alexander** Aug. III. — Dio Cassius II. — M. Ant. **Gordianus**? *sost.*
230	983	L. Virius Agricola. — Sex. Cotius Clementinus.
231	984	Cl. Pompeianus. — T. Fl. Praelignianus.
232	985	Lupus. — Maximus I.
233	986	Maximus, II. — Paternus.
234	987	**Maximus** II. — Agricola Urbanus.
235	988	Cn. Cl. Severus. — L. Ti. Cl. Aur. Quintianus.
236	989	C. Jul. **Maximinus** Aug. — M. Pupienus Africanus.
237	990	Perpetuus. — Cornelianus.
238	991	F. Pius. — Pontius Proculus Pontianus. — Junius Silanus, *sost.* 26 *giu.* — Claud. Julianus, *sost.* — Celsus Elianus, *sost.*
239	992	M. Ant. **Gordianus** Aug. I. — Man. Acilius Aviola.
240	993	Sabinus II. — Venustus.
241	994	**Gordianus** Aug. II. — Pompeianus.
242	995	C. Vettius Atticus. — C. Asinius Praetextatus.
243	996	L. Annius Arrianus. — C. Cervonius Papus.
244	997	Armen. Peregrinus. — Ful. Aemilianus I.
245	998	**Philippus** Aug. I. — Titianus.
246	999	C. Bruttius Praesens. — C. Alb. Albinus.
247	1000	**Philippus** Aug. II. — M Julius Philippus Caesar I.
248	1001	**Philippus** Aug. III. — M. Julius Philippus Caesar II.
249	1002	Fulv. Aemilianus II. — L. Nevius Aquilinus
250	1003	**Decius** Aug. II. — Vettius Gratus.
251	1004	**Decius** Aug. III. — Q. Herennius Etruscus Caesar.

Era cristiana	Anni di Roma	CONSOLI
252	1005	**Trebonianus Gallus** Aug. II. — C. Vibius **Volusianus** Caesar I.
253	1006	**Volusianus** Aug. II. — Maximus.
254	1007	**Valerianus** Aug. II. — **Gallienus** Aug. I.
255	1008	**Valerianus** Aug. III. — **Gallienus** Aug. II.
256	1009	L. Val. Maximus. — M. A Glabrio.
257	1010	**Valerianus** Aug. IV. — **Gallienus** Aug. III.
258	1011	Memmius Tuscus. — P. Bassus I.
259	1012	Aemilianus. — Bassus.
260	1013	P. Cornelius Secularis II. — C. Junius Donatus II.
261	1014	**Gallienus** Aug. IV. — T. Petronius Taurus Volusianus.
262	1015	**Gallienus** Aug. V. — Faustinianus.
263	1016	Albinus II. — Maximus Dexter.
264	1017	**Gallienus** Aug. VI. — Saturninus.
265	1018	P Licinius Corn. Valerianus II. — Lucilius.
266	1019	**Gallienus** Aug. VII. — Sabinillus.
267	1020	Paternus I. — Arcesilaus.
268	1021	Paternus II. — Marinianus.
269	1022	**Claudius** Aug. — Paternus.
270	1023	Fl. Antiochianus II. — Vir. Orfitus.
271	1024	L. Domitius **Aurelianus** Aug. I. — Pomponius Bassus II.
272	1025	Quietus. — Veldumnianus.
273	1026	M. Claudius **Tacitus** I. — Placidianus.
274	1027	L. Domitius **Aurelianus** Aug. II. — C. Julius Capitolinus.
275	1028	L. Domitius **Aurelianus** Aug. III. — Marcellinus. — Aurelius Gordianus, *sost. 3 febb.* — Velius Cornif. Gordianus, *sost. 25 sett.*
276	1029	M. Claudius **Tacitus** Aug. II. — Aemilianus
277	1030	M. Aurelius **Probus** Aug. I. — Paulinus.
278	1031	M. Aurelius **Probus** Aug. II — Lupus.
279	1032	M. Aurelius **Probus** Aug. III. — Nonius Paternus II.
280	1033	Messala. — Gratus.
281	1034	M. Aurelius **Probus** Aug. IV. — Tiberianus.
282	1035	M. Aurelius **Probus** Aug. V. — Victorinus.
283	1036	M. Aurelius **Carus** Aug. II. — M. Aurelius **Carinus** Caesar I.
284	1037	M Aurelius **Carinus** Aug. II. — M. Aurelius **Numerianus** Aug. — C. Aurel. Val. **Diocletianus** I, *sost. 1 magg.* — Annius Bassus, I, *sost. 1 magg.* — M. Aur. Valer. **Maximianus** I, *sost. 1 sett.* — M. Junius Maximus I. *sost. 1 sett.*
285	1038	C. Aurel. Valerius **Diocletianus** Aug. II. — Aristobulus.
286	1039	M. Junius Maximus II. — Vettius Aquilinus.
287	1040	C. Aurel. Valer. **Diocletianus** Aug. III. — M. Aur. Val. **Maximianus** Aug. II.
288	1041	M. Aur. Val. **Maximianus** Aug. III. — Pomponius Januarius.
289	1042	A. Bassus II. — L. R. Quintianus.
290	1043	C. Aur. Val. **Diocletianus** Aug. IV. — M. Aur. Val. **Maximianus** Aug. III.
291	1044	C. Junius Tiberianus II. — Cassius Dio.
292	1045	Afran. Annibalianus. — M. Aur. Asclepiodotus.
293	1046	C. Aur. Valer. **Diocletianus** Aug. V. — M. Aur. Val. **Maximianus** Aug. V.

Era cristiana	Anni di Roma	CONSOLI
294	1047	Fl. Valer. **Constantius Chlorus** Caesar I. — C. **Galerius** Valerius Maximianus Caesar I.
295	1048	Nummius Tuscus — Ann. Corn. Anullinus.
296	1049	C. Aur. Val. **Diocletianus** Aug. VI. — Flavius Val. **Constantius Chlorus** Caesar II.
297	1050	M. A. Val. **Maximianus** Aug. VI. — C. **Galerius** Valer. Maximianus Caesar II.
298	1051	Anicius Faustus. — Virius Gallus.
299	1052	C. Aur. Valer. **Diocletianus** Aug. VII. — M. Aur. Valer. **Maximianus** Aug. VII.
300	1053	Fl. Val. **Constantius Chlorus** Caesar IIL — C. **Galerius** Valer. Maximianus Caesar III.
301	1054	Post. Titianus II. — Fl. Pop. Nepotianus.
302	1055	Fl. Val. **Constantius Chlorus** Caesar IV. — C. **Galerius** Valer. Maximianus Caesar IV.
303 304	1056 1057	**Diocletianus** Aug. VIII. — **Maximianus** Aug. VIII.
305 306	1058 1059	**Constantius Chlorus** Aug. V. — **Galerius** Valer. Maximianus Aug. V.
307	1060	M. Aur. Val. **Maximianus** Aug. X. — Fl. Valer. **Constantinus** Caesar I.
308	1061	M. A. Valer. **Maximianus** Aug. XI. — C. **Galerius** Valer. Maximianus Aug. VII.
309	1062	M. Aur. Val. **Maxentius** Aug. II, *a Roma*. — M. Aurelius Romulus Caesar I, *a Roma*. — Post consulatum Maximiani et Galerii, *fuori di Roma*.
310	1063	**Maxentius** Aug III, *a Roma*. — Romulus Caesar II, *a Roma*. — Anno II post Consulatum Maximiani et Galerii, *fuori di Roma*.
311	1064	C **Galerius** Val. Maximianus Aug. VIII, *fuori di Roma*. — Maximianus Aug. II, *fuori di Roma*. — C. Ceionius Rufius Volusianus I, *a Roma*. — Eusebius, *a Roma*.
312	1065	Fl. Valer **Constantinus** Aug. II, *in Occid*. — Publ. Valer. Licinianus **Licinius** Aug. II, *in Occid*. — M. Aur. Maxentius Aug. IV, *a Roma*. — C. Galer. Val. Maximinus Aug III, *in Oriente*. — Picentius, *in Oriente*.
313	1066	Flav. Valer. **Constantinus** Aug. III. — C. Flav, Val. Licinianus **Licinius** Aug. III.
314	1067	C. Ceionius Rufius Volusianus II. — Annianus.
315	1068	Flav. Valer. **Constantinus** Aug. IV. — C. Flav. Valer. Licinianus **Licinius** Aug. IV.
316	1069	Fl. Ruf. Ceionius Sabinus. — Q. A. Rufinus Proculus.
317	1070	Ovinius Gallicanus, *dal 17 febb*. — Sep Bassus, *dal 17 febb*.
318	1071	**Licinius** Aug. V. — Flav. Julius Crispus Caesar I.
319	1072	Fl. Val. **Constantinus** Aug. V. — Valer. Licinianus Licinius Caesar.
320	1073	Fl. Val. **Constantinus** Aug. VI. — Fl. Valer. **Constantinus** Caesar I.
321	1074	Fl. Jul. Crispus Caesar II. — Fl. Val. **Constantinus** Caesar II.

Era cristiana	Anni di Roma	CONSOLI
322	1075	Fl Petronius Probianus. — Anicius Julianus.
323	1076	Acilius Severus. — Vettius Rufinus.
324	1077	Flav. Julius Crispus Caesar III. — Flav. Valerius **Constantinus** Caesar III.
325	1078	A. F. Paulinus. — C. Ceionius Julianus.
326	1079	Fl. Val. **Constantinus** Aug. VII. — Flav. Jul. **Constantius** Caesar I.
327	1080	Flav. Valer. Constantinus Caesar IV. — Fl. Val. Maximus Basilius.
328	1081	Fl. Magn. Januarius. — Fab. Justus.
329	1082	Fl. Val. **Constantinus** Aug. VIII. — F. V. **Constantinus** Caesar V.
330	1083	Fl. O[vinius?] Gallicanus. — L. A. Symmachus.
331	1084	Annius Bassus. — Ablavius Aegyptius.
332	1085	O. Pacatianus. — Maecil. Hilarianus.
333	1086	Fl. Dalmatius. — M Aur. Zenophilus.
334	1087	L. Bavius Acontius Optatus. — Anicius Paulinus junior.
335	1088	Julius Constantius. — Ceionius Rufius Albinus.
336	1089	Flavius Popilius **Nepotianus**. — Facundus.
337	1090	Felicianus. — Tiberius Fabius Titianus.
338	1091	Ursus, *in Occ.* — Polemius, *in Or.*
339	1092	**Constantius** Aug. II. — Flavius Jul. **Constans** Aug. I.
340	1093	Fl. Sept. Acyndinus, *in Or.* — L Aradius Valerius Proculus, *in Occ.*
341	1094	Fl. Anton. Marcellinus, *in Or.* — Petronius Probinus, *in Occ.*
342	1095	Fl. Jul. **Constantius** Aug. III. — Fl. Jul. **Constans** Aug. II.
343	1096	M. Memmius Metius Furius Baburius Caecilianus Proculus. — Fl. Pisid. Romulus
344	1097	Dometius Leontius. — Fl. Salustius Bonosus.
345	1098	Post. Amantius, *in Or.* — Albinus, *in Occ.*
346	1099	F. J. **Constantius** Aug. IV. — F. J. **Constans** Aug. III.
347	1100	Fl. Rufinus, *in Occ.* — Fl. Eusebius, *in Or.*
348	1101	Fl. Philippus, *in Or.* — Fl. Salias.
349	1102	Ulpius Limenius. — Aco Catullinus Philonianus.
350	1103	Fl. Anicius Sergius. -- Nigrinianus.
351	1104	*Post Consulatum* Sergii et Nigriniani (1). — Fl. Mag. **Magnentius.** — Fl. Gaiso (2).
352	1105	**Constantius** Aug. V. — Flavius Constantius Gallus Caesar I. — Decentius. — Paullus (3).
353 354	1106 1107	**Constantius** Aug VI. -- Constantius Gallus Caesar II.
355	1108	Flav. Arcelio. — Q Flav. M. Egnatius Lollianus.
356 357	1109 1110	Fl. Jul. **Constantius** Aug. VIII — Flav. Claud. **Julianus** Caesar I.

(1) Nella parte dell'impero non soggetta a Magnenzio.
(2) Nella parte dell'impero soggetta a Magnenzio.
(3) Gli ultimi due nella parte dell'impero soggetta a Magnenzio.

Era cristiana	Anni di Roma	CONSOLI
358	1111	Neratius Cerealis. — T. F. Datianus.
359	1112	Flav. Eusebius — Flav. Hypatius.
360	1113	Fl Jul. **Constantius** Aug. X. — Fl. Cl. **Julianus** Caesar III.
361	1114	Flav. Taurus. — Flav. Florentius.
362	1115	Cl. Mamertinus. — Fl. Nevitta.
363	1116	Fl. Cl. **Julianus** Aug. IV. — Secundus Salustius Promotus.
364	1117	Fl. **Jovianus** Aug. — Flav. Varronianus
365	1118	Flav. **Valentinianus** Aug. I. — Flav. Valens Aug. I.
366	1119	Fl. **Gratianus**. I. — Fl. Dagalaiphus.
367	1120	Fl. Lupicinus, *in Or.* — Fl. Valens Jovinus, *in Occ.*
368	1121	Fl. **Valentinianus** Aug. II. — Fl. **Valens** Aug. II.
369	1122	J. Fel. Valentinianus, *in Or.* — S. Aur. Victor, *in Or.*
370	1123	Fl. **Valentinianus** Aug. III, *in Occ.* — Fl. **Valens** Aug. III, *in Or.*
371	1124	Flav. **Gratianus** Aug. II. — Sextus Anicius Petronius Probus.
372	1125	Fl. Domitius Modestus. *in Or.* — Fl. Aryntheus, *in Or.*
373	1126	Fl. **Valentinianus** Aug. IV. — Fl. **Valens** Aug. IV.
374	1127	Fl. Gratianus Aug. III. *in Occ.* — Fl. Equitius, *in Occ.*
375	1128	Post Consulatum Gratiani et Equitii.
376	1129	Fl. **Valens** Aug. V, *in Or.* — Fl. **Valentinianus** junior Aug. I, *in Occ.*
377	1130	Fl. **Gratianus** Aug. IV. — Flavius Merobaudes I.
378	1131	Fl. **Valens** Aug. VI, *in Or.* — Fl. **Valentinianus** Junior Aug. II, *in Occ.*
379	1132	Decimus Magnus Ausonius. — Q. Clodius Hermogenianus Olybrius.
380	1133	Flav **Gratianus** Aug. V, *in Occ.* — Flav. **Theodosius** Aug. I. *in Or.*
381	1134	Flavius Ann. Eucherius; *in Or.* — Flavius Syagrius, *in Occ.*
382	1135	Fl. Antonius, *in Or.* — Afranius Syagrius, *in Occ.*
383	1136	Fl. Merobaudes II, *in Occ* — Flav. Saturninus, *in Or.*
384	1137	Fl. Clearchus, *in Or.* — Flav. Richomeres, *in Occ.*
385	1138	Flav. **Arcadius** Aug. I, *in Or.* — Fl. Bauto, *in Occ.*
386	1139	Flav. Honorius, I, *in Or.* — Fl Evodius, *in Occ.*
387	1140	Fl. **Valentinianus** Aug. III, *in Occ.* — Fl. Eutropius, *in Or.*
388	1141	Fl. **Theodosius** Aug. II, *in Or.* — Fl. Cynegius, *in Or.*
389	1142	Fl. Timasius. — Fl. Promotus.
390	1143	Fl. **Valentinianus** Aug. IV. — Fl. Neoterius, *in Or.*
391	1144	Tib. Fab. Tatianus. *in Or.* — Q. Aurel. Symmachus, *in Occ.*
392	1145	Fl. **Arcadius** Aug. II *in Or.* — Fl. Rufinus, *in Or.*
393	1146	Fl. **Theodosius** Aug. III, *in Or.* — Fl. Abundantius, *in Or.* — Eugenius, *in Occ.*
394	1147	Fl. **Arcadius** Aug. III, *in Or.* - Fl. **Honorius** Aug. II, *in Or.*
395	1148	Anicius Hermogenianus Olybrius. — Anicius Probinus.
396	1149	Fl. **Arcadius** Aug. IV, *in Or.* - Fl. **Honorius** Aug. III, *in Occ.*
397	1150	Fl. Caesarius, *in Or.* — Nonius Atticus, *in Occ.*
398	1151	Fl. **Honorius** Aug. IV, *in Occ.* — Fl. Euthychianus, *in Or.*
399	1152	Fl. Manlius Theodorus, *in Occ.* — Fl. Eutropius, *in Or.*
400	1153	Fl. Stilicho I, *in Occ.* - Fl. Aurelianus, *in Or.*
401	1154	Ragonius Vincentius Celsus, *in Occ* — Fl. Fravitta, *in Or.*

Era cristiana	Anni di Roma	CONSOLI
402	1155	Fl. **Arcadius** Aug. V. — Fl. **Honorius** Aug. V.
403	1156	Fl. **Theodosius** junior Aug. I. — Fl. Rumoridus, *in Occ.*
404	1157	Fl. **Honorius** Aug. VI. — Fl. Aristaenetus, *in Or.*
405	1158	Fl. Stilicho II, *in Occ.* — Fl. Anthemius, *in Or.*
406	1159	Fl. **Arcadius** Aug. VI. — Anicius Petronius Probus, *in Or.*
407	1160	**Honorius** Aug. VII. — **Theodosius**, junior Aug. II.
408	1161	Anicius Bassus, *in Or.* — Fl. Philippus, *in Occ.*
409	1162	**Honorius** Aug. VIII. — **Theodosius** junior Aug. III.
410	1163	Fl. Varanes, *in Or.* — Fl. Tertullus, *in Occ.*
411	1164	**Theodosius** junior Aug. IV, *solo.*
412	1165	**Honorius** Aug. IX. — **Theodosius** junior Aug. V.
413	1166	Fl. Lucius, *in Or.* — Heraclianus, *in Occ.*
414	1167	C. Fabius Constantius I, *in Occ.* — Fl. Constans, *in Or.*
415	1168	**Honorius** Aug. X. — **Theodosius** junior Aug. VI.
416	1169	**Theodosius** Aug. VII. — Junius Quartus Palladius, *in Or.*
417	1170	**Honorius** Aug. XI. — Fl. Constantius II.
418	1171	**Honorius** Aug. XII. — **Theodosius** junior Aug. VIII.
419	1172	Fl. Monaxius, *in Or.* — Fl. Plintha, *in Occ.*
420	1173	**Theodosius** junior Aug. IX, *in Or.* — Fl. Constantius III, *in Occ.*
421	1174	Fl. Eustatius, *in Or.* — Fl. Agricola, *in Occ.*
422	1175	**Honorius** Aug XIII. — **Theodosius** junior Aug. X.
423	1176	Fl. Asclepiodotus, *in Or* — Fl. Avitus Marinianus, *in Occ.*
424	1177	Fl. Castinus, *in Occ.* — Fl. Victor, *in Or.*
425	1178	**Theodosius** junior Aug. XI. — Fl. Placid. **Valentinianus** Caesar I.
426	1179	**Theodosius** junior Aug. XII. — **Valentinianus** Aug. II.
427	1180	Fl. Hierus, *in Or.* — Fl. Ardaburius, *in Or.*
428	1181	Flavius Felix, *in Occ.* — Fl. Taurus, *in Or.*
429	1182	Fl. Florentius. — Fl. Dyonisius, *in Or.*
430	1183	**Theodosius** Aug. XIII, *in Or.* — **Valentinianus** Aug. III, *in Occ.*
431	1184	A. Bassus, *in Occ.* — Fl. Antiochus, *in Or.*
432	1185	Fl. Aetius I, *in Occ.* — Fl. Valerius, *in Or.*
433	1186	**Theodosius** junior Aug. XIV, *in Or.* — Petronius Maximus I, *in Or.*
434	1187	Fl. Ariovindus, *in Occ.* — Fl. Aspar, *in Or.*
435	1188	**Theodosius** junior Aug. XV. — **Valentinianus** Aug. IV.
436	1189	Flavius Anthemius Isidorus, *in Or* — Flavius Senator, *in Or.*
437	1190	Fl. Aetius II, *in Occ.* — Sigisboldus, *in Occ.*
438	1191	**Theodosius** Aug. XVI. — Anicius Acil. Glabrio Faustus.
439	1192	**Theodosius** junior Aug. XVII, *in Or.* — Fl. Festus, *in Occ.*
440	1193	**Valentinianus** Aug. V, *in Occ.* — Fl. Anatolius, *in Or.*
441	1194	Fl. Cyrus Panopelites, *solo in Or.*
442	1195	Fl. Eudoxius, *in Or.* — Fl. Dioscorus, *in Or.*
443	1196	Petronius Maximus II, *in Occ.* — Fl. Paterius, *in Occ.*
444	1197	**Theodosius** junior Aug. XVIII, *in Or.* — Caec. Dec. Albinus, *in Occ.*
445	1198	**Valentinianus** Aug. VI. — Fl. Nonius o Albinius.

Era cristiana	Anni di Roma	CONSOLI
446	1199	Fl Aetius III, *in Occ.* — Q. Aurelius Symmachus. *in Occ.*
447	1200	F. Prob. Callipius, *in Occ.* — Fl. Ardaburius, *in Or.*
448	1201	Fl. Zeno. — Ruffius Praetextatus Postumianus.
449	1202	T. Secund. Asturius. — Fl. Protogenes.
450	1203	**Valentinianus** Aug. VII, *in Or.* — Gennadius Val. Corv. Avienus, *in Or.*
451	1204	**Marcianus** Aug., *in Or.* — Clod. Adelphius, *in Occ.*
452	1205	Fl. Asporatius. — Fl. Herculianus, *in Occ.*
453	1206	Fl. Vincomalus. — Fl. Opilio, *in Occ.*
454	1207	Fl. Studius, *in Occ.* — Fl. Aetius.
455	1208	**Valentinianus** Aug. VIII. — **Anthemius** I.
456	1209	Fl. Varanes, *in Or.* — Joannes, *in Or.* — Eparchius **Avitus** Aug., *in Occ.*
457	1210	Fl. Constantinus, *in Occ.* — Fl. Rufus, *in Or.*
458	1211	**Leo** Aug. I. — **Majorianus** Aug.
459	1212	Fl. Ricimer, *in Occ.* — Fl. Patricius, *in Or.*
460	1213	Magnus, *in Occ.* — Appollonius, *in Or.*
461	1214	Fl. Severinus, *in Occ.* — Fl. Dagalaiphus, *in Or.*
462	1215	**Leo** Aug. II. — **Severus** Aug.
463	1216	Caecina Dec. Basilius, *in Occ.* — Fl. Vivianus.
464	1217	Fl. Rusticus. — Fl. Anicius Olybrius.
465	1218	Fl. Basiliscus I, *in Or.* — Fl. Herminiricus, *in Or.*
466	1219	**Leo** Aug. III, *in Or.* — Tib. Fab. Tatianus, *in Or.*
467	1220	Fl. Pusaeus. — Fl. Johannes.
468	1221	**Anthemius** Aug. II. *solo.*
469	1222	Fl. Marcianus. — **Zeno** Isauricus I.
470	1223	Fl. Jordanes, *in Or.* — Fl. Severus, *in Occ.*
471	1224	**Leo** Aug. IV. — Fl. Probianus.
472	1225	Fl. Festus, *in Occ.* — Fl. Marcianus, *in Or.*
473	1226	**Leo** Aug. V, *solo.*
474	1227	**Leo** junior Aug., *solo.*
475	1228	**Zeno** Aug. II, *solo.*
476	1229	Fl. Basiliscus II, *in Or.* — Fl. Armatus, *in Or.*
477	1230	Post. Cons. Basilisci et Armati.
478	1231	Fl. Illus, *solo.*
479	1232	**Zeno** Aug. III, *solo.*
480	1233	Fl. Basilius junior, *solo.*
481	1234	Fl. Placidus, *solo.*
482	1235	Fl. Trocondus. — Fl. Severinus junior.
483	1236	Anicius Faustus, *solo.*
484	1237	Theodoricus (*re dei Goti*). — Fl. Venantius Decius.
485	1238	Q. Aurel. Symmachus junior, *solo.*
486	1239	Caec. Maurus Decius, *in Occ.* — Fl. Longinus I. *in Or.*
487	1240	Anic. Manl. Severinus Boetius, *solo.*
488	1241	Cl. Dynamius, *in Occ.* — Fl. Sifidius, *in Occ.*
489	1242	An. Probinus, *in Occ.* — Eusebius Chronio I. *in Or.*
490	1243	Fl. Faustus junior, *in Occ.* — Fl. Longinus II, *in Or.*
491	1244	Fl. Olybrius junior, *solo.*
492	1245	**Anastasius** Aug. I. — Fl. Rufinus.

Era cristiana	Anni di Roma	CONSOLI
493	1246	Eusebius Chronio II, *in Or.* — Decius Albinus, *in Occ.*
494	1247	Turcius Ruflus Apronianus Asterius, *in Occ.* — Fl. Prae-sidius, *in Or.*
495	1248	Fl. Victor, *solo, in Occ.*
496	1249	Fl. Paulus, *solo, in Or.*
497	1250	**Anastasius** Aug. II, *solo.*
498	1251	Joannes Scytha, *in Or.* — Decius Paulinus, *in Occ.*
499	1252	Fl. Joannes Gibbus, *solo.*
500	1253	Fl. Hypatius, *in Or.* — Fl. Patricius, *in Or.*
501	1254	Ruf. Magn. Faustus Avienus, *in Occ.* — Fl. Pompeius, *in Or.*
502	1255	Fl. Avienus junior, *in Occ.* — Fl. Probus, *in Or.*
503	1256	Fl. Dexierates, *in Or.* — Fl. Volusianus, *in Occ.*
504	1257	Fl. Cethegus, *solo, in Or.*
505	1258	Fl. Sabinianus, *in Or.* — Fl. Manl. Theodorus, *in Occ.*
506	1259	Fl. Areobindus, *in Or.* — Fl. Messala, *in Occ.*
507	1260	**Anastasius** Aug. III. — Venantius Decius.
508	1261	Fl. Celer. — Basil. Venantius Decius.
509	1262	Importunus Decius, *solo, in Occ.*
510	1263	Anicius Manlius Severinus Boetius, *solo.*
511	1264	Secundinus, *in Or.* — Felix Gallus, *in Occ.*
512	1265	Fl. Paulus. — Fl. Muschianus.
513	1266	Anic. Probus — Fl. Clementinus, *in Or.*
514	1267	Magnus Aurel. Cassiodorus Senator, *solo, in Occ.*
515	1268	Fl. Anthemius, *in Or.* — Fl. Florentius, *in Occ.*
516	1269	Fl. Petrus, *solo, in Occ.*
517	1270	Anastasius, *in Or.* — Agapitus, *in Occ.*
518	1271	Fl. Magnus, *solo, in Occ.*
519	1272	**Justinus** Aug. I, *in Or.* — Fl. Eutharicus Amalus, *in Occ.*
520	1273	Fl. Vitalianus, *in Or* — Fl. Rusticus, *in Occ.*
521	1274	Justinianus, *in Or.* — Fl. Valerius, *in Occ.*
522	1275	Q Aur. Anic. Symmacus, *in Occ.* — Anic. Manl. Severinus Boetius, *in Occ.*
523	1276	Fl. Anicius Maximus, *solo, in Occ.*
524	1277	**Justinus** Aug. II. — Fl. Opilio, *in Occ.*
525	1278	Fl. Theodorus Philoxenus, *in Or.* — Anicius Probus junior, *in Occ.*
526	1279	Anic. Olybrius junior, *solo, in Occ.*
527	1280	Vettius Agorius Basilius Mavortius, *solo, in Occ.*
528	1281	**Justinianus** Aug. II, *solo.*
529	1282	Caec. Decius Basilius junior, *solo, in Occ.*
530	1283	Fl. Postum. Lampadius, *in Occ.* — Fl. Orestes, *in Occ.*
531	1284	*Post Cons.* Lampadii et Orestis *anno I.*
532	1285	*Post Cons.* Lampadii et Orestis *anno II.*
533	1286	**Justinianus** Aug III, *solo.*
534	1287	**Justinianus** Aug. IV — Dec. Fl. Theod. Paulinus, *in Occ.*
535	1288	Fl. Belisarius, *solo, in Or.*
536	1289	*Post Cons.* Fl. Belisarii *anno I, in Or.* — *Post Cons.* Paulini *anno II, in Occ.*

Era cristiana	Anni di Roma	CONSOLI
537	1290	*Post Cons* Fl. Belisari *anno II, in Or.* — *Post Cons.* Paulini *anno III, in Occ.*
538	1291	Fl Joannes, *in Or.* — *Post Cons.* Paulini *anno IV, in Occ.*
539	1292	Fl. Appio Aegyptius, *solo, in Or.*
540	1293	Fl. Justinus Junior, *solo.*
541	1294	Fl. Basilius Junior, *solo.*
542	1295	*Post Cons.* Basilii *anno* I.
543	1296	„ „ „ „ II.
544	1297	„ „ „ „ III.
545	1298	„ „ „ „ IV.
546	1299	„ „ „ „ V.
547	1300	„ „ „ „ VI.
548	1301	„ „ „ „ VII.
549	1302	„ „ „ „ VIII.
550	1303	„ „ „ „ IX.
551	1304	„ „ „ „ X.
552	1305	„ „ „ „ XI
553	1306	„ „ „ „ XII.
554	1307	„ „ „ „ XIII.
555	1308	„ „ „ „ XIV.
556	1309	„ „ „ „ XV.
557	1310	„ „ „ „ XVI.
558	1311	„ „ „ „ XVII.
559	1312	„ „ „ „ XVIII.
560	1313	„ „ „ „ XIX.
561	1314	„ „ „ „ XX.
562	1315	„ „ „ „ XXI.
563	1316	„ „ „ „ XXII.
564	1317	„ „ „ „ XXIII.
565	1318	„ „ „ „ XXIV.
566	1319	Justinus II, *Imp. d'Oriente e Console.*

II.

TAVOLE CRONOGRAFICHE

II.

Tavole Cronografiche

dall'anno I° al 2000 dell'era cristiana.

Anni dell'Era cristiana	Era bizantina o greca	Era di Spagna	Pasqua e rinvio al calendario	IMPERATORI ROMANI	PAPI
I	5509	39	27 M.	Augusto *C. G. Ces. Ottav.* *imp. dal 30 av. Era Crist.*	
2	5510	40	16 A.	"	
3	5511	41	8 A.	"	
4*b*	5512	42	23 M.	"	
5	5513	43	12 A.	"	
6	5514	44	4 A.	"	
7	5515	45	24 A.	"	
8*b*	5516	46	8 A.	"	
9	5517	47	31 M.	"	
10	5518	48	20 A.	"	
11	5519	49	5 A.	"	
12*b*	5520	50	27 M.	"	
13	5521	51	16 A.	"	
14	5522	52	8 A.	*Augusto muore 19 agosto* Tiberio *imp.*	
15	5523	53	24 M.	"	
16*b*	5524	54	12 A.	"	
17	5525	55	4 A.	"	
18	5526	56	24 A.	"	
19	5527	57	9 A.	"	
20*b*	5528	58	31 M.	"	
21	5529	59	20 A.	"	
22	5530	60	5 A.	"	
23	5531	61	28 M.	"	
24*b*	5532	62	16 A.	"	
25	5533	63	1 A.	"	
26	5534	64	21 A.	"	
27	5535	65	13 A.	"	
28*b*	5536	66	28 M.	"	

NB. Nella colonna dell'era cristiana la lettera *b* indica gli anni bisestili, in quella della Pasqua, **A.** indica Aprile ed **M.**, Marzo. Usammo inoltre le abbreviaz.: el. = eletto o proclamato, imp. = imperatore, con. = consacrato, cor. = coronato, m. = muore, av. = avanti, d. = dopo. — Fra parentesi quadre ponemmo i nomi dei Papi controversi o de' quali non è ancora certa la data del pontificato.

Anni dell'Era Cristiana	Era bizantina o greca	Era di Spagna	Pasqua e rinvio al calendario	IMPERATORI ROMANI	PAPI
29	5537	67	17 A.	(Tiberio)	[S. Pietro Apostolo]
30	5538	68	9 A.	"	"
31	5539	69	25 M.	"	"
32b	5540	70	13 A.	"	"
33	5541	71	5 A.	"	"
34	5542	72	28 M.	"	"
35	5543	73	10 A.	"	"
36b	5544	74	1 A.	"	"
37	5545	75	21 A.	Tiberio m. 16 mar. Caligola imp., 16 mar.	"
38	5546	76	6 A.	"	"
39	5547	77	29 M.	"	"
40b	5548	78	17 A.	"	"
41	5549	79	9 A.	Caligola m. 24 genn. Claudio I el. 25 genn.	"
42	5550	80	25 M.	"	"
43	5551	81	14 A.	"	"
44b	5552	82	5 A.	"	"
45	5553	83	25 A.	"	"
46	5554	84	10 A.	"	"
47	5555	85	2 A.	"	"
48b	5556	86	21 A.	"	"
49	5557	87	6 A.	"	"
50	5558	88	29 M.	"	"
51	5559	89	18 A.	"	"
52b	5560	90	2 A.	"	"
53	5561	91	25 M.	"	"
54	5562	92	14 A.	Claudio I m. 13 ott. Nerone el. 13 ott.	"
55	5563	93	30 M.	"	"
56b	5564	94	18 A.	"	"
57	5565	95	10 A.	"	"
58	5566	96	26 M.	"	"
59	5567	97	15 A	"	"
60b	5568	98	6 A.	"	"
61	5569	99	29 M.	"	"
62	5570	100	11 A.	"	"
63	5571	101	3 A.	"	"
64b	5572	102	22 A.	"	"
65	5573	103	14 A.	"	"
66	5574	104	30 M.	"	[S. Pietro m. 29 giu.] [S. Lino el...?]
67	5575	105	19 A.	"	"
68b	5576	106	10 A.	Nerone m. 9 giugno Galba el. 11 giugno	"
69	5577	107	26 M.	Galba m. 15 genn. Ottone el. 15 genn. m. 25 apr. A. Vitellio el. 2 genn. Vespasiano el. 1º luglio.	"

Anni dell'Era Cristiana	Era bizantina o greca	Era di Spagna	Pasqua e rinvio al calendario	IMPERATORI ROMANI	PAPI
70	5578	108	15 A.	A. Vitellio m. 20 dic. / Vespasiano solo	(S Lino)
71	5579	109	7 A.	»	»
72b	5580	110	22 M.	»	»
73	5581	111	11 A.	»	»
74	5582	112	3 A.	»	»
75	5583	113	23 A.	»	»
76b	5584	114	7 A.	»	[S. Lino m. 23 sett.] / [S. Cleto o Anacl. el.?]
77	5585	115	30 M.	»	»
78	5586	116	19 A.	»	»
79	5587	117	4 A.	Vespasiano m. 23 giu. / Tito Fl Vesp. imp. 23 giu.	»
80b	5588	118	26 M.	»	»
81	5589	119	15 A.	Tito m. 13 sett. / Domiziano imp. in sett.	»
82	5590	120	31 M.	»	»
83	5591	121	20 A.	»	»
84b	5592	122	11 A.	»	»
85	5593	123	3 A.	»	»
86	5594	124	16 A.	»	»
87	5595	125	8 A.	»	»
88b	5596	126	30 M.	»	[S. Cleto m...?] / [S. Clemente I el. 23 genn.]
89	5597	127	19 A.	»	»
90	5598	128	4 A.	»	»
91	5599	129	27 M.	»	»
92b	5600	130	15 A.	»	»
93	5601	131	31 M.	»	»
94	5602	132	20 A.	»	»
95	5603	133	12 A.	»	»
96b	5604	134	27 M.	Domiziano m. 18 sett. / Nerva el. 18 sett.	»
97	5605	135	16 A.	»	[S. Clemente I m. 23 nov.] / [S. Evaristo el...?]
98	5606	136	8 A.	Nerva m. 25 genn. / Traiano imp.	»
99	5607	137	24 M.	»	»
100b	5608	138	12 A.	»	»
101	5609	139	4 A.	»	»
102	5610	140	24 A.	»	»
103	5611	141	9 A.	»	»
104b	5612	142	31 M.	»	»
105	5613	143	20 A.	»	[S. Evaristo m. 26 ott.] / [S. Alessandro I el...?]
106	5614	144	5 A.	»	»

Anni dell'Era Cristiana	Era bizantina o greca	Era di Spagna	Pasqua e rinvio al calendario	IMPERATORI ROMANI	PAPI
107	5615	145	28 M.	(Traiano)	(S. Alessandro I)
108b	5616	146	16 A.	„	„
109	5617	147	8 A.	„	„
110	5618	148	24 M.	„	„
111	5619	149	13 A.	„	„
112b	5620	150	4 A.	„	„
113	5621	151	24 A.	„	„
114	5622	152	9 A.	„	„
115	5623	153	1 A.	„	{[S. Alessandro I m. 3 magg.?] [S. Sisto I el...?]
116b	5624	154	20 A.	„	„
117	5625	155	5 A.	{Traiano m. 11.° ag. Adriano imp. in ag	
118	5626	156	28 M.	„	„
119	5627	157	17 A	„	„
120b	5628	158	1 A.	„	„
121	5629	159	21 A.	„	„
122	5630	160	13 A.	„	„
123	5631	161	29 M	„	„
124b	5632	162	17 A.	„	„
125	5633	163	9 A.	„	{[S. Sisto I m. apr.? [S. Telesforo el...?]
126	5634	164	25 M.	„	„
127	5635	165	14 A.	„	„
128b	5636	166	5 A.	„	„
129	5637	167	28 M.	„	„
130	5638	168	10 A.	„	„
131	5639	169	2 A.	„	„
132b	5640	170	21 A.	„	„
133	5641	171	6 A.	„	„
134	5642	172	29 M.	„	„
135	5643	173	18 A.	„	„
136b	5644	174	9 A.	„	{[S. Telesforo m. 2 genn.?] [S.Iginio el. in genn.?]
137	5645	175	25 M.		„
138	5646	176	14 A.	{Adriano m. 10 lugl. Antonino Pio imp. 10 lugl.	„
139	5647	177	6 A.		„
140b	5648	178	25 A.	„	{[S. Iginio m. 10 genn.] [S. Pio I el...?]
141	5649	179	10 A.	„	„
142	5650	180	2 A	„	„
143	5651	181	22 A.	„	„
144b	5652	182	6 A.	„	„
145	5653	183	29 M.	„	„
146	5654	184	18 A.	„	„

Anni dell'Era Cristiana	Era bizantina o greca	Era di Spagna	Pasqua e rinvio al calendario	IMPERATORI ROMANI	PAPI
147	5655	185	3 A.	(Antonino Pio)	(S. Pio I)
148b	5656	186	25 M.	"	"
149	5657	187	14 A.	"	"
150	5658	188	30 M.	"	"
151	5659	189	19 A.	"	"
152b	5660	190	10 A.	"	"
153	5661	191	26 M.	"	"
154	5662	192	15 A.	"	"
155	5663	193	7 A.	"	{[S. Pio I m. 11 lug.?] [S. Aniceto el..?]
156b	5664	194	29 M.	"	"
157	5665	195	11 A.	"	"
158	5666	196	3 A.	"	"
159	5667	197	23 A.	"	"
160b	5668	198	14 A.	"	"
161	5669	199	30 M.	{Antonino Pio m. 7? marzo. Marco Aurelio imp. 7 mar. Lucio Vero imp. in marzo?	"
162	5670	200	19 A.	"	"
163	5671	201	11 A.	"	"
164b	5672	202	26 M.	"	"
165	5673	203	15 A.	"	"
166	5674	204	7 A.	"	{[S. Aniceto m.17 apr.?] [S. Sotero el...?]
167	5675	205	23 M.	"	"
168b	5676	206	11 A.	"	"
169	5677	207	3 A.	{Lucio Vero m. in genn. Marco Aurelio solo	"
170	5678	208	23 A.	"	"
171	5679	209	8 A.	"	"
172b	5680	210	30 M.	"	"
173	5681	211	19 A.	"	"
174	5682	212	4 A.	"	{[S. Sotero m.22 apr.?] [S. Eleuterio el...?]
175	5683	213	27 M.	"	"
176b	5684	214	15 A.	"	"
177	5685	215	31 M.	"	"
178	5686	216	20 A.	"	"
179	5687	217	12 A.	"	"
180b	5688	218	3 A.	{Marco Aurelio m. 17 mar. Commodo imp.	"
181	5689	219	16 A.	"	"
182	5690	220	8 A.	"	"
183	5691	221	31 M.	"	"
184b	5692	222	19 A.	"	"
185	5693	223	4 A.	"	"
186	5694	224	27 M.	"	"
187	5695	225	16 A.	"	"

Anni dell'Era Cristiana	Era bizantina o greca	Era di Spagna	Pasqua e rinvio al calendario	IMPERATORI ROMANI	PAPI
188b	5696	226	31 M.	(Commodo)	(S. Eleuterio)
189	5697	227	20 A.	"	[S. Eleuterio m. in maggio] S. Vittore I el...?
190	5698	228	12 A.	"	"
191	5699	229	28 M.	"	"
192b	5700	230	16 A.	Commodo m. 31 dic.	"
193	5701	231	8 A.	Pertinace el. 1 genn.? m. 28 mar. Didio Giuliano dal 30 mar.? m. 1 giu. Settimio Severo imp.	"
194	5702	232	24 M.	"	"
195	5703	233	13 A.	"	"
196b	5704	234	4 A.	"	"
197	5705	235	24 A.	"	"
198	5706	236	9 A.	"	"
199	5707	237	1 A.	"	S. Vittore I m.? S. Zefirino el...?
200b	5708	238	20 A.	"	"
201	5709	239	5 A.	"	"
202	5710	240	28 M.	"	"
203	5711	241	17 A.	"	"
204b	5712	242	8 A.	"	"
205	5713	243	24 M.	"	"
206	5714	244	13 A.	"	"
207	5715	245	5 A.	"	"
208b	5716	246	24 A.	"	"
209	5717	247	9 A.	"	"
210	5718	248	1 A.	"	"
211	5719	249	14 A. (1)	Settimio Severo m. 14 febbraio Caracalla e Settimio Geta eletti in febb.	"
212b	5720	250	5 A.	Settimio Geta m. 27? febbr. Caracalla solo	"
213	5721	251	28 M.	"	"
214	5722	252	17 A.	"	"
215	5723	253	2 A.	"	"
216b	5724	254	21 A. (2)	"	"
217	5725	255	13 A.	Caracalla m. 8 apr. Macrino imp. 8 apr.	S. Zefirino m. 26 ag. S. Callisto I el..? (*)

(1) Pasqua il 21 Aprile in alcune chiese d'Occidente.
(2) » » 24 Marzo » » » »

(*) Ippolito antipapa dal 217 al 235.

Anni dell'Era Cristiana	Era bizantina o greca	Era di Spagna	Pasqua e rinvio al calendario	IMPERATORI ROMANI	PAPI
218	5726	256	29 M.	*Macrino m. 8 giu* / *Elagabalo imp. 8 giu*	S. Callisto
219	5727	257	18 A.		
220b	5728	258	9 A.		
221	5729	259	25 M.		
222	5730	260	11 A.	*Elagabalo m. 11 marzo* / *Alessandro Severo el. 11 mar*	S. Callisto I m. 14 ott. / S. Urbano I el.
223	5731	261	6 A.		
224b	4732	262	28 M.		
225	5733	263	10 A.		
226	5734	264	2 A.		
227	5735	265	22 A.		
228b	5736	266	6 A. (1)		
229	5737	267	29 M.		
230	5738	268	18 A.		S. Urbano I m. 19 maggio / S. Ponziano el. 21 lug.
231	5739	269	3 A. (2)		
232b	5740	270	25 M.		
233	5741	271	14 A.		
234	5742	272	6 A.		
235	5743	273	19 A. (3)	*Alessandro m. 15 genn. o 19 mar.* / *Massimino I el. 19 marzo*	S. Ponziano ab. 28 sett. / S. Antero el. / S. Antero m. 3 genn.
236b	5744	274	10 A.		S. Fabiano el. 10 genn.
237	5745	275	2 A.		
238	5746	276	22 A.	*Massimino I m. 1 mag* / *Gordiano I el. 15 febb. m 7 marzo* / *Gordiano II el. 15 febb. m in marzo* / *Balbino Pupieno Gordiano III eletti in mar.*	
239	5747	277	7 A.	*Gordiano III solo*	
240b	5748	278	29 M.		
241	5749	279	18 A.		
242	5750	280	3 A.		
243	5751	281	26 M.		
244b	5752	282	14 A.	*Gordiano III m. tra il 23 febb. e il 13 marzo* / *Filippo I el. in marzo*	

---

(1) Pasqua il 13 Aprile in alcune chiese d'Occidente.
(2) » » 10 » » » » »
(3) » » 22 Marzo » » » » »

Anni dell'Era Cristiana	Era bizantina o greca	Era di Spagna	Pasqua e rinvio al calendario	IMPERATORI ROMANI	PAPI
245	5753	283	30 M.	(Filippo I)	(S. Fabiano)
246	5754	284	19 A.	Filippo I e Filippo II	"
247	5755	285	11 A.	"	"
248b	5756	286	26 M. (1)	"	"
249	5757	287	15 A.	Filippo I e II muoiono fra il 1 sett. e il 16 ott. C. Decio imp. in ott.	"
250	5758	288	7 A.	"	S. Fabiano m. il 20 genn. Sede vacante dal 21 genn. 250 al mar. o apr. 251
251	5759	289	23 M. (2)	C. Decio m. in nov. Treboniano Gallo el. in nov. Volusiano el. in nov.	S. Cornelio el. nel mar. o apr. (*)
252b	5760	290	11 A. (3)	"	"
253	5761	291	3 A.	Treboniano Gallo e Volusiano muoiono in sett.? Emiliano e Valeriano eletti nell'estate	S. Cornelio m. in giu. S. Lucio I el. in giu.?
254	5762	292	23 A. (4)	Emiliano m. in magg. Valeriano Gallieno imp. in giu.	S. Lucio m. 5 mar. [S. Stefano I el...?]
255	5763	293	8 A.	"	"
256b	5764	294	30 M.	"	"
257	5765	295	19 A.	"	[S. Stefano I m. 2 ag.] S. Sisto II el. 30 ag.?
258	5766	296	11 A.	"	S. Sisto II m. 6 ag.
259	5767	297	27 M.	Valeriano imprig. Gallieno	S. Dionigi el. 22 lug.
260b	5768	298	15 A.	"	"
261	5769	299	7 A.	"	"
262	5770	300	23 M.	"	"
263	5771	301	12 A.	"	"
264b	5772	302	3 A.	"	"
265	5773	303	23 A.	"	"
266	5774	304	8 A.	"	"
267	5775	305	31 M.	"	"
268b	5776	306	19 A.	Gallieno m. 20? mar. Claudio II imp. in mar.	S. Dionigi m. 27 dic.

(1) Pasqua il 2 Aprile in alcune chiese d'Occidente.
(2)   "   " 30 Marzo "   "   "   "
(3)   "   " 18 Aprile "   "   "   "
(4)   "   " 26 Marzo "   "   "   "

(*) Novaziano antipapa dal 251? al 268.

Anni dell'Era Cristiana	Era bizantina o greca	Era di Spagna	Pasqua e rinvio al calendario	IMPERATORI ROMANI	PAPI
269	5777	307	4 A.	(Claudio II)	S. Felice I el. ... genn.
270	5778	308	27 M.	Claudio II m. tra 24 mar. e 29 agosto / Quintillo el. in magg. m. in giu.° / Aureliano el. in ag.°	
271	5779	309	16 A.	Aureliano solo	
272b	5780	310	31 M.		
273	5781	311	20 A.	(1)	
274	5782	312	12 A.		S. Felice I m. ...
275	5783	313	28 M.	Aureliano m. in marzo / Tacito el. in sett.	S. Eutichiano el. ... genn.
276b	5784	314	16 A.	Tacito m. in genn. o apr. / Floriano el. in apr. m. in luglio / Probo el. in apr.	
277	5785	315	8 A.		
278	5786	316	31 M.		
279	5787	317	13 A.		
280b	5788	318	4 A.		
281	5789	319	27 M.		
282	5790	320	16 A.	Probo m. in sett. / M. Aurelio Caro el. in sett. o ott.	
283	5791	321	1 A.	M. A. Caro m. 10 di.... / Carino e / Numeriano } imp. in dic.	S. ... / S. Caio el. ...
284	5792	322	20 A.	Numeriano m. in sett. / Carino / Diocleziano el. in sett.	
285	5793	323	12 A.	Carino m. nell'estate / Diocleziano	
286	5794	324	28 M.	Diocleziano in Orien... / Massimiano el. ... in Occid.	
287	5795	325	17 A.		
288b	5796	326	8 A.		
289	5797	327	21 M.		
290	5798	328	13 A.		
291	5799	329	5 A.		
292b	5800	330	24 A.		
293	5801	331	9 A.		
294	5802	332	1 A.		
295	5803	333	21 A.		

(1) **Pasqua il 31 Marzo** in alcune chiese d'Occidente.

Anni dell'Era Cristiana	Era bizantina o greca	Era di Spagna	Pasqua e rinvio al calendario	IMPERATORI ROMANI	PAPI
296*b*	5804	334	5 A.	(Diocleziano e Massimiano)	(S. Gaio m. 22 apr.) S. Marcellino *el. 30 giugno*
297	5805	335	28 M	"	"
298	5806	336	17 A.	"	"
299	5807	337	2 A.	"	"
300*b*	5808	338	21 M. (1)	"	"
301	5809	339	13 A.	"	"
302	5810	340	5 A.	"	"
303	5811	341	18 A	"	S. Marcellino *m. 25 ott.*
304*b*	5812	342	9 A.	"	Sede vacante *dal 26 ott.*
305	5813	343	1 A.	Diocleziano e Massimiano } *abd. 1 magg.* Costanzo I Cloro e Galerio } *el. 1 magg.*	
306	5814	344	11 A (2)	Costanzo I Cloro *m. 25 lug.* Galerio Massenzio *el. 27 ott.* Severo II *el. 25 lug.*	"
307	5815	345	6 A.	Galerio - Massenzio Costantino I *imp.* Severo II *detron. in apr.* Licinio *el. 11 nov.*	[S. Marcello *el. 25 magg.*]
308*b*	5816	346	28 M.	Galerio e Massimino II *el. in genn. in Orien.* Licinio, Costantino e Massenzio *in Occ.*	"
309	5817	347	17 A		[S. Marcello *m. 16 genn.*] S. Eusebio *el. 18 apr. m. 26 sett.*
310	5818	348	2 A.	"	S. Melchiade *el. 2 lugl.*
311	5819	349	22 A. 3	Galerio *m. in magg* Massimino II, Licinio, Costantino I e Massenzio	"
312*b*	5820	350	13 A	Massenzio *m. 27 ott.* Costantino I Licinio e Massimino II	"

(1) Pasqua il 21 Aprile in alcune chiese d'Occidente.
(2)   »   » 21 Aprile »   »   »   »
(3)   »   » 25 Marzo »   »   »   »

Anni dell'Era Cristiana	Era bizantina o greca	Era di Spagna	Indizione	Pasqua e rinvio al calendario	IMPERATORI ROMANI	PAPI
313	5821	351	1	29 M.	*Massimino II m. in ag.?* Costantino I e Licinio	(S. Melchiade)
314	5822	352	2	18 A.	"	*S. Melchiade m. 11 genn.* *S. Silvestro I el. 31 genn.*
315	5823	353	3	10 A.	"	"
316b	5824	354	4	25 M.	"	"
317	5825	355	5	14 A.	"	"
318	5826	356	6	6 A.	"	"
319	5827	357	7	22 M. (1)	"	"
320b	5828	358	8	10 A.	"	"
321	5829	359	9	2 A.	"	"
322	5830	360	10	22 A. (2)	"	"
323	5831	361	11	7 A.	*Licinio abdica 23 lug.?* Costantino I.	"
324b	5832	362	12	29 M.	"	"
325	5833	363	13	18 A.	"	"
326	5834	364	14	3 A. (3)	"	"
327	5835	365	15	26 M.	"	"
328b	5836	366	1	14 A.	"	"
329	5837	367	2	6 A.	"	"
330	5838	368	3	19 A.	"	"
331	5839	369	4	11 A.	"	"
332b	5840	370	5	2 A.	"	"
333	5841	371	6	22 A. (4)	"	"
334	5842	372	7	7 A.	"	"
335	5843	373	8	30 M.	"	*S. Silvestro I m. 31 dic.*
336b	5844	374	9	18 A	"	*S. Marco el. 18 gen., m. 7 ott.*
337	5845	375	10	3 A.	*Costantino I m. 22 maggio* Costantino II Costante Costanzo II } *el. 9 sett.*	S. Giulio I el. 6 febb.
338	5846	376	11	26 M.	"	"
339	5847	377	12	15 A.	"	"
340b	5848	378	13	30 M.	*Costantino II m. in apr.* Costante e Costanzo II	"
341	5849	379	14	19 A.	"	"
342	5850	380	15	11 A.	"	"

(1) Pasqua il 29 Marzo in alcune chiese d'Occidente.
(2)   »   » 25   »   »   »   »   »
(3)   »   » 10 Aprile »   »   »   »
(4)   »   » 15   »   »   »   »   »

Anni dell'Era Cristiana	Era bizantina o greca	Era di Spagna	Indizione	Pasqua e rinvio al calendario	IMPERATORI ROMANI	PAPI
343	5851	381	1	27 M. (1)	(Costante e Costanzo II)	(S. Giulio I)
344b	5852	382	2	15 A.	"	"
345	5853	383	3	7 A.	"	"
346	5854	384	4	23 M. (2)	"	"
347	5855	385	5	12 A.	"	"
348b	5856	386	6	3 A.	"	"
349	5857	387	7	23 A. (3)	"	"
350	5858	388	8	8 A (4)	Costante m. 18 genn. / Magnenzio el. 18 genn. / Costanzo II -Vetranione dal marzo al 24 dic. / Nepoziano el. 3 giu., m. 1 luglio	"
351	5859	389	9	31 M.	"	
352b	5860	390	10	19 A.	"	S. Giulio I. m 12 apr. / S. Liberio el. 17 mag.
353	5861	391	11	11 A. (5)	Magnenzio m. 11 ag. / Costanzo II.	"
354	5862	392	12	27 M.	"	
355	5863	393	13	16 A.	"	S. Liberio esigliato / S. Felice II governa durante l'esiglio di Liberio.
356b	5864	394	14	7 A.	"	"
357	5865	395	15	23 M. (6)	"	S. Felice II deposto il 29 lug.?
358	5866	396	1	12 A.	"	S. Liberio è richiamato.
359	5867	397	2	4 A. (7)	"	"
360b	5868	398	3	23 A. (8)	Costanzo II. / Giuliano l'Apostata	"
361	5869	399	4	8 A.	Costanzo II, m. 3 nov. / Giuliano l'Apostata	"
362	5870	400	5	31 M.	"	"
363	5871	401	6	20 A. (9)	Giuliano m. 26 lugl. / Gioviano dal 27 giug.	"

(1) Pasqua 3 Aprile in alcune chiese d'Occidente.
(2) » 30 Marzo » » » »
(3) » 26 » » » » »
(4) » 15 Aprile » » » »
(5) » 4 » » » » »
(6) » 30 Marzo » » » »
(7) » 28 » » » » »
(8) » 26 » in alcune chiese d'Occidente, 16 Aprile in altre.
(9) » 13 Aprile in alcune chiese d'Occidente.

Anni dell'Era Cristiana	Era bizantina o greca	Era di Spagna	Indizione	Pasqua e rinvio al calendario	IMPERATORI ROMANI	PAPI
364b	5872	402	7	4 A.	*Gioviano m. 17 febb.* Valentiniano *in Occ. dal febb.* Valente *in Or. dal lug.*	(*S. Liberio*)
365	5873	403	8	27 M.	"	*S. Liberio m. 24 sett.* S. Damaso I *el. 1 ott.* (*)
366	5874	404	9	16 A.	"	
367	5875	405	10	1 A.	"	"
368b	5876	406	11	20 A. (1)	"	"
369	5877	407	12	12 A.	"	"
370	5878	408	13	28 M.	"	"
371	5879	409	14	17 A.	"	"
372b	5880	410	15	8 A.	"	"
373	5881	411	1	31 M (2)	"	"
374	5882	412	2	13 A.	"	"
375	5883	413	3	5 A.	*Valentiniano m. 17 nov.* Valente *in Or.* Graziano *e* Valentiniano II *in Occ. dal 22 nov.*	"
376b	5884	414	4	27 M.	"	"
377	5885	415	5	16 A. (3)	"	"
378	5886	416	6	1 A.	*Valente m. 9 ag.* Graziano *e* Valentiniano II *in Occ.*	"
379	5887	417	7	21 A.	Graziano *e* Valentiniano II *in Occ.* Teodosio I *in Or. dal 19 genn.*	"
380b	5888	418	8	12 A. (4)	"	"
381	5889	419	9	28 M.	"	"
382	5890	420	10	17 A.	"	"
383	5891	421	11	9 A.	*Graziano m. 25 ag.* Valentiniano II *in Occ.* Teodosio I *in Or.*	"
384b	5892	422	12	24 M.	"	*S. Damaso I m. 11 dic.* S. Siricio *el. 15, 22 o 29 dic.*
385	5893	423	13	13 A.	"	"

(1) Pasqua il 23 Marzo in alcune chiese d'Occidente.
(2)   »   24   »   in alcune chiese d'Occidente, 21 Aprile in altre.
(3) Pasqua il 9 Aprile in alcune chiese d'Occidente.
(4)   »   5   »   »   »   »   »   »

(*) Ursino o Ursicino *antipapa dal sett. 366 al 16 nov. 367.*

Anni dell'Era Cristiana	Era bizantina o greca	Era di Spagna	Indizione	Pasqua e rinvio al calendario	IMPERATORI ROMANI	PAPI
386	5894	424	14	5 A.	(Valentin. II e Teodosio I)	(S. Siricio)
387	5895	425	15	25 A. (1)	"	"
388b	5896	426	1	9 A.	"	"
389	5897	427	2	1 A.	"	"
390	5898	428	3	21 A.	"	"
391	5899	429	4	6 A.		"
392b	5900	430	5	28 M.	Valentiniano II m. 15 mag. Teodosio I in Or.	"
393	5901	431	6	17 A.	"	"
394	5902	432	7	2 A.		"
395	5903	433	8	25 M.	Teodosio I m. 17 genn. Arcadio in Or. Onorio in Occ. dal 17 genn.	"
396b	5904	434	9	13 A.	"	"
397	5905	435	10	5 A. (2)	"	"
398	5906	436	11	18 A.	"	S. Siricio m. 26 nov. S. Anastasio el. 27 nov.
399	5907	437	12	10 A.	"	
400b	5908	438	13	1 A.	"	S. Anastasio m. 19 dic.
401	5909	439	14	14 A. (3)	"	S. Innocenzo I el. 22 dic.
402	5910	440	15	6 A. (4)	"	"
403	5911	441	1	26 M.	"	"
404b	5912	442	2	17 A. (5)	"	"
405	5913	443	3	2 A.	"	"
406	5914	444	4	22 A. (6)	"	"
407	5915	445	5	14 A.	"	"
408b	5916	446	6	29 M.	Arcadio m. 1 magg. Onorio in Occ. Teodosio II in Or. dal 1 magg.	"
409	5917	447	7	18 A.	"	"
410	5918	448	8	10 A.	"	"
411	5919	449	9	26 M.	"	"
412b	5920	450	10	14 A.	"	"

(1) Pasqua il 21 Marzo in alcune chiese d'Occidente, 18 Aprile in altre.
(2)   »   » 29   »   in alcune chiese d'Occidente.
(3)   »   » 21 Aprile »   »   »   »
(4)   »   » 30 Marzo »   »   »   »
(5)   »   » 10 Aprile »   »   »   »
(6)   »   » 25 Marzo »   »   »   »

Anni dell'Era Cristiana	Era bizantina o greca	Era di Spagna	Indizione	Pasqua e rinvio al calendario	IMPERATORI ROMANI	PAPI
413	5921	451	11	6 A.	*Onorio e Teodosio II*	*S. Innocenzo I*
414	5922	452	12	22 M.(1)		
415	5923	453	13	11 A.		
416	5924	454	14	2 A.		
417	5925	455	15	22 A.(2)		*S. Innocenzo I m. 12 mar.* — *S. Zosimo cons. 18 mar.*
418	5926	456	1	7 A.		*S. Zosimo m. — S. Bonifacio I el. S. dic. cons. 29 dic.*
419	5927	457	2	30 M.		
420	5928	458	3	18 A.		
421	5929	459	4	3 A.(3)	*Costanzo el. 8 febb., m. 2 sett.* — *Onorio e Teodosio II*	
422	5930	460	5	26 M.		*S. Bonifacio I m. 4 sett.* — *S. Celestino I el. 10 sett.*
423	5931	461	6	15 A.	*Onorio m. 15 ag.* — *Giovanni usurp. in Occid. dopo 15 ag.* — *Teodosio II in Or.*	
424	5932	462	7	6 A.(4)		
425	5933	463	8	19 A.(5)	*Giovanni m. 22 ott.* — *Valentiniano III in Occ. dal 23 ott.* — *Teodosio II in Or.*	
426	5934	464	9	11 A.		
427	5935	465	10	3 A.		
428	5936	466	11	22 A.		
429	5937	467	12	7 A.		
430	5938	468	13	30 M.		
431	5939	469	14	19 A.		
432	5940	470	15	3 A.		*S. Celestino m. 27 lug.* — *S. Sisto III cons. 31 lug.*

(1) Pasqua il 29 Marzo in Egitto.
(2)   »   » 25   »   in alcune chiese d'Occidente.
(3)   »   * 10 Aprile in tutte le chiese fuorchè in Egitto.
(4) Pasqua il 23 Marzo nelle chiese d'Africa.
(5)   »   » 22   »   in alcune chiese d'Occidente.

(*) Eulalio *antipapa* dal 27 dic. 418 al 3 aprile 419.

Anni dell'Era Cristiana	Era bizantina o greca	Era di Spagna	Indizione	Pasqua e rinvio al calendario	IMPERATORI ROMANI	PAPI
433	5941	471	1	26 M.	(Valentin. III e Teodosio II)	(S. Sisto III)
434	5942	472	2	15 A.	"	"
435	5943	473	3	31 M.	"	"
436b	5944	474	4	19 A.	"	"
437	5945	475	5	11 A.	"	"
438	5946	476	6	27 M.	"	"
439	5947	477	7	16 A.	"	{S. Sisto III m. 19 ag.?
440b	5948	478	8	7 A.	"	{S. Leone I el. 29 sett.
441	5949	479	9	23 M. (1)	"	"
442	5950	480	10	12 A.	"	"
443	5951	481	11	1 A.	"	"
444b	5952	482	12	23 A (2)	"	"
445	5953	483	13	8 A.	"	"
446	5954	484	14	31 M	"	"
447	5955	485	15	20 A.	"	"
448b	5956	486	1	11 A.	"	"
449	5957	487	2	27 M.	"	"
450	5958	488	3	16 A.	{Teodosio II m. 28 lug. {Valentiniano III in Occ. {Marciano in Or. dall'ag.	"
451	5959	489	4	8 A.	"	"
452b	5960	490	5	23 M.	"	"
453	5961	491	6	12 A.	"	"
454	5962	492	7	4 A.		"
455	5963	493	8	24 A. (3)	{Valentiniano III m 16 mar. {Marciano in Or. {Petronio Massimo in Occ. 27 mar., m. 30 magg. {Avito in Occ. 10 lug.	"
456b	5964	494	9	8 A.	{Avito detron. 6 ott. {Marciano in Or.	"
457	5965	495	10	31 M.	{Marciano m. 30° genn. {Leone I in Or. dal 7 febb. {Maggioriano in Occ. dal 1 apr.	"
458	5966	496	11	20 A.	"	"
459	5967	497	12	5 A.	"	"
460b	5968	498	13	27 M.	"	"
461	5969	499	14	16 A	{Maggioriano m. 7 ag. {Leone I in Or. {Libio Severo imp. d'Occ. 19 nov.	{S. Leone I m. 10 nov. {S. Ilario cons. 19 nov.

(1) Pasqua il 30 Marzo in alcune chiese d'Occidente.
(2) » » 26 » » » » »
(3) » » 17 Aprile » » » » »

Anni dell'Era Cristiana	Era bizantina o greca	Era di Spagna	Indizione	Pasqua e rinvio al calendario	IMPERATORI ROMANI	PAPI
462	5970	500	15	1 A.	*Leone I e Libio Severo*	*(S. Ilario*
463	5971	501	1	21 A. (1)		
464*b*	5972	502	2	12 A.	"	
465	5973	503	3	28 M.	*Libio Severo m. 15 ag.* *Leone I in Or.*	
466	5974	504	4	17 A.		
467	5975	505	5	9 A.	*Leone I in Or.* *Antemio in Occ. dal 12 apr.*	
468*b*	5976	506	6	31 M.	"	*S. Ilario m. 29 feb.* *S. Simplicio cons.* *3 m. ?*
469	5977	507	7	13 A.	"	
470	5978	508	8	5 A.	"	
471	5979	509	9	28 M.	"	
472*b*	5980	510	10	16 A.	*Antemio m. 11 lug.* *Leone I in Or.* *Olibrio in Occ. el. 11 lug. m. 23 ott.*	
473	5981	511	11	1 A.	*Leone I in Or.* *Glicerio in Occ. dal 5 mar.*	
474	5982	512	12	21 A.	*Leone I m. in genn.* *Glicerio detr. 24 giu.* *Leone II in Or. dal genn. m. in nov.* *Zenone in Or. dal febb.* *Giulio Nepote in Occ. 24 giu.*	
475	5983	513	13	6 A. (2)	*Giulio Nepote detr. in ag. (m. 480 magg.).* *Zenone in Or.* *Romolo Augustolo in Occ. 31 ott.*	
476*b*	5884	514	14	28 M.	*Romolo Augustolo detron. 5 sett.* *Zenone in Or.* *Odoacre in Italia dal 23 ag.*	
477	5985	515	15	17 A.	"	
478	5986	516	1	9 A.	"	
479	5987	517	2	25 M.	"	
480*b*	5988	518	3	13 A.	"	
481	5989	519	4	5 A.	"	
482	5990	520	5	25 A. (3)	"	

(1) Pasqua il 24 Marzo in alcune chiese d'Occidente.
(2) » » 13 Aprile nelle chiese della Gallia.
(3) » » 18 » nella maggior parte delle chiese d'Occidente, il 21 Marzo in altre.

Anni dell'Era Cristiana	Era bizantina o greca	Era di Spagna	Indizione	Pasqua e rinvio al calendario	Imperatori Romani d'Oriente e Re Goti in Italia	PAPI
483	5991	521	6	10 A.	(Zenone ed Odoacre)	*S. Simpliciano m. 10 mar.* *S. Felice III el. 13 mar.*
484b	5992	522	7	1 A.	»	»
485	5993	523	8	21 A.	»	»
486	5994	524	9	6 A.	»	»
487	5995	525	10	29 M.	»	»
488b	5996	526	11	17 A.	»	»
489	5997	527	12	2 A.	»	»
490	5998	528	13	25 M.	»	»
491	5999	529	14	14 A.	*Zenone imp. m. 9 apr.* *Anastasio I imp. in apr.* (Odoacre)	»
492b	6000	530	15	5 A.	»	*S.Felice III m. 1 mar?* *S. Gelasio I cons. 1 mar.?*
493	6001	531	1	18 A.	(Odoacre spod. 27 febb.) *Anastasio I imp.* *Teodorico re dal 5 mar.*	»
494	6002	532	2	10 A.	»	»
495	6003	533	3	26 M. (1)	»	»
496b	6004	534	4	14 A. (2)	»	*S. Gelasio I m. 21 nov.* *S. Anastasio II cons. 24 nov.?*
497	6005	535	5	6 A.	»	»
498	6006	536	6	29 M.	»	*S. Anastasio II m. 19 nov.* *S. Simmaco cons. 22 nov.* (*)
499	6007	537	7	11 A. (3)	»	»
500b	6008	538	8	2 A.	»	»
501	6009	539	9	22 A. (4)	»	»
502	6010	540	10	14 A.	»	»
503	6011	541	11	30 M.	»	»
504b	6012	542	12	18 A.	»	»
505	6013	543	13	10 A.	»	»
506	6014	544	14	26 M.	»	»
507	6015	545	15	15 A.	»	»
508b	6016	546	1	6 A.	»	»

(1) Pasqua il 2 Aprile nelle chiese della Gallia.
(2) » » 21 » » » » »
(3) » » 18 » » » » »
(4) » » 25 Marzo in alcune chiese d'Occidente.

(*) Lorenzo *antipapa dal nov. 498 al 505 circa.*

Anni dell'Era Cristiana	Era bizantina o greca	Era di Spagna	Indizione	Pasqua e rinvio al calendario	Imperatori Romani d'Oriente e Re Goti in Italia	PAPI
509	6017	547	2	22 M.	Anastasio I e Teodorico	S. Simmaco
510	6018	548	3	11 A.		
511	6019	549	4	3 A.		
512b	6020	550	5	22 A.		
513	6021	551	6	7 A.		
514	6222	552	7	30 M.		S. Simmaco m. 19 lug. S. Ormisdra cons. 20 lug.
515	6023	553	8	19 A.		
516b	6024	554	9	3 A. (1)		
517	6025	555	10	26 M.		
518	6026	556	11	15 A.	Anastasio I m. 9 lug. Giustino I imp. dal lug. Teodorico re	
519	6027	557	12	31 M.		
520b	6028	558	13	19 A. (2)		
521	6029	559	14	11 A.		
522	6030	560	15	3 A.		
523	6031	561	1	16 A.		S. Ormisdra m. 6 ag. S. Giovanni I cons. 13 ag.
524b	6032	562	2	7 A.		
525	6033	563	3	30 M.		
526	6034	564	1	19 A.	Teodorico m. 30 ag. Giustino I imp. Atalarico re 30 ag. Amalasunta reggente	S. Giovanni I m. 18 magg. S. Felice IV cons. 12 lug.
527	6035	565	5	1 A.	Giustino I m. in ag. Giustiniano I imp. 4 apr. Atalarico re	
528b	6036	566	6	26 M.		
529	6037	567	7	15 A.		
530	6038	568	8	31 M.		S. Felice IV m. 22 sett. Bonifacio II el. 17 sett. cons. 22 sett.
531	6039	569	9	20 A.		
532b	6040	570	10	11 A.		
533	6041	571	11	27 M.		Bonifacio II m. 1 ott. S. Giovanni II cons. 2 genn.
534	6042	572	12	16 A.	Atalarico m. 2 ott. Giustiniano I imp. Teodato re dal 3 ott.	

(1) Pasqua il 10 Aprile nelle chiese della Gallia.
(2) »   » 22 Marzo in alcune chiese d'Occidente.

(*) Dioscoro antipapa dal 17 sett. al 14 ott. 530.

Anni dell'Era Cristiana	Era bizantina o greca	Era di Spagna	Indizione	Pasqua e rinvio al calendario	Imperatori Romani d'Oriente e Re Goti in Italia	PAPI
535	6043	573	13	8 A.	(Giustin. I e Teodato)	S. Giovanni II m. 8 magg.? S. Agapito I cons. 13 magg.?
536b	6044	574	14	23 M. (1)	Teodato m. in ag.? Giustiniano I imp. Vitige re in ag.	S. Agapito m. 22 apr. S. Silverio cons. 8 giu.? S. Silverio esigl. 11 mar. Vigilio cons. 29 mar.
537	6045	575	15	12 A.	..	
538	6046	576	1	4 A.	-	
539	6047	577	2	24 A	Vitige deposto in dic. Giustiniano I imp.	..
540b	6048	578	3	8 A.	Giustiniano I imp. Ildibaldo re	
541	6049	579	4	31 M.	Ildibaldo m. in primavera Erarico re per 5 mesi Giustiniano I imp. Totila re dall'ag.?	
542	6050	580	5	20 A.	"	
543	6051	581	6	5 A.	"	
544b	6052	582	7	27 M.	"	
545	6053	583	8	16 A.	"	
546	6054	584	9	8 A.	"	
547	6055	585	10	24 M.	"	
548b	6056	586	11	12 A.	"	
549	6057	587	12	4 A.	"	
550	6058	588	13	24 A. (2)	"	
551	6059	589	14	9 A. (3)	"	
552b	6060	590	15	31 M. (4)	Totila m. in lug. Giustiniano I imp. Teia re dal lug.	"
553	6061	591	1	20 A. (5)	Teia m. 1 ott? Giustiniano I imp.	"
554	6062	592	2	5 A.	"	
555	6063	593	3	28 M. (6)	"	Vigilio m. 7 giu.
556b	6064	594	4	16 A. (7)	"	Pelagio I el. 16 apr.?
557	6065	595	5	1 A.	"	"

(1) Pasqua il 30 Marzo nelle chiese della Gallia.
(2) »   » 17 Aprile nella Gallia e in Bretagna.
(3) »   » 2   »   in Bretagna.
(4) »   » 21 »   »   »
(5) »   » 13 »   »   »
(6) »   » 18 »   »   »
(7) »   » 9   »   »   »

Anni dell'Era Cristiana	Era bizantina o greca	Era di Spagna	Indizione	Pasqua e rinvio al calendario	Imperatori Romani d'Oriente e Re Longobardi in Italia	PAPI
558	6066	596	6	21 A. (1)	(Giustiniano I)	(Pelagio I)
559	6067	597	7	13 A. (2)	"	"
560b	6068	598	8	28 M.	"	"
561	6069	599	9	17 A.	"	Pelagio I m. 4 mar. / Giovanni III el. 17 lug.?
562	6070	600	10	9 A. (3)	"	"
563	6071	601	11	25 M.	"	"
564b	6072	602	12	13 A.	"	"
565	6073	603	13	5 A. (4)	Giustiniano I m. 14 nov. / Giustino II imp. 14 nov.	"
566	6074	604	14	28 M. (5)	"	"
567	6075	605	15	10 A	"	"
568b	6076	606	1	1 A. (6)	Giustino II imp. / Alboino re in Italia dal magg.?	"
569	6077	607	2	21 A. (7)	"	"
570	6078	608	3	6 A. (8)	"	"
571	6079	609	4	29 M.	"	"
572b	6080	610	5	17 A. (9)	Alboino m. in giu. / Giustino II imp. / Clefi re dopo 31 ag.	"
573	6081	611	6	9 A. (10)	"	"
574	6082	612	7	25 M.	Clefi m. in ag.? / Giustino II imp.	Giovanni III m. 13 lug.
575	6083	613	8	14 A. (11)	Giustino II imp. / (Gov. dei Duchi nel regno longob. fino al 584).	Benedetto I cons 2 giu.
576b	6084	614	9	5 A. (12)	"	"
577	6085	615	10	25 A. (13)	"	"
578	6086	616	11	10 A (14)	Giustino II m. 5 ott. / Tiberio II imp. 5 ott.	"
579	6087	617	12	2 A. (15)	"	Benedetto I m.30 lug. / Pelagio II cons. 26 nov.?

(1) Pasqua il 24 Marzo in alcune chiese d'Occidente, il 14 Aprile in Bretagna.
(2) Pasqua il 6 Aprile in Bretagna.
(3)   »   » 2 »   »   »
(4)   »   » 29 Marzo »   »   »
(5)   »   » 18 Aprile »   »
(6)   »   » 25 Marzo »   »
(7)   »   » 14 Aprile »   »
(8)   »   » 13   »   nella Gallia.
(9)   »   » 10   » nella G. Bretagna.

(10) Pasqua il 2 Aprile nella G. Bret.
(11)   »   » 7   »   »   »
(12)   »   » 29 Marzo   »   »
(13)   »   » { 18 Aprile nella Gallia e in Bretagna. / 21 Marzo in Spagna.
(14)   »   » 3 Aprile nelle chiese bretone.
(15) Pasqua il 26 Marzo nelle chiese bretone.

Anni dell'Era Cristiana	Era bizantina o greca	Era di Spagna	Indizione	Pasqua e rinvio al calendario	Imperatori Romani d'Oriente e Re Longobardi in Italia	PAPI
580b	6088	618	13	21 A. (1)	(Tiberio II)	(Pelagio II)
581	6089	619	14	6 A.	"	"
582	6090	620	15	29 M. (2)	{Tiberio II m. 14 ag. / Maurizio imp. 13 ag.	"
583	6091	621	1	18 A. (3)	"	"
584b	6092	622	2	2 A.	{Maurizio imp. / Autari re el....	"
585	6093	623	3	25 M.	"	"
586	6094	624	4	14 A. (4)	"	"
587	6095	625	5	30 M.	"	"
588b	6096	626	6	18 A.	"	"
589	6097	627	7	10 A. (5)	"	"
590	6098	628	8	26 M. (6)	{Autari m. 5 sett. / Maurizio imp.	{Pelagio II m. 7 febb. / S. Gregorio I cons. 3 sett.?
591	6099	629	9	15 A.	{Maurizio imp. / Agilulfo re in magg.	"
592b	6100	630	10	6 A. (7)	"	"
593	6101	631	11	29 M. (8)	"	"
594	6102	632	12	11 A. (9)	"	"
595	6103	633	13	3 A. (10)	"	"
596b	6104	634	14	22 A. (11)	"	"
597	6105	635	15	14 A. (12)	"	"
598	6106	636	1	30 M. (13)	"	"
599	6107	637	2	19 A. (14)	"	"
600b	6108	638	3	10 A (15)	"	"
601	6109	639	4	26 M.	"	"
602	6110	640	5	15 A. (16)	{Maurizio m. 27 nov. / Foca imp. 23 nov. / Agilulfo re	"
603	6111	641	6	7 A. (17)	"	{S. Gregorio I m. 12 mar.
604b	6112	642	7	22 M. (18)	"	Sabiniano cons. 13 sett.?

(1) Pasqua il 14 Aprile in chiese bretone.
(2) » » 19 » » » »
(3) » » 11 » » » »
(4) » » 7 » » » »
(5) » » 3 » » » »
(6) » » 2 » in alcune chiese d'Occidente.
(7) Pasqua il 30 Marzo in chiese bretone.
(8) » » 19 Aprile » » »
(9) » » 18 » nella Gallia.
(10) » » 27 Marzo in chiese bretone.

(11) Pasqua {25 Marzo in alcune chiese d'Occidente. / 15 Aprile in chiese bretone.
(12) » 7 » » » »
(13) » 20 » » » »
(14) » 12 » » » »
(15) » 3 » » » »
(16) » 8 » » » »
(17) » 31 Marzo » » »
(18) » 19 Aprile » » »

Anni dell'Era Cristiana	Era bizantina o greca	Era di Spagna	Indizione	Pasqua e rinvio al calendario	Imperatori Romani d'Oriente e Re Longobardi in Italia	PAPI
605	6113	643	8	11 A. (1)	(Foca e Agilulfo)	(Sabiniano)
606	6114	644	9	3 A. (2)	"	Sabiniano m. 22 febb.
607	6115	645	10	23 A. (3)	"	Bonifazio III cons. 19 febb., m. 12 nov.
608b	6116	646	11	7 A.	"	Bonifazio IV cons. 25 ag. ?
609	6117	647	12	30 M. (4)	"	"
610	6118	648	13	19 A. (5)	Foca m. in ott. Eraclio imp. in ott. Agilulfo re	"
611	6119	649	14	4 A. (6)	"	"
612b	6120	650	15	26 M. (7)	"	"
613	6121	651	1	15 A.	"	"
614	6122	652	2	31 M.	"	"
615	6123	653	3	20 A. (8)	Agilulfo m....? Eraclio re Adaloaldo re, Teodolinda reggente.	Bonifazio IV m. 8 magg. S. Deusdedit cons. 19 ott.?
616b	6124	654	4	11 A. (9)	"	"
617	6125	655	5	3 A. (10)	"	"
618	6126	656	6	16 A.	"	S. Deusdedit m. 8 nov.
619	6127	657	7	8 A (11)	"	Bonifazio V cons. 23 dic.
620b	6128	658	8	30 M. (12)	"	"
621	6129	659	9	19 A. (13)	"	"
622	6130	660	10	4 A. (14)	"	"
623	6131	661	11	27 M. (15)	"	"
624b	6132	662	12	15 A. (16)	"	"
625	6133	663	13	31 M. (17)	"	Bonifazio V m. 25 ott. Onorio I cons. 27 ott.?
626	6134	664	14	20 A (18)	"	"
627	6135	665	15	12 A. (19)	Adaloaldo spodest. Eraclio imp. Arioaldo re el...	"
628b	6136	666	1	27 M.	"	"

(1) Pasqua 4 Aprile in chiese bretone.
(2)   »   27 Marzo »   »   »
(3)   »   16 Aprile »   »   »
(4)   »   20 »   »   »   »
(5)   »   12 »   »   »   »
(6)   »   28 Marzo »   »   »
(7)   »   16 Aprile »   »   »
(8)   »   13 »   »   »   »
(9)   »   4 »   »   »   »
(10)   »   27 Marzo »   »   »

(11) Pasqua 8 Aprile in chiese bretone
(12)   »   20 »   »   »   »
(13)   »   12 »   »   »   »
(14)   »   28 Marzo »   »   »
(15)   »   17 Aprile »   »   »
(16)   »   8 »   »   »   »
(17)   »   21 »   »   »   »
(18)   »   13 »   »   »   »
(19)   »   5 »   »   »   »

Anni dell'Era Cristiana	Era bizantina o greca	Era di Spagna	Indizione	Pasqua e rinvio al calendario	Imperatori Romani d'Oriente e Re Longobardi in Italia	PAPI
629	6137	667	2	16 A. (1)	*(Eraclio e Arioaldo)*	*(Onorio I)*
630	6138	668	3	8 A. (2)	"	"
631	6139	669	4	24 M. (3)	"	"
632b	6140	670	5	12 A. (4)	"	"
633	6141	671	6	4 A. (5)	"	"
634	6142	672	7	24 A. (6)	"	"
635	6143	673	8	9 A. (7)	"	"
636b	6144	674	9	31 M. (8)	*Arioaldo m...* *Eraclio imp.* *Rotari re el...*	"
637	6145	675	10	20 A.	"	
638	6146	676	11	5 A.	"	*Onorio I m. 12 ott.* *[Severino el. 638 o 639]*
639	6147	677	12	28 M. (9)	"	" *Severino consacr. 28 magg., m. 2 ag.*
640b	6148	678	13	16 A. (10)	"	*Giovanni IV cons. 24 dic.*
641	6149	679	14	8 A. (11)	*Eraclio imp. m. in mar.?* *Costantino III ed Era-cleone imp. da mar.? a giu.?* *Costante II imp. dal lug.* *Rotari re*	"
642	6150	680	15	24 M. (12)	"	*Giovanni IV m.12 ott.* *Teodoro I cons. 24 nov.?*
643	6151	681	1	13 A. (13)	"	"
644b	6152	682	2	4 A. (14)	"	"
645	6153	683	3	24 A. (15)	"	"
646	6154	684	4	9 A. (16)	"	"
647	6155	685	5	1 A. (17)	"	"
648b	6156	686	6	20 A. (18)	"	"

(1) Pasqua 9 Aprile in chiese bretone.
(2) » 1 » » »
(3) » 21 » » »
(4) » 5 » » »
(5) » 28 Marzo » » »
(6) » 17 Aprile » » »
(7) » 2 » » »
(8) » 21 » » »
(9) » 18 » » »
(10) » 9 » » »

(11) Pasqua 1 Aprile in chiese bretone.
(12) » 14 » » »
(13) » 6 » » »
(14) » 28 Marzo » » »
(15) » 17 Aprile in Bretagna e in molte chiese d'Occidente.
(16) Pasqua 2 Aprile in chiese bretone.
(17) » 25 Marzo » » »
(18) » 13 Aprile » » »

Anni dell'Era Cristiana	Era bizantina o greca	Era di Spagna	Indizione	Pasqua e rinvio al calendario	Imperatori Romani d'Oriente e Re Longobardi in Italia	PAPI
649	6157	687	7	5 A. (1)	*(Costante II e Rotari)*	*Teodoro I m. 14 mag.* S. Martino I cons. giu. o lug.
650	6158	688	8	28 M. (2)	"	
651	6159	689	9	17 A. (3)	"	
652*b*	6160	690	10	1 A. (4)	*Rotari m...* Costante II *imp.* Rodoaldo *re per sei mesi?*	
653	6161	691	11	21 A. (5)	Costante II *imp.* Ariberto I *re el...*	S. Martino I carcer. 17 giu (m. 655, 16 sett.).
654	6162	692	12	13 A. (6)	"	S. Eugenio I cons. 10 ag.?
655	6163	693	13	29 M.	"	
656*b*	6164	694	14	17 A. (7)	"	"
657	6165	695	15	9 A. (8)	"	S. Eugenio I m. 2 giu. S. Vitaliano cons. 30 lug.?
658	6166	696	1	25 M.	"	"
659	6167	697	2	14 A. (9)	"	"
660*b*	6168	698	3	5 A. (10)	"	"
661	6169	699	4	28 M. (11)	*Ariberto I m...* Costante II *imp.* Bertarido e Gondeberto re per pochi mesi.	"
662	6170	700	5	10 A. (12)	Costante II *imp.* Grimoaldo *re el...*	"
663	6171	701	6	2 A. (13)	"	"
664*b*	6172	702	7	21 A. (14)	"	"
665	6173	703	8	6 A. (15)	"	"
666	6174	704	9	29 M. (16)	"	"
667	6175	705	10	18 A. (17)	"	"
668*b*	6176	706	11	9 A. (18)	*Costante II m. v. fine sett.* Costantino IV *Pogonato imp. in sett.* Grimoaldo *re*	"

(1) Pasqua 29 Marzo in chiese bretone.
(2) » 18 Aprile » » »
(3) » 10 » » » »
(4) » 25 Marzo » » »
(5) » 14 Aprile » » »
(6) » 6 » » » »
(7) » 10 » » » »
(8) » 2 » » » »
(9) » 7 » » » »
(10) » 29 Marzo » » »
(11) » 18 Aprile » » »

(12) Pasqua 3 Aprile in Bretagna.
(13) » 26 Marzo » »
(14) » 14 Aprile » »
(15) » 13 » nella Gallia
(16) » 19 » nella Gran Bretagna e Irlanda.
(17) Pasqua 11 Aprile nella Gran Bretagna e Irlanda.
(18) Pasqua 2 Aprile nella Gran Bretagna e Irlanda.

Anni dell'Era Cristiana	Era bizantina o greca	Era di Spagna	Indizione	Pasqua e rinvio al calendario	Imperatori Romani d'Oriente e Re Longobardi in Italia	PAPI
669	6177	707	12	25 M. (1)	(Costant. *IV e* Grimoaldo)	(S. Vitaliano)
670	6178	708	13	14 A.	"	"
671	6179	709	14	6 A. (2)	{ Grimoaldo *re m...* Garipaldo *re el..., m...* Costantino IV *imp.* Bertarido *re ristab.*	"
672b	6180	710	15	25 A. (3)	"	{ S. Vitaliano m. 27 genn. Adeodato cons. 11 apr.
673	6181	711	1	10 A. (4)	"	"
674	6182	712	2	2 A. (5)	"	"
675	6183	713	3	22 A. (6)	"	"
676b	6184	714	4	6 A. (7)	"	{ Adeodato m. 17 giu. Dono cons 2 nov.?
677	6185	715	5	29 M. (8)	"	"
678	6186	716	6	18 A. (9)	{ Costantino IV *imp.* Bertarido *re e* Cuniberto *re assoc.*	{ Dono m 11 apr. S. Agatone cons. 27 giu.
679	6187	717	7	3 A. (10)	"	"
680b	6188	718	8	25 M. (11)	"	{ S. Agatone m. 10 gen. S. Leone II *el. av. il* dic.
681	6189	719	9	14 A. (12)	"	{ S. Leone II cons. 17 ag.
682	6190	720	10	30 M. (13)	"	{ S. Leone II m. 3 lug. Sede vacante dal 3 lug.
683	6191	721	11	19 A. (14)	"	{ Sede vacante fino al 25 giu. S. Benedetto II cons. 26 giu.
684b	6192	722	12	10 A. (15)	"	{ S. Benedetto II m. 8 magg.
685	6193	723	13	26 M. (16)	{ Costantino IV *m. ai primi di* sett. Giustiniano II *imp. dal* sett. Bertarido e Cuniberto *re*	Giovanni V *eletto in* magg, o giu., cons. 23 lug.

Anni dell'Era Cristiana	Era bizantina o greca	Era di Spagna	Indizione	Pasqua e rinvio al calendario	Imperatori Romani d'Oriente e Re Longobardi in Italia	PAPI
686	6194	721	14	15 A.(1)	*Bertarido e Cuniberto re*	*Giovanni V m.* 2 ag. *Conone el. in* ag. e ott. cons. 21 ott.
687	6195	725	15	7 A.(2)		*Conone m.* 21 sett. *S. Sergio I el.* ott. e dic. cons. 15 dic.
688b	6196	726	1	29 M.(3)	*Bertarido m...* / *Giustiniano II imp.* / *Cuniberto re*	
689	6197	727	2	11 A.(4)		
690	6198	728	3	3 A.(5)		
691	6199	729	4	23 A.(6)		
692b	6200	730	5	14 A.		
693	6201	731	6	30 M.(7)		
694	6202	732	7	19 A.(8)		
695	6203	733	8	11 A.(9)	*Giustiniano II imp., detr.* / *Leonzio imp.* / *Cuniberto re*	
696b	6204	734	9	26 M.(10)		
697	6205	735	10	15 A.(11)		
698	6206	736	11	7 A.(12)	*Leonzio imp. detron.* / *Tiberio III Absimaro imp.* / *Cuniberto re*	
699	6207	737	12	23 M.(13)		
700b	6208	738	13	11 A.(14)	*Cuniberto m...* / *Tiberio III imp.* / *Liutberto re el... detron dopo 8 mesi* / *Ragimberto re el...*	

(1) Pasqua l'8 aprile nella Gran Bret. e Irlanda.
(2)   »   il 31 mar. »   »   »   »
(3)   »   » 19 apr. »   »   »   »
(4)   »   » 4   »   »   »   »   » e 18 apr. nella Gallia.
(5) Pasqua il 27 marzo in chiese bretone.
(6)   »   » 18 aprile »   »   »
(7)   »   » 20   »   »   »   »
(8)   »   » 12   »   »   »   »
(9)   »   » 28 marzo »   »   »
(10) »   » 16 aprile »   »   »
(11) »   » 8   »   »   »   »
(12) »   » 31 marzo »   »   »
(13) »   » 13 aprile »   »   »
(14) »   » 4   »   »   »   »

(*) Pasquale *antipapa* dal 22 sett. 687 al 692. — Teodoro *antip.* dal 22 sett. all'ott. o dic. 687.

CAPPELLI.

Anni dell'Era Cristiana	Era bizantina o greca	Era di Spagna	Indizione	Pasqua e rinvio al calendario	Imperatori Romani d'Oriente e Re Longobardi in Italia	PAPI
701	6209	739	14	3 A. (1)	*Ragimberto m....* Tiberio III *imp.* Ariberto II *re el. in dic.*	*S. Sergio I m. 8 sett.* *Giovanni VI cons. 30 ott.*
702	6210	740	15	33 A. (2)	"	"
703	6211	741	1	8 A. (3)	"	"
704b	6212	742	2	30 M. (4)	*Tiberio III imp. detron.* Giustiniano II *imp. re-staur.* Ariberto II *re*	"
705	6213	743	3	19 A. (5)	"	*Giovanni VI m. 11 genn.* *Giovanni VII cons. 1 marzo*
706	6214	744	4	4 A. (6)	"	
707	6215	745	5	27 M. (7)	"	*Giovanni VII m. 18 ot.* *Sisinnio cons. 15 gennaio?, m. 4 febbr.*
708b	6216	746	6	15 A. (8)	"	*Costantino I cons. 25 marzo?*
709	6217	747	7	31 M. (9)	"	"
710	6218	748	8	20 A. (10)	"	"
711	6219	749	9	12 A. (11)	*Giustiniano II m. in dic.* Filippico *imp. el. in dic.* Ariberto II *re*	"
712b	6220	750	10	3 A. (12)	*Filippico imp.* Ariberto II *m. in marzo* Ansprando *re in mar. ? m. 13 giugno* Liutprando *re el. in giu. o luglio*	"
713	6221	751	11	16 A. (13)	*Filippico imp. deposto 4 giugno* Anastasio II *imp. el 4 giu.* Liutprando *re*	"
714	6222	752	12	8 A. (14)	"	"

(1) Pasqua 27 marzo in chiese bretone.
(2) » 16 aprile » » »
(3) » 1 » » » »
(4) » 20 » » » »
(5) » 12 » » » »
(6) » 28 marzo » » »
(7) » 17 aprile » » »
(8) » 8 » » »

(9) Pasqua 21 aprile in chiese bretone.
(10) » 13 » in Bretagna e 21 marzo in alcune chiese d'Occidente.
(11) Pasqua 5 aprile in chiese bretone.
(12) » 27 marzo » » »
(13) » 9 aprile » » »
(14) » 1 » » » »

Anni dell'Era Cristiana	Era bizantina o greca	Era di Spagna	Indizione	Pasqua e rinvio al calendario	Imperatori Romani d'Oriente e Re Longobardi in Italia	PAPI
715	6223	753	13	31 M. (1)	(Liutprando re)	Costantino I m. 9 apr. S. Gregorio II cons. 19 maggio
716b	6224	754	14	19 A. (2)	Anastasio II detron. Teodosio III imp. in genn. o febbr. Liutprando re	"
717	6225	755	15	4 A. (3)	Teodosio III imp. abd. in maggio Leone III Isaurico imp. 25 marzo Liutprando re	"
718	6226	756	1	27 M.	"	"
719	6227	757	2	16 A.	"	"
720b	6228	758	3	31 M.	Leone III Isaurico imp. Costantino V Copron. imp. 31 marzo Liutprando re	"
721	6229	759	4	20 A.	"	"
722	6230	760	5	12 A.	"	"
723	6231	761	6	28 M.	"	"
724b	6232	762	7	16 A.	"	"
725	6233	763	8	8 A.	"	"
726	6234	764	9	24 M.	"	"
727	6235	765	10	13 A.	"	"
728b	6236	766	11	4 A.	"	"
729	6237	767	12	24 A.	"	"
730	6238	768	13	9 A.	"	"
731	6239	769	14	1 A.	"	S. Gregorio II m. 11 febbraio S. Gregorio III el. 11 febbr., cons. 18 mar.
732b	6240	770	15	20 A.	"	"
733	6241	771	1	5 A.	"	"
734	6242	772	2	28 M.	"	"
735	6243	773	3	17 A.	"	"
736b	6244	774	4	8 A.	Leone Isaurico e Costantino V imp. Liutprando ed Ildeprando re assoc. in gen.?	"
737	6245	775	5	24 M.	"	"
738	6246	776	6	13 A.	"	"
739	6247	777	7	5 A.	"	"

(1) Pasqua 1 aprile in chiese bretone. (3) Pasqua 28 marzo in chiese bretone.
(2) » 5 » » » »

Anni dell'Era Cristiana	Era bizantina o greca	Era di Spagna	Indizione	Pasqua e rinvio al calendario	Imperatori Romani d'Oriente e Re Longobardi in Italia	PAPI
740b	6248	778	8	21 A. (1)	*(Liutpr. ed Ildeprando re)* Leone Isaurico m. 18 giu. Costantino V imp.	*(S. Gregorio III)* S. Gregorio III m. 1 *dic.?*
741	6249	779	9	9 A.	Liutprando ed Ildeprando re	S. Zaccaria cons. 1 *dic.?*
742	6250	780	10	1 A.	*(2)*	„
743	6251	781	11	11 A. (2)		„
744b	6252	782	12	5 A.	*Liutprando m. in genn. Ildeprando re dep. in ag.* Costantino V imp. *Rachi re el. in ag.*	„
745	6253	783	13	28 M.	„	„
746	6254	784	14	17 A.	„	„
747	6255	785	15	2 A.	„	„
748b	6256	786	1	21 A. (3)		„
749	6257	787	2	13 A.	Costantino V imp. *Rachi abd. 1° marzo? Astolfo re 1° marzo?*	„
750	6258	788	3	29 M.		„
751	6259	789	1	18 A.	Costantino V e Leone IV assoc. 6 giu. *Astolfo re*	„
752b	6260	790	5	9 A		S. Zaccaria m. 22 23 marzo Stefano II cons. 2? marzo
753	6261	791	6	25 M.	„	„
754	6262	792	7	14 A.	„	„
555	6263	793	8	6 A.	„	„
756b	6264	794	9	28 M.	Costantino V e Leone IV imp. *Astolfo m.... Desiderio re el...*	„
757	6265	795	10	10 A.		Stefano II m. 26 ap. S. Paolo I el. in apr. cons. 29 maggio
758	6266	796	11	2 A.		„
759	6267	797	12	22 A	Costantino V e Leone IV imp. *Desiderio e Adelchi re assoc.*	„
760b	6268	798	13	6 A (4)	„	„
761	6269	799	14	29 M.	„	„

(1) **Pasqua** 17 aprile nella **Gallia.**
(2)   »   21   »   »   »

(3) **Pasqua** 24 mar. in alcune chiese d'Oc.
(4)   »   13 aprile nella **Gallia**

Anni dell'Era Cristiana	Era bizantina o greca	Era di Spagna	Indizione	Pasqua e rinvio al calendario	Imperatori Romani d'Oriente e Re d'Italia	PAPI
762	6270	800	15	18 A.	*Desiderio e Adelchi re*	*S. Paolo I.*
763	6271	801	1	3 A. (1)		
764b	6272	802	2	25 M.		
765	6273	803	3	11 A.		
766	6274	804	4	6 A.		
767	6275	805	5	19 A. (2)		*S. Paolo I m. 28 giu.* *Sede vacante dal 28 giugno*
768b	6276	806	6	10 A.		*S. Stefano III el. 1 ag. cons. 7 ag.*
769	6277	807	7	2 A.		
770	6278	808	8	22 A.		
771	6279	809	9	7 A.		
772b	6280	810	10	29 M.		*Stefano III m. 3 febb.* *Adriano I cons. 9 febb.*
773	6281	811	11	18 A.		
774	6282	812	12	3 A.	*Costantino V e Leone imp.* *Desiderio ed Adelchi spod. in magg.* *Carlo Magno re fine di mag.*	
775	6283	813	13	26 M	*Costantino V m. 14 sett.* *Leone IV imp.* *Carlo Magno re*	
776b	6284	814	14	14 A.	*Leone IV e Costantino VI imp. assoc. 14 apr.* *Carlo Magno re*	
777	6285	815	15	30 M.		
778	6286	816	1	19 A.		
779	6287	817	2	11 A.		
780b	6288	818	3	26 M. (3)	*Leone IV m. 8 sett.* *Costantino VI imp. e Irene tutrice* *Carlo Magno re*	
781	6289	819	4	15 A.	*Costantino VI imp. e Irene* *Carlo Magno re*	
782	6290	820	5	7 A.	*Pipino cor. re d'Italia 1 apr.*	
783	6291	821	6	23 M. (4)		

(1) Pasqua 10 apr. nella Gallia.
(2) »   22 marz. »   »
(3) »   2 apr.   »   »
(4) »   30 mar.   »   »

Anni dell'Era Cristiana	Era bizantina o greca	Era di Spagna	Indizione	Pasqua e rinvio al calendario	Imperatori e Re d'Italia	PAPI
784*b*	6292	822	7	11 A. (1)	*(Carlo Magno e Pipino re)*	*(Adriano I)*
785	6293	823	8	3 A.	"	"
786	6294	824	9	23 A. (2)	"	»
787	6295	825	10	8 A.	"	"
788*b*	6296	826	11	30 M.	"	"
789	6297	827	12	19 A.	"	"
790	6298	828	13	11 A.	Costantino VI *imp. solo* Carlo Magno e Pipino *re*	"
791	6299	829	14	27 M.	"	"
792*b*	6300	830	15	15 A.	"	"
793	6301	831	1	7 A.	"	"
794	6302	832	2	23 M.	"	
795	6303	833	3	12 A.	"	*Adriano I m. 26 dic. S. Leone III el. 26 dic., cons. 27 dic*
796*b*	6304	834	4	3 A.	"	"
797	6305	835	5	23 A.	*Costantino VI spod. 15 giu. Irene imp. dal 15 giu.* Carlo Magno e Pipino *re*	"
798	6306	836	6	8 A.	"	"
799	6307	837	7	31 M.	"	"
800*b*	6308	838	8	19 A.	*Carlo Magno cor. imp. d'Occ 25 dic.* Pipino *re*	"
801	6309	839	9	4 A.	"	"
802	6310	840	10	27 M.	"	"
803	6311	841	11	16 A.	"	"
804*b*	6312	842	12	31 M.	"	"
805	6313	843	13	20 A.	"	"
806	6314	844	14	12 A.	"	"
807	6315	845	15	28 M.	"	"
808*b*	6316	846	1	16 A.	"	»
809	6317	847	2	8 A.	"	"
810	6318	848	3	31 M.	*Pipino m. 8 lugl.* Bernardo *succ. sotto regg.* Carlo Magno *imp.*	"
811	6319	849	4	13 A.	"	"
812*b*	6320	850	5	4 A.	"	"
813	6321	851	6	27 M.	Carlo Magno *imp* e Lodovico il Pio *assoc. in sett* Bernardo *conferm. re in set.*	"
814	6322	852	7	16 A.	*Carlo Magno m. 28 genn.* Lodovico *il Pio imp.* Bernardo *re*	"

(1) Pasqua 18 apr. nella Gallia | (2) Pasqua 26 marzo nella Galli .

Anni dell'Era cristiana	Era bizantina o greca	Era di Spagna	Indizione	Pasqua e rinvio al calendario	Imperatori e Re Franchi in Italia	PAPI
815	6323	853	8	1 A.	Lodovico imp. Bernardo re	S. Leone III
816b	6324	854	9	20 A.		S. Leone III m. 1° giu.
						S. Stefano IV el. in giu. cons. 22 giu.
817	6325	855	10	12 A.		Stefano IV m. 25 genn.
						S. Pasquale I cons. 25 genn.
818	6326	856	11	28 M.	Bernardo m. 17 apr. Lodovico il Pio imp. e re d'Italia	
819	6327	857	12	17 A.		
820b	6328	858	13	8 A.	Lodovico il Pio imp. Lotario I re 28 o 29 sett.	
821	6329	859	14	24 M.		
822	6330	860	15	13 A.		
823	6331	861	1	5 A.		
824b	6332	862	2	21 A.		S. Pasquale I m. 11 febbraio Eugenio II el. da qui e in giugno
825	6333	863	3	3 A.		
826	6334	864	4	1 A.		
827	6335	865	5	21 A.		Eugenio II m. in ag. Valentino el. in ag. m. in sett. Gregorio IV el.
828b	6336	866	6	5 A.		
829	6337	867	7	28 M.		
830	6338	868	8	17 A.		
831	6339	869	9	2 A.		
832b	6340	870	10	24 M.		
833	6341	871	11	13 A.		
834	6342	872	12	5 A.		
835	6343	873	13	18 A.		
836b	6344	874	14	9 A.		
837	6345	875	15	1 A.		
838	6346	876	1	14 A.		
839	6347	877	2	6 A.		
840b	6348	878	3	28 M.	Lodovico il Pio muore 20 giugno Lotario I cor. imperatore 20 giu.	
841	6349	879	4	17 A.		
842	6350	880	5	2 A.		
843	6351	881	6	22 A.		

Anni dell'Era Cristiana	Era bizantina o greca	Era di Spagna	Indizione	Pasqua e rinvio al calendario	Imperatori e Re Franchi in Italia	PAPI
844*b*	6352	882	7	13 A.	Lotario I *imp.* Lodovico Il *cor. re 15 giu.*	*Gregorio IV m. in gen.* Sergio II *el. e cons. in genn.* (*)
845	6353	883	8	29 M.	»	»
846	6354	884	9	18 A.	»	»
847	6355	885	10	10 A.	»	*Sergio II m. 27 genn.* S. Leone IV *el. in genn., cons. 10 apr.*
848*b*	6356	886	11	25 M.	»	»
849	6357	887	12	14 A.	Lotario I *imp.* Lodovico II *assoc. all' imp.*	»
850	6358	888	13	6 A.	»	»
851	6359	889	14	22 M.	»	»
852*b*	6360	890	15	10 A.	»	»
853	6361	891	1	2 A	»	»
854	6362	892	2	22 A.	»	»
855	6363	893	3	7 A.	*Lotario I m. 29 sett.* Lodovico II *imp.*	*S. Leone IV m. 17 lugl.* Benedetto III *el. in lugl., cons. 6 ott. ?* (**)
856*b*	6364	894	4	29 M.	»	»
857	6365	895	5	18 A.	»	»
858	6366	896	6	3 A	»	*Benedetto III m. 17 apr. ?* S. Niccolò I *el. in apr., cons. 24 apr.*
859	6367	897	7	26 M.	»	»
860*b*	6368	898	8	14 A.	»	»
861	6369	899	9	6 A.	»	»
862	6370	900	10	19 A.	»	»
863	6371	901	11	11 A.	»	»
864*b*	6372	902	12	2 A.	»	»
865	6373	903	13	22 A.	»	»
866	6374	904	14	7 A.	»	*S. Niccolò I m. 13 nov.* Adriano II *el. in novem., cons. 14 dic.*
867	6375	905	15	30 M.	»	
868*b*	6376	906	1	18 A.	»	»
869	6377	907	2	3 A.	»	»
870	6378	908	3	26 M.	»	»
871	6379	909	4	15 A.	»	»

(*) Giovanni *antipapa, genn.* 844.
(**) Anastasio *antipapa dall'agosto al 26 sett.* 855.

Anni dell'Era Cristiana	Era bizantina o greca	Era di Spagna	Indizione	Pasqua e rinvio al calendario	Imperatori d'Occidente e Re d'Italia	PAPI
872*b*	6380	910	5	30 M.	(*Lodovico II imp.*)	Adriano II m. 14 dic. Giovanni VIII el. 14 dic.
873	6381	911	6	19 A.	»	»
874	6382	912	7	11 A.	»	»
875	6383	913	8	27 M.	Lodovico II m. 12 ag. Carlo II il Calvo imp. cor. 25 dic.	»
876*b*	6384	914	9	15 A.	Carlo II imp. cor. re d'Italia in genn.	»
877	6385	915	10	7 A.	Carlo II m 13 ott. Carlomanno imp. e re dall'ottobre ?	»
878	6386	916	11	23 M.	»	»
879	6387	917	12	12 A.	Carlomanno imp. e re Carlo III il Grosso cor. re in dic.	»
880*b*	6388	918	13	3 A.	Carlomanno m. 22 mar. Carlo III re	»
881	6389	919	14	23 A.	Carlo III cor. imp. in genn.	
882	6390	920	15	8 A.	»	Giovanni VIII m. 16 dic. Marino I el. 16 dic. cons. in dic.
883	6391	921	1	31 M.	»	
884*b*	6392	922	2	19 A.	»	Marino I m 15 magg. Adriano III el. 17 magg.
885	6393	923	3	11 A.	»	Adriano III m. metà sett. Stefano V el. e cons. in sett.
886	6394	924	4	27 M.	»	»
887	6395	925	5	16 A.	Carlo III imp. abd. in nov.	»
888*b*	6396	926	6	7 A.	Carlo III m. 12 genn. Berengario re dal genn.	»
889	6397	927	7	23 M.	Berengario re Guido re dal febbr.	»
890	6398	928	8	12 A.	»	
891	6399	929	9	4 A.	Guido cor. imp. 21 febbr. Berengario e Lamberto re	Stefano V m. fine settembre Formoso cons 6 ott.
892*b*	6400	930	10	23 A.	Guido e Lamberto imp. assoc. in apr. Berengario re	»
893	6401	931	11	8 A.	»	»

Anni dell'Era Cristiana	Era bizantina o greca	Era di Spagna	Indizione	Pasqua e rinvio al calendario	Imperatori d'Occidente e Re d'Italia	P A P I
894	6402	932	12	31 M.	*Guido imp. m. in dic.* *Lamberto imp. dal dic.* Berengario *re* *Arnolfo re, primi di febbr.*	*(Formoso)*
895	6403	933	13	20 A.	"	
896b	6404	934	14	4 A.	*Lamberto imp.* *Arnolfo cor. imp. in apr* Berengario *re*	*Formoso m. 4 apr.* *Bonifazio VI cons. apr., m. in apr. o maggio* *Stefano VI cons. in maggio*
897	6405	935	15	27 M.	"	*Stefano VI m. in ag.* *Romano cons. in ag., m. fine nov.* *Teodoro II el. in dic., m. dopo 20 giorni*
898	6406	936	1	16 A.	*Lamberto m. nel sett.* *Arnolfo imp.* Berengario *re*	*Giovanni IX el. in gennaio*
899	6407	937	2	1 A.	*Arnolfo m. 8 dic.* Berengario *re*	
900b	6408	938	3	20 A.	*Lodovico III re 12 ott.* Berengario *re*	*Giovanni IX m. in gennaio* *Benedetto IV el. gennaio a febbr.*
901	6409	939	4	12 A.	*Lodovico III cor. imp. in febbraio* Berengario *re.*	"
902	6410	940	5	28 M.	"	
903	6411	941	6	17 A.	"	*Benedetto IV m. fine luglio* *Leone V cons. e. agosto, m. e. in sett.* *Cristoforo con. in set.*
904b	6412	942	7	8 A.	"	*Cristoforo scacciato in genn.* *Sergio III cons. 29 genn.*
905	6413	943	8	31 M.	*Lodovico III accecato in lugl. (m. 928)* Berengario *re*	
906	6414	914	9	13 A.	"	
907	6415	945	10	5 A.	"	
908b	6416	946	11	27 M.	"	
909	6417	947	12	16 A.	"	
910	6418	948	13	1 A.	"	
911	6419	949	14	21 A.	"	

Anno dell'Era Cristiana	Era bizantina o greca	Era di Spagna	Indizione	Pasqua e rinvio al calendario	Imperatori d'Occidente e Re d'Italia	PAPI
912	6420	950	15	12 A.	*Berengario re*	Sergio III *m. 14 apr.* Anastasio III *el. in aprile*
913	6421	951	1	28 M.		Anastasio III *m. in giugno* Landone *el. fine lug. cons. in ag.*
914	6422	952	2	17 A.		Landone *m. in febb.* Giovanni X *cons. in marzo*
915	6423	953	3	9 A.	*Berengario cor. imp. 25 dic.*	
916	6424	954	4	21 M.		
917	6425	955	5	13 A.		
918	6426	956	6	5 A.		
919	6427	957	7	25 A.		
920	6428	958	8	9 A.		
921	6429	959	9	1 A.		
922	7430	960	10	21 A.		
923	6431	961	11	6 A.		
924	6532	962	12	28 M.	*Berengario m. 7 apr.* Rodolfo di Borg. *re*	
925	6133	963	13	17 A.		
926	6434	964	14	2 A.	*Rodolfo scacciato cm. 927 11 lugl.* Ugo di Provenza *re cor. 31 luglio*	
927	6435	965	15	25 M.		
928	6436	966	1	13 A.		Giovanni X *carcer. in maggio cm. 928* Leone VI *el. in mag. cons. in giu. m. in dic.*
929	6437	967	2	5 A.		Stefano VII *cons. in genn.*
930	6438	968	3	18 A.		
931	6439	969	4	10 A.	Ugo *re* Lotario II *re assoc. fine lug.*	Stefano VII *m. in febb.* Giovanni XI *cons. in mar.*
932	6440	970	5	1 A.		
933	6441	971	6	14 A.		
934	6442	972	7	6 A.		
935	6443	973	8	29 M.		Giovanni XI *m. fine dic.*
936	6444	974	9	17 A.		Leone VII *cons. 3 genn.*
937	6445	975	10	2 A.		

Anni dell'Era Cristiana	Era bizantina o greca	Era di Spagna	Indizione	Pasqua e rinvio al calendario	Imperatori d'Occidente e Re d'Italia	PAPI
938	6446	976	11	22 A.	*(Ugo e Lotario II re)*	*(Leone VII)*
939	6447	977	12	14 A.	"	*Leone VII m. 13 lug.* *Stefano VIII cons. 14 ? lugl.*
940b	6448	978	13	29 M.	"	"
941	6449	979	14	18 A.	"	
942	6450	980	15	10 A.	"	*Stefano VIII m. fine ott.* *Marino II cons. 30 ott. c.*
943	6451	981	1	26 M.	"	"
944b	6452	982	2	14 A.	"	"
945	6453	983	3	6 A.	*Ugo abd. av. 19 magg. (m. apr. 947)* *Lotario II re*	"
946	6454	984	4	22 M.	"	*Marino II m. in maggio* *Agapito II cons. 10 maggio*
947	6455	985	5	11 A.	"	"
948b	6456	986	6	2 A.	"	"
949	6457	987	7	22 A.	"	"
950	6458	988	8	7 A.	*Lotario II m. 22 nov.* *Berengario II e Adalberto re cor. 15 dic.*	"
951	6459	989	9	30 M.	*Berengario II e Adalberto re* *Ottone I di Sass.ª re d'Italia 23 sett.*	"
952b	6460	990	10	18 A.	*Berengario II e Adalberto re, vassalli del regno di Germ.ª in agosto*	"
953	6461	991	11	3 A.	"	"
954	6462	992	12	26 M.	"	"
955	6463	993	13	15 A.	"	*Agapito II m. in dic.* *Giovanni XII cons. 16 dic.*
956b	6464	994	14	6 A.	"	"
957	6465	995	15	19 A.	"	"
958	6466	996	1	11 A.	"	"
959	6467	997	2	3 A.	"	"
960b	6468	998	3	22 A.	"	"
961	6469	999	4	7 A.	*Berengario II e Adalberto deposti in ott.* *Ottone I di Sass.ª cor. re in nov.*	"
962	6470	1000	5	30 A.	*Ottone I cor. imp. 2 febb.*	"

Anni dell'Era Cristiana	Era bizantina o greca	Era di Spagna	Indizione	Pasqua e rinvio al calendario	Imperatori e Re di Germania e d'Italia	PAPI
963	6471	1001	6	19 A.	Ottone I imp.	Giovanni XII dep. 4 dic. m. 14 magg. 964 / Leone VIII el. 4 dic. cons. 6 dic.
964b	6472	1002	7	3 A.		Leone VIII dep. in magg. m. mar. 965 / Benedetto V el. 22 magg. esigl. 23 giu. m. 4 lugl. 966.
965	6473	1003	8	26 M.		Giovanni XIII el. in sett. cons. 1 ott.
966	6474	1004	9	15 A.		
967	6475	1005	10	31 M.	Ottone I imp. Ottone II di Sass. el. re 26 magg. 961 cor. asso. 25 dic.	
968b	6476	1006	11	19 A.		
969	6477	1007	12	11 A.		
970	6478	1008	13	27 M.		
971	6479	1009	14	16 A.	"	
972b	6480	1010	15	7 A.	"	Giovanni XIII m. 6 sett. / Benedetto VI el. sett. a dic.
973	6481	1011	1	23 M.	Ottone I imp. m. 7 magg. Ottone II imp. solo	Benedetto VI cons. 19 genn. Benedetto VI m. in giugno
974	6482	1012	2	12 A.		Benedetto VII cons. in ott. Bonifacio VII cons. in giu. dep. in lugl. Benedetto VII di nuovo
975	6483	1013	3	4 A.		
976b	6484	1014	4	23 A.		
977	6485	1015	5	8 A.		
978	6486	1016	6	31 M.		
979	6487	1017	7	20 A.		
980b	6488	1018	8	11 A.		
981	6489	1019	9	27 M.		
982	6490	1020	10	16 A.		
983	6491	1021	11	8 A.	Ottone II m. 7 dic. Ottone III di Sass. cor. re 24 dic. Teofania reggente	Benedetto VII m. 10 lugl. Giovanni XIV el. in dic. imprig. in apr. m. 20 ag. 984
984b	6492	1022	12	23 M.	"	Bonifazio VII ritorna in agosto

Anni dell'Era Cristiana	Era bizantina o greca	Era di Spagna	Indizione	Pasqua e novio al calendario	Imperatori e Re di Germania e d'Italia	PAPI
985	6493	1023	13	12 A.	(Ottone III e Teofania regg.)	Bonifazio VII m. in lug Giovanni XV cons. in agosto
986	6494	1024	14	4 A.	"	
987	6495	1025	15	24 A.	"	
988b	6496	1026	1	8 A.	"	
989	6497	1027	2	31 M.	"	
990	6498	1028	3	20 A.	"	
991	6499	1029	4	5 A.	Ottone III e Adelaide regg.	
992b	6500	1030	5	27 M.	"	
993	6501	1031	6	16 A.	"	"
994	6502	1032	7	1 A.	"	"
995	6503	1033	8	21 A.	"	Giovanni XV m. in marzo
996b	6504	1034	9	12 A.	Ottone III cor. imp. 21 magg.	Gregorio V cons. 3 maggio
997	6505	1035	10	28 M.	"	(*) "
998	6506	1036	11	17 A.	"	Gregorio V m. 18 febbraio
999	6507	1037	12	9 A.	"	Silvestro II cons. 2 aprile
1000b	6508	1038	13	31 M.	"	
1001	6509	1039	14	13 A.	"	
1002	6510	1040	15	5 A.	Ottone III m. 23 genn. Enrico II di Sassonia re 6 giu. Ardoino d'Ivrea re 15 febb.	"
1003	6511	1041	1	28 M.		Silvestro II m. 12 maggio Giovanni XVII cons. 13 giu., m. in dic.?
1004b	6512	1042	2	16 A.	Enrico II cor. re a Pavia 14 magg. Ardoino re	Giovanni XVIII el. in genn.?
1005	6513	1043	3	1 A.	"	"
1006	6514	1044	4	21 A.	"	"
1007	6515	1045	5	6 A.	"	"
1008b	6516	1046	6	28 M.	"	"
1009	6517	1047	7	17 A.	"	Giovanni XVIII m. in luglio Sergio IV cons. 31 lug.

(*) **Filagato (Giovanni XVI)** *antipapa dall'apr. 997 al febb. 998.*

Anni dell'Era Cristiana	Era bizantina o greca	Era di Spagna	Indizione	Pasqua e rinvio al calendario	Imperatori e Re di Germania e d'Italia	PAPI
1010	6518	1048	8	9 A.	Enrico II e Ardoino re	Sergio IV
1011	6519	1049	9	25 M.		
1012	6520	1050	10	13 A.		Sergio IV m. 12 magg. Benedetto VIII cons. 18 magg.
1013	6521	1051	11	5 A.	Ardoino spod. in die. in 29 ott. 1015 Enrico II re	
1014	6522	1052	12	25 A.	Enrico II cor. imp. 14 febb.	
1015	6523	1053	13	10 A.		
1016	6524	1054	14	1 A.		
1017	6525	1055	15	21 A.		
1018	6526	1056	1	6 A.		
1019	6527	1057	2	29 M.		
1020	6528	1058	3	17 A.		
1021	6529	1059	4	2 A.		
1022	6530	1060	5	25 M.		
1023	6531	1061	6	14 A.		
1024	6532	1062	7	5 A.	Enrico II m. 13 lugl. Corrado II di Franconia re 8 sett.	Benedetto VIII m. aprile Giovanni XIX cons. apr. o magg.
1025	6533	1063	8	18 A.		
1026	6534	1064	9	10 A.		
1027	6535	1065	10	26 M.	Corrado II imp. e re d'Italia 26 mar.	
1028	6536	1066	11	14 A.		
1029	6537	1067	12	6 A.		
1030	6538	1068	13	29 M.		
1031	6539	1069	14	11 A.		
1032	6540	1070	15	2 A.		Giovanni XIX m. Benedetto IX el.
1033	6541	1071	1	22 A.		
1034	6542	1072	2	14 A.		
1035	6543	1073	3	30 M.		
1036	6544	1074	4	18 A.		
1037	6545	1075	5	10 A.		
1038	6546	1076	6	26 M.		
1039	6547	1077	7	15 A.	Corrado II m. 4 giu. Enrico III di Franconia (el. re 4 apr. 1028) succ. 4 giu.	
1040	6548	1078	8	6 A.		
1041	6549	1079	9	22 A.		
1042	6550	1080	10	11 A.		

(*) Gregorio *antipapa dal giu. al 25 dic. 1012.*

Anni dell'Era Cristiana	Era bizantina o greca	Era di Spagna	Indizione	Pasqua e rinvio al calendario	Imperatori e Re di Germania e d'Italia	PAPI
1043	6551	1081	11	3 A.	(Enrico III re)	(Benedetto IX)
1044b	6552	1082	12	22 A.	"	Benedetto IX dep. in fine d'anno
1045	6553	1083	13	7 A.	"	Benedetto IX ritorna 10 mar., abd. 1 magg. Gregorio VI cons. 5 maggio (*)
1046	6554	1084	14	30 M.	Enrico III cor. imp. 25 dic.	Gregorio VI dep. 20 dic. (m. 1047) Clemente II el. 24 dic. cons. 25 dic.
1047	6555	1085	15	19 A.	"	Clemente II m. 9 ott. Benedetto IX pred. dall'8 nov. Damaso II el. 25 dic.
1048b	6556	1086	1	3 A	"	Benedetto IX scacc. 17 luglio Damaso II cons. 17 lug., m. 9 ag. S. Leone IX el. in dic.
1049	6557	1087	2	26 M.	"	S. Leone IX cons. 12 febbraio
1050	6558	1088	3	15 A.	"	"
1051	6559	1089	4	31 M.	"	"
1052b	6560	1090	5	19 A.	"	"
1053	6561	1091	6	11 A.	"	
1054	6562	1092	7	3 A.	"	S. Leone IX m. 19 apr. Vittore II el. in sett.
1055	6563	1093	8	16 A.	"	Vittore II cons. 16 aprile
1056b	6564	1094	9	7 A.	Enrico III imp. m. 5 ott. Enrico IV di Franconia (el. re 17 lug. 1053) succ. 5 ott. Agnese di Poitiers regg.	"
1057	6565	1095	10	30 M.	"	Vittore II m. 28 luglio Stefano IX el. 2 ag., cons. 3 ag.
1058	6566	1096	11	19 A.	"	Stefano IX m. 29 mar. Benedetto X el. 5 apr. Niccolò II el. in dic.
1059	6567	1097	12	26 M.	"	Benedetto X dep. 24 gennaio Niccolò II cons. 24 gennaio

(*) Giovanni (Silvestro III) antipapa 20 genn., scacc. 10 marzo 1045.

Anni dell'Era Cristiana	Era bizantina o greca	Era di Spagna	Indizione	Pasqua e rinvio al calendario	Imperatori e Re di Germania e d'Italia	PAPI
1060b	6568	1098	13	26 M.	(Enrico IV e Agnese regg.)	(Niccolò II)
1061	6569	1099	14	15 A.	"	Niccolò II m. 27 lugl. Alessandro II el. e cons 30 sett. (*)
1062	6570	1100	15	31 M.	Enrico IV sotto regg. di Annone arc. di Colonia e di Adalberto di Brema	"
1063	6571	1101	1	20 A.	"	"
1064b	6572	1102	2	11 A.	"	"
1065	6573	1103	3	27 M.	"	"
1066	6574	1104	4	16 A.	Enrico IV esce di minorità	"
1067	6575	1105	5	8 A.	"	"
1068b	6576	1106	6	23 M.	"	"
1069	6577	1107	7	12 A.	"	"
1070	6578	1108	8	4 A.	"	"
1071	6579	1109	9	24 A.	"	"
1072b	6580	1110	10	8 A.	"	"
1073	6581	1111	11	31 M.	"	Alessandro II m. 21 apr. S Gregorio VII el. 22 apr., cons. 30 giu.
1074	6582	1112	12	20 A.	"	"
1075	6583	1113	13	5 A.	"	"
1076b	6584	1114	14	27 M.	"	"
1077	6585	1115	15	16 A.	(1) "	"
1078	6586	1116	1	8 A.	"	"
1079	6587	1117	2	24 M.	"	"
1080b	6588	1118	3	12 A.	"	(**) "
1081	6589	1119	4	4 A.	(2) "	"
1082	6590	1120	5	24 A.	"	"
1083	6591	1121	6	9 A.	"	"
1084b	6592	1122	7	31 M.	Enrico IV cor. imp. 31 mar.	"
1085	6593	1123	8	20 A.	"	S. Gregorio VII m. 25 magg.
1086	6594	1124	9	5 A.	"	B. Vittore III el. 24 maggio

(1) Rodolfo di Svevia *el. re dai ribelli il 15 marzo 1077, m. 15-16 ott. 1080.*

(2) Ermanno di Lussemburgo, *el. re dai ribelli il 26 dic. 1081, rinunzia 1088.*

(*) Cadalo (Onorio II) *antipapa dal 28 ott. 1061 al 31 magg. 1064.*

(**) Ghiberto (Clemente III) *antipapa dal 25 giu. 1080, cons. 24 mar. 1084, m. sett. 1100.*

Anni dell'Era Cristiana	Era bizantina o greca	Era di Spagna	Indizione	Pasqua e rinvio al calendario	Imperatori e Re di Germania e d'Italia	PAPI
1087	6595	1125	10	28 M.	Enrico IV imp. [Corrado el. re in nov.]	B. Vittore III cons. 9 magg., m. 16 sett.
1088b	6596	1126	11	16 A.		B. Urbano II el. e cons. 12 marzo
1089	6597	1127	12	1 A.	„	„
1090	6598	1128	13	21 A.	„	„
1091	6599	1129	14	13 A.	„	„
1092b	6600	1130	15	28 M.	„	„
1093	6601	1131	1	17 A.	[Corrado re, dep. in genn.? m. lugl. 1101] Enrico IV imp.	„
1094	6602	1132	2	9 A.	„	„
1095	6603	1133	3	25 M.	„	„
1096b	6604	1134	4	13 A.	„	„
1097	6605	1135	5	5 A.	„	„
1098	6606	1136	6	28 M.	„	B. Urbano II m. 29 luglio
1099	6607	1137	7	10 A.	„	Pasquale II el. 13 ag., cons. 14 ag.
1100b	6608	1138	8	1 A.	„	(*) „
1101	6609	1139	9	21 A.	„	„
1102	6610	1140	10	6 A.	„	(**) „
1103	6611	1141	11	29 M.	„	„
1104b	6612	1142	12	17 A.	„	„
1105	6613	1143	13	9 A.	Enrico IV dep. 31 dic.	(***) „
1106	6614	1144	14	25 M.	Enrico IV m. 7 agosto Enrico V di Franconia cor. re 6 genn. (el. 6 genn. 1099)	„
1107	6615	1145	15	14 A.	„	„
1108b	6616	1146	1	5 A.	„	„
1109	6617	1147	2	25 A.	„	„
1110	6618	1148	3	10 A.	„	„
1111	6619	1149	4	2 A.	Enrico V cor. imp. 13 apr.	„
1112b	6620	1150	5	21 A.	„	„
1113	6621	1151	6	6 A.	„	„
1114	6622	1152	7	29 M.	„	„
1115	6623	1153	8	18 A.	„	„
1116b	6624	1154	9	2 A.	„	„
1117	6625	1155	10	25 M.	„	Pasquale II m. 21 gen.
1118	6626	1156	11	14 A.	„	Gelasio II el. 24 genn., cons. 10 mar.

(*) Teodorico *antipapa dal sett. al dic.* 1100.   (***) Maginolfo (Silvestro IV) *antipapa*
(**) Alberto *antipapa dal febb. al mar.* 1102.   *dal 18 nov.* 1105 *al 12 apr.* 1111.

Anni dell'Era Cristiana	Era bizantina o greca	Era di Spagna	Indizione	Pasqua e rinvio al calendario	Imperatori e Re di Germania e d'Italia	PAPI
1119	6627	1157	12	30 M.	(Enrico V imp.)	Gelasio II m. 28 gennaio (*) Calisto II el. 2 febbr., cons. 9 febbr.
1120b	6628	1158	13	18 A.	»	»
1121	6629	1159	14	10 A.	»	»
1122	6630	1160	15	26 M.	»	»
1123	6631	1161	1	15 A.	»	
1124b	6632	1162	2	6 A.	»	Calisto II m. 13 dic. Onorio II el. 15 dic., cons. 21 dic. (**)
1125	6633	1163	3	29 M.	Enrico V imp. m. 23 magg. Lotario II di Supplimb. re 30 ag., cor. 13 sett	»
1126	6634	1164	4	11 A.	»	»
1127	6635	1165	5	3 A.	»	»
1128b	6636	1166	6	22 A.	»	»
1129	6637	1167	7	14 A.	»	»
1130	6638	1168	8	30 M.	»	Onorio II m. 13 febb. Innocenzo II el. 14 febb., cons. 23 febbraio (***)
1131	6639	1169	9	19 A.	»	»
1132b	6640	1170	10	10 A.	»	»
1133	6641	1171	11	26 M.	Lotario II cor. imp. 4 giu.	»
1134	6642	1172	12	15 A.	»	»
1135	6643	1173	13	7 A.	»	»
1136b	6644	1174	14	22 M.	»	»
1137	6645	1175	15	11 A.	Lotario II m. 3-4 dic. Corrado III di Svevia cor. re 13 marzo	»
1138	6646	1176	1	3 A.		(****) »
1139	6647	1177	2	23 A.	»	»
1140b	6648	1178	3	7 A.	»	»
1141	6649	1179	4	30 M.	»	»
1142	6650	1180	5	19 A.	»	»
1143	6651	1181	6	4 A.	»	Innocenzo II m. 24 set. Celestino II, el. 26 sett.
1144b	6652	1182	7	26 M.	»	Celestino II m 8 mar. Lucio II cons. 12 mar.

(*) Maurizio Bourdain (Gregorio VIII) antipapa, el. 8 mar. 1118, dep. in apr. 1121.
(**) Tebaldo Buccapecus (Celestino) antipapa el. 15 dic., abd. 16 dic. 1124.

(***) Pier Leone (Anacleto II) antipapa dal 14 febb., cons 23 febb. 1130, m. 25 genn. 1138.
(****) Gregorio (Vittore IV) antipapa dal 15 mar, dep. 29 magg. 1138.

Anni dell'Era Cristiana	Era bizantina o greca	Era di Spagna	Indizione	Pasqua e rinvio al calendario	Imperatori e Re di Germania e d'Italia	PAPI
1145	6653	1183	8	15 A.	(Corrado III re)	Lucio II m. 15 febb. B. Eugenio III el. 15 febb., cons. 18 febb..
1146	6654	1184	9	31 M.	"	"
1147	6655	1185	10	20 A.	Corrado III re [Enrico (VI) re dal 30 mar.]	"
1148b	6656	1186	11	11 A.	"	"
1149	6657	1187	12	3 A.	"	"
1150	6658	1188	13	16 A.	[Enrico (VI) m. giu. a ott.] Corrado III re	"
1151	6659	1189	14	8 A.	"	"
1152b	6660	1190	15	30 M.	Corrado III m. 15 febb. Federico I di Svevia cor. re 9 mar.	"
1153	6661	1191	1	19 A.	"	B. Eugenio III m. 8 luglio Anastasio IV cons. 12 luglio
1154	6662	1192	2	4 A.	"	Anastasio IV m. 3 dic. Adriano IV el. 4 dic., cons. 5 dic.
1155	6663	1193	3	27 M.	Federico I cor. imp. 18 giu.	"
1156b	6664	1194	4	15 A.	"	"
1157	6665	1195	5	31 M.	"	"
1158	6666	1196	6	20 A.	"	"
1159	6667	1197	7	12 A.	"	Adriano IV m. 1° sett. Alessandro III el. 7 sett., cons. 20 sett. (*)
1160b	6668	1198	8	27 M.	"	"
1161	6669	1199	9	16 A.	"	"
1162	6670	1200	10	8 A.	"	"
1163	6671	1201	11	24 M.	"	"
1164	6672	1202	12	12 A.	"	(**)
1165	6673	1203	13	1 A.	"	"
1166	6674	1204	14	24 A.	"	"
1167	6675	1205	15	9 A.	"	"
1168b	6676	1206	1	31 M.	"	(***)
1169	6677	1207	2	20 A.	"	"
1170	6678	1208	3	5 A.	"	"
1171	6679	1209	4	28 M.	"	"
1172b	6680	1210	5	16 A.	"	"
1173	6681	1211	6	8 A.	"	"

(*) Ottaviano (Vittore IV) *antipapa dal 7 sett., cons. 4 ott. 1159, m. 20 apr. 1164.*
(**) Guido di Crema (Pasquale III) *antip.* *dal 22 apr., cons. 26 apr. 1164, m. 20 sett 1168.*
(***) Giovanni di Sirmio (Calisto III) *antipapa el. sett. 1168, abd. 29 ag. 1178.*

Anni dell'Era Cristiana	Era bizantina o greca	Era di Spagna	Indizione	Pasqua e rinvio al calendario	Imperatori e Re di Germania e d'Italia	PAPI
1174	6682	1212	7	24 M.	(Federico I imp.)	(Alessandro III)
1175	6683	1213	8	13 A.	"	"
1176b	6684	1214	9	4 A.	"	"
1177	6685	1215	10	24 A.	"	"
1178	6686	1216	11	9 A.	"	"
1179	6687	1217	12	1 A.	"	(*) "
1180b	6688	1218	13	20 A.	"	"
1181	6689	1219	14	5 A.	"	{Alessandro III m. 30 agosto / Lucio III el. 1° sett., cons. 6 sett.
1182	6690	1220	15	28 M.	"	"
1183	6691	1221	1	17 A.	"	"
1184b	6692	1222	2	1 A.	"	"
1185	6693	1223	3	21 A.	"	{Lucio III m. 25 nov. / Urbano III el. 25 nov., cons. 1° dic.
1186	6694	1224	4	13 A.	"	
1187	6695	1225	5	29 M.	"	{Urbano III m. 20 ott. / Gregorio VIII el. 21 ott., cons. 25 ott., m. 17 dic. / Clemente III el. 19 dic., cons. 20 dic.
1188b	6696	1226	6	17 A.	"	"
1189	6697	1227	7	9 A.	"	"
1190	6698	1228	8	25 M.	{Federico I imp. m. 10 giu. / Enrico VI di Svevia (el. re 15 ag. 1169) succ. 10 giu.	"
1191	6699	1229	9	14 A.	Enrico VI cor. imp. 14 apr.	{Clemente III m. fine marzo / Celestino III el. 30 mar., cons. 14 apr.
1192b	6700	1230	10	5 A.	"	"
1193	6701	1231	11	28 M.	"	"
1194	6702	1232	12	10 A.	"	"
1195	6703	1233	13	2 A.	"	"
1196b	6704	1234	14	21 A.	"	"
1197	6705	1235	15	6 A.	{Enrico VI imp. m. 28 sett. / Federico II di Svevia (el. re 1196), succ. sotto tutela	"
1198	6706	1236	1	29 M.	{[Filippo di Svevia re 6 mar., cor. 8 sett.] / Ottone IV di Brunswick re 12 luglio	{Celestino III m. 8 gen. / Innocenzo III el. 8 genn., cons. 22 febbr.

(*) Lando di Sezza (Innocenzo III) antipapa el. 29 sett. 1179, dep. genn. 1180.

Anni dell'Era Cristiana	Era bizantina o greca	Era di Spagna	Indizione	Pasqua e rinvio al calendario	Imperatori e Re di Germania e d'Italia	PAPI
1199	6707	1237	2	18 A.	(Ottone IV di Brunswick re)	(Innocenzo III)
1200b	6708	1238	3	9 A.	"	"
1201	6709	1239	4	25 M.	"	"
1202	6710	1240	5	14 A.	"	"
1203	6711	1241	6	6 A.	"	"
1204b	6712	1242	7	25 A.	"	"
1205	6713	1243	8	10 A.	"	"
1206	6714	1244	9	2 A.	"	"
1207	6715	1245	10	22 A.	"	"
1208b	6716	1246	11	6 A.	(Filippo di Svevia m. 21 giu. (Ottone IV re	"
1209	6717	1247	12	29 M.	Ottone IV cor. imp. 4 ott.	"
1210	6718	1248	13	18 A.	"	"
1211	6719	1249	14	3 A.	"	"
1212	6720	1250	15	25 M.	(Ottone IV imp. Federico II di Svevia cor. re de' rom. 9 dic.	"
1213	6721	1251	1	11 A.	"	"
1214	6722	1252	2	30 M	"	"
1215	6723	1253	3	19 A.	"	"
1216b	6724	1254	4	10 A.	"	(Innocenzo III m. 16 luglio (Onorio III el. 18 lugl., cons. 24 luglio
1217	6725	1255	5	26 M.	"	"
1218	6726	1256	6	15 A.	(Ottone IV m. 19 maggio (Federico II re	"
1219	6727	1257	7	7 A.	"	"
1220	6728	1258	8	29 M.	Federico II cor. imp. 22 nov.	"
1221	6729	1259	9	11 A.	"	"
1222	6730	1260	10	3 A.	(1)	"
1223	6731	1261	11	23 A.	"	"
1224b	6732	1262	12	11 A.	"	"
1225	6733	1263	13	30 M.	"	"
1226	6734	1264	14	19 A.	"	"
1227	6735	1265	15	11 A.	"	(Onorio III m. 18 mar. (Gregorio IX el. 19 mar., cons. 21 mar.
1228b	6736	1266	1	26 M.	"	"
1229	6737	1267	2	15 A.	"	"
1230	6738	1268	3	7 A.	"	"
1231	6739	1269	4	23 M.	"	"
1232b	6740	1270	5	11 A.	"	"
1233	6741	1271	6	3 A.	"	"

(1) Enrico, *figlio di Federico II, re 8 magg. 1222, dep. lug. 1235, m. 12 febbr. 1242.*

Anni dell'Era Cristiana	Era bizantina o greca	Era di Spagna	Indizione	Pasqua e rinvio al calendario	Imperatori e Re di Germania e d'Italia	PAPI
1234	6742	1272	7	23 A.	(Federico II imp.)	(Gregorio IX)
1235	6743	1273	8	8 A.	"	"
1236b	6744	1274	9	30 M.	"	"
1237	6745	1275	10	19 A.	"	"
1238	6746	1276	11	4 A.	"	"
1239	6747	1277	12	27 M.	"	"
1240b	6748	1278	13	15 A.	"	
1241	6749	1279	14	31 M.	"	Gregorio IX m. 22 ag. Celestino IV el. 25 ott., cons. 28 ott., m. 10 nov. Sede vacante dal 10 nov.
1242	6750	1280	15	20 A.	"	"
1243	6751	1281	1	12 A.	"	Innocenzo IV el. 25 giu., cons. 28 giu.
1244b	6752	1282	2	3 A.	"	"
1245	6753	1283	3	16 A.	"	"
1246	6754	1284	4	8 A.	Federico II imp. [Enrico Raspe el. re de' rom. 22 magg.]	"
1247	6755	1285	5	31 M.	[Enrico Raspe m. 16 febbr.] [Guglielmo d'Olanda re de' rom. 29 sett.] Federico II imp.	"
1248b	6756	1286	6	19 A.	"	"
1249	6757	1287	7	4 A.	"	"
1250	6758	1288	8	27 M.	Federico II m. 13 dic. Corrado IV di Svevia re de' rom. (feb. 1237) suc. 13 dic. [Guglielmo d'Olanda re]	"
1251	6759	1289	9	16 A.	"	"
1252b	6760	1290	10	31 M.	"	"
1253	6761	1291	11	20 A.	"	"
1254	6762	1292	12	12 A.	Corrado IV re m. 20 magg. [Guglielmo re de' rom.]	Innocenzo IV m. 7 dic. Alessandro IV el. 12 dic., cons. 20 dic.
1255	6763	1293	13	28 M.	"	"
1256b	6764	1294	14	16 A.	[Guglielmo m. 28 genn.]	"
1257	6765	1295	15	8 A.	[Riccardo di Cornovaglia re de' rom. cor. 17 magg.] [Alfonso re di Castiglia, re de' rom. 1° apr.]	"
1258	6766	1296	1	24 M.	"	"
1259	6767	1297	2	13 A.	"	"
1260b	6768	1298	3	4 A.	"	"

Anni dell'Era Cristiana	Era bizantina o greca	Era di Spagna	Indizione	Pasqua e rinvio al calendario	Imperatori e Re di Germania e d'Italia	PAPI
1261	6769	1299	4	24 A.	(Riccardo e Alfonso re)	Alessandro IV m. 25 maggio
						Urbano IV el. 29 ag., cons. 4 sett.
1262	6770	1300	5	9 A.	„	„
1263	6771	1301	6	1 A.	„	
1264b	6772	1302	7	20 A.	„	Urbano IV m. 2 ott.
1265	6773	1303	8	5 A.	„	Clemente IV eletto 5 febb., cons. 22 febb.
1266	6774	1304	9	28 M.	„	„
1267	6775	1305	10	17 A.	„	
1268b	6776	1306	11	8 A.	„	Clemente IV m. 29 novembre
						Sede vacante dal 29 novembre
1269	6777	1307	12	24 M.	„	„
1270	6778	1308	13	13 A.	„	
1271	6779	1309	14	5 A.	[Riccardo di Cornovaglia m. 2 apr.] [Alfonso di Castiglia re]	B. Gregorio X el. 1° settembre
1272b	6780	1310	15	24 A.	„	B. Gregorio X cons. 27 marzo
1273	6781	1311	1	9 A.	Rodolfo I d'Absburgo el. re de' rom. 29 sett., cor. 24 ott.	„
1274	6782	1312	2	1 A.	„	„
1275	6783	1313	3	14 A.	„	
1276b	6784	1314	4	5 A.		B. Gregorio X m. 10 genn.
						Innocenzo V el. 21 genn., cons. 22 febb., m. 22 giu.
						Adriano V el. 11 lugl., m. 18 ag.
						Giovanni XXI el. 8 sett., cons. 20 sett.
1277	6785	1315	5	28 M.	„	Giovanni XXI m. 20 maggio
						Niccolò III el. 25 nov., cons. 26 dic.
1278	6786	1316	6	17 A.	„	„
1279	6787	1317	7	2 A.	„	
1280	6788	1318	8	21 A.	„	Niccolò III m. 22 ag.
1281	6789	1319	9	13 A.	„	Martino IV el 22 feb., cons. 23 mar.
1282	6790	1320	10	29 M.	„	„
1283	6791	1321	11	18 A.	„	„
1284	6792	1322	12	9 A.	„	„

Anni dell'Era cristiana	Era bizantina o greca	Era di Spagna	Indizione	Pasqua e rinvio al calendario	Imperatori e Re di Germania e d'Italia	PAPI
1285	6793	1323	13	25 M.	*Rodolfo I d'Absburgo re*	*Martino IV m. 28 marzo* / *Onorio IV e. 2 apr. cons. 20 maggio*
1286	6794	1324	14	11 A.		
1287	6795	1325	15	6 A.		*Onorio IV m. 3 apr.*
1288 b	6796	1326	1	28 M.		*Niccolò IV el. 15 febb. cons. 22 febb.*
1289	6797	1327	2	10 A.		
1290	6798	1328	3	2 A.		
1291	6799	1329	4	22 M.	*Rodolfo I m. 15 luglio*	
1292 b	6800	1330	5	6 A.	*Adolfo di Nassau el. re de' rom. 5 maggio*	*Niccolò IV m. 4 apr.* / *Sede vacante dal 4 aprile*
1293	6801	1331	6	29 M.		
1294	6802	1332	7	18 A.		*S. Celestino V el. 5 lugl., cons. 29 ag. rinun. 13 dic. m. 19 magg. 1296* / *Bonifacio VIII el. 24 dicembre*
1295	6803	1333	8	3 A.		*Bonifacio VIII cons. 23 genn.*
1296 b	6804	1334	9	25 M.		
1297	6805	1335	10	14 A.		
1298	6806	1336	11	6 A.	*Adolfo di Nassau m. 2 lugl.* / *Alberto I d'Austria el. re de' rom. 27 lugl. cor. 24 ag.*	
1299	6807	1337	12	19 A.		
1300 b	6808	1338	13	10 A.		
1301	6809	1339	14	2 A.		
1302	6810	1340	15	22 A.		
1303	6811	1341	1	7 A.		*Bonifacio VIII m. 11 ottobre* / *B. Benedetto XI el. 22 ott. cons. 2 ott.*
1304 b	6812	1342	2	29 M.		*B. Benedetto XI m. 7 luglio*
1305	6813	1343	3	18 A.		*Clemente V el. 5 giu. cor. 14 nov.*
1306	6814	1344	4	3 A.		
1307	6815	1345	5	26 M.		
1308 b	6816	1346	6	14 A.	*Alberto I m. 1º maggio* / *Enrico VII di Lussemb. el. re de' rom. 27 nov.*	
1309	6817	1347	7	30 M.	*Enrico VII cor. re 6 genn.*	*Clemente V in Avignone*

Anni dell'Era Cristiana	Era bizantina o greca	Era di Spagna	Indizione	Pasqua e rinvio al calendario	Imperatori e Re di Germania e d'Italia	PAPI
1310	6818	1348	8	19 A.	(Enrico VII re)	(Clemente V)
1311	6819	1349	9	11 A.	Enrico VII cor. re a Milano 6 gennaio	"
1312b	6820	1350	10	26 M.	Enrico VII cor. imp. 29 giu.	"
1313	6821	1351	11	15 A.	Enrico VII m. 24 agosto	"
1314	6822	1352	12	7 A.	Lodovico IV di Baviera re de' rom., cor. 25 nov. [Federico III d'Absburgo re de' rom., cor. 25 nov.]	Clemente V. m.14 apr. Sede vacante dal 14 aprile
1315	6823	1353	13	23 M.	"	
1316b	6824	1354	14	11 A.	"	Giovanni XXII el. 7 ag., cons. 5 sett., in Avignone
1317	6825	1355	15	3 A.	"	"
1318	6826	1356	1	23 A.	"	"
1319	6827	1357	2	8 A.	"	"
1320b	6828	1358	3	30 M.	"	"
1321	6829	1359	4	19 A.	"	"
1322	6830	1360	5	11 A.	"	"
1323	6831	1361	6	27 M.	"	"
1324b	6832	1362	7	15 A.	"	"
1325	6833	1363	8	7 A.	"	"
1326	6834	1364	9	23 M.	"	"
1327	6835	1365	10	12 A.	Lodovico IV cor. re a Milano 31 maggio [Federico III re]	"
1328b	6836	1366	11	3 A	Lodovico IV cor. imp. a Roma 17 gennaio [Federico III re]	(*) "
1329	6837	1367	12	23 A	"	"
1330	6838	1368	13	8 A.	[Federico III m. 13 genn.] Lodovico IV imp.	"
1331	6839	1369	14	31 M.	"	"
1332b	6840	1370	15	19 A.	"	"
1333	6841	1371	1	4 A.	"	"
1334	6842	1372	2	27 M.	"	Giovanni XXII m. 4 dicembre Benedetto XII el. 20 dic., cons. 26 dic., in Avignone
1335	6843	1373	3	16 A.	"	"
1336b	6844	1374	4	31 M.	"	"
1337	6845	1375	5	20 A.	"	"
1338	6846	1376	6	12 A	"	"

(*) Pietro di Corbara (Niccolò V), *antipapa dal 12 magg. 1328, abd. 25 agosto 1330.*

Anni dell'Era Cristiana	Era bizantina o greca	Era di Spagna	Indizione	Pasqua e rinvio al calendario	Imperatori e Re di Germania d'Italia	PAPI
1339	6847	1377	7	28 M.	(Lodovico IV imp.)	(Benedetto XII)
1340b	6848	1378	8	16 A.	"	"
1341	6849	1379	9	8 A.	"	
1342	6850	1380	10	31 M.	"	Benedetto XII m. 25 aprile; Clemente VI el. 7 maggio, cons. 19 magg., in Avignone
1343	6851	1381	11	13 A.	"	"
1344b	6852	1382	12	4 A.	"	"
1345	6853	1383	13	27 M.	"	"
1346	6854	1384	14	16 A.	"	"
1347	6855	1385	15	1 A.	[Lodovico IV m. 11 ott.] Carlo IV di Lussemb. (el. re 11 lugl. 1346) succ. 11 ott.	"
1348b	6856	1386	1	20 A.	"	"
1349	6857	1387	2	12 A.	"	"
1350	6858	1388	3	28 M.	"	"
1351	6859	1389	4	17 A.	"	"
1352b	6860	1390	5	8 A.	"	Clemente VI m. 6 dic. Innocenzo VI el. 18 dic., cons. 23 dic., in Avignone
1353	6861	1391	6	24 M.	"	"
1354	6862	1392	7	13 A.	"	"
1355	6863	1393	8	5 A.	Carlo IV cor. re a Milano 6 genn., imp. 5 aprile	"
1356b	6864	1394	9	24 A.	"	"
1357	6865	1395	10	9 A.	"	"
1358	6866	1396	11	1 A.	"	"
1359	6867	1397	12	21 A.	"	"
1360b	6868	1398	13	5 A.	"	"
1361	6869	1399	14	28 M.	"	"
1362	6870	1400	15	17 A.	"	Innocenzo VI m. 12 settembre; Urbano V el. 28 sett., cons. 6 nov., in Avignone
1363	6871	1401	1	2 A.	"	"
1364b	6872	1402	2	24 M.	"	"
1365	6873	1403	3	13 A.	"	"
1366	6874	1404	4	5 A.	"	"
1367	6875	1405	5	18 A.	"	"
1368b	6876	1406	6	9 A.	"	"
1369	6877	1407	7	1 A.	"	
1370	6878	1408	8	14 A.	"	Urbano V m. 19 dic. Gregorio XI el. 30 dic., in Avignone

Anni dell'Era Cristiana	Era bizantina o greca	Era di Spagna	Indizione	Pasqua e rinvio al calendario	Imperatori e Re di Germania e d'Italia	PAPI
1371	6879	1409	9	6 A.	(Carlo IV imp.)	Gregorio XI cons. 5 genn. in Avignone
1372b	6880	1410	10	28 M.	„	„
1373	6881	1411	11	17 A.	„	„
1374	6882	1412	12	2 A.	„	„
1375	6883	1413	13	22 A.	„	„
1376b	6884	1414	14	13 A.	„	
1377	6885	1415	15	29 M.	„	Gregorio XI a Roma 17 genn.
1378	6886	1416	1	18 A.	Carlo IV imp. m. 29 nov. Venceslao di Lussemb. re de' rom. el. 6 lug. 1376, succ. 29 nov.	Gregorio XI m. 27 mar. Urbano VI el. 8 apr., cons. 18 Apr., in Roma (*)
1379	6887	1417	2	10 A.	„	„
1380b	6888	1418	3	25 M.	„	„
1381	6889	1419	4	14 A.	„	„
1382	6890	1420	5	6 A.	„	„
1383	6891	1421	6	22 M.	„	„
1384b	6892	1422	7	10 A.	„	„
1385	6893	1423	8	2 A.	„	„
1386	6894	1424	9	22 A.	„	„
1387	6895	1425	10	7 A.	„	„
1388b	6896	1426	11	29 M.	„	
1389	6897	1427	12	18 A.	„	Urbano VI m. 15 ott. Bonifacio IX el. 2 nov., cons. 9 nov., in Roma
1390	6898	1428	13	3 A.	„	„
1391	6899	1429	14	26 M.	„	„
1392b	6900	1430	15	14 A.	„	„
1393	6901	1431	1	6 A.	„	„
1394	6902	1432	2	19 A.	(**)	„
1395	6903	1433	3	11 A.	„	„
1396b	6904	1434	4	2 A.	„	„
1397	6905	1435	5	22 A.	„	„
1398	6906	1436	6	7 A.	„	„
1399	6907	1437	7	30 M.	„	„
1400	6908	1438	8	18 A.	Venceslao re dep 20 ag (m. 16 ag. 1419) Roberto di Baviera re de' rom. 21 agosto	„

(*) Robert di Ginevra (Clemente VII) antipapa, el. 20 sett 1378, ad Avignone dal giu. 1379, m. 16 sett. 1394.

(**) Pietro de Luna (Benedetto XIII) antipapa ad Avignone, el. 28 sett., cons. 11 ott. 1394, dep. 5 giu. 1409 e 26 lug. 1417, m. sett. 1424.

Anni dell'Era Cristiana	Era bizantina o greca	Era di' Spagna'	Indizione	Pasqua e rinvio al calendario	Imperatori e Re di Germania e d'Italia	PAPI
1401	6909	1439	9	3 A.	(Roberto di Baviera re)	(Bonifacio IX)
1402	6910	1440	10	26 M.	"	"
1403	6911	1441	11	15 A.	"	
1404b	6912	1442	12	30 M.	"	Bonifacio IX m. 1° ottobre / Innocenzo VII el. 17 ott., cor. 11 nov, in Roma
1405	6913	1443	13	19 A.	"	
1406	6914	1444	14	11 A.	"	Innocenzo VII m. 6 nov. / Gregorio XII el. 30 nov., cons. 19 dic., in Roma
1407	6915	1445	15	27 M.	"	
1408b	6916	1446	1	15 A.	"	"
1409	6917	1447	2	7 A.	"	Gregorio XII dep 5 giu. (m. 18 ott. 1417) / Alessandro V el. 17 giu., cons. 7 lugl., in Pisa
1410	6918	1448	3	23 M.	Roberto di Baviera m. 18 maggio / Sigismondo di Lussemb. re de' rom. 20 sett. / Iobst o Iodok di Moravia re de' rom. 1° ott.	Alessandro V m. 3 maggio / Giovanni XXIII el. 17 maggio, cons. 25 magg, in Pisa
1411	6919	1449	4	12 A.	Iobst m. 18 genn. / Sigismondo re de' rom.	"
1412b	6920	1450	5	3 A.	"	"
1413	6921	1451	6	23 A.	"	"
1414	6922	1452	7	8 A.	"	"
1415	6923	1453	8	31 M.	"	Giovanni XXIII dep. 29 magg., (m. 1419, 22 nov.) / Sede vacante dal 30 maggio
1416b	6924	1454	9	19 A.	"	
1417	6925	1455	10	11 A.	"	Martino V el. 11 nov., cons. 21 nov, in Roma
1418	6926	1456	11	27 M.	"	"
1419	6927	1457	12	16 A.	"	"
1420b	6928	1458	13	7 A.	"	"
1421	6929	1459	14	23 M.	"	"
1422	6930	1460	15	12 A.	"	"
1423	6931	1461	1	4 A.	"	"

Anni dell'Era Cristiana	Era bizantina o greca	Era di Spagna	Indizione	Pasqua e rinvio al calendario	Imperatori e Re di Germania e d'Italia	PAPI
1424b	6932	1462	2	23 A.	(Sigismondo re)	(*) (Martino V)
1425	6933	1463	3	8 A.	,,	
1426	6934	1464	4	31 M.	,,	
1427	6935	1465	5	20 A.	,,	
1428b	6936	1466	6	1 A.	,,	
1429	6937	1467	7	27 M.	,,	
1430	6938	1468	8	16 A.	,,	
1431	6939	1469	9	1 A.	Sigismondo cor. re a Milano 25 nov.	Martino V m. 20 febb. Eugenio IV el. 3 mar., cons. 12 mar
1432b	6940	1470	10	20 A.	,,	
1433	6941	1471	11	12 A.	Sigismondo cor. imp. a Roma 31 magg.	
1434	6942	1472	12	28 M.	,,	
1435	6943	1473	13	17 A.	,,	
1436b	6944	1474	14	8 A.	,,	
1437	6945	1475	15	31 M.	Sigismondo imp. m. 9 dic.	,,
1438	6946	1476	1	13 A.	Alberto II d'Austria re de' rom 18 mar., cor. 30 magg.	,,
1439	6947	1477	2	5 A.	Alberto II m. 27 ott.	(**)
1440b	6948	1478	3	27 M.	Federico III d'Austria re de' rom. 6 apr.	,,
1441	6949	1479	4	16 A.	,,	,,
1442	6950	1480	5	1 A.	,,	,,
1443	6951	1481	6	21 A.	,,	,,
1444b	6952	1482	7	12 A.	,,	,,
1445	6953	1483	8	28 M.	,,	,,
1446	6954	1484	9	17 A.	,,	,,
1447	6955	1485	10	9 A.	,,	Eugenio IV m. 23 feb. Niccolò V el. 6 mar., cons. 19 mar.
1448b	6956	1486	11	24 M.	,,	,,
1449	6957	1487	12	13 A.	,,	,,
1450	6958	1488	13	5 A.	,,	,,
1451	6959		14	25 A.	,,	,,
1452b	6960		15	9 A.	Federico III cor. imp 16 mar.	,,
1453	6961		1	1 A.	,,	,,
1454	6962		2	21 A.	,,	,,
1455	6963		3	6 A.	,,	Niccolò V m. 24 mar. Calisto III el. 8 apr., cons. 20 apr.

(*) Gil-Sánchez de Munoz (Clemente VIII) antipapa dal 1424, abd. 26 lugl. 1429.
(**) Amedeo di Savoia (Felice V) anti- papa dal 5 nov. 1439, abd. 7 apr. 1449 (m. 7 genn. 1451).

Anni dell'Era Cristiana	Era bizantina o greca	Indizione	Pasqua e rinvio al calendario	Imperatori e Re di Germania e d'Italia	PAPI
1456b	6964	4	28 M.	(Federico III imp.)	(Calisto III)
1457	6965	5	17 A.	"	
1458	6966	6	2 A.	"	Calisto III m. 6 ag. Pio II el. 19 ag., cons. 3 sett.
1459	6967	7	25 M.	"	"
1460b	6968	8	13 A	"	"
1461	6969	9	5 A.	"	"
1462	6970	10	18 A.	"	"
1463	6971	11	10 A.	"	"
1464b	6972	12	1 A.	"	Pio II m. 15 agosto. Paolo II el. 30 agosto, cons. 16 sett.
1465	6973	13	14 A.	"	"
1466	6974	14	6 A.	"	"
1467	6975	15	29 M.	"	"
1468b	6976	1	17 A.	"	"
1469	6977	2	2 A.	"	"
1470	6978	3	22 A.	"	"
1471	6979	4	14 A.	"	Paolo II m. 26 luglio Sisto IV el. 10 agosto, cons. 25 agosto
1472b	6980	5	29 M.	"	"
1473	6981	6	18 A.	"	"
1474	6982	7	10 A.	"	"
1475	6983	8	26 M.	"	"
1476b	6984	9	14 A.	"	"
1477	6985	10	6 A.	"	"
1478	6986	11	22 M.	"	"
1479	6987	12	11 A.	"	"
1480b	6988	13	2 A.	"	"
1481	6989	14	22 A.	"	"
1482	6990	15	7 A.	"	"
1483	6991	1	30 M.	"	"
1484b	6992	2	18 A.	"	Sisto IV m. 12 agosto Innocenzo VIII el. 29 agos., cons. 12 sett.
1485	6993	3	3 A.	"	"
1486	6994	4	26 M.	"	"
1487	6995	5	15 A.	"	"
1488b	6996	6	6 A.	"	"
1489	6997	7	19 A.	"	"
1490	6998	8	11 A.	"	"
1491	6999	9	3 A.	"	
1492b	7000	10	22 A.	"	Innocenzo VIII m. 25 luglio Alessandro VI el. 11 ag., cons. 26 agosto

Anni dell'Era Cristiana	Era bizantina o greca	Indizione	Pasqua e rinvio al calendario	Imperatori e Re di Germania e d'Italia	PAPI
1493	7001	11	7 A.	*Federico III imp. m. 19 agosto* *Massimiliano I d'Austria (el.* *3 apr. 1486) succ. 19 agosto*	*(Alessandro VI)*
1494	7002	12	30 M.	„	„
1495	7003	13	19 A.	„	„
1496b	7004	14	3 A.	„	„
1497	7005	15	26 M.	„	„
1498	7006	1	15 A.	„	„
1499	7007	2	31 M.	„	„
1500b	7008	3	19 A.	„	„
1501	7009	4	11 A.	„	„
1502	7010	5	27 M.	„	
1503	7011	6	16 A.	„	*Alessandro VI m. 18 ag.* *Pio III el. 22 sett., cor.* *8 ott., m. 18 ott.* *Giulio II el. 1° nov.,* *cons. 26 nov.*
1504b	7012	7	7 A.	„	„
1505	7013	8	23 M.	„	„
1506	7014	9	12 A.	„	„
1507	7015	10	4 A.	„	„
1508b	7016	11	23 A.	*Massimiliano I imp. rom. 10* *febbraio*	„
1509	7017	12	8 A.	„	„
1510	7018	13	31 M.	„	„
1511	7019	14	20 A.	„	„
1512b	7020	15	11 A.	„	„
1513	7021	1	27 M.	„	*Giulio II m. 21 febbr.* *Leone X el. 15 marzo,* *cons 10 aprile*
1514	7022	2	16 A.	„	„
1515	7023	3	8 A.	„	„
1516b	7024	4	23 M.	„	„
1517	7025	5	12 A.	„	„
1518	7026	6	4 A.	„	„
1519	7027	7	21 A.	*Massimiliano I imp. m. 12 genn.* *Carlo V d'Austria re de' rom.* *28 giugno*	„
1520b	7028	8	8 A.	*Carlo V cor. imp. rom. 26 ott.*	„
1521	7029	9	31 M.	„	*Leone X m. 1° dic.* *Adriano VI el. 9 genn.* *cons. 31 agosto*
1522	7030	10	20 A.		
1523	7031	11	5 A	„	*Adriano VI m. 14 sett.* *Clemente VII el. 18 no-* *vembre, cons 26 nov.*
1524b	7032	12	27 M.	„	„
1525	7033	13	16 A.	„	„

Anni dell'Era Cristiana	Era bizantina o greca	Indizione	Pasqua e rinvio al calendario	Imperatori e Re di Germania e d'Italia	PAPI
1526	7034	14	1 A.	*(Carlo V imp.)*	*(Clemente VII)*
1527	7035	15	21 A.	"	"
1528*b*	7036	1	12 A.	"	"
1529	7037	2	28 M.	"	"
1530	7038	3	17 A.	*Carlo V cor. re di Lombardia 22 febb., imp. 24 febb.*	"
1531	7039	4	9 A.	"	"
1532*b*	7040	5	31 M.	"	"
1533	7041	6	13 A.	"	"
1534	7042	7	5 A.	"	*Clemente VII m. 25 sett. Paolo III el. 13 ott., cons. 1 novembre.*
1535	7043	8	28 M.	"	"
1536*b*	7044	9	16 A.	"	"
1537	7045	10	1 A.	"	"
1538	7046	11	21 A.	"	"
1539	7047	12	6 A.	"	"
1540*b*	7048	13	28 M.	"	"
1541	7049	14	17 A	"	"
1542	7050	15	9 A.	"	"
1543	7051	1	25 M.	"	"
1544*b*	7052	2	13 A.	"	"
1545	7053	3	5 A.	"	"
1546	7054	4	25 A.	"	"
1547	7055	5	10 A.	"	"
1548*b*	7056	6	1 A.	"	"
1549	7057	7	21 A.	"	*Paolo III m. 10 nov.*
1550	7058	8	6 A.	"	*Giulio III el. 8 febb., cons. 22 febb.*
1551	7059	9	29 M.	"	"
1552*b*	7060	10	17 A.	"	"
1553	7061	11	2 A.	"	"
1554	7062	12	25 M.	"	"
1555	7063	13	14 A.	"	*Giulio III m. 23 mar. Marcello II el. 9 apr., cons. 10 ap, m. 30 ap. Paolo IV el. 23 magg., cons. 26 magg.*
1556*b*	7064	14	5 A.	*Carlo V abdica 23 agosto (m. 21 sett. 1558). Ferdinando I d'Austria (el. re 5 genn. 1531) imp. 24 febb.*	"
1557	7065	15	18 A.	"	"
1558	7066	1	10 A.	"	"
1559	7067	2	26 A.	"	*Paolo IV m. 18 ag. Pio IV el. 25 dic.*
1560*b*	7068	3	14 A.	"	*Pio IV cons. 6 genn.*

Anno dell'Era Cristiana	Era bizantina o greca	Indizione	Pasqua e rinvio al calendario	Imperatori e Re di Germania e d'Italia	PAPI
1561	7069	4	6 A.	(Ferdinando I imp.)	(Pio IV)
1562	7070	5	29 M.	"	
1563	7071	6	11 A.	"	
1564b	7072	7	2 A.	Ferdinando I imp. m. 25 lug. Massimiliano II d'Austria (el. re 24 nov. 1562) imp. 25 lug.	
1565	7073	8	22 A.		Pio IV m. 9 dic. S. Pio V. el. 7 genn., cons. 17 genn.
1566	7074	9	14 A.	"	
1567	7075	10	30 M.	"	"
1568b	7076	11	18 A.	"	"
1569	7077	12	10 A.	"	"
1570	7078	13	26 M.	"	"
1571	7079	14	15 A.	"	S. Pio V. m. 1° magg. Gregorio XIII el. 13 magg., cons. 26 magg.
1572b	7080	15	6 A.	"	
1573	7081	1	22 M.	"	"
1574	7082	2	11 A.	"	"
1575	7083	3	3 A.	Massimiliano II imp. m. 12 ott. Rodolfo II d'Austria (el. re 27 ott. 1575) imp. 12 ott.	"
1576b	7084	4	22 A.		
1577	7085	5	7 A.	"	"
1578	7086	6	30 M.	"	"
1579	7087	7	19 A.	"	"
1580b	7088	8	3 A.	"	"
1581	7089	9	26 M.	"	"
1582	7090	10	15 A.	"	"
1583	7091	11	10 A. (1)	"	"
1584b	7092	12	1 A.	"	"
1585	7093	13	21 A.	"	Gregorio XIII m. 10 ap. Sisto V el. 24 apr., cons. 1° magg.
1586	7094	14	6 A.	"	"
1587	7095	15	29 M.	"	"
1588b	7096	1	17 A.	"	"
1589	7097	2	2 A.	"	"
1590	7098	3	22 A.		Sisto V. m. 27 ag. Urbano VII el. 15 sett., m. 27 sett. Gregorio XIV el. 5 dic., cons. 8 dic.

(1) Questa e le altre pasque che seguono sono modificate secondo la riforma gregoriana del calendario. Veggasi in fine di questa tavola la ricorrenza delle pasque secondo il calendario giuliano.

Anni dell'Era Cristiana	Era bizantina o greca	Indizione	Pasqua e rinvio al calendario	Imperatori e Re di Germania e d'Italia	PAPI
1591	7099	4	14 A.	(Rodolfo II imp.)	Gregorio XIV m. 15 ottobre. Innocenzo IX el. 29 ott. cons. 2 nov., m. 30 dic.
1592b	7100	5	29 M.	»	Clemente VIII elett 30 genn., cons. 2 febb.
1593	7101	6	18 A.	»	»
1594	7102	7	10 A.	»	»
1595	7103	8	26 M.	»	»
1596b	7104	9	14 A.	»	»
1597	7105	10	6 A.	»	»
1598	7106	11	22 M.	»	»
1599	7107	12	11 A.	»	»
1600b	7108	13	2 A.	»	»
1601	7109	14	22 A.	»	»
1602	7110	15	7 A.	»	»
1603	7111	1	30 M.	»	»
1004b	7112	2	18 A.	»	»
1605	7113	3	10 A.	»	Clemente VIII muore 5 mar. Leone XI el. 1 apr., con. 10 apr., m. 27 apr. Paolo V el. 16 magg., cons. 29 magg.
1606	7114	4	26 M.	»	»
1607	7115	5	15 A.	»	»
1608b	7116	6	6 A.	»	»
1609	7117	7	19 A.	»	»
1610	7118	8	11 A.	»	»
1611	7119	9	3 A.	»	»
1612b	7120	10	22 A.	Rodolfo II imp. m. 20 genn. Mattia d'Austria cor. imp. 13 giugno.	»
1613	7121	11	7 A.	»	»
1614	7122	12	30 M.	»	»
1615	7123	13	19 A.	»	»
1616b	7124	14	3 A.	»	»
1617	7125	15	26 M.	»	»
1618	7126	1	15 M.	»	»
1619	7127	2	31 M.	Mattia imp. m. 20 marzo. Ferdinando II d'Austria imp. 28 agosto.	»
1620b	7128	3	19 A.	»	»
1621	7129	4	11 A.	»	Paolo V. m. 28 genn. Gregorio XV el. 9 febb., cons. 12 febb.
1622	7130	5	27 M.	»	»

Anni dell'Era Cristiana	Era bizantina o greca	Indizione	Pasqua e rinvio al calendario	Imperatori e Re di Germania e d'Italia	PAPI
1623	7131	6	16 A.	(Ferdinando II imp.)	*Gregorio XV m. 8 lugl.* *Urbano VIII el. 6 agosto, cons. 29 settembre.*
1624b	7132	7	7 A.	„	„
1625	7133	8	30 M.	„	„
1626	7134	9	12 A.	„	„
1627	7135	10	4 A.	„	„
1628b	7136	11	23 A.	„	„
1629	7137	12	15 A.	„	„
1630	7138	13	31 M.	„	„
1631	7139	14	20 A.	„	„
1632b	7140	15	11 A.	„	„
1633	7141	1	27 M	„	„
1634	7142	2	16 A.	„	„
1635	7143	3	8 A.	„	„
1636b	7144	4	23 M.	„	„
1637	7145	5	12 A.	*Ferdinando II imp. m. 15 febb.* *Ferdinando III d'Austria, (el. re 22 dic. 1636) imp. 15 febb.*	„
1638	7146	6	4 A.	„	„
1639	7147	7	24 A.	„	„
1640b	7148	8	8 A.	„	„
1641	7149	9	31 M.	„	„
1642	7150	10	20 A.	„	„
1643	7151	11	5 A.	„	„
1644b	7152	12	27 M.	„	*Urbano VIII m. 29 lug.* *Innocenzo X el. 15 sett., cons. 4 ott.*
1645	7153	13	16 A.	„	„
1646	7154	14	1 A.	„	„
1647	7155	15	21 A.	„	„
1648b	7156	1	12 A.	„	„
1649	7157	2	4 A.	„	„
1650	7158	3	17 A.	„	„
1651	7159	4	9 A	„	„
1652b	7160	5	31 M.	„	„
1653	7161	6	13 A.	„	„
1654	7162	7	5 A.	„	„
1655	7163	8	28 M.	„	*Innocenzo X m. 7 genn.* *Alessandro VII el. 7 apr., cons. 28 apr.*
1656b	7164	9	16 A.	„	„
1657	7165	10	1 A.	*Ferdinando III imp. m. 2 ap.* *Leopoldo I d'Austria imp. 18 luglio.*	„
1658	7166	11	21 A.		„
1659	7167	12	13 A.	„	

Anni dell'Era Cristiana	Era bizantina o greca	Indizione	Pasqua e rinvio al calendario	Imperatori e Re di Germania e d'Italia	PAPI
1660*b*	7168	13	28 M.	(*Leopoldo I imp.*)	(*Alessandro VII*)
1661	7169	14	17 A.	»	»
1662	7170	15	9 A.	»	»
1663	7171	1	25 M.	»	»
1664*b*	7172	2	13 A.	»	»
1665	7173	3	5 A.	»	»
1666	7174	4	25 A.	»	»
1667	7175	5	10 A.	»	*Alessandro VII m. 22 magg.* *Clemente IX el. 20 giugno, cons. 27 giugn.*
1668*b*	7176	6	1 A.	»	
1669	7177	7	21 A.	»	*Clemente IX m. 9 dic.*
1670	7178	8	6 A.	»	*Clemente X el. 29 ap.*
1671	7179	9	29 M.	»	»
1672*b*	7180	10	17 A.	»	»
1673	7181	11	2 A.	»	»
1674	7182	12	25 M.	»	»
1675	7183	13	14 A.	»	»
1676*b*	7184	14	5 A.	»	*Clemente X m. 22 lug.* *Innocenzo XI elet. 21 sett.*
1677	7185	15	18 A.	»	»
1678	7186	1	10 A.	»	»
1679	7187	2	2 A.	»	»
1680*b*	7188	3	21 A.	»	»
1681	7189	4	6 A.	»	»
1682	7190	5	29 M.	»	»
1683	7191	6	18 A.	»	»
1684*b*	7192	7	2 A.	»	»
1685	7193	8	22 A.	»	»
1686	7194	9	14 A.	»	»
1687	7195	10	30 M.	»	»
1688*b*	7196	11	18 A.	»	»
1689	7197	12	10 A.	»	*Innocenzo XI m. 12 agosto.* *Alessandro VIII el. 6 ottobre.*
1690	7198	13	26 M.	»	
1691	7199	14	15 A.	»	*Alessandro VIII m. 1° febb.* *Innocenzo XII el. 12 lug., cons. 15 lug.*
1692*b*	7200	15	6 A.	»	»
1693	7201	1	22 M.	»	»
1694	7202	2	11 A.	»	»
1695	7203	3	3 A.	»	»

Anni dell'Era Cristiana	Era bizantina o greca	Indizione	Pasqua e rinvio al calendario	Imperatori e Re di Germania e d'Italia	PAPI
1696b	7204	4	22 A.	(Leopoldo I imp.)	(Innocenzo XII)
1697	7205	5	7 A.	"	"
1698	7206	6	30 M.	"	"
1699	7207	7	19 A.	"	"
1700	7208	8	11 A.	"	Innocenzo XII m. 27 set. Clemente XI el. 23 nov., cons. 18 dic.
1701	7209	9	27 M.	"	"
1702	7210	10	16 A.	"	"
1703	7211	11	8 A.	"	"
1704b	7212	12	23 M.	"	"
1705	7213	13	12 A.	Leopoldo I imp. m. 5 magg. Giuseppe I d'Austria (el. re 24 genn. 1690) imp. 5 magg.	"
1706	7214	14	4 A.	"	"
1707	7215	15	24 A.	"	"
1708b	7216	1	8 A.	"	"
1709	7217	2	31 M.	"	"
1710	7218	3	20 A.	"	"
1711	7219	4	5 A.	Giuseppe I imp. m. 17 apr. Carlo VI d'Austria imp. 12 ot.	"
1712b	7220	5	27 M.	"	"
1713	7221	6	16 A.	"	"
1714	7222	7	1 A.	"	"
1715	7223	8	21 A.	"	"
1716b	7224	9	12 A.	"	"
1717	7225	10	28 M.	"	"
1718	7226	11	17 A.	"	"
1719	7227	12	9 A.	"	"
1720b	7228	13	31 M.	"	Clemente XI m. 19 mar. Innocenzo XIII el. 8 magg., cons. 18 magg.
1721	7229	14	13 A.	"	
1722	7230	15	5 A.	"	"
1723	7231	1	28 M.	"	Innocenzo XIII m. 7 mar. Benedetto XIII el. 29 magg., cons. 4 giug.
1724b	7232	2	16 A.	"	
1725	7233	3	1 A.	"	"
1726	7234	4	21 A.	"	"
1727	7235	5	13 A.	"	"
1728b	7236	6	28 M.	"	"
1729	7237	7	17 A.	"	Benedetto XIII m. 21 febb. Clemente XII el. 12 lug., cons. 16 lug.
1730	7238	8	9 A.	"	

Anni dell'Era Cristiana	Era bizantina o greca	Indizione	Pasqua e rinvio al calendario	Imperatori e Re di Germania e d'Italia	PAPI
1731	7239	9	25 M.	(Carlo VI d'Austria imp.)	(Clemente XII)
1732b	7240	10	13 A.	"	"
1733	7241	11	5 A.	"	"
1734	7242	12	25 A.	"	"
1735	7243	13	10 A.	"	"
1736b	7244	14	1 A.	"	"
1737	7245	15	21 A.	"	"
1738	7246	1	6 A.	"	"
1739	7247	2	29 M.	"	"
1740b	7248	3	17 A.	Carlo VI imp. m. il 20 ott. (Imp. vacante dal 20 ott.)	Clemente XII m. 6 febb. Benedetto XIV el. 17 agosto, cons. 25 ag.
1741	7249	4	2 A.	"	"
1742	7250	5	25 M.	Carlo VII di Baviera imp. 24 genn.	"
1743	7251	6	14 A.	"	"
1744b	7252	7	5 A.	"	"
1745	7253	8	18 A.	Carlo VII imp. m. 20 genn. Francesco I di Lorena imp. el. 13 sett., cor. 4 ott.	"
1746	7254	9	10 A.	"	"
1747	7255	10	2 A.	"	"
1748b	7256	11	14 A.	"	"
1749	7257	12	6 A.	"	"
1750	7258	13	29 M.	"	"
1751	7259	14	11 A.	"	"
1752b	7260	15	2 A.	"	"
1753	7261	1	22 A.	"	"
1754	7262	2	14 A.	"	"
1755	7263	3	30 M.	"	"
1756b	7264	4	18 A.	"	"
1757	7265	5	10 A.	"	"
1758	7266	6	26 M.	"	Benedetto XIV m. 3 magg. Clemente XIII el. 6 lug., cons. 16 lugl.
1759	7267	7	15 A.	"	"
1760b	7268	8	6 A.	"	"
1761	7269	9	22 M.	"	"
1762	7270	10	11 A.	"	"
1763	7271	11	3 A.	"	"
1764b	7272	12	22 A.	"	"
1765	7273	13	7 A.	Francesco I imp. m. 18 agosto. Giuseppe II di Lorena (el. re 27 mar. 1764) imp. 18 ag.	"
1766	7274	14	30 M.	"	"
1767	7275	15	19 A.	"	"
1768b	7276	1	3 A.	"	"

Anni dell'Era Cristiana	Era bizantina o greca	Indizione	Pasqua e rinvio al calendario	Imperatori e Re di Germania e d'Italia	PAPI
1769	7277	2	26 M.	(Giuseppe II imp.)	Clemente XIII m. 2 feb. Clemente XiV el. 19 magg., cons. 4 giu.
1770	7278	3	15 A.	„	„
1771	7279	4	31 M.	„	„
1772b	7280	5	19 A.	„	„
1773	7281	6	11 A.	„	„
1774	7282	7	3 A.	„	Clemente XIV m. 22 set. Pio VI el. 15 febb., cons. 22 febb.
1775	7283	8	16 A.	„	
1776b	7284	9	7 A.	„	„
1777	7285	10	30 M.	„	
1778	7286	11	16 ...	„	
1779	7287	12	11 A.	„	
1780b	7288	13	26 M.	„	
1781	7289	14	15 A.	„	
1782	7290	15	31 M.	„	
1783	7291	1	20 A.	„	
1784b	7292	2	11 A.	„	
1785	7293	3	27 M	„	
1786	7294	4	16 A.	„	
1787	7295	5	8 A.	„	
1788b	7296	6	23 M.	„	„
1789	7297	7	12 A	„	„
1790	7298	8	4 A.	Giuseppe II imp. m. 20 febb. Leopoldo II di Lorena, cor. imp. 30 sett.	„
1791	7299	9	24 A.	„	„
1792b	7300	10	8 A.	Leopoldo II imp. m. 1 marzo. Francesco II di Lorena cor. imp. 5 luglio.	„
1793	7301	11	31 M.	„	„
1794	7302	12	20 A.	„	„
1795	7303	13	5 A.	„	„
1796b	7304	14	27 M.	„	„
1797	7305	15	16 A.	„	„
1798	7306	1	8 A.	„	Pio VI deposto 15 febb.
1799	7307	2	24 M.	„	Pio VI m. 29 agosto. Pio VII el. 14 marzo, cons. 21 marzo.
1800	7308	3	13 A.	„	
1801	7309	4	5 A.	„	„
1802	7310	5	18 A	(1)	„
1803	7311	6	10 A.	„	„
1804b	7312	7	1 A.	„	„

(1) Repubblica Italiana, Napoleone I presid., dal 25 gennaio 1802 al 19 mar. 1805.

Anni dell'Era Cristiana	Era bizantina o greca	Indizione	Pasqua e rinvio al calendario	Imperatori e Re di Germania e d'Italia	PAPI
1805	7313	8	14 A.	Francesco II imp. Napoleone I re d'Italia 19 mar. cor. 26 magg.	Pio VII
1806	7314	9	6 A.	Francesco II rinunzia alla dignità d'imp. de' rom. 6 ag. Napoleone I re d'Italia.	
1807	7315	10	29 M.		
1808b	7316	11	17 A		
1809	7317	12	2 A.		Pio VII privo del poter temporo. dal 17 magg.
1810	7318	13	22 A.		
1811	7319	14	14 A.		
1812b	7320	15	29 M.		
1813	7321	1	18 A.		
1814	7322	2	10 A.	Napoleone I abdica 6 apr. Caduta del regno italico 16 ap.	Pio VII ritorna a Roma 24 maggio
1815	7323	3	26 M.		
1816b	7324	4	14 A.		
1817	7325	5	6 A.		
1818	7326	6	22 M.		
1819	7327	7	11 A.		
1820b	7328	8	2 A.		
1821	7329	9	22 A.		
1822	7330	10	7 A.		
1823	7331	11	30 M.		Pio VII m. 20 agosto Leone XII el. 28 sett. cons. 5 ott.
1824b	7332	12	18 A.		
1825	7333	13	3 A		
1826	7334	14	26 M.		
1827	7335	15	15 A		
1828b	7336	1	6 A.		
1829	7337	2	19 A.		Leone XII m. 10 febb. Pio VIII el. 31 marzo, cons. 5 aprile.
1830	7338	3	11 A.		Pio VIII m. 30 nov.
1831	7339	4	3 A.		Gregorio XVI el. 2 febb. cons. 6 febb.
1832b	7340	5	22 A.		
1833	7341	6	7 A.		
1834	7342	7	30 M.		
1835	7343	8	19 A.		
1836b	7344	9	3 A.		
1837	7345	10	26 M.		
1838	7346	11	15 A.		
1839	7347	12	31 M.		
1840b	7348	13	19 A.		

Anni dell'Era Cristiana	Era bizantina o greca	Indizione	Pasqua e rinvio al calendario	Re d'Italia	PAPI
1841	7349	14	11 A.		*(Gregorio XVI)*
1842	7350	15	27 M.		"
1843	7351	1	16 A.		"
1844*b*	7352	2	7 A.		"
1845	7353	3	23 M.		
1846	7354	4	12 A.		Gregorio XVI *m. 1 giu.* Pio IX *el. 16 giugno,* cons. 21 giugno.
1847	7355	5	4 A.		"
1848*b*	7356	6	23 A.		"
1849	7357	7	8 A.		"
1850	7358	8	31 M.		"
1851	7359	9	20 A.		"
1852*b*	7360	10	11 A.		"
1853	7361	11	27 M.		"
1854	7362	12	16 A.		"
1855	7363	13	8 A.		"
1856*b*	7364	14	23 M.		"
1857	7365	15	12 A.		"
1858	7366	1	4 A.		"
1859	7367	2	24 A.		"
1860*b*	7368	3	8 A.		"
1861	7369	4	31 M.	Vittorio Emanuele II di Savoia *re d'Italia dal 17 mar.*	"
1862	7370	5	20 A.	"	"
1863	7371	6	5 A.	"	"
1864*b*	7372	7	27 M.	"	"
1865	7373	8	16 A.	"	"
1866	7374	9	1 A.	"	"
1867	7375	10	21 A.	"	"
1868*b*	7376	11	12 A.	"	"
1869	7377	12	28 M.	"	"
1870	7378	13	17 A.	"	Pio IX *privo del poter temp. dal 20 sett.*
1871	7379	14	9 A.	"	"
1872*b*	7380	15	31 M.	"	"
1873	7381	1	13 A.	"	"
1874	7382	2	5 A.	"	"
1875	7383	3	28 M.	"	"
1876*b*	7384	4	16 A.	"	"
1877	7385	5	1 A.	"	"
1878	7386	6	21 A.	"	Pio IX *m. 7 febb.* Leone XIII *el. 20 febb.,* cons. 3 marzo.
1879	7387	7	13 A.	*Vittorio Emanuele II m. 9 genn.* Umberto I di Savoia *re 9 genn.*	"
1880*b*	7388	8	28 M.	"	"

Anni dell'Era Cristiana	Era bizantina o greca	Indizione	Pasqua e rinvio al calendario	Re d'Italia	PAPI
1881	7389	9	17 A.	*(Umberto I re)*	*(Leone XIII)*
1882	7390	10	9 A.	»	»
1883	7391	11	25 M.	»	»
1884b	7392	12	13 A.	»	»
1885	7393	13	5 A.	»	»
1886	7394	14	25 A.	»	»
1887	7395	15	10 A.	»	»
1888b	7396	1	1 A.	»	»
1889	7397	2	21 A.	»	»
1890	7398	3	6 A.	»	»
1891	7399	4	29 M.	»	»
1892b	7400	5	17 A.	»	»
1893	7401	6	2 A.	»	»
1894	7402	7	25 M.	»	»
1895	7403	8	14 A.	»	»
1896b	7404	9	5 A.	»	»
1897	7405	10	18 A.	»	»
1898	7406	11	10 A.	»	»
1899	7407	12	2 A.	»	»
1900	7408	13	15 A.		»
1901	7409	14	7 A.	*Umberto I m. 29 luglio.* Vittorio Emanuele III di Savoia *re 29 lug.*	»
1902	7410	15	30 M.	»	»
1903	7411	1	12 A.	»	*Leone XIII m. 20 lug.* Pio X *el. 4 agosto,* cons. *9 ag.*
1904b	7412	2	3 A.	»	»
1905	7413	3	23 A.		
1906	7414	4	15 A.		
1907	7415	5	31 M.		
1908b	7416	6	19 A.		
1909	7417	7	11 A.		
1910	7418	8	27 M.		
1911	7419	9	16 A.		
1912b	7420	10	7 A.		
1913	7421	11	23 M.		
1914	7422	12	12 A.		
1915	7423	13	4 A.		
1916b	7424	14	23 A.		
1917	7425	15	8 A.		
1918	7426	1	31 M.		
1919	7427	2	20 A.		
1920b	7428	3	4 A.		
1921	7429	4	27 M.		
1922	7430	5	16 A.		
1923	7431	6	1 A.		

Anni dell'Era Cristiana	Era bizantina o greca	Indizione	Pasqua e rinvio al calendario	Re d'Italia	PAPI
1924b	7432	7	20 A.		
1925	7433	8	12 A.		
1926	7434	9	4 A.		
1927	7435	10	17 A.		
1928b	7436	11	8 A.		
1929	7437	12	31 M.		
1930	7438	13	20 A.		
1931	7439	14	5 A.		
1932b	7440	15	27 M.		
1933	7441	1	16 A.		
1934	7442	2	1 A.		
1935	7443	3	21 A.		
1936b	7444	4	12 A.		
1937	7445	5	28 M.		
1938	7446	6	17 A.		
1939	7447	7	9 A.		
1940b	7448	8	24 M.		
1941	7449	9	13 A.		
1942	7450	10	5 A.		
1943	7451	11	25 A.		
1944b	7452	12	9 A.		
1945	7453	13	1 A.		
1946	7454	14	21 A		
1947	7455	15	6 A		
1948b	7456	1	28 M.		
1949	7457	2	17 A.		
1950	7458	3	9 A.		
1951	7459	4	25 M.		
1952b	7460	5	13 A.		
1953	7461	6	5 A.		
1954	7462	7	18 A.		
1955	7463	8	10 A.		
1956b	7464	9	1 A.		
1957	7465	10	21 A.		
1958	7466	11	6 A.		
1959	7467	12	29 M.		
1960b	7468	13	17 A.		
1961	7469	14	2 A.		
1962	7470	15	22 A.		
1963	7471	1	14 A.		
1964b	7472	2	29 M		
1965	7473	3	18 A.		
1966	7474	4	10 A.		
1967	7475	5	26 M.		
1968b	7476	6	14 A		
1969	7477	7	6 A.		
1970	7478	8	29 M.		

Anni dell'Era Cristiana	Era bizantina o greca	Indizione	Pasqua e rinvio al calendario	Re d'Italia	P A P I
1971	7479	9	11 A.		
1972b	7480	10	2 A.		
1973	7481	11	22 A.		
1974	7482	12	14 A.		
1975	7483	13	30 M.		
1976b	7484	14	18 A.		
1977	7485	15	10 A.		
1978	7486	1	26 M.		
1979	7487	2	15 A.		
1980b	7488	3	6 A.		
1981	7489	4	19 A.		
1982	7490	5	11 A.		
1983	7491	6	3 A.		
1984b	7492	7	22 A.		
1985	7493	8	7 A.		
1986	7494	9	30 M.		
1987	7495	10	19 A.		
1988b	7496	11	3 A.		
1989	7497	12	26 M.		
1990	7498	13	15 A.		
1991	7499	14	31 M.		
1992b	7500	15	19 A.		
1993	7501	1	11 A.		
1994	7502	2	3 A.		
1995	7503	3	16 A.		
1996b	7504	4	7 A.		
1997	7505	5	30 M.		
1998	7506	6	12 A.		
1999	7507	7	4 A.		
2000b	7508	8	23 A.		

III.

Ricorrenza della Pasqua nel calendario giuliano

dal **1583** al **2000**, pei paesi che non accettarono la riforma gregoriana (1).

Anni dell'Era Cristiana	Pasqua giuliana e rinvio al calendario	Anni dell'Era Cristiana	Pasqua giuliana e rinvio al calendario	Anni dell'Era Cristiana	Pasqua giuliana e rinvio al calendario	Anni dell'Era Cristiana	Pasqua giuliana e rinvio al calendario
1583	31 Marzo	1606	20 Aprile	1629	5 Aprile	1652 b	18 Aprile
1584 b	19 Aprile	1607	5 Aprile	1630	28 Marzo	1653	10 Aprile
1585	11 Aprile	1608 b	27 Marzo	1631	10 Aprile	1654	26 Marzo
1586	3 Aprile	1609	16 Aprile	1632 b	1 Aprile	1655	15 Aprile
1587	16 Aprile	1610	8 Aprile	1633	21 Aprile	1656 b	6 Aprile
1588 b	7 Aprile	1611	24 Marzo	1634	6 Aprile	1657	29 Marzo
1589	30 Marzo	1612 b	12 Aprile	1635	29 Marzo	1658	11 Aprile
1590	19 Aprile	1613	4 Aprile	1636 b	17 Aprile	1659	3 Aprile
1591	4 Aprile	1614	24 Aprile	1937	9 Aprile	1660 b	22 Aprile
1592 b	26 Marzo	1615	9 Aprile	1638	25 Marzo	1661	14 Aprile
1593	15 Aprile	1616 b	31 Marzo	1639	14 Aprile	1662	30 Marzo
1594	31 Marzo	1617	20 Aprile	1640 b	5 Aprile	1663	19 Aprile
1595	20 Aprile	1618	5 Aprile	1641	25 Aprile	1664 b	10 Aprile
1596 b	11 Aprile	1619	28 Marzo	1642	10 Aprile	1665	26 Marzo
1597	27 Marzo	1620 b	16 Aprile	1643	2 Aprile	1666	15 Aprile
1598	16 Aprile	1621	1 Aprile	1644 b	21 Aprile	1667	7 Aprile
1599	8 Aprile	1622	21 Aprile	1645	6 Aprile	1668 b	22 Marzo
1600 b	23 Marzo	1623	13 Aprile	1646	29 Marzo	1669	11 Aprile
1601	12 Aprile	1624 b	28 Marzo	1647	18 Aprile	1670	3 Aprile
1602	4 Aprile	1625	17 Aprile	1648 b	2 Aprile	1671	23 Aprile
1603	24 Aprile	1626	9 Aprile	1649	25 Marzo	1672 b	7 Aprile
1604 b	8 Aprile	1627	25 Marzo	1650	14 Aprile	1673	30 Marzo
1605	31 Marzo	1628 b	13 Aprile	1651	30 Marzo	1674	19 Aprile

(1) La data della Pasqua giuliana rinvia al nostro *Calendario perpetuo* (VI), il quale serve anche per le datazioni di vecchio stile. La differenza fra il vecchio e il nuovo stile è di giorni 10 dal 5 ottobre 1582 al 28 febbraio 1700; di giorni 11, dal 1 marzo 1700 al 28 febbraio 1800; di 12, dal 1 marzo 1800 al 28 febbraio 1900 e di 13 dal 1 marzo 1900 al 28 febbraio 2000 ecc. In altri termini, il primo giorno dell'anno giuliano, rispetto al gregoriano, cade l'11 gennaio dal 1583 al 1700; il 12 gennaio, dal 1701 al 1800; il 13 gennaio, dal 1901 al 1900; il 14 gennaio, dal 1901 al 2000 ecc.

Anni dell'Era Cristiana	Pasqua giuliana e rinvio al calendario	Anni dell'Era Cristiana	Pasqua giuliana e rinvio al calendario	Anni dell'Era Cristiana	Pasqua giuliana e rinvio al calendario	Anni dell'Era Cristiana	Pasqua giuliana e rinvio al calendario
1675	4 Aprile	1723	14 Aprile	1771	27 Marzo	1819	6 Aprile
1676 b	26 Marzo	1724 b	5 Aprile	1772 b	15 Aprile	1820 b	28 Marzo
1677	15 Aprile	1725	28 Marzo	1773	31 Marzo	1821	10 Aprile
1678	31 Marzo	1726	10 Aprile	1774	20 Aprile	1822	2 Aprile
1679	20 Aprile	1727	2 Aprile	1175	12 Aprile	1823	22 Aprile
1680 b	11 Aprile	1728 b	21 Aprile	1776 b	3 Aprile	1824 b	6 Aprile
1681	3 Aprile	1729	6 Aprile	1777	16 Aprile	1825	29 Marzo
1682	16 Aprile	1730	29 Marzo	1778	8 Aprile	1826	18 Aprile
1683	8 Aprile	1731	18 Aprile	1779	31 Marzo	1827	3 Aprile
1684 b	30 Marzo	1732 b	9 Aprile	1780 b	19 Aprile	1828 b	25 Marzo
1685	19 Aprile	1733	25 Marzo	1781	4 Aprile	1829	14 Aprile
1686	4 Aprile	1734	14 Aprile	1782	27 Marzo	1830	6 Aprile
1687	27 Marzo	1735	6 Aprile	1783	16 Aprile	1831	19 Aprile
1688 b	15 Aprile	1796 b	25 Aprile	1784 b	31 Marzo	1832 b	10 Aprile
1689	31 Marzo	1737	10 Aprile	1785	20 Aprile	1833	2 Aprile
1690	20 Aprile	1738	2 Aprile	1786	12 Aprile	1834	22 Aprile
1691	12 Aprile	1739	22 Aprile	1787	28 Marzo	1835	7 Aprile
1692 b	27 Marzo	1740 b	6 Aprile	1788 b	16 Aprile	1836 b	29 Marzo
1693	16 Aprile	1741	29 Marzo	1789	8 Aprile	1837	18 Aprile
1694	8 Aprile	1742	18 Aprile	1790	24 Marzo	1838	3 Aprile
1695	24 Marzo	1743	3 Aprile	1791	13 Aprile	1839	26 Marzo
1696 b	12 Aprile	1744 b	25 Marzo	1792 b	4 Aprile	1840 b	14 Aprile
1697	4 Aprile	1745	14 Aprile	1793	24 Aprile	1841	30 Marzo
1698	24 Aprile	1746	30 Marzo	1794	9 Aprile	1842	19 Aprile
1699	9 Aprile	1747	19 Aprile	1795	1 Aprile	1943	11 Aprile
1700 b	31 Marzo	1748 b	10 Aprile	1796 b	20 Aprile	1844 b	26 Marzo
1701	20 Aprile	1749	26 Marzo	1797	5 Aprile	1845	15 Aprile
1702	5 Aprile	1750	15 Aprile	1798	28 Marzo	1846	7 Marzo
1703	28 Marzo	1751	7 Aprile	1799	17 Aprile	1847	23 Marzo
1704 b	16 Aprile	1752 b	29 Marzo	1800 b	8 Aprile	1848 b	11 Aprile
1705	8 Aprile	1753	11 Aprile	1801	24 Marzo	1849	3 Aprile
1706	24 Marzo	1754	3 Aprile	1802	13 Aprile	1850	23 Aprile
1707	13 Aprile	1755	23 Aprile	1803	5 Aprile	1851	8 Aprile
1708 b	4 Aprile	1756 b	14 Aprile	1804 b	24 Aprile	1852 b	30 Marzo
1709	24 Aprile	1757	30 Marzo	1805	9 Aprile	1853	19 Aprile
1710	9 Aprile	1758	19 Aprile	1800	1 Aprile	1854	11 Aprile
1711	1 Aprile	1759	11 Aprile	1807	14 Aprile	1855	27 Marzo
1712 b	20 Aprile	1760 b	26 Marzo	1608 b	5 Aprile	1856 b	15 Aprile
1713	5 Aprile	1761	15 Aprile	1809	28 Marzo	1857	7 Aprile
1714	28 Marzo	1762	7 Aprile	1810	17 Aprile	1858	23 Marzo
1715	17 Aprile	1763	23 Marzo	1811	2 Aprile	1859	12 Aprile
1716 b	1 Aprile	1764 b	11 Aprile	1812 b	21 Aprile	1860 b	3 Aprile
1717	21 Aprile	1765	3 Aprile	1813	13 Aprile	1861	23 Aprile
1718	13 Aprile	1766	23 Aprile	1814	29 Marzo	1862	8 Aprile
1719	29 Marzo	1767	8 Aprile	1815	18 Aprile	1863	31 Marzo
1720 b	17 Aprile	1768 b	30 Marzo	1816 b	9 Aprile	1864 b	19 Aprile
1721	9 Aprile	1769	19 Aprile	1817	25 Marzo	1865	4 Aprile
1722	25 Marzo	1770	4 Aprile	1818	14 Aprile	1866	27 Marzo

Anni dell'Era Cristiana	Pasqua giuliana e rinvio al calendario	Anni dell'Era Cristiana	Pasqua giuliana e rinvio al calendario	Anni dell'Era Cristiana	Pasqua giuliana e rinvio al calendario	Anni dell'Era Cristiana	Pasqua giuliana e rinvio al calendario
1867	16 Aprile	1901	1 Aprile	1935	15 Aprile	1969	31 Marzo
1868 b	31 Marzo	1902	14 Aprile	1936 b	30 Marzo	1970	13 Aprile
1869	20 Aprile	1903	6 Aprile	1937	19 Aprile	1971	5 Aprile
1870	12 Aprile	1904 b	28 Marzo	1938	11 Aprile	1972 b	27 Marzo
1871	28 Marzo	1905	17 Aprile	1939	27 Marzo	1973	16 Aprile
1872 b	16 Aprile	1906	2 Aprile	1940 b	15 Aprile	1974	1 Aprile
1873	8 Aprile	1907	22 Aprile	1941	7 Aprile	1975	21 Aprile
1874	31 Marzo	1908 b	13 Aprile	1942	23 Marzo	1976 b	12 Aprile
1875	13 Aprile	1909	29 Aprile	1943	12 Aprile	1977	28 Marzo
1876 b	4 Aprile	1910	18 Aprile	1944 b	3 Aprile	1978	17 Aprile
1877	27 Marzo	1911	10 Aprile	1945	23 Aprile	1979	9 Aprile
1878	16 Aprile	1912 b	25 Marzo	1946	8 Aprile	1980 b	24 Marzo
1879	1 Aprile	1913	14 Aprile	1947	31 Marzo	1981	13 Aprile
1880 b	20 Aprile	1914	6 Aprile	1948 b	19 Aprile	1982	5 Aprile
1881	12 Aprile	1915	22 Marzo	1949	11 Aprile	1983	25 Aprile
1882	28 Marzo	1916 b	10 Aprile	1950	27 Marzo	1984 b	9 Aprile
1883	17 Aprile	1917	2 Aprile	1951	16 Aprile	1985	1 Aprile
1884 b	8 Aprile	1918	22 Aprile	1952 b	7 Aprile	1986	21 Aprile
1885	24 Marzo	1919	7 Aprile	1953	23 Marzo	1987	6 Aprile
1886	13 Aprile	1920 b	29 Marzo	1954	12 Aprile	1988 b	28 Marzo
1887	5 Aprile	1921	18 Aprile	1955	4 Aprile	1989	17 Aprile
1888 b	24 Aprile	1922	3 Aprile	1956 b	23 Aprile	1990	2 Aprile
1889	9 Aprile	1923	26 Marzo	1957	8 Aprile	1991	25 Marzo
1890	1 Aprile	1924 b	14 Aprile	1958	31 Marzo	1992 b	13 Aprile
1891	21 Aprile	1925	6 Aprile	1959	20 Aprile	1993	5 Aprile
1892 b	5 Aprile	1926	19 Aprile	1960 b	4 Aprile	1994	18 Aprile
1893	28 Marzo	1927	11 Aprile	1961	27 Marzo	1995	10 Aprile
1894	17 Aprile	1928 b	2 Aprile	1962	16 Aprile	1996 b	1 Aprile
1895	2 Aprile	1929	22 Aprile	1963	1 Aprile	1997	14 Aprile
1896 b	24 Marzo	1930	7 Aprile	1964 b	20 Aprile	1998	6 Aprile
1897	13 Aprile	1931	30 Marzo	1965	12 Aprile	1999	29 Marzo
1898	5 Aprile	1932 b	18 Aprile	1966	28 Marzo	2000 b	17 Aprile
1899	18 Aprile	1933	3 Aprile	1967	17 Aprile		
1900 b	9 Aprile	1934	26 Marzo	1968 b	8 Aprile		

IV.

Indice alfabetico delle tavole cronografiche

Imperatori e Re (1)

---

(1) A quest'indice abbiamo aggiunto, in corsivo, i nomi degli usurpatori al trono, i quali salvo poche eccezioni, non figurano nelle nostre tavole cronografiche. Ai nomi di ciascun regnante facciamo seguire i prenomi, il casato e le date estreme del regno.

Traiano Marco Ulpio, imp. 93-117
Trebelliano Gaio Annio, usurp. in Cilicia 265
Treboniano Gallo, V. Gallo,
Ugo di Provenza, re 926-945
Umberto I di Savoia, re 1878-1900
Valente I Publio Valerio, usurp. in Acaia 261
Valente [II] Flavio, imp. 364-378
Valentiniano I Flavio, imp. 364-375
Valentiniano II Flavio, imp. 375-392
Valentiniano III Flavio Placido, imp. 425-455
Valeriano Gaio Publio Licinio, imp. 253-259
Venceslao di Lussemburgo, re de' Rom. 1378-1400

Vero, V. Lucio Vero.
Vespasiano Tito Flavio Sabino, imp. 69-79
Vetranione, usurp. in Pannonia 350
Vitaliano, usurp. in Or. 514
Vitellio Aulo Germ., imp. 69-70
Vitige, re dei Goti 536-539
Vittorino Marco Pianvonio, co-regg. di Postumo 265-267
Vittorio Emanuele II di Savoja, re 1861-1878
Vittorio Emanuele III di Savoja, re 1900-
Volusiano Gaio Vibio Gallo Veldumniano, imp. 251-253
Zenone, Jsaurico, imp. d'Or. 474-491

Papi ed Antipapi (1)

Adeodato, di Roma 672-676
Adriano I, dei Colonna, di Roma 772-795
Adriano II, dei Sergi, di Roma 867-872
S. Adriano III, di Roma 884-885
Adriano IV, Nicola Breakspear, di Langlei, (contado di Hertford) 1154-1159
Adriano V, Ottone Fieschi, di Genova 1276
Adriano VI, Adriano Florent van Trusen, di Utrecht 1522-1523
S. Agapito I, Rustico, di Roma 535-536
Agapito II, di Roma 946-955
S. Agatone, di Reggio nella Magna Grecia 678-681
Alberto, antipapa 1102
S. Alessandro I, di Roma 105-115
Alessandro II, Anselmo da Baggio (Milano) 1031-1073
Alessandro III, Rolando Bandinelli, di Siena 1159-1181
Alessandro IV, Rinaldo dei Conti di Segni, da Anagni 1254-1261

Alessandro V, Pietro Filargo, di Candia 1409-1410
Alessandro VI, Rodrigo Lençol Borgia, di Valenza 1492-1503
Alessandro VII, Fabio Chigi, di Siena 1655-1667
Alessandro VIII, Pietro Ottoboni, di Venezia 1689-1691
Amedeo di Savoia (Felice V) antipapa 1439-1449
S. Anacleto, V. S. Cleto.
Anacleto II, V. Pietro de Leon, antip.
S. Anastasio I, Massimi, di Roma 399-401
S. Anastasio II, di Roma 496-498
Anastasio, antipapa 855
Anastasio III, di Roma 912-913
Anastasio IV, Corrado, di Roma 1153-1154
S. Aniceto, di Ancisa (Siria) 155-166
S. Antero, di Policastro nella Magna Grecia 235-236
Benedetto I, Bonoso, di Roma 575-579
S. Benedetto II, Savelli, di Roma 684-685
Benedetto III, di Roma 855-858

(1) Abbiamo aggiunto al nome assunto da ciascun papa, quello di battesimo, il casato e la patria che, per ragioni di spazio, non poterono figurare nelle tavole cronografiche.

V.
Calendario romano antico.

	Januarius		Februarius	
1	**Kalendis Januarii**	1	**Kalendis Februarii**	
2	IV Nonas Januarii	2	IV Nonas Februarii	
3	III Nonas Jannuarii	3	III Nonas Februarii	
4	Pridie Nonas Januarii	4	Pridie Nonas Februarii	
5	**Nonis Januarii**	5	**Nonis Februarii**	
6	VIII Idus Januarii	6	VIII Idus Februarii	
7	VII Idus Januarii	7	VII Idus Februarii	
8	VI Idus Januarii	8	VI Idus Februarii	
9	V Idus Januarii	9	V Idus Februarii	
10	IV Idus Januarii	10	IV Idus Februarii	
11	III Idus Januarii	11	III Idus Februarii	
12	Pridie Idus Januarii	12	Pridie Idus Februarii	
13	**Idibus Januarii**	13	**Idibus Februarii**	
14	XIX Kalendas Februarii	14	XVI Kalendas Martii	
15	XVIII Kalendas Februarii	15	XV Kalendas Martii	
16	XVII Kalendas Februarii	16	XIV Kalendas Martii	
17	XVI Kalendas Februarii	17	XIII Kalendas Martii	
18	XV Kalendas Februarii	18	XII Kalendas Martii	
19	XIV Kalendas Februarii	19	XI Kalendas Martii	
20	XIII Kalendas Februarii	20	X Kalendas Martii	
21	XII Kalendas Februarii	21	IX Kalendas Martii	
22	XI Kalendas Februarii	22	VIII Kalendas Martii	
23	X Kalendas Februarii	23	VII Kalendas Martii	
24	IX Kalendas Februarii	24	VI Kal.Martii	Bissex.Kal.Mar.
25	VIII Kalendas Februarii	25	V Kal. Mar.	VI Kal. Martii.
26	VII Kalendas Februarii	26	IV Kal. Mar.	V Kal. Martii.
27	VI Kalendas Februarii	27	III Kal. Mar.	IV Kal. Martii.
28	V Kalendas Februarii	28	Prid.Kal.Mar.	III Kal. Martii.
29	IV Kalendas Februarii	29		Pridie Kal. Mar.
30	III Kalendas Februarii			
31	Pridie Kal. Februarii			

anni bisestili

Martius

—

1	**Kalendis Martii**
2	VI Nonas Martii
3	V Nonas Martii
4	IV Nonas Martii
5	III Nonas Martii
6	Pridie Nonas Martii
7	**Nonis Martii**
8	VIII Idus Martii
9	VII Idus Martii
10	VI Idus Martii
11	V Idus Martii
12	IV Idus Martii
13	III Idus Martii
14	Pridie Idus Martii
15	**Idibus Martii**
16	XVII Kal. Aprilis
17	XVI Kal. Aprilis
18	XV Kal. Aprilis
19	XIV Kal. Aprilis
20	XIII Kal. Aprilis
21	XII Kal. Aprilis
22	XI Kal. Aprilis
23	X Kal. Aprilis
24	IX Kal. Aprilis
25	VIII Kal. Aprilis
26	VII Kal. Aprilis
27	VI Kal. Aprilis
28	V Kal. Aprilis
29	IV Kal. Aprilis
30	III Kal. Aprilis
31	Pridie Kal. Aprilis

Aprilis

—

1	**Kalendis Aprilis**
2	IV Nonas Aprilis
3	III Nonas Aprilis
4	Pridie Nonas Aprilis
5	**Nonis Aprilis**
6	VIII Idus Aprilis
7	VII Idus Aprilis
8	VI Idus Aprilis
9	V Idus Aprilis
10	IV Idus Aprilis
11	III Idus Aprilis
12	Pridie Idus Aprilis
13	**Idibus Aprilis**
14	XVIII Kalendas Maii
15	XVII Kalendas Maii
16	XVI Kalendas Maii
17	XV Kalendas Maii
18	XIV Kalendas Maii
19	XIII Kalendas Maii
20	XII Kalendas Maii
21	XI Kalendas Maii
22	X Kalendas Maii
23	IX Kalendas Maii
24	VIII Kalendas Maii
25	VII Kalendas Maii
26	VI Kalendas Maii
27	V Kalendas Maii
28	IV Kalendas Maii
29	III Kalendas Maii
30	Pridie Kalendas Maii

Maius		Junius	
—		—	
1	**Kalendis Maii**	1	**Kalendis Junii**
2	VI Nonas Maii	2	IV Nonas Junii
3	V Nonas Maii	3	III Nonas Junii
4	IV Nonas Maii	4	Pridie Nonas Junii
5	III Nonas Maii	5	**Nonis Junii**
6	Pridie Nonas Maii	6	VIII Idus Junii
7	**Nonis Maii**	7	VII Idus Junii
8	VIII Idus Maii	8	VI Idus Junii
9	VII Idus Maii	9	V Idus Junii
10	VI Idus Maii	10	IV Idus Junii
11	V Idus Maii	11	III Idus Junii
12	IV Idus Maii	12	Pridie Idus Junii
13	III Idus Maii	13	**Idibus Junii**
14	Pridie Idus Maii	14	XVIII Kalendas Julii
15	**Idibus Maii**	15	XVII Kalendas Julii
16	XVII Kalendas Junii	16	XVI Kalendas Julii
17	XVI Kalendas Junii	17	XV Kalendas Julii
18	XV Kalendas Junii	18	XIV Kalendas Julii
19	XIV Kalendas Junii	19	XIII Kalendas Julii
20	XIII Kalendas Junii	20	XII Kalendas Julii
21	XII Kalendas Junii	21	XI Kalendas Julii
22	XI Kalendas Junii	22	X Kalendas Julii
23	X Kalendas Junii	23	IX Kalendas Julii
24	IX Kalendas Junii	24	VIII Kalendas Julii
25	VIII Kalendas Junii	25	VII Kalendas Julii
26	VII Kalendas Junii	26	VI Kalendas Julii
27	VI Kalendas Junii	27	V Kalendas Julii
28	V Kalendas Junii	28	IV Kalendas Julii
29	IV Kalendas Junii	29	III Kalendas Julii
30	III Kalendas Junii	30	Pridie Kalendas Julii
31	Pridie Kalend. Junii		

	Julius (Quintilis)		Augustus (Sextilis)
1	**Kalendis Julii**	1	**Kalendis Augusti**
2	VI Nonas Julii	2	IV Nonas Augusti
3	V Nonas Julii	3	III Nonas Augusti
4	IV Nonas Julii	4	Pridie Nonas Augusti
5	III Nonas Julii	5	**Nonis Augusti**
6	Pridie Nonas Julii	6	VIII Idus Augusti
7	**Nonis Julii**	7	VII Idus Augusti
8	VIII Idus Julii	8	VI Idus Augusti
9	VII Idus Julii	9	V Idus Augusti
10	VI Idus Iulii	10	IV Idus Augusti
11	V Idus Julii	11	III Idus Augusti
12	IV Idus Julii	12	Pridie Idus Augusti
13	III Idus Julii	13	**Idibus Augusti**
14	Pridie idus Julii	14	XIX Kal. Septembris
15	**Idibus Julii**	15	XVIII Kal. Septembris
16	XVII Kal. Augusti	16	XVII Kal. Septembris
17	XVI Kal. Augusti	17	XVI Kal. Septembris
18	XV Kal. Augusti	18	XV Kal. Septembris
19	XIV Kal. Augusti	19	XIV Kal. Septembris
20	XIII Kal. Augusti	20	XIII Kal. Septembris
21	XII Kal. Augusti	21	XII Kal. Septembris
22	XI Kal. Augusti	22	XI Kal. Septembris
23	X Kal. Augusti	23	X Kal. Septembris
24	IX Kal. Augusti	24	IX Kal. Septembris
25	VIII Kal. Augusti	25	VIII Kal. Septembris
26	VII Kal. Augusti	26	VII Kal. Septembris
27	VI Kal. Augusti	27	VI Kal. Septembris
28	V Kal. Augusti	28	V Kal. Septembris
29	IV Kal. Augusti	29	IV Kal. Septembris
30	III Kal. Augusti	30	III Kal. Septembris
31	Pridie Kal. Augusti	31	Pridie Kal Septembris

Septembris		Octobris	
	—		—
1	**Kalendis Septembris**	1	**Kalendis Octobris**
2	IV Nonas Septembris	2	VI Nonas Octobris
3	III Nonas Septembris	3	V Nonas Octobris
4	Pridie Nonas Septembris	4	IV Nonas Octobris
5	**Nonis Septembris**	5	III Nonas Octobris
6	VIII Idus Septembris	6	Pridie Nonas Octobris
7	VII Idus Septembris	7	**Nonis Octobris**
8	VI Idus Septembris	8	VIII Idus Octobris
9	V Idus Septembris	9	VII Idus Octobris
10	IV Idus Septembris	10	VI Idus Octobris
11	III Idus Septembris	11	V Idus Octobris
12	Pridie Idus Septembris	12	IV Idus Octobris
13	**Idibus Septembris**	13	III Idus Octobris
14	XVIII Kalendas Octobris	14	Pridie Idus Octobris
15	XVII Kalendas Octobris	15	**Idibus Octobris**
16	XVI Kalendas Octobris	16	XVII Kal. Novembris
17	XV Kalendas Octobris	17	XVI Kal. Novembris
18	XIV Kalendas Octobris	18	XV Kal. Novembris
19	XIII Kalendas Octobris	19	XIV Kal. Novembris
20	XII Kalendas Octobris	20	XIII Kal. Novembris
21	XI Kalendas Octobris	21	XII Kal. Novembris
22	X Kalendas Octobris	22	XI Kal. Novembris
23	IX Kalendas Octobris	23	X Kal. Novembris
24	VIII Kalendas Octobris	24	IX Kal. Novembris
25	VII Kalendas Octobris	25	VIII Kal. Novembris
26	VI Kalendas Octobris	26	VII Kal. Novembris
27	V Kalendas Octobris	27	VI Kal. Novembris
28	IV Kalendas Octobris	28	V Kal. Novembris
29	III Kalendas Octobris	29	IV Kal. Novembris
30	Pridie Kalendas Octobris	30	III Kal. Novembris
		31	Pridie Kal. Novembris

	Novembris			Decembris
1	**Kalendis Novembris**		1	**Kalendis Decembris**
2	IV Nonas Novembris		2	IV Nonas Decembris
3	III Nonas Novembris		3	III Nonas Decembris
4	Pridie Nonas Novembris		4	Pridie Nonas Decembris
5	**Nonis Novembris**		5	**Nonis Decembris**
6	VIII Idus Novembris		6	VIII Idus Decembris
7	VII Idus Novembris		7	VII Idus Decembris
8	VI Idus Novembris		8	VI Idus Decembris
9	V Idus Novembris		9	V Idus Decembris
10	IV Idus Novembris		10	IV Idus Decembris
11	III Idus Novembris		11	III Idus Decembris
12	Pridie Idus Novembris		12	Pridie Idus Decembris
13	**Idibus Novembris**		13	**Idibus Decembris**
14	XVIII Kalendas Decembris		14	XIX Kalendas Januarii
15	XVII Kalendas Decembris		15	XVIII Kalendas Januarii
16	XVI Kalendas Decembris		16	XVII Kalendas Januarii
17	XV Kalendas Decembris		17	XVI Kalendas Januarii
18	XIV Kalendas Decembris		18	XV Kalendas Januarii
19	XIII Kalendas Decembris		19	XIV Kalendas Januarii
20	XII Kalendas Decembris		20	XIII Kalendas Januarii
21	XI Kalendas Decembris		21	XII Kalendas Januarii
22	X Kalendas Decembris		22	XI Kalendas Januarii
23	IX Kalendas Decembris		23	X Kalendas Januarii
24	VIII Kalendas Decembris		24	IX Kalendas Januarii
25	VII Kalendas Decembris		25	VIII Kalendas Januarii
26	VI Kalendas Decembris		26	VII Kalendas Januarii
27	V Kalendas Decembris		27	VI Kalendas Januarii
28	IV Kalendas Decembris		28	V Kalendas Januarii
29	III Kalendas Decembris		29	IV Kalendas Januarii
30	Pridie Kalendas Decembris		30	III Kalendas Januarii
			31	Pridie Kalendas Januarii

VI.

CALENDARIO PERPETUO
GIULIANO e GREGORIANO

NB. Nell'uso di questo calendario, per quanto si riferisce a cerimonie ecclesiastiche, giova tener presenti i due elenchi alfabetici che seguono delle feste religiose e dei santi, nei quali indicammo, quando fu possibile, in quali anni furono istituite dalla Chiesa le dette feste e canonizzati i principali santi. Per gli anni bisestili, da noi segnati con asterisco (*), si dovranno usare, pel gennaio e febbraio, i due primi mesi del calendario che portano l'indicazione *bis.* cioè *bisestile*.

Pasqua 22 Marzo. — Calendario per gli anni: 72*, 319, 414, 509, 604*, 851, 946, 1041, 1136*, 1383, 1478, 1573, 1598, 1693, 1761, 1818, 2285, 2353, 2437, 2505, 2872*, 3029, 3501, 3564*, ecc.

	GENNAIO bis.	FEBBRAIO bis.	GENNAIO	FEBBRAIO	MARZO	APRILE	MAGGIO
1	M Circ. di G. C.	s. Ignazio v.	G Circ. di G. C.	D Quinquages.	D 1ª di Q. Laet.	M s. Ugo v.	V SS. Fil. e Gia.
2	G 8ª di S. Stef.	D Quinquagesi.	V 8ª di S. Stef.	L Puri. di M. V.	L s. Simplic. P.	G s. Fran. di P.	S s. Atanas. v.
3	V 8ª di S. Giov.	L s. Biagio v.	S 8ª di S. Giov.	M s. Biagio v.	M s. Cunegond.	V s. Pancra. v.	D 6ª d P. Exau.
4	S 8ª SS. Innoc.	M s. Andrea Co.	D 8ª SS. Innoc.	M Le Ceneri	M s. Casimiro c.	S s. Isidoro v.	L s. Monica ve.
5	D S. Telesf. P.	M Le Ceneri	L SS. Telesforo	G s. Agata v.	G s. Foca m.	D 2ª Miser. Dom.	M s. Pio V PP.
6	L EPIFANIA	G s. Tito S. Dor.	M EPIFANIA	V s. Tito S. Dor.	V s. Coletta v.	L s. Sisto I Pp.	M s. Gio. a. p. l.
7	M Cristoforia	V s. Romualdo	M Cristoforia	S s. Romualdo	S s. Tom. d'A.	M s. Coletta v.	G s. Stanisl. v.
8	G s. Sever. ab.	S s. Giov. di Dio	G s. Sever. ab.	D 1ª di Q. Inv.	D di Passione	M s. Egisippo c.	V App. S. Mich.
9	V SS. Giul. e B.	D 1ª di Q. Inv.	V SS. Giul. e B.	L s. Apollon. v.	L s. Franc. Ro.	G s. Dionigi v.	S s. Greg. Naz.
10	S s. Gugliel. v.	L s. Scolast. v.	S s. Gugliel. v.	M s. Scolast. v.	M SS. 40 Mart.	V s. Maria Cle.	D PENTECOS.
11	D s. Igino Pp.	M Temp. di pri.	D s. Igino Pp.	M Temp. di pri.	M s. Eulogio m.	S s. Pompeo m.	L s. Mamer. ve.
12	L s. Modest. m.	M SS. Set. Fond.	L s. Modest. m.	G s. Eulalia m.	G s. Greg. I Pp.	D 3ª Leone I Pp.	M SS. Nereo e C.
13	M 8ª dell' Epif.	G s. Cat. de Ri.	M 8ª dell' Epif.	V s. Cat. Ri. T.	V B. V. Addolo.	L s. Ermen. m.	M Temp. Test.
14	M s. Ilar. S. Fel.	V s. Vale. m. T.	M s. Ilar. S. Fel.	S s. Vale. m. T.	S s. Matil. reg.	M s. Giusti. m.	G s. Bonifa. m.
15	G s. Paolo er.	S 2ª di Q. Rem.	G s. Paolo er.	D 2ª di Q. Rem.	D delle Palme	M s. Paterno v.	V s. Isid. ag. T.
16	V s. Marcello P.	D s. Silvino v.	V s. Marcello P.	L s. Giuliana v.	L s. Eriberto v.	G s. Contar. pr.	S s. Ubal. v. T.
17	S s. Antonio ab	L s. Simeone v.	S s. Antonio a.	M s. Silvino v.	M s. Patrizio v.	V s. Aniceto P.	D SS. Trinit.
18	D Cat. S. Piet. R	M s. Corrado c.	D Settuagesima	M s. Simeone v.	M s. Gabri. arc.	S s. Galdino v.	L s. Venan. m.
19	L Settuagesima	G s. Elente. m.	L s. Canuto re	G s. Corrado c.	G Cena del Sig.	D 4ª Cantate	M s. Piet. C. PP.
20	M SS. Fab. e Seb.	V s. Severia. v.	M SS. Fab. Seb.	V s. Elento. m.	V Parascene	L s. Marcel. v.	M s. Bern. da S.
21	G s. Agnese v.	S Cat. S. Piet. A	M s. Agnese v.	S s. Severia. v.	S santo	M s. Anselmo v.	G CORPUS DO.
22	V SS. Vinc. e A.	D 3ª di Q. Oculi	G SS. Vinc. e A.	D 3ª di Q. Oculi	D PASQUA	M SS. Sot. e Caio	V s. Emilio v.
23	S Spos. di M. V.	L s. Gerardo v.	V Spos. di M. V.	L s. Pier Dam.	L dell'Angelo	G s. Giorgio m.	S s. Desider. v.
24	D s. Timoteo v.	M s. Mattia ap.	S S. Timoteo v.	M s. Mattia ap.	M s. Simone m.	V s. Fedele Sig.	D 2ª d. Pentec.
25	L Con. S. Paolo	M s. Alessan. v.	D Sessagesima	M s. Cesario m.	M s. Quirino m.	S s. Marco Ev.	L s. Grego. VII
26	M Sessagesima	G s. Leandro v.	L S. Policar. v.	G s. Alessan. v.	G s. Teodoro v.	D 5ª Rogate	M s. Filip. Neri
27	G S. Giov. Cris.	V s. Romano a.	M S. Giov. Cr.	V s. Leandro v.	V s. Giov. er.	L Le Rogazioni	M s. Mar. Ma. P.
28	V S. Agnese 2 f.	S s. Osvaldo v.	M S. Giov. Cap.	S s. Romano a.	S s. Giov. Cap.	M s. Vit. m Rog.	G 8ª d. Cor. Do.
29	S S. Frances. S.		G S. Frances. S.		D 1ª d.P. in Alb.	M s. Pie. m.Rog.	V s. Felice I P.
30	G S. Martina v.		V S. Martina v.		L ANN. di M. V.	G ASCEN. G. C.	S s. Ferdin. re
31	V S. Pietro Nol.		S S. Pietro Nol.		M s. Balbina m.		D 3ª P. Cuore M.

GIUGNO	LUGLIO	AGOSTO	SETTEMBRE	OTTOBRE	NOVEMBRE	DICEMBRE
1 L S. Panflo m.	1 M 8ª di S. Gio. B.	1 S S. Pietro in v.	1 M S. Egidio ab.	1 G S. Remigio v.	1 L OGNISSANTI	1 M S. Eligio v.
2 M SS. Marc. e C.	2 G Vis. di M. V.	2 D 12ª d. Pentec.	2 M S. Stefano re	2 V SS. Angeli C.	2 L Comm. Def.	2 M S. Bibiana v.
3 M S. Clotil. reg.	3 V S. Marzial. v.	3 L Inv. S. Stef.	3 G S. Mans. v.	3 S S. Calim. v.	3 M S. Uberto v.	3 G S. Franc. Sav.
4 G S. Fran. Car.	4 S S. Ulderico v.	4 M S. Dom. di G.	4 V S. Rosalia v.	4 D 22ª B. V. Ros.	4 M S. Carlo Bor.	4 V S. Barb. m.
5 V S. Bonifac. v.	5 D 8ª d. Pentec.	5 M S. Maria d. N.	5 S S. Lorenzo G.	5 L SS. Pl. e C. m.	5 G S. Zaccar. pr.	5 S S. Sabba ab.
6 S S. Norbert. v.	6 L 8ª SS. Ap. P.P.	6 G Trasf. di G. C.	6 D 17ª d. Pentec.	6 M S. Brunone c.	6 V S. Leon. P. M.	6 D 2ª d'Avv. Ro.
7 D 4ª d. Pentec.	7 M S. Pulcheria	7 V S. Gaetano T.	7 L S. Regina v.	7 M S. Marco pp.	7 S S. Prosdoc. v.	7 L S. Ambr. v.
8 L S. Gugliel. v.	8 M S. Elisabetta	8 S SS. Cir. e c. m.	8 M Nat. di M. V.	8 G S. Brigida v.	8 D 8ª Ognissanti	8 M Imm. C. M. V.
9 M SS. Pri. e Fel.	9 G S. Veron. G.	9 D 13ª S. Rom.	9 M S. Gorgon. m.	9 V S. Dion. e C.	9 L S. Teodoro m.	9 M S. Siro v.
10 M S. Marg. reg.	10 V SS. Sett. frm.	10 L S. Lorenzo m.	10 G S. Nic. Tol. c.	10 S S. Franc. B.	10 M S. Andrea Av.	10 G S. Melch. pp.
11 G S. Barn. ap.	11 S S. Pio I pp.	11 M SS. Tib. e Sus.	11 V SS. Pr. e Giac.	11 D 22ª Mat. M. V.	11 M S. Martino v.	11 V S. Dam. I pp.
12 V S. G. d. S. Fac.	12 D 9ª S. Gio. G.	12 M S. Chiara v.	12 S S. Guido sag.	12 L S. Massimil.	12 G S. Mart. pp.	12 S S. Valer. ab.
13 S S. Ant. di P.	13 L S. Anacl. pp.	13 G S. Cass. m.	13 D 18ª SS. No. M.	13 M S. Eoar. re	13 V S. Stanisl. K.	13 D 3ª d'Avv. Ro.
14 D 5ª L. P. S. Bas.	14 M S. Bonav.	14 V S. Eusebio pr.	14 L Es. d. S. Croce	14 M S. Calisto pp.	14 S S. Giocondo v.	14 L S. Spirid. v.
15 L SS. Vito e M.	15 M S. Enric. imp.	15 S Ass. di M. V.	15 M 8ª d. N. d. M. V.	15 G S. Teresa v.	15 D 27ª [Ass. A.]	15 M 8ª d. Imm. C.
16 M S. Gio. Fr. R.	16 G B. V. del Car.	16 D 14ª S. Giac.	16 M Temp. d'aut.	16 V S. Gallo ab.	16 L S. Gertrude v.	16 M Temp. d'inv.
17 M S. Ranieri er.	17 V S. Aless. con.	17 L 8ª di S. Lor.	17 G Stim. di S. Fr.	17 S S. Edvige r.	17 M S. Greg. Tau.	17 G S. Lazzaro v.
18 G SS. Mar. e M.	18 S S. Camillo L.	18 M S. Agap. m.	18 V S. Giu. Co. T.	18 D 23ª S. Luca Ev.	18 M D. b. SS. P.e P.	18 V Asp. div. P. T.
19 V SS. Ger. e Pr.	19 D 10ª S. Vinc. P.	19 M S. Lodov. m.	19 S S. Genn. v. T.	19 L S. Pietro d'A.	19 G S. Elisabetta	19 S S. Nem. m. T.
20 S S. Silver. pp.	20 L S. Margh.	20 G S. Bernar. ab.	20 D 18ª Vsl. M. V.	20 M S. Giovan. C.	20 V S. Felice Val.	20 D 4ª d'Avv. Ro.
21 D 6ª S. Luigi G.	21 M S. Prassede v.	21 V S. Gio. di Ch.	21 L S. Matteo ap.	21 M S. Orsola m.	21 S Pres. di M. V.	21 L S. Tomm. ap.
22 L S. Paolino v.	22 M S. Maria M.	22 S S. Ass. M. V.	22 M S. Maur. e C.	22 G S. Donato v.	22 D 28ª S. Cecil.	22 M S. Flav. m.
23 M S. Lan't. v.	23 G S. Apollin. v.	23 D 15ª S. Fil. B.	23 M S. Lino pp.	23 V S. Severo v.	23 L S. Clem. I pp.	23 M S. Vittoria v.
24 M Nat. S. G. B.	24 V S. Cristina v.	24 L S. Bartol. ap.	24 G B. V. d. Merc.	24 S S. Raffael. A.	24 M S. Gio. d. Cr.	24 G Vigilia
25 G S. Gugl. ab.	25 S S. Giac. ap.	25 M S. Luigi re	25 V S. Firmino v.	25 D 24ª d. Pentec.	25 M S. Cater. v.	25 V NATALE
26 V SS. Gio. e Pa.	26 D 11ª S. Anna	26 M S. Aless. m.	26 S S. Cipr. e Giu.	26 L S. Evar. pp.	26 G S. Silves. ab.	26 S S. Stef. prot.
27 S S. Ladisl. re	27 L S. Pantal. m.	27 G S. Gius. Cal.	27 D 18ª SS. Cos. e D.	27 M S. Frumenz.	27 V S. Giac. M.	27 D S. Giov. ev.
28 D 7.ª d. Pentec.	28 M SS. Naz. e C.	28 V S. Agost. v. d.	28 L S. Venc. m.	28 M SS. Sim. e G.	28 S S. Giac. Marc.	28 L SS. Innoc. m.
29 L SS. P. e P. ap.	29 M S. Marta v.	29 S Dec. d. S. G. B.	29 M S. Michele A.	29 G S. Narcis. v.	29 D 1ª d'Avv. Ro.	29 M S. Tom. C. v.
30 M Comm. S. Pa.	30 G SS. Abd. Sen.	30 D 16ª S. Rosa L.	30 M S. Girol. d.	30 V S. Gerardo v.	30 L S. Andrea m.	30 M S. Eugen. v.
	31 V S. Ignazio L.	31 L S. Raim. N.		31 S S. Volfang. v.		31 G S. Silves. pp.

Pasqua 23 Marzo. — Calend. per gli anni: 4*, 167, 251, 262, 346, 357, 441, 452*, 536*, 699, 783, 794, 878, 889, 973, 984*, 1068*, 1231, 1315, 1326, 1410, 1421, 1505, 1516*, 1636*, 1704*, 1788*, 1845, 1856*, 1913, 2008*, 2160, 2228*, 2380*, 2532*, 2600, 2752*, 3124*, ecc.

#	GENNAIO bis.	FEBBRAIO bis.	GENNAIO	FEBBRAIO	MARZO	APRILE	MAGGIO
1	M Circ. di G. C.	V S. Ignazio v.	M Circ. di G. C.	S S. Ignazio v.	S S. Albino v.	M s. Ugo v.	G ASCEN. G. C.
2	M 8ª di s. Stef.	S Pur. di M. V.	G 8ª di s. Stef.	D Quinquages.	D 4ª di Q., Laet.	M s. Fran. di P.	V S. Atanas. v.
3	G 8ª di s. Giov.	D Quinquagesi.	V 8ª di s. Giov.	L Puri. di M. V.	L s. Cunegond.	G s. Pancra. v.	S Inv. S. Croce
4	V 8ª SS. Innoc.	L s. Andrea Co.	S 8ª SS. Innoc.	M s. Andrea Co.	M s. Casimiro c.	V s. Isidoro v.	D 6ª, Exaudi
5	S s. Telesf. p.	M s. Agata v.	D s. Telest. p.	M Le Ceneri	M s. Foca m.	S s. Vinc. Ferr.	L s. Pio V. pp.
6	D EPIFANIA	M Le Ceneri	L EPIFANIA	G s. Tito S. Dor.	G s. Coletta v.	D 2ª Miser. Dom.	M S. Gio. a. pp.
7	L Cristoforia	G s. Romua. ab.	M Cristoforia	V s. Romua ab	V s. Tom. aq.	L s. Egesippo c.	M s. Stanisl. v.
8	M s. Severo ab.	V s. Giov. di M.	M s. Sever. ab.	S s. Giov. di M.	S s. Giov. di D.	M s. Dionigi v.	G 8ª dell' Ascen.
9	M SS. Giul. e C.	S s. Apollon. v.	G SS. Giul. e C.	D 1ª di Q., Inv.	D di Passione	M s. Maria Cle.	V s. Greg. Naz.
10	G s. Guglie. v.	D 1ª di Q., Inv.	V s. Gugliel. v.	L s. Scolastica	L SS. 40 Martiri	G s. Pompeo m	S SS. Gord. e E.
11	V s. Igino pp.	L SS. Set. Fond.	S s. Igino pp.	M SS. Set. Fond.	M s. Eulogio m.	V s. Leone I pp.	D PENTECOS.
12	S s. Modest. m.	M s. Eulalia v.	D s. Modest. m.	M Temp. di pri.	M s. Greg. I. pp.	S s. Giulio I pp.	L SS. Nereo e C.
13	D 8ª dell' Epif.	M Temp. di pri.	L 8ª dell' Epif.	G s. Cat. de' Ri.	G s. Eufrasia v.	D 3ª Paz. di S. G.	M s. Servazio v.
14	L s. Ilar. S. Fel.	G s. Valent. m.	M s. Ilar. S. Fel.	V s. Vale. m. T.	V B. V. Addol.	L s. Tibur. c. m	M Temp. d'est.
15	M s. Paolo er.	V SS. Fau. G. T.	M s. Paolo er.	S SS. Fau. G. T.	S s. Longin. m.	M s. Paterno v.	G s. Isidoro ag.
16	M s. Marcello p.	S s. Giul. v. T.	G s. Marcello p.	D 2ª di Q. Rem.	D delle Palme	M s. Contar. pr.	V s. Ubal. v. T.
17	G s. Antonio ab	D 2ª di Q. Rem.	V s. Antonio ab	L s. Silvino m.	L s. Patrizio v.	G s. Aniceto p.	S s. Pasq. B. T.
18	V Cat. S. Piet. R	L s. Simeone v.	S Cat. S. Piet. R	M s. Simeone v.	M s. Gabr. arc.	V s. Galdino v.	D 1ª, SS. Trinit.
19	S s. Canuto re	M s. Corrado c.	D Settuagesima	M s. Corrado c.	M s. Giuseppe	S s. Leone IX p.	L s. Piet. C. pp.
20	D Settuagesima	M s. Eleute. m.	L SS. Fab. e Seb.	G s. Eleuter. m.	G Cena del Sig.	D 4ª, Cantate	M s. Bern. da S.
21	L s. Agnese v.	G s. Severia. v.	M s. Agnese v.	V s. Severia. v.	V Parasceve	L s. Anselmo v.	M s. Felice Can.
22	M SS. Vinc. e A.	V Cat. S. Piet. A	M SS. Vinc. e A.	S Cat. S. Piet. A	S santo	M SS. Sot. e Caio	G CORPUS DO.
23	M s. Raim. di P.	S s. Pier Dam.	G s. Raim. di P.	D 3ª di Q. Oculi	D PASQUA	M s. Giorgio m.	V s. Desider. v.
24	G s. Timoteo v.	D 3ª di Q., Ocul.	V s. Timoteo v.	L s. Mattia ap.	L dell' Angelo	G s. Fedele Sig.	S s. Donaz. v.
25	V Con. S. Paolo	L s. Mattia ap.	S Con. S. Paolo	M s. Cesario m.	M s. Quirino m.	V s. Mare. L. M.	D 2ª S. Greg. VII
26	S s. Pollear. v.	M s. Alessan. v.	D Sessagesima	M s. Alessan. v.	M s. Teodoro m.	S SS. Cleto Mar.	L s. Filip. Neri
27	D Sessagesima	M s. Leandro v.	L s. Giov. Cris.	G s. Leandro v.	G s. Giov. Dam.	D 5ª, Rogate	M s. Giovan. p.
28	L s. Agnese 2 f.	G s. Romano a.	M s. Agnese 2 f.	V s. Romano a.	V s. Giov. Cap.	L Le Rogazioni	M s. Agos. Can.
29	M s. Frances. S.	V s. Osvaldo v.	M s. Frances. S.		S s. Eustasio a.	M s. Pie. m. Rog.	G 8ª Cor. Dom.
30	M s. Martina v.		G s. Martina v.		D 1ª in Albis	M s. Cat. S. Rog.	V S. Cuore di G.
31	G s. Pietro Nol.		V s. Pietro Nol.		L ANN. DI M. V.		S s. Petronil. v.

GIUGNO	LUGLIO	AGOSTO	SETTEMBRE	OTTOBRE	NOVEMBRE	DICEMBRE
1D 3ª d. Pentec., Quor. di Mar-	1M 3ª di S. Gio. B.	1V S. Pietro in v.	1L s. Egidio ab.	1M S. Remigio v.	1S OGNISSANTI	1L S. Eligio v.
2L SS. Mar. Piet.	2M Vis. di M. V.	2S S. Alfonso L.	2M S. Stefano re	2G SS. Angeli C.	2D 25ª d. Pentec.	2M S. Bibiana v.
3M S. Clotil. reg.	3G s. Marzial. v.	3D 12ª d. Pentec.	3M S. Mans. v.	3V S. Calin. v.	3L Comm. Def.	3M S. Franc. Sav.
4M S. Fran. Car.	4V S. Ireneo v.	4L S. Dom. di G.	4G S. Rosalia v.	4S S. Fran. d'As.	4M S. Carlo Bor.	4G S. Barb. m.
5G S. Bonifac. v.	5S SS. Ciril. e M.	5M S. Maria d. N.	5V s. Lorenzo G.	5D 21ª B. V. Ros.	5M s. Zaccar. pr.	5V S. Sabba ab.
6V S. Norbert. v.	6D 8ª d. Pentec.	6M Trasf. di G.C.	6S Tras. S. Ag. C.	6L S. Brunonec.	6G s. Leon. P. M.	6S S. Nicolò ab.
7S S. Robert. ab.	7L S. Pule. imp.	7G SS. Gaetano T.	7D 17ª d. Pentec.	7M S. Marco pp.	7V s. Prosdoc. v.	7D 2ª d'Avv. Ro.
8D 4ª d. Pentec.	8M S. Elisab. reg.	8V SS. Cir. e S.	8L Nat. di M. V.	8M S. Brigida v.	8S 8ª Ognissanti	8L Imm. C. M. V.
9L SS. Pri. e Fel.	9M S. Veron. G.	9S s. Roman. m.	9M s. Gorgon. m.	9G SS. Dion. R.E.	9D 25ª Pat. M. V.	9M S. Siro v.
10M S. Marg. Reg.	10G SS. Sett. fr. m.	10D 13ª s. Lorenz.	10M S. Nicol. Tol.	10V s. Franc. B.	10L s. Andrea Av.	10M S. Melch. pp.
11M S. Barn. ap.	11V s. Pio I pp.	11L SS. Tib. e Sus.	11G SS. Pr. e Giac.	11S s. Germ. v.	11M s. Martino v.	11G s. Dam. I pp.
12G S. Gio. d. S. F.	12S s. Gio. Gua.	12M s. Chiara v.	12V s. Guido sag.	12D 22ª Mat. M. V.	12M s. Mart. pp.	12V S. Valor. ab.
13V s. Ant. di P.	13D 9ª d. Pentec.	13M SS. Cassia m.	13S s. Bulogio p.	13L s. Eduardo re	13G s. Stanisl. k.	13S S. Lucia v.m.
14S s. Basil. M. v.	14L s. Bonavent.	14G s. Eusebio pr.	14D 18ª d. S. Cro.	14M s. Callisto pp.	14V s. Giosaf. v.	14D 3ª d'Avv. Ro.
15D 5ª d. Pentec.	15M s. Enric. imp.	15V Ass. di M. V.	15L 8ª d. N. M. V.	15M s. Teresa v.	15S s. Gertrude v.	15L 8ª dell'Im. Co.
16L s. Gio. Fr. R.	16M B. V. del Car.	16S s. Giacinto c.	16M SS. Corn. e C.	16G s. Galb ab.	16D 27ª [Ave. A.]	16M s. Eusebio v.
17M SS. Ranieri et.	17G s. Aless. Con.	17D 14ª s. Gioac.	17M Temp. d'aut.	17V s. Edvige r.	17L s. Greg. tau.	17M Temp. d'inv.
18M s. Mar. e M.	18V s. Camillo L.	18L s. Agap. m.	18G s. Gius. da C.	18S s. Luca Ev.	18M b. ss. P. P.	18G Asp. Div. P. par.
19G SS. Ger. e Pr.	19S s. Vincen. P.	19M s. Lodov. v.	19V s. Gen. m. m.	19D 23ª Pur. M. V.	19M s. Elisabet. r.	19V s. Nem. m. T.
20V s. silver. pp.	20D 10ª d. Pentec.	20M s. Barnar. ab.	20S s. Eust. m. T.	20L s. Giovan. C.	20G s. Felice Val.	20S s. Tim. m. T.
21S s. Luigi G.	21L s. Prassede v.	21G s. Gio. di Ch.	21D 19ª Dot. M. E.	21M SS. Orsol. e C.	21V Pres. di M. V.	21D 4ª S. Tom. ap.
22D 6ª d. Pentec.	22M s. Maria M.	22V s. Ass. M. V.	22M SS. Maur. e C.	22M s. Donato v.	22S s. Cecilia v.	22L s. Flav. m.
23L s. Laufr. v.	23M s. Apollin. v.	23S s. Filip. Ben.	23M s. Lino pp.	23G s. Severin. v.	23D 28ª d. Pentec.	23M s. Vittoria v.
24M Nat. S. G. B.	24G s. Cristina v.	24D 15ª d. Pentec.	24G s. B. V. d. Merc.	24V s. Rafaele ar.	24L s. Gio. d. Cr.	24M Vigilia
25M s. Gugl. ab.	25V s. Giac. ap.	25L s. Luigi re	25V s. Firmino v.	25S s. Crisan. b.	25M s. Cater. v.	25G NATALE
26G SS. Gio. e Pa.	26S s. Anna	26M s. Aless. B.	26S s. Cipr. e Giu.	26D 24ª d. Pentec.	26M s. Silves. ab.	26V S. Stef. prot.
27V s. Lodisl. re	27D 11ª d. Pentec.	27M s. Gius. Cal.	27D 20ª d. Pentec.	27L s. Frumenzio	27G s. Giac. m.	27S s. Giov. ev.
28S s. Leone II p.	28L SS. Nazz. e C.	28G s. Agost. v. d.	28L s. Framenzio	28M SS. Sim. e G.	28V s. Giac. Marc.	28D SS. Innocenti
29D 7ª SS. Pie. Pt.	29M s. Marta ma.	29V Decol. di S. G. B.	29M SS. Sim. e G.	29M s. Ermel v.	29S s. Satnrn. m.	29L s. Tomm. C.
30L Comm. S. Pa.	30M s. Abd. Sen.	30S s. Rosa da L.	30M s. Girol. d	30G s. Gerardo v.	30D 1ª d'Avv. Ro.	30M s. Eugen. v.
	31G s. Ignazio L.	31D 16ª d. Pentec.		31V s. volfang. v.		31M s. Silves. pp.

Pasqua 24 Marzo. — Calendario per gli anni: 15, 99, 110, 194, 205, 289, 300*, 384*, 547, 631, 642, 726, 737, 821, 832*, 916', 1079, 1163, 1174, 1258, 1269, 1353, 1364*, 1448*, 1799, 1940*, 2391, 2475, 2695, 2847, 2999, ecc.

GENNAIO bis.

1	L	Circ. di G. C.
2	M	8ª di S. Stef.
3	M	8ª di S. Giov.
4	G	8ª SS. Innoc.
5	V	S. Telest. P.
6	S	EPIFANIA
7	D	Cristoforia
8	L	S. Sever. ab.
9	M	SS. Giul. e B.
10	M	S. Gugliel. v.
11	G	S. Igino pp.
12	V	S. Modest. m.
13	S	8ª dell' Epif.
14	D	SS. N. di Ges.
15	L	S. Paolo er.
16	M	S. Marcello P.
17	M	S. Antonio ab
18	G	Cat. S. Piet. R
19	V	S. Canuto c.
20	S	S. Fab. e Seb.
21	D	Settuagesima
22	L	SS. Vinc. e A.
23	M	S. Raim. di P.
24	M	S. Timoteo v.
25	G	Con. S. Paolo
26	V	S. Policar. v.
27	S	S. Giov. cris.
28	D	Sessagesima
29	L	S. Frances. S.
30	M	S. Martina v.
31	M	S. Pietro Nol.

FEBBRAIO bis.

1	G	S. Ignazio v.
2	V	Pur. di M. V.
3	S	S. Biagio v.
4	D	Quinquages.
5	L	S. Agata v.
6	M	S. Tito v.
7	M	Le Ceneri
8	G	S. Giov. di M.
9	V	S. Apollon. v.
10	S	S. Scolas. v.
11	D	1ª di Q. Inv.
12	L	S. Eulalia v.
13	M	S. Cat. d. Rie.
14	M	Temp. di pri.
15	G	SS. Fau. e G.
16	V	Tempora
17	S	Tempora
18	D	2ª di Q. Rem.
19	L	S. Corrado c.
20	M	S. Eleute. m.
21	M	S. Severia. v.
22	G	Cat. S. Piet. A
23	V	S. Pier Dam.
24	S	S. Gerardo v.
25	D	3ª di Q. Oculi
26	L	S. Alessan. v.
27	M	S. Leandro v.
28	M	S. Romano a.
29	G	S. Osvaldo v.

GENNAIO

1	M	Circ. di G. C.
2	M	8ª di s. Stef.
3	G	8ª di s. Giov.
4	V	8ª SS. Innoc.
5	S	S. Telest. P.
6	D	EPIFANIA
7	L	Cristoforia
8	M	S. Sever. ab.
9	M	SS. Giul. e B.
10	G	S. Gugliel. v.
11	V	S. Igino pp.
12	S	S. Modest. m.
13	D	8ª dell'Epif.
14	L	S. Ilar. S Fel.
15	M	S. Paolo er.
16	M	S. Marcello p.
17	G	S. Antonio ab.
18	V	Cat. S. Piet. R
19	S	S. Canuto re
20	D	Settuagesima
21	L	S. Agnese v.
22	M	SS. Vinc. e A.
23	M	S. Raim. di P.
24	G	S. Timoteo v.
25	V	Con. S. Paolo
26	S	S. Policar. v.
27	D	Sessagesima
28	L	S. Agnese 2 f.
29	M	S. Frances. S.
30	M	S. Martina v.
31	G	S. Pietro Nol.

FEBBRAIO

1	V	S. Ignazio v.
2	S	Puri. di M. V.
3	D	S. Biagio v.
4	L	S. Andrea Co.
5	M	S. Agata v.
6	M	Le Ceneri
7	G	S. Romua. ab
8	V	S. Giov. di M.
9	S	S. Apollon. v.
10	D	1ª di Q. Inv.
11	L	SS. Set. Fond.
12	M	S. Eulalia v.
13	M	Temp. di pri.
14	G	S. Valent. m.
15	V	Tempora
16	S	Tempora
17	D	2ª di Q. Rem.
18	L	S. Simeone v.
19	M	S. Corrado c.
20	M	S. Eleuter. m.
21	G	S. Severia. V
22	V	Cat. S. Piet. A
23	S	S. Pier. Dam.
24	D	3ª di Q. Oculi
25	L	S. Cesario m.
26	M	S. Alessan. v.
27	M	S. Leandro v.
28	G	S. Romano a.

MARZO

1	V	S. Albino v.
2	S	S. Simplic. P.
3	D	4ª di Q., Lael.
4	L	S. Casimiro c.
5	M	S. Foca m.
6	M	S. Coletta v.
7	G	S. Tom. aq.
8	V	S. Giov. di D.
9	S	S. Franc. R.
10	D	di Passione
11	L	S. Eulogio m.
12	M	S. Greg. I. pp.
13	M	S. Eufrasia v.
14	G	S. Matil. reg.
15	V	B. V. Addol.
16	S	S. Eriberto
17	D	delle Palme
18	L	S. Gabr. arc.
19	M	S. Giuseppe
20	M	SS. Gr. e Mar.
21	G	Cena del Sig.
22	V	Parasceve
23	S	santo
24	D	PASQUA
25	L	dell'Angelo
26	M	S. Teodoro v.
27	M	S. Giov. Dam.
28	G	S. Eustasio a.
29	V	S. Giov. Clim.
30	S	
31	D	1ª, in Albis

APRILE

1	L	ANN. di M. V.
2	M	S. Fran. di P.
3	M	S. Pancrazio
4	G	S. Isidoro v.
5	V	S. Vinc. Ferr.
6	S	S. Sisto I. pp.
7	D	2ª Miser. Dom
8	L	S. Dionigi v.
9	M	S. Maria Cle.
10	M	S. Pompeo m
11	G	S. Leone I pp.
12	V	S. Giulio I pp.
13	S	S.
14	D	3ª Pat. di S. G.
15	L	S. Paterno v.
16	M	S. Contar. pr.
17	M	S. Aniceto p.
18	G	S. Galdino v.
19	V	S. Leone IX p.
20	S	S. Marcelin v
21	D	4ª, Cantate
22	L	SS. Sot. e Caio
23	M	S. Giorgio m.
24	M	S. Fedele Sig.
25	G	S. Marco Ev.
26	V	SS. Cleto Mar.
27	S	
28	D	5ª, Rogate
29	L	Le Rogazioni
30	M	S. Cat. S. Rog.

MAGGIO

1	M	SS. Fi. G. Rog.
2	G	ASCEN. G. C.
3	V	Inv. S. Croce
4	S	S. Monica v.
5	D	6ª, Exaudi
6	L	S. Gio. a. p. l.
7	M	S. Stanisl. v.
8	M	Ap. S. Mich.
9	G	8ª dell'Ascen.
10	V	S. Anton. v.
11	S	vigilia
12	D	PENTECOS.
13	L	di Pentec.
14	M	S. Bonif. m.
15	M	Temp. d'est.
16	G	S. Ubal. v.
17	V	Tempora
18	S	Tempora
19	D	1ª, SS. Trinit.
20	L	S. Bern. da S.
21	M	S. Felice Can.
22	M	S. Emilio m.
23	G	CORPUS DO.
24	V	S. Donaz. v.
25	S	S. Greg. VII.
26	D	2ª d. Pentec.
27	L	S. Giovan. p.
28	M	S. Agos. Can.
29	M	S. Massim. v.
30	G	8ª Cor. Dom.
31	V	S. Cuore di G.

GIUGNO	LUGLIO	AGOSTO	SETTEMBRE	OTTOBRE	NOVEMBRE	DICEMBRE
1 L S. Panfilo m.	1 L 8ª di S. Gio. B.	1 G S. Pietro in v.	1 D 16ª d. Pentec.	1 M S. Remigio v.	1 V OGNISSANTI	1 D 1ª d'Avv. Ro.
2 D 3ª d. Pentec., Cuor. di Mar.	2 M Vis. di M. V.	2 V S. Alfonso L.	2 L S. Stefano re	2 M SS. Angeli C.	2 S Comm. Def.	2 L S. Bibiana v.
3 L S. Clotil. reg.	3 M S. Marzial. v.	3 S Inv. di S. Ste.	3 M S. Mans. v.	3 G S. Calin. v.	3 D 25ª d. Pentec.	3 M S. Franc. Sav.
4 M S. Fran. Car.	4 G S. Ireneo v	4 D 12ª d. Pentec.	4 M S. Rosalia v.	4 V S. Fran. d'As.	4 L S. Carlo Bor.	4 M S. Barb. m.
5 M S. Bonifac. v	5 V SS. Ciril. e M.	5 L S. Maria d. N.	5 G S. Lorenzo G.	5 S SS. Pl. e C. m.	5 M S. Zaccar. pr.	5 G S. Sabba ab.
6 G S. Norbert. ab.	6 S 8ª SS. A. P. P	6 M Trasf. di G. C.	6 V Tras. S. Ag. C.	6 D 21ª B. V. Ros.	6 M S. Leon. P. M.	6 V S. Nicolò ab.
7 V S. Robert. ab.	7 D 8ª d. Pentec.	7 M S. Gaetano T.	7 S 17ª S. Reg. v.	7 L S. Marco pp.	7 G S. Prosd. c. v.	7 S S. Ambrog. v.
8 S S. Gugliel. v.	8 L S. Elisab. reg.	8 G SS. Cir. L. e S.	8 D Nat. di M. V.	8 M S. Brigida v.	8 V 8ª Ognissanti	8 D 2ª Im. C. M. V.
9 D 4ª d. Pentec.	9 M S. Veron. G.	9 V S. Roman. m.	9 L S. Gorgon. m.	9 M SS. Dion. R. E.	9 S S. Teodoro m.	9 L S. Siro v.
10 L S. Marg. Reg.	10 M SS. Sett.fr.m.	10 S S. Lorenzo m.	10 M S. Nicol. Tol.	10 G S. Franc. B.	10 D 26ª Pat. M. V.	10 M S. Melch. pp.
11 M S. Barn. ap.	11 G S. Pio I pp.	11 D 13ª d. Pentec.	11 M SS. Pr. e Giac.	11 V S. Germ. v.	11 L S. Martino v.	11 M S. Dam. I pp.
12 M S. Gio. d. S. F.	12 V S. Giov. Gua.	12 L S. Chiara v.	12 G S. Guido sag.	12 S S. Massim. v.	12 M S. Mart. pp.	12 G S. Valer. ab.
13 G S. Ant. di P.	13 S S. Anacl. pp.	13 M S. Cassia. m.	13 V S. Eulogio p.	13 D 22ª Mt. M. V.	13 M S. Stanis. K.	13 V S. Lucia v. m.
14 V S. Basil. M. v.	14 D 9ª d. Pentec.	14 M S. Eusebio pr.	14 S Esat. d. S. Cr.	14 L S. Calisto pp.	14 G S. Giosaf. v.	14 S S. Spiridione
15 S SS. Vit. e M.	15 L S. Enric. Imp.	15 G Ass. di M. V.	15 D 18ª S. N. M. V.	15 M S. Teresa v.	15 V S. Gertrud. v.	15 D 3ª d'Avv. Ro.
16 D 5ª d. Pentec.	16 M B. V. del Car.	16 V S. Giacinto c.	16 L SS. Corn. e C.	16 M S. Gallo ab.	16 S S. Edmun. v.	16 L S. Eusebio v.
17 L S. Ranieri er.	17 M S. Aless. Con.	17 S 8ª S. L. S. El.	17 M Stim. d. S. Fr.	17 G S. Edvig. r.	17 D 27ª [Ger. A.]	17 M S. Lazzaro v.
18 M SS. Mar. e M.	18 G S. Camillo L.	18 D 14ª S. Gioac.	18 M S. Giuseppe c., Temp. d'aut.	18 V S. Luca Ev.	18 L D. b. ss. P. P.	18 M Temp. d'inv.
19 M SS. Ger. e Pr.	19 V S. Vincen. P.	19 L S. Lodov. v.	19 G S. Gennar. m.	19 S S. Piet. d'Alc.	19 M S. Elisabet. r.	19 G S. Nem. m.
20 G S. Silver. pp.	20 S S. Margh. v.	20 M S. Bernar. ab.	20 V Eust. T.	20 D 23ª Pur. M. V.	20 M S. Felice Val.	20 V S. Tim. m. T.
21 V S. Luigi G.	21 D 10ª d. Pentec.	21 M S. Gio. di Ch.	21 S Mat. ap. T.	21 L S. Orsol. e C.	21 G Pres. di M. V.	21 S S. Tom. ap. T.
22 S S. Paolino v.	22 L S. Maria M.	22 G 8ª Ass. M. V.	22 D 19ª Dol. M. V.	22 M S. Donato v.	22 V S. Cecilia v.	22 D 4ª d'Avvento
23 D 6ª d. Pentec.	23 M S. Apollin. v.	23 V S. Filip. Ben.	23 L S. Lino pp.	23 M S. Sever.Tib. v.	23 S S. Clem. I. pp.	23 L S. Vittoria v.
24 L Nat. S. G. B.	24 M S. Cristina v.	24 S S. Bartol. ap.	24 M B. V. d. Merc.	24 G S. Raffael. ar.	24 D 28ª d. Pentec.	24 M Vigilia
25 M S. Gugl. ab.	25 G S. Giac. ap.	25 D 15ª d. Pentec.	25 M S. Firmino v.	25 V SS. Crisan. D.	25 L S. Cater. v.	25 M NATALE
26 M SS. Gio. e Pa.	26 V S. Anna	26 L S. Aless. Cal.	26 G SS. Cip. e Gu.	26 S S. Evarist. P.	26 M S. Silves. ab.	26 G S. Stef. prot.
27 G S. Lodisl. re	27 S S. Pantal. m.	27 M S. Gius. Cal.	27 V SS. Cos. e D.	27 D 24ª d. Pentec.	27 M S. Giac. Marc.	27 V S. Giov. ev.
28 V S. Leone II p.	28 D 11ª d. Pentec.	28 M S. Agost. v. d.	28 S S. Vences. d.	28 L SS. Sim. e G.	28 G S. Saturn. m.	28 S SS. Innocenti
29 S SS. Piet. e Pa.	29 L S. Marta ma.	29 G Dec. di S. G. B.	29 D 20ª S. Michel.	29 M S. Narcis. v.	29 V S. Andrea m.	29 D S. Tomm. C.
30 D 7ª Con. S. Pa.	30 M SS. Abd. Sen.	30 V S. Rosa da L.	30 L S. Girol. d.	30 M S. Gerardo v.		30 L S. Eugen. v.
	31 M S. Ignazio L.	31 S S. Ign. Lov.		31 G S. Volfang. v.		31 M S. Silves. pp.

Pasqua 25 Marzo. — Calend. per gli anni: 31, 42, 53, 126, 137, 148*, 221, 232*, 316*, 395, 479, 490, 563, 574, 585, 658, 669, 680*, 753, 764*, 848*, 927, 1011, 1022, 1095, 1106, 1117, 1190, 1201, 1212*, 1285, 1296*, 1380*, 1459, 1543, 1554, 1663, 1674, 1731, 1742, 1883, 1894, 1951, 2035, 2046, 2103, 2187, 2198, 2255, 2266, 2320*, ecc.

	GENNAIO bis.	FEBBRAIO bis.	GENNAIO	FEBBRAIO	MARZO	APRILE	MAGGIO
1	D *Circ. di G. C.*	M S. Ignazio v.	L *Circ. di G. C.*	G S. Ignazio v.	G S. Albino v.	D *1ª d.P., in Alb.*	M SS. Fil. *Rog.*
2	L 8ª di S. Stef.	G *Pur. di M. V.*	M 8ª di S. Stef.	V *Puri. di M. V.*	V S. Simplic. p.	L ANN. DI M. V.	M S. Atan. *Rog.*
3	M 8ª di S. Giov.	V S. Biagio v.	M 8ª di S. Giov.	S S. Biagio v.	S S. Cunegond.	M S. Pancra. v.	G ASCEN. G.C.
4	M 8ª SS. Innoc.	S S. Andrea Co.	G 8ª SS. Innoc.	D *Quinquages.*	D *4ª di Q., Laet.*	M S. Isidoro v.	V S. Monica ve.
5	G S. Telesf. P.	D *Quinquages.*	V S. Telestoro	L S. Agata v.	L S. Foca m.	G S. Vinc. Ferr.	S S. Pio V pp.
6	V EPIFANIA	L S. Tito S. Dor.	S EPIFANIA	M S. Tito S. Dor.	M S. Coletta v.	V S. Sisto I pp.	D *6ª d. P., Exau.*
7	S *Cristoforia*	M S. Romualdo	D *1ª d. l'Epif.*	M *Le Ceneri*	M S. Tom. d'A.	S S. Egisippo c.	L S. Stanisl. v.
8	D *1ª dop. l'Epif.*	M *Le Ceneri*	L S. Sever. ab.	G S. Giov. di M.	G S. Giov. di D.	D *2ª Miser. Dom.*	M App. S. Mich.
9	L SS. Giul. e B.	G S. Apollon. v.	M SS. Giul. e B.	V S. Apollon. v.	V S. Franc. Ro.	L S. Maria Cle.	M S. Greg. Naz.
10	M S. Gugliel. v.	V S. Scolast. V.	M S. Gugliel. v.	D *1ª di Q., Invo.*	S SS. 40 Mart.	M S. Pompeo m.	G *8ª dell'Ascen.*
11	M S. Igino pp.	S SS. Set Fond.	G S. Igino pp.	L S. Eulalia v.	D *di Pas. Iudic.*	M S. Leone I pp.	V S. Mamer. v.
12	G S. Modest. m.	D *1ª di Q., Inv.*	V S. Modest. m.	M S. Cat. de' Ri.	L S. Greg. I pp.	G S. Giulio I pp.	S SS. Nereo e C.
13	V 8ª dell' Epif.	L S. Cat. de' Ri.	S 8ª dell' Epif.	M *Temp. di pri.*	M S. Eufrasia v.	V S. Ermen. m.	D PENTECOS.
14	S S. Ilar. S. Fel.	M S. Valent. m.	D *2ª SS. N. G.*	G SS. Fau.Giov.	M S. Matil. reg.	S S. Giusti. m.	L S. Bonifa m.
15	D *SS. N. di Ges.*	M *Temp. di pri.*	L S. Paolo er.	V S. Giuliam. T.	G S. Longino	D *3ª Pat. di S.G.*	M S. Isid. ag. T.
16	L S. Marcello p.	G S. Giul. v.	M S. Marcello p.	S S. Silvino, T.	V *B. V. Addolo.*	L S. Contar. pr.	M *Temp. d'est.*
17	M S. Antonio ab	V S. Silvin.v.T.	M S. Antonio A.	D *2ª di Q., Rem.*	S S. Patrizio v.	M S. Aniceto p.	G S. Pasq. B.
18	M Cat. S. Piet. R	S S. Sim. v. T.	G Cat. S. Piet.R	L S. Corrado e.	D *delle Palme*	M S. Galdino v.	V S. Venan. T.
19	G S. Canuto re	D *2ª di Q., Rem.*	V S. Canuto re	M S. Elent. m.	L S. Giuseppe	G S. Leone IX p.	S S. Piet. C. T.
20	V S. Fab. e Seb.	L S. Elente. m.	S SS. Fab., Seb.	M S. Severia. v.	M SS. Grat. e M.	V S. Marcel. v.	D *1ª SS. Trinit.*
21	S S. Agnese v.	M S. Severia. v.	D *Settuagesima*	G Cat. S. Piet. A	M S. Benedetto	S S. Anselmo v.	L S. Felice Can.
22	D *Settuagesima*	M Cat. S. Piet. A	L SS. Vinc. e A.	V S. Pier Dam.	G *Cena del Sig.*	D *4ª Cantate*	M S. Emilio v.
23	L Spos. di M. V.	G S. Pier. Dam.	M Spos. di M. V.	S S. Mattia ap.	V *Parasceve*	L S. Giorgio m.	M S. Desider. v.
24	M S. Timoteo v.	V S. Gerardo v.	M S.Timoteo v.	D *3ª di Q., Oculi*	S *santo*	M S. Fedele Sig.	G CORPUS DO.
25	M Con. S. Paolo	S S. Mattia a p.	G Con. S. Paolo	L S. Alessan. v.	D PASQUA	M S. Marco Ev.	V S. Grego. VII
26	G S. Policar. V.	D *3ª di Q., Oculi*	V S. Policar. v.	M S. Leandro v.	L *dell'Angelo*	G SS. Cleto Mar	S S. Eleuter. p.
27	V S. Giov. Cris.	L S. Leandro v.	S S. Giov. Cr.	M S. Romano a.	M S. Giov. er.	V S. Zita v.	D *2ª d. Pentec.*
28	S S. Agnese 2 f.	M S. Romano a.	D *Sessagesima*	M S. Romano a.	M S. Giov. Cap.	S S. Vitale m.	L S. Agos. Can.
29	D *Sessagesima*	M S. Osvaldo v.	L S. Frances. S.		G S. Eustasio a.	D *5ª Rogate*	M S. Massim. v.
30	L S. Martina v.		M S.*Martina v.		V S. Giov. Clim.	L *Le Rogazioni*	M S. Felice I p.
31	M S. Pietro Nol.		M S. Pietro nol.		S S. Balbina m.		G *8ª Cor. Dom.*

	GIUGNO	LUGLIO	AGOSTO	SETTEMBRE	OTTOBRE	NOVEMBRE	DICEMBRE
1	V S. Cuor. di G.	D 7ª d. Pentec.	M S. Pietro in v.	S S. Egidio ab.	L S. Remigio v.	G OGNISSANTI	S S. Eligio v.
2	S SS. Marc. e C.	L Vis. di M. V.	G S. Alfonso L.	D 16ª d. Pentec.	M SS. Angeli C.	V Comm. Def.	D 1ª d'Avv. Ro.
3	D 3ª di Pentec. Cuore di Mar.	M S. Marzial. v.	V Inv. S. Stef.	L S. Mans. v.	M S. Callin. v.	S S. Uberto v.	L S. Franc. Sav.
4	L S. Fran. Car.	M S. Ulderico v.	S S. Dom. di G.	M S. Rosalia v.	G S. Fran. d'As.	D 25ª d. Pentec.	M S. Barb. m.
5	M S. Bonifac. v.	G SS. Ciril. e M.	D 12ª S. Mar. N	M S. Lorenzo G.	V SS. Pl. e C. m.	L S. Zaccar. pr.	M S. Sabba ab.
6	M S. Norbert. v.	V 8ª SS. Ap. P. P.	L Trasf. di G. C.	G Tras. S. Ag. C.	S S. Brunone c.	M S. Leon. P. M.	G S. Nicolò ab.
7	G S. Robert. ab.	S S. Pulcheria	M S. Gaetano T.	V S. Regina v.	D 21ª, B. V. Ros.	M S. Prosdoc. v.	V S. Ambr. v.
8	V S. Gugliel. v.	D 8ª d. Pentec.	M SS. Cir. e c. m.	S Nat. di M. V.	L S. Brigida v.	G 8ª Ognissanti	S Imm. C. M. V.
9	S SS. Pri. e Fel.	L S. Veron. G.	G S. Romano m.	D 17ª SS. N. M.	M SS. Dion. e C.	V S. Teodoro m.	D 2ª d'Avv. Ro.
10	D 4ª d. Pentec.	M SS. Sett.-fram.	V S. Lorenzo m.	L S. Nic. Tol. c.	M S. Franc. B.	S S. Andrea A v.	L S. Melch. pp.
11	L S. Barn. ap.	M S. Pio I pp.	S SS. Tib. e Sus.	M SS. Pr. e Giac.	G S. Germ.	D 26ª Pat. M. V.	M S. Dam. I pp.
12	M S. G. d. S. Fac.	G S. Giov. G.	D 13ª d. Pentec.	M S. Eulogio sag.	V S. Massimi.	L S. Mart. pp.	M S. Valer. ab.
13	M S. Ant. di P.	V S. Anacl. pp.	L S. Cass. m.	G Es. d. S. Croce	S S. Edoar. re	M S. Stanisl. K.	G S. Lucia v. m.
14	G S. Basil. M. v	S S. Bonav. d.	M S. Eusebio pr.	V 8ª d. N. M. V.	D 22ª, Mat. M. V	M S. Giocond. v.	V S. Spirid. v.
15	V SS. Vito e M.	D 9ª d. Pentec.	M Ass. di M. V.	D 18ª Dol. M. V.	L S. Teresa v.	G S. Geltrude v.	S 3ª d. Imm. C
16	S S. Gio. Fr. R.	L B. V. del Car.	G S. Giacinto c.	L Sttm. di S. Fr.	M S. Gallo ab.	V S. Edmon. v.	D 3ª d'Avv. Ro.
17	D 5ª d. Pentec.	M S. Aless. con.	V 8ª di S. Lor.	M S. Gio. Co.	M S. Edmon. v.	S S. Greg. tau.	L S. Lazzaro v.
18	L SS. Mar. e M.	M S. Camillo L.	S S. Agap. m.	M Temp. d'aut.	G S. Luca Ev.	D 27ª [Avv. A.]	M Asp. Div. P.
19	M SS. Ger. e Pr.	G S. Vinc. P.	D 14ª, S. Gioac.	G S. Eust. m.	V S. Pietro d'A.	L S. Elisabetta	M Temp. d'inv.
20	M S. Silver. pp.	V S. Margh. v.	L S. Bernar. ab.	V S. Matteo T.	S S. Giovan. C.	M S. Felice Val.	G S. Timote. m.
21	G S. Luigi G.	S S. Prassede v.	M S. Gio. di Ch.	S SS. Mau. C. Tr.	D 23ª Pur. M. V.	M Pres. di M. V.	V S. Tomm. T.
22	V S. Paolino v.	D 10ª S. Ma. M.	M 8ª Ass. M. V.	D 19ª d. Pentec.	L S. Donato v.	G S. Cecilia v.	S S. Flav. m. T.
23	S S. Lanfr. v.	L S. Apollin. v.	G S. Filippo B.	L B. V. d. Merc.	M S. Sev.-r. v.	V S. Clem. I pp.	D Vittoria v.
24	D 6ª Nat. S. Gio.	M S. Cristina v.	V S. Bartol. ap.	M S. Firmino v.	M S. Raffael. A.	S S. Gio. d. Cr.	L Vigilia
25	L S. Gugl. ab.	M S. Giac. ap.	S S. Luigi re	M SS. Cip., Gir.	G SS. Crisan. D.	D 28ª d. Pentec.	M NATALE
26	M SS. Gio. e Pa.	G S. Anna	D 15ª d. Pentec.	G SS. Cos. e D.	V S. Evar. pp.	L S. Silves. ab.	M S. Stef. prot.
27	V S. Ladisl. re	V S. Pantal. m.	L S. Gius. Cal.	V S. Venc. m.	S S. Frumenz.	M S. Giac. m.	V S. Giov. ev.
28	S S. Leone II. p.	S SS. Naz. e C.	M S. Agost. v. d.	S S. Michele A.	D 24ª, S. Sime.	M S. Giac. Marc.	S SS. Innoc. m.
29	D SS. P. e P. ap.	D 11ª d. Pentec.	M Dec. d. S. G. B.	D 20ª d. Pentec.	L S. Ermel. v.	G S. Saturn. m.	D S. Tom. C. v.
30	S Comm. S. Pa.	L SS. Abd. e Sen.	G S. Rosa da L.	L S. Volfang. v.	M S. Gerardo v.	V S. Andrea ap.	L S. Eugen. v.
31		M S. Ignazio L.	V S. Raim. N.		M S. Volfang. v.		M S. Silves. pp.

Pasqua 26 Marzo. — Calend. per gli anni: 58, 69, 80*;153, 164*, 243, 248*, 327, 338, 411, 422, 433, 495, 506, 517, 528*, 590, 601, 612* 685, 696*, 775, 780*, 859, 870, 943, 954, 965, 1027, 1038, 1049, 1060*, 1122, 1133, 1144*, 1217, 1228*, 1307, 1312*, 1391, 1402, 1475, 1486, 1497, 1559, 1570, 1581, 1595, 1606, 1617, 1690, 1758, 1769, 1780*, 1815, 1826, 1837, 1967, 1978, 1989, 2062, 2073, 2084*, 2119, 2130, 2141, 2209, ecc.

GENNAIO bis.

1	S	Circ. di G. C.
2	D	g.a di S. Stef.
3	L	8.a di S. Giov.
4	M	8.a SS. Innoc.
5	M	8.a Telest. P.
6	G	EPIFANIA
7	V	Cristoforia
8	S	8.a d. l'Epif.
9	D	f.a d. l'Epif.
10	L	S. Gugliel. v.
11	M	S. Igino pp.
12	M	S. Modest. m.
13	G	8.a dell' Epif.
14	V	S. Ilar. S. Fel.
15	S	S. Paolo er.
16	D	SS. N. di Ges.
17	L	S. Antonio ab.
18	M	Cat. S. Piet. R.
19	M	S. Canuto re
20	G	S. Fab. e Seb.
21	V	S. Agnese v.
22	S	SS. Vin. ed A.
23	D	Settuagesima
24	L	S. Timoteo v.
25	M	Con. S. Paolo
26	M	S. Policar. v.
27	G	S. Giov. Cris.
28	V	S. Agnese 2 f.
29	S	S. Franc. Sal.
30	D	Sessagesima
31	L	S. Pietro Nol.

FEBBRAIO bis.

1	M	S. Ignazio v.
2	M	Pur. di M. V.
3	G	S. Biagio v.
4	V	S. Andrea Co.
5	S	S. Agata v.
6	D	Quinquages.
7	L	S. Romualdo
8	M	S. Giov. di M.
9	M	Le Ceneri
10	G	S. Scolast. v.
11	V	SS. Set. Fond.
12	S	S. Eulalia v.
13	D	1.a di Q.- Inv.
14	L	S. Valent. m.
15	M	SS. Fau. Giov.
16	M	Temp. di pri.
17	G	S. Silvin. v.
18	V	S. Simeone v.
19	S	S. Corrad. c. T.
20	D	2.a di Q.- Rem.
21	L	S. Severia. m.
22	M	Ca. S. Piet. A
23	M	S. Pier. Dam.
24	G	S. Gerardo v.
25	V	S. Mattia ap.
26	S	S. Alessan. A.
27	D	3.a di Q. Oculi
28	L	S. Romano a.
29	M	S. Osvaldo v.

GENNAIO

1	D	Circ. di G. C.
2	L	8.a di S. Stef.
3	M	8.a di S. Giov.
4	M	8.a SS. Innoc.
5	G	S. Telesforo
6	V	EPIFANIA
7	S	Cristoforia
8	D	f.a d. l'Epif.
9	L	SS. Giu. e B.
10	M	S. Guglicl. v.
11	M	S. Igino pp.
12	G	S. Modest. m.
13	V	8.a dell' Epif.
14	S	S. Ilar. S. Fel.
15	D	2.a SS. N. d.
16	L	S. Marcello P.
17	M	S. Antonio a.
18	M	Cat. S. Piet. R
19	G	S. Canuto re
20	V	SS. Fab. Seb.
21	S	S. Agnese v.
22	D	Settuagesima
23	L	S. Spos. di M. V.
24	M	S. Timoteo v.
25	M	Con. S. Paolo
26	G	S. Policar. v.
27	V	S. Giov. Cr.
28	S	S. Agnese 2.a f.
29	D	Sessagesima
30	L	S. Martina v.
31	M	S. Pietro Nol.

FEBBRAIO

1	M	S. Ignazio v.
2	G	Puri. di M. V.
3	V	S. Biagio v.
4	S	S. Agata v.
5	D	Quinquages.
6	L	S. Tito S. Dor.
7	M	S. Romua. ab.
8	M	Le Ceneri
9	G	S. Apollon. v.
10	V	S. Scolast. v.
11	S	S. Lazzaro v.
12	D	1.a di Q.- Inv.
13	L	Cat. de' R.
14	M	S. Valent. m.
15	M	Temp. di pri.
16	G	S. Giulian. v.
17	V	S. Silvino. T.
18	S	S. Simeo. v. T.
19	D	2.a di Q.- Rem.
20	L	S. Eleut. m.
21	M	S. Severia. m.
22	M	Cat. S. Piet. A
23	G	S. Pier. Dam.
24	V	S. Mattia ap.
25	S	S. Cesario m.
26	D	3.a di Q. Oculi
27	L	S. Leandro v.
28	M	S. Romano a.

MARZO

1	M	S. Albino v.
2	G	S. Simplic. P.
3	V	S. Cunegond.
4	S	S. Casimiro
5	D	4.a di Q.- Laet.
6	L	S. Coletta v.
7	M	S. Tom. d'A.
8	M	S. Giov. di D.
9	G	S. Franc. Ro.
10	V	SS. 40 Mart.
11	S	S. Eulogio m.
12	D	di Passione
13	L	S. Eufrasia v.
14	M	S. Matil. reg.
15	M	S. Longino
16	G	S. Eriberto
17	V	S. B. V. Addolo.
18	S	S. Gabriele a.
19	D	delle Palme
20	L	SS. Grat. e M.
21	M	S. Benedetto
22	M	S. Paolo v.
23	G	Cena del Sig.
24	V	Parasceve
25	S	santo
26	D	PASQUA
27	L	dell'Angelo
28	M	S. Giov. Cap.
29	M	S. Eustasio a.
30	G	S. Giov. Clim.
31	V	S. Balbina m.

APRILE

1	S	S. Ugo v.
2	D	f.a d. P. in Alb.
3	L	ANN. di M. V.
4	M	S. Isidoro v.
5	M	S. Vinc. Ferr.
6	G	S. Sisto I pp.
7	V	S. Egisippo c.
8	S	S. Dionigi v.
9	D	2.a Miser. Dom.
10	L	S. Pompeo m.
11	M	S. Leone I pp.
12	M	S. Giulio I pp.
13	G	S. Ermen. m.
14	V	S. Giusti. m.
15	S	S. Paterno
16	D	3.a Pat. di S. G.
17	L	S. Aniceto p.
18	M	S. Galdino v.
19	M	Icone IX p.
20	G	S. Marcel. v.
21	V	S. Anselmo v.
22	S	SS. Sot. e Caio
23	D	4.a Cantate
24	L	S. Fedele Sig.
25	M	S. Marco Ev.
26	M	SS. Cleto Mar
27	G	S. Zita v.
28	V	S. Vitale m.
29	S	S. Pietro m.
30	D	5.a Rogate

MAGGIO

1	L	Le Rogazioni
2	M	S. Atan. Rog.
3	M	In v. S. C. Rog.
4	G	ASCEN. G. C.
5	V	S. Pio V pp.
6	S	S. Gio. av. p. l.
7	D	6.a d. P.- Exau.
8	L	AP.a S. Mich.
9	M	S. Greg. Naz.
10	M	S. Antonio v.
11	G	8.a dell' Ascen.
12	V	SS. Nereo e C.
13	S	S. Servazio v.
14	D	PENTECOS.
15	L	S. Isid. ag.
16	M	S. Ubaldo v.
17	M	Temp. d'est.
18	G	S. Venan. m.
19	V	S. Piet. C. T.
20	S	S. Ber. da S. T.
21	D	f.a SS. Trinit.
22	L	S. Emilio v.
23	M	S. Desider. v.
24	M	S. Donaz.
25	G	CORPUSDO.
26	V	S. Eleuter. P.
27	S	S. Mar. Ma. f.
28	D	2.a d. Pentec.
29	L	S. Massim. v.
30	M	S. Felice I P.
31	M	S. Petronil v.

GIUGNO	LUGLIO	AGOSTO	SETTEMBRE	OTTOBRE	NOVEMBRE	DICEMBRE
1 G 8ª Cor. Dom.	1 S 8ª di S. Gio. B.	1 M S. Pietro in v.	1 S S. Egidio ab.	1 D 20ª B. V. Ros.	1 M OGNISSANTI	1 V S. Eligio v.
2 V S. Cuor. di G.	2 D 7ª d. Pentec.	2 M S. Alfonso L.	2 V S. Stefano re	2 L SS. Angeli C.	2 G Comm. def.	2 S S. Bibiana v.
3 S S. Clotil. reg.	3 L S. Marzial. v.	3 G Inv. di S. Ste.	3 D 16ª d. Pentec.	3 M S. Calim. v.	3 V S. Uberto v.	3 D 1ª d'Avv. fo.
4 D 3ª d. Pentec.	4 M S. Ireneo v.	4 V S. Dom. di G.	4 L S. Rosalia v.	4 M S. Fran. d'As.	4 S S. Carlo Bor.	4 L S. Barb. m.
5 L S. Bonifac. v	5 M SS. Ciril. e M.	5 S S. Maria d. N.	5 M S. Lorenzo G.	5 G S. Plac. e C. m.	5 D 25ª d. Pentec.	5 M S. Sabba ab.
6 M S. Norbert. v.	6 G 1ª d. Pentec.	6 D 12ª d. Pentec.	6 M Tras. S. Ag. C.	6 V S. Brunone c.	6 L S. Leon. P. M.	6 M S. Nicolò ab.
7 M S. Robert. ab.	7 V S. Pulc. imp.	7 L S. Gaetano T.	7 G S. Regina v.	7 S S. Marco pp.	7 M S. Prosdoc. v.	7 G S. Ambrog. v.
8 G S. Guglielm.	8 S S. Elisab. im.	8 M SS. Cir. L. e S.	8 V Nat. di M. V.	8 D 21ª Mat. M. V.	8 M 4ª ognissanti	8 V Imm. C. M. V.
9 V SS. Pri. e Fel.	9 D 2ª d. Pentec.	9 M S. Roman. m.	9 S S. Gorgon. m.	9 L S. Dion. R. E.	9 G S. Teodoro m.	9 S S. Siro v.
10 S S. Marg. Reg.	10 L SS. Sett. fr. m.	10 G S. Lorenzo m.	10 D 17ª S. N. M.	10 M S. Franc. B.	10 V S. Andrea A.	10 D 2ª d'Avvento
11 D 4ª d. Pentec.	11 M S. Pio I pp.	11 V S. Tib. e Sus.	11 L SS. Pr. e Giac.	11 M S. Germ. v.	11 S S. Martino v.	11 L S. Dam. I pp.
12 L S. Gio. d. S. F.	12 M S. Giov. Gua.	12 S S. Chiara v.	12 M S. Guido arc.	12 G S. Massim. v.	12 D 26ª Pat. M. V.	12 M S. Valer. ab.
13 M S. Ant. di P.	13 G S. Anael. pp.	13 D 13ª d. Pentec.	13 M S. Eulogio p.	13 V S. Edoard. re	13 L S. Stanisl. K.	13 M S. Lucia v. m.
14 M S. Basil. M. v.	14 V S. Bonavent.	14 L S. Eusebio pr.	14 G Esal. d. S. Cr.	14 S S. Calisto pp.	14 M S. Giosuè t.	14 G S. Spiridione
15 G S. Vit. e M.	15 S S. Enric. imp.	15 M Ass. di M. V.	15 V Add. S. M. V.	15 D 22ª Pur. M. I.	15 M S. Gertrude	15 V S. Abbondio
16 V S. Gio. Fr. R.	16 D 3ª d. Pentec.		16 S	16 L	16 G	16 S S. Eusebio v.
17 S	17 L	17 M	17 D	17 M	17 V	17 D 3ª d'Avvento
18 D	18 M	18 G	18 L	18 M	18 S	18 L S. Sem. m.
19 L	19 M	19 V	19 M	19 G	19 D	19 M S. Nemesio
20 M S. Silver. pp.	20 G	20 S	20 M	20 V	20 L	20 M Temp. ap.
21 M S. Luigi G.	21 V	21 D	21 G	21 S	21 M Pres. di M. V.	21 G S. Tommaso
22 G S. Paolino v.	22 S	22 L	22 V	22 D	22 M S. Cecilia v.	22 V Temp. S. T.
23 V S.	23 D	23 M	23 S	23 L	23 G S. Clem. pp.	23 S Vittoria v.
24 S Nat. S. G. B.	24 L S. Cristina v.	24 M	24 D	24 M	24 V S. Gio. d. C.	24 D 4ª d. Avv. Vig.
25 D 5ª d. Pentec.	25 M S. Giac. ap.	25 G	25 L	25 M	25 S S. Caterina v.	25 L NATALE
26 L SS. Gio. e Pao.	26 M S. Anna	26 V	26 M	26 G	26 D	26 M S. Stef. prot.
27 M	27 G S. Pantal. m.	27 S	27 M	27 V	27 L	27 M S. Gio. ev.
28 M S. Leone II p.	28 V SS. Naz. e C.	28 D	28 G	28 S	28 M	28 G SS. Innocenti
29 G SS. Pie. e Pao.	29 S S. Marta v.	29 L	29 V	29 D	29 M	29 V S. Tomm. C.
30 V Com. S. Paolo	30 D 4ª d. Pentec.	30 M	30 S	30 L	30 G S. Andrea ap.	30 S S. Euge. v.

Pasqua 27 Marzo. — Calendario per gli anni: 1, 12*, 91, 96*, 175, 186, 259, 270, 281, 343, 354, 365, 376*, 438, 449, 460*, 533, 544, 623, 628*, 707, 718, 791, 802, 813, 875, 886, 897, 908*, 970, 981, 992*, 1065, 1076*, 1155, 1160*, 1239, 1250, 1323, 1334, 1345, 1407, 1418, 1429, 1440*, 1502, 1513, 1524*, 1622, 1633, 1644*, 1701, 1712*, 1785, 1796*, 1842, 1853, 1864*, 1910, 1921, 1932*, 2005, 2016*, 2157, 2168, 2214, ecc.

GENNAIO bis.	FEBBRAIO bis.	GENNAIO	FEBBRAIO	MARZO	APRILE	MAGGIO
1 V Circ. di G. C.	1 L S. Ignazio v.	1 S Circ. di G. C.	1 M S. Ignazio v.	1 M S. Albino v.	1 V S. Ugo v.	1 D 5ª, Rogate
2 S 8ª di S. Stef.	2 M Pur. di M. V.	2 D 8ª di S. Stef.	2 M Puri. di M. V.	2 M S. Simplic. p.	2 S S. Fran. di P.	2 L Le Rogazioni
3 D 8ª di S. Giov.	3 M S. Biagio v.	3 L 8ª di S. Giov.	3 G S. Biagio v.	3 G S. Cunegond.	3 D 1ª in Albis	3 M I. S.Cro.Rog.
4 L 13ª SS. Innoc.	4 G S. Andrea Co.	4 M 8ª SS. Innoc.	4 V S. Andrea Co.	4 V S. Casimiro c.	4 L ANN. di M. V.	4 M S. Mon. Rog.
5 M S. Telesf. P.	5 V S. Agata v.	5 M S. Telesf. P.	5 S S. Agata v.	5 S S. Foca m.	5 M S. Vinc. Ferr.	5 G ASCEN. G. C.
6 M EPIFANIA	6 S S. Tito v.	6 G EPIFANIA	6 D Quinquages.	6 D 4ª di Q., Laet.	6 M S. Sisto I. pp.	6 V S. Gio. a- P. l.
7 G Cristoforia	7 D Quinquages.	7 V Cristoforia	7 L S. Romu. ab	7 L S. Tom. aq.	7 G S. Esisippo c.	7 S S. Pio V. pp.
8 V S. Sever. ab.	8 L S. Giov. di M.	8 S S. Sever. ab.	8 M S. Giov. di M.	8 M S. Giov. di D.	8 V S. Dionigi v.	8 D 6ª, Exaudi
9 S SS. Giul. e C.	9 M S. Cirillo v.	9 D 1ª d. l'Epif.	9 M Le Ceneri	9 M S. Franc. R.	9 S S. Maria Cle.	9 L S. Greg. Naz.
10 D 1ª d. l'Epif.	10 M Le Ceneri	10 L S. Guglie. v.	10 G S. Scolastica	10 G SS. 40 Mart.	10 D 2ª Miser. Dom	10 M S. Anton. v.
11 L S. Igino PP.	11 G SS. Set. Fond.	11 M S. Igino PP.	11 V SS. Set. Fond.	11 V S. Eulogio m.	11 L S. Leone I pp.	11 M S. Mamer. v.
12 M S. Modest. m.	12 V S. Eulalia v.	12 M S. Modest. m.	12 S S. Eulalia v.	12 S S. Greg. I. pp.	12 M S. Giulio I pp.	12 G 8ª dell' Ascen.
13 M 8ª dell' Epif.	13 S S. Cat. d. Ric.	13 G 8ª dell' Epif.	13 D 1ª di Q. Inv.	13 D di Pas. Judic.	13 M S. Ermen. r.	13 V S. Servazio
14 G S. Ilar. S.Fel.	14 D 1ª di Q., Inv.	14 V S. Ilar. S.Fel.	14 L S. Valent. m.	14 L S. Matil. reg.	14 G S. Giusti. m.	14 S S. Bonif. m.
15 V S. Paolo er.	15 L SS. Faus. e Gio.	15 S S. Paol S.Ma.	15 M SS. Faus.e Gio.	15 M S. Longino	15 V S. Paterno v.	15 D PENTECOS.
16 S S. Marcello P.	16 M S. Giuliana v.	16 D 2ª SS. N. di G.	16 M Temp. di pri.	16 M S. Eriberto	16 S S. Contar. pr.	16 L S. Ubal. v.
17 D SS. N. di Ges.	17 M Temp. di pri.	17 L S. Marcello P.	17 G S. Silvino	17 G S. Patrizio v.	17 D 3ª Pat. di S. G.	17 M S. Pasqual. B.
18 L Cat. S. Piet.R	18 G S. Simeone v.	18 M Cat. S. Piet.R	18 V S. Simeon. T.	18 V S. B. V. Addol.	18 L S. Galdino v.	18 M Temp. d'est.
19 M S. Canuto re	19 V S. Corrad.e.T.	19 M S. Canuto re	19 S S. Corrado T.	19 S S. Giuseppe	19 M S. Leone IX p.	19 G S. Pietro Cel.
20 M SS. Fab. e Seb.	20 S S. Eleute. T.	20 G SS. Fab. e Seb.	20 D 2ª di Q., Rem.	20 D delle Palme	20 M S. Marcelin.v	20 V S. Bern. S. T.
21 G S. Agnese v.	21 D 2ª di Q. Rem.	21 V S. Agnese v.	21 L S. Severia. v.	21 L S. Bened. ab.	21 G S. Anselmo	21 S S. Fel.da.C.T.
22 V SS. Vinc. e A.	22 L Cat. S. Piet.A	22 S SS. Vinc. e A.	22 M Cat. S. Piet.A	22 M S. Paolo v.	22 V SS.Sot. e Caio	22 D 1ª, SS. Trinit.
23 S Spos. di M. V.	23 M S. Pier. Dam.	23 D Settuagesima	23 M S. Pier. Dam.	23 M S. Vittor. m.	23 S S. Giorgio m.	23 L S. Desider. v.
24 D Settuagesima	24 M S. Gerardo v.	24 L S. Timoteo v.	24 G S. Mattia ap.	24 G Cena del Sig.	24 D 4ª Cantate	24 M S. Donaz. v.
25 L Con. S. Paolo	25 G S. Mattia ap.	25 M Con. S. Paolo	25 V S. Cesario m.	25 V Parasceve	25 L S. Marco Ev.	25 M S. Greg. VII.
26 M S. Policar. v.	26 V S. Alessan. v.	26 M S. Policar. v.	26 S S. Alessan. v.	26 S santo	26 M SS. Cleto Mar.	26 G CORPUS DO.
27 M S. Giov. cris.	27 S S. Leandro v.	27 G S. Giov. Cr.	27 D 3ª di Q., Oculi	27 D PASQUA	27 V S. Zita v.	27 V S. Giovan. p.
28 G S. Agnese 2 f.	28 D 3ª di Q., Oculi	28 V S. Agnese 2 f.	28 L S. Romano a.	28 L dell' Angelo	28 G S. Vitale m.	28 S S. Agos. Can.
29 V S. Frances. S.	29 L S. Osvaldo v.	29 S S. Frances. S.		29 M S. Eustasio a.	29 V S. Pietro m.	29 D 2ª d. Pentec.
30 S S. Martina v.		30 D Sessagesima		30 M S. Giov. Clim.	30 S S. Cat. da Sie.	30 L S. Felice I. p.
31 D Sessagesima		31 L S. Pietro Nol.		31 G S. Balbina m.		31 M S. Cuore di G.

GIUGNO	LUGLIO	AGOSTO	SETTEMBRE	OTTOBRE	NOVEMBRE	DICEMBRE
1 M S. Panfilo m.	1 V 8ª di S. Gio. B.	1 L S. Pietro in v.	1 G S. Egidio ab.	1 S S. Remigio v.	1 M Ognissanti	1 G S. Eligio v.
2 G 8ª Cor. Dom.	2 S Vis. di M. V.	2 M S. Alfonso L.	2 V S. Stefano re	2 D 20ª B. V. Ros.	2 M Comm. Def.	2 V S. Bibiana v.
3 V S. Cuor. di G.	3 D 7ª d. Pentec.	3 M Inv. S. Stef.	3 S S. Mansue. v.	3 L S. Calin. v.	3 G S. Uberto v.	3 S S. Franc. Sav.
4 S S. Fran. Car.	4 L S. Ireneo v.	4 G S. Dom. di G.	4 D 16ª d. Pentec.	4 M S. Fran. d'As.	4 V S. Carlo Bor.	4 D 2ª d. Av. Ro.
5 D 3ª d. Pentec.	5 M SS. Ciril. e M.	5 V S. Maria d. N.	5 L S. Lorenzo G.	5 M S. Pl. e C. m.	5 S S. Zaccar. pr.	5 L S. Sabba ab.
Cuore di Mar.	6 M S. Pulcheria	6 S Trasf. di G. C.	6 M S. Brunone c.	6 G S. Brunone c.	6 D S. Leon. P. M.	6 M S. Nicolò ab.
6 L S. Norbert. v.	7 G S. Elisab. reg.	7 D 12ª d. Pentec.	7 M S. Regina v.	7 V S. Marco pp.	7 L S. Prosioc. v.	7 M S. Ambr. v.
7 M S. Robert. ab.	8 V S. Veron. G.	8 L SS. Cir. e c. m.	8 G Nat. di M. V.	8 S S. Brigida v.	8 M 8ª Ognissanti	8 G Imm. C. M. V.
8 M S. Gugliel. v.	9 S 8ª d. Pentec.	9 M S. Romian. m.	9 V S. Gorgon. m.	9 D 21ª M. M. V.	9 M S. Teodoro m.	9 V S. Siro v.
9 G SS. Pri. e Fel.	10 D S. Pio I pp.	10 M S. Lorenzo m.	10 S S. Nic. Tol. c.	10 L S. Franc. B.	10 G S. Andrea Av.	10 S S. Melch. pp.
10 V S. Marg. reg.	11 L S. Pio I pp.	11 G SS. Tib. e Sus.	11 D 17ª SS. N. M.	11 M S. Germ. v.	11 V S. Martino v.	11 D 3ª d. Av. Ro.
11 S S. Barn. ap.	12 M S. Gio. Gua.	12 V S. Chiara v.	12 L S. Guido sag.	12 M S. Massimil.	12 S S. Mart. pp.	12 L S. Valer. ab.
12 D 4ª d. Pentec.	13 M S. Anacl. pp.	13 S S. Cassia. m.	13 M S. Eulogio pp.	13 G S. Edoar. re	13 D 26ª d. Pent. M. v.	13 M S. Lucia v.
13 L S. G. d. s. Fac.	14 G S. Bonav. d.	14 D 13ª d. Pentec.	14 M Esa. d. S. Croce	14 V S. Calisto pp.	14 L S. Giosaf.	14 M Temp. d'inv.
14 M S. Basil. M. v.	15 V S. Enric. imp.	15 L Ass. di M. V.	15 G 8ª d. N. M. V.	15 S S. Teresa v.	15 M S. Gertrude v.	15 G 8ª d. Imm. C.
15 M SS. Vito e M.	16 S B. V. del Car.	16 M S. Giacinto c.	16 V SS. Corn. e C.	16 D 22ª Por. M. v.	16 M S. Edmon.	16 V S. Eusc. v. T.
16 G S. Gio. Fr. R.	17 D 9ª d. Pentec.	17 M 8ª di S. Lor.	17 S Stim. di S. Fr.	17 L S. Edvige r.	17 G S. Greg. tau.	17 S S. Lazz. v. T.
17 V S. Ranieri er.	18 L S. Camillo L.	18 G S. Agap. m.	18 D 18ª Dol. M. V.	18 M S. Luca Ev.	18 V D. B. ss P. P.	18 D 4ª d. Av. Ro.
18 S SS. Mar. e M.	19 M S. Vincen. P.	19 V S. Lodov. v.	19 L S. Gennar. m.	19 M S. Pietro d'A.	19 S S. Elisabetta	19 L S. Nem. m.
19 D 5ª d. Pentec.	20 M S. Margh. v.	20 S S. Bernar. ab.	20 M S. Eustac. m.	20 G S. Giovan. C.	20 D 27ª d. Pentec.	20 M S. Tinote m.
20 L S. Silver. pp.	21 G S. Prasseda v.	21 D 14ª S. Gioac.	21 M S. Temp. d'aut.	21 V SS. Orsola e C.	21 L Pres. di M. V.	21 M S. Tomm. ap.
21 M S. Luigi G.	22 V S. Maria M.	22 L Ass. M. V.	22 G S. Mau. Gm.	22 S S. Donato v.	22 M S. Cecilia v.	22 G S. Flav. m.
22 M S. Paolino v.	23 S S. Apollin. v.	23 M S. Filip. Ben.	23 V S. Lino pp. T.	23 D 23ª d. Pentec.	23 M S. Clem. I p.	23 V S. Vittoria v.
23 G S. Lant. v.	24 D 10ª d. Pentec.	24 M S. Bartol. ab.	24 S B. V. d. M. T.	24 L S. Raffael. A.	24 G S. Gio. d. Cr.	24 S Vigilia
24 V Nat. S. Gio. B.	25 L S. Giac. ap.	25 G S. Luigi re	25 D 19ª d. Pentec.	25 M S. Crisan. B.	25 V S. Cater. v.	25 D NATALE
25 S S. Gugl. ab.	26 M S. Anna	26 V S. Ales. m.	26 L SS. Cip. e Giu.	26 M S. Evar. pp.	26 S S. Silves. ab.	26 L S. Stef. prot.
26 D 6ª d. Pentec.	27 M S. Pantal. m.	27 S S. Giuz. Cal.	27 M SS. Cos. e D.	27 G S. Frumenz.	27 D 28ª d. Pentec.	27 M S. Giov. ev.
27 L S. Ladisl. re	28 G S. Nazar. C.	28 D 15ª d. Pentec.	28 M S. Venc. m.	28 V SS. Sim. e G.	28 L S. Giac. Marc.	28 M SS. Innoc. m.
28 M S. Leone II. p.	29 V S. Marta v.	29 L Dec. d. S. G. B.	29 G S. Michele A.	29 S S. Ferm. v.	29 M S. Saturn. m.	29 G S. Tom. C. v.
29 M SS. P. e P. ap.	30 S S. Abdl. Sen.	30 M S. Rosa da L.	30 V S. Girol. d.	30 D 24ª d. Pentec.	30 M S. Andrea ap.	30 V S. Eugen. v.
30 G Comm. S. Pa.	31 D 11ª d. Pentec.	31 M S. Raim. N.		31 L S. Volfang. v.		31 S S. Silves. pp.

Pasqua 28 Marzo. — Anni: 23, 28*, 34, 107, 118, 129, 191, 202, 213, 224*, 275, 286, 297, 308*, 370, 381, 392*, 465, 471, 476*, 555, 560*, 566, 639, 650, 661, 723, 734, 745, 756*, 807, 818, 829, 840*, 902, 913, 924*, 997, 1003, 1008*, 1087, 1092*, 1098, 1171, 1182, 1193, 1255, 1266, 1277, 1288*, 1339, 1350, 1361, 1372*, 1434, 1445, 1456*, 1529, 1535, 1540*, 1655, 1660*, 1717, 1723, 1728*, 1869, 1875, 1880*, 1937, 1948*, 2027, ecc.

GENNAIO bis.	FEBBRAIO bis	GENNAIO	FEBBRAIO	MARZO	APRILE	MAGGIO

GIUGNO	LUGLIO	AGOSTO	SETTEMBRE	OTTOBRE	NOVEMBRE	DICEMBRE
1 M S. Paufl. o m.	1 G g.ª di S. Gio. B.	1 D 1ª d. Pentec.	1 M S. Egidio ab.	1 V S. Remigio v.	1 L og. NISSANTI	1 M S. Eligio v.
2 M SS. Marc. e C.	2 V Vis. di M. V.	2 L S. Alfonso L.	2 G S. Stefano re	2 S SS. Angeli C.	2 M Comm. Def.	2 M S. Bibiana v.
3 G 8ª Cor. Dom.	3 S S. Marzial. v.	3 M Inv. di S. Ste.	3 V S. Mans. v.	3 D SS. B.V. Ros.	3 M S. Uberto v.	3 V S. Frances. Sa.
4 V S. Cuor. di G.	4 D 7ª d. Pentec.	4 M S. Dom. di G.	4 S S. Rosalia v.	4 L S. Fran. d'A.	4 G S. Carlo Bor.	4 S S. Barb. m.
5 S S. Bonifac. v	5 L SS. Ciril. e M.	5 M S. Mariad. N.	5 D 16ª d. Pentec.	5 M S. Pl. e C. m.	5 V S. Zacaria pr.	5 D S. Nicolò ab.
6 D 3ª d. Pentec.	6 M SS. A. P. P.	6 G S. Trasf. di G.	6 L S. Fra. S. SSC	6 M S. Bruno c.	6 S S. Leon. P. M.	6 L S. Nicolò ab.
Cuor. di Mar.	7 M S. Pulc. imp.	7 V S. Gaetano T.	7 M S. Regina v.	7 G S. Marco pp.	7 D S. Prot c.	7 M S. Ambrog. v.
7 L S. Robert. ab.	8 G S. Elisab. im.	8 S 12ª d. Pentec.	8 M Nat. di M. V.	8 V S. Brigida v.	8 L 4 consacrati	8 M Imm. C. M. V.
8 M S. Gugliel.	9 V S. Veron. te.	9 D 13ª d. Pentec.	9 G S. Gorgon. m.	9 S S. Dion. R.E.	9 M S. Teodoro m.	
9 M SS. Pri. e Fel.	10 S SS. Sett. fr. m.	10 L S. Lorenzo m.	10 V S. Nic. Tol. c.	10 D 20ª d. M. P.	10 M S. Andrea A.	
10 G S. Marg. Reg.	11 D 8ª d. Pentec.	11 M SS. Tib. e Sus.	11 S SS. Pr. e Giac.	11 L S. Germ. v.	11 V S. Mart. pp.	
11 V S. Barn. ap.	12 L S. Giov. Gual.	12 M S. Chiara v.	12 D N. N. M.		12 S S. Mart. pp.	
12 S S. Gio. d. S. F.	13 M S. Anacl. pp.					
13 D 4ª d. Pentec.	14 M S. Bonav. cit.					
14 L S. Basil. M.						
15 M S. Vit. e M.						
16 M S. Gio. Fr. R.						
17 G S. Raineri c.						
18 V S. Mar. e M.						
19 S S. Gerv. e P.						
20 D 5ª d. Pentec.						
21 L S. Luigi g.						
22 M S. Paolino v.						
23 M S. Laur. v.						
24 G Nat. S. G. b.						
25 V S. Gugl. c.						
29 M SS. Pie. e Pa.						
30 M Com. S. P.						

Pasqua 29 Marzo. — Calend. per gli anni: 39, 50, 61, 123, 134, 145, 156*, 218, 229, 240*, 313, 324*, 403, 408*, 487, 498, 571, 582, 593, 655, 666, 677, 688*, 750, 761, 772*, 845, 856*, 935, 940*, 1019, 1030, 1103, 1114, 1125, 1187, 1198, 1209, 1220*, 1282, 1293, 1304*, 1377, 1388*, 1467, 1472*, 1551, 1562, 1587, 1592*, 1671, 1682, 1739, 1750, 1807, 1812*, 1891, 1959, 1964*, 1970, 2043, 2054, 2065, 2111, 2116*, 2122, ecc.

GENNAIO bis.	FEBBRAIO bis.	GENNAIO	FEBBRAIO	MARZO	APRILE	MAGGIO
1 M Circ. di G. C.	1 S S. Ignazio v.	1 G Circ. di G. C.	1 D Sessagesima	1 D 3ª di Q., Ocali	1 M S. Ugo v.	1 V SS. Fil. e G. a
2 G 8ª di S. Stef	2 D Sessagesima	2 V 8ª di S. Stef.	2 L Puri. di M. V.	2 L S. Simplic. p.	2 G S. Fran. di P.	2 S S. Atanas. v.
3 V 8ª di S. Giov.	3 L Pur. di M. V.	3 S 8ª di S. Giov.	3 M S. Biagio v.	3 M S. Cunegond.	3 V S. Pancra v.	3 D 3ª Rogate
4 S 8ª SS. Innoc.	4 M S. Andrea Co.	4 D 8ª SS. Innoc.	4 M S. Andrea Co.	4 M S. Casimiro c.	4 S S. Isidoro v.	4 L 3ª, le Rogazioni
5 D S. Telesf. P.	5 M S. Agata v.	5 L S. Telesf. P.	5 G S. Agata v.	5 G S. Foca m.	5 D 1ª, in Albis	5 M S. Pio V. Rog.
6 L EPIFANIA	6 G S. Tito v.	6 M EPIFANIA	6 V S. Tito S. Dor.	6 V S. Coletta v.	6 L ANN. di M. V.	6 M S. Gio. a. Por.
7 M Cristoforia	7 V S. Romualdo	7 M Cristoforia	7 S S. Romua. ab	7 S S. Tom. d'Aq.	7 M S. Egisippo c.	7 G ASCEN. G. C
8 M S. Sever. ab.	8 S S. Giov. di M.	8 G S. Sever. ab.	8 D Quinquages.	8 D 4ª di Q., Lael.	8 M S. Dionigi v.	8 V App. S. Mich.
9 G SS. Giul. e C.	9 D Quinquages.	9 V SS. Giul. e B.	9 L S. Apollon.	9 L S. Franc. R.	9 G S. Maria Cle.	9 S S. Greg. Naz.
10 V S. Gugliel. v.	10 L S. Scolast. v.	10 S S. Gugliel. v.	10 M S. Scolastica	10 M SS. 40 Mart.	10 V S. Pompeo m.	10 D 6ª, Exaudi
11 S Igino pp.	11 M SS. Set. Fond.	11 D 1ª d. l'Epif.	11 M Le Ceneri	11 M S. Eulogio m.	11 S S. Leone I pp.	11 L S. Mamer. v.
12 D 1ª d. l'Epif.	12 M Le Ceneri	12 L S. Modest. m.	12 G S. Eulalia v.	12 G S. Greg.I. pp.	12 D 2ª Miser. Dom	12 M S. Nereo e C.
13 L 8ª dell' Epif.	13 G S. Cat. d. Ric.	13 M 8ª dell' Epif.	13 V S. Cat. de' Ri.	13 V S. Eufrasia v.	13 L S. Ermen. r.	13 M S. Servazio
14 M S. Ilar. S. Fel.	14 V S. Valent. m.	14 M S. Ilar. S Fel.	14 S S. Valent. m.	14 S S. Matil. reg.	14 M S. Giusti. m.	14 G 8ª dell'Ascen.
15 M S. Paolo er.	15 S SS. Fan. e G.	15 G S. Paolo er.	15 D 1ª di Q., Inv.	15 D di Pas. Judic.	15 M S. Paterno v.	15 V S. Isid. ag.
16 G S. Marcello p.	16 D 1ª di Q., Inv.	16 V S. Marcello p.	16 L S. Giulian. v.	16 L S. Eriberto	16 G S. Contar. pr.	16 S S. Ubaldo v.
17 V S. Antonio ab	17 L S. Silvin. v.	17 S S. Antonio ab	17 M S. Silvino m.	17 M S. Patrizio v.	17 V S. Aniceto p.	17 D PENTECOS.
18 S Cat. S. Piet.R	18 M S. Simeone v.	18 D 2ª, SS. N. di G.	18 M S. Gabriele a.	18 M S. Gabriele a.	18 S S. Galdino v.	18 L S. Venan. m.
19 D SS. N. di Ges.	19 M Temp. di pri.	19 L S. Canuto re	19 G S. Corrado c.	19 G S. Giuseppe	19 D 3ª, Pat. di S.G.	19 M S. Pietro Cel.
20 L S. Fab. e Seb.	20 G S. Eleuterio v.	20 M SS. Fab., Seb.	20 V S. Eleut.m.T.	20 V B. V. Addol.	20 L S. Marcelin.v	20 M Temp. d'est.
21 M S. Agnese v.	21 V S. Sever.v. T.	21 M S. Agnese v.	21 S S. Sever. T.	21 S S. Beneˆl. ab.	21 M S. Anselmo v.	21 G S. Feˆl. da C.
22 M S. Vinc. e A.	22 S Cat. S. P. A.T.	22 G SS. Vinc. e A.	22 D 2ª di Q., Rem.	22 D delle Palme	22 M SS. Sot. e Caio	22 V S. Emilio T.
23 G Spos. di M. V.	23 D 2ª di Q. Rem.	23 V Spos. di M. V.	23 L S. Pier. Dam.	23 L S. Vittor. m.	23 G S. Giorgio m.	23 S S. Deside. T.
24 V S. Timoteo v.	24 L S. Gerardo v.	24 S S. Timoteo v.	24 M S. Mattia ap.	24 M S. Simione m.	24 V S. Fedele Sig.	24 D 1ª, SS. Trinit.
25 S Con. S. Paolo	25 M S. Mattia ap.	25 D Settuagesima	25 M S. Cesario m.	25 M S. Quirino m.	25 S S. Marco Ev.	25 L S. Greg. VII.
26 D Settuagesima	26 M S. Alessan. v.	26 L S. Policar. v.	26 G S. Alessan. v.	26 G Cena del Sig.	26 D 4ª, Cantate	26 M S. Eleuter. P.
27 L S. Giov. crls.	27 G S. Leandro v.	27 M S. Giov. Cr.	27 V S. Leandro v.	27 V Parasceve	27 L S. Zita v.	27 M S. Mar. M.P.
28 M S. Agnese 2 f.	28 V S. Romano a.	28 M S. Agnese 2 f.	28 S S. Romano a.	28 S santo	28 M S. Vitale m.	28 G CORPUS DO.
29 M S. Frances. S.	29 S S. Osvaldo v.	29 G S. Frances. S.		29 D PASQUA	29 M S. Pietro m.	29 V S. Massim. v.
30 G S. Martina v.		30 V S. Martina v.		30 L dell'Angelo	30 G S. Cat. da Sie.	30 S S. Felice I. p.
31 V S. Pietro Nol.		31 S S. Pietro Nol.		31 M S. Balbina m.		31 D 2ª d. Pentec.

GIUGNO	LUGLIO	AGOSTO	SETTEMBRE	OTTOBRE	NOVEMBRE	DICEMBRE
1 L S. Pantilo m.	1 M S. di S. Gio. B.	1 S S. Pietro in v.	1 M S. Egidio ab.	1 G S. Remig. v.	1 OGNISSANTI	1 M S. Eligio v.
2 M SS. Marc. e C.	2 G Vis. di M. V.	2 D 11ª d. Pent.	2 M S. Stefano re	2 S SS. Angeli c.	2 L Comm. Def.	2 M S. Bibiana v.
3 M S. Clotil. reg.	3 V S. Marzial. v.	3 L Inv. di S. Ste.	3 G S. Mans. v.	3 D S. Calimer. v.	3 M S. Uberto v.	3 G S. Franc. Sav.
4 G S. Cor. Dom.	4 S S. Ireneo v.	4 M S. Domin. di G.	4 V S. Rosalia v.	4 L S. Fr. d'Assisi	4 M S. Carlo Bor.	4 V S. Barb. m.
5 V S. Cuor. di Gi.	5 D 7ª d. Pent.	5 M S. Marin. N.	5 S S. Lorenzo Gi.	5 M S. Pla. C. m.	5 G S. Zaccar. pr.	5 S S. Sabba ab.
6 S S. Norbert. v.	6 L SS. SS. P. P.	6 G Trasf. di G. C.	6 D 12ª d. Pent.	6 M S. Brunone c.	6 V S. Leon. P. M.	6 D 2ª d'Avvento
7 D 3ª d. Pente.	7 M S. Pale. imp.	7 V S. Gaetano T.	7 L S. Regina v.	7 G S. Marco pp.	7 S S. Prosdoc. v.	7 L S. Ambrog. v.
8 L S. Cuor. di Mar.	8 M S. Elisab. im.	8 S S. Ciriaco m.	8 M Nat. di M. V.	8 V S. Brigida	8 D 24ª d. M. V.	8 M Imm. C. M. V.
9 M S. Giuglel. v.	9 G S. Veron. G.	9 D 12ª d. Pent.	9 M S. Gorgon. m.	9 S S. Dion. v.		9 M S. Siro v.
10 M SS. Prisc. Fel.	10 V SS. Settefrat.	10 L S. Lorenzo m.	10 G S. Nic. Tolen.	10 D S. Franc. Bor.		10 G S. Melch. pp.
11 G S. Marg. Reg.	11 S S. Pio I. pp.	11 M S. Tibur. m.	11 V SS. Prot. e Gio.	11 L S. Mat. M. V.		11 V S. Dam. I pp.
12 V S. Barn. ap.	12 D S. Anac. pp.	12 M S. Chiara v.	12 S S. Nome di M.	12 M S. Edoard. re		12 S S. Spiridione

Pasqua 30 Marzo. — Calend. per gli anni: 55, 66, 77, 88*, 150, 161, 172*, 245, 256*, 335, 310*, 419, 430, 503, 514, 525, 587, 598, 609, 620*, 682, 693, 704*, 777, 788*, 867, 872*, 951, 962, 1035, 1046, 1057, 1119, 1130, 1141, 1152*, 1214, 1225, 1236*, 1309, 1320*, 1399, 1401*, 1483, 1494, 1567, 1578, 1603, 1614, 1625, 1687, 1698, 1755, 1766, 1777, 1823, 1834, 1902, 1975, 1986, 1997, 2059, 2070, 2081, 2092*, ecc.

GENNAIO bis.	FEBBRAIO bis.	GENNAIO	FEBBRAIO	MARZO	APRILE	MAGGIO
			1 S. Ignazio v.	1 S. Albino v.	1 S. Ugo v.	1 G SS. Fil. e G. a.
					2 S. Fran. di P.	2 V S. Atanas. v.
					3 S. Pancra v.	3 S Inv. di S. Cro.
						4 D *S. Renato*
						5 L *Le Rogazioni*
						6 M S. Gio. a. Por. lat.
						7 M S. Stani. Rat.
						8 G ASCENZ. G. C.
						9 V S. Greg. Naz.
						10 S S. Antonio v.
						11 D S. Evardi
						12 L SS. Nereo e C.
						13 M S. Servazio v.
						14 M S. Bonif. m.
						15 G S. ... Ascen.
						16 V S. Ubaldo v.
						17 S S. Pasqual. B.
						18 D PENTECOS.
						19 L S. Pietro Cel.
						20 M S. Ber. da S.
						21 M *Temp. d'est.*
						22 G S. Emilio
						23 V S. Deside. T.
						24 S S. Donaz. v. T
						25 D S. Greg. VII.
						26 L S. Eleuter. p.
						27 M S. Mar. M. P.
						28 M S. Agos. Can.
						29 G CORPUS DO.
						30 V S. Felice I. p.
						31 S S. Petronil. v.

GIUGNO	LUGLIO	AGOSTO	SETTEMBRE	OTTOBRE	NOVEMBRE	DICEMBRE
1 D 2ª d. Pentec.	1 M ssa di S. Gio. B.	1 V s. Pietro in v.	1 L s. Egidio ab.	1 M s. Remigio v.	1 Z. OGNISSANTI	1 L s. Eligio v.
2 L ss. Marc. e C.	2 M Vis. di M. V.	2 S s. Alfonso L.	2 M s. Stefano re	2 G ss. Angeli C.	2 D 23ª d. Pentec.	2 M s. Bibiana v.
3 M s. Clotil. reg.	3 G s. Marzial. v.	3 D 11ª d. Pentec.	3 M s. Calim. v.	3 V s. Canm. bef.	3 L Comm. def.	3 M s. Franc. Sav.
4 M s. Fran. Car.	4 V s. Ireneo v.	4 L s. Dom. di G.	4 G s. Franc. d'As.	4 S s. Franc. d'As.	4 M s. Carlo Bor.	4 G s. Barb. m.
5 G s.a Cor. Dom.	5 S s. Ciril. e M.	5 M s. Maria d. N.	5 V s. Lorenzo G.	5 D 21ª d. Z. Ros.	5 M s. Zaccar. pr.	5 V s. Sabba ab.
6 V s. Norbert. v.	6 D 7ª d. Pentec.	6 M Tras-f di G.	6 S s. Pios. S. Al. C.	6 L s. Bruno c.	6 G s. Leon. P. M.	6 S s. Nicolo ab.
7 D 3ª d. Pentec.	7 L s. Pulcheria	7 G s. Gaetano T.	7 D 16ª d. Pentec.	7 M s. Marco pp.	7 V s. Prosdoc v.	7 D 2ª d. Avv. Ba.
8 L Cuore di Mar.	8 M s. Elisab. re.	8 V ss. Ciriac. m.	8 L Nat. di M. V.	8 M s. Brigida V.	8 S ss. quattro sauti	8 L Imm. C. M. V.
9 M ss. Pri. e Fel.	9 M s. Verou. Gi.	9 S s. Romau. m.	9 M s. Gorgonia	9 G s. Dion. R. L.	9 D 24ª d. Pentec.	9 M s. Siro v.
10 M s. Marg. reg.	10 G ss. Sette frat.	10 D 12ª d. Pentec.	10 M s. Tol.	10 V s. Frane. B.	10 L s. Andrea Av.	10 M s. Melch. pp.
11 G Barn. ap.	11 V s. Pio I pp.	11 L s. Tib. e Sus.	11 G ss. Prot. e G.	11 S s.	11 M s. Martino v.	11 G s. Dam. I. pp.
12 V ss. Gio. d. F.	12 S s. Gio. Gual.	12 M s. Chiara v.	12 V s. Guido	12 D	12 M s. Mart. pp.	12 V s. Valer. ab.
13 S s. Auto. d. P.	13 D	13 M s. Ippol. m.	13 S s.	13 L	13 G s. Staur. k.	13 S s. Lucia v.
14 D 4ª d. Pentec.	14 L s. Bonav. d.	14 G s. Eusebio c.	14 D	14 M	14 V s.	14 D 3ª d. Avv. Ba.
15 M s. Basil. M.	15 M	15 V	15 L	15 M	15 S	15 L

Pasqua 31 Marzo. — Anni: 82, 93, 104*, 177, 183, 188*, 267, 272*, 278, 351, 362, 373, 435, 446, 457, 468*, 519, 530, 541, 552*, 614, 625, 636*, 709, 715, 720*, 799, 804*, 810, 883, 894, 905, 967, 978, 989, 1000*, 1051, 1062, 1073, 1084*, 1146, 1157, 1168*, 1241, 1247, 1252*, 1331, 336*, 1342, 1415, 1426, 1437, 1499, 1510, 1521, 1532*, 1619, 1630, 1641, 1652*, 1709, 1720*, 1771, 1782, 1793, 1839, 1850, 1861, 1872*, 1907, 918, 1929, 1991, 2002, 2013, 2024*, 2086, 2097, 2143, 2154, 2165, 2176, ecc.

GENNAIO bis.	FEBBRAIO bis.	GENNAIO	FEBBRAIO	MARZO	APRILE	MAGGIO
1 L Circ. di G. C.	1 G S. Ignazio v.	1 M Circ. di G. C.	1 V S. Ignazio v.	1 V S. Albino v.	1 L dell'Angelo	1 M SS. Fil. e G. a.
2 M 8ª di S. Stef.	2 V Pur. di M. V.	2 M 8ª di S. Stef.	2 S Puri. di M. V.	2 S S. Simplic. p.	2 M S. Fran. di P.	2 G S. Atanas.
3 Mg di S. Giov.	3 S S. Biagio v.	3 G 8ª di S. Giov.	3 D Sessagesima	3 D 3ª di Q... Oculi	3 M S. Pancra. v.	3 V Inv. di S. Cro
4 G 8ª SS. Innoc.	4 D Sessagesima	4 V 8ª SS. Innoc.	4 L S. Andrea Co.	4 L S. Casimiro c.	4 G S. Isidoro v.	4 S S. Mon. ved.
5 V 8ª S. Telesf. P.	5 L S. Agata v.	5 S S. Telesforo	5 M S. Agata v.	5 M S. Foca m.	5 V S. Vinc. Ferr.	5 D 5ª Rogate
6 S EPIFANIA	6 M S. Tito S. Dor.	6 D EPIFANIA	6 M S. Tito S. Dor.	6 M S. Coletta v.	6 S SS. Sisto I. pp.	6 L Le Rogazioni
7 D 1ª d. l'Epif.	7 M S. Romualdo	7 L 1ª d. l'Epif.	7 G S. Romu. a)	7 G S. Tom. d'Aq.	7 D 1ª d. l. Pa.	7 M S. Stan. Rog.
8 L S. Sever. ab.	8 G S. Giov. di M.	8 M S. Sever. ab.	8 V S. Giov. di M.	8 V S. Giov. di D.	8 L S. Dionigi v.	8 M Ap. S.M. Rog.
9 M SS. Giul. e C.	9 V S. Cirillo v.	9 M SS. Giul. e B.	9 S S. Apollon v.	9 S S. Franc. Ro.	9 M S. Maria Cle.	9 G ASCEN. G.C.
10 M S. Guglel. v.	10 S S. Scolast. v.	10 G S. Gugliel. v.	10 D Quinquages.	10 D 4ª di Q... Laet.	10 M S. Pompeo m.	10 V S. Antonio v.
11 G S. Barn. ap.	11 D Quinquages.	11 V S. Igino pp.	11 L S. Lazzaro v.	11 L S. Eulogio m.	11 G S. Leone I pp.	11 S S. Mamer. v.
12 V S. Modest m.	12 L S. Eulalia v.	12 S S. Modesto m.	12 M Le Ceneri	12 M S. Greg. I pp.	12 V S. Giulio I pp.	12 D 6ª d. P... Exau.
13 S 8ª N. di Ges.	13 M S. Cat. d. Ric.	13 D 1ª d. l'Epif.	13 M di Q... Ric.	13 M S. Eufrasia v.	13 S S. Ermen. m.	13 L S. Servaziov.
14 D S. Paolo er.	14 M Le Ceneri	14 L S. Ilar. S. Fel.	14 G S. Valent. m.	14 G S. Matil. reg.	14 D 2ª Miser. Don	14 M S. Bonif. m.
15 L S. Marcello p.	15 G SS. Faus. e G.	15 M S. Paol. S. Ma.	15 V SS. Fau. e Gio.	15 V S. Longino m.	15 L S. Paterno v.	15 M S. Isid. ag.
16 M S. Antonio ab	16 V S. Giuliana v.	16 M S. Marcello p.	16 S S. Giulian. v.	16 S S. Eriberto	16 M S. Contar. pr.	16 G 8ª dell'Ascea.
17 M Cat. S. Piet. R	17 S S. Silvin. v.	17 G S. Antonio ab	17 D 1ª di Q... Inv.	17 D di Pas. India.	17 M S. Aniceto P.	17 V S. Pasqual B.
18 G Cat. S. Piet. R	18 D 1ª di Q... Inv.	18 V Cat. S. Piet. R	18 L S. Simeo. v.	18 L S. Gabriele a.	18 G S. Galdino v.	18 S S. Venan. m.
19 V S. Canuto re	19 L S. Corrad. c.	19 S S. Canuto re	19 M S. Corrado re	19 M S. Giuseppe	19 V S. Leone IX P.	19 D PENTECOS.
20 S SS. Fab. e Seb.	20 M S. Elente. m.	20 D 2ª SS. N. G.	20 M Temp. di pri.	20 M SS. Grat. e M.	20 S S. Marcel. v.	20 L S. Berda S.
21 D 3ª S. Agnese	21 M Temp. di pri.	21 L S. Agnese v.	21 G S. Severio	21 G S. Benci. ab.	21 D 3ª Pat. di S. G.	21 M S. Felice C.
22 L SS. Vin. ed A.	22 G Cat. S. Piet.A.	22 M SS. Vinc. e A.	22 V Cat. S. P. A. T.	22 V B. V. Addolo.	22 L SS. Sot. e Caio	22 M S. Bmil. v. T.
23 M Spos. di M. V.	23 V S. Pier Da. T.	23 M Spos. di M. V.	23 S S. Pier D. T.	23 S S. Vittorino	23 M S. Giorgio m.	23 G Temp. d'est.
24 M S. Timoteo v.	24 S S. Gerar. v. T.	24 G S. Timoteo v.	24 D 2ª di Q... Rem.	24 D delle Palme	24 M S. Fedele Sig.	24 V S. Don. v. T.
25 G Con. S. Paolo	25 D 2ª di Q... Rem.	25 V Con. S. Paolo	25 L S. Cesariom.	25 L ANN. di M. V.	25 G S. Marco Ev.	25 S S. Gre. VII. T.
26 V S. Policar.	26 L S. Alessan. v.	26 S S. Policar. v.	26 M S. Alessan. v.	26 M S. Teodoro v.	26 V SS. Cleto Mar	26 D 1ª SS. Trinit.
27 S S. Giov. Cris.	27 M S. Leandro v.	27 D Settuagesima	27 M S. Leandro v.	27 M S. Giov. Dam.	27 S S. Zita v.	27 L S. Giov. P.
28 D Settuagesima	28 M S. Romano a.	28 L S. Agnes. 2ª f.	28 G S. Romano a.	28 G Cena del Sig.	28 D 4ª Cantate	28 M S. Agos. Can.
29 L S. Franc. Sal.	29 G S. Osvaldo v.	29 M S. Frances. S.		29 V Parasceve	29 L S. Pietro m.	29 M S. Massim. v.
30 M S. Martina v.		30 M S. Martina v.		30 S santo	30 M S. Cat. da Sie.	30 G CORPUS DO.
31 M S. Pietro Nol.		31 G S. Pietro Nol.		31 D PASQUA		31 V S. Petroni.V.

GIUGNO	LEGLIO	AGOSTO	SETTEMBRE	OTTOBRE	NOVEMBRE	DICEMBRE
1 S. Panfilo m.	1 1ª d. S. Gio. B.	1 G S. Pietro in v.	1 D 15ª d. Pentec.	1 M S. Remigio v.	1 V OGNISSANTI	1 D Dfª d'Avv. Ro.
2 D 2ª d. Pentec.	2 M Vis. di M. V.	2 S. Alfonso L.	2 L S. Stefano re	2 M S. Angeli C.	2 S Comm. Def.	2 L S. Bibiana v.
3 L S. Clotil. reg.	3 M S. Marzial v.	3 Inv. di S. Ste.	3 M S. Maus. v.	3 S. Calimer. v.	3 D 25ª d. Pentec.	3 M S. Franc. Sav.
4 M S. Fran. Car.	4 G S. Irenco v.	4 D 11ª d. Pentec.	4 M S. Rosalia v.	4 S. Fran. d'A.	4 S. Carlo Bor.	4 S. Barb. m.
5 M S. Bonifac. v.	5 S. SS. Civil. e M.	5 L S. Maria d. N.	5 G S. Lorenzo G.	5 S. Plac. e m.	5 M S. Zaccar. pr.	5 S. Sabba ab.
6 G Vis. Cor. dom.	6 S. SS. A. P. P.	6 M Trasf. di G.C.	6 Tras. S. Agc.	6 S. 20ª B. B. Ros.	6 M S. Leon. P. M.	6 S. Nicolò v.
7 V S. di Cuor. G.	7 L 7ª d. Pentec.	7 M S. Gaetano T.	7 M S. Regina v.	7 L S. Marco pp.	7 S. Prosdoc. v.	7 S. Ambrog. v.
8 S. S. Guglicl. v.	8 M S. Elisab. im.	8 G S. Cir. C. m.	8 Nat. di M. V.	8 M S. Brigida v.	8 G S. Ognissanti	8 D Imm. C. M. V.
9 D 3ª d. Pentec.	9 M S. Veron. G.	9 V S. Roman. m.	9 S. Gorgon. m.	9 M S. Dion. R. D.	9 S. Teodoro m.	9 S. Siro v.
10 L S. Marg. Reg.	10 M S. Sett. t. m.	10 S. Lorenzo m.	10 M Nic. Tol. v.	10 S. Fran. Bor.	10 S. A. Pot. M. V.	10 M S. Melch. pp.
11 M S. Barn. ap.	11 G S. Pio I pp.	11 D 12ª d. Pentec.	11 M S. Pr. e Giac.	11 V S. Germ. v.	11 S. Martino v.	11 M S. Dam. I pp.
12 M S. Gio. d. S. F.	12 V S. Gio. Gual.	12 L S. Chiara v.	12 Nom. di M.	12 S. Massimo v.	12 M S. Mart. pp.	12 S. Valeriu ab.
13 G S. Ant. di Pad.	13 S. Anacl. pp.	13 M S. Cassiano m.	13 S. Lineto pp.	13 D 18ª d. Pentec.	13 M S. Stani. K.	13 S. Lucia v.
14 V S. Basil. M. v.	14 D 8ª d. Pentec.	14 M S. Eusebio p.	14 Esalt. S. C.	14 S. Callisto pp.	14 G S. Giosafat.	14 S. Spiridione v.
15 S. S. Vit. e M.	15 L S. B. V. del Car.	15 G Assunz. M. V.	15 S. 16ª d. S. Pen.	15 S. Teresa v.	15 S. Gertrud. v.	15 S. Eusebio v.

Pasqua 1 Aprile — Anni: 36*, 115, 120*, 199, 210, 283, 294, 305, 367, 378, 389, 400*, 462, 473, 484*, 557, 568*, 647, 652*, 731, 742, 815, 826, 837, 899, 910, 921, 932*, 994, 1005, 1016*, 1089, 1100*, 1179, 1184*, 1263, 1274, 1347, 1358 1369, 1431, 1442, 1453, 1464*, 1526, 1537, 1548*, 1581*, 1646, 1657, 1668*, 1714, 1725, 1736*, 1804*, 1866, 1877, 1888*, 1923, 1934, 1945, 1956*, 2018, 2029, 2040*, 2108, 2170, 2181, 2192 ecc.

GENNAIO bis.	FEBBRAIO bis.	GENNAIO	FEBBRAIO	MARZO	APRILE	MAGGIO
1 D Circ. di G. C.	1 M S. Ignazio v.	1 L Circ. di G. C.	1 G S. Ignazio v.	1 G S. Albino v.	1 D PASQUA	1 M SS. Fil. e G. a.
2 L p di S. Stef.	2 G Pur. di M. V.	2 M 8ª di S. Stef.	2 V Purif. di M. V.	2 V S. Simplic. P.	2 L dell'Angelo	2 M S. Atanas.
3 M di S. Giov.	3 V S. Biagio v.	3 M 8ª di S. Giov.	3 S S. Biagio v.	3 S S. Cuneg. im.	3 M S. Pancra. v.	3 G Inv. di S. Cro
4 G 8ª SS. Innoc.	4 S S. Andrea C.	4 G 8ª SS. Innoc.	4 D Sessagesima	4 D 3ª di Q. Oculi	4 M S. Isidoro v.	4 V S. Mon. ved.
5 V S. Telesf. p.	5 D Sessagesima	5 V S. Telesforo	5 L S. Agata v.	5 L S. Foca m.	5 G S. Vinc. Ferr.	5 S S. Pio V pp.
6 S EPIFANIA	6 L S. Tito v.	6 S EPIFANIA	6 M S. Tito S. Dor.	6 M S. Coletta v.	6 V S. Sisto I. pp.	6 D 5ª. Rogate
7 S Cristoforia	7 M S. Romualdo	7 D 1ª d. l'Epif.	7 M S. Romua. ab	7 M S. Tom. d'Aq.	7 S S. Egesippoc.	7 L Le Rogazioni
8 D 1ª d. l'Epif.	8 M S. Giov. di M	8 L S. Sever. ab.	8 G S. Giov. di M.	8 G S. Giov. di D.	8 D 1ª d.P. in Alb.	8 M Ap. S. M. Rog.
9 L SS. Giul. e C.	9 G S. Cirillo v.	9 M SS. Giul. e B.	9 V S. Apollon. v.	9 V S. Franc. Ro.	9 L S. Maria Cle.	9 M S. Greg. Rog.
10 M S. Guglia. v.	10 V S. Scolast. v.	10 M S. Guglia. v.	10 S S. Scolastica	10 S SS. 40 Martiri	10 M S. Pompeo m.	10 G ASCEN. G. C.
11 M S. Barn. ap.	11 S SS. Sett. Fon.	11 G Jgino pp.	11 D Quinquages.	11 D 4ª di Q. Laet.	11 M S. Leone I pp.	11 V S. Mamer. v.
12 G S. Modest. m.	12 D Quinquages.	12 V S. Modest. m.	12 L S. Eulalia v.	12 L S. Greg. I pp.	12 G S. Giulio I pp.	12 S SS. Ner. C. m.
13 V 8ª dell'Epif.	13 L S. Cat. di Ric.	13 S 8ª dell'Epif.	13 M S. Cat. de Ric.	13 M S. Eufrasia v.	13 V S. Ermen. m.	13 D 6ª d. P., Excau.
14 S S. Ilar. S. Fel.	14 M S. Valent. m.	14 D 2ª SS. N. G.	14 M Le Ceneri	14 G S. Matil. reg.	14 S S. Giustin. m.	14 L S. Bonif. m.
15 D SS. N. di Ges.	15 M Le Ceneri	15 L S. Paol. S. Ma.	15 G SS. Fau. e Gio.	15 V S. Longino m.	15 D 2ª Miser. Dom	15 M S. Isid. agr.
16 L S. Marcello p.	16 G S. Giuliana v.	16 M S. Marcello p.	16 V S. Giuliana v.	16 S S. Eriberto	16 L S. Contar. pr.	16 M S. Ubaldo v.
17 M S. Antonio ab	17 V S. Silvino. v.	17 M S. Antonio ab	17 S S. Silvino v.	17 D S. Patrizio v.	17 M S. Aniceto p.	17 G 8ª dell'Ascen.
18 M Cat. S. Piet. R.	18 S S. Simeon. v.	18 G Cat. S. Piet. R	18 D 1ª di Q. Invo.	18 L di Pas. Judic.	18 M S. Galdino v.	18 V S. Venan. m.
19 G S. Canuto re	19 D 1ª di Q. Inv.	19 V S. Canuto re	19 L S. Corrado	19 M S. Giuseppe	19 G S. Leone IX p.	19 S S. Pietro Cel.
20 V S. Fab. e Seb.	20 L S. Eleute. m.	20 S SS. Fab. Seb.	20 M S. Eleute. m.	20 M SS. Grat. e M.	20 V S. Marcel. v.	20 D PENTECOS.
21 S S. Agnese v.	21 M S. Severia. v.	21 D 3ª. Sac. Fam.	21 M Temp. di pri.	21 G S. Bened. ab.	21 S S. Anselmo v.	21 L S. Felice C.
22 D 3ª. Sac. Fam.	22 M Temp. di pri.	22 L SS. Vinc. e A.	22 G Cat. S. P. A.	22 V S. Paolo v.	22 D 3ª Pat. di S.G.	22 M S. Emilio. m.
23 L Spos. di M. V.	23 G S. Pier Da. v.	23 M Spos. di M. V.	23 V S. Pier D. T.	23 S B. V. Addolo.	23 L S. Giorgio m.	23 M Temp. d'est.
24 M S. Timoteo v.	24 V S. Gerar. v. T.	24 M S. Timoteo v.	24 S S. Mattia a. T.	24 D S. Simone m.	24 M S. Fedele Sig.	24 G S. Donaz. v.
25 M Con. S. Paolo	25 S S. Mat. ap. T.	25 G Con. S. Paolo	25 D 2ª di Q. Rem.	25 L della Palme	25 M S. Marco Ev.	25 V S. Grc. VII, T.
26 G S. Policar. v.	26 D 2ª di Q. Rem.	26 V S. Policar. v.	26 L S. Alessan v.	26 M S. Teodoro v.	26 G SS. Cleto Mar	26 S S. Eleuter. T.
27 V S. Giov. Cris.	27 L S. Leandro v.	27 S S. Giov. Cris.	27 M S. Leandro v.	27 M S. Giov. Dam.	27 V S. Zita. v.	27 D 1ª SS. Trinit.
28 S S. Agnes. 2ª f.	28 M S. Romano a.	28 D Settuagesima	28 M S. Romano a.	28 G S. Giov. Cap.	28 S S. Vitale. v.	28 L S. Agos. Can.
29 D Settuagesima	29 M S. Osvaldo v.	29 L S. Frances. S.		29 G Cena del Sig.	29 D 4ª Cantate	29 M S. Massim. v.
30 L S. Martina v.		30 M S. Martina v.		30 V Parascève	30 L s. Cat. da Sie.	30 M S. Felice I pp.
31 M S. Pietro Nol.		31 M S. Pietro Nol.		31 S santo		31 G CORPUS DO.

	GIUGNO	LUGLIO	AGOSTO	SETTEMBRE	OTTOBRE	NOVEMBRE	DICEMBRE
1	V S. Panfilo m.	D 6ª d. Pentec.	M S. Pietro in v.	S S. Egidio ab.	L S. Remigio v.	G OGNISSANTI	S S. Eligio v.
2	S SS. Marc. e P.	L Vis. di M. V.	G S. Alfonso L.	D 15ª d. Pentec.	M SS. Angeli C.	V Comm. Def.	D 1ª d'Avv. Ro.
3	D 2ª d. Pentec.	M S. Marzial. v.	V Inv. di S. Ste.	L S. Mansue. v.	M S. Calim. v.	S S. Uberto v.	L S. Franc. Sav.
4	L S. Fran. Car.	M S. Ireneo v.	S S. Dom. di G.	M S. Rosalia v.	G S. Fran. d'As.	D 24ª S. Carlo	M S. Barb. m.
5	M S. Bonifac. v.	G SS. Ciril. e M.	D 11ª d. Pentec.	M S. Lorenzo G.	V S. Zaccar. pr.	L S. Zaccar. pr.	M S. Sabba ab.
6	M S. Norbert. v.	V 8ª SS. A. P. P.	L Trasf. di G. C.	G Tras. S. Ag. C.	S S. Brunone c.	M S. Leon. P. M.	G S. Nicolò v.
7	G 8ª Cor. dom.	S S. Pulcheria	M S. Gaetano T.	V S. Regina v.	D 20ª B. V. Ros.	M S. Prosdoc. v.	V S. Ambrog. v.
8	V S. Cuor. di G.	D 7ª d. Pentec.	M SS. Cir. e c. m.	S Nat. di M. V.	L S. Brigida v.	G 8ª Ognissanti	S Imm. C. M. V.
9	S SS. Pri. e Fel.	L S. Veron. G.	G S. Roman. m.	D 16ª d. Pentec.	M SS. Dion. R. E.	V S. Teodoro m.	D 2ª d'Avv. Ro.
10	D 3ª d. Pentec. Cuore di Mar.	M SS. Sett. fr. m.	V S. Lorenzo m.	L S. Nic. Tol. c.	M S. Franc. B.	S S. Andrea Av.	L S. Melch. pp.
11	L S. Barn. ap.	M S. Pio I pp.	S SS. Tib. e Sus.	M SS. Pr. e Giac.	G S. Germ. v.	D 25ª Pat. M. V.	M S. Dam. I. pp.
12	M S. Gio. d. S. F.	G S. Giov. Gua.	D 12ª d. Pentec.	M S. Guido sag.	V S. Massin v.	L S. Mart. pp.	M S. Valer. ab.
13	M S. Ant. di P.	V S. Anacl. pp.	L S. Cassia. m.	G S. Eulogio p.	S S. Edoar. re	M S. Stanisl. K.	G S. Lucia. v.
14	G S. Basil. M. v.	S S. Bonav. d.	M S. Eusebio pr.	V Esalt. S. Cr.	D 21ª M. M. V.	M S. Giosaf. v.	V S. Spiridione
15	V SS. Vito e M.	D 8ª d. Pentec.	M Ass. di M. V.	S 8ª d. N. M. V.	L S. Teresa v.	G S. Geltrude v.	S 8ª d. Imm. C.
16	S S. Gio. Fr. R.	L B. V. del Car.	G S. Giacinto c.	D 17ª Dol. M. V.	M S. Gallo ab.	V S. Edmon. v.	D 3ª d'Avv. Ro.
17	D 4ª d. Pentec.	M S. Aless. Con.	V 8ª S. Lorenzo	L Sti. di S. Fra.	M S. Edvige r.	S S. Greg. tau.	L S. Lazzaro v.
18	L SS. Mar. e M.	M S. Camillo L.	S S. Agap. m.	M S. Gius. Cop.	G S. Luca Ev.	D 26ª [Avv. A]	M Temp. d'inv.
19	M SS. Ger. e Pr.	G S. Vincen. P.	D 13ª S. Gioac.	M Temp. d'aut.	V S. Piet. d'Alc.	L S. Elisabetta	M Temp. d'inv.
20	M S. Silver. pp.	V S. Margh. v.	L S. Bernar. ab.	G S. Eustach. m.	S S. Giovann. C.	M S. Felice Val.	G S. Timo. m.
21	G S. Luigi G.	S S. Prassede v.	M S. Giov. di Ch.	V S. Mat. a. T.	D 22ª Pur. M. V.	M Pres. di M. V.	V S. Tom. a. T.
22	V S. Paolino v.	D 9ª d. Pentec.	M 8ª Ass. M. V.	S Temp. d'aut.	L S. Donato v.	G S. Cecilia v.	S S. Flav. m. T.
23	S S. Lanfr. v.	L S. Apollin. v.	G S. Filip. Ben.	D 18ª d. Pentec.	M S. Severin. v.	V S. Clem. I p.	D 4ª d'Avvento
24	D Nat. S. G. B.	M S. Cristina v.	V S. Bartol. ap.	L B. V. d. Merc.	M S. Rafael. A.	S S. Gio. d. Cr.	L Vigilia
25	L S. Gugl. ab.	M S. Giac. ap.	S S. Luigi re	M S. Firmino v.	G SS. Crisan. D.	D 27ª d. Pentec.	M NATALE
26	M SS. Gio. e Pa.	G S. Anna	D 14ª d. Pentec.	M SS. Cip. Giu.	V S. Evarist. p.	L S. Silves. ab.	M S. Stef. prot.
27	M S. Ladisl. re	V S. Pantal. m.	L S. Gius. Cal.	G SS. Cos. e D.	S S. Frumenz.	M S. Ginc. m.	G S. Giov. ev.
28	G S. Leone II p.	S SS. Naz. e C.	M S. Agost. v. d.	V S. Venc. m.	D 23ª d. Pentec.	M S. Giac. Marc.	V SS. Innoc. m.
29	V SS. P. e P. ap.	D 10ª d. Pentec.	M Dec. di S. G. B.	S S. Michele A.	L S. Ermel. v.	G S. Saturn. m.	S S. Tom. C. v.
30	S Comm. S. Pa.	L SS. Abd. e Sen.	G S. Rosa de L.	D 19ª d. Pentec.	M S. Gerardo v.	V S. Andrea ap.	D S. Eugen. v.
31		M S. Ignazio L.	V S. Raim. Non.		M S. Volfang. v.		L S. Silves. pp.

Pasqua 2 Aprile — Cal. per gli anni: 47, 52*, 131, 142, 215, 237, 299, 310, 321, 332*, 394, 405, 416*, 489, 500*, 579, 584*, 663, 674, 747, 758, 769, 831, 842, 853, 864*, 926, 937, 948*, 1021, 1032*, 1111, 1116*, 1195, 1206, 1279, 1290, 1301, 1363, 1374, 1385, 1396*, 1458, 1469, 1480*, 1553, 1564*, 1589, 1600*, 1673, 1679, 1684*, 1741, 1747, 1752*, 1809, 1820*, 1893, 1899, 1961, 1972*, 2051, 2056*, 2113, 2124*, 2265, ecc.

GENNAIO bis.

1	S	Circ. di G. C.
2	D	8ª di S. Stef.
3	L	8ª di S. Giov.
4	M	8ª SS. Innoc.
5	M	S. Telesf. P.
6	G	EPIFANIA
7	V	Cristoforia
8	S	1ª d. l'Epif.
9	D	SS. Giul. e B.
10	L	S. Guglicl. v.
11	M	S. Igino pp.
12	M	S. Modesl. m.
13	G	8ª dell'Epif.
14	V	S. Ilar. S. Fel.
15	S	S. Paol. S. M.
16	D	SS. N. di Ges.
17	L	S. Antonio ab
18	M	Cat. S. Piet. R
19	M	S. Canuto re
20	G	S. Fab. e Seb.
21	V	S. Agnese v.
22	S	SS. Vinc. e A.
23	D	3ª, Sac. Fam.
24	L	S. Timoteo v.
25	M	Con. S. Paolo
26	M	S. Policar. v.
27	G	S. Giov. Cris.
28	V	S. Agnese 2ª f.
29	S	S. Frances. S.
30	D	Settuagesima
31	L	S. Pietro Nol.

FEBBRAIO bis.

1	M	S. Ignazio v.
2	M	Pur. di M. V.
3	G	S. Biagio v.
4	V	S. Andrea Co.
5	S	S. Agata v.
6	D	Sessagesima
7	L	S. Romualdo
8	M	S. Giov. di M.
9	M	S. Cirillo v.
10	G	S. Scolast. v.
11	V	SS. Set. Fond.
12	S	S. Eulalia v.
13	D	Quinquagesi.
14	L	S. Valent. m.
15	M	SS. Fau. e G.
16	M	Le Ceneri
17	G	S. Silvino v.
18	V	S. Simeone v.
19	S	S. Corrado c.
20	D	1ª di Q., Inv.
21	L	S. Sever. v.
22	M	Cat. S. P. A.
23	M	Temp. di pri.
24	G	S. Gerard. v.
25	V	S. Mattia T.
26	S	S. Alessan. T.
27	D	2ª di Q. Rem.
28	L	S. Romano a.
29	M	S. Osvaldo v.

GENNAIO

1	D	Circ. di G. C.
2	L	8ª di S. Stef.
3	M	8ª di S. Giov.
4	M	8ª SS. Innoc.
5	G	S. Telesf. P.
6	V	EPIFANIA
7	S	Cristoforia
8	D	1ª d. l'Epif.
9	L	SS. Giul. e B.
10	M	S. Gugliel. v.
11	M	S. Igino pp.
12	G	S. Modest. m.
13	V	8ª dell'Epif.
14	S	S. Ilar. S. Fel.
15	D	2ª SS. N. di G.
16	L	S. Marcello p.
17	M	S. Antonio ab
18	M	Cat. S. Piet. R
19	G	S. Canuto re
20	V	SS. Fab. e Seb.
21	S	S. Agnese v.
22	D	3ª, Sac. Fam.
23	L	Spos. di M. V.
24	M	S. Timoteo v.
25	M	Conv. S. Pao.
26	G	S. Policar. v.
27	V	S. Giov. Cr.
28	S	S. Agnese 2 f.
29	D	Settuagesima
30	L	S. Martina v.
31	M	S. Pietro Nol.

FEBBRAIO

1	M	S. Ignazio v.
2	G	Puri. di M. V.
3	V	S. Biagio v.
4	S	S. Andrea Co.
5	D	Sessagesima
6	L	Tito S. Dor.
7	M	S. Romua. ab
8	M	S. Giov. di M.
9	G	S. Apollon. v.
10	V	S. Scolastica
11	S	S. Lazzaro v.
12	D	Quinquags.
13	L	S. Cat. de Ri.
14	M	S. Valent. m.
15	M	Le Ceneri
16	G	S. Giulian. v.
17	V	S. Silvino v.
18	S	S. Simeone v.
19	D	1ª di Q., Inv.
20	L	S. Eleut. m.
21	M	S. Severiano
22	M	Temp. di pri.
23	G	S. Piet. Da.
24	V	S. Mattia T.
25	S	S. Cesario T.
26	D	2ª di Q., Rem.
27	L	S. Leandro v.
28	M	S. Romano a.

MARZO

1	M	S. Albino v.
2	G	S. Simplic. p.
3	V	S. Cunegond.
4	S	S. Casimiro c.
5	D	3ª di Q., Oculi
6	L	S. Coletta v.
7	M	S. Tom. d'Aq.
8	M	S. Dionigi v.
9	G	S. Franc. Ro.
10	V	SS. 40 Mart.
11	S	S. Eulogio m.
12	D	4ª di Q., Laet.
13	L	S. Eufrasia v.
14	M	S. Matil. reg.
15	M	S. Paterno v.
16	G	S. Eriberto v.
17	V	S. Patrizio v.
18	S	S. Galdino v.
19	D	di Pas. Judic.
20	L	SS. Grat. e M.
21	M	S. Bened. ap.
22	M	S. Paolo v.
23	G	S. Vittoriano
24	V	S. B. V. Addol.
25	S	ANN. di M.V.
26	D	dele Palme
27	L	S. Giov. Dam.
28	M	S. Eustas. ab.
29	M	Cena del Sig.
30	G	Parasceve
31	V	

APRILE

1	S	santo
2	D	PASQUA
3	L	dell'Angelo
4	M	S. Isidoro v.
5	M	S. Vinc. Fer.
6	G	S. Sisto pp.
7	V	S. Egisippo
8	S	S. Dionigi v.
9	D	1ª, in Albis
10	L	S. Pompeo m.
11	M	S. Leone I pp.
12	M	S. Zenone v.
13	G	S. Ermen. m.
14	V	S. Giusti. m.
15	S	S. Paterno v.
16	D	2ª Miser. Dom
17	L	S. Aniceto p.
18	M	S. Galdino v.
19	M	S. Leone IX p.
20	G	S. Marcel. v.
21	V	S. Anselmo v.
22	S	SS. Sot. e Caio
23	D	3ª Pat. di S.G.
24	L	S. Fedele Sig.
25	M	S. Marco Ev.
26	M	S. Cleto e Ma.
27	G	S. Zita v.
28	V	S. Vitale m.
29	S	S. Pietro m.
30	D	4ª, Cantate

MAGGIO

1	L	SS. Fil. e G. a.
2	M	S. Atanas. v.
3	M	Inv. di S. Cro.
4	G	S. Mon. ved.
5	V	S. Pio V pp.
6	S	S. Gio. a. p. L.
7	D	5ª, Rogate
8	L	Le Rogazioni
9	M	S. Greg. Rog.
10	M	S. Gor. Rog.
11	G	ASCEN. e C.
12	V	S. Nereo e C.
13	S	S. Servazio v.
14	D	6ª d. P., Exau
15	L	S. Isid. ag.
16	M	S. Ubaldo v.
17	M	S. Pasqual. B.
18	G	8ª dell'Ascen.
19	V	S. Pietro Cel.
20	S	S. Bern. da S.
21	D	PENTECOS.
22	L	S. Emilio v.
23	M	S. Desider. v.
24	M	Temp. d'est.
25	G	CORPUS DO.
26	V	S. Elente. T.
27	S	S. Mar. M. T.
28	D	1ª SS. Trinit.
29	L	S. Massim v.
30	M	S. Felice I. p.
31	M	S. Petronil v.

GIUGNO	LUGLIO	AGOSTO	SETTEMBRE	OTTOBRE	NOVEMBRE	DICEMBRE
1G CORPUS DO.	1S 8ª di S. Gio. B.	1M S. Pietro in v.	1V S. Egidio ab.	1D 19ª B. V. Ros.	1M OGNISSANTI	1V S. Eligio v.
2V SS. Marc. e P.	2D 6ª d. Pentec.	2M s. Alfonso L.	2S s. Stefano re	2L SS. Angeli C.	2G Comm. Def.	2S SS. Bibiana v.
3S S. Clotil. reg.	3L S. Marzia. v.	3G Inv. di S. Ste.	3D 15ª d. Pentec.	3M S. Calinec. v.	3V S. Uberto v.	3D 1ª d'Avv. Ro.
4D 2ª d. Pentec.	4M S. Ireneo v.	4V s. Dom. di G.	4L S. Rosalia v.	4M S. Fran. d'As.	4S S. Carlo Bor.	4L S. Barb. m.
5L S. Bonifac. v.	5M SS. Ciril. e M.	5S s. Maria d. N.	5M S. Lorenzo G.	5G SS. Pl. e C. m.	5D 24ª d. Pentec.	5M S. Sabba ab.
6M S. Norbert. v.	6G 8ª SS. A. P. P	6D 11ª d. Pentec.	6M Tras. S. Ag. C.	6V s. Ramon C.	6L s. Leon. P. M.	6M S. Nicolò v.
7M S. Robert. ab.	7V S. Pulcheria	7L S. Gaetano T.	7G S. Regina v.	7S s. Marco Pp.	7M s. Prosloc. v.	7G S. Ambrog. v.
8G 8ª Cor. Dom.	8S S. Elisab. im.	8M SS. Cir. C. m.	8V Nat. di M. V.	8D 20ª Mat. M. V	8M 8ª Ognissanti	8V Imm. C. M. V.
9V S. di Cuor. G.	9D 7ª d. Pentec.	9M S. Roman. m.	9S s. Gorgon. m.	9L s. Dion. R.E.	9G s. Teodoro m.	9S S. Siro v.
10S S. Marg. Reg.	10L SS. Sett.fr.m.	10G S. Lorenzo m.	10D 16. SS. N. M.	10M s. Fran. Bor.	10V s. AndreaAv.	10D 2ª d'Avv. Ro.
11D 3ª d. Pentec.	11M S. Pio I Pp.	11V SS. Tibe Sus.	11L SS. Pr. e Giac.	11M S. Germ. v.	11S s. Martino v.	11L S. Dam. I pp.
12L S. Gio. d. S. F.	12M S. Giov. Gua.	12S s. Chiara v.	12M S. Guido sag.	12G s. Massim. v.	12D 25ª Pat. M. V.	12M S. Valerio ab.
13M S. Ant. di Pa.	13G S. Anacl. Pp.	13D 12ª d. Pentec.	13M S. Eulogio p.	13V s. Eulogio p.	13L s. Stanisl. K.	13M S. Lucia v.
14M S. Basil. M.	14V S. Bonav. d.	14L S. Eusebio pr.	14G Esalt. S. Cr.	14S s. Calisto Pp.	14M s. Giosafat v.	14G S. Spiridione
15G SS. Vito e M.	15S S. Enric.imp.	15M Asun. M. V.	15V 8ª d. N. M. V.	15D 21ª Pur. M. V.	15M s. Geltrud v.	15V 8ª d'Imm. C.
16V S. Gio. Fr. R.	16D 8ª d. Pentec.	16M S. Giacinto c.	16S SS. Corn. e C.	16L s. Gallo ab.	16G s. Edmon. v.	16S S. Eusebio v.
17S s. Ranieri cr.	17L s. Aless. con.	17G 8ª S. Lorenzo	17D 17ª Lot. M. F.	17M s. Edvig. reg.	17V s. Greg. tau.	17D 3ª d'Avv. Ro.
18D 4ª d. Pentec.	18M s. Camillo L.	18V s. Agapit. m.	18L S. Gius. Cop.	18M S. Luca Ev.	18S D. b. ss. P. P.	18L s. Asp. Div. P.
19L SS. Ger. e Pr.	19M s. Vincen. P.	19S s. Lodov. v.	19M S. Gennar. m.	19G s. Pietr. d'Alc.	19D 26ª d. Pentec.	19M S. Nemes. m.
20M S. Silverio p.	20G S. Margh. v.	20D 13ª S. Gioac.	20G Temp. d'Aut.	20V s. Giovan. C.	20L s. Felice Val.	20M Temp. d'Inv.
21M S. Luigi G.	21V s. Prassede v.	21L S. Gio. di Ch.	21V S. Mat. ap.	21S SS. Orsol. e C.	21M Pres. di M. V.	21G S. Tom. ap.
22G S. Paolino v.	22S S. Maria M.	22M s. dell' Assu.	22S s. Tom. di C.	22D 22ª d. Pentec.	22M S. Cecilia v.	22V S. Flav. m. T.
23V s. Lanfr. v.	23D 9ª d. Pentec.	23M S. Filip. Ben.	23D 18ª d. Pentec.	23L s. Seve-rin. v.	23G s. Clem. I. Pp.	23S S. Vittor. v. T.
24S Nat. S. G. B.	24L s. Cristina v.	24G S. Bartol. ap.	24L s. Firmino v.	24M s. Raffael. ar.	24V s. Gio. d. Cr.	24D Vigilia
25D 5ª d. Pentec.	25M S. Giacom. a.	25V s. Luigi re	25M S. Cipr. e G.	25M SS. Crisan. D.	25S s. Caterina v.	25L NATALE
26L SS. Gio. e Pa.	26M s. Anna	26S s. Alessan. m.	26M SS. Cos. e D.	26G s. Evarist. p.	26D 27ª d. Pentec.	26M S. Stef. prot.
27M S. Ladisl. re	27G s. Pantal. m.	27D 14ª d. Pentec.	27G SS. Vences. m.	27V s. Frumenz.	27L s. Giac. in.	27M S. Giov. ev.
28M S. Leone II p.	28V SS. Naz. e C.	28L s. Agost. v. d.	28V S. Michel. A.	28S SS. Sim. e G.	28M s. Giac. Mar.	28G SS. Innocenti
29G SS. Piet. e Pa.	29S SS. Marta v.	29M s. Decol. di S. G. B.	29S s. Michel. A.	29D 23ª d. Pentec.	29M s. Saturn. m.	29V S. Tomm. C.
30V Comm. S. Pa.	30D 10ª d. Pentec.	30M S. Rosa da L.	30S s. Girol. d.	30L s. Gerardo v.	30G s. Andrea ap.	30S S. Eugen. v.
	31L s. Ignazio L.	31G s. Raim. Non.		31M S. Volfanz. v.		31L s. Silves. pp.

Pasqua 3 Aprile — Cal. per gli anni: 63, 74, 85, 147, 158, 169, 180*, 231, 242, 253, 264*, 326, 337, 348*, 421, 427, 432*, 511, 516*, 522, 595, 606, 617, 679, 690, 701, 712*, 763, 785, 796*, 774, 858, 869, 880*, 953, 959, 964*, 1043, 1048*, 1054, 1127, 1138, 1149, 1211, 1222, 1233, 1244*, 1295, 1306, 1317, 1328*, 1390, 1401, 1412*, 1485, 1491, 1496*, 1575, 1580*, 1611, 1616*, 1695, 1763, 1768*, 1774, 1825, 1831, 1836*, 1904*, 1983, 1988*, 1994, 2067, 2078, 2089, 2135, 2140, 2146, ecc.

GENNAIO bis.

1 V	Circ. di G. C.
2 S	8a di s. Stef.
3 D	8a di s. Giov.
4 L	8a SS. Innoc.
5 M	S. Telesf. P.
6 M	EPIFANIA
7 G	Cristoforia
8 V	S. Sever. ab.
9 S	SS. Giul. cc.
10 D	1a d. l'Epif.
11 L	S. Igino PP.
12 M	S. Modest. m.
13 M	8a dell'Epif.
14 G	s. Ilar. S.Vel.
15 V	s. Paol. S.M.
16 S	s. Marc. I. pp.
17 D	SS. N. di Ges.
18 L	Cat. S. Piet.R
19 M	S. Canuto re
20 M	SS. Fab. e Seb.
21 G	S. Agnese v.
22 V	S. Vinc. e A.
23 S	Spos. di M. V.
24 D	3a Sac. Fam.
25 L	Con. S. Paolo
26 M	S. Policar. v.
27 M	S. Giov. Cris.
28 G	S. Agnese 2a f.
29 V	S. Frances. S.
30 S	S. Martina v.
31 D	Settuagesima

FEBBRAIO bis.

1 L	S. Ignazio v.
2 M	Pur. di M. V.
3 M	S. Biagio v.
4 G	S. Andrea Co.
5 V	S. Agata v.
6 S	S. Tito v.
7 D	Sessagesima
8 L	S. Giov. di M.
9 M	S. Cirillo v.
10 M	S. Scolast. v.
11 G	SS. Set-Fond.
12 V	S. Eulalia v.
13 S	s. Cat. de' R.
14 D	Quinquagesi.
15 L	SS. Fau. e G.
16 M	S. Giuliana v.
17 M	Le Ceneri
18 G	S. Simeone v.
19 V	S. Corrado c.
20 S	S. Eleuter.
21 D	1a di Q. Inv.
22 L	Cat. S. P. A.
23 M	S. Pier. Dam.
24 M	Temp. di pri.
25 G	S. Mattia ap.
26 V	S. Alessan. T.
27 S	S. Leandro T.
28 D	2a di Q. Rem.
29 L	S. Osvaldo v.

GENNAIO

1 S	Circ. di G. C.
2 D	8a di s. Stef.
3 L	8a di s. Giov.
4 M	8a SS. Innoc.
5 M	S. Telesf. P.
6 G	EPIFANIA
7 V	Cristoforia
8 S	S. Sever. ab.
9 D	1a d. l'Epif.
10 L	S. Guglie. v.
11 M	S. Igino PP.
12 M	S. Modest. m.
13 G	8a dell'Epif.
14 V	s. Ilar. S.Vel.
15 S	s. Paol. S.M.
16 D	2a SS. N. di G.
17 L	S. Antonio ab
18 M	Cat. S.Piet.R.
19 M	S. Canuto re
20 G	SS. Fab. e Seb.
21 V	S. Agnese v.
22 S	S. Vinc. e A.
23 D	3a Sac. Fam.
24 L	S. Timoteo v.
25 M	Conv. S. Pao.
26 M	S. Policar. v.
27 G	S. Giov. Cr.
28 V	S. Agnese 2 f.
29 S	S. Frau. ed A.
30 D	Settuagesima
31 L	s. Pietro Nol.

FEBBRAIO

1 M	S. Ignazio V.
2 M	Pur. di M. V.
3 G	S. Biagio v.
4 V	S. Andrea Co.
5 S	S. Agata v.
6 D	Sessagesima
7 L	S. Romu. ab
8 M	S. Giov. di M.
9 M	S. Apollonia v.
10 G	S. Scolastica
11 V	S. Lazzaro
12 S	S. Eulalia v.
13 D	Quinquages.
14 L	S. Valent. m.
15 M	SS. Fau. e G.
16 M	Le Ceneri
17 G	S. Silvino v.
18 V	S. Simeone v.
19 S	S. Corrado c.
20 D	1a di Q. Inc.
21 L	S. Severiano
22 M	Cat. S. Pie. A.
23 M	Temp. di pri.
24 G	S. Mattia ap.
25 V	S. Cesario T.
26 S	S. Aless. v. T.
27 D	2a di Q. Rem.
28 L	S. Romano a.

MARZO

1 M	s. Albino v.
2 M	S. Simplic. P.
3 G	S. Cunegonda
4 V	S. Casimiro c.
5 S	S. Foca m.
6 D	3a di Q. Ocul.
7 L	S. Tom. d'Aq.
8 M	S. Dionigi v.
9 M	S. Franc. Ro.
10 G	SS. 40 Mart.
11 V	S. Eulogio m.
12 S	S. Greg. I. pp.
13 D	4a di Q. Laet.
14 L	S. Matil. reg.
15 M	S. Paterno m.
16 M	S. Eriberto v.
17 G	S. Patrizio v.
18 V	S. Galdino v.
19 S	S. Giuseppe
20 D	di Pass. Iud.
21 L	S. Bened. ap.
22 M	S. Paolo v.
23 M	S. Vittoriano
24 G	S. Simeone m.
25 V	ANN. di M. V.
26 S	B. V. Addol.
27 D	delle Palme
28 L	S. Giov. Cap.
29 M	S. Eustas. ab.
30 M	S. Giov. Clim.
31 G	Cena del Sig.

APRILE

1 V	Parasceve
2 S	santo
3 D	PASQUA
4 L	dell'Angelo
5 M	S. Vinc. Fer.
6 M	S. Sisto I. pp.
7 G	Bgismp
8 V	Dionigi v.
9 S	Maria Cle.
10 D	1a in Albis
11 L	S. Leone I. pp.
12 M	S. Zenone v.
13 M	S. Ermen. m.
14 G	S. Giusti. m.
15 V	S. Paterno v.
16 S	S. Contar. pr.
17 D	2a Miser. Dom
18 L	S. Galdino v.
19 M	S. Leone IX p.
20 M	S. Marcel. v.
21 G	S. Anselmo v.
22 V	SS.Sot. e Caio
23 S	S. Giorgio m.
24 D	3a Pat. di S.G.
25 L	S. Marco Ev.
26 M	S. Cleto e Ma.
27 M	S. Zita v.
28 G	S. Vitale m.
29 V	S. Pietro m.
30 S	S. Cater. da S.

MAGGIO

1 D	1a Cantate
2 L	S. Atanas. v.
3 M	Inv. di S.Cro.
4 M	S. Mon. ved.
5 G	S. Pio V PP.
6 V	S. Gio. a. p. l.
7 S	S. Stanisl. v.
8 D	5a Rogate
9 L	Le Rogazioni
10 M	S. Gior. Reg.
11 M	S. Mam. Reg.
12 G	ASCEN. G. C.
13 V	S. Servazio v.
14 S	S. Bonifa. m.
15 D	6a d. P. Exau.
16 L	S. Ubaldo v.
17 M	S. Pasqual B.
18 M	S. Venan. m.
19 G	1a dell'Ascen.
20 V	S. Bern. da S.
21 S	S. Felice. C.
22 D	PENTECOS.
23 L	S. Desider. v.
24 M	S. Donazia. v.
25 M	S. Temp. d'est.
26 G	CORPUS DO.
27 V	S. Mar. M. T.
28 S	S. Agos. C. T.
29 D	1a SS. Trinit.
30 L	S. Felice I. P.
31 M	S. Petronil. v.

GIUGNO	LUGLIO	AGOSTO	SETTEMBRE	OTTOBRE	NOVEMBRE	DICEMBRE
1 M S. Panfilo m.	1 V .. di S. Gio. B.	1 L S. Pietro in v.	1 G S. Egidio ab.	1 .. S. Remigio v.	1 .. OGNISSANTI	1 .. S. Eligio v.
2 G CORPUS DO.	2 S Vis. di M. V.	2 M S. Alfonso L.	2 V S. Stefano re	2 D .. de. B. F. Ros.	2 M comm. Def.	2 V S. Bibiana v.
3 V S. Clotil. reg.	3 D .. d. Pente.	3 M Inv. di S. Ste.	3 S S. Mansue. v.	3 L .. Calim. v.	3 G S. Uberto v.	3 S S. Franc. Sav.
4 S S. Fran. Car.	4 L S. Irineo v.	4 G S. Dom. di G.	4 .. S. .. d. Pente.	4 M S. Franc. d'A.	4 V S. Carlo Bor.	4 D .. d. Avv. Ro.
5 D 2ª d. Pente.	5 M S.S. Ciril. e M.	5 V S. Maria d. N.	5 L S. Lorenzo G.	5 G .. Zacar. pr.	5 S S. Zacar. pr.	5 L S. Sabba ab.
6 L S. Norbert. v.	6 M S.S. d. P.P.	6 S Trasf. di G. C.	6 M Trasl. S. Ag. C.	6 V S. Brunone c.	6 D 23 d. Pente.	6 M S. Nicolo v.
7 M S. Robert. ab.	7 V S. Pulcheria	7 D .. d. Pente.	7 M S. Regina v.	7 S S. Marco pp.	7 L S. Prosdoc. v.	7 M S. Ambrog. v.
8 M S. Guglie. v.	8 S S. Elisab. rm.	8 L S.S. Cir. e ca.	8 .. Nat. di M. V.	8 D .. S. Brigida	8 M .. Ponte.	8 G Imm. C. M. V.
9 G .. Car. Pont.	9 D .. Veron. G.	9 M Romano m.	9 .. Gorgon. m.	9 L S. M. M. d.	9 M S. Teodoro m.	9 V S. Siro v.
10 V S. .. cuor. di G.	10 L .. d. Pente.	10 M S. Lorenzo m.	10 .. S. Nic. Tol. c.	10 M S. Franc. B.	10 G S. Andrea A.	10 S S. Melch. pp.
11 S S. Barn. ap.	11 M S. Pio I pp.	11 G S. Tiburz. m.	11 .. S. .. N. M.	11 M S. Gerni. v.	11 V S. Martino v.	11 D 3 d. Avv. Ro.
12 G .. d. Pente.	12 M S. Gio. Gua.	12 V S. Chiara m.	12 .. S. .. d. Ponte.	12 G S. Massimo v.	12 S S. Matt. pp.	12 L S. Valer. ab.

Pasqua 4 Aprile — Anni: 79, 90, 101, 112*, 174, 185, 196*, 269, 280*, 359, 364*, 443, 454, 527, 538, 549, 611, 622, 633, 644*, 706, 717, 728*, 801, 812*, 891, 896*, 975, 986, 1059, 1070, 1081, 1143, 1154, 1165, 1176*, 1238, 1249, 1260*, 1333, 1344*, 1423, 1428*, 1507, 1518, 1627, 1638, 1649, 1706, 1779, 1790, 1847, 1858, 1915, 1920*, 1926, 1999, 2010, 2021, 2083, 2094, 2151, 2162, 2173, 2219, ecc.

GENNAIO bis.	FEBBRAIO bis.	GENNAIO	FEBBRAIO	MARZO	APRILE	MAGGIO
1 G Circ. di G. C.	1 D Settuagesima	1 V Circ. di G. C.	1 L S. Ignazio v.	1 L S. Albino v.	1 G Cena del Sig.	1 S SS. Fil. e G.-a.
2 V 8ª di S. Stef.	2 L Pur. di M. V.	2 S 8ª di S. Stef.	2 M Purif. di M. V.	2 M S. Simplic. p.	2 V Parascee	2 D 4ª, Cantate
3 S 8ª di S. Giov.	3 M S. Biagio v.	3 D 8ª di S. Giov.	3 M S. Biagio v.	3 M S. Cuneg. ib.	3 S s.santo	3 L Inv. di S.Cro.
4 D 8ª SS. Innoc.	4 M S. Andrea C.	4 L 8ª SS. Innoc.	4 G S. Andrea Co.	4 G S. Casimiro c.	4 D PASQUA	4 M S. Mon. ved.
5 L S. Telest. P.	5 G S. Agata v.	5 M S. Telesforo	5 V S. Agata v.	5 V S. Foca m.	5 L dell' Angelo	5 M S. Pio V Pp.
6 M EPIFANIA	6 V S. Tito v.	6 M EPIFANIA	6 S S. Tito S. Dor.	6 S S. Coletta v.	6 M S. Nisto I. Pp.	6 G S. Gio. a. P. L.
7 M Cristoforia	7 S S. Romualdo	7 G Cristoforia	7 D Sessagesima	7 D 3ª di Q., Ocul	7 G S. Egesippo c.	7 V S. Stanisl. v.
8 G 3ª, Sac. Fam.	8 D Sessagesima	8 V S. Sever. ab.	8 L S. Giov. di M.	8 L S. Giov. di D.	8 G S. Dionig. v.	8 S Ap. di S. Mic.
9 V SS. Giul. e C.	9 L S. Cirillo v.	9 S SS. Giul. e B.	9 M S. Apollon. v.	9 M S. Franc. Ro.	9 V S. Maria Cle.	9 D 5ª, Rogate
10 S S. Gugliel. v.	10 M S. Scolast. v.	10 D 1ª d. l'Epif.	10 M S. Scolastica	10 M SS. 40 Martiri	10 S S. Pompeo m.	10 L Le Rogazioni
11 D 1ª d. l'Epif.	11 M SS. Sett. Fon.	11 L S. Igino Pp.	11 G S. Lazzaro v.	11 G S. Eulogio m.	11 D 1ª d.P. in Alb.	11 M SS. Mam. Rog.
12 L S. Modest. m.	12 G S. Eulalia. v.	12 M S. Modest. m.	12 V S. Eulalia v.	12 V S. Greg. I. Pp.	12 L S. Giulio I Pp.	12 M SS. Ner. G. C.
13 M 8ª dell' Epif.	13 V S. Cat. d. Ric.	13 M 8ª dell' Epif.	13 S S. Cat.e Ric.	13 S S. Eufrasia v.	13 M S. Ermen. m.	13 G ASCEN. G. C.
14 M S. Ilar. S. Fel.	14 S S. Valent. m.	14 G S. Ilar. S. Fel.	14 D Quinquages.	14 D 4ª di Q. Laet.	14 M S. Giustin. m.	14 V S. Bonif. m.
15 G S. Paol. S. M.	15 D Quinquages.	15 V S. Paol. S. Ma.	15 L S. Fau. e Gio.	15 L S. Longino m.	15 G S. Paterno v.	15 S S. Isid. ag.
16 V S. Marcello P.	16 L S. Giuliana v.	16 S S. Marcello P.	16 M S. Giulian. v.	16 M S. Eriberto	16 V S. Contar. pr.	16 D 6ª d. P. Exau.
17 S S. Antonio ab.	17 M S. Silvino v.	17 D 2ª, SS. N. G.	17 M Le Ceneri	17 M S. Patrizio v.	17 S S. Aniceto P.	17 L S. Pasqual.B.
18 D SS. N. di Ges.	18 M Le Ceneri	18 L Cat. S. Piet. R	18 G S. Simeone v.	18 G S. Galdino v.	18 D 2ª Miser.Dom.	18 M S. Venan. m.
19 L S. Canuto re	19 G S. Corrado e.	19 M S. Canuto re	19 V S. Corrado	19 V S. Giuseppe	19 L S. Leone IX p.	19 M 3ª dell'Ascen.
20 M SS. Fab. e Seb.	20 V S. Eleute. m.	20 M SS. Fab., Seb.	20 S S. Eleute. m.	20 S SS. Grat. e M.	20 M S. Marcel. v.	20 G 3ª dell' Ascen.
21 M S. Agnese v.	21 S S. Severia. v.	21 G S. Agnese v.	21 D 1ª di Q., Invo.	21 D di Pas. Iudic.	21 M S. Anselmo v.	21 V S. Felice C.
22 G SS. Vinc. e A.	22 D 1ª di Q., Inv.	22 V SS. Vinc. e A.	22 L Cat. S. P. A.	22 L S. Paolo v.	22 G SS.Sot. e Caio	22 S S. Emilio. m.
23 V Spos. di M. V.	23 L S. Pier. Dam.	23 S Spos. di M. V.	23 M S. Pier Dam.	23 M S. Vittoriano	23 V S. Giorgio m.	23 D PENTECOS.
24 S S. Timoteo v.	24 M S. Gerar. v.	24 D 3ª, Sac. Fam.	24 M Temp. di pri.	24 M S. Simone m.	24 S S. Fedele Sig.	24 L S. Donaz. v.
25 D 3ª, Sac. Fam.	25 M Temp. di pri.	25 L Con. S. Paolo	25 G S. Cesario	25 G ANN. DI M. V.	25 D 3ª, S.Marc.ev.	25 M S. Gre.VII.p.
26 L S. Policar.	26 G S. Alessan.	26 M S. Policar.	26 V S. Alessan. T.	26 V B. V. Addolo.	26 L SS. CletoMar.	26 M Temp. d'est.
27 M S. Giov. Cris.	27 V S. Leandro T.	27 M S. Giov. Cris.	27 S S. Leandro T.	27 S S. Giov.-Dam.	27 M S. Zita v.	27 G S. Mar. M.
28 M S. Agnese 2 f.	28 S S. Romano T.	28 G S. Agnese 2 f.	28 D 2ª di Q., Rem.	28 D delle Palme	28 M S. Vitale m.	28 V S. Agos. C. T.
29 G S. Frances. S.	29 D 2ª di Q., Rem.	29 V S. Frances. S.		29 L S. Eustas. ab.	29 G S. Pietro m.	29 S S. Massim. T.
30 V S. Martina v.		30 S S. Martina v.		30 M S. Giov. Clim.	30 V S. Cat. da Sie.	30 D 2ª SS. Trinit.
31 S S. Pietro Nol.		31 D Settuagesima		31 M S. Balbina		31 L S. Petronil.v.

GIUGNO	LUGLIO	AGOSTO	SETTEMBRE	OTTOBRE	NOVEMBRE	DICEMBRE
1 M S. Panfilo m.	1 G 8ª di S. Gio. B.	1 D 10ª d. Pentec.	1 M S. Egidio ab.	1 V S. Remigio v.	1 L OGNISSANTI	1 M S. Eligio v.
2 M SS. Marc. e P.	2 V Vis. di M. V.	2 L S. Alfonso L.	2 G S. Stefano re	2 S SS. Angeli C.	2 M Comm. Def.	2 G S. Bibiana v.
3 G CORPUS DO.	3 S S. Marzial. v.	3 M Inv. di S. Ste.	3 V S. Mansue v.	3 D 19ª, B. V. Ros.	3 M S. Uberto v.	3 V S. Franc. Sav.
4 V S. Fran. Car.	4 D 6ª d. Pentec.	4 M S. Dom. di G.	4 S S. Rosalia v.	4 L S. Fran. d'As.	4 G S. Carlo Bor.	4 S S. Barb. m.
5 S S. Bonifac. v.	5 L SS. Ciril. e M.	5 G S. Maria d. N.	5 D 15ª d. Pentec.	5 M SS. Pl. e C. m.	5 V S. Zaccar. pr.	5 D 2ª d'Avv. Ro.
6 D 2ª d. Pentec.	6 M 8ª SS. A. P. P.	6 V Trasf. di G.C.	6 L S. Tras. S. Ag.C.	6 M S. Brunone c.	6 S S. Leon P. M.	6 L S. Nicolò v.
7 L S. Robert. ab.	7 M S. Pulcheria	7 S S. Gaetano T.	7 M S. Regina v.	7 G S. Marco pp.	7 D 24ª d. Pentec.	7 M S. Ambrog. v.
8 M S. Guglicl. v.	8 G S. Elisab. im.	8 D 11ª d. Pentec.	8 M Nat. di M. V.	8 V S. Brigida v.	8 L 8ª Ognissanti	8 M Imm. C. M. V.
9 M SS. Pri. e Fel.	9 V S. Veron. G.	9 L S. Roman. m.	9 G S. Gorgon. m.	9 S SS. Dion. R.E.	9 M S. Teodoro m.	9 G S. Siro v.
10 G 8ª Cor. Dom.	10 S SS. Sett. fr. m.	10 M S. Lorenzo m.	10 V S. Nic. Tol. c.	10 D 20ª, Mat. M.V	10 M S. Andrea Av.	10 V S. Melch. pp.
11 V S. Cuor. di G.	11 D 7ª d. Pentec.	11 M SS. Tibe. Sus.	11 S SS. Pr. e Giac.	11 L S. Germ. v.	11 G S. Martino v.	11 S S. Dam. I pp.
12 S S. Gio. d. S. F.	12 L S. Gio. Gua.	12 G S. Chiara v.	12 D 16. SS. N. M.	12 M S. Massim. v.	12 V S. Mart. pp.	12 D 3ª d'Avv. Ro.
13 D 3ª d. Pentec.	13 M S. Anacl. pp.	13 V S. Cassia. m.	13 L S. Eulogio p.	13 M S. Edoardo re	13 S S. Didaco c.	13 L S. Lucia v.
14 L S. Basil. M. v. (Cuore di Mar.)	14 M S. Bonav. d.	14 S S. Eusebio pr.	14 M Esalt. S. Cr.	14 G S. Calisto pp.	14 D 25ª [Avv. A.]	14 M S. Spiridione
15 M S. Vito e M.	15 G S. Enric. imp.	15 D 12ª Ass. M.V.	15 M Temp. d'Aut.	15 V S. Teresa v.	15 L S. Geltrud. v.	15 M Temp. d'inv.
16 M S. Gio. Fr. R.	16 V B. V. del Car.	16 L S. Giacinto c.	16 G SS. Corn. e C.	16 S S. Gallo ab.	16 M S. Edmon. v.	16 G S. Eusebio v.
17 G S. Ranieri T.	17 S S. Alessio c.	17 M S. Agapit. m.	17 V Stim. S. F. T.	17 D 21ª Pur. M.V.	17 M S. Greg. tan.	17 V S. Lazza. v. T.
18 V SS. Mar. e M.	18 D 8ª d. Pentec.	18 M S. Lodov. v.	18 S S. Gius. C. T.	18 L S. Luca Ev.	18 G S. b. 88 P., P.	18 S Asp. Div. P.T.
19 S SS. Ger. e Pr.	19 L S. Vincen. P.	19 G S. Bernat. ab.	19 D 17ª, Dol. M.V.	19 M S. Piet. d'Alc.	19 V S. Elisabetta	19 D 4ª d'Avv. Ro.
20 D 4ª d. Pentec.	20 M S. Margh. v.	20 V S. Gio. di Ch.	20 L S. Eustach. m.	20 M S. Giovan. C.	20 S S. Felice Val.	20 L S. Teofil. m.
21 L S. Luigi G.	21 M S. Prasseley.	21 S S. Bartol. ap.	21 M S. Matteo ap.	21 G SS. Orsol. e C.	21 D 26ª Pat. M.V.	21 M S. Tom. ap.
22 M S. Paolino v.	22 G S. Martin M.	22 D 13ª, S. vicont.	22 M SS. Mauri C.	22 V S. Donato v.	22 L S. Cecilia v.	22 M S. Flav. m.
23 M S. Lanfr. v.	23 V S. Apollin. v.	23 L S. Philip. Ben.	23 G S. Lino pp.	23 S S. Severin. v.	23 M S. Clem. I pp.	23 G S. Vittor. v.
24 G Nat. S. G. B.	24 S S. Cristina v.	24 M S. Bartol. ap.	24 V S. B. V. d. Mer.	24 D 22ª d. Pentec.	24 M S. Gio. d. Cr.	24 V Vigilia
25 V S. Gugl. ab.	25 D 9ª d. Pentec.	25 M S. Luigi re	25 S S. Firmino v.	25 L SS. Crisan. D.	25 G S. Caterina v.	25 S NATALE
26 S SS. Gio. e Pa.	26 L S. Anna	26 G S. Alessan. m.	26 D 18ª d. Pentec.	26 M S. Evarist. p.	26 V S. Silves. ab.	26 D S. Stef. prot.
27 D 5ª d. Pentec.	27 M S. Pantal. m.	27 V S. Agost. v.d.	27 L SS. Cos. e D.	27 M S. Frumenz.	27 S S. Giac. m.	27 L S. Giov. ev.
28 L S. Leone II p.	28 M SS. Naz. e C.	28 S S. Agost. d.	28 M S. Venceslao	28 G SS. Sim. e G.	28 D 1ª d'Avv. Ro.	28 M SS. Innocenti
29 M SS. Piet. e Pa.	29 G S. Marta v.	29 D 14ª d. Pentec.	29 M S. Michele A.	29 V S. Ermel. v.	29 L S. Saturn. m.	29 M S. Tomm. C.
30 M Comm. S. Pa.	30 V SS. Abd. e Sen.	30 L S. Rosa di L.	30 G S. Girol. d.	30 S S. Gerardo v.	30 M S. Andrea ap.	30 G S. Eugen. v.
	31 S S. Ignazio L.	31 M SS. Raim. Non.		31 D 23ª d. Pentec.		31 V S. Silves. pp.

Pasqua 5 Aprile — Anni: 33, 44*, 106, 117, 128*, 201, 207, 212*, 291, 296*, 302, 375, 386, 397, 459, 470, 481, 492*, 543, 554, 565, 576*, 638, 649, 660*, 733, 739, 744*, 823, 828*, 834, 907, 918, 929, 991, 1002, 1013, 1024*, 1075, 1086, 1097, 1108*, 1170, 1181, 1192*, 1265, 1271, 1276*, 1355, 1360*, 1366, 1439, 1450, 1461, 1523, 1534, 1545, 1556*, 1643, 1654, 1665, 1676*, 1711, 1722, 1733, 1744*, 1795, 1801, 1863, 1874, 1885, 1896*, 1931, 1942, 1953, 2015, 2026, 2037, 2048*, 2105, 2167, 2178, 2189, ecc.

GENNAIO bis.	FEBBRAIO bis.	GENNAIO	FEBBRAIO	MARZO	APRILE	MAGGIO

	GIUGNO	LUGLIO	AGOSTO	SETTEMBRE	OTTOBRE	NOVEMBRE	DICEMBRE
1	L S. Panfilo m.	M 8ª di S. Gio. B.	S S. Pietro in v.	M S. Egidio ab.	G S. Remigio v.	D OGNISSANTI	M S. Eligio v.
2	M SS. Marc. e P.	G *Vis. di M. V.*	D *10ª d. Pentec.*	M S. Stefano re	V SS. Angeli C.	L *Comm. Def.*	M S. Bibiana v.
3	M S. Clotil. reg.	V S. Marzial. v.	L Inv. di S. Ste.	G S. Mansue. v.	S SS. Calim. v.	M S. Uberto v.	G S. Franc. Sav.
4	G CORPUS DO.	S S. Ireneo v.	M S. Dom. di G.	V S. Rosalia v.	D *19ª B. V. Ros.*	M S. Carlo Bor.	V S. Barb. m.
5	V S. Bonifac. v.	D *6ª d. Pentec.*	M S. Maria d. N.	S S. Lorenzo G.	L S. Zaccar. pr.	G S. Zaccar. pr.	S S. Sabba ab.
6	S S. Norbert. v.	L 8ª SS. A. P. P.	G Trasf. di G. C.	D *15ª d. Pentec.*	M S. Brunone c.	V S. Leon. P. M.	D *2ª d'Avv. Ro.*
7	D *2ª d. Pentec.*	M S. Pulcheria	V S. Gaetano T.	L S. Regina v.	M S. Marco pp.	S S. Prosdoc. v.	L S. Ambrog. v.
8	L S. Gugliel. v.	M S. Elisab. im.	S SS. Cir. ec. m.	M Nat. di M. V.	G S. Brigida v.	D *24ª d. Pentec.*	M Imm. C. M. V.
9	M SS. Pri. e Fel.	G S. Veron. G.	D *11ª d. Pentec.*	M S. Gorgon. m.	V SS. Dion. R.E.	L S. Teodoro m.	M S. Siro v.
10	M S. Marg. Reg.	V SS. Sett.fr.m.	L S. Lorenzo m.	G S. Nic. Tol. c.	S S. Franc. B.	M S. Andrea v.	G S. Melch. pp.
11	G 8ª Cor. Dom.	S S. Pio 1 pp.	M SS. Tib. e Sus.	V SS. Pr.e Giac.	D *20ª M. M. V.*	M S. Martino v.	V S. Dam. I pp.
12	V S. Cuor. di G.	D *7ª d. Pentec.*	M S. Chiara v.	S S. Guido sag.	L S. Massim. v.	G S. Mart. pp.	S S. Valer. ab.
13	S S. Ant. di Pa.	L S. Anacl. pp.	G S. Cassia. m.	D *16ª SS. N. M.*	M S. Edoar. Re	V S. Didaco c.	D *3ª d'Avv. Ro.*
14	D *3ª d. Pentec.* Cuore di Mar.	M S. Bonav. d.	V S. Eusebio pr.	L Esalt. S. Cr.	M S. Calisto pp.	S S. Giosaf. v.	L S. Spiridione
15	L SS. Vito e M.	M S. Enric. imp.	S Ass. di M. V.	M *Temp. d'aut.*	G S. Teresa v.	D *25ª Pat. M.V.*	M *Temp. d'Inv.*
16	M S. Gio. Fr. R.	G B. V. del Car.	D *12ª d. Pentec.*	M S. N. M. V.	V S. Gallo ab.	L S. Edmon. v.	M *Temp. d'Inv.*
17	M S. Ranierie r.	V S. Alessio c.	L 8ª S. Lorenzo	G S. Stimm. S. Fra.	S S. Edvige r.	M S. Greg. tau.	G S. Lazzaro v.
18	G SS. Mar. e M.	S S. Camillo L.	M S. Agap. m.	V S. Gius. C. T.	D *21ª Par. M.V.*	M D. b. SS. P. P.	V Asp. Div. T.
19	V SS. Gier. e Pr.	D *8ª d. Pentec.*	M S. Lodov. v.	S S. Gennar. v.	L S. Piet. d'Alc.	G S. Elisabetta	S S. Nemes. T.
20	S S. Silver. pp.	L S. Margh. v.	G S. Bernar. ab.	D *17ª Dol. M. V.*	M S. Giovan. C.	V S. Felice Val.	D *4ª d'Avvento*
21	D *4ª d. Pentec.*	M S. Prassede v.	V S. Gio. di Ch.	L S. Matteo ap.	M SS. Orsol. e C.	S Pres. di M. V.	L S. Tom. ap.
22	L S. Paolino v.	M S. Maria M.	S 8ª Ass. M. V.	M SS. Mau. e C.	G S. Donato v.	D *25ª d. Pentec.*	M S. Flav. m.
23	M S. Lanfr. v.	G S. Apollin. v.	D *13ª S. Gioac.*	M S. Lino p.	V S. Severin. v.	L S. Clem. I p.	M S. Vittoria v.
24	M Nat. S. G. B.	V S. Cristina v.	L S. Bartol. ap.	G B. V. d. Merc.	S S. Rafael. A.	M S. Gio. d. Cr.	G *Vigilia*
25	G S. Gugl. ab.	S S. Giac. ap.	M S. Luigi re	V S. Firmino v.	D *22ª d. Pentec.*	M S. Cater. v.	V NATALE
26	V SS. Gio. e Pa.	D *9ª d. Pentec.*	M S. Aless. m.	S SS. Cip. e Giu.	L S. Evarist. p.	G S. Silves. ab.	S S. Stef. prot.
27	S S. Ladisl. Re	L S. Pantal. m.	G S. Gius. Cal.	D *18ª d. Pentec.*	M S. Frumenz.	V S. Giac. m.	D S. Giov. ev.
28	D *5ª d. Pentec.*	M S. Naz. e C.	V S. Agost. v d.	L S. Venc. v.	M SS. Sim. e G.	S S. Giac. Marc.	L S. Innoc. m.
29	L SS. P. e P. ap.	M S. Marta v.	S Dec. d. S. G. B.	M S. Michele A.	G S. Ermel. v.	D *1ª d'Avv. Ro.*	M S. Tom. C. v.
30	M Comm. S. Pa.	G SS. Abd. Sen.	D *14ª d. Pentec.*	M S. Girol. d.	V S. Gerardo v.	L S. Andrea ap.	M S. Eugen. v.
31		V S. Ignazio L.	L S. Raim. Non.		S S. Volfang. v.		G S. Silves. pp.

Pasqua 6 Aprile — Anni: 38, 49, 60, 133, 139, 144, 223, 228, 234, 307, 318, 329, 391, 402, 413, 424*, 475, 486, 497, 508, 570, 581, 592*, 665, 671, 676*, 755, 760*, 766, 839, 850, 861, 923, 934, 945, 956*, 1007, 1018, 1029, 1040*, 1102, 1113, 1124*, 1197, 1203, 1208*, 1287, 1292*, 1298, 1371, 1382, 1393, 1455, 1466, 1477, 1488*, 1539, 1550, 1561, 1572*, 1586, 1597, 1608*, 1670, 1681, 1692*, 1738, 1749, 1760*, 1806, 1817, 1828, 1890, 1947, 1958, 1969, 1980*, 2042, 2053, 2064*, 2110, 2121, 2132*, 2194, ecc.

GENNAIO bis.

1 M	Circ. di G. C.
2 M	3ª di S. Stef.
3 G	3ª di S. Giov.
4 V	s. SS. Innoc.
5 s	s. Telesf. p.
6 D	EPIFANIA
7 L	Cristoforia
8 M	s. Sever. ab.
9 M	SS. Giul. e C.
10 G	s. Gugliel. v.
11 V	s. Igino pp.
12 s	s. Modest. m.
13 D	fª d. l'Epif.
14 L	s. Ilar. S. Fel.
15 M	s. Paol. S. M.
16 M	s. Marcello p.
17 G	s. Antonio ab
18 V	Cat. S. Piet. R
19 s	S. Canuto re
20 D	SS. N. di Ges.
21 L	S. Agnese v.
22 M	SS. Vinc. e A.
23 M	Spos. di M. V.
24 G	S. Timoteo v.
25 V	Con. S. Paolo
26 s	S. Pollicar. v.
27 D	3ª, Sac. Fam.
28 L	S. Agnese 2 f.
29 M	S. Frances. S.
30 M	S. Martina v.
31 G	S. Pietro Nol.

FEBBRAIO bis.

1 V	S. Ignazio v.
2 s	Pur. di M. V.
3 D	Settuagesima
4 L	s. Andrea C.
5 M	s. Agata v.
6 M	Tito v.
7 G	s. Romualdo
8 V	s. Giov. di M.
9 s	S. Cirillo v.
10 D	Sessagesima
11 L	SS. Sett. Fon.
12 M	s. Eulalia v.
13 M	Cat. d. Ric.
14 G	s. Valent. m.
15 V	SS. Fau. e G.
16 s	S. Giuliana v.
17 D	Quinquages.
18 L	S. Simeone v.
19 M	S. Corrado c.
20 M	Le Ceneri
21 G	S. Severia. v.
22 V	Cat. S. P. A.
23 s	S. Pier. Dam.
24 D	1ª di Q., Inv.
25 L	S. Mattia ap.
26 M	S. Alessan.
27 M	Temp. di pri.
28 G	S. Romano
29 v	S. Osvaldo, T.

GENNAIO

1 M	Circ. di G. C.
2 G	3ª di S. Stef.
3 V	3ª di S. Giov.
4 s	s. SS. Innoc.
5 D	s. Telesf. p.
6 L	EPIFANIA
7 M	Cristoforia
8 M	s. Sever. ab.
9 G	SS. Giul. e B.
10 V	s. Gugliel. v.
11 s	s. Igino pp.
12 D	fª d. l'Epif.
13 L	3ª dell'Epif.
14 M	s. Ilar. S. Fel.
15 M	s. Paol. S. Ma.
16 G	S. Marcello p.
17 V	s. Antonio ab
18 s	Cat. S. Piet. R
19 D	2ª, SS. N. G.
20 L	SS. Fab. Seb.
21 M	S. Agnese v.
22 M	SS. Vinc. e A.
23 G	Spos. di M. V.
24 V	S. Timoteo v.
25 s	Con. S. Paolo
26 D	3ª, Sac. Fam.
27 L	S. Giov. Cris.
28 M	S. Agnese 2 f.
29 M	S. Frances. S.
30 G	S. Martina v.
31 V	S. Pietro Nol.

FEBBRAIO

1 M	S. Ignazio v.
2 D	Settuagesima
3 L	Pur. di M. V.
4 M	S. Andrea Co.
5 M	S. Agata v.
6 G	S. Tito S. Dor.
7 V	S. Romua. ab
8 s	S. Giov. di M.
9 D	Sessagesima
10 L	S. Scolastica
11 M	S. Lazzaro v.
12 M	S. Eulalia v.
13 G	S. Cat. de Ric.
14 V	S. Valent. m.
15 s	SS. Fau. e Gio.
16 D	Quinquages.
17 L	S. Silvino v.
18 M	S. Simeone v.
19 M	Le Ceneri
20 G	S. Eleute. m.
21 V	S. Severiano
22 s	Cat. S. P. A.
23 D	1ª di Q., Invo.
24 L	S. Mattia ap.
25 M	S. Cesario
26 M	Temp. di pri.
27 G	S. Leandro
28 V	S. Romano, T.

MARZO

1 s	s. Albino v. T.
2 D	gª di Q., Fam.
3 L	s. Quiacg. m.
4 M	s. Casimiro c.
5 M	s. Foca m.
6 G	s. Coleta v.
7 V	s. Tom. d'Aq.
8 s	s. Giov. di D.
9 D	gª di Q., Oculi
10 L	SS. 40 Martiri
11 M	s. Eulogio m.
12 M	s. Greg. I. pp.
13 G	s. Eufrasia v.
14 V	s. Matil. reg.
15 s	s. Longino m.
16 D	4ª di Q., Laet.
17 L	s. Patrizio v.
18 M	s. Galdino v.
19 M	S. Giuseppe
20 G	SS. Grat. e M.
21 V	s. Benel. ap.
22 s	s. Paolo v.
23 D	di Pas. Iudic.
24 L	s. Simone m.
25 M	ANN. DI M. V.
26 M	s. Teodoro v.
27 G	s. Giov. Dam.
28 V	B. V. Addolo.
29 s	s. Bustas. ab
30 D	delle Palme
31 L	S. Balbina

APRILE

1 M	S. Ugo v.
2 M	S. Frances. P.
3 G	Cena del Sig.
4 V	Pierascete
5 s	sato
6 D	PASQUA
7 L	dell'Angelo
8 M	S. Dionigi v.
9 M	S. Maria Cle.
10 G	s. Pompeo m.
11 V	s. Leone I pp.
12 s	s. Zenone v.
13 D	fª d. P. in Ab.
14 L	s. Giustin. m.
15 M	s. Paterno v.
16 M	s. Contar. pr.
17 G	s. Aniceto p.
18 V	s. Galdino v.
19 s	s. Leone IX p.
20 D	2ª, Miser. Dom
21 L	S. Anselmo v.
22 M	SS. Sot. e Caio
23 M	s. Giorgio m.
24 G	s. Fedele Sig.
25 V	s. Marco Ev.
26 s	SS. CletoMar.
27 D	3ª, P. S. Gius.
28 L	s. Vitale m.
29 M	s. Pietro m.
30 M	S. Cat. da Sie.

MAGGIO

1 G	SS. Fil. e G. a.
2 V	s. Atanas. v.
3 s	Inv. di S. Cro.
4 D	4ª Cantate
5 L	s. Pio V pp.
6 M	S. Gio. a. p. l.
7 M	s. Stanisl. v.
8 G	Ap. di S. Mic.
9 V	s. Greg. Naz.
10 s	SS. Gor. ed E.
11 D	5ª Rogate
12 L	Le Rogazioni
13 M	s. Serv. Rog.
14 G	s. Bonif. Rog.
15 G	ASCEN. G. C.
16 V	s. Ubaldo v.
17 s	s. Pasqual. B.
18 D	6ª P., Exau.
19 L	s. Pietro Cel.
20 M	8ª dell'Ascen.
21 M	S. Felice C.
22 G	s. Emilio. m.
23 V	s. Desider. v.
24 s	s. Donaz. v.
25 D	PENTECOS.
26 L	s. Filippo N.
27 M	s. Mar. M.
28 M	Temp. d'est.
29 G	s. Massim.
30 V	s. Felice I T.
31 s	S. Petronil. T.

GIUGNO	LUGLIO	AGOSTO	SETTEMBRE	OTTOBRE	NOVEMBRE	DICEMBRE
1 D f, SS. Trinit.	1 M 8ª di S. Gio. B.	1 V s. Pietro in v.	1 L s. Egidio ab.	1 M s. Remigio v.	1 S OGNISSANTI	1 L s. Eligio v.
2 L SS. Marc. e P.	2 M Vis. di M. V.	2 S s. Alfonso L.	2 M s. Stefano re	2 G SS. Angeli C.	2 D Comm. Def.	2 M s. Bibiana v.
3 M s. Clotil. reg.	3 G s. Marzial. v.	3 D 10ª d. Pentec.	3 M s. Mansue. v.	3 V s. Calim. v.	3 L s. Uberto v.	3 M s. Franc. Sav.
4 M s. Fran. Car.	4 V s. Ireneo v.	4 L s. Dom. di G.	4 G s. Rosalia v.	4 S s. Fran. d'As.	4 M s. Carlo Bor.	4 G s. Barb. m.
5 G CORPUS DO.	5 S SS. Ciril. e M.	5 M s. Maria d. N.	5 V s. Lorenzo G.	5 D 19ª B. V. Ros.	5 M SS. Zaccar. pr	5 V s. Sabba. ab.
6 V s. Norbert. v.	6 D 6ª d. Pentec.	6 M Trasf. di G. C.	6 S Tras. S. Ag. C.	6 L s. Brunone c.	6 G s. Leon. P. M.	6 S s. Nicolò v.
7 S s. Robert. ab.	7 L s. Pulcheria	7 G s. Gaetano T.	7 D 15ª d. Pentec.	7 M s. Marco pp.	7 V s. Prosdoc. v.	7 D 2ª d'Ave. Ro.
8 D 2ª d. Pentec.	8 M s. Elisab. im.	8 V SS. Cir. e c. m.	8 L Nat. di M. V.	8 M s. Brigida v.	8 S 8ª Ognissanti	8 L Imm. C. M. V.
9 L SS. Pri. e Fel.	9 M s. Veron. G.	9 S s. Roman. m.	9 M s. Gorgon. m.	9 G SS. Dion. R.E.	9 D 23ª Pat. M.V.	9 M s. Siro v.
10 M s. Marg. Reg.	10 G SS. Sett. fr. m.	10 D 11ª s. Lorca.	10 M s. Nic. Tol. c.	10 V s. Fran. B.	10 L s. Andrea Av.	10 M s. Melch. pp.
11 M s. Barn. ap.	11 V s. Pio I p.	11 L SS. Tib. e Sus.	11 G SS. Pr. e Giac.	11 S s. Germ. v.	11 M s. Martino v.	11 G s. Dam. I pp.
12 G 8ª Cor. Dom.	12 S s. Giov. Gua.	12 M s. Chiara v.	12 V s. Guido sag.	12 D 20ª Mat. M.V	12 M s. Mart. pp.	12 V s. Valer. ab.
13 V S. Cuor. di G.	13 D 7ª d. Pentec.	13 M s. Cassia. m	13 S s. Eulogio v.	13 L s. Edoardo re	13 G s. Didacy c.	13 S s. Lucia v.
14 S s. Basil. M. v.	14 L s. Bonav. d.	14 G s. Eusebio pr.	14 D Esalt. S. Cro.	14 M s. Calisto pp.	14 V s. Giosaf. v.	14 D 3ª d'Ave. Ro.
15 D 3ª d. Pentec.	15 M s. Enric. imp.	15 V Ass. di M. V.	15 L 8ª d. N. M. V.	15 M s. Teresa v.	15 S s. Gertrud. v.	15 L 9ª d'Imm. C.
16 L s. Gio. Fr. R.	16 G B. V. del Car.	16 D 12ª d. Pentec.	16 M SS. Corn. e C	16 G s. Gallo ab.	16 D 24ª [Ave. A.]	16 M s. Eusebio v.
17 M s. Ranieri cr.	17 V s. Alessio c.	17 L s. Giacinto c.	17 M Temp. d'Aut.	17 V s. Edvige r.	17 L s. Greg. tan.	17 M Temp. d'Inv.
18 M ss. Mar. e M.	18 S s. Camillo L.	18 M s. Agapit. m.	18 G s. Gius. C.	18 S s. Luca Ev.	18 M D. b. ss. P. P.	18 G Asp. Div. P.
19 G ss. Ger. e Pr.	19 D s. Vincen. P.	19 M s. Lodov. v.	19 V s. Gennaro v.	19 D 21ª Pur. M.V.	19 M s. Elisabetta	19 V s. Nemesio T.
20 V s. Silver. PP.	20 L 8ª d. Pentec.	20 G s. Bernar. ab.	20 S s. Eust. m T.	20 L s. Giovan. C.	20 G s. Felice Val.	20 S s. Teofilo T.
21 S s. Luigi G.	21 M s. Prassede v.	21 V s. Gio. di Ch.	21 D 17ª Del. M. V.	21 M s. Orsola e C	21 V Pres. di M. V.	21 D 4ª d'Ave. Ro.
22 D 1ª d. Pentec.	22 M s. Maria M.	22 S s. N. V. P.	22 L s. Mauri c.	22 M s. Donato v.	22 S s. Cecilia v.	22 L s. Flav. m.
23 L s. Lau. V.	23 G s. Apollin. v.	23 D s. Filip. Ben.	23 M s. Lino pp.	23 G s. Severin. v.	23 D 25ª d. Pentec.	23 M s. Vittor. v.
24 M Nat. S. G. B.	24 V s. Cristina v.	24 L s. Bartol. ap.	24 M B. V. d. Mere.	24 V s. Rafael. A.	24 L s. Gio. d. Cr.	24 M Vigilia
25 M ss. Gugl. ab.	25 S s. Giac. ap.	25 M s. Luigi re	25 G s. Firmin v.	25 S s. Crisan. D.	25 M s. Caterina v.	25 G NATALE
26 G SS. Gio. e Pa.	26 D s. Anna	26 M s. Alessan. m.	26 V SS. Cip. e Giu.	26 D 22ª d. Pentec.	26 M s. Silves. ab.	26 V s. Stef. prot.
27 V s. Ladisl. re	27 L 9ª d. Pentec.	27 G s. Gius. Cal.	27 S SS. Cos. e D.	27 L s. Frumenz.	27 G s. Giac. m.	27 S s. Giov. ev.
28 S s. Leone II p.	28 M ss. Naz. e C.	28 V s. Agost. v. d.	28 D 18ª d. Pentec.	28 M SS. Sim. e G.	28 V s. Giac. Marc.	28 D SS. Innocenti
29 D SS. Piet. e Pa.	29 M s. Marta v.	29 S s. Rosalia L.	29 L s. Michele A.	29 M s. Ermel. v.	29 S s. Saturn. m.	29 L s. Tomm. C.
30 L Comm. S. Pa.	30 G ss. Abd. Sen.	30 D 13ª d. Pentec.	30 M s. Girol d.	30 G s. Gerardo v.	30 D 1ª d'Ave. Ro.	30 M s. Eugen. v.
	31 G s. Ignazio L.			31 V s. Volfang. v.		31 M s. Silves. pp.

Pasqua 7 Aprile — Anni: 71, 76*, 155, 166, 239, 250, 261, 323, 334, 345, 356*, 418, 429, 440*, 513, 524*, 603, 608*, 687, 698, 771, 782, 793, 855, 866, 877, 888*, 950, 961, 972*, 1045, 1056*, 1135, 1140*, 1219, 1230, 1303, 1314, 1325, 1387, 1398, 1409, 1420*, 1482, 1493,1504*, 1577, 1602, 1613, 1624*, 1697, 1765, 1776*, 1822, 1833, 1844*, 1901, 1912*, 1985, 1996*, 2075, 2080*, 2137, 2148*, 2205, 2216*, ecc.

GENNAIO bis.	FEBBRAIO bis.	GENNAIO	FEBBRAIO	MARZO	APRILE	MAGGIO
1 L Circ. di G. C.	1 G S. Ignazio v.	1 M Circ. di G. C.	1 V S. Ignazio v.	1 V S. Albino v. T.	1 L S. Ugo v.	1 M SS. Fil. e G. a.
2 M 8ª di S. Stef.	2 V Pur. di M. V.	2 M 8ª di S. Stef.	2 S Pur. di M. V.	2 S S. Simplic. T.	2 M S. Frances. P.	2 G S. Atanas. v.
3 M 8ª di S. Giov.	3 S S. Biagio	3 G 8ª di S. Giov.	3 D Settuagesima	3 D 3ª di Q., Rem.	3 M S. Pancra. v.	3 V Inv. di S.Cro.
4 G 8ª SS. Innoc.	4 D Settuagesima	4 V 8ª SS. Innoc.	4 L S. Andrea Co.	4 L S. Casimiro c.	4 G Cena del Sig.	4 S S. Monica v.
5 V S. Telesf. p.	5 L S. Agata v.	5 S S. Telesforo	5 M S. Agata v.	5 M S. Foca m.	5 V Parasceve	5 D 4ª Cantate
6 S EPIFANIA	6 M S. Tito v.	6 D EPIFANIA	6 M S. Tito S. Dor.	6 M S. Coletta v.	6 S santo	6 L S. Gio. a. P. L.
7 D 1ª d. l'Epif.	7 M S. Romualdo	7 L 1ª d. l'Epif.	7 G S. Romua. ab	7 G S. Tom. d'Aq.	7 D PASQUA	7 M S. Stanisl. v.
8 L S. Sever. ab.	8 G S. Giov. di M.	8 M S. Sever. ab.	8 V S. Giov. di M.	8 V S. Giov. di D.	8 L dell'Angelo	8 M Ap. di S. Mic.
9 M SS. Giul. e C.	9 V S. Apollon. v.	9 M SS. Giul. e B.	9 S S. Apollon. v.	9 S S. Franc. Ro.	9 M S. Maria Cle.	9 G S. Greg. Naz.
10 M S. Gugliel. v.	10 S S. Scolastica.	10 G S. Gugliel. v.	10 D Sessagesima	10 D 3ª di Q. Oculi	10 M S. Pompeo m.	10 V SS. Gor. ed E.
11 G S. Igino pp.	11 D Sessagesima	11 V S. Igino pp.	11 L S. Lazzaro v.	11 L S. Eulogio m.	11 G S. Leone I pp.	11 S S. Mamert. v.
12 V S. Modest. m.	12 L S. Eulalia v.	12 S S. Modesto m.	12 M S. Eulalia v.	12 M S. Greg. I. pp.	12 V S. Zenone m.	12 D 5ª Rogate
13 D 3ª dell'Epif.	13 M Cat. d. Ric.	13 D 1ª d. l'Epif.	13 M Cat. de Ric.	13 M S. Eufrasia v.	13 S S. Ermen. m.	13 L Le Rogazioni
14 L S. Paol. S. M.	14 M S. Valent. m.	14 L S. Ilar. S. Fel.	14 G S. Valent. m.	14 G S. Matil. reg.	14 D 1ª d. P. in Alb.	14 M S. Bonif. Rog.
15 M S. Paol. S. M.	15 G SS. Fau. e G.	15 M S. Paol. S. Ma.	15 V SS. Fau. e Gio.	15 V S. Longino m.	15 L S. Paterno v.	15 M S. Isido. Rog.
16 M S. Marcello p.	16 V S. Giuliana v.	16 M S. Marcello p.	16 S S. Giulian. v.	16 S S. Eriberto v.	16 M S. Contar. pr.	16 G ASCEN. G. C.
17 G S. Antonio ab	17 S S. Silvino v.	17 G S. Antonio ab	17 D Quinquages.	17 D 4ª di Q., Laet.	17 M S. Aniceto p.	17 V S. Pasqual. B.
18 V Cat. S. Piet. R	18 D Quinquages.	18 V Cat. S. Piet. R	18 L S. Simeone v.	18 L S. Galdino v.	18 G S. Galdino v.	18 S S. Venanz. m.
19 S S. Canuto re	19 L S. Corrado c.	19 S S. Canuto re	19 M S. Corrado c.	19 M S. Giuseppe	19 V S. Leone IX p.	19 D 6ª d. P. Exau.
20 D 3ª Sac. Fam.	20 M S. Eleuter. m.	20 D 2ª SS. N. G.	20 M Le Ceneri	20 M SS. Grat. e M.	20 S S. Marcellino	20 L S. Bern. da S.
21 L SS. Vinc. e A.	21 M Le Ceneri	21 L S. Agnese v.	21 G S. Severiano	21 G S. Bened. ap.	21 D 2ª Miser.Dom	21 M S. Felice C.
22 M Spos. di M. V.	22 G Cat. S.Piet. A.	22 M SS. Vinc. e A.	22 V Cat. S. Piet. A.	22 V S. Paolo v.	22 L SS. Sot. e Caio	22 M S. Emilio. m.
23 M S. Timoteo v.	23 V S. Pier Dam.	23 M Spos. di M. V.	23 S S. Pier Dam.	23 S S. Vittor. m.	23 M S. Giorgio m.	23 G 8ª dell'Ascen.
24 G Con. S. Paolo	24 S S. Gerardo v.	24 G S. Timoteo v.	24 D 1ª di Q., Invo.	24 D di Pas. Indic.	24 M S. Fedele Sig.	24 V S. Donaz. v.
25 V S. Policar. v.	25 D 1ª di Q., Inv.	25 V Con. S. Paolo	25 L S. Cesario	25 L ANN. di M. V.	25 G S. Marco Ev.	25 S S. Greg. VII
26 G Con. S. Paolo	26 L S. Alessan.	26 S S. Policar. v.	26 M S. Alessan. v.	26 M S. Teodoro v.	26 V SS. CletoMar.	26 D PENTECOS.
27 S S. Policar. v.	27 M Temp. di pri.	27 D 3ª Sac. Fam.	27 M Temp. di pri.	27 M S. Giov. Dam.	27 S S. Zita v.	27 L S. Mar. M.
28 D 4ª d. l'Epif.	28 M Temp. di pri.	28 L S. Agnese 2 f.	28 G S. Romano	28 G S. Giov. Cap.	28 D 3ª P. S. Gius.	28 M S. Agos. Cant.
29 L S. Frances. S.	29 G S. Giusto m.	29 M S. Frances. S.		29 V B. V. Addolo.	29 L S. Pietro m.	29 M Temp. d'est.
30 M S. Martina v.		30 M S. Martina v.		30 S S. Giov. Clim.	30 M S. Cat. da Sie.	30 G S. Felice I
31 M S. Pietro Nol.		31 G S. Pietro Nol.		31 D delle Palme		31 V S. Petroni. T.

GIUGNO	LUGLIO	AGOSTO	SETTEMBRE	OTTOBRE	NOVEMBRE	DICEMBRE
1 S S. Panfilo, T.	1 L 3ª di S. Gio. B.	1 G S. Pietro in v.	1 D 14ª d. Pentec.	1 M S. Remigio v.	1 V OGNISSANTI	1 D 1ª d'Avv. Ro.
2 D f. SS. Trinit.	2 M Visa. di M. V.	2 V S. Alfonso L.	2 L S. Stefano re	2 M SS. Angeli c.	2 S Comm. Def.	2 L S. Bibiana v.
3 L S. Clotil. reg.	3 M S. Marzial. v.	3 S Inv. di S. Ste.	3 M S. Mansue. v.	3 G S. Calim. v.	3 D 23ª d. Pentec.	3 M S. Franc. Sav.
4 M S. Fran. Car.	4 G S. Ireneo v.	4 D 10ª d. Pentec.	4 M S. Rosalia v.	4 V S. Franc. d'A.	4 L S. Carlo Bor.	4 M S. Barb. m.
5 M S. Bonifac. v.	5 V SS. Ciril. e M.	5 L S. Maria t. N.	5 G S. Lorenzo G.	5 S S. Placid. c.	5 M S. Zaccar. pr.	5 G S. Sabba ab.
6 G CORP'S Do.	6 S SS. A.P.P.	6 M Trasf. di G.C.	6 V Trasl. S. Ag.	6 D 19ª d. Pentec.	6 M S. Leon. P.M.	6 V S. Nicolo v.
7 V S. Robert. ab.	7 D 6ª d. Pentec.	7 M S. Gaetano T.	7 S S. Regina v.	7 L S. Marco pp.	7 G S. Prosdoc. v.	7 S S. Ambrog. v.
8 S S. Gugliel. v.	8 L S. Elisab. am.	8 G SS. Cir. e c. m.	8 D 15ª N. M. V.	8 M S. Brigid.	8 V S. ... ogniss.	8 D Imm. C. M. V.
9 D 2ª d. Pentec.	9 M S. Veron. G.	9 V S. Roman. m.	9 L S. Gorgon. m.	9 M S. Dion. R.E.	9 S S. Teodoro m.	9 L ...
10 L S. Marg. Reg.	10 M SS. 7 frat. m.	10 S S. Lorenzo m.	10 M S. Nic. Tol.	10 G S. Franc. B.	10 D 24ª d. Pentec.	10 L S. Siro v.
11 M S. Barn. ap.	11 G S. Pio I pp.	11 D 11ª d. Pentec.	11 M SS. Prot. e Giac.	11 V ...	11 L S. Martino v.	11 M S. Melch. pp.
12 M S. Gio. d. S.F.	12 V S. Gio. Gual.	12 L S. Chiara v.	12 ...	12 ...	12 M S. Mart. pp.	12 M S. Dam. I pp.
13 ...	...	...	...	...	...	13 G S. Lucia v.
14 ...						14 V S. Spiridione

Pasqua 8 Aprile — Anni: 3, 8*, 14, 87, 98, 109, 171, 182, 193. 204, 255. 266, 277, 288*, 350, 361, 372*, 445, 451, 456*, 535, 540*, 546, 319, 630, 641, 703, 714, 725, 736*, 787, 798, 809, 820*, 882, 893, 904*, 977, 983, 988*, 1067, 1072*, 1078, 1151, 1162, 1173, 1235, 1246, 1257, 1268*, 1319, 1330, 1341, 1352*, 1414, 1425, 1436*, 1509, 1515, 1520*, 1635, 1640*, 1703, 1708*, 1787, 1792*, 1798, 1849, 1855, 1860*, 1917, 1928*. 2007, 2012*, 2091, 2159, 2164*, ecc.

GENNAIO bis.

1	D	Circ. di G. C.
2	L	8ª di S. Stef.
3	M	8ª di S. Giov.
4	M	8ª SS. Innoc.
5	G	S. Telesf. P.
6	V	EPIFANIA
7	S	Cristoforia
8	D	1ª d. l'Epif.
9	L	S. Sever. ab.
10	M	SS. Giul. e C.
11	M	S. Gugliel. v.
12	G	S. Igino pp.
13	V	8ª dell'Epif.
14	S	S. Ilar. S. Fel.
15	D	SS. N. di Ges.
16	L	S. Marc. l. pp.
17	M	S. Antonio ab
18	M	Cat. S. Piet. R.
19	G	S. Canuto re
20	V	S. Fab. e Seb.
21	S	S. Agnese v.
22	D	3ª Sac. Fam.
23	L	Spos. di M. V.
24	M	S. Timoteo v.
25	M	Con. S. Paolo
26	G	S. Policar. v.
27	V	S. Giov. Cris.
28	S	S. Agnese 2ª f.
29	D	4ª d. l'Epif.
30	L	S. Martina v.
31	M	S. Pietro Nol.

FEBBRAIO bis.

1	M	S. Ignazio v.
2	G	Pur. di M. V.
3	V	S. Biagio v.
4	S	S. Andrea Co.
5	D	Settuagesima
6	L	S. Tito v.
7	M	S. Romualdo
8	M	S. Giov. di M.
9	G	S. Apollon. v.
10	V	S. Scolast. v.
11	S	SS. Set. Fond.
12	D	Sessagesima
13	L	S. Cat. de' R.
14	M	S. Valent. m.
15	M	SS. Fau. e G.
16	G	S. Giuliana v.
17	V	S. Silvino v.
18	S	S. Simeone v.
19	D	Quinquages.
20	L	S. Elenter. m.
21	M	S. Severia. v.
22	M	Le Ceneri
23	G	S. Pier Dam.
24	V	S. Gerardo v.
25	S	S. Mattia ap.
26	D	1ª di Q. Inv.
27	L	S. Leandro v.
28	M	S. Romano ab
29	M	Temp. di pri.

GENNAIO

1	L	Circ. di G. C.
2	M	8ª di S. Stef.
3	M	8ª di S. Giov.
4	G	8ª SS. Innoc.
5	V	S. Telesf. P.
6	S	EPIFANIA
7	D	1ª d. l'Epif.
8	L	S. Sever. ab.
9	M	SS. Giul. e C.
10	M	S. Gugliel. v.
11	G	S. Igino pp.
12	V	S. Modest. m.
13	S	8ª dell'Epif.
14	D	2ª SS. N. di G.
15	L	S. Paol. S. M.
16	M	S. Marcello p.
17	M	S. Antonio ab
18	G	Cat. S. Piet. R
19	V	S. Canuto re
20	S	SS. Fab. Seb.
21	D	3ª Sac. Fam.
22	L	SS. Vinc.. An.
23	M	Spos. di M.V.
24	M	S. Timoteo v.
25	G	Con. S. Paolo
26	V	S. Policar. v.
27	S	S. Giov. Cr.
28	D	4ª d. l'Epif.
29	L	S. Fran. ed A.
30	M	S. Martina v.
31	M	S. Pietro Nol.

FEBBRAIO

1	G	S. Ignazio v.
2	V	Puri. di M. V.
3	S	S. Biagio v.
4	D	Settuagesima
5	L	S. Agata V.
6	M	S. Tito S. Dor.
7	M	S. Romua. ab
8	G	S. Giov. di M.
9	V	S. Apollon. v.
10	S	S. Scolastica
11	D	Sessagesima
12	L	S. Eulalia v.
13	M	S. Cat. de Ric.
14	M	S. Valent. m.
15	G	SS. Fau. e Gio.
16	V	S. Giulian. v.
17	S	S. Silvino v.
18	D	Quinquages.
19	L	S. Corrado c.
20	M	S. Eleute. m.
21	M	Le Ceneri
22	G	Cat. S. Piet. A.
23	V	S. Pier Dam.
24	S	S. Mattia ap.
25	D	1ª di Q. Inv.
26	L	S. Aless. v.
27	M	S. Leandro v.
28	M	Temp. di pri.

MARZO

1	G	S. Albino v.
2	V	S. Simplic. T.
3	S	S. Cunego. T.
4	D	2ª di Q. Tem.
5	L	S. Foca m.
6	M	S. Coletta v.
7	M	S. Tom. d'Aq.
8	G	S. Giov. di D.
9	V	S. Franc. Ro.
10	S	SS. 40 Mart.
11	D	3ª di Q. Oculi
12	L	S. Greg. I pp.
13	M	S. Eufrasia v.
14	M	S. Matil. reg.
15	G	S. Longinom.
16	V	S. Eriberto v.
17	S	S. Patrizio v.
18	D	4ª di Q. Laet.
19	L	S. Giuseppe
20	M	SS. Grat. e M.
21	M	S. Bened. ap.
22	G	S. Paolo v.
23	V	S. Vittoriano
24	S	S. Simeone m.
25	D	ANN. di M.V.
26	L	S. Teodoro v.
27	M	S. Giov. Dam.
28	M	S. Giov. Cap.
29	G	S. Eustas. ab.
30	V	B. V. Addol.
31	S	S. Balbina m.

APRILE

1	D	delle Palme
2	L	S. Frances. P.
3	M	S. Pancra. v.
4	M	S. Isidoro v.
5	G	Cena del Sig.
6	V	Parasceve
7	S	santo
8	D	PASQUA
9	L	dell'Angelo
10	M	S. Pompeo m.
11	M	S. Leone I p.
12	G	S. L. pp.
13	V	S. Zenone v.
14	S	S. Ermen. m.
15	D	1ª in Albis
16	L	S. Contar. pr.
17	M	S. Aniceto p.
18	M	S. Galdino v.
19	G	S. Leone IX p.
20	V	S. Marcel. v.
21	S	S. Anselmo v.
22	D	2ª Miser. Dom
23	L	S. Giorgio m.
24	M	S. Fedele Sig.
25	M	S. Marco Ev.
26	G	SS. CletoMar.
27	V	S. Zita v.
28	S	S. Vitale m.
29	D	3ª Pat.diS.G.
30	L	S. Cater. da S.

MAGGIO

1	M	SS. Fil. e G. a.
2	M	S. Atanas. v.
3	G	Inv. di S. Cro.
4	V	S. Mon. ved.
5	S	S. Pio V pp.
6	D	4ª Cantate
7	L	S. Stanisl. v.
8	M	Ap. di S. Mic.
9	M	S. Greg. Naz.
10	G	SS. Gor. ed E.
11	V	S. Mamert. v.
12	S	SS. Ner. C. m.
13	D	5ª Rogate
14	L	Le Rogazioni
15	M	S. Isid. Rog.
16	M	S. Giov. Rog.
17	G	ASCEN. G. C.
18	V	S. Venan. m.
19	S	S. Pietro Cel.
20	D	6ª d. P., Exau
21	L	S. Felice. C.
22	M	S. Emildo m.
23	M	S. Desider. v.
24	G	S. Donaz. v.
25	V	S. Gre. VII p.
26	S	S. Filippo N.
27	D	PENTECOS.
28	L	S. Agos. C.
29	M	S. Massimino
30	M	Temp. d'est.
31	G	S. Petronil. v.

GIUGNO	LUGLIO	AGOSTO	SETTEMBRE	OTTOBRE	NOVEMBRE	DICEMBRE
1 V S. Pànfilo m.	1 D 5ª d. Pentc.	1 M S. Pietro in v.	1 L S. Egidio ab.	1 L S. Remigio v.	1 G OGNISSANTI	1 D 2ª d'Avv. Re.
2 S SS. Marc. et.	2 L Vis. di M. V.	2 G S. Alfonso L.	2 M S. 4ª d. Prater	2 M SS. Angeli c.	2 V Comm. Def.	2 L S. Eligio v.
3 D 1ª SS. Trinit.	3 M S. Marzial. v.	3 V Inv. di S. Ste.	3 L S. Mansue v.	3 M S. Calino v.	3 S S. Uberto v.	3 M S. Franc. Sav.
4 L S. Fran. Car.	4 M S. Ireneo v.	4 S S. Dom. di Gt.	4 M S. Rosalia v.	4 G S. Fran. d'As.	4 D S. S. Carlo	4 M S. Barb. m.
5 M S. Bonifac. v.	5 G SS. Ciril. e M.	5 D 10ª d. Pentec	5 M S. Lorenzo G.	5 V S. Placid. C.	5 L S. Zaccar. pr.	5 M S. Sabba ab.
6 M S. Norbert. v.	6 V S. S. A. P P.	6 L Trasf. di G.C.	6 G Trasf. S. Agt	6 S S. Brunone c.	6 M S. Leon. P. M.	6 G S. Nicolò v.
7 G CORPUS DO.	7 S S. Pulcheria	7 M S. Gaetano T.	7 V S. Regina v.	7 D 20ª d. Pentec	7 M S. Prosdoc v.	7 V S. Ambrogio
8 V S. Gugliel. v.	8 D 6ª d. Pentc.	8 M S. Ciriac. m.	8 S Natt. di M. V.	8 L S. Brigida v.	8 G S. Goggissanti	8 S Imm. C. M. V.
9 S SS. Pri. e Fel.	9 L S. Veron. G.	9 G S. Roman. m.	9 D 15ª d. Pentec	9 M S. Dion. R. v.	9 V S. Teodorum	9 D 3ª d'Avv. Re.
10 D 2ª d. Pentc.	10 M S. Sett. fra. m.	10 V S. Lorenzo m.	10 L S. Nic. Tolc.	10 M S. Fran. B.	10 S S. Andrea Av.	10 L S. Melch. pp.
11 L S. Barn. apo.	11 M S. Pio I pp.	11 S SS. Tib. e Sus.	11 M S. Prot e Giac	11 G S. Germ.	11 D S. Mart. v.	11 M S. Dam. I pp.
12 M S. Gio. d. S. F.	12 G S. Gio. Gual.	12 D 11ª d. Pentec	12 M S. Guido ab.	12 V S. Massim. v.	12 L S. Mart. pp.	12 M S. Valer. ab.
13 M S. Ant. di Pa.	13 V S. Anacl. pp.	13 L S. Ippolito m.	13 G S. Ligorio p.	13 S S. Edoardo re	13 M S. Didac c.	13 G S. Lucia v.
14 G	14 S S. Bonav. d.	14 M S. Eusebio pr.	14 V S. Esalt. Cr.	14 D S. Calisto pp.	14 M S. Gertrud. v.	14 V S. Spiridione
15 V	15 D	15 M Assunz. M. V.	15 S	15 L S. Teresa v.	15 G S. Leop. pr.	15 S
16 S	16 L	16 G	16 D	16 M S. Gallo ab.	16 V	16 D 4ª d'Avv. Re.
17 D	17 M	17 V	17 L	17 M S. Edvige	17 S	17 L S. Lazaro v.
18 L	18 M	18 S	18 M	18 G S. Luca ev.	18 D	18 M Asp. d. M. V.
19 M	19 G	19 D	19 M	19 V	19 L	19 M S. Nemes m.
20 M	20 V	20 L	20 G	20 S	20 M	20 G S. Liber. m.
21 G	21 S	21 M	21 V	21 D	21 M	21 V S. Tom. ap.
22 V	22 D	22 M	22 S	22 L	22 G	22 S S. Dem. m.
23 S	23 L	23 G	23 D	23 M	23 V	23 D S. Vitt. m.
24 D	24 M	24 V	24 L	24 M	24 S	24 L Vig.
25 L	25 M	25 S	25 M	25 G	25 D	25 M NATALE
26 M	26 G	26 D	26 M	26 V	26 L	26 M S. Stef. prot.
27 M	27 V	27 L	27 G	27 S	27 M	27 G S. Giov. ap.
28 G	28 S	28 M	28 V	28 D	28 M	28 V SS. Innocenti
29 V	29 D	29 M	29 S	29 L	29 G	29 S S. Tomm. C.
30 S	30 L	30 G	30 D	30 M	30 V	30 D S. Eug. v.
	31 M	31 V		31 G		31 L S. Silv. pp.

Pasqua 9 Aprile — Anni: 19, 30, 41, 103, 114, 125, 136*, 198, 209, 220*, 293, 304*, 383, 388*, 467, 478, 551, 562, 573, 635, 646, 657, 668*, 730, 741, 752*, 825, 836,* 915, 920*, 999, 1010, 1083, 1094, 1105, 1167, 1178, 1189, 1200*, 1262, 1273, 1284*, 1357, 1368, 1447, 1452*, 1531, 1542, 1651, 1662, 1719, 1730, 1871, 1882, 1939, 1944*, 1950, 2023, 2034, 2045, 2102, 2175, 2186, 2197, 2243, 2259, ecc.

	GENNAIO bis.	FEBBRAIO bis.	GENNAIO	FEBBRAIO	MARZO	APRILE	MAGGIO
1			Circ. di G. C.	M S. Ignazio v.	M Temp. di pri.	S S. Ugo v.	L SS. Fil. e G. a.
2			D	G Pur. di M. V.	G S. Simplic. p.	D delle Palme	M S. Atanas. v.
3			L S. Giov.	V S. Biagio v.	V S. Cunea. T.	L S. Pancra..	M Inv. di S. Cro.
4			M S. Tit.	S S. Andrea Co.	S S. Casimir. T.	M S. Isidoro v.	G S. Monica v.
5			M S. Telesforo	D Septuagesima	D 2ª di Q. Rem.	M S. Vinc. Fer.	V S. Pio V pp.
6			G EPIFANIA	L S. Tito S. Por.	L S. Coletta v.	G Cœna del Sig.	S S. Gio. a. p. l.
7			V	M S. Romua. ab	M S. Tom. d'Aq.	V Parasceve	D 4ª. Cantate
8			S	M	M S. Giov. di D.	S sabto	L Ap. di S. Mic.
9			D	G S. Apollon. v.	G S. Franc. Ro.	D PASQUA	M S. Greg. Naz.
10			L	V S. Scolastica	V SS. 40 Mart.	L dell'Angelo	M SS. Gior. ed E.
11			M	S S. Sette Fon.	S S. Eulogio m.	M S. Leone I pp.	G S. Mamert. v.
12			M	D Sessagesima	D 3ª di Q. oculi	M S. Zenone v.	V SS. Ner. C. m.
13			G	L S. Cat. de Ric.	L S. Eufrasia v.	G S. Ermen. m.	S S. Servazio v.
14			V S. Ilar. S. Fel.	M S. Valent. m.	M S. Matil. reg.	V S. Giusti. m.	D 5ª. Rogate
15			S S. Paolo e r.	M SS. Fau. e Gio.	M S. Longino m.	S S. Paterno v.	L Le Rogazioni
16			D SS. N. di Ges.	G S. Giulian. v.	G S. Eriberto v.	D ½ d. P. in Alb.	M S. Ubal. Rog.
17			L S. Antonio ab.	V S. Silvino v.	V S. Patrizio v.	L S. Aniceto P.	M S. Pasq. Rog.
18			M Cat. S. Piet. R	S S. Simeone v.	S S. Gabriel. a.	M S. Galdino v.	G ASCEN. G. C.
19			M S. Canuto re	D Quinquages.	D 4ª di Q. Laet.	M S. Leone IX p.	V S. Pietro Cel.
20			G SS. Fab. Seb.	L S. Eleute. m.	L S. Grat. e M.	G S. Marcellino	S S. Bern. da S.
21			V S. Agnese v.	M S. Severiano	M S. Bened. ap.	V S. Anselmo v.	D 6ª d. P. Ascen.
22			S SS. Vinc. e A.	M Le Ceneri	M S. Paolo v.	S SS. Sot. e Caio	L S. Emilio. m.
23			D 3ª. Sac. Fam.	G S. Pier bam.	G S. Vittor. m.	D 2ª Miser. Dom	M S. Desider. v.
24			L S. Timoteo v.	V S. Mattia ap.	V S. Simone m.	L S. Fedele Sig.	M S. Donaz. v.
25			M Con. S. Paolo	S S. Cesario m.	S ANN. di M.V.	M S. Marco Ev.	G S. dell'Ascen.
26			M S. Policar. v.	D 1ª di Q. Inv.	D de Pas. Iudic.	M SS. Cl. to Mar.	V S. Filippo N.
27			G S. Giov. Cr.	L S. Alessan. v.	L S. Giov. Dam.	G S. Zita v.	S S. Mar. Mad.
28			V S. Agnese 2 f.	M S. Romano a.	M S. Giov. Cap.	V S. Vitale m.	D PENTECOS.
29			S S. Frances. S.		M S. Eustas. ab.	S S. Pietro m.	L S. Massimino
30			D 4ª d. l'Epif.		G S. Giov. Clim.	D 3ª P. S. Gius.	M S. Felice I pp.
31			L S. Pietro Nol.		V N. B. V. Addolo.		M Temp. d'est.

GIUGNO	LUGLIO	AGOSTO	SETTEMBRE	OTTOBRE	NOVEMBRE	DICEMBRE
1 G S. Panfilo m.	1 S 8ª di S. Gio. B.	1 M S. Pietro in v.	1 V S. Egidio ab.	1 D 18ª B. V. Ros.	1 M OGNISSANTI	1 V S. Eligio v.
2 V SS. Mar. C. T.	2 D 5ª d. Pentec.	2 M S. Alfonso L.	2 S S. Stefano re	2 L SS. Angeli C.	2 G Comm. Def.	2 S S. Bibiana v.
3 S S. Clotl. r. T.	3 L S. Marzial. v.	3 G Inv. di S. Ste.	3 D 14ª d. Pentec.	3 M S. Calim. v.	3 V S. Uberto v.	3 D 1ª d'Avv. Ro.
4 D f* SS. Trinit.	4 M S. Ireneo v.	4 V S. Dom. di G.	4 L S. Rosalia v.	4 M S. Fran. d'As.	4 S S. Carlo Bor.	4 L S. Barb. m.
5 L S. Bonifac. v.	5 M SS. Ciril. e M.	5 S S. Maria d. N.	5 M S. Lorenzo G.	5 G SS. Placid. C.	5 D 23ª d. Pentec.	5 M S. Sabba ab.
6 M S. Norbert. v.	6 G 8ª SS. A. P. P.	6 D 10ª d. Pentec.	6 M Tras. S. Ag. C.	6 V S. Brunone c.	6 L S. Leon. P. M.	6 M S. Nicolò v.
7 M S. Robert. ab.	7 V S. Pulcheria	7 L S. Gaetano T.	7 G S. Regina v.	7 S S. Marco pp.	7 M S. Prosdoc. v.	7 G S. Ambrog. v.
8 G CORPUS DO.	8 S S. Elisab. im.	8 M SS. Cir. e c. m.	8 V Nat. di M. V.	8 D 19ª M. V.	8 M 8ª Ognissanti	8 V Imm. C. M. V.
9 V SS. Pri. e Fel.	9 D 6ª d. Pentec.	9 M S. Roman. m.	9 S S. Gorgon. m.	9 L SS. Dion. R. E.	9 G S. Teodoro m.	9 S S. Siro v.
10 S S. Marg. Reg.	10 L SS. Sett. fr. m.	10 G S. Lorenzo m.	10 D 15ª SS. N. M.	10 M S. Franc. B.	10 V S. Andrea Av.	10 D 2ª d'Avv. Ro.
11 D 2ª d. Pentec.	11 M S. Pio 1 Pp.	11 V SS. Tib. e Sus.	11 L SS. Pre Giac.	11 M S. Germ. v.	11 S S. Martino v.	11 L S. Dam. I pp.
12 L S. Gio. d. S. F.	12 M S. Giov. Gual.	12 S S. Chiara v.	12 M S. Guido sag.	12 G S. Massim. v.	12 D 24ª Pat M. V.	12 M S. Valer. ab.
13 M S. Ant. di Pa.	13 G S. Anacl. pp.	13 D 11ª d. Pentec.	13 M S. Eulogio p.	13 V S. Edoardo re	13 L S. Diduso c.	13 M S. Lucia v.
14 M S. Basil. M. v.	14 V S. Bonav. d.	14 L S. Eusebio pr.	14 G Esalt. S. Cro.	14 S S. Calisto pp.	14 M S. Giosaf. v.	14 G S. Spiridione
15 G 8ª Cor. Dom.	15 S S. Enric. imp.	15 M Ass. di M. V.	15 V 8ª d. N. M. V.	15 D 20ª Pur. M. V.	15 M S. Geltrud. v.	15 V 8ª d. Imm. Co.
16 V S. Cuor. di G.	16 D 7ª d. Pentec.	16 G S. Giacinto c.	16 S SS. Corn. e C.	16 L S. Gallo ab.	16 G S. Edmon. v.	16 S S. Eusebio v.
17 S S. Ranivrier.	17 L S. Alessio c.	17 V 8ª S. Lorenzo	17 D 16ª Dol. M. V.	17 M S. Edvige r.	17 V S. Greg. tau.	17 D 3ª d'Avv. Ro.
18 D 3ª d. Pentec.	18 M S. Camillo L.	18 S S. Agapit. m.	18 L S. Gius. C.	18 M S. Luca Ev.	18 S D. b. ss. P. P.	18 L Asp. Div. P.
19 L Cuore di Mar.	19 M S. Vincen. P.	19 D 12ª d. Pentec.	19 M S. Gennaro v.	19 G S. Piet. d'Alc.	19 D 25ª d. Pentec.	19 M S. Nemes. m.
20 M SS. Ger. e Pr.	20 G S. Margh. v.	20 L S. Bernar. ab.	20 M Temp. d'aut.	20 V S. Giovan. C.	20 L S. Felice Val.	20 M Temp. d'inv.
21 M S. Silver. pp.	21 V S. Prassede v.	21 M S. Gio. di Ch.	21 G S. Matteo ap.	21 S S. Orsol. e C.	21 M Pres. di M. V.	21 G S. Tom. ap.
22 G S. Luigi G.	22 S S. Maria M.	22 M 8ª Ass. M. V.	22 V SS. Mau. C. T.	22 D 21ª d. Pentec.	22 M S. Cecilia v.	22 V S. Flavian. T.
23 V S. Paolino v.	23 D 8ª d. Pentec.	23 G S. Filip. Ben.	23 S S. Lino p. T.	23 L S. Severin. v.	23 G S. Clem. I p.	23 S S. Vittoria T.
24 S Nat. S. G. B.	24 L S. Cristina v.	24 V S. Bartol. ap.	24 D 17ª d. Pentec.	24 M S. Raffael. A.	24 V S. Giod. d. Cr.	24 D 4ª d'Avv. Ro.
25 D 4ª d. Pentec.	25 M S. Giac. ap.	25 S S. Luigi re	25 L S. Firmino v.	25 M SS. Crisan. d.	25 S S. Cater. v.	25 L NATALE
26 L SS. Gio. e Pa.	26 M S. Anna	26 D 13ª d. Pentec.	26 M SS. Cip. e Giu.	26 G S. Evarist. p.	26 D 26ª d. Pentec.	26 M S. Stef. prot.
27 M S. Ladisl. re	27 G S. Pantal. m.	27 L S. Gius. Cal.	27 M SS. Cos. e D.	27 V S. Francuiz.	27 L S. Giac. m.	27 M S. Giov. ev.
28 M S. Leone II p.	28 V S. Naz. e C.	28 M S. Agost. v. d.	28 G S. Venceslao	28 S SS. Sim. e G.	28 M S. Giac. Marc.	28 G SS. Innoc. m
29 G SS. P. e P. ap.	29 S S. Marta v.	29 M Decol. S. G. B.	29 V S. Michele A.	29 D 22ª d. Pentec.	29 M S. Saturn. m.	29 V S. Tom. C. v.
30 V Comm. S. Pa.	30 D 9ª d. Pentec.	30 G S. Rosa da L.	30 S S. Girol. d.	30 L S. Gerardo v.	30 G S. Andrea ap.	30 S S. Eugen. v.
	31 L S. Ignazio L.	31 V S. Raim. Non.		31 M S. Volfanc. v.		31 D S. Silves. pp.

Pasqua 10 Aprile — Anni: 35, 46, 57, 68,* 130, 141, 152*, 225, 236*, 315, 320*, 399, 410, 483, 494, 505, 567, 578, 589, 600*, 662, 673, 684*, 757, 768*, 847, 852*, 931, 942, 1015, 1026, 1037, 1099, 1110, 1121, 1132*, 1194, 1205, 1216*, 1289, 1300*, 1379, 1384*, 1463, 1474, 1547, 1558, 1569, 1583, 1594, 1605, 1667, 1678, 1689, 1735, 1746, 1757, 1803, 1814, 1887, 1898, 1955, 1966, 1977, 2039, 2050, 2061, 2072, 2107, 2118, 2129, 2191, 2259, ecc.

GENNAIO bis.	FEBBRAIO bis.	GENNAIO	FEBBRAIO	MARZO	APRILE	MAGGIO
1 V Circ. di G. C.	1 M S. Ignazio v.	1 S Circ. di G. C.	1 M S. Ignazio v.	1 M S. Albino v.	1 V B. V. Addol.	1 D 3ª Jubilate
2 S 8ª di S. Stef.	2 L Pur. di M. V.	2 D 8ª di S. Stef.	2 M Puri. di M. V.	2 M Temp. di pri.	2 S S. Fran. di P.	2 L S. Atanas. v.
3 D 8ª di S. Giov.	3 M S. Biagio v.	3 L 8ª di S. Giov.	3 G S. Biagio v.	3 G S. Cunego.	3 D delle Palme	3 M Inv. di S. Cro.
4 L 8ª SS. Innoc.	4 G S. Andrea Co.	4 M 8ª SS. Innoc.	4 V S. Andrea Co.	4 V S. Casimir. T.	4 L S. Isidoro v.	4 M S. Mon. ved.
5 M S. Telest. p.	5 V S. Agata v.	5 M S. Telest. p.	5 S S. Agata v.	5 S S. Foca m. T.	5 M S. Vinc. Fer.	5 G S. Pio V pp.
6 M EPIFANIA	6 S Tito v.	6 G EPIFANIA	6 D Settuagesima	6 D 2ª di Q. Rem.	6 M S. Ben. G. L.	6 V S. Gio. a. p. l.
7 G Cristoforia	7 D Settuagesima	7 V Cristoforia	7 L S. Romua. ab	7 L S. Tom. d'Aq.	7 G Cena del Sig.	7 S S. Stanisl. v.
8 V S. Sever. ab.	8 L S. Giov. di M.	8 S S. Sever. ab.	8 M S. Giov. di M.	8 M S. Giov. di D.	8 V Parascere	8 D 4ª Cantate
9 S SS. Giul. e C.	9 M S. Apollon. v.	9 D 1ª d. l'Epif.	9 M S. Apollon. v.	9 M S. Franc. Ro.	9 S santo	9 L S. Greg. Naz.
10 D 1ª d. l'Epif.	10 G S. Scolast. v.	10 L S. Gugliel. v.	10 G S. Scolastica	10 G SS. 40 Mart.	10 D PASQUA	10 M SS. Gor. ed E.
11 L S. Gugliel. v.	11 V SS. Set. Fond.	11 M S. Igino pp.	11 V S. Lazzaro v.	11 V S. Eulogio m.	11 L S. dell'Angelo	11 M S. Mamert. v.
12 M S. Igino pp.	12 S S. Eulalia v.	12 M S. Modest. m.	12 S S. Eulalia v.	12 S S. Greg. I. pp.	12 M S. Zenone v.	12 G SS. Ner. C. m.
13 M 8ª dell'Epif.	13 D Cat. de' R.	13 G 8ª dell'Epif.	13 D Sessagesima	13 D 3ª di Q. Oculi	13 M S. Ermen. m.	13 V S. Servaziov.
14 G S. Ilar. S. Fel.	14 L Sessagesima	14 V S. Ilar. S. Fel.	14 L S. Valent. m.	14 L S. Matil. reg.	14 G S. Giusti. m.	14 S S. Bonifacio
15 V S. Paolo er.	15 M SS. Fau. e G.	15 S S. Paolo er.	15 M SS. Fau. e Gio.	15 M S. Longino m.	15 V S. Paterno v.	15 D 5ª Rogate
16 S S. Marc. L. pp.	16 M S. Giuliana v.	16 D 2ª SS. N. di G.	16 M S. Giulian. v.	16 M S. Eriberto v.	16 S S. Contar. pr.	16 L Le Rogazioni
17 D SS. N. di Ges.	17 G S. Silvino v.	17 L S. Antonioab	17 G S. Silvino v.	17 G S. Patrizio v.	17 D 1ª in Albis	17 M S. Pasq. Rog.
18 L Cat. S. Piet. R	18 V S. Simeone v.	18 M Cat. S. Piet. R	18 V S. Simeone v.	18 V S. Galdino v.	18 L S. Galdino v.	18 M S. Vena. Rog.
19 M S. Canuto re	19 S S. Corrado c.	19 M S. Canuto re	19 S S. Corrado c.	19 S S. Giuseppe	19 M S. Leone IX p.	19 G ASCEN. G. C.
20 M SS. Fab. e Seb.	20 D S. Eleuter. m.	20 G SS. Fab. Seb.	20 D Quinquages.	20 D 4ª di Q. Laet.	20 M S. Marcel. v.	20 V S. Bern. da S.
21 G S. Agnese v.	21 L Quinquagesi.	21 V S. Agnese v.	21 L S. Severiano	21 L S. Bened. ap.	21 G S. Anselmo v.	21 S S. Felice. C.
22 V SS. Vinc. e A.	22 M Cat. S. Piet. A.	22 S SS. Vinc.-An.	22 M Cat. S. Piet. A.	22 M S. Paolo v.	22 V SS. Sot. e Caio	22 D 6ª d. P., Exau
23 S Spos. di M. V.	23 M S. Pier Dam.	23 D 3ª S. Fam.	23 M Le Ceneri	23 M S. Vittoriano	23 S S. Giorgio m.	23 L S. Desider. v.
24 D 3ª Sac. Fam.	24 G Le Ceneri	24 L S. Timoteo v.	24 G S. Mattia ap.	24 G S. Simone m.	24 D 2ª Miser. Dom	24 M S. Donaz. v.
25 L Con. S. Paolo	25 V S. Mattia ap.	25 M Con. S. Paolo	25 V S. Cesario	25 V ANN. DI M.V.	25 L S. Marco Ev.	25 M Gre. VII p.
26 M S. Policar. v.	26 S S. Alessan. v.	26 M S. Policar. v.	26 S S. Aless. v.	26 S S. Teodoro v.	26 M S. Cleto Mar.	26 G 8ª dell'Ascen.
27 M S. Giov. Cris.	27 D S. Leandro v.	27 G S. Giov. Cr.	27 D 1ª di Q. Inv.	27 D di Pas. Iudic.	27 M S. Zita v.	27 V S. Mar. Mad.
28 G S. Agnese 2ª f.	28 L S. Osvaldo v.	28 V S. Agnese 2ª f.	28 L S. Romano a.	28 L S. Giov. Cap.	28 G S. Vitale m.	28 S S. Agos. C.
29 V S. Frances. S.	29	29 S S. Fran. ed A.		29 M S. Eustas. ab.	29 V S. Pietro m.	29 D PENTECOS.
30 S S. Martina v.		30 D 4ª d. l'Epif.		30 M S. Giov. Clim.	30 S S. Cater. da S.	30 L S. Felice I pp.
31 D 4ª d. l'Epif.		31 L S. Pietro Nol.		31 G S. Balbina m.		31 M S. Petronil. v.

GIUGNO	LUGLIO	AGOSTO	SETTEMBRE	OTTOBRE	NOVEMBRE	DICEMBRE
1M Temp. d'Est.	1V 3a di S. Gio. B.	1L S. Pietro in v.	1G S. Egidio ab.	1S S. Remigio v.	1M OGNISSANTI	1G S. Eligio v.
2G SS. Marc. e C.	2S Visit. di M. V.	2M S. Alfonso L.	2V S. Stefano re	2D 20a B. B. Ros.	2M Comm. Def.	2V S. Bibiana v.
3V S. Clotil. r. T.	3D 5a d. Pentec.	3M S. Inv. di S. Ste.	3S S. Mansue. v.	3L S. Calim. v.	3G S. Uberto v.	3S S. Franc. Sav.
4S S. Fran. C. T.	4L S. Ireneo v.	4G S. Dom. di G.	4D 14a d. Pentec.	4M S. Fran. d'As.	4V S. Carlo Bor.	4D 2a d'Avv. Ro.
5D f. SS. Trinit.	5M SS. Ciril. e M.	5V S. Maria d. N.	5L S. Lorenzo G.	5M S. Placid. c.	5S S. Zaccar. pr.	5L S. Sabba ab.
6L S. Norbert. v.	6M 8a SS. A. PP.	6S S. Trasf. di G. C.	6M S. Trasf. S. Aga.	6G S. Brunone c.	6D ... d. Pentec.	6M S. Nicolo v.
7M S. Robert. ab.	7G S. Pulcheria	7D 10a d. Pentec.	7M S. Regina v.	7V S. Marco pp.	7L S. Prosdoc. v.	7M S. Ambrogio
8M S. Gugliel. v.	8V S. Elisab. ...	8L S. Ciriac. m.	8G Nat. di M. V.	8S S. Brigida v.	8M ... Quassanti	8G Immac. C. M. V.
9G CORPUS DO.	9S S. Veron. G.	9M S. Romar. m.	9V S. Gorgon. m.	9D 21a d. Pent. M. V.	9M ... Pentec. m.	9V S. Siro v.
10V S. Marg. reg.	10D 6a d. Pentec.	10M S. Lorenzo m.	10S S. Nic. Tol. c.	10L S. Franc. B.	10G ... Andrea A.	10S S. Melch. pp.
11S S. Barn. ap.	11L S. Pio I pp.	11G S. Tib. e Sus.	11D 15a d. Pent.	11M S. Germ. v.	11V S. Martino	11D 3a d'Avv. Ro.
12D 2a d. Pentec.	12M S. Gio. Gua.	12V S. Chiara v.	12L ...	12M S. Massim. v.	12S S. Mart. pp.	12L S. Valer. ab.
13L S. Ant. di Pa.	13M S. Anacl. pp.	13S S. Cass. m.	13M ...	13G S. Eduardo re	13D ...	13M S. Lucia v.
14M S. Basil. M. v.	14G S. Bonav. d.	14D ...	14M ...	14V S. Callis. pp.	14L ...	14M ...
15M S. Gio. Fr. R.	15V S. Enr. imp.	15L ...	15G ...	15S S. Teresa v.	15M ...	15G ...
16G 3a Cor. Jesu.	16S B. V. del Car.	16M ...	16V ...	16D ...	16M ...	16V ...
17V S. Cuor. di M.	17D 7a d. Pentec.	17M ...	17S ...	17L ...	17G ...	17S ...
18S S. Mar. e M.	18L ...	18G ...	18D ...	18M S. Luca ev.	18V ...	18D ...
19D 3a d. Pentec.	19M ...	19V ...	19L ...	19M ...	19S ...	19L ...
20L S. Silv. c. pp.	20M ...	20S ...	20M ...	20G ...	20D ...	20M ...
21M S. Luigi G.	21G ...	21D ...	21M S. Matteo	21V ...	21L ...	21M S. Tomm. ap.
22M S. Paolino v.	22V S. Maria Mad.	22L ...	22G ...	22S ...	22M ...	22G ...
23G S. Lanfr. v.	23S ...	23M ...	23V ...	23D ...	23M ...	23V ...
24V S. Giov. Bat.	24D 8a d. Pentec.	24M S. Bartol. ap.	24S ...	24L ...	24G ...	24S ...
25S S. Guglie. ab.	25L S. Giacomo ap.	25G ...	25D ...	25M ...	25V S. Caterina v.	25D NATALE
26D 4a d. Pentec.	26M S. Anna	26V ...	26L ...	26M ...	26S ...	26L S. Stef. prot.
27L S. Ladisl. re	27M ...	27S ...	27M ...	27G ...	27D ...	27M S. Gio. ev.
28M S. Leone I pp.	28G ...	28D ...	28M ...	28V SS. Sim. e Giu.	28L ...	28M SS. Innoc. md.
29M SS. Pietro e Pa.	29V S. Marta	29L ...	29G S. Michele	29S ...	29M ...	29G S. Tomm. v.
30G Comm. S. Pa.	30S ...	30M ...	30V S. Girol. d.	30D ...	30M S. Andrea ap.	30V ...
	31D ...	31M ...		31L ...		31S S. Silv. pp.

10 *

Pasqua 11 Aprile — Anni: 62, 73, 84*, 157, 163, 168*, 247, 252*, 258, 331, 342, 353, 415, 426, 437, 448*, 499, 510, 521, 532*, 594, 605, 616*, 689, 695, 700*, 779, 784*, 790, 863, 874, 885, 947, 958, 969, 980*, 1031, 1042, 1053, 1064*, 1126, 1137, 1148*, 1221, 1227, 1232*, 1311, 1316*, 1322, 1395, 1406, 1417, 1479, 1490, 1501, 1512*, 1563, 1574, 1599, 1610, 1621, 1632*, 1694, 1700, 1751, 1762 1773, 1784, 1819, 1830, 1841, 1852*, 1909, 1971, 1982, 1993, 2004*, 2066, 2077, 2088*, 2123, 2134, 2145, 2156*, 2202, ecc.

GENNAIO bis	FEBBRAIO bis	GENNAIO	FEBBRAIO	MARZO	APRILE	MAGGIO
1 G *Circonc. di G. C.*	1 D *4ª d. l'Epif.*	1 V *Circonc. di G. C.*	1 L S. Ignazio v.	1 L S. Albino v.	1 G S. Ugo v.	1 S SS. Fil. e G. a.
2 V 8ª di S. Stef.	2 L *Pur. di M. V.*	2 S 8ª di S. Stef.	2 M *Pur. di M. V.*	2 M S. Simplic. p.	2 V *B. V. Addolo.*	2 D *3ª, Jubilate*
3 S 8ª di S. Giov.	3 M S. Biagio	3 D 8ª di S. Giov.	3 M S. Biagio v.	3 M *Temp. di pri.*	3 S S. Pancra. v.	3 L Inv. di S. Cro.
4 D 8ª SS. Inn. c.	4 M S. Andrea Co.	4 L 8ª SS. Innoc.	4 G S. Andrea Co.	4 G S. Casimiro c.	4 D *delle Palme*	4 M S. Monica v.
5 L S. Telesf. p.	5 G S. Agata v.	5 M S. Telesforo	5 V S. Agata v.	5 V S. Foca m. T.	5 L S. Vinc. Fer.	5 M S. Pio V pp.
6 M EPIFANIA	6 V S. Tito v.	6 M EPIFANIA	6 S S. Tito S. Dor.	6 S S. Coletta v. T.	6 M S. Ben. G. L.	6 G S. Gio. a. p. l.
7 M *Cristof. m.*	7 S S. Romualdo	7 G [illegible]	7 D *Settuagesima*	7 D *2ª di Q., Rem.*	7 M S. Egesippo c.	7 V S. Stanisl. v.
8 G S. Sever. ab.	8 D *Settuagesima*	8 V S. Sever. ab.	8 L S. Giov. di M.	8 L S. Giov. di D.	8 G *Cena del Sig.*	8 S Ap. di S. Mic.
9 V SS. Giul. e C.	9 L S. Apollon. v.	9 S SS. Giul. e B.	9 M S. Apollon. v.	9 M S. Franc. Ro.	9 V *Parasceve*	9 D *4ª, Cantate*
10 S S. Guglielm. v.	10 M S. Scolastica	10 D *1ª d. l'Epif.*	10 M S. Scolastica	10 M SS. 40 Mart.	10 S *santo*	10 L SS. Gor. ed E.
11 D *1ª d. l'Epif.*	11 M SS. Set. Fond.	11 L S. Igino pp.	11 G SS. Sette Fon.	11 G S. Eulogio m.	11 D PASQUA	11 M S. Mamert. v.
12 L S. Modest. m.	12 G S. Eulalia v.	12 M S. Modesto m.	12 V S. Eulalia v.	12 V S. Greg. I. pp.	12 L *dell'Angelo*	12 M SS. Ner. C. m.
13 M 8ª dell'Epif.	13 V S. Cat. de' R.	13 M *8ª dell'Epif.*	13 S S. Cat. de Ric.	13 S S. Eufrasia v.	13 M S. Ermen. m.	13 G S. Servazio v.
14 M S. Ilar. S. Fel.	14 S S. Valent. m.	14 G S. Ilar. S. Fel.	14 D *Sessagesima*	14 D *3ª di Q., Oculi*	14 M S. Giusti. m.	14 V S. Bonifacio
15 G S. Paolo er.	15 D *Sessagesima*	15 V S. Paolo er.	15 L SS. Faust. e Gio.	15 L S. Longino m.	15 G S. Paterno v.	15 S S. Isidoro ag.
16 V S. Marc. I pp.	16 L S. Giuliana v.	16 S S. Marcello p.	16 M S. Giulian. v.	16 M S. Eriberto v.	16 V S. Contar. pr.	16 D *5ª, Rogate*
17 S S. Antonio ab.	17 M S. Silvino v.	17 D *2ª, SS. N. G.*	17 M S. Silvino v.	17 M S. Patrizio v.	17 S S. Aniceto p.	17 L *Le Rogazioni*
18 D *SS. N. di Ges.*	18 M S. Simeone v.	18 L Cat. S. Piet. R.	18 G S. Simeone v.	18 G S. Gabriel. a.	18 D *1ª d. P. in Alb.*	18 M S. Ven. *Rog.*
19 L S. Canuto re	19 G S. Corrado c.	19 M S. Canuto re	19 V S. Corrado c.	19 V S. Giuseppe	19 L S. Leone IX p.	19 M S. Piet. *Rog.*
20 M SS. Fab. Seb.	20 V S. Eleuter. m.	20 M SS. Fab., Seb.	20 S S. Eleute. m.	20 S SS. Grat. e M.	20 M S. Marcellino	20 G ASCEN. G. C.
21 M S. Agnese v.	21 S S. Severia. v.	21 G S. Agnese v.	21 D *Quinquages.*	21 D *4ª di Q., Laet.*	21 M S. Anselmo v.	21 V S. Felice C.
22 G SS. Vinc. e A.	22 D *Quinquages.*	22 V SS. Vinc., An.	22 L Cat. S. Piet. A.	22 L S. Paolo v.	22 G SS. Sot. e Caio	22 S S. Emilio. m.
23 V Spos. di M. V.	23 L S. Pier. Dam.	23 S Spos. di M. V.	23 M S. Pier Dam.	23 M S. Vittor. m.	23 V S. Giorgio m.	23 D *6ª, Exaudi*
24 S S. Timoteo v.	24 M S. Gerardo v.	24 D *3ª, Sac. Fam.*	24 M *Le Ceneri*	24 M S. Simone m.	24 S S. Fedele Sig.	24 L S. Donaz. v.
25 D *3ª, Sac. Fam.*	25 M *Le Ceneri*	25 L Con. S. Paolo	25 G S. Cesario m.	25 G ANN. di M. V.	25 D *2ª, Miser. Dom*	25 M S. Gre. VII p.
26 L S. Policar. v.	26 G S. Alessan. v.	26 M S. Policar. v.	26 V S. Alessan. v.	26 V S. Teodoro v.	26 L SS. Cleto Mar.	26 M S. Filippo N.
27 M S. Giov. Cris.	27 V S. Leandro v.	27 M S. Giov. Cr.	27 S S. Leandro v.	27 S S. Giov. Dam.	27 M S. Zita v.	27 G *8ª dell'Ascen.*
28 M S. Agnese 2ª f.	28 S S. Romano a.	28 G S. Agnese 2 f.	28 D *1ª di Q., Inv.*	28 D *di Pas. Iudic.*	28 M S. Vitale m.	28 V S. Agost. C.
29 G S. Frances. S.	29 D *1ª di Q., Inv.*	29 V S. Fran. ed A.		29 L S. Eustas. ab.	29 G S. Pietro m.	29 S S. Massimino
30 V S. Martina v.		30 S S. Martina v.		30 M S. Giov. Clim.	30 V S. Cater. da S.	30 D PENTECOS.
31 S S. Pietro Nol.		31 D *4ª d. l'Epif.*		31 M S. Balbina m.		31 L S. Petronil. v.

GIUGNO

1 M S. Panfilo m.
2 M *Temp. d'est.*
3 G S. Clotilde r.
4 V S. Fran. C. T.
5 S S. Bonif. v. T.
6 D *1ª SS. Trinit.*
7 L S. Robert. ab.
8 M S. Gugliel. v.
9 M SS. Pri. e Fel.
10 G CORPUS DO.
11 V S. Barn. ap.
12 S S. Gio. d. S. F.
13 D *2ª d. Pentec.*
14 L S. Basil. M. v.
15 M SS. Vito e M.
16 M S. Gio. F. Reg.
17 G S.ª Cor. Dom.
18 V SS. Cuor. di G.
19 S SS. Gerv. e Pr.
20 D *3ª d. Pentec.*
   Cuor di Mar.
21 L S. Luigi G.
22 M S. Paolino v.
23 M S. Lanfr. v.
24 G Nat. S. G. B.
25 V S. Gugl. ab.
26 S SS. Gio. e Pa.
27 M *4ª d. Pentec.*
28 L S. Leone II p.
29 M SS. P. e P. ap.
30 M Comm. S. Pa.

LUGLIO

1 G 8ª di S. Gio.B.
2 V *Vis. di M. V.*
3 S S. Marzial. v.
4 D *5ª d. Pentec.*
5 L SS. Ciril. e M.
6 M *8ª SS. A. P.P.*
7 M S. Pulcheria
8 G S. Elisab. im.
9 V S. Veron. G.
10 S SS. Sett.fr.m.
11 D *6ª d. Pentec.*
12 L S. Giov. Gual.
13 M S. Anacl. pp.
14 M S. Bonav. d.
15 G S. Enric. imp.
16 V B. V. del Car.
17 S S. Alessio c.
18 D *7ª d. Pentec.*
19 L S. Vincen. P.
20 M S. Margh. v.
21 M S. Prassede v.
22 G S. Maria M.
23 V S. Apollin. v.
24 S S. Cristina v.
25 D *8ª d. Pentec.*
26 L S. Anna
27 M S. Pantal. m.
28 M SS. Nazar. c.
29 G S. Marta v.
30 V SS. Abd. Sen.
31 S S. Ignazio L.

AGOSTO

1 D *9ª d. Pentec.*
2 L S. Alfonso L.
3 M Inv. di S. Ste.
4 M S. Dom. di G.
5 G S. Maria d. N.
6 V Trasf. di G. C.
7 S S. Gaetano T.
8 D *10ª d. Pentec.*
9 L S. Roman. m.
10 M S. Lorenzo m.
11 M SS. Tib. e Sus.
12 G S. Chiara v.
13 V S. Cassia m.
14 S S. Eusebio pr.
15 D *Ass. di M. V.*
16 L S. Giacinto c.
17 M S. Stim. S. F. T.
18 M S. Agapit. m.
19 G S. Lodov. v.
20 V S. Bernar. ab.
21 S S. Gio. di Ch.
22 D *12ª S. Gioac.*
23 L S. Filip. Ben.
24 M S. Bartol. ap.
25 M S. Luigi re
26 G S. Aless. m.
27 V S. Gius. Cal.
28 S S. Agost. ved.
29 D *Decol. d. Pen.*
30 L S. Rosa da L.
31 M S. Raim. Non.

SETTEMBRE

1 M S. Egidio ab.
2 G S. Stefano re
3 V S. Mansue. v.
4 S S. Rosalia v.
5 D *14ª d. Pentec.*
6 L Tras. S. Ag.C.
7 M S. Regina v.
8 M Nat. di M. V.
9 G S. Gorgon. m.
10 V S. Nic. Tol. c.
11 S SS. Pr. e Giac.
12 D *15ª SS. N. M.*
13 L S. Eulogio p.
14 M Esalt. S. Cro.
15 M *Temp. d'aut.*
16 G SS. Corn. e C.
17 V Stim. S. F. T.
18 S S. Gius. C. T.
19 D *16ª Dol.M.V.*
20 L S. Eustac.
21 M S. Matteo ap.
22 M S. Mau. C. T.
23 G S. Lino p. T.
24 V B. V. d. Merc.
25 S S. Firmino v.
26 D *17ª d. Pentec.*
27 L SS. Cosm. e D.
28 M S. Vences. m.
29 M S. Michele A.
30 G S. Girol. d.

OTTOBRE

1 V S. Remigio v.
2 S SS. Angeli C.
3 D *18ª B. V. Ros.*
4 L S. Fran. d'As.
5 M SS. Placid. C.
6 M S. Brunone c.
7 G S. Marco pp.
8 V S. Brigida v.
9 S SS. Dion. C.m.
10 D *19ª M. M. V.*
11 L S. Germ. v.
12 M S. Massim. v.
13 M S. Edoardo re
14 G S. Calisto pp.
15 V S. Teresa v.
16 S S. Gallo ab.
17 D *20ª Pur. M. V.*
18 L S. Luca Ev.
19 M S. Piet. d'Alc.
20 M S. Giovan. C.
21 G S. Orsol. e c.
22 V S. Donato v.
23 S S. Severino v.
24 D *21ª d. Pentec.*
25 L SS. Crisan. d.
26 M S. Evarist. p.
27 M S. Frumenz.
28 G SS. Sim. e G.
29 V S. Ermel.
30 S S. Gerardo v.
31 D *22ª d. Pentec.*

NOVEMBRE

1 L OGNISSANTI
2 M *Comm. Def.*
3 M S. Uberto v.
4 G S. Carlo Bor.
5 V S. Zaccar. pr.
6 S S. Leon. P. M.
7 D *23ª d. Pentec.*
8 L S.ª ognissanti
9 M S. Teodoro m.
10 M S. Andrea Av.
11 G S. Martino v.
12 V S. Mart. pp.
13 S S. Stanisl. K.
14 D *24ª Pat. M. V.*
15 L S. Geltrud. v.
16 M S. Edmon. v.
17 M S. Greg. tau.
18 G D. b. SS. P. P.
19 V S. Elisabetta
20 S S. Felice Val.
21 D *25ª d. Pentec.*
22 L S. Cecilia v.
23 M S. Clem. I p.
24 M S. Gio. d. Cr.
25 G S. Cater. v.
26 V S. Silves. ab.
27 S S. Giac. m.
28 D *26ª d. Pentec.*
29 L S. Saturn. m.
30 M S. Andrea ap.

DICEMBRE

1 M S. Eligio v.
2 G S. Bibiana v.
3 V S. Fran. Sav.
4 S S. Barb. m.
5 D *2ª d'Avv. Ro.*
6 L S. Nicolò v.
7 M S. Ambrog. v.
8 M *Imm. C. M. V.*
9 G S. Siro v.
10 V S. Melch. pp.
11 S S. Dam. I pp.
12 D *3ª d'Avv. Ro.*
13 L S. Lucia v.
14 M S. Spiridione
15 M *Temp. d'inv.*
16 G S. Eusebio v.
17 V S. Lazz. v. T.
18 S Asp. Div. P.T.
19 D *4ª d'Avv. Ro.*
20 L S. Teofilo m.
21 M S. Tom. ap.
22 M S. Flavian.m.
23 G S. Vittoria v.
24 V *Vigilia*
25 S NATALE
26 D S. Stef. prot.
27 L S. Giov. ev.
28 M SS. Innoc. mᵣ
29 M S. Tom. C. v.
30 G S. Eugen. v.
31 V S. Silves. pp.

Pasqua 12 Aprile — Anni: 5, 16*, 95, 100*, 179, 190, 263, 274, 285, 347, 358, 369, 380*, 442, 453, 464*, 537, 548*, 627, 632*, 711, 722, 795, 806, 817, 879, 890, 901, 912*, 974, 985, 996*, 1069, 1080*, 1159, 1164*, 1243, 1254, 1327, 1338, 1349, 1411, 1422, 1433, 1444*, 1506, 1517, 1528*, 1626, 1637, 1648*, 1705, 1716, 1789, 1846, 1857, 1868*, 1903, 1914, 1925, 1936*, 1998, 2009, 2020*, 2093, 2099, 2150, 2161, 2172*, ecc.

	GENNAIO bis.	FEBBRAIO bis.	GENNAIO	FEBBRAIO	MARZO	APRILE	MAGGIO
1	M Circ. di G. C.	S S. Ignazio v.	G Circ. di G. C.	D 4ª d. l'Epif.	D 1ª di Q. Inv.	M S. Ugo v.	V SS. Fil. e G. a.
2	G 8ª di S. Stef.	D Pur. di M. V.	V 8ª di S. Stef.	L Pur. di M. V.	L S. Simplic. p.	G S. Fran. di P.	S S. Atanas. v.
3	V 8ª di S. Giov.	M S. Biagio v.	S 8ª di S. Giov.	M S. Biagio v.	M S. Cunegonda	V S. B. V. Addol.	D 3ª Jubilate
4	S 8ª SS. Innoc.	M S. Andrea Co.	D 8ª SS. Innoc.	M Temp. di pri.	M Temp. di pri.	S S. Isidoro v.	L S. Mon. ved.
5	D S. Telesf. P.	G S. Agata v.	L S. Telest. P.	G S. Agata v.	G S. Foca. m.	D delle Palme	M S. Pio V pp.
6	L EPIFANIA	V S. Tito v.	M EPIFANIA	V S. Tito v.	V S. Colet. v. T.	L S. Ben. G. L.	M S. Gio. a. l.
7	M Cristoforia	S S. Romualdo	M Cristoforia	S S. Rom. ab. T.	S S. To. d'Aq. T.	M S. Egesippo c.	G S. Stanisl. v.
8	M S. Sever. ab.	D Sessagesima	G S. Sever. ab.	D Settuagesima	D 2ª di Q. Rem.	M S. Dionigio v.	V Ap. di S. Mic.
9	G SS. Giul. e C.	L S. Giov. di M.	V SS. Giul. e B.	L S. Apollon. v.	L S. Franc. Ro.	G Vena del Sig.	S S. Greg. Naz.
10	V S. Gugliel. v.	M S. Scolast. v.	S S. Gugliel. v.	M S. Scolastica	M SS. 40 Mart.	V Parasceve	D 4ª Cantate
11	S S. Igino pp.	M SS. Set. Fond.	D 1ª d. l'Epif.	M S. Lazzaro v.	M S. Eulogio m.	S sabato	L S. Mamert. v.
12	D 1ª d. l'Epif.	G S. Eulalia v.	L S. Modest. m.	G S. Eulalia v.	G S. Greg. I. pp.	D PASQUA	M SS. Ner. C. m.
13	L 8ª dell'Epif.	V S. Cat. de' R.	M 8ª dell'Epif.	V S. Cat. de Ric.	V S. Eufrasia v.	L dell'Angelo	M S. Servazio v.
14	M S. Ilar. S. Fel.	S S. Valent. m.	M S. Ilar. S. Fel.	S S. Valent. m.	S S. Matil. reg.	M S. Giusti. m.	G S. Bonifacio
15	M S. Paolo er.	D Sessagesima	G S. Paolo er.	D Sessagesima	D 3ª di Q. Oculi	M S. Paterno v.	V S. Isidoro ag.
16	G S. Marc. I. pp.	L Sessagesima	V S. Marcello p.	L S. Giuliana v.	L S. Eriberto v.	G S. Contar. pr.	S S. Ubaldo v.
17	V S. Antonio ab.	M S. Silvino v.	S S. Antonio ab.	M S. Silvino v.	M S. Patrizio v.	V S. Aniceto p.	D 5ª Rogate
18	S Cat. S. Piet. R.	M S. Simeone v.	D 2ª SS. N. di G.	M S. Simeone v.	M S. Gabino v.	S S. Galdino v.	L Le Rogazioni
19	D SS. N. di Ges.	M S. Corrado c.	L S. Canuto re	G S. Corrado c.	G S. Giuseppe	D 1ª, in Albis	M S. Piet. Rog.
20	L SS. Fab. e Seb.	G S. Eleuter. m.	M SS. Fab. Seb.	V S. Eleufe. m.	V SS. Grat. e M.	L S. Marcel. v.	M S. Bern. G. C.
21	M S. Agnese v.	V S. Severia. v.	M S. Agnese v.	S S. Severiano	S S. Bened. ap.	M S. Anselmo v.	G ASCEN. G. C.
22	M SS. Vinc. e A.	S Cat. S. Piet. A.	G SS. Vinc. An.	D Quinquages.	D 4ª di Q. Laet.	M SS. Sot. e Caio	V S. Emilio m.
23	G Spos. di M. V.	D Quinquagesi.	V Spos. di M. V.	L S. Pier. Dam.	L S. Vittoriano	G S. Giorgio m.	S S. Desider. v.
24	V S. Timoteo v.	L S. Gerardo v.	S S. Timoteo v.	M S. Mattia ap.	M S. Simeon m.	V S. Fedele Sig.	D 6ª Exaudi
25	S Con. S. Paolo	M S. Mattia ap.	D 3ª Sac. Fam.	M Le Ceneri	M ANN. DI M. V.	S S. Marco Ev.	L S. Greg. VII p.
26	D 3ª Sac. Fam.	M Le Ceneri	L S. Policar. v.	G S. Aless. v.	G S. Teodoro v.	D 2ª Miser. Dom	M S. Filippo N.
27	L S. Giov. Cris.	G S. Leandro v.	M S. Giov. Cr.	V S. Leandro v.	V S. Giov. Dam.	L S. Zita v.	M S. Mar. Mad.
28	M S. Agnese 2ª f.	V S. Romano a.	M S. Agnese 2ª f.	S S. Romano a.	S S. Giov. Cap.	M S. Vitale m.	G 8ª dell'Ascen.
29	M S. Frances. S.	S S. Osvaldo v.	G S. Fran. ed A.		D di Pas. Iudic.	M S. Pietro m.	V S. Massimino
30	G S. Martina v.		V S. Martina v.		L S. Giov. Clim.	G S. Cater. da S.	S S. Felice I pp.
31	V S. Pietro Nol.		S S. Pietro Nol.		M S. Balbina m.		D PENTECOS.

GIUGNO	LUGLIO	AGOSTO	SETTEMBRE	OTTOBRE	NOVEMBRE	DICEMBRE
1 L S. Panfilo m.	1 M 3a di S. Gio. B.	1 S S. Pietro in v.	1 M S. Egidio ab.	1 G S. Remigio v.	1 D OGNISSANTI	1 M S. Eligio v.
2 M SS. Marc. ecc.	2 G Vis. di M. V.	2 D 9a d. Pente.	2 M S. Stefano re.	2 S SS. Angeli C.	2 L Comm. Def.	2 M S. Bibiana v.
3 M Temp. d'Est.	3 V S. Marzial. v.	3 L Inv. di S. Ste.	3 G S. Mansue. v.	3 D S. Calim. v.	3 M S. Uberto v.	3 G S. Franc. Sav.
4 G S. Fran. C.	4 S S. Ireneo v.	4 M S. Dom. di G.	4 V S. Rosalia v.	4 D 18a B. F. Ros.	4 M S. Carlo Bor.	4 V S. Barb. m.
5 V S. Bonif. v. T.	5 D 5a d. Pente.	5 M S. Maria d. N.	5 S S. Lorenzo G.	5 L SS. Placid. C.	5 G S. Zaccar. pr.	5 S S. Sabba ab.
6 S S. Norbert. T.	6 L SS. 1 P. P.	6 G Tra-sf. di C.	6 D 15a d. Pente.	6 M S. Brunone c.	6 V S. Leon. P. M.	6 D 2a d'Avv. Ro.
7 D 2a SS. Trinit.	7 M S. Pulcheria	7 V S. Gaetano T.	7 L S. Regina v.	7 M S. Marco pp.	7 S S. Prosdoc. v.	7 L S. Ambrogio
8 L S. Gugliel. v.	8 M S. Elisab. im.	8 S SS. Cir. e c. m.	8 M Nat. di M. V.	8 G S. Brigida v.	8 D 25a Pat. M.V.	8 M Imm. C. M. V.
9 M SS. Pri. e Fel.	9 G S. Veron. G.	9 D 10a d. Pente.	9 M S. Gorgon. m.	9 V S. Dion. Cap.	9 L S. Teodoro m.	9 M S. Siro v.
10 M S. Marg. reg.	10 V SS. Sett. fr.m.	10 L S. Lorenzo m.	10 G S. Nic. Tole.	10 S S. Fran. B.	10 M S. Andrea Av.	10 G S. Melch. pp.
11 G CORP. S DO.	11 S S. Pio I pp.	11 M S. Tiburzio	11 V SS. Pr. e Gia.	11 D 19a Mat. M. V.	11 M S. Martino v.	11 V S. Dam. I pp.
12 V S. Gio. d. S. F.	12 D 6a d. Pente.	12 M S. Chiara v.	12 S S. Guido ab.	12 L S. Massim. v.	12 G S. Mart. pp.	12 S S. Valer. ab.
13 S S. Ant. di Pa.	13 L S. Anacl. pp.	13 G S. Cas-in. m.	13 D 16a d. Pente.	13 M S. Edoardo re	13 V S. Stanisl. K.	13 D 3a d'Avv. Ro.
14 D 2a d. Pente.	14 M S. Bonav. d.	14 V S. Eusebio p.	14 L Esalt. S. Cro.	14 M S. Callisto pp.	14 S S. Giosaf. v.	14 L S. Spiridione
15 L S. Gio. Fr. R.	15 M S. Enric. imp.	15 S Ass. di M. V.	15 M S. Nat. di M. V.	15 G S. Teresa v.	15 D 27a d'Avv. M.	15 M S. a d. Imm. C.
16 M S. Ranier c.						16 M Temp. d'Inv.
17 M						17 G S. Lazz.
18 G						18 V 4a p. Div. P. T.
19 V						19 S S. Nem. m. T.
20 S						20 D 4a d'Avv. Ro.
21 D						21 L S. Tom. ap.
22 L						22 M S. Flav. m.
23 M						23 M S. Vittoria v.
24 M						24 G Vig. di Nat.
25 G						25 V NATALE
26 V						26 S S. Stef. prot.
27 S						27 D S. Gio. ev.
28 D						28 L SS. Innocenti
29 L SS. Pietro e Pa.						29 M S. Tom. C.
30 M Comm. S. Pa.						30 M S. Eugen. pp.

Pasqua 13 Aprile — Anni: 27, 32*, 111, 122, 195, 206, 217, 279, 290, 301, 312*, 374, 385, 396*, 469, 480*, 559, 564, 643, 654, 727, 738, 749, 811, 822, 833, 844*, 906, 917, 928*, 1001, 1012*, 1091, 1096*, 1175, 1186, 1259, 1270, 1281, 1343, 1354, 1365, 1376*, 1438, 1449, 1460*, 1533, 1544,*, 1653, 1664*, 1721, 1727, 1732*, 1800, 1873, 1879, 1884*, 1941, 1952*, 2031, 2036*, 2104*, 2183, 2188*, 2245, 2251, 2256*, ecc.

GENNAIO bis.	FEBBRAIO bis.	GENNAIO	FEBBRAIO	MARZO	APRILE	MAGGIO
	1 S. Ignazio v.	1	1	1 D S. Albino v.	1 M S. Ugo v.	1 G SS. Fil. e G. a.
	2 S. ... di M. V.	2	2	2 L S. pd. di Q. Lar.	2 M S. Fran. di P.	2 V S. Atanas. v.
	3 S. Biagio v.	3	3	3 M S. Cunegonda	3 G S. Pancra. v.	3 S Inv. di S. C.
	4 S. Andrea Co.	4	4	4 M S. Casimiro c.	4 V S. ...	4 D 5ª Jubilate
	5 S. Agata v.	5	5	5 G S. Tempo di pr.	5 S S. ... delle Palme	5 L S. Pio V pp.
	6 S. Tito v.	6	6	6 V S. ...	6 D S. delle Palme	6 M S. Gio. a. p. L.
	7 S. Rom. ab.	7	7	7 S S. To d'Aq. T.	7 L S. Egesippo c.	7 M S. Stanisl. v.
	8 S. Giov. di M.	8	8	8 D 3ª Gio. di D.	8 M S. Dionigio v.	8 G Ap. di S. Mic.
	9 S. Apollon. v.	9	9	9 L S. ... Lem.	9 M S. Maria Cleo.	9 V S. Greg. Naz.
	10 S. Scolastica	10	10	10 M SS. 40 Mart.	10 G S. Cena del Sig.	10 S SS. Gord. e E.
	11 S. Lazzaro v.	11	11	11 M S. Eulogio m.	11 V Passione santo	11 D 6ª Cantate
	12 S. Eulalia v.	12	12	12 G S. Greg. I. pp.	12 D PASQUA	12 L SS. Ner. C. na.
	13 S. Cat. de Ric.	13	13	13 V S. Eufras. a v.	13 L dell'Angelo	13 M S. Servazio v.
	14 S. Valent. m.	14	14	14 S S. Matil. reg.	14 M S. Paterno v.	14 M S. Bonifacio
	15 SS. Faust. e G.	15	15	15 D 4ª Longino m.	15 M SS. Contar. pr.	15 G S. Isidoro ag.
	16 S. Silvino v.	16	16	16 L S. ...	16 G S. Aniceto p.	16 V S. Ubaldo v.
	17 S. Simeone v.	17	17	17 M S. Patrizio v.	17 V S. Galdino v.	17 S S. Pasqual. B.
	18 S. Corrado c.	18	18	18 M S. Galdino v.	18 D Leone IX P.	18 D 7ª Rogate
	19 S. Eleute. m.	19	19	19 G S. Giuseppe	19 L 1ª in Albis	19 L S. Le Rogazioni
	20 S. ...	20	20	20 D 5ª Gral. e M.	20 M S. ... in Albis	20 M S. Bern. Rog.
	21 SS. Severiano v.	21	21	21 L S. Bened. ap.	21 M S. Anselmo v.	21 M S. Felic. Rog.
	22 S. Catt. S. Piet.	22	22	22 M S. Paolo v.	22 G SS. Sot. e Caio	22 G ASCEN. G. C.
	23 S. ...	23	23	23 M 1ª di Q. Loct.	23 V S. Giorgio m.	23 V S. Desider. v.
	24 S. Mattia ab.	24	24	24 G S. Simone m.	24 G S. Fedele Sig.	24 G S. Donazia. v.
	25 S. Cesario m.	25	25	25 V S. ANN. DI M. V.	25 V S. Marco Ev.	25 D 6ª Donazia. v.
	26 SS. ...	26	26	26 S SS. Teodoro v.	26 L SS. Cleto e M.	26 L S. Filippo N.
	27 60ª Le Ceneri	27	27	27 D 6ª Giov. Dam.	27 M S. Teodoro v.	27 M S. Mar. Mad.
	28 S. Leandro v.	28	28	28 L S. Giov. Cap.	28 M 2ª Miser. Dom	28 M 6ª dell'Ascen.
	S. Romano a.	29		29 M SS. Eustas. ab.	29 G S. Vitale m.	29 G S. Massimino
		30		30 M D... Pass. Indic.	30 V S. Pietro m.	30 V S. Felice Ipp.
		31		31 G S. Balbina m.		31 S S. Petron. v.

GIUGNO	LUGLIO	AGOSTO	SETTEMBRE	OTTOBRE	NOVEMBRE	DICEMBRE
1 D PENTECOS.	1 M 8.ª di S. Gio.B.	1 V S. Pietro in v.	1 L S. Egidio ab.	1 M S. Remigio v.	1 S OGNISSANTI	1 L S. Eligio v.
2 L SS. Marc. e C.	2 M Vis. di M. V.	2 S S. Alfonso L.	2 M S. Stefano re	2 G SS. Angeli C.	2 D 22.ª d. Pentec.	2 M S. Bibiana v.
3 M S. Clotilde r.	3 G S. Marzial. v.	3 D 9.ª d. Pentec.	3 M S. Mansue. v.	3 V S. Calim. v.	3 L Comm. Def.	3 M S. Fran. Sav.
4 M Temp. d'est.	4 V 5.ª d. Pentec.	4 L S. Dom. di G.	4 G S. Rosalia v.	4 S S. Fran. d'As.	4 M S. Carlo Bor.	4 G S. Barb. m.
5 G S. Bonif. v.	5 S SS. Ciril. e M.	5 M S. Maria d. N.	5 V S. Lorenzo G.	5 D 18.ª B. V. Ros.	5 M S. Zaccar. pr.	5 V 2.ª d'Avv. Ro.
6 V S. Norber. T.	6 D 6.ª SS. A. P. P.	6 M Trasf. di G. C.	6 S Tras. S. Ag. C.	6 L S. Brunone c.	6 G S. Leon. P. M.	6 S S. Nicolò v.
7 S S. Rober. a. T.	7 L S. Pulcheria	7 G S. Gaetano T.	7 D 14.ª d. Pentec.	7 M S. Marco pp.	7 V S. Prosdoc. v.	7 D 2.ª d'Avv. Ro.
8 D f.ª SS. Trinit.	8 M S. Elisab. im.	8 V S. Cir. e c. m.	8 L Nat. di M. V.	8 M S. Brigida v.	8 S 8.ª Ognissanti	8 L Imm. C. M. V.
9 L SS. Pri. e Fel.	9 M S. Veron. G.	9 S S. Roman. m.	9 M S. Gorgon. m.	9 G S. Dion. Cm.	9 D 23.ª Pat. M. V.	9 M S. Siro v.
10 M S. Marg. reg.	10 G SS. Sett. fr. m.	10 D 10.ª d. Pentec.	10 M S. Nic. Tol. c.	10 V S. Fran. B.	10 L S. Andrea Av.	10 G S. Melch. pp.
11 M S. Barn. ap.	11 V S. Pio I pp.	11 L SS. Tib. e Sus.	11 G SS. Pr.e Giac.	11 S S. Germ. v.	11 M S. Martino v.	11 G S. Dam. I pp.
12 G CORPUS DO.	12 S S. Giov. Gual.	12 M S. Chiara v.	12 V S. Guido sag.	12 D 19.ª Mat. M. V.	12 M S. Mart. pp.	12 V S. Valer. ab.
13 V S. Ant. di Pa.	13 D 6.ª d. Pentec.	13 M S. Cassia. m.	13 S S. Eulogio p.	13 L S. Edoardo re	13 G S. Stanisl. K.	13 S S. Lucia v.
14 S S. Basil. M. v.	14 L S. Bonav. d.	14 G S. Eusebio pr.	14 D 15.ª SS. N. M.	14 M S. Calisto pp.	14 V S. Giosaf. v.	14 D 3.ª d'Avv. Ro.
15 D SS. Vito e M.	15 M S. Enric. imp.	15 V Ass. di M. V.	15 L 8.ª d. N. M. V.	15 M S. Teresa v.	15 S S. Geltrud. v.	15 L 8.ª d. Imm. C.
16 L S. Gio. F. Reg.	16 M B. V. del Car.	16 S S. Giacinto c.	16 M SS. Corn. e C.	16 G S. Gallo ab.	16 D 24.ª [Arr. A]	16 M S. Eusebio v.
17 M SS. Mar. e M.	17 G S. Alessio c.	17 D 11. S. Giouc.	17 G Temp. d'aut.	17 V S. Edvige r.	17 L S. Greg. tau.	17 M Temp. d'Vne.
18 M SS. Ger. e Pr.	18 V S. Camillo L.	18 L S. Agapit. m.	18 V S. Gius. C.	18 S S. Luca Ev.	18 M D. b. ss. P. e P.	18 G Asp. Div. P.
19 G 8.ª Cor. Dom.	19 S S. Vincen. P.	19 M S. Lodov. v.	19 S S. Genn. m. T.	19 D 20.ª Pir. W.	19 M S. Elisabetta	19 V S. Nemesio T.
20 V S. Cuor. di G.	20 D 7.ª d. Pentec.	20 M S. Bernar. ab.	20 D 16.ª Eustac. T.	20 L S. Giovan. C.	20 G S. Felice Val.	20 S S. Timoteo T.
21 S S. Luigi G.	21 L SS. Prassede v.	21 G S. Gio. di Ch.	21 L 18. Dal M. T.	21 M S. Orsola e C.	21 V Pres. di M. V.	21 D 4.ª d'Avv. Ro.
22 D 3.ª d. Pentec. Cuore di Mar.	22 M S. Maria M.	22 V 8.ª Ass. M. V.	22 M SS. Mau. C. T.	22 M S. Donato v.	22 S S. Cecilia v.	22 L S. Flavian. m.
23 L S. Lanfr. v.	23 M S. Apollin. v.	23 S S. Filip. Ben.	23 M S. Lino P. T.	23 G S. Severin. v.	23 D 25.ª d. Pentec.	23 M S. Vittoria v.
24 M Nat. S. G. B.	24 G S. Cristina v.	24 D 12.ª d. Pentec.	24 G S. B. V. d. Merc.	24 V S. Gio. d. Cr.	24 L S. Gio. d. Cr.	24 M Vigilia
25 M S. Gugl. ab.	25 V S. Gine. ap.	25 L S. Luigi Re	25 V S. Firmino v.	25 S SS. Crisan. b.	25 M S. Cater. v.	25 G NATALE
26 G SS. Gio. e Pa.	26 S S. Anna	26 M S. Aless. m.	26 S SS. Cip. e Giu.	26 D 21.ª d. Pentec.	26 M S. Silves. ab.	26 V S. Stef. prot.
27 V S. Ladisl. rc	27 D 8.ª d. Pentec.	27 M S. Gius. Cal.	27 D 17.ª d. Pentec.	27 L S. Frumienz.	27 G S. Giac. m.	27 S S. Giov. ev.
28 S S. Leone II b.	28 L SS. Naz. e C.	28 G S. Agost. v. d.	28 L SS. Cos. e D.	28 M SS. Sim. e G.	28 V S. Giac. Marc.	28 D SS. Innoc. m.
29 D SS. P. e P. ap.	29 M S. Marta. v.	29 V Dec. d. S. G. B.	29 M S. Michele A.	29 M S. Ermel. m.	29 S S. Saturn. m.	29 L S. Tom. C. v.
30 L Comm. S. Pa.	30 M SS. Abd. e Sen.	30 S S. Rosa da L.	30 M S. Girol. d.	30 G S. Brunel. v.	30 D 1.ª d'Avv. Ro.	30 M S. Eugen. v.
	31 G S. Ignazio L.	31 D 13.ª d. Pentec.		31 V S. Gerardo v.		31 M S. Silves. pp.

Pasqua 14 Aprile — Anni: 43, 54, 65, 127, 138, 149, 160*, 211, 222, 233, 244*, 306, 317, 328*, 401, 407, 412*, 491, 496*, 502, 575, 586, 597, 659, 670, 681, 692*, 743, 754, 765, 776*, 838, 849, 860*, 933, 939, 944*, 1023, 1028*, 1034, 1107, 1118, 1129, 1191, 1202, 1213, 1224*, 1275, 1286, 1297, 1308*, 1370, 1381, 1392*, 1465, 1471, 1476*, 1555, 1560, 1566, 1591, 1596*, 1675, 1686, 1743, 1748*, 1754, 1805, 1811, 1816*, 1895, 1963, 1968, 1974, 2047, 2058, 2069, 2115, 2120*, 2126, 2199, 2267, ecc.

GENNAIO bis.	FEBBRAIO bis.	GENNAIO	FEBBRAIO	MARZO	APRILE	MAGGIO
1 L Circ. di G. C.	1 G S. Ignazio v.	1 M Circ. di G. C.	1 V S. Ignazio v.	1 V S. Albino v.	1 L S. Ugo v.	1 M SS. Fil. e G. a.
2 M 1ª di S. Stef.	2 V Pur. di M. V.	2 M 1ª di S. Stef.	2 S Pur. di M. V.	2 S S. Simplic. p.	2 M S. Fran. di P.	2 G S. Atans. v.
3 M 3ª di S. Giov.	3 S S. Biagio v.	3 G 3ª di S. Giov.	3 D 1ª d. l'Epif.	3 D 1ª d Q., Inv.	3 M S. Pandira v.	3 V Inv. di S. Cro.
4 G SS. Innoc.	4 D 5ª l'Epif.	4 V SS. Innoc.	4 L S. Andrea Co.	4 L S. Casimiro c.	4 G S. Isidoro v.	4 S S. Monica v.
5 V S. Teles. P.	5 L S. Agata v.	5 S S. Telesforo.	5 M S. Agata v.	5 M S. Foca m.	5 V S. B. V. Addolo.	5 D 3ª Jubilate
6 S EPIFANIA	6 M S. Tito v.	6 D EPIFANIA	6 M S. Tito S. Dor.	6 M Temp. di pri.	6 S S. Ben. G. L.	6 L S. Gio. a. p. L.
7 D 1ª d. l'Epif.	7 M S. Romualdo	7 L 1ª l'Epif. Cristoforia	7 G S. Rom. ab.	7 G To. d'Aq.	7 D delle Palme	7 M S. Stanisl. v.
8 L S. Sever. ab.	8 G S. Giov. di M.	8 M S. Sever. ab.	8 V S. Giov. di M.	8 V S. Giov. D. T.	8 L S. Dionigi v.	8 M Ap. di S. Nic.
9 M SS. Giul. e C.	9 V S. Apollon. v.	9 M SS. Giul. e B.	9 S S. Apollon. v.	9 S S. Fran. R. T.	9 M S. Maria Cleo.	9 G S. Greg. Naz.
10 M S. Gugliel. v.	10 S S. Scolastica	10 G S. Gugliel. v.	10 D Settuagesima	10 D 2ª d Q., Rem.	10 M S. Pompeo m.	10 V S. Gor. ed E.
11 G S. Barn. ap.	11 D Settuagesima	11 V S. Igino pp.	11 L S. Setto Ton.	11 L S. Eulogio m.	11 G Cena del Sig.	11 S S. Mamert. v.
12 V S. Modest. m.	12 L S. Eulalia v.	12 S S. Modesto m.	12 M S. Eulalia v.	12 M S. Greg. I. pp.	12 V Parasceve	12 D 4ª Cantate
13 S 3ª dell'Epif.	13 M Cat. de' R.	13 D 1ª d. l'Epif.	13 M Cat. de Ric.	13 M S. Eufrasia v.	13 S sato	13 L S. Servazio v.
14 D SS. N. di Ges.	14 M S. Valent. m.	14 L S. Ilar. S. Fel.	14 G S. Valent. m.	14 G S. Matil. reg.	14 D PASQUA	14 M S. Bonifacio
15 L S. Paolo er.	15 G SS. Fau. e G.	15 M S. Paolo er.	15 V SS. Fau. e Gio.	15 V S. Longino m.	15 L dell'Angelo	15 G S. Isidoro ag.
16 M S. Marc. I pp.	16 V S. Giuliana v.	16 M S. Marcello b.	16 S S. Giuliana. v.	16 S S. Eriberto v.	16 M S. Aniceto p.	16 V S. Ubaldo v.
17 M S. Antonio ab	17 S S. Silvino v.	17 G S. Antonio ab	17 D Sessagesima	17 D 3ª di Q., Oculi	17 M S. Galdino v.	17 S S. Pasqual. B.
18 G Cat. S. Piet. R.	18 D Sessagesima	18 V Cat. S. Piet. R.	18 L S. Simeone v.	18 L S. Gabriel. a.	18 G S. Galdino v.	18 D 5ª Venanz. m.
19 V S. Canuto re	19 L S. Corrado c.	19 S S. Canuto re	19 M S. Corrado c.	19 M S. Giuseppe	19 V S. Leone IX p.	19 L Rogate
20 S SS. Fab. Seb.	20 M S. Eleuter. m.	20 D 2ª SS. N. G.	20 M S. Eleute. m.	20 M SS. Grat. e M.	20 S S. Marcellino	20 M S. Bernardino
21 D 3ª Sac. Fam.	21 M S. Severia. v.	21 L S. Agnese v.	21 G S. Severiano	21 G S. Bened. ap.	21 D 1ª d.P. in Alb.	21 M S. Felic. Rog.
22 L SS. Vinc. e A.	22 G Cat. S. Piet. A.	22 M SS. Vinc., An.	22 V Cat. S. Piet.A.	22 V S. Paolo v.	22 L SS. Sot. e Caio	22 G S. Emil. Rog.
23 M Spos. di M. V.	23 V S. Pier. Dam.	23 M Spos. di M. V.	23 S S. Pier. Dam.	23 S S. Vittor. m.	23 M S. Giorgio m.	23 V ASCEN. di G. C.
24 M S. Gerardo v.	24 S S. Gerardo v.	24 G S. Timoteo v.	24 D Quinquages.	24 D 4ª di Q., Laet.	24 M S. Fedele Sig.	24 S S. Donaz. v.
25 G S. Timoteo v.	25 D Quinquages.	25 V Con. S. Paolo	25 L S. Cesario m.	25 L ANN. di M. V.	25 G S. Marco Ev.	25 D 6ª Gre. VII p.
26 V Con. S. Paolo	26 L S. Alessan. v.	26 S S. Policar. v.	26 M S. Alessan. v.	26 M S. Teodoro v.	26 V SS. Cleto Mar.	26 L S. Exaudi
27 S S. Policar. v.	27 M S. Leandro v.	27 D 3ª Sac. Fam.	27 M Le Ceneri	27 M S. Giov. Dam.	27 S S. Zita v.	27 M S. Mar. Mad.
28 D 4ª d. l'Epif.	28 M Le Ceneri	28 L S. Agnese 2 f.	28 G S. Romano a.	28 G S. Eustas. ab.	28 D 2ª Miser.-Dom.	28 M S. Agost. C.
29 L S. Franc. S.	29 G S. Osvaldo v.	29 M S. Fran. ed A.		29 V S. Giov. Clim.	29 L S. Pietro m.	29 G S. Massimino
30 M S. Martina v.		30 M S. Martina v.		30 S S. Giov. Clim.	30 M S. Cater. da S.	30 V 8ª dell'Ascen.
31 M S. Pietro Nol.		31 G S. Pietro Nol.		31 D di Pas. Iudic.		31 S S. Petronil. v.

GIUGNO	LUGLIO	AGOSTO	SETTEMBRE	OTTOBRE	NOVEMBRE	DICEMBRE
1 S. Panfilo m.	1 L 3ª di S. Gio. B.	1 G S. Pietro in v.	1 D 13 d. Pentec.	1 M S. Remigio v.	1 V OGNISSANTI	1 D 1ª d'Avv. Arc. Ro.
2 D PENTECOS.	2 M Vis. di M. V.	2 V S. Alfonso L.	2 L S. Stefano re.	2 M S.S. Angeli C.	2 S Comm. Def.	2 L S. Bibiana v.
3 L S. Clotilde r.	3 M S. Marzial v.	3 S Inv. di S. Sto.	3 M S. Mansue. v.	3 G S. Calim. v.	3 D 23 d. Pentec.	3 M S. Franc. Sav.
4 M S. Fran. C.	4 G S. Ireneo v.	4 D 9ª d. Pentec.	4 M S. Rosalia v.	4 V S. Franc. d'A.	4 L S. Carlo Bor.	4 M S. Barb. m.
5 M Temp. d'Est.	5 V SS. Ciril. e M.	5 L S. Marini t. N.	5 G S. Lorenzo G.	5 S S. Placid. C.	5 M Zaccar. pr.	5 G S. Sabba ab.
6 G S. Norbert. v.	6 S 6ª SS. A. P. P.	6 M Tras-fat di G.	6 V S. Tras. S. Ago	6 D 14 d. Pent.	6 M S. Leon. B. M.	6 V S. Nicolò v.
7 V S. Rober. a. T.	7 D 5ª d. Pentec.	7 M S. Gaetano T.	7 S S. Regina v.	7 L S. Marco pp.	7 G S. Pro-doc. v.	7 S S. Ambrogio
8 S S. Gugliel. T.	8 L S. Elisab. im.	8 G SS. Ciriac. m.	8 D Nat. di M. V.	8 M S. Brigid. v.	8 V SS. 4 Coronati	8 D Imm. C. M. V.
9 D P. SS. Trinit.	9 M S. Veron. G.	9 V S. Roman. m.	9 L S. Gorgon. m.	9 M S. Dion. Cle.	9 S Dedicaz.	9 L S. Sito v.
10 L S. Marg. reg.	10 M SS. Sett. frat.	10 S S. Lorenzo m.	10 M S. Nic. Tol. c.	10 G S. Fran. B.	10 D 24 d. Pentec.	10 M S. Melch. pp.
11 M S. Barn. ap.	11 G S. Pio I pp.	11 D 10 d. Pentec.	11 M S. Prot. e Giac.	11 V S. Germ. v.	11 L S. Martino v.	11 M S. Dam. I pp.
12 M S. Gio. d. S. F.	12 V S. Gio. Gual.	12 L S. Chiara v.	12 G S. Guido sac.	12 S S. Massim. v.	12 M S. Mart. pp.	12 V S. Valer. ab.
13 G CORPUS DO.	13 S S. Anacl. pp.	13 M S. Cassia. m.	13 V S. Eulog. p.	13 D 15 d. Pent.	13 M S. Stanisl. K.	13 S S. Lucia v.
14 V S. Basil. M. v.	14 D 6ª d. Pentec.	14 M S. Eusebio pr.	14 S Esal. S. Cro.	14 L S. Calisto pp.	14 G S. Venera v.	14 D S. Spiridione
15	15	15	15 D	15 M	15 V	15 L S. Eusebio v.
16 D	16 L	16 D	16	16 M	16 S	16 M
17 L	17 M	17 L	17	17 G	17 D	17 M
18 M	18 M	18 M	18	18 V	18 L	18 G
19 M	19 G	19 M	19	19 S	19 M	19 V
20	20 V	20 G	20	20 D	20 M	20 S
21	21 S	21 V	21	21	21 G	21 D
22	22 D	22 S	22	22	22 V	22 L
23	23 L	23 D	23	23	23 S	23 M
24	24 M	24 L	24	24	24 D	24 M
25	25 M	25 M	25	25	25 L	25 NATALE
26	26 G	26 M	26	26	26 M	26 S. Sto. prot.
27	27 V	27 G	27	27	27 M	27 S. Gio. ap.
28	28 S	28 V	28	28	28 G	28 SS. Innocenti
29	29 D	29 S	29	29	29 V	29 S. Tomm. C.
30 D P. 1 d. Pentec.	30 L	30 D	30	30	30 S	30

Pasqua 15 Aprile — Anni: 59, 70, 81, 92*, 154, 165, 176*, 249, 260*, 339, 344*, 423, 434, 507, 518, 529, 591, 602, 613, 624*, 686, 697, 708*, 781, 792*, 871, 876*, 955, 966, 1039, 1050, 1061, 1123, 1134, 1145, 1156*, 1218, 1229, 1240* 1313, 1324*, 1403, 1408*, 1487, 1498, 1571, 582, 1607, 1618, 1629, 1691, 1759, 1770, 1781, 1827, 1838, 1900, 1906, 1979, 1990, 2001, 2063, 2074, 2085, 2096*, 2131, 2142, 2153, 2210, ecc.

GENNAIO	FEBBRAIO	MARZO	APRILE	MAGGIO

GIUGNO	LUGLIO	AGOSTO	SETTEMBRE	OTTOBRE (1)	NOVEMBRE	DICEMBRE

DICEMBRE

1 S S. Eligio v.
2 D 1ª d'Avv. Ro.
3 L S. Fran. Sav.
4 M S. Barb. m.
5 M S. Sabba ab.
6 G S. Nicolò v.
7 V S. Ambrogio
8 S *Imm. C. M. V.*
9 D 2ª d'Avv. Ro.
10 L S. Melch. pp.
11 M S. Dam. I pp.
12 M S. Valer. ab.
13 G S. Lucia v.
14 S S. Spiridione
15 D 3ª d'Avv. Ro.
16 L S. Lazz. v.
17 M S. Asp. Div. P.
18 M *Temp. d'inv.*
19 G S. Timoteo
20 V S. Tomm. T.
21 S S. Flav. m. T.
22 D 4ª d'Avv. Ro.
23 L *Vigilia*
24 M NATALE
25 M S. Stef. prot.
26 G S. Giov. ev.
27 V S. Innoc. m.
28 S S. Tom. C. v.
29 D S. Eugen. v.
30 L S. Silves. pp.

(1) Nell'anno 1582, i giorni dal 5 al 14 inclusivi del mese di Ottobre furono soppressi da papa Gregorio XIII per la correzione del calendario. Dal 15 Ottobre in poi, vennero quindi alterati i giorni della settimana, chiamando venerdì il lunedì 15, sabato il martedì e così di seguito.

GENNAIO bis.	FEBBRAIO bis.	GENNAIO	FEBBRAIO	MARZO	APRILE	MAGGIO
1 S Circ. di G. C.	1 M S. Ignazio v.	1 D Circ. di G. C.	1 M S. Ignazio v.	1 M Le Ceneri	1 S S. Ugo v.	1 L SS. Fil. e G. a.
2 D 3ª di S. Stef.	2 M Pur. di M. V.	2 L 3ª di S. Stef.	2 G Pur. di M. V.	2 G S. Simplic. p.	2 D di Pas. Indic.	2 M S. Atanas. v.
3 L 8ª di S. Giov.	3 G S. Biagio v.	3 M 8ª di S. Giov.	3 V S. Biagio v.	3 V S. Cunegonda	3 L S. Pancra v.	3 M Inv. di S.Cro.
4 M 8ª SS. Innoc.	4 V S. Andrea Co.	4 M 8ª SS. Innoc.	4 S S. Andrea Co.	4 S S. Casimiro c.	4 M S. Isidoro v.	4 G S. Monica v.
5 M S. Telesf. P.	5 S S. Agata v.	5 G S. Telestforop.	5 D 5ª d. l'Epif.	5 D f.ª di Q. Invo.	5 M S. Vinc. Fer.	5 V S. Pio V pp.
6 G EPIFANIA	6 D 5ª d. l'Epif.	6 V EPIFANIA	6 L S. Tito S. Dor.	6 L S. Coletta v.	6 G S. Ben. G. L.	6 S S. Gio. a-P. l.
7 V Cristoforia	7 L S. Romualdo	7 S Cristoforia	7 M S. Rom. ab.	7 M S. To. d'Aq.	7 V B. F. Addolo.	7 D 3ª, Jubilate
8 S S. Sever. ab.	8 M S. Giov. di M.	8 D f.ª d. l'Epif.	8 M S. Giov. di M.	8 M Temp. di pri.	8 S S. Dionigi v.	8 L Ap. di S. Mic.
9 D f.ª d' l'Epif.	9 M S. Apollon. v.	9 L SS. Giul. e B.	9 G S. Apollon. v.	9 G S. Fran. R.	9 D delle Palme	9 M S. Greg. Naz.
10 L S. Guglicl. v.	10 G S. Scolastica	10 M S. Guglicl. v.	10 V S. Scolastica	10 V SS. 40 Mar. T.	10 L S. Pompeo m.	10 M SS. Gor. ed E.
11 M S. Barn. ap.	11 V SS. Sett. Fon.	11 M S. Igino pp.	11 S S. Lazzaro v.	11 S S. Eulog. m.T.	11 M S. Leone I pp.	11 G S. Mamert.v.
12 M S. Modest-r. m.	12 S S. Eulalia v.	12 G S. Modesto m.	12 D Settuagesima	12 D 2ª di Q., Rem.	12 M S. Zenone v.	12 V SS. Ner. C. m.
13 G 8ª dell' Epif.	13 D Settuagesima	13 V 8ª dell' Epif.	13 L S. Cat.de Ric.	13 L S. Eufrasia v.	13 G Cena del Sig.	13 S S. Servazio v.
14 V S. Ilar. S. Fel.	14 L S. Valent. m.	14 S S. Ilar. S. Fel.	14 M S. Valent. m.	14 M S. Matil. reg.	14 V Parascece	14 D 4ª, Cantate
15 S S. Paolo er.	15 M S. Fau. e G.	15 D 2ª, SS. N. G.	15 M SS. Fau.e Gio.	15 M S. Longino m.	15 S santo	15 L S. Isidoro ag.
16 D SS. N. di Ges.	16 M S. Giuliana v.	16 L S. Marcello m.	16 G S. Giulian. v.	16 G S. Eriberto v.	16 D PASQU'A	16 M S. Ubaldo v.
17 L S. Antonio ab	17 G S. Silvino v.	17 M S. Antonio ab	17 V S. Silvino v.	17 V S. Patrizio v.	17 L dell'Angelo	17 M S. Pasqual.B.
18 M Cat. S. Piet. R.	18 V S. Simeone v.	18 M Cat. S. Piet. R	18 S S. Simeone v.	18 S S. Gabriel. a.	18 M S. Galdino v.	18 G S. Venanz. m.
19 M S. Canuto re	19 S S. Corrado c.	19 G S. Canuto re	19 D Sessagesima	19 D 3ª di Q. Oculi	19 M S. Leone IX p.	19 V S. Pietro Cel.
20 G SS. Fab. Seb.	20 D Sessagesima	20 V SS. Fab. Seb.	20 L S. Eleute. m.	20 L SS. Grat. e M.	20 G S. Marcellino	20 S S. Bern. d. S.
21 V S. Agnese v.	21 L S. Severia. v.	21 S S. Agnese v.	21 M S. Severiano	21 M S. Bened. ap.	21 V S. Anselmo v.	21 D 5ª, Rogate
22 S SS. Vinc. e A.	22 M Cat. S. Piet.A.	22 D 3ª, Sac. Fam.	22 M Cat. S. Piet.A.	22 M S. Paolo v.	22 S SS.Sot. e Caio	22 L Le Rogazioni
23 D 3ª, Sac. Fam.	23 M S. Pier. Dam.	23 L Spos. di M. V.	23 G S. Pier Dam.	23 G S. Vittor. m.	23 D f.ª d.P. in Alb.	23 M S. Desid. Rog.
24 L S. Tinoteo v.	24 G S. Gerardo v.	24 M S. Timoteo v.	24 V S. Mattia ap.	24 V S. Simone m.	24 L S. Fedele Sig.	24 M S. Dona. Rog.
25 M Con. S. Paolo	25 V S. Mattia ap.	25 M Con. S. Paolo	25 S S. Cesario m.	25 S ANN. DI M. V.	25 M S. Marco Ev.	25 G ASCEN.G. C.
26 M S. Policar. v.	26 S S. Alessan. v.	26 G S. Policar. v.	26 D Quinquages.	26 D 4ª di Q., Laet.	26 M SS. CletoMar.	26 V S. Filippo N.
27 G S. Giov. Cris.	27 D Quinquages.	27 V S. Giov. Cr.	27 L S. Leandro v.	27 L S. Giov. Dam.	27 G S. Zita v.	27 S S. Mar. Mad.
28 V S. Agnese 2ª f.	28 L S. Romano a.	28 S S. Agnese 2ª f.	28 M S. Romano a.	28 M S. Giov. Cap.	28 V S. Vitale m.	28 D 6ª, Exaudi
29 S S. Frances. S.	29 M S. Osvaldo v.	29 D 4ª d. l'Epif.		29 M S. Eustas. ab.	29 S S. Pietro m.	29 L S. Massimino
30 D 4ª d. l'Epif.		30 L S. Martina v.		30 G S. Giov. Clim.	30 D 2ª, Miser.Dom	30 M S. Felice I pp.
31 L S. Pietro Nol.		31 M S. Pietro Nol.		31 V S. Balbina m.		31 M S. Petronil. v.

GIUGNO	LUGLIO	AGOSTO	SETTEMBRE	OTTOBRE	NOVEMBRE	DICEMBRE
1 G 8.ª dell'Ascen.	1 S 8.ª di S. Gio. B.	1 M S. Pietro in v.	1 V S. Egidio ab.	1 D 17.ª B. V. Ros.	1 M OGNISSANTI	1 V S. Eligio v.
2 V SS. Marc. e C.	2 D 4.ª d. Pentec.	2 M S. Alfonso L.	2 S S. Stefano re	2 L SS. Angeli C.	2 G Comm. Def.	2 S SS. Bibiana v.
3 S S. Clotilde r.	3 L S. Marzial. v.	3 G Inv. di S. Ste.	3 D 13.ª d. Pentec.	3 M S. Calim. v.	3 V S. Uberto v.	3 D f.ª d'Avv. Ro.
4 D PENTECOS.	4 M S. Ireneo v.	4 V S. Dom. di G.	4 L S. Rosalia v.	4 M S. Fran. d'As.	4 S S. Carlo Bor.	4 L S. Barb. m.
5 L S. Bonif. v.	5 M SS. Ciril. e M.	5 S S. Maria d. N.	5 M S. Lorenzo G.	5 G SS. Placid. C.	5 D 22.ª d. Pentec.	5 M S. Sabba ab.
6 M S. Norbert. v.	6 G 8.ª SS. A. P. P.	6 D f.ª d. Pentec.	6 M Tras. S. Ag. C.	6 V S. Brunone c.	6 L S. Leon. P. M.	6 M S. Nicolò v.
7 M Temp. d'Est.	7 V S. Pulcheria	7 L S. Gaetano T.	7 G S. Regina v.	7 S S. Marco pp.	7 M S. Prosdoc. v.	7 G S. Ambrogio
8 G S. Guglie.	8 S S. Elisab. im.	8 M S. Cir. e. m.	8 V Nat. di M. V.	8 D 18.ª Mat. M. V.	8 M 8.ª Ognissanti	8 V Imm. C. M. V.
9 V SS. Pri. e F. T.	9 D 5.ª d. Pentec.	9 M S. Romau. m.	9 S S. Gorgon. m.	9 L S. Dion. C. m.	9 G S. Teodoro m.	9 S S. Siro v.
10 S S. Marg. r. T.	10 L SS. Sett. fr. m.	10 G S. Lorenzo m.	10 D 14.ª SS. N. M.	10 M S. Fran. B.	10 V S. Andrea Av.	10 D 2.ª d'Avv. Ro.
11 D f.ª SS. Trinit.	11 M S. Pio I pp.	11 V SS. Proto e G.	11 L SS. Pr. e Giac.	11 M S. Germ. v.	11 S S. Martino v.	11 L S. Dam. I pp.
12 L S. Gio. d. S. F.	12 M S. Giov. Gual.	12 S S. Chiara v.	12 M S. Guido sag.	12 G S. Massim. v.	12 D 23.ª Pat. M. V.	12 M S. Valer. ab.
13 M S. Ant. di Pa.	13 G S. Anacl. pp.	13 D 10.ª d. Pentec.	13 M S. Eulogio p.	13 V S. Edoardo re	13 L S. Stanisl. K.	13 M S. Lucia v.
14 M S. Basil M. v.	14 V S. Bonav. d.	14 L S. Eusebio pr.	14 G Esalt. S. Cro	14 S S. Calisto pp.	14 M S. Giosaf. v.	14 G S. Spiridione
15 G CORPUS DO.	15 S S. Enric. imp.	15 M Ass. d. M. V.	15 V 8.ª d. N. M. V.	15 D 19.ª Prot. M. V.	15 M S. Geltrud. v.	15 V 8.ª d'Imm. C.
16 V S. Gio. F. Reg.	16 D 6.ª d. Pentec.	16 M S. Giacinto c.	16 S SS. Corn. e C.	16 L S. Gallo ab.	16 G S. Edmon. v.	16 S S. Eusebio v.
17 S S. Ranieri c.	17 L S. Alessio c.	17 G 8.ª S. Lorenzo	17 D 15.ª Dol. M. V.	17 M S. Edvige r.	17 V S. Greg. tau.	17 D 3.ª d'Avv. Ro.
18 D 2.ª d. Pentec.	18 M S. Camillo L.	18 V S. Agapit. m.	18 L S. Gius. C.	18 M S. Luca Ev.	18 S D. b. ss. P. P.	18 L S. Asp. Div. P.
19 L SS. Ger. e Pr.	19 M S. Vincen. P.	19 D 11.ª d. Pentec.	19 M S. Gennaro v.	19 G S. Piet. d'Alc.	19 D 24.ª d. Pentec.	19 M S. Nem. m.
20 M S. Silver. pp.	20 G S. Marg. v.	20 L S. Bernardo d.	20 M Temp. d'Aut.	20 V S. Giovan. c.	20 L S. Felice Val.	20 M Temp. d'Inv.
21 M S. Paolino v.	21 V S. Prassede v.	21 M S. Gio. d. Ch.	21 G S. Matteo ap.	21 S S. Orsol. v.	21 M Pres. di M. V.	21 G S. Tom. ap.
22 G 8.ª Cor. Dom.	22 S S. Maria M.	22 M 8.ª Ass. M. V.	22 V S. Mau. C. T.	22 D 20.ª d. Pentec.	22 M S. Cecilia v.	22 V S. Flavian. T.
23 V S. Nat. S. G. B.	23 D 7.ª d. Pentec.	23 G S. Filip. Ben.	23 S S. Lino pp. T.	23 L S. Severin. v.	23 G S. Clem. I p.	23 S S. Vittor. v. T.
24 S Nat. S. G. B.	24 L S. Cristina v.	24 V S. Bartol. ap.	24 D 16.ª d. Pentec.	24 M S. Rafael. A.	24 V S. Gio. d. Cr.	24 D f.ª d'Avv. Ro.
25 D 3.ª d. Pentec.	25 M S. Giac. ap.	25 S S. Luigi re	25 L S. Firmino v.	25 M SS. Crisan. B.	25 S S. Cater. v.	25 L NATALE
26 L S. Giov. e Pa.	26 M S. Anna	26 D 12.ª d. Pentec.	26 M SS. Cipr. e G.	26 G S. Evarist. p.	26 D 25.ª d. Pentec.	26 M S. Stef. prot.
27 M S. Gugl. ab.	27 G S. Pantal. m.	27 L S. Giuse. Cal.	27 M SS. Cosm. e D.	27 V S. Frumenz.	27 L S. Giac. m.	27 M S. Giov. ev.
28 M S. Ladisl. re	28 V SS. Naz. e C.	28 M S. Agost. v. d.	28 G S. Vences. m.	28 S SS. Sim. e G.	28 M S. Giac. Marc.	28 G SS. Innocenti
29 G SS. Piet. e Pa.	29 S S. Marta m.	29 M S. Decol. S. G. B.	29 V S. Michele A.	29 D 21.ª d. Pentec.	29 M S. Saturn. m.	29 V S. Tomm. C.
30 V Comm. S. Pa.	30 D 8.ª d. Pentec.	30 G S. Rosa da L.	30 G S. Girol. d.	30 L S. Gerardo v.	30 G S. Andrea ap.	30 S S. Eugen. v.
	31 L S. Ignazio L.	31 V S. Raim. Non.		31 M S. Volfang. v.		31 D S. Silves. pp.

Pasqua 17 Aprile — Anni: 29, 40*, 119, 124*, 203, 214, 287, 298, 309, 371, 382, 393, 404*, 466, 477, 488*, 561, 572*, 651, 656*, 735, 746, 819, 830, 841, 903, 914, 925, 936*, 998, 1009, 1020*, 1093, 1104*, 1183, 1188*, 1267, 1278, 1351, 1362, 1373, 1435, 1446*, 1457, 1468*, 1530, 1541, 1552*, 1588*, 1650, 1661, 1672*, 1718, 1729, 1740*, 1808*, 1870, 1881, 1892*, 1927, 1938, 1949, 1960*, 2022, 2033, 2044*, 2101, 2112*, 2174, 2185, 2196*, 2242, 2253, 2264*, ecc.

	GENNAIO bis.	FEBBRAIO bis.	GENNAIO	FEBBRAIO	MARZO	APRILE	MAGGIO
1	V Circ. di G. C.	L S. Ignazio v.	S Circ. di G. C.	M S. Ignazio v.	M S. Albino v.	V S. Ugo v.	D 2.ª Miser. Dom
2	S 8.ª di S. Stef.	M Pur. di M. V.	D 8.ª di S. Stef.	M Pur. di M. V.	M Le Ceneri	S S. Fran. di P.	L S. Atanas. v.
3	D 8.ª di S. Giov.	M S. Biagio v.	L 8.ª di S. Giov.	G S. Biagio v.	G S. Cunegonda	D di Pas. Iudic.	M Inv. di S.Cro.
4	L SS. Innoc.	G S. Andrea Co.	M SS. Innoc.	V S. Andrea Co.	V S. Casimiro c.	L S. Isidoro v.	M S. Monica v.
5	M S. Telesf. P.	V S. Agata v.	M S.Telesf.orp.	S S. Agata v.	S S. Foca m.	M S. Vinc. Fer.	G S. Pio V pp.
6	M EPIFANIA	S S. Tito v.	G EPIFANIA	D 5.ª d. l'Epif.	D f.ª di Q., Invo.	M S. Ben. G. L.	V S. Gio. a. p. l.
7	G Cristoforia	D 5.ª d. l'Epif.	V Cristoforia	L S. Rom. ab.	L S. To. d'Aq.	G S. Egesippo c.	S S. Stanisl. v.
8	V S. Sever. ab.	L S. Giov. di M.	S S. Severino a.	M S. Giov. di M.	M S. Giov. di D.	V R. V. Addolo.	D 3.ª Pat. S. G.
9	S SS. Giul. e C.	M S. Apollon. v.	D f.ª d. l'Epif.	M S. Apollon. v.	M S. Temp. di pri.	S S. Maria Cle.	L S. Greg. Naz.
10	D f.ª d. l'Epif.	M S. Scolastica	L S. Guglicl. v.	G S. Scolastica	G SS. 40 Mariri	D delle Palme	M SS. Gor. ed E.
11	L S. Barn. ap.	G S. Eulalia v.	M S. Igino pp.	V S. Lazzaro v.	V S. Eulog. m.T.	L S. Leone I pp.	M S. Mamert. v.
12	M S. Modest. m.	V S. Cat. d. Ric.	M S. Modesto m.	S S. Eulalia m.	S S. Greg. I p.T.	M S. Zenone v.	G SS. Ner. C. m.
13	M 8.ª dell' Epif.	S S. Ilar. S. Fel.	G 8.ª dell' Epif.	D Settuagesima	D 2.ª di Q., Rem.	M S. Ermenegil.	V S. Servazio v.
14	G S. Ilar. S. Fel.	D Settuagesima	V S. Ilar. S. Fel.	L S. Valent. m.	L S. Matil. reg.	G Cena del Sig.	S S. Bonifa. m.
15	V S. Paolo er.	L SS. Fau. e G.	S S. Paol. S. M.	M SS. Fau.eGio.	M S. Longino m.	V Parasceve	D 4.ª Cantate
16	S S. Marc. I pp.	M S. Giuliana v.	D 2.ª SS. N. G.	M S. Giulian. v.	M S. Friberto v.	S santo	L S. Ubaldo v.
17	D SS. N. di Ges.	M S. Silvino v.	L S. Antonio ab	G S. Silvino v.	G S. Patrizio v.	D PASQUA	M S. Pasqual. B.
18	L Cat. S.Piet.R.	G S. Simeone v.	M Cat. S. Piet. R	V S. Simeone v.	V S. Gabriel. a.	L dell'Angelo	M S. Venanz. m.
19	M S. Canuto re	V S. Corrado c.	M S. Canuto re	S S. Corrado c.	S S. Giuseppe	M S. Leone IX p.	G S. Pietro Cel.
20	M SS. Fab. Seb.	S S. Eleuter. v.	G SS. Fab., Seb.	D Sessagesima	D 3.ª di Q., Oculi	M S. Marcellino	V S. Bern. d. S.
21	G S. Agnese v.	D Sessagesima	V S. Agnese v.	L S. Severiano	L S. Bened. ap.	G S. Anselmo v.	S S. Felice d. C.
22	V S. Vinc. e A.	L Cat. S. Piet.A.	S SS. Vin. ed A.	M Cat. S. Piet.A.	M S. Paolo v.	V SS. Sot. e Caio	D 5.ª Rogate
23	S Spos. di M.V.	M S. Pier. Dam.	D 3.ª Spos. M. V.	M S. Pier. Dam.	M S. Vittor. m.	S S. Giorgio m.	L Le Rogazioni
24	D 3.ª Sac. Fam.	M S. Gerardo v.	L S. Timoteo v.	G S. Mattia ab.	G S. Simone m.	D f.ª d.P. in Alb.	M S. Dona. Rog.
25	L Con S. Paolo	G S. Mattia ap.	M Con. S. Paolo	V S. Cesario m.	V ANN. di M. V.	L S. Marco Ev.	M S. Greg. Rog.
26	M S. Policar. v.	V S. Alessan. v.	M S. Policar. v.	S S. Alessan. v.	S S. Teodoro v.	M SS. CletoMar.	G ASCEN. G. C.
27	M S. Giov. Cris.	S S. Leandro v.	G S. Giov. Cr.	D Quinquages.	D 4.ª di Q., Laet.	M S. Zita v.	V S. Mar. Mad.
28	G S. Agnese 2.ª f.	D Quinquages.	V S. Agnese 2.ª f.	L S. Romano a.	L S. Giov. Cap.	G S. Vitale m.	S S. Agos. Can.
29	V S. Frances. S.	L S. Osvaldo v.	S S. Fran. Sal.		M S. Eustas. ab.	V S. Pietro m.	D 6.ª Exaudi
30	S S. Martina v.		D 4.ª d. l'Epif.		M S. Giov. Clim.	S S. Cater. da S.	L S. Felice I pp.
31	D 4.ª d. l'Epif.		L S. Pietro Nol.		G S. Balbina m.		M S. Petronil. v.

GIUGNO	LUGLIO	AGOSTO	SETTEMBRE	OTTOBRE	NOVEMBRE	DICEMBRE
1 M S. Panfilo m.	1 V 8a di S. Gio. B.	1 L S. Pietro in v.	1 G S. Egidio ab.	1 S S. Remigio v.	1 M OGNISSANTI	1 G S. Eligio v.
2 G 8a dell'Ascen.	2 S Vis. di M. V.	2 M S. Alfonso L.	2 V S. Stefano re	2 D 17a B. V. Ros.	2 M Comm. Def.	2 V S. Bibiana v.
3 V S. Clotilde r.	3 D 4a d. Pentec.	3 M Inv. di S. Ste.	3 S SS. Mansue. v.	3 L S. Calin. v.	3 G S. Uberto v.	3 S S. Fran. Sav.
4 S S. Fran. C.	4 L S. Ireneo v.	4 G S. Dom. di G.	4 D 13a d. Pentec.	4 M S. Fran. d'As.	4 V S. Carlo Bor.	4 D 2a d'Avv. Ro.
5 D PENTECOS.	5 M SS. Ciril. e M.	5 V S. Maria d. N.	5 L S. Lorenzo G.	5 M SS. Placid. C.	5 S S. Zaccar. pr.	5 L S. Sabba ab.
6 L S. Norbert. v.	6 M 8a SS. A. P.P.	6 S Trasf. di G. C.	6 M Tras. S. Ag. C.	6 G S. Brunone c.	6 D 22a d. Pentec.	6 M S. Nicolò v.
7 M S. Robert. a.	7 G S. Pulcheria	7 D 9a d. Pentec.	7 M S. Regina v.	7 V S. Marco pp.	7 L S. Prosdoc. v.	7 M S. Ambrogio
8 M Temp. d'est.	8 V S. Elisab. im	8 L SS. Cir. e c. m.	8 G Nat. di M. V.	8 S S. Brigida v.	8 M 8a Ognissanti	8 G Imm. C. M. V.
9 G SS. Pri. e Fel.	9 S S. Veron. G.	9 M S. Roman. m.	9 V S. Gorgon. m.	9 D 18a Mat. M. V.	9 M S. Teodoro m.	9 V S. Siro v.
10 V S. Margh. T.	10 D 5a d. Pentec.	10 M S. Lorenzo m.	10 S S. Nic. Tol. c.	10 L S. Fran. B.	10 G S. Andrea Av.	10 S S. Melch. pp.
11 S S. Barn. ap.T.	11 L S. Pio I pp.	11 G SS. Proto e G.	11 D 14a SS. N. M.	11 M S. Germ. v.	11 V S. Martino v.	11 D 3a d'Avv. Ro.
12 D 1a SS. Trinit.	12 M S. Giov. Gual.	12 V S. Chiara v.	12 L S. Guido sag.	12 M S. Massim. v.	12 S S. Mart. pp.	12 L S. Valer. ab.
13 L S. Ant. di Pa.	13 M S. Anacl. pp.	13 S S. Cassia. m.	13 M S. Eulogio p.	13 G S. Edoardo re	13 D 23a Pat. M. V.	13 M S. Lucia v.
14 M S. Basil. M.	14 G S. Bonav. d.	14 D 10a d. Pentec.	14 M Esalt. S. Cro.	14 V S. Calisto pp.	14 L S. Giostaf. v.	14 M Temp. d'inv.
15 M SS. Vito e M.	15 V S. Enric. imp.	15 L Ass. di M. V.	15 G 8a d. N. M. V.	15 S S. Teresa v.	15 M S. Geltrud. v.	15 G 8a d Imm. C.
16 G CORPUS DO.	16 S B. V. del Car.	16 M S. Giacinto c.	16 V SS. Corn. e C.	16 D 19a Pur. M. V.	16 M S. Edmon. v.	16 V S. Euseb. v. T.
17 V S. Ranieri c.	17 D 6a d. Pentec.	17 M 8a S. Lorenzo	17 S Stim. S. Fra.	17 L S. Edvige r.	17 G S. Greg. tau.	17 S S. Lazz. v. T.
18 S SS. Mar. e M.	18 L S. Camillo L.	18 G S. Agapit. m.	18 D 15a Dol. M. V.	18 M S. Luca Ev.	18 V S. D. b. ss. P. P.	18 D 4a d'Avv. Ro.
19 D 2a d. Pentec.	19 M S. Vincen. P.	19 V S. Lodov. v.	19 L S. Gennar. v.	19 M S. Piet. d'Alc.	19 S S. Elisabetta	19 L Asp. Div. P.
20 L S. Silver. pp.	20 M S. Marg. v.	20 S S. Bernar. ab.	20 M S. Eustac. v.	20 G S. Giovan. C.	20 D 24a d. Pentec.	20 M S. Timoteo
21 M S. Luigi G.	21 G S. Prassede v.	21 D 11. S. Giov.	21 M Temp. d'aut.	21 V S. Orsol. e C.	21 L Pres. di M. V.	21 M S. Tomm. T.
22 M S. Paolino v.	22 V S. Mar. Mad.	22 L 8a Ass. M. V.	22 G S. Mau. C.	22 S S. Donato v.	22 M S. Cecilia v.	22 G S. Flav. m. T.
23 G 8a Cor. Dom.	23 S S. Apollin. v.	23 M S. Filip. Ben.	23 V S. Lino pp. T.	23 D 20a d. Pentec.	23 M S. Clem. I p.	23 V S. Vittoria v.
24 V S. Cuor. di G.	24 D 7a d. Pentec.	24 M S. Bartol. ap.	24 S B. V. d M. T.	24 L S. Gio. d. Cr.	24 G S. Gio. d. Cr.	24 S Vigilia
25 L S. Guglie. ab.	25 L S. Giac. ap.	25 G S. Luigi re	25 D 16a d. Pentec.	25 M SS. Crisan. D.	25 V S. Cater. v.	25 D NATALE
26 D 3a d. Pentec.	26 M S. Anna	26 V S. Aless. m.	26 L SS. Cip., Giu.	26 M S. Evarist. p.	26 S S. Silves. ab.	26 L S. Stef. prot.
27 L S. Ladisl. re	27 M S. Pantal. m.	27 S S. Gius. Cal.	27 M SS. Cos. e D.	27 G S. Frumenz.	27 D 1a d'Avv. Ro.	27 M S. Giov. ev.
28 M S. Leone II p.	28 G SS. Naz. e C.	28 D 12a d. Pentec.	28 M S. Vences. m.	28 V SS. Sim. e G.	28 L S. Giac. Marc.	28 M SS. Innoc. m.
29 M SS. P. e P. ap.	29 V S. Marta v.	29 L Dec. d. S. G. B.	29 G S. Michele A.	29 S S. Ernel. v.	29 M S. Saturn. m.	29 G S. Tom. C. v.
30 G Comm. S. Pa.	30 S SS. Abd. Sen.	30 M S. Rosa da L.	30 V S. Girol. d.	30 D 21a d. Pentec.	30 M S. Andrea ap.	30 V S. Eugen. v.
	31 D 8a d. Pentec.	31 M S. Raim. Non.		31 L S. Volfang. v.		31 S S. Silves. pp.

Pasqua 18 Aprile — Anni: 51, 56*, 135, 146, 219, 230, 241, 303, 314, 325, 336*, 398, 409, 420*, 493, 504*, 583, 588*, 667, 678, 751, 762, 773, 835, 846, 857, 868*, 930, 941, 952*, 1025, 1036*, 1115, 1120*, 1199, 1210, 1283, 1294, 1305, 1367, 1378, 1389, 1400*, 1462, 1473, 1484*, 1557, 1568*, 1593, 1604*, 1677, 1683, 1688*, 1745, 1756*, 1802, 1813, 1824*, 1897, 1954, 1965, 1976*, 2049, 2055, 2060*, 2106, 2117, 2128*, ecc.

GENNAIO bis.	FEBBRAIO bis.	GENNAIO	FEBBRAIO	MARZO	APRILE	MAGGIO

GIUGNO	LUGLIO	AGOSTO	SETTEMBRE	OTTOBRE	NOVEMBRE	DICEMBRE
1 M S. Panfilo m.	1 ... di S. Gio. B.	1 D 1ª d. Pentec.	1 M S. Egidio ab.	1 V S. Remigio v.	1 D OGNISSANTI	1 M S. Eligio v.
2 M SS. Marc. e C.	2 V Vis. di M. V.	2 L S. Alfonso L.	2 G S. Stefano re.	2 S S. Angeli C.	2 M Comm. Def.	2 G S. Bibiana v.
3 G SS. dell'Ascen.	3 S S. Marziale v.	3 M Inv. di S. Ste.	3 V S. Mansue. v.	3 D 17ª d. P. Ros.	3 G S. Uberto v.	3 V S. Fran. Sav.
4 V S. Fran. C.	4 D 4ª d. Pentec.	4 M S. Dom. di G.	4 S S. Rosalia v.	4 L S. Fran. d'As.	4 S S. Carlo Bor.	4 S S. Barbara m.
5 S S. Bonifac. v.	5 L SS. Ciril. e M.	5 G S. Maria d. N.	5 D 13ª d. Pentec.	5 M S. Placid. C.	5 V S. Zaccar. pr.	5 D Dom d'Avv. Ro.
6 D PENTECOS.	6 M SS. 4ª P. P.	6 V Trasf. di G. C.	6 L Fras. S. Ag.	6 M S. Brunone c.	6 S S. Leon. P. M.	6 L S. Nicolo v.
7 L S. Robert. a.	7 M S. Pulcheria	7 S S. Gaetano T.	7 M S. Regina v.	7 G S. Marco pp.	7 D ...	7 M S. Ambrogio
8 M S. Gugliel. v.	8 G S. Elisab. im	8 D 6ª d. Pentec.	8 M Nat. di M. V.	8 V S. Brigida v.	8 L ...	8 M Imm. C. M. V.
9 M Temp. d'est.	9 V S. Verone. c.	9 L S. Romoa. m.	9 G ...	9 S S. Dion. c. m.	9 M Teodoro m.	9 G S. Siro v.
10 G S. Margh. r.	10 S S. Sett. fr. m.	10 M S. Lorenzo m.	10 V S. Nic. Tol. c.	10 D 18ª d. Pat. M.V.	10 M Andrea Av.	10 V S. Melch. pp.
11 V S. Barn. ap. T.	11 D 5ª d. Pentec.	11 M S. Protas. G.	11 S S. Proto e G.	11 L ...	11 G Martino v.	11 S S. Damas. Ip.
12 ...	12 L ... Giud.	12 G S. Chiara v.	12 D ...	12 M Massimo.	12 V Martil. R.	12 D S. Lucia v.
13 ...	13 M Anacl. pp.	13 V S. Casilia m.	13 L ...	13 M Eduardo re.	13 S Stanil. K.	13 L S. Spiridio.
14 L S. Basil. M.	14 M Bona. d.	14 S S. Eusebio pr.	14 M Esalt. S. C.	14 G Callisto pp.	14 D ...	14 M ...
15 M S. Vito e M.	15 G Divis. Ap.	15 D Assunz. M. V.	15 M ...	15 V Teresa v.	15 L ...	15 M ...
16 M ...	16 V ...	16 L ...	16 G ...	16 S ...	16 M ...	16 G ...
17 G CORPUS Do.	17 S ...	17 M ...	17 V ...	17 D ...	17 M ...	17 V ...
18 V ...	18 D ...	18 M ...	18 S ...	18 L ...	18 G ...	18 S ...
19 S ...	19 L ...	19 G ...	19 D ...	19 M ...	19 V ...	19 D ...
20 D ...	20 M ...	20 V ...	20 L ...	20 M ...	20 S ...	20 L ...
21 L ...	21 M ...	21 S ...	21 M ...	21 G ...	21 D Presen. M.	21 M Tomm. ap.
22 M ...	22 G ...	22 D ...	22 M ...	22 V ...	22 L ...	22 M ...
23 M ...	23 V ...	23 L ...	23 G ...	23 S ...	23 M ...	23 G ...
24 G ...	24 S ...	24 M S. Bartol. ap.	24 V ...	24 D ...	24 M ...	24 V ...
25 V ...	25 D ...	25 M ...	25 S ...	25 L ...	25 G Caterina v.	25 S NATALE
26 S ...	26 L S. Anna M.	26 G ...	26 D ...	26 M ...	26 V ...	26 D S. Stef. prot.
27 D ...	27 M ...	27 V ...	27 L ...	27 M ...	27 S ...	27 L ...
28 L S. Leone II p.	28 M ...	28 S S. Agost. v.	28 M ...	28 G ...	28 D 1ª d'Avv.	28 M ...
29 M SS. Piet. e Paol.	29 G S. Marta v.	29 D Dec. S. Gio.	29 M ...	29 V ...	29 L ...	29 M ...
30 M Comm. S. Pao.	30 V ...	30 L ...	30 M ...	30 S ...	30 M S. Andr. ap.	30 G ...
	31 S ...	31 M ...		31 D ...		31 V S. Silves. pp.

Pasqua 19 Aprile — Anni: 67, 78, 89, 151, 162, 173, 184*, 235, 246, 257, 268*, 330, 341, 352*, 425, 431, 436*, 515, 520*, 526, 599, 610, 621, 683, 694, 705, 716*, 767, 778, 789, 800*, 862, 873, 884*, 957, 963, 968*, 1047, 1052*, 1058, 1131, 1142, 1153, 1215, 1226, 1237, 1248*, 1299, 1310, 1321, 1332*, 1394, 1405, 1416*, 1489, 1495, 1500*, 1579, 1609, 1615, 1620*, 1699, 1767, 1772*, 1778, 1829, 1835, 1840*, 1908*, 1981, 1987, 1992*, 2071, 2076*, 2082, 2133, 2139, 2144*, 2201, 2207, 2212*, ecc.

	GENNAIO bis.	FEBBRAIO bis.	GENNAIO	FEBBRAIO	MARZO	APRILE	MAGGIO
1	M Circ. di G. C.	L S. Ignazio v.	G Circ. di G. C.	1ª d. l'Epif.	D Quinquages.	M s. Ugo v.	V SS. Fil. e G. a.
2	G s. di s. Stef.	D Pur. di M. V.	V s. di s. Stef.	L Pur. di M. V.	L s. Simplic. p.	G s. Fran. di P.	S 2ª Mis. Dom.
3	V s. di S. Giov.	L s. Biagio v.	S s. di S. Giov.	M s. Biagio v.	M s. Pancraz. v.	V s. Pancra. v.	D Inv. di S. C.
4	S s. SS. Innoc.	M SS. Andrea Co.	D s. SS. Innoc.	V s. Andrea Co.	M s. Casimir	S s. Isidoro v.	L s. Monica v.
5	D s. Telesf. P.	M s. Agata v.	L s. Telesf. P.	s. Agata v.	G s. Focas m.	D di Pas. Judic.	M s. Pio V pp.
6	L EPIFANIA	G s. Tito S. Dor.	M EPIFANIA	s. Tito S. Dor.	V s. Coletta v.	L s. Egesippo c.	M S. Gio. a. P. L.
7	M Cristoforia	V s. Cristoforo	M Cristoforia	s. Romual. ab.	S s. Egesib. c.	M s. Maria Cleo.	G s. Stanisl. v.
8	M s. Sever. ab.	S s. Giov. di M.	G s. Sever. ab.	5ª l'Epif.	D 1ª di Q. Inv.	M s. Danigil v.	V Ap. di s. Mic.
9	G s. Giul. e C.	D 3ª d. l'Epif.	V s. Giul. e C.	s. Apollon. v.	L s. Frane. Ro.	G s. Maria Cle.	S s. Greg. Naz.
10	V s. d. l'Epif.	L s. Scolastica	S s. d. l'Epif.	s. Scolastica	M SS. 40 Mart.	V s. B. V. Add.	D 3ª Pat. S. G.
11	S s. Igino pp.	M SS. S.t Fond.	D 1ª d. l'Epif.	s. Lazzaro v.	M Temp. di pri.	S Dom. delle Palme	L s. Mamert. v.
12	D 1ª d. l'Epif.	M s. Eulalia v.	L s. dell'Epif.	s. Eulalia v.	G s. Greg. T. D.	D della Palma	M SS. Nor. C. m.
13	L s. dell'Epif.	G s. Cat. de R.	M s.	s. Cat. de Ric.	V s. Eufra. v. T.	L s. Ermenegil.	M s. Servazio v.
14	M s. Ilar. S. Fel.	V s. Valent. m.	M s. Ilar. S. Fel.	s. Valent. m.	S s. Matil. r. T.	M s. Giustin. m.	G s. Bonifacio
15	M s. Paolo er.	S SS. Faus. e G.	G s. Paolo er.	Settuagesima	D 2ª di Q., Rem.	M s. Paterno v.	V s. Isidoro ag.
16	G s. Marc. l. pp.	D Settuagesima	V s. Marcello p.	s. Giulian. v.	L s. Eribert. v.	G Cena del Sig.	S s. Ubaldo v.
17	V s. Antonio ab.	L s. Silvino v.	S s. Anton. ab.	s. Silvino v.	M s. Patrizio v.	V Parasceve	D 4ª Cantate
18	S Cat. S. Pie. R.	M s. Simeone v.	D 2ª SS. N. di G.	s. Simeone v.	M s. Gabriel. a.	D santo	L s. Venanz. m.
19	D SS. N. di Ges.	M s. Corrado c.	L s. Canuto re	s. Corrado c.	G s. Giuseppe	L PASQUA	M s. Pietro Cel.
20	L SS. Fab. Seb.	G s. Eleuter. m.	M SS. Fab. Seb.	G s. Eleute. m.	V SS. Grat. e M.	L dell'Angelo	M s. Bern. d. S.
21	M s. Agnese v.	V s. Severia. v.	M s. Agnese v.	s. Severia. v.	S s. Bened. ab.	M s. Anselmo v.	G s. Felice d. C.
22	M s. Vinc. e A.	S Cat. S.Piet.A.	G SS. Vinc. An.	D Sessagesima	D 3ª di Q. Ocali	M SS. Sote Caio	V s. Emilio m.
23	G Spos. di M. V	D Sessagesima	V Spos. di M. V.	L s. Pier Dam.	L s. Vittor. m.	G s. Giorgio m.	S s. Desideri v.
24	V s. Timoteo v.	L s. Gerardo v.	S s. Timoteo v.	M s. Mattia ap.	M s. Simone m.	V s. Fedele Sig.	D 5ª Rogate
25	S Conv. S. Paol.	M s. Mattia ap.	D 3ª Sac. Fam.	M s. Cesario m.	M ANN. DI M. V.	S s. Marco ev.	L Le Rogazioni
26	D 3ª Sac. Fam.	M s. Alessan. v.	L s. Policar. v.	G s. Alessan. v.	G s. Teodoro v.	D 1ª in Albis	M s. Eleut. Rog.
27	L s. Giov. Cris.	G s. Leandro v.	M s. Giov. Cr.	V s. Leandro v.	V s. Giov. Dam.	L s. Zita v.	M s. Mar. Rog.
28	M s. Agnese 2 f.	V s. Romano a.	M s. Agnese 2ª f.	S s. Romau. ab.	S s. Giovan. C.	M s. Vitale m.	G ASCEN. G. C.
29	M s. Frances. S.	S s. Osvaldo v.	G s. Fran. ed A.		D 4ª di Q. Laet.	M s. Pietro m.	V s. Massimino
30	G s. Martina v.		V s. Martina v.		L s. Giov. Clim.	G s. Cater. da S.	S s. Felice I pp.
31	V s. Pietro Nol.		S s. Pietro Nol.		M s. Balbina m.		D 6ª Exaud.

GIUGNO	LUGLIO	AGOSTO	SETTEMBRE	OTTOBRE	NOVEMBRE	DICEMBRE
1 L s. Pantilo m.	1 M ss. di S. Gio. B.	1 Z s. Pietro in v.	1 M s.s. Egidio ab.	1 G s.s. Remigio v.	1 D OGNISSANTI	1 M s.s. Eligio v.
2 M SS. Mare. e C.	2 G Vis. di M. V.	2 D s.d. Pentec.	2 M s.s. Stefano re.	2 S ss. Angeli C.	2 L Comm. Def.	2 M s.s. Bibiana v.
3 M S. Clotilde r.	3 V s. Marzial. v.	3 L Inv. di S. Ste.	3 G s.s. Mansue v.	3 D s.s. Calim. v.	3 M s.s. Uberto v.	3 G s.s. Fran. Sav.
4 G s. dell'Ascen.	4 Z s. Ireneo v.	4 M s.s. Dom. di G.	4 V s.s. Rosalia v.	4 L s. 17ª, S. F. Ass.	4 M s.s. Carlo Bor.	4 V s.s. Barb. m.
5 V s.s. Bonif. v.	5 D s.ª d. Pentec.	5 M s.s. Maria d. N.	5 Z s.s. Lorenzo G.	5 M s.s. Placid. C.	5 G s.s. Zaccar. pr.	5 Z s.s. Sabba ab.
6 S s. Norbert. v.	6 L s.s. SS. A. P. P.	6 G s.s. Trasf. di G.	6 D s.ª d. Pentec.	6 M s.s. Brunone c.	6 V s.s. Leon. P. M.	6 D s.ª d'Avv. Ro.
7 D PENTECOS.	7 M s.s. Pulcheria	7 V s.s. Gaetano T.	7 L s.s. Regina v.	7 G s.s. Marco pp.	7 S s.s. Prosdoc. v.	7 L s.s. Ambrogio
8 L SS. Pri. e Fel.	8 M s.s. Elisab. im.	8 Z s.d. Pentec.	8 M s.s. Nat. di M. V.	8 V s.s. Brigida v.	8 D s.ª d. Pat. M. V.	8 M Imm. C. M. V.
9 M SS. Prim. e.	9 G s.s. Veron. G.	9 D s.d. Pentec.	9 M s.s. Gorgon. m.	9 Z s.s. Dion. e m.	9 L s.s. Teodoro m.	9 M s.s. Siro v.
10 M Temp. d'Est.	10 V s.s. Sett. fr. m.	10 L s.s. Lorenzo m.	10 G s.s. Nic. Tol. c.	10 D s. Franc. b.	10 M s.s. Andrea Av.	10 G s.s. Melch. pp.
11 G s. Barn. ap.	11 Z s. Pio I pp.	11 M s.s. Proto e G.	11 V s.s. Protaie.	11 L s. Madd. M. J	11 M s.s. Martino v.	11 V s.s. Dam. I pp.
12 V s.s. Gio. a. T.	12 D s. d. Pentec.	12 M s.s. Chiara v.	12 Z s.s. Prot. e G.	12 M s.s. Massim. v.	12 G s.s. Mart. pp.	12 Z s.s. Valer. ab.
13 Z s. Ant. di P. T.	13 L s. Anacl. pp.	13 G s.s. Casim. m.	13 D s.ª d. Pentec.	13 M s.s. Edoardo r.	13 V s.s. Stanisl. K.	13 M s.s. Spiridione
14 D s.s. Trinità	14 M s. Bonav. d.	14 V s.s. Eusebio pr.	14 L s.s. Esalt. s. Cr.	14 G s.s. Callisto pp.	14 Z s.s. Geserl. v.	14 M Temp. d'Avv.
15 L s. Vito e M.	15 M s.s. Enric. imp.	15 Z s.s. Ass. di M. V.	15 M s.s. Nic. da Tol.	15 V s.s. Teresa v.	15 D s.ª d. Pentec.	15 G s.s. Temp. d'Avv.
16 M s.s. Gio. Fr.	16 G s.s. Madd.	16 D s.s. Rocco C.	16 M s.s. Corn. e C.	16 Z s.s. Edvige d.	16 L s.s. Edmon. v.	16 V s.s. Eusebio v.
17 M s.s. Rainer. e.	17 V s.s. Aless.	17 L s.s. Giac. Ind.	17 G s.s. Franc. st.	17 D s.ª d. Pentec.	17 M s.s. Greg. Tau.	17 Z s.s. Lazz. v.
18 G s.s. Marco e M.	18 Z s.s. Camillo L.	18 M s.s. Agapito m.	18 V s.s. Gios. Cop.	18 L s.s. Luca ev.	18 M s.s. Ded. Bas. P.P.	18 D s.ª d'Avv. Pr.
19 V s.s. Gerv. e P.						19 L s.s. Nem. m. P.
20 S s.s. Silverio pp.						20 M s.s. Temp. ap.
21 D s.s. Luigi G.						21 M s.s. Flavia. m.
22 L s.s. Paolino v.						22 G s.s. Vittor. v.
23 M s.s.						23 V s.s.
24 M s.s.						24 Z s.s. NENE.
25 G s.s.						25 D s.s. Stef. prot.
26 V s.s.						26 L s.s.
27 Z s.s.						27 M s.s. Innocenti
28 D s.s. Leone II pp.						28 M s.s. Tomm. C.
29 L SS. Pie. e Pao.						29 G s.s. Engen. v.
30 M Comm. S. Pao.						30 V s.s. Silve. pp.

Pasqua 20 Aprile — Anni: 10, 21, 83, 94, 105, 116*, 178, 189, 200*, 273, 284*, 363, 368*, 447, 458, 531, 542, 553, 615, 626, 637, 648*, 710, 721, 732*, 805, 816*, 895, 900*, 979, 990, 1063, 1074, 1085, 1147, 1158, 1169, 1180*, 1242, 1253, 1264*, 1337, 1348*, 1427, 1432*, 1511, 1522, 1631, 1642, 1710, 1783, 1794, 1851, 1862, 1919, 1924*, 1930, 2003, 2014, 2025, 2087, 2098, 2155, 2166, 2177, 2223, 2234, ecc.

GENNAIO bis.	FEBBRAIO bis.	GENNAIO	FEBBRAIO	MARZO	APRILE	MAGGIO
1 M Circ. di G. C.	1 V S. Ignazio v.	1 M Circ. di G. C.	1 S SS. Ignazio v.	1 L S. Albino v.	1 M S. Ugo v.	1 G SS. Fil. e G. a.
2 M S. di S. Stef.	2 S Pur. di M. V.	2 G S. di S. Stef.	2 D Pur. di M. V.	2 M Quinquages.	2 M S. Fran. di P.	2 V S. Atanas. v.
3 G S. di S. Giov.	3 D Iª d. l'Epif.	3 V S. di S. Giov.	3 L S. Biagio v.	3 M S. Cunegonda	3 G S. Pancra v.	3 S Inv. di S.Cro.
4 V SS. Innoc.	4 L S. Andrea Co.	4 S SS. Innoc.	4 M S. Andrea Co.	4 G S. Casimiro c.	4 V S. Isidoro v.	4 D 2ª Miser. Dom
5 S S. Telesf. P.	5 M S. Agata v.	5 D S. Telesforo p.	5 M S. Agata v.	5 V Le Ceneri	5 S S. Vinc. Fer.	5 L S. Pio V pp.
6 D EPIFANIA	6 M S. Tito v.	6 L EPIFANIA	6 G S. Tito S. Dor.	6 S S. Coletta v.	6 D di Pas. Indic.	6 M S. Gio. a. p. l.
7 L Cristoforia	7 G S. Romualdo	7 M Cristoforia	7 V S. Rom. ab.	7 D To. d'Aq.	7 L S. Egesippo c.	7 M S. Stanisl. v.
8 M S. Sever. ab.	8 V S. Giov. di M.	8 M S. Severino c.	8 S S. Giov. di M.	8 L S. Giov. di D.	8 M S. Dionigi v.	8 G Ap. di S. Mic.
9 M S. Giul. e c.	9 S S. Cirillo v.	9 G SS. Giul. e B.	9 D 5ª d. l'Epif.	9 M D.ª di Q., Invo.	9 M S. Maria Cle.	9 V S. Greg. Naz.
10 G S. Gugliel. v.	10 D 5ª d. l'Epif.	10 V S. Gugliel. v.	10 L S. Scolastica	10 M SS. 40 Martiri	10 G S. Pompeo m.	10 S SS. Gor. ed E.
11 V S. Barn. ap.	11 L SS. Sett. Fon.	11 S S. Igino pp.	11 M S. Lazzaro v.	11 G S. Eulog. m.	11 V B. I. Addolo.	11 D 3ª, Pat. S. G.
12 S S. Modest. m.	12 M S. Eulalia v.	12 D Iª d. l'Epif.	12 M S. Eulalia m.	12 V Temp. di pri.	12 S S. Zenone v.	12 L SS. Ner. C. m.
13 D Iª d. l'Epif.	13 M S. Cat. d. Ric.	13 L Sª dell'Epif.	13 G S. Cat. de Ric.	13 S S. Eufras. v.	13 D delle Palme	13 M S. Servazio v.
14 L S. Ilar. S. Fel.	14 G S. Valent. m.	14 M S. Ilar. S. Fel.	14 V S. Valent. m.	14 D S. Matil. r. T.	14 L S. Giustin. m.	14 M S. Bonifa. m.
15 M S. Paolo er.	15 V SS. Fau. e G.	15 M S. Paol. S. M.	15 S SS. Fau. e Gio.	15 L S. Longi. m. T.	15 M S. Paterno v.	15 G S. Isidoro ag.
16 M S. Marc. l pp.	16 S S. Giuliana v.	16 G S. Marcello p.	16 D Settuagesima	16 M 2ª di Q., Rem.	16 M S. Contar. pr.	16 V S. Ubaldo v.
17 G S. Antonio ab.	17 D Settuagesima	17 V S. Antonio ab.	17 L S. Silvino v.	17 M S. Patrizio v.	17 G Cena del Sig.	17 S S. Pasqual. B.
18 V Cat. S. Piet.R.	18 L S. Simeone v.	18 S Cat. S. Piet. R	18 M S. Simeone v.	18 G S. Gabriel. a.	18 V Parasceve	18 D 4ª Cantate
19 S S. Canuto re	19 M S. Corrado c.	19 D 2ª SS. N. G.	19 M S. Corrado c.	19 V S. Giuseppe	19 S santo	19 L S. Pietro Cel.
20 D SS. N. di Ges.	20 M S. Eleuter. v.	20 L SS. Fab. Seb.	20 G S. Eleute. m.	20 S SS. Grat. e M.	20 D PASQUA	20 M S. Bern. d. S.
21 L S. Agnese v.	21 G S. Severia v.	21 M S. Agnese v.	21 V S. Severiano	21 D S. Bened. ap.	21 L dell'Angelo	21 M S. Felice d. C.
22 M S. Vinc. e A.	22 V Cat. S. Piet.A.	22 M SS. Vin. ed A.	22 S Cat. S. Piet.A.	22 L S. Paolo v.	22 M SS. Sot. e Caio	22 G S. Emilio m.
23 M Spos. di M. V.	23 S S. Pier. Dam.	23 G Spos. di M. V.	23 D Sessagesima	23 M 3ª di Q. Oculi	23 M S. Giorgio m.	23 V S. Desideri v.
24 G S. Tinioteo v.	24 D Sessagesima	24 V S. Timoteo v.	24 L S. Mattia ab.	24 M S. Sinone m.	24 G S. Fedele Sig.	24 S S. Donaz. v.
25 V Con S. Paolo	25 L S. Mattia ap.	25 S Con. S. Paolo	25 M S. Cesario m.	25 G ANN. di M. V.	25 V S. Marco Ev.	25 D 5ª, Rogate
26 S S. Policar. v.	26 M S. Alessan. v.	26 D 3ª, Sac. Fam.	26 M S. Alessan. v.	26 V S. Teodoro v.	26 S SS. Cleto Mar.	26 L Le Rogazioni
27 D 3ª, Sac. Fam.	27 M S. Leandro v.	27 L S. Giov. Cr.	27 G S. Leandro v.	27 S S. Giov. Dam.	27 D Iª d.P. in Alb.	27 M S. Mar. Rog.
28 L S. Agnese 2ª f.	28 G S. Romano a.	28 M S. Agnese 2ª f.	28 V S. Romano a.	28 D S. Giov. Cap.	28 L S. Vitale m.	28 M S. Agos. Rog.
29 M S. Frances. S.	29 V S. Osvaldo v.	29 M S. Fran. Sal.		29 L S. Eustas. ab.	29 M S. Pietro m.	29 G ASCEN.G. C.
30 M S. Martina v.		30 G S. Martina v.		30 M 4ª di Q. Laet.	30 M S. Cater. da S.	30 V S. Felice I pp.
31 G S. Pietro Nol.		31 V S. Pietro Nol.		31 M S. Balbina m.		31 S S. Petronil. v.

GIUGNO	LUGLIO	AGOSTO	SETTEMBRE	OTTOBRE	NOVEMBRE	DICEMBRE
1 D S. *Ferandi*	1 M.ᵃ di S. Gio. B.	1 V S. Pietro in v.	1 L S. Egidio ab.	1 M SS. Remigio v.	1 L OGNISSANTI	1 L S. Eligio v.
2 L SS. Marc. e C.	2 M Vis. di M. V.	2 S S. Alfonso L.	2 M S. Stefano re	2 G SS. Angeli C.	2 D Comm. Def.	2 M S. Bibiana v.
3 M S. Clotilde r.	3 G SS. Marziale v.	3 D Inv. d. Protor.	3 M S. Mansue. v.	3 V S. Calim.	3 L 23ᵃ d. Pent.	3 M S. Fran. Sav.
4 M S. Fran. C.	4 V S. Irenea v.	4 L S. Dom. di G.	4 G S. Rosalia v.	4 S S. Fran. d'As.	4 M S. Carlo Bor.	4 G S. Barbara m.
5 G 6.ᵃ dell'Ascen.	5 S SS. Ciril. e M.	5 M S. Maria d. N.	5 V S. Lorenzo G.	5 D S. B. V. Ros.	5 M S. Zaccar. pr.	5 V S. Sabba ap.
6 V S. Norbert. v.	6 D d. d. Pentec.	6 M Trasf. di G. C.	6 S S. Trans. S.ᵃ C.	6 L S. Brunone v.	6 G S. Leon. P. M.	6 S S. Nicolò v.
7 S S. Robert. ab.	7 L S. Pulcheria	7 G S. Gaetano T.	7 D Nat. di M. V.	7 M S. Brigida v.	7 V S. Prosdoc. v.	7 D 2.ᵃ d'Avv. Ro.
8 D PENTECOS.	8 M S. Elisab. reg.	8 V S. Ciriaco m.	8 L S. Gorgon. m.	8 M S. Dion. b.	8 S S. 4 Coronati	8 L Imm. C. M. V.
9 L SS. Pri. e Fel.	9 M S. Verona. G.	9 S S. Romolo m.	9 M S. S. Tolo. v.	9 G S. Borg. b.	9 D 4 Pat. M. I.	9 M S. Siro v.
10 M S. Margh. r.	10 G S. Pio I pp.	10 D S. Lorenzo m.	10 M S. Nic. Tolen.	10 V S. Cerug. v.	10 L S. Andrea Av.	10 M S. Melch. pp.
11 M S. *Trega d'A...*	11 V S. Gion. Gisil.	11 L S. Protaso m.	11 G S. Proto e G.	11 S S. Ma. M. C.	11 M S. Martino v.	11 G S. Damas. pp.
12 ... S. Gio. ...	12 S ...	12 M ...	12 V ...	12 D ...	12 M S. Mart. pp.	12 V S. Valer. ab.
13 ... S. Ant. di P.	13 ...	13 M ...	13 S ...	13 L ...	13 G S. Stanisl. K.	13 S S. Lucia v.
14 ... S. Basil. M. V.	14 ...	14 G ...	14 D ...	14 M ...	14 V S. Gioseff.	14 D 3.ᵃ d'Avv. Ro.

Pasqua 21 Aprile — Anni: 26, 37, 48*, 121, 132*, 216*, 295, 379, 390, 463, 474, 485, 558, 569, 580*, 653, 664*, 748*, 827, 911, 922, 995, 1006, 1017, 1090, 1101, 1112*, 1185, 1196*, 1280*, 1359, 1443, 1454, 1527, 1538, 1549, 1585, 1647, 1658, 1669, 1680*, 1715, 1726, 1737, 1867, 1878, 1889, 1935, 1946, 1957, 2019, 2030, 2041, 2052*, 2109, 2171, 2182, 2193, 2239, 2250, 2261, ecc.

GENNAIO bis.	FEBBRAIO bis.	GENNAIO	FEBBRAIO	MARZO	APRILE	MAGGIO
1 L Circ. di G. C.	1 G S. Ignazio v.	1 M Circ. di G. C.	1 V S. Ignazio v.	1 V S. Albino v.	1 L S. Ugo v.	1 M SS. Fil. e G. a.
2 M 8ª di S. Stef.	2 V Pur. di M. V.	2 M 8ª di S. Stef.	2 S Pur. di M. V.	2 S S. Simplic. P.	2 M S. Fran. di P.	2 G S. Atanas. v.
3 M 8ª di S. Giov.	3 S S. Biagio v.	3 G 8ª di S. Giov.	3 D 4ª d. l'Epif.	3 D Quinquages.	3 M S. Pancra v.	3 V Inv. di S.Cro.
4 G 8ª SS. Innoc.	4 D 5ª d. l'Epif.	4 V 8ª SS. Innoc.	4 L S. Andrea Co.	4 L S. Casimiro c.	4 G S. Isidoro v.	4 S S. Monica v.
5 V S. Telesf. P.	5 L S. Agata v.	5 S S. Telesforo p.	5 M S. Agata v.	5 M S. Foca m.	5 V S. Vinc. Fer.	5 D 2ª, Miser. Dom
6 G EPIFANIA	6 M S. Tito v.	6 D EPIFANIA	6 M S. Tito S. Dor.	6 M Le Ceneri	6 S S. Ben. G. L.	6 L S. Gio. a. P. L.
7 D Cristoforía	7 M S. Romualdo	7 L Cristoforía	7 G S. Rom. ab.	7 G S. To. d'Aq.	7 D di Pas. Judic.	7 M S. Stanisl. v.
8 L S. Sever. ab.	8 G S. Giov. di M.	8 M S. Severino ab.	8 V S. Giov. di M.	8 V S. Giov. di b.	8 L S. Dionigi v.	8 M Ap. di S. Mic.
9 M SS. Giul. e C.	9 V S. Apollon. v.	9 M SS. Giul. e B.	9 S S. Apollon. v.	9 S S. Fran. Rom.	9 M S. Maria Cle.	9 G S. Greg. Naz.
10 M S. Gugliel. v.	10 S S. Scolast. v.	10 G S. Gugliel. v.	10 D 5ª d. l'Epif.	10 D 1ª di Q., Invo.	10 M S. Pompeo m.	10 V SS. Gor. ed E.
11 G S. Igino pp.	11 D 6ª d. l'Epif.	11 V S. Igino pp.	11 L S. Lazzaro v.	11 L S. Eulog. m.	11 G S. Leone I pp.	11 S S. Mamert. v.
12 V S. Modest. m.	12 L S. Eulalia v.	12 S S. Modesto m.	12 M S. Eulalia m.	12 M S. Greg. I pp.	12 V S. B. V. Addolo.	12 D 3ª, Pat. S. G.
13 S 8ª dell'Epif.	13 M S. Cat. d. Ric.	13 D 8ª d. l'Epif.	13 M S. Cat. de Ric.	13 M Temp. di pri.	13 S S. Ermeneg.	13 L S. Servazio v.
14 D SS. N. di Ges.	14 M S. Valent. m.	14 L S. Ilar. S. Fel.	14 G S. Valent. m.	14 G S. Matil. r.	14 D delle Palme	14 M S. Bonifa. m.
15 L S. Paolo er.	15 G SS. Fau. e G.	15 M S. Paolo er.	15 V SS. Fau. e Gio.	15 V S. Longi. m.T.	15 L S. Paterno v.	15 M S. Isidoro ag.
16 M S. Marc. I pp.	16 V S. Giuliana v.	16 M S. Marcello p.	16 S S. Giuliana v.	16 S S. Eribe. v. T.	16 M S. Contar. pr.	16 G S. Ubaldo v.
17 M S. Antoniab.	17 S S. Silvino v.	17 G S. Antonio ab.	17 D Settuagesima	17 D 2ª di Q., Rem.	17 M S. Anicet. pp.	17 V S. Pasqual. B.
18 G Cat. S.Piet.R.	18 D Settuagesima	18 V Cat. S. Piet. R	18 L S. Simcone v.	18 L S. Gabriel. a.	18 G Cena del Sig.	18 S S. Venanz. m.
19 V S. Canuto re	19 L S. Corrado c.	19 S S. Canuto re	19 M S. Corrado c.	19 M S. Giuseppe	19 V Parasceve	19 D 4ª, Cantate
20 S SS. Fab. Seb.	20 M S. Eleuter. v.	20 D 2ª, SS. N. G.	20 M S. Eleut. m.	20 M SS. Grat. e M.	20 S santo	20 L S. Bern. d. S.
21 D 3ª, Sac. Fam.	21 M S. Severia. v.	21 L S. Agnese v.	21 G S. Severiano	21 G S. Bened. ap.	21 D PASQUA	21 M S. Felice d. C.
22 L SS. Vinc. e A.	22 G Cat. S. Piet.A.	22 M SS. Vin. ed A.	22 V Cat. S.Piet.A.	22 V S. Paolo v.	22 L dell'Angelo	22 M S. Emilio m.
23 M Spos. di M. V.	23 V S. Pier. Dam.	23 M Spos. di M. V.	23 S S. Pier. Dam.	23 S S. Vittorino	23 M S. Giorgio m.	23 G S. Desideri v.
24 M S. Timoteo v.	24 S S. Gerardo v.	24 G S. Timoteo v.	24 D Sessagesima	24 D 3ª di Q., Oculi	24 M S. Fedele Sig.	24 V S. Donaz. v.
25 G Con. S. Paolo	25 D Sessagesima	25 V Con. S. Paolo	25 L S. Cesario m.	25 L ANN. DI M.V.	25 G S. Marco Ev.	25 S S. Greg.VIIp.
26 V S. Policar. v.	26 L S. Alessan. v.	26 S S. Policar. v.	26 M S. Alessan. v.	26 M S. Teodoro v.	26 V SS. CletoMar.	26 D 5ª, Rogate
27 S S. Giov. C. d.	27 M S. Leandro v.	27 D 3ª, S. Giov. C.	27 M S. Leandro v.	27 M S. Giov. Dam.	27 S S. Zita v.	27 L Le Rogazioni
28 D 4ª d. l'Epif.	28 M S. Romano a.	28 L S. Agnese 2ªf.	28 G S. Romano a.	28 G S. Giov. Cap.	28 D 1ª d.P. in Alb.	28 M S. Mas. Rog.
29 L S. Frances. S.	29 G S. Osvaldo v.	29 M S. Fran. Sal.		29 V S. Eustas. ab.	29 L S. Pietro m.	29 M S. Fel. I Rog.
30 M S. Martina v.		30 M S. Martina v.		30 S S. Giov. Clim.	30 M S. Cater. da S.	30 G S. ASCEN.G. C.
31 M S. Pietro Nol.		31 G S. Pietro Nol.		31 D 4ª di Q., Laet.		31 V S. Petronil. v.

GIUGNO	LUGLIO	AGOSTO	SETTEMBRE	OTTOBRE	NOVEMBRE	DICEMBRE
1 S s. Panfilo m.	1 L 8ª di S. Gio. B.	1 G s. Pietro in v.	1 D 12ª d. Pentec.	1 M s. Remigio v.	1 V OGNISSANTI	1 D Iª d'Avv. Ro.
2 D 6 Exaudi	2 M Vis. di M. V.	2 V s. Alfonso L.	2 L s. Stefano re	2 M SS. Angeli C.	2 S Comm. Def.	2 L s. Bibiana v.
3 L s. Clotilde r.	3 M s. Marzial. v.	3 S Inv. di S. Ste.	3 M s. Mansue v.	3 G s. Calim. v.	3 D 21ª d. Pentec.	3 M s. Fran. Sav.
4 M s. Franc. C.	4 G s. Ireneo v.	4 D 8ª d. Pentec.	4 M s. Rosalia v.	4 V s. Fran. d'As.	4 L s. Carlo Bor.	4 M s. Barb. m.
5 M s. Bonif. v.	5 V SS. Ciril. e M.	5 L s. Maria d. N.	5 G s. Lorenzo G.	5 S SS. Placid. C.	5 M s. Zaccar. pr.	5 G s. Sabba ab.
6 G 8ª dell'Ascen.	6/8 8ª SS. A. P. P.	6 M Trasf. di G. C.	6 V Tras. S. Ag. C.	6 D 17ª B. V. Ros.	6 M s. Leon. P. M.	6 V s. Nicolò v.
7 V s. Robert. ab.	7 D 4ª d. Pentec.	7 M s. Gaetano T.	7 S s. Regina v.	7 L s. Marco pp.	7 G s. Prosdoe. v.	7 S s. Ambrogio
8 S s. Gugliel. v.	8 L s. Elisab. reg.	8 G SS. Cir. e c. m.	8 D Nat. di M. V.	8 M s. Brigida v.	8 V 8ª ognissanti	8 D Imm. C. M. V.
9 D PENTECOS.	9 M s. Veron. G.	9 V s. Romaa. m.	9 L s. Gorgon. m.	9 G SS. Dion. C. m.	9 L s. Teodoro m.	9 L s. Siro v.
10 L s. Margh. r.	10 M SS. Sett. fr. m.	10 S s. Lorenzo m.	10 M s. Nic. Tol. c.	10 V s. Fran. B.	10 D 22ª Pat. M. V.	10 M s. Melch. pp.
11 M s. Barn. ap.	11 G s. Pio I pp.	11 D 10ª d. Pentec.	11 M SS. Pr. e Giac.	11 V s. Germ. v.	11 L s. Martino v.	11 M s. Dam. I pp.
12 M Temp. d'Est.	12 V s. Giov. Gual.	12 L s. Chiara v.	12 G s. Guido sag.	12 S s. Massim. v.	12 M s. Mart. pp.	12 G s. Valer. ab.
13 G s. Ant. di P.	13 S s. Anacl. pp.	13 M s. Cassia m.	13 V s. Eulogio p.	13 D 18ª Mat. M. V.	13 M s. Stanisl. K.	13 V s. Lucia v.
14 V s. Basilio. T.	14 D 5ª d. Pentec.	14 M s. Eusebio pr.	14 S Esalt. S. Cro.	14 L s. Calisto pp.	14 G s. Giosaf. v.	14 S s. Spiridione
15 S s. Vito e T.	15 L s. Enric. imp.	15 G Ass. di M. V.	15 D 14ª ss. N. M.	15 M s. Teresa v.	15 V s. Geltrud. v.	15 D 3ª d'Avv. Ro.
16 D Iª SS. Trinit.	16 M B. V. del Car.	16 V s. Giacinto c.	16 M s. Corn. e C.	16 M s. Gallo ab.	16 S s. Edmon. v.	16 L s. Euseb. v.
17 L s. Ranieri c.	17 M s. Alessio c.	17 S 3ª S. Lorenzo	17 M Stim. S. Fra.	17 G s. Edvige r.	17 D 23ª [Avv. A.]	17 M s. Lazz. v.
18 M s. Mar. e M.	18 G s. Camillo L.	18 D 10ª S. Gioac.	18 M Temp. d'Aut.	18 V s. Luca Ev.	18 L D. b. ss. P. P.	18 M Temp. d'Inv.
19 M ss. Ger. e Pr.	19 V s. Vincen. P.	19 L s. Lodov. v.	19 G s. Gennaro v.	19 s. Piet. d'Alc.	19 M s. Elisabetta	19 G s. Nemes. m.
20 G CORP'S Do.	20 S s. Mara. v.	20 M s. Bernar. ab.	20 V s. Eust. m. T.	20 D 19ª Pur. M. V.	20 M s. Felice Val.	20 V s. Timo. m. T.
21 V s. Luigi G.	21 D 6ª d. Pentec.	21 M s. Gio. di Ch.	21 S s. Matt. ap. T.	21 L s. Orsola e C.	21 G Pres. di M. V.	21 S s. Tom. ap. T.
22 S s. Paolino v.	22 L s. Maria M.	22 G 5ª Ass. M. V.	22 D 15ª Dol. M. V.	22 M s. Donato v.	22 V s. Cecilia v.	22 D 4ª d'Avv. Ro.
23 D 2ª d. Pentec.	23 M s. Apollin. v.	23 V s. Filip. Ben.	23 L s. Lino pp.	23 M s. Severin. v.	23 S s. Clem. I p.	23 L s. Vittor. v.
24 L Nat. S. G. B.	24 M s. Cristina v.	24 S s. Bartol. ap.	24 M B. V. d. Merc.	24 G s. Raffael. A.	24 D 24ª d. Pentec.	24 M Vigilia
25 M s. Gugl. ab.	25 G s. Giac. ap.	25 D 11ª d. Pentec.	25 M s. Firmino v.	25 V SS. Crisan. D.	25 L s. Cater. v.	25 M NATALE
26 M s. Giov. e P.	26 V s. Anna	26 L s. Aless. m.	26 G SS. Cip. e Giu.	26 S s. Evarist. p.	26 M s. Silves. ab.	26 G s. Stef. prot.
27 V s. Cor. Tom.	27 S s. Pantal. m.	27 M s. Gius. Cal.	27 V SS. Cos. e D.	27 D 20ª d. Pentec.	27 M s. Giac. m.	27 V s. Giov. ev.
28 V s. Cuor. di G.	28 D 7ª d. Pentec.	28 M s. Agost. v. d.	28 S s. Venees. m.	28 L SS. Sim. e G.	28 G s. Giac. Marc.	28 S SS. Innocenti
29 S SS. Pit. e Pa.	29 L s. Marta m.	29 G Dec. di S. G. B.	29 D 16ª d. Pentec.	29 M s. Ermel. v.	29 V s. Saturn. m.	29 D s. Tomm. C.
30 D 3ª d. Pentec.	30 M SS. Abd. e Sen.	30 V s. Rosa da L.	30 L s. Girol. d.	30 M s. Gerardo v.	30 S s. Andrea ap.	30 L s. Eugen. v.
Cuor. di Mar.	31 M s. Ignazio L.	31 S s. Raim. Non.		31 G s. Volfang. v.		31 M s. Silves. pp.

Pasqua 22 Aprile — Anni: 64*, 143, 227, 238, 311, 322, 333, 406, 417, 428*, 501, 512*, 596*, 675, 759, 770, 843, 854, 865, 938, 949, 960*, 1033, 1044*, 1128*, 1207, 1291, 1302, 1375, 1386, 1397, 1470, 1481, 1492*, 1565, 1576*, 1590, 1601, 1612*, 1685, 1696*, 1753, 1764*, 1810, 1821, 1832*, 1962, 1973, 1984*, 2057, 2068*, 2114, 2125, 2136*, 2204*, ecc.

	GENNAIO bis.	FEBBRAIO bis.	GENNAIO	FEBBRAIO	MARZO	APRILE	MAGGIO
1	D Circ. di G. C.	M S. Ignazio v.	L Circ. di G. C.	G S. Ignazio v.	G S. Albino v.	G 4ª di Q. Laet.	M SS. Fil. e G. a.
2	L 8ª di S. Stef.	G Pur. di M. V.	M 8ª di S. Stef.	V Pur. di M. V.	V S. Simplic. p.	V S. Fran. di P.	M S. Atanas. v.
3	M 8ª di S. Giov.	V S. Biagio v.	M 8ª di S. Giov.	S S. Biagio v.	S S. Cunegon.	S S. Pancra. v.	G Inv. di S. C.
4	M 8ª SS. Innoc.	S S. Andrea Co.	G 8ª SS. Innoc.	D 5ª d. l'Epif.	D Quinquages.	M S. Isidoro v.	V S. Monica v.
5	G S. Telest. p.	D 5ª d. l'Epif.	V S. Telest. p.	L S. Agata v.	L S. Foca m.	G S. Vinc. Fer.	S S. Pio V pp.
6	V EPIFANIA	L S. Tito. S. Dor.	S EPIFANIA	M S. Tito. S. Dor.	M S. Coletta v.	V S. Ben. G. L.	D 2ª, Mis. Dom.
7	S Cristoforia	M Cristoforia	D 1ª d. l'Epif.	M Romua. ab.	M Le Ceneri	S S. Egesippo c.	L S. Stanisl. v.
8	D 1ª d. l'Epif.	M S. Giov. di M.	L S. Sever. ab.	G S. Giov. di D.	G S. Giov. di D.	D di Pas. Indic.	M Ap. di S. Mic.
9	L SS. Giul. e C.	G S. Apollon. v.	M SS. Giul. e B.	V S. Apollon. v.	V S. Franc. Ro.	L S. Maria Cle.	M S. Greg. Naz.
10	M S. Gugliel. v.	V S. Scolastica	M S. Gugliel. v.	S S. Scolastica	S SS. 40 Mart.	M S. Pompeo m.	G SS. Gor. ed E.
11	M S. Igino pp.	S SS. Set. Fond.	G S. Igino pp.	D 6ª d. l'Epif.	D 1ª di Q., Inv.	M S. Leone I pp.	V S. Mamert. v
12	G S. Modest. m.	D 6ª d. l'Epif.	V S. Modesto m.	L S. Eulalia v.	L S. Greg. I pp.	G S. Zenone v.	S SS. Ner. C. m.
13	V 8ª dell'Epif.	L S. Cat. de' R.	S 8ª dell'Epif.	M S. Cat. de Ric.	M S. Eufra. v.	V B. V. Addol.	D 3ª, Pat. S. G.
14	S S. Ilar. S. Fel.	M S. Valent. m.	D SS. N. di G.	M S. Valent. m.	M Temp. di pri.	S S. Giustin. m.	L S. Bonifacio
15	D SS. N. di Ges.	M SS. Faus. e G.	L S. Paolo er.	G SS. Fau. e Gio.	G S. Longin. m.	D delle Palme	M S. Isidoro ag.
16	L S. Marc. L. pp.	G S. Giuliana v.	M S. Marcello p.	V S. Giulian. v.	V S. Eriber. v. T.	L S. Contar. pr.	M S. Ubaldo v.
17	M S. Antonio ab	V S. Silvino v.	M S. Anton. ab.	S S. Silvino v.	S S. Patriz. v. T.	M S. Aniceto P.	G S. Pasqual. B.
18	M Cat. S. Pie. R	S S. Simeone v.	G Cat. S. Piet. R	D Settuagesima	D 2ª di Q., Rem.	M S. Galdino v.	V S. Venanz. m.
19	G S. Canuto re	D Settuagesima	V S. Canuto re	L S. Corrado e.	L S. Giuseppe	G Cena del Sig.	S S. Pietro Cel.
20	V SS. Fab. Seb.	L S. Eleuter. m.	S SS. Fab. Seb.	M S. Eleute. m.	M SS. Grat. e M.	V Parasceve	D 4ª, Cantate
21	S S. Agnese v.	M S. Severia. v.	D 3ª, Sac. Fam.	M S. Severia. v.	M S. Bened. ab.	S santo	L S. Felice d. C.
22	D 3ª, Sac. Fam.	M Cat. S. Piet. A.	L SS. Vinc., An.	G Cat. S. Piet. A.	G 3ª di Q., Oculi	D PASQUA	M S. Emilio m.
23	L Spos. di M. V.	G S. Pier. Dam.	M Spos. di M. V.	V S. Pier Dam.	V S. Vittor. m.	L dell'Angelo	M S. Desider. v.
24	M S. Timoteo v.	V S. Gerardo v.	M S. Timoteo v.	S S. Mattia ab.	S S. Simone m.	M S. Fedele Sig.	G S. Donaz. v.
25	M Conv. S. Paol.	S S. Mattia ap.	G Con. S. Paolo	D Sessagesima	D ANN. di M. V.	M S. Marco ev.	V S. Greg. VII p.
26	G S. Policar. v.	D Sessagesima	V S. Policar. v.	L S. Alessan. v.	L S. Teodoro v.	G SS. Cleto Mar.	S S. Filip. Neri
27	V S. Giov. Cris.	L S. Leandro v.	S S. Giov. Cr.	M S. Leandro v.	M S. Giov. Dam.	V S. Zita v.	D 5ª, Rogate
28	S S. Agnese 2 f.	M S. Romano a.	D 4ª d. l'Epif.	M S. Roman. ab.	M S. Giovan. C.	S S. Vitale m.	L Le Rogazioni
29	D 4ª d. l'Epif.	M S. Osvaldo v.	L S. Fran. ed A.		G S. Eustas. ab.	D 1ª, in Albis	M S. Mass., Rog.
30	L S. Martina v.		M S. Martina v.		V S. Giov. Clim.	L S. Cater. da S.	M S. Fel. I, Rog.
31	M S. Pietro Nol.		M S. Pietro Nol.		S S. Balbina m.		G ASCEN. G. C.

GIUGNO	LUGLIO	AGOSTO	SETTEMBRE	OTTOBRE	NOVEMBRE	DICEMBRE
1 V ss. Panfilo m.	1 D S. Cuo. di M.	1 M S. Pietro in v.	1 S. Egidio ab.	1 S. Remigio v.	1 OGNISSANTI	1 S. Eligio v.
2 S ss. Marc. e C.	2 L Vis. di M. V.	2 G S. Alfonso L.	2 D 12ª d. Pentec.	2 ss. Angeli c.	2 Comm. Def.	2 D 1ª d' Avv. Ro.
3 D S. Erasmi	3 M S. Marziale v.	3 V Inv. di S. Ste.	3 L S. Mansue. v.	3 M S. Calim.	3 S. Uberto v.	3 L S. Fran. Sav.
4 L S. Fran. C.	4 M S. Ireneo v.	4 S S. Dom. dica.	4 M S. Rosalia v.	4 S. Fran. d'As.	4 S. f. d. Pntee.	4 M S. Barbara m.
5 M S. Bonif. v.	5 G SS. Ciril. e M.	5 D 9ª d. Pentec.	5 M S. Lorenzo G.	5 S. Placid. c.	5 L Zaccar. pr.	5 M S. Sabba ap.
6 M S. Norbert. v.	6 V ss. SS. P.P. L.	6 L Trasf. di G. C.	6 G S. Trans. S. A.C.C.	6 S. Brunone c.	6 M S. Leon. P. M.	6 G S. Nicolò v.
7 G ss. dell' Ascen	7 S S. Pulcheria	7 M S. Gaetano T.	7 V S. Regina V.	7 S. B.ta c. Ros.	7 S. Prosdoc. v.	7 V S. Ambrogio
8 V S. Guglie. v.	8 D 6ª d. Pentec.	8 M ss. Cir. e m.	8 S Nat. di M. V.	8 S. Brigida v.	8 Ir. 4 quattuor	8 S Imm. C. M. V.
9 S ss. Pri. e Fel.	9 L S. Veron. G.	9 G S. Romano m.	9 D 13ª d. SS. N. M.	9 S. Dion. c. m.	9 S. Teodoro m.	9 D 2ª d' Avv. Ro.
10 D PENTECOS.	10 M S. Set. fr. m.	10 V S. Lorenzo m.	10 L S. Nic. Tol. c.	10 S. Fran. B.	10 S. Andrea A.	10 L S. Melch. pp.
11 L S. Barn. ap.	11 M S. Pio I pp.	11 S S. Tiburz. e S.	11 M S. Proto e G.	11 S. Germ.	11 S. 5ª d. M.	11 M S. Dames. pp.
12 M Temp. d'est.	12 G S. Giov. Gual.	12 D 10ª d. Pentec.	12 M S. Guido c. m.	12 S. Maximil.	12 S. Martinj. pp.	12 M S. Valer. ab.
13	13 V S. Anacl. pp.	13	13	13	13 S. Stanis. K.	13 G S. Lucia v.
14	14 S S. Bonav. d.	14	14	14	14	14 S. Spiridione
15						
16						
17						
18						
19						
20						
21						

Pasqua 23 Aprile — Anni: 75, 159, 170, 254, 265, 349, 360*, 444*, 607, 691, 702, 786, 797, 881, 892*, 976*, 1139, 1223, 1234, 1318, 1329, 1413, 1424*, 1508*, 1628*, 1848*, 1905, 1916*, 2000*, 2079, 2152*, 2200 ecc.

GENNAIO bis.	FEBBRAIO bis.	GENNAIO	FEBBRAIO	MARZO	APRILE	MAGGIO
1 S Circ. di G. C.	1 M S. Ignazio v.	1 D Circ. di G. C.	1 M S. Ignazio v.	1 M S. Albino v.	1 S S. Ugo v.	1 L SS. Fil. e G. a.
2 D 8ª di S. Stef.	2 M Pur. di M. V.	2 L 8ª di S. Stef.	2 G Pur. di M. V.	2 G S. Simplic. p.	2 D 4ª di Q., Laet.	2 M S. Atanas. v.
3 L 8ª di S. Giov.	3 G S. Biagio v.	3 M 8ª di S. Giov.	3 V S. Biagio v.	3 V S. Cunegon.	3 L S. Pancra v.	3 M Inv. di S.Cro.
4 M 8ª SS. Innoc.	4 V S. Andrea Co.	4 M 8ª SS. Innoc.	4 S S. Andrea Co.	4 S S. Casimiro c.	4 M S. Isidoro v.	4 G S. Monica v.
5 M S. Telesf. p.	5 S S. Agata v.	5 G S.Telesfor.p.	5 D 5ª d. l'Epif.	5 D Quinquages.	5 M S. Vinc. Fer.	5 V S. Pio V. pp.
6 G EPIFANIA	6 D 5ª d. l'Epif.	6 V EPIFANIA	6 L S. Tito S. Dor.	6 L S. Coletta v.	6 G S. Ben. G. L.	6 S S. Gio. a. P. L.
7 L Cristoforia	7 L S. Romualdo	7 S Cristoforia	7 M S. Rom. ab.	7 M S. To. d'Aq.	7 V S. Egesippo c.	7 D 2ª, Miser. Dom
8 S Sever. ab.	8 M S. Giov. di M.	8 D 1ª d. l'Epif.	8 M S. Giov. di M.	8 M Le Ceneri	8 S S. Dionigi v.	8 L Ap. di S. Mic.
9 D 1ª d. l'Epif.	9 M S. Apollon. v.	9 L SS. Giul. e B.	9 G S. Apollon. v.	9 G S. Fran. Rom.	9 D di Pas. Iudic.	9 M S. Greg. Naz.
10 L S. Gugliel. v.	10 G S. Scolast. v.	10 M S. Gugliel. v.	10 V S. Scolastica	10 V SS. 40 Mart.	10 L S. Pompeo m.	10 M SS. Gor. ed E.
11 M S. Barn. ap.	11 V SS. Set. Fond.	11 M S. Igino pp.	11 S S. Lazzaro v.	11 S S. Eulog. m.	11 M S. Leone I pp.	11 G S. Mamert. v.
12 M S. Modest. m.	12 S S. Eulalia v.	12 G S. Modesto m.	12 D 6ª d. l'Epif.	12 D 1ª di Q., Invo.	12 M S. Zenone v.	12 V SS. Ner. C. m.
13 G 8ª dell'Epif.	13 D 6ª d. l'Epif.	13 V 8ª dell'Epif.	13 L S. Cat. de Ric.	13 L S. Eufrasia v.	13 G S. Ermeneg.	13 S S. Servazio v.
14 V S. Ilar.S.Fel.	14 L S. Valent. m.	14 S S. Ilar. S. Fel.	14 M S. Valent. m.	14 M S. Matilde r.	14 V B. V. Addolo.	14 D 3ª, Pat. S. G.
15 S S. Paolo S.M.	15 M SS. Fau. e G.	15 D 2ª, SS. N. G.	15 M SS. Fau. e Gio.	15 M Temp. di pri.	15 S S. Paterno v.	15 L S. Isidoro ag.
16 D SS. N. di Ges.	16 M S. Giuliana v.	16 L S. Marcello p.	16 G S. Giuliana v.	16 G S. Eribe. v.	16 D delle Palme	16 M S. Ubaldo v.
17 L S. Antonio ab	17 G S. Silvino v.	17 M S. Antonio ab	17 V S. Silvino v.	17 V S. Patriz. v. T.	17 L S. Anicet. pp.	17 M S. Pasqual. B.
18 M Cat.S.Piet.R.	18 V S. Simeone v.	18 M Cat. S. Piet. R	18 S S. Simeone v.	18 S S. Gabr. a. T.	18 M S. Galdino v.	18 G S. Venanz. m.
19 M S. Canuto re	19 S S. Corrado c.	19 G S. Canuto re	19 D Settuagesima	19 D 2ª di Q., Rem.	19 M S. Leon. IX p.	19 V S. Pietro Cel.
20 G SS. Fab. Seb.	20 D Settuagesima	20 V SS. Fab. Seb.	20 L S. Eleute. m.	20 L SS. Grat. e M.	20 G Cena del Sig.	20 S S. Beru. d. S.
21 V S. Agnese v.	21 L S. Severia v.	21 S S. Agnese v.	21 M S. Severiano	21 M S. Bened. ap.	21 V Parasceve	21 D 4ª, Cantate
22 S SS. Vinc. e A.	22 M Cat.S.Piet.A.	22 D 3ª, Sac. Fam.	22 M Cat.S.Piet.A.	22 M S. Paolo v.	22 S santo	22 L S. Emilio m.
23 D 3ª, Sac. Fam.	23 M S. Pier. Dam.	23 L Spos. di M.V.	23 G S. Pier Dam.	23 G S. Vittorino	23 D PASQUA	23 M S. Desideri v.
24 L S. Timoteo v.	24 G S. Gerardo v.	24 M S. Timoteo v.	24 V S. Mattia ab.	24 V S. Simone m.	24 L dell'Angelo	24 M S. Donaz. v.
25 M Con S. Paolo	25 V S. Mattia ap.	25 M Con. S. Paolo	25 S S. Cesario m.	25 S ANN. DI M. V.	25 M S. Marco Ev.	25 G S. Greg. VII p.
26 M S. Policar. v.	26 S S. Alessan. v.	26 G S. Policar. v.	26 D Sessagesima	26 D 3ª di Q., Oculi	26 M SS. Cleto Mar.	26 V S. Filip. Neri
27 G S. Giov. C. d.	27 D Sessagesima	27 V S. Giov. Cr.	27 L S. Leandro v.	27 L S. Giov. Dam.	27 G S. Zita v.	27 S S. Mar. M. P.
28 V S. Agnese 2 f.	28 L S. Romano a.	28 S S. Agnese 2ª f.	28 M S. Romano a.	28 M S. Giov. Cap.	28 V S. Vitale m.	28 D 5ª, Rogate
29 S S. Frances. S.	29 M S. Osvaldo v.	29 D 4ª d. l'Epif.		29 M S. Eustas. ab.	29 S S. Pietro m.	29 L Le Rogazioni
30 D 4ª, l'Epif.		30 L S. Martina v.		30 G S. Giov. Clim.	30 D 1ª d.P., in Alb.	30 M S. Fel. I Rog.
31 L S. Pietro Nol.		31 M S. Pietro Nol.		31 V S. Balbina m.		31 M S. Petro. Rog.

GIUGNO	LUGLIO	AGOSTO	SETTEMBRE	OTTOBRE	NOVEMBRE	DICEMBRE

GIUGNO

1 G ASCEN. G. C.
2 V SS. Marc. e C.
3 S S. Clotilde r.
4 D G. *Erardi*
5 L S. Bonif. v.
6 M S. Norbert. v.
7 M G S. Robert. ab.
8 G *S.a dell'Ascen.*
9 V S. Pri. e Fel.
10 S S. Margh. r.
11 D PENTECOS.
12 L SS. Ant. di P.
13 M S. Gio. e P.
14 M S. *Tem. d'Est.*
15 G S. Vito v.

LUGLIO

1 S *8.a di S. Gio. B.*
2 D *Sol. part di M.*
3 L S. Marzial. v.
4 M S. Ireneo v.
5 M S. SS. *L P F*
6 G S. Pulcheria
7 V S. Elisab. reg.
8 S *S.a dell'Intro.*
9 D S. Sett. frat.
10 L SS. *7 fra.* pp.
11 M S. Gio. Gual.
12 M S. Anad. pp.

AGOSTO

1 M S. Pietro in v.
2 M S. Alfonso L.
3 G *Inv. di S. Ste.*
4 V S. Dom. di G.
5 S S. Maria d. N.
6 D *Trasf. di G.*
7 L S. Gaetano T.
8 M S. Ciro e c.
9 M S. Romano m.

SETTEMBRE

1 V S. Egidio ab.
2 S S. Sistamore
3 D *8.a di Prato*
4 L S. Rosalia v.
5 M S. Lorenzo G.
6 M S. Tras. S. A. C.
7 G S. Regina v.
8 V *Nat. di M. V.*
9 S S. Gorgon. m.

OTTOBRE

1 D *8.a B. V. Ros.*
2 L SS. Angeli c.
3 M S. Calisto v.
4 M S. Fran. d'A.
5 G S. Placid. c.
6 V S. Brunone
7 S S. Marco pp.
8 D *8.a Mart. M.*

NOVEMBRE

1 V OGNISSANTI
2 S *Comm. Def.*
3 D S. Uberto v.
4 L S. Carlo Bor.
5 M S. Zac. e Prate.
6 M S. Leon. P. M.
7 G S. Prosdoc. v.
8 V *8.a Ognissanti*
9 S S. Teodoro m.

DICEMBRE

1 V S. Eligio v.
2 S S. Bibiana v.
3 D *D.a d'Avv. Ro.*
4 L S. Barb. m.
5 M S. Sabba ab.
6 M S. Nicolo v.
7 G S. Ambrogio
8 V *Imm. C. M. V.*
9 S S. Siro v.

Pasqua 24 Aprile — Anni: 7, 18, 102, 113, 197, 208*, 292*, 455, 539, 550, 634, 645, 729, 740*, 824*, 987, 1071, 1082, 1166, 1177, 1261, 1272*, 1356, 1519, 1639, 1707, 1791, 1859, 2011, 2095, 2163, 2231, ecc.

GENNAIO bis.	FEBBRAIO bis.	GENNAIO	FEBBRAIO	MARZO	APRILE	MAGGIO

GIUGNO	LU'GLIO	AGOSTO	SETTEMBRE	OTTOBRE	NOVEMBRE	DICEMBRE
1 M S. Panfil. *Rog.*	1 V 8ª di S.Giov. B	1 L S. Pietro in v.	1 G S. Egidio ab.	1 S S. Remigio v.	1 M OGNISSANTI	1 G S. Eligio v.
2 G ASCEN. G. C.	2 S Vis. di M. V.	2 M S. Alfonso L.	2 V S. Stefario re	2 D *Vis. B. V. Ros.*	2 M *comm. Def.*	2 V S. Bibiana v.
3 V S. Clotilde r.	3 D 3ª *Gau. di M.*	3 M Inv. di S. Ste.	3 S S. Mansue. v.	3 L S. Calim. v.	3 G S. Uberto v.	3 S S. Fran. Sav.
4 S S. Fran. C.	4 L S. Ireneo v.	4 G S. Dom. dic.	4 D 15ª d. Pentec.	4 M S. Fran. d'As.	4 V S. Carlo Bor.	4 D 2ª d'Avv. Ro.
5 D 8ª *Ascadi*	5 M S. Ciril. e M.	5 V S. Maria d. N.	5 L S. Lorenzo G.	5 M SS. Placid. C.	5 S S. Zaccar. pr.	5 L S. Sabba ap.
6 L S. Norbert. v.	6 M SS. Pel. A.	6 S S. Trasf. di G. C	6 M Trns. S. Ag. C	6 G S. Brunone c.	6 D 24ª d. Pentec	6 M S. Nicolò v.
7 M S. Robert. ab.	7 G S. Pulcheria	7 D 9ª d. Pentec.	7 M S. Regina v.	7 V S. Marco pp.	7 L S. Prosdoc. v.	7 M S. Ambrogio
8 M S. Gugliel. v.	8 V S. Elisab. r.	8 L S. Cir. e c. m.	8 G Nat. di M. V.	8 S S. Brigida v.	8 M SS. Quissanti	8 G Imm. C. M. V.
9 G 8ª *dell'Ascen.*	9 S S. Veron. G.	9 M S. Romualdo c.	9 V S. Gorgon. m.	9 D 18ª *Mat. M. V.*	9 M S. Teodoro m.	9 V S. Siro v.
10 V S. Margh. r.	10 D 4ª d. Pentec	10 M S. Lorenzo m.	10 S S. Nic. Tol. c	10 L S. Fran. B.	10 G S. Andrea A.	10 S S. Melch. pp.
11 M S. Barn. ap.	11 L S. Pio I pp.	11 G S. Tiber. e s.	11 D 13ª SS. N. M.	11 M S. Germ. v.	11 V S. Martino v.	11 D 3ª d'Avv. Ro.
12 D PENTECOS.	12 M S. S. Gual.	12 V S. Chiara v.	12 L S. Guido sag.	12 M S. Massim. v.	12 S S. Mart. pp.	12 L S. Lucia v.
13 L S. Ant. di P.	13 M S. Anacl. pp.	13 S S. Cassia. m.	13 M S. Eulogio p.	13 G S. Edoardo re	13 D 25ª Pat. M. V.	13 M S. Valer. ab.
14 M S. Basil. M.	14 G S. Bonav. d.	14 D *10ª d. Pentec*	14 M S. Esalt. S. Cro.	14 V S. Cris. v.	14 L S. Giosaf. v.	14 M *Temp. d'inv.*
15 M *Temp. d'est.*		15 L S. *Ass. di M. V.*	15 G *Sett. di M. V.*	15 S S. Teresa v.	15 M S. Gertrud. v.	
16 G		16 M S. Gioacchino		16 D *Pur. di M. V.*	16 M	16 G
17 V S. Fr.		17 M S. Lorenzo		17 L S. Edvige v.	17 G S. Gregor. tan.	17 V S. Lazza. v. P.
18 S S. Marc. M. V.		18 G S. Agapi. m.		18 M S. Luca Ev.	18 V D. b. s. P.L.P.	18 S
19 D *Trinità*		19 V S. Lodov.		19 M S. Pietro d'Alc.	19 S S. Elisabetta	19 D
20 L S. S. pp.		20 S S. Bernar. ab.		20 G S. Giovan. C.	20 D *26ª di M. V.*	20 L S. Timo. m.
21 M S. Al. G.		21 D 12ª d. Pentec.		21 V S. Orsola v.	21 L Pres. di M. V.	21 M S. Tom. ap.
22 M *CORP. DO.*		22 L S. Boh.		22 S S. Cordula v.		22 M
23 G S. Edilt. v.		23 M S. Filip. B.		23 D S. Giov. d. C.		23 G
24 V *Nat. S. G. B.*		24 M S. Bart. ap.		24 L S. Raf. Arc.		24 V NATALE
25 S S. Gugli.		25 G S. Lodov. re		25 M SS. Cris. Dar.		25 S S. Stef. prot.
26 D S. Giov. e P.		26 V S. Zeffir.		26 M S. Evaris. pp.		26 D S. Giov. ev.
27 L S. Ladi. r.		27 S S. Gius. Cal.		27 G S. Fru. m.		27 L S. Innoc. m.
28 M S. Leone II pp.		28 D 13ª d. Pentec		28 V SS. Sim. e G.		28 M S. Tom. C.
29 M SS. Pie. e Pa.		29 L S. Martina m.		29 S		29 M S. Eugen. v.
30 G		30 M S. Rosa L.		30 D		30 G S. Andrea ap.

Pasqua 25 Aprile — Anni: 45, 140°, 387, 482, 577, 672°, 919, 1014, 1109, 1204°, 1451, 1546, 1666, 1734, 1886, 1943, 2038, 2190. 2258, 2326, 2410, 2573, 2630, 2782, 2877, 3945, ecc.

GENNAIO bis.	FEBBRAIO bis.	GENNAIO	FEBBRAIO	MARZO	APRILE	MAGGIO

GIUGNO	LUGLIO	AGOSTO	SETTEMBRE	OTTOBRE	NOVEMBRE	DICEMBRE
1 M SS. M. C. Reg.	1 G 8ª Cor. Dom.	1 D 7ª d. Pentec.	1 M S. Egidio ab.	1 V S. Remigio v.	1 L OGNISSANTI	1 M S. Eligio v.
2 M S. Pauf. Rog.	2 V Vis. di M. V.	2 L S. Alfonso L.	2 G S. Stefano re	2 S SS. Angeli C.	2 M Comm. Def.	2 G S. Bibiana v.
3 G ASCEN. G. C.	3 S S. Marzial. v.	3 M Inv. di S. Ste.	3 V S. Mansue. v.	3 D 16ª B. V. Ros.	3 M S. Uberto v.	3 V S. Fran. Sav.
4 V S. Fran. C.	4 D 3ª Cuor. di M.	4 M S. Dom. di G.	4 S S. Rosalia v.	4 L S. Fran. d'As.	4 G S. Carlo Bor.	4 S S. Barb. m.
5 S S. Bonif. v.	5 L SS. Ciril. e M.	5 G S. Maria d. N.	5 D 12ª d. Pentec.	5 M SS. Placid. C.	5 V S. Zaccar. pr.	5 D 2ª d'Avv. Ro.
6 D 6. Exaudi	6 M 8ª SS. A. P. P.	6 V Trasf. di G. C.	6 L Tras. S. Ag. C.	6 M S. Brunone c.	6 S S. Leon. P. M.	6 L S. Nicolò v.
7 L S. Robert. ab.	7 M S. Pulcheria	7 S S. Gaetano T.	7 M S. Regina v.	7 G S. Marco pp.	7 D 21ª d. Pentec.	7 M S. Ambrogio
8 M SS. Pri. e Fel.	8 G S. Elisab. reg.	8 D 9ª d. Pentec.	8 M S. Nat. di M. V.	8 V S. Brigida v.	8 L S. 8ª ognissanti	8 M Imm. C. M. V.
9 M SS. 8ª dell'Ascen.	9 V S. Veron. G.	9 L S. Romai. m.	9 G S. Gorgon. m.	9 S SS. Dion. C. m.	9 M S. Teodoro m.	9 G S. Siro v.
10 G	10 S SS. Sett. fr. m.	10 M S. Lorenzo m.	10 V S. Nic. Tol. c.	10 D 17ª Mat. M. V.	10 M S. Andrea Av.	10 V S. Melch. pp.
11 V S. Barn. ap.	11 D 4ª d. Pentec.	11 M SS. Proto e G.	11 S SS. Pr. e Giac.	11 L S. Germ. v.	11 G S. Martino v.	11 S S. Dam. I pp.
12 S S. Giov. S. F.	12 L S. Giov. Gual.	12 G S. Chiara v.	12 D 13ª SS. N. M.	12 M S. Massim. v.	12 V S. Mart. pp.	12 D 3ª d'Avv. Ro.
13 D PENTECOS.	13 M S. Anacl. pp.	13 V S. Cassia. m.	13 L S. Eulogio b.	13 M S. Edoardo re	13 S S. Stanisl. K.	13 L S. Lucia v.
14 L S. Basil. M.	14 M S. Bonav. v.	14 S S. Eusebio pr.	14 M S. Esalt. S. Cro.	14 G S. Calisto pp.	14 D 22ª d. Pent.	14 M S. Spiridione
15 M SS. Vito e T.	15 G S. Enric. imp.	15 D 9ª Ass. M. V.	15 M Temp. d'Aut.	15 V S. Teresa v.	15 L S. Geltrud. v.	15 M Temp. d'Inv.
16 M Temp. d'Est.	16 V B. V. del Car.	16 L S. Giacinto c.	16 G SS. Corn. e C.	16 S S. Gallo ab.	16 M S. Edmon. v.	16 G S. Euseb. v.
17 G S. Ranieri	17 S S. Alessio c.	17 M S. Lorenzo G.	17 V S. Stim. S. F. T.	17 D 18ª Pur. M. V.	17 M S. Greg. tau.	17 V S. Lazz. v. T.
18 V SS. Mar. M. T.	18 D 5ª d. Pentec.	18 M S. Agapit. m.	18 S S. Agapit. m.	18 L S. Luca Ev.	18 G Ded. b. ss. P.P.	18 S Asp. Div. P.T.
19 S SS. Ger. P. T.	19 L S. Vincen. P.	19 G S. Lodov. v.	19 D 14ª d. M. V.	19 M S. Piet. d'Alc.	19 V S. Elisabetta	19 D 4ª d'Avv. Ro.
20 D 1ª SS. Trinit.	20 M S. Marg. v.	20 V S. Bernardo	20 L S. Eustac. m.	20 M S. Giovan. C.	20 S S. Felice Val.	20 L S. Teofilo m.
21 L S. Luigi G.	21 M S. Prassede v.	21 S S. Gio. di Ch.	21 M S. Matteo ap.	21 G S. Orsola e C.	21 D 23ª Pres. M. V.	21 M S. Tom. ap.
22 M S. Paolino v.	22 G S. Maria M.	22 D 10ª S. Gioa.	22 M SS. Mau. C. m.	22 V S. Donato v.	22 L S. Cecilia v.	22 M S. Flavian. m.
23 M S. Lanfr. v.	23 V S. Apollin. v.	23 L S. Filip. Ben.	23 G S. Lino pp.	23 S S. Severin. v.	23 M S. Clem. I p.	23 G S. Vittor. v.
24 G CORPUS DO.	24 S S. Cristina v.	24 M S. Bartol. ap.	24 V B. V. d. Mer.	24 D 19ª d. Pentec.	24 M S. Gio. d. Cr.	24 V Vigilia
25 V S. Gugl. ab.	25 D 6ª d. Pentec.	25 M S. Luigi re	25 S S. Firmino v.	25 L SS. Crisan. D.	25 G S. Cater. v.	25 S NATALE
26 S SS. Giov. e P.	26 L S. Anna	26 G S. Agost. m.	26 D 15ª d. Pentec.	26 M S. Evarist. p.	26 V S. Silves. ab.	26 D S. Stef. prot.
27 D 2ª d. Pentec.	27 M SS. Pantal. m.	27 V S. Giuse. Cal.	27 L SS. Cosm. D.	27 M S. Frumenz.	27 S S. Ginc. m.	27 L S. Giov. ev.
28 L S. Leone II. P.	28 M SS. Naz. e C.	28 S S. Agost. v. d.	28 M S. Venceslao	28 G SS. Sim. e G.	28 D 24ª d'Avv. Ro.	28 M SS. Innocenti
29 M SS. Piet. e Pa.	29 G S. Marta m.	29 D 11ª d. Pentec.	29 M S. Michele A.	29 V S. Ermel. v.	29 L S. Saturn. m.	29 M S. Tomm. C.
30 M Comm. S. Pa.	30 V SS. Abd. e Sen.	30 L S. Rosa da L.	30 G S. Girol. d.	30 S S. Gerardo v.	30 M S. Andrea ap.	30 G S. Eugen. v.
	31 S S. Ignazio L.	31 M S. Raim. Non.		31 D 20ª d. Pentec.		31 V S. Silves. pp.

VII.
Glossario di date. [1]

Abramo, V. Domenica di Abramo.

Accipite jucunditatem, il martedì dopo Pentecoste.

Adorate Deum, la III^a domen. dopo l'Epifania.

Adorate Deum secundum, o *tertium*, o *quartum*, la IV^a, o V^a, o VI^a domen. dopo l'Epifania.

Adoratio Magorum, l'Epifania, 6 genn.

Adorazione della S. Croce, V. Croce; Ador. dei Magi, V. Epifania.

Ad te levavi, la I^a domen. dell'Avvento.

Adventus, V. Avvento.

Adventus Spiritus Sancti, la domen. di Pentecoste. — *Adventus Spiritus commemoratio*, il 15 maggio.

Albaria, V. Hebdomada alba.

Alleluia, alleluia clausum, la domen. di Settuagesima.

Ammalato di trentott'anni, il venerdì della I^a settimana di Quaresima.

Angaria, V. Quattro Tempora.

Angeli Custodi, il 2 ottobre. Festa introdotta da papa Paolo V (1205-21) da celebrarsi in Germania ed Austria la I^a domen. di sett. e negli altri Stati la I^a domen. dopo S. Michele. Clemente X, nel 1670, la estese a tutta la Chiesa, fissandola ai 2 ottobre. In Spagna fu celebrata anche il 14 marzo.

Angelorum festum, il 29 settembre.

Animarum commemoratio, o *dies*, il giorno dei morti, 2 novembre. Se questo cade in domen. la commemor. ha luogo il giorno appresso. Le memorie più antiche della commemor. dei defunti risalgono al sec X. Pel rito ambrosiano, il giorno dei morti, fino al 1582, cadeva il lunedì dopo la III^a domen. di ottobre.

Annunciazione o Annunziata, V. Maria Verg.

Antecinerales feriae, i giorni di Carnevale precedenti alle *Ceneri*.

Antipascha, la I^a domen. dopo Pasqua.

Apostolorum divisio, o *dispersio*, o *demissio*, il 15 lugl., separaz. degli Apostoli.

Apostolorum festum, o *dies*, il 1° magg. presso i Latini, festa degli ap. Filippo e Giacomo; il 30 giugno nella chiesa greca; il 29 giugno in Germania.

Apparitio Domini, l'Epif. 6 genn.

Apparitio S. Crucis, V. *Crucis*.

Apparitio B. Mariae Immaculatae, l'11 febb., appariz. della B. V. a Lourdes nel 1858.

Apparitio S. Michaelis, V. Elenco dei Santi, S. Michele.

Aqua in vinum mutata, il 6 genn.

Aqua sapientiae, il martedì dopo Pasqua.

Architriclini festum, o *dies*, la II^a domen. dopo l'Epifania.

Armorum Christi festum, V. *Clavorum festum*.

Ascensione di G. Cristo (*Ascensio Domini, Ascensa, Assumptio Christi*), festa che si celebra dalla Chiesa 40 giorni dopo Pasqua. Gli orientali la chiamarono perciò *Tessaracostè*. Risale ai primi tempi del cristianesimo.

Ascensionis Dominicae Commemoratio, il 5 maggio.

---

(1) Da questo glossario, che comprende, fra altro, i nomi delle principali feste religiose antiche e moderne, abbiamo escluse quelle dei Santi, dei quali diamo in seguito un elenco speciale.

Aspiciens a longe, la I^a domen. dell'Avvento Romano.

Assunta o Assunzione di Maria Verg., V. Maria Verg (Assunz. di).

Audivit Dominus, il venerdì e sabato dopo le *Ceneri*.

Aurea missa, il sabato dopo la festa della SS. Trinità.

Ave preclara, il 22 agosto, ottava dell'Assunzione di M. V.

Avvento (*Adventus Domini*), il tempo di preparazione al Natale di G. Cristo. È di istituzione antichissima e con esso incomincia l'anno ecclesiastico. Pel rito romano la I^a domen. dell'Avvento cade tra il 27 nov. e il 3 dic.; pel rito ambrosiano. l'Avv incomincia nella domen. che segue la festa di S. Martino (11 nov.); pel greco, il 15 nov. Finisce, pei tre riti, il 25 dicembre I capitolari di Carlo Magno dànno all'Avvento il nome di *Quaresima*.

Azymorum festum, il giorno di Pasqua.

Bambino Gesù di Praga, la II^a domen. dopo l'Epifania. Festa che risale al 1630 circa.

Befana, la festa dell'Epifania

Benedicta, la domen. della SS. Trinità.

Benedictio cerei, o *fontium*, il sabato santo, nel qual giorno vengono benedetti il cero pasquale e i fonti battesimali.

Benedizione delle candele, il 2 febb., Purif. di M. V.

Benedizione della gola, il 3 febb., giorno di S. Biagio.

Berlingaccio, il giovedì grasso, ultimo giovedì di carnevale.

Berlingacciuolo, il penultimo giovedì di carnevale; oggi Berlingaccino.

Bordue. Brandones, Burae, o *Focorum dies*, la I^a domen. di Quaresima e la settimana successiva.

Broncheria, la domen delle Palme.

Calamai, il 2 febb., Purif. di M. V.

Calendarum festum, o *dies*, o *Calènes*, il giorno di Natale in Provenza.

Calendimaggio, il I° giorno di maggio, festa dei Fiorentini.

Calendimarzo, il I° giorno di marzo, festa nella valle dell'Adige e in molte campagne dell'Italia superiore.

Campanarum festum, il 25 marzo.

Cananea, il giovedì della I^a settimana di Quaresima

Candelarum festum. Candelaria. Candelatio. Candelosa. Candelora, il 2 febb., V. Maria Verg. (Purificazione di).

Canite, Canite tuba, la IV^a domen. dell'Avvento.

Cantate Domino, la IV^a domen. dopo Pasqua.

Capitilavium, la domen delle Palme.

Capo d'anno, il 1° gennaio.

Caput adventus, il principio dell'Avvento

Caput Kalendarum, il giorno delle calende.

Caput jejunii, o *Quadragesimae*, il mercoledì delle Ceneri.

Cara cognatio, il 22 febb, festa della catt. di S Pietro in Antiochia.

Carementranum, il martedì grasso. ultimo giorno di Carnevale.

Carismata, il giorno di Pentecoste

Caristia. il 22 febbr, V. *Cara Cognatio*.

Carnasciale, l'ultimo giorno di Carnevale.

Carnevale. tempo che corre dal giorno di S. Stefano (26 dic.) al 1° di Quaresima A Livorno incomincia il 3 febbr. dal 1742 in poi

Carnevalino, la I^a domen. di Quaresima.

Carnevalone, i 4 giorni che a Milano dura di più il Carnevale, cioè dal mercol. al sabato.

Carnicapium, carniplarium, il martedì grasso.

Carnisprivium, carnislevamen, privicarnium, indicavansi in tal modo talora i primi giorni di Quaresima e altre volte la domen. di Settuagesima.

Carnisprivium novum, il mercol. delle Ceneri. — *vetus*, la I^a domen. di Quaresima.

Cena del Signore (*Coena Domini*), il giovedì santo.

12*

Ceneri (*Cinerum, o cineris et cilicii dies*), il 1° giorno di Quares. pel rito rom. Nel rito ambros. le ceneri si dànno il lunedì che segue la Iª domen. dopo l'Ascensione.

Ceppo, il giorno di Natale, 25 dic.

Ceriola, V. Maria Verg. della Ceriola.

Charitas Dei, il sabato delle Quattro Tempora di Pentecoste.

Chiodi e Lancia di N. S. (Festa dei), il venerdì dopo la Iª domen. di Quares.

Christi festum, il Natale di G. C., 25 dic.

Cibavit eos, il lunedì di Pentecoste e il giorno del *Corpus Domini*.

Cieco (Domen. del), V. *Dominica caeci-nali*.

Cieco-nato (Mercoledì del), il mercol. dopo la IVª domen. di Quaresima.

Circoncisione di G. C. (*Circumcisio Agni, o Domini*), il 1° genn.

Circumdederunt me, la domen. di Settuagesima.

Clausum Pascha, Pasqua chiusa, la 1ª domen. dopo Pasqua.

Clausum Pentecostes, la domen. dopo Pentecoste.

Clavorum festum, il venerdì dopo l'ottava di Pasqua o il seguente se nel primo cadeva altra festa.

Coena Domini, V. Cena del Signore.

Coena pura, il venerdì santo.

Commemorazione dell'Ascensione di G. C., il 5 maggio. — dell'Assunzione di M. V., il 25 sett.; — della Passione di G. C., V. Passione; — di tutti i Santi, V. Elenco dei Santi, alla voce *Ognissanti*; — dei fedeli defunti, V. *Animarum commem.*, — di tutti i SS. Apostoli, il 29 giu.; — di tutti i SS. Martiri, il 26 dic.

Commovisti terram et conturbasti eam, la domen. di Sessagesima.

Compassione della Vergine o Madonna di Pietà, V. Maria Verg. Addolorata.

Conceptio Domini, V. Maria Verg. (Annunc. di).

Conceptio B. Mariae, V. Maria Verg. (Immac. Conc. di).

Conductus Paschae, o Pentecostes, la domen. dopo Pasqua o dopo Pentecoste.

Consacrazione di S. Maria *ad Martyres*, o del Pantheon, il 13 magg. a Roma. — della basilica di S. Maria Maggiore, il 5 agosto a Roma.

Consiglio degli Ebrei, il venerdì che precede la domen. delle Palme.

Corona di spine di Gesù Cristo, il venerdì avanti la Iª domen. di Quaresima; il 4 maggio in Germania.

Corpus Domini, Festum Dei, Corporis Christi festum, solennità dell'August. Sacramento che si celebra il giovedì dopo la domen. della SS. Trinità. Fu istituita da papa Urbano IV l'11 agosto 1264.

Correzione fraterna, il martedì della IIIª settim. di Quaresima.

Cristoforia, il 7 gennaio. Ritorno in Giudea della S. Famiglia dopo la morte di Erode.

Croce (Adorazione della S.), il VI° venerdì di Quaresima.

Croce (Invenzione della S.), il 3 maggio nella chiesa latina; il 6 marzo, anticamente, nella greca. In memoria del ritrovamento della S. Croce nel 326, per opera di S. Elena madre dell'Imp. Costantino.

Croce (Esaltazione della S.), il 14 sett. Risale al VII sec.

Cruces nigrae, la processione del giorno di S. Marco, 25 aprile.

Crucis, le Tempora d'autunno, V. Quattro Tempora.

Crucis (Apparatio S.), l'appariz. della S. Croce, 19 agosto.

Crucis (Triumpus S.), il 16 luglio.

Cum clamarem, la Xª domen. dopo Pentecoste.

Cum sanctificatus fuero, il mercol. dopo la IVª domen. di Quaresima.

Cuore (Sacro) di Gesù, festa approvata da papa Clemente X, con bolla 4 ott. 1674. Si celebra il venerdì dopo l'ottava del *Corpus Domini* nel rito romano; la IIIª domen. dopo Pentecoste nel rito ambrosiano.

Cuore (Puriss.) di Maria, V. Maria Verg. (Pur. Cuore di).

Daemon mutus, la III^a domen. di Quaresima.

Da pacem, la XVIII^a domen. dopo Pentecoste.

Dedicazione della basilica del SS. Salvatore (S. Giov. Later. in Roma), 9 nov.; — delle basiliche dei SS. Apost. Pietro e Paolo, in Roma, 18 nov.; — della chiesa del S. Sepolcro, a Gerusal., 14 sett.; — della chiesa di S. Maria ad Martyres o Pantheon, a Roma. 13 magg.; — della chiesa di S. Maria Maggiore o ad Nives o ad Praesepe, a Roma, 5 agosto; — della chiesa di S. Pietro in Vincoli, a Roma, 1° agosto; — della chiesa della B. V. degli Angeli, ad Assisi, 2 agosto; — della chiesa di S. Michele Arcangelo sul Monte Gargano, 29 sett.; — di tutte le chiese, la domen. dopo l'ottava di Ognissanti.

Defunti (Commem. dei fedeli), V. Animarum commemor.

De necessitatibus meis, il venerdì dopo la I^a domen. di Quaresima.

Depositio, il giorno della morte di un santo per lo più non martire.

Depositio S. Mariae, il 15 agosto, giorno dell'Assunzione di M. V. al Cielo.

Deus cum egredieris, il mercoledì dopo Pentecoste.

Deus in adjutorium meum, il giovedì dopo la II^a domen. di Quares. e la XII^a domen. dopo Pentecoste.

Deus in loco sancto, l'XI^a domen. dopo Pentecoste.

Deus in nomine tuo, il lunedì dopo la IV^a domen di Quaresima.

Deus omnium exauditor, la domen. dopo l'ottava del Corpus Domini.

Dicit Dominus: ego cogito, la XXIII^a e XXIV^a domen. dopo Pentecoste.

Dierum dominicorum rex, la domen. della SS. Trinità.

Dierum omnium supremum rex, il giorno di Pasqua.

Dies absolutionis, o absolutus, il giovedì santo.

Dies adoratus, il venerdì santo.

Dies aegypliaci, o atri, giorni creduti infausti.

Dies animarum, il 2 nov., V. Animarum commemor.

Dies ater, il giorno delle Ceneri o 1° di Quaresima.

Dies Dominicus, la domen. e specialmente il giorno di Pasqua.

Dies caniculares, i giorni dal 6 luglio al 17 agosto.

Dies carnivora, il martedì grasso.

Dies felicissimus, magnus, pulchra, regalis, sancta, il giorno di Pasqua.

Dies florum, o ramorum, la domen. delle Palme.

Dies focorum V. Bordae.

Dies indulgentiae, il giovedì santo.

Dies jovis albi, il giovedì santo.

Dies lavationis, il sabato santo.

Dies lunae salax, il lunedì dopo la domen. di Quinquagesima.

Dies lustrationis, le Rogazioni.

Dies magnae festivitatis, il giovedì santo.

Dies mandati, il giovedì santo.

Dies Martyrum, o Martror, il giorno di Ognissanti, 1° nov.

Dies muti, i tre ultimi giorni della settimana santa.

Dies mysteriorum, il giovedì santo.

Dies neophitorum, i sei giorni che seguono la domen. di Pasqua.

Dies omnium Apostolorum, il 15 luglio, divisione degli Apostoli.

Dies pandicularis, il 1° nov., Ognissanti.

Dies pingues, gli ultimi giorni di Carnevale.

Dies reconciliationis, il giovedì santo.

Dies regum trium, o magorum trium, il 6 gennaio, festa dei Re Magi. Traslaz. delle loro reliquie, il 23 lugl. a Colonia.

Dies sancti, la Quaresima.

Dies saturni, o sabbatinus, il sabato.

Dies solis, la domenica.

Dies strenarum, il 1° gennaio.

Dies tenebrarum, i tre ultimi giorni della settimana santa

Dies virginum, il 21 ott., festa di S. Orsola e comp. mart.

Dies viridus, o viridium, il giovedì santo.

Dispersio apostolorum, V. *Aposto-lorum divisio*.

Disputatio Domini cum doctoribus in Templo, la I[a] domen. dopo l'Epifania

Domenica di Abramo, la III[a] do-men. di Quaresima a Milano.

Domenica dei Bigelli, la I[a] domen. di Quaresima.

Domenica del Buon Pastore, la II[a] domen. dopo Pasqua.

Domenica dell'olivo, la domen. delle Palme, V. *Dominica Pal-marum*.

Domenica del mese di Pasqua, l'ottava di Pasqua.

Domenica grassa, l'ultima domen. di Carnevale.

Domenica perduta, la domen. di Settuagesima.

Domenica della Samaritana, V *Dominica de Samaritana*.

Domine in tua misericordia, la I[a] domen. dopo Pentecoste.

Domine ne in ira tua, la II[a] do-men. dopo l'Epifania.

Domine ne longe, la domen. delle Palme.

Domine refugium, il martedì dopo la I[a] domen di Quaresima.

Dominica ad carnes levandas, la domen. di Quinquagesima

Dominica adorandae Crucis, la III[a] domen. di Quares.; chiesa greca.

Dominica ad te levavi, la I[a] domen. dell'Avvento.

Dominica alba, la domen. di Pen-tecoste.

Dominica ante Brandones, la do-men. di Quinquagesima.

Dominica ante Candelas, la domen. avanti il 2 febb.

Dominica ante Litanias, la V[a] do-men. dopo Pasqua.

Dominica ante Natale Domini I[a], II[a], III[a]; la II[a], III[a] e IV[a] domen. dell'Avvento.

Dominica benedicta, la domen. del-la SS. Trinità.

Dominica brandonum, burarum, focorum, la I[a] domen. di Qua-resima

Dominica capitilavii, la domen. delle Palme.

Dominica carne levale, o *carnis privii*, la domen. di Quinquages.

Dominica Chananeae, la II[a] do-men. di Quaresima.

Dominica caeci-nati, la IV[a] domen. di Quaresima pel rito Ambros., la V[a] per la chiesa greca.

Dominica competentium, la domen. delle Palme.

Dominica de fontanis, la IV[a] do-men. di Quaresima.

Dominica de Jerusalem, la II[a] do-men. dell'Avvento.

Dominica de Lazaro, la V[a] domen. di Quaresima a Milano.

Dominica de panibus, la domen. di metà Quaresima.

Dominica de parabola regis, l'XI[a] domen. dopo Pentecoste.

Dominica de parabola semis, la XXIII[a] domen dopo Pentecoste.

Dominica de parabola vinae, la XIII[a] domen. dopo Pentecoste.

Dominica de Pastore bono, la II[a] domen. dopo Pasqua.

Dominica de quinque panibus et decem piscibus, l'VIII[a] domen. dopo Pentecoste.

Dominica de rosa, o *de rosis*, la domen. nell'ottava dell'Ascen-sione a Roma.

Dominica de Samaritana, o *de Transfiguratione*, la II[a] domen. di Quaresima.

Dominica vocatis ad nuptias, la II[a] domen. dell'Avvento.

Dominica duplex, la domen. della SS. Trinità.

Dominica florum, la domen. delle Palme.

Dominica focorum, la I[a] domen. di Quaresima.

Dominica gaudii, la Pasqua.

Dominica Hosanna, la domen del-le Palme.

Dominica in Albis, o *post Albas*, o *in Albis depositis*, la I[a] domen. dopo Pasqua.

Dominica in alleluia, o *in carnes tollendas*, la II[a] domen. di Quar.

Dominica in capite Quadragesimae, la domen. di Quinquagesima.

Dominica indulgentiae, la domen. delle Palme.

Dominica in Passione Domini, la domen. di Passione, o V[a] di Quares., o anche una domen qualunque di Quaresima.

Dominica magna, la domen. di Pasqua.

Dominica mapparum albarum, la IIª domen. dopo Pasqua.

Dominica mediana, la domen. di Passione.

Dominica misericordiae, la IVª domen. dopo Pentecoste, avanti il XII sec.

Dominica palmarum, la domen delle Palme o Iª avanti Pasqua.

Dominica post Albas, V. *Dominica in Albis.*

Dominica post Ascensum Domini, la domen nell'ottava dell'Ascensione.

Dominica post focos o post ignes, la IIª domen. di Quaresima.

Dominica post ostensionem reliquiarum, la IIª domen. dopo Pasqua.

Dominica post strenas, la Iª domen. dopo il 1º genn.

Dominica privilegiata, la Iª domen. di Quaresima.

Dominica Publicani et Pharisei, la XIIª domen. dopo Pentecoste

Dominica quintana, la Iª domen. di Quaresima.

Dominica quadraginta, la domen. di Quinquagesima.

Dominica refectionis, la IVª domen. di Quaresima.

Dominica Resurrectionis, la domen. di Pasqua, ma talvolta anche una domen. qualunq. dell'anno.

Dominica Rogationum, la Vª domen. dopo Pasqua.

Dominica rosae o rosata, la IVª domen di Quaresima (dopo Leone IX), perchè il papa benedice in tal giorno la rosa d'oro. Anche la domen. nell'ottava dell'Ascensione.

Dominica sancta, o sancta in Pascha, la domen. di Pasqua.

Dominica Transfigurationis, la IIª domen. di Quaresima.

Dominica trium septimanarum Paschae, la IIIª domen. dopo Pasqua

Dominica unam Domini, la IIª domen. dopo Pasqua.

Dominica vacans, o vacat, le due domen. comprese fra il Natale e l'Epifania.

Dominica vetus, la domen. di Pasqua o la domen. di Settuagesima.

Dominicae matris festivitas, l'Annunciazione di M. V., 25 marzo. V. Maria Verg.

Dominicae vacantes, le domen. che seguono i sabati delle Quattro Tempora e dell'Ordinazione.

Dominicarum rex, la Iª domen. dopo Pentecoste. (SS. Trinità).

Dominus dixit, la Iª messa di Natale.

Dominus fortitudo, la VIª domen. dopo Pentecoste.

Dominus illuminatio mea, la IVª domen. dopo Pentecoste.

Dominus surrexit, il 27 maggio.

Dormitio S. Mariae, l'Assunzione della B. Vergine, 15 ag , V. Maria Verg.

Dum clamarem, il giovedì dopo le Ceneri e la Xª domen. dopo Pentecoste.

Dum medium silentium, la domen. nell'ottava di Natale e quella che cade la vigilia dell'Epifania.

Ecce advenit, il 6 genn.. Epifania.

Ecce Deus adiuvat, la IXª domen. dopo Pentecoste.

Eductio Christi ex Aegypto, l'11 gennaio.

Eduxit Dominus populum, il sabato dopo Pasqua.

Eduxit eos Dominus, il venerdì dopo Pasqua.

Ego autem cum justitia, il venerdì dopo la IIª domen. di Quaresima

Ego autem in Domino, il mercoledì dopo la IIIª domen. di Quaresima.

Ego clamavi, il martedì dopo la IIIª domen. di Quaresima.

Ego sum pastor bonus, la IIª domen. dopo Pasqua.

Elevatio S. Crucis, V. Croce (Esaltaz. di S.).

Epiphania o giorno dei Re, il 6 genn.. detto anche *Apparitio o festum stellae o Theophania,* Festa religiosa che ricorda la visita dei Re Magi a Gesù bambino.

Episcopatus puerorum, il 12 marzo e il 28 dicembre.

Epularum S. Petri festum, il 22

febb., Cattedra di S. Pietro in Antiochia.

Esaltazione della S. Croce, V. Croce.

Estate di S. Martino, i pochi giorni di bel tempo che spesso si hanno avanti o dopo la festa di 'S. Martino (11 nov.).

Esto mihi, la domen. di Quinquagesima.

Evangelium Chananeae, la IIIª domen. di Quaresima.

Exaudi Deus, il martedì dopo la IVª domen. di Quaresima.

Exaudi Domine, la VIª domen. dopo Pasqua ed anche la Vª dopo Pentecoste.

Exaudi nos Domine, il mercoledì delle Ceneri.

Exaudivit de templo, il lunedì e martedì dopo la Vª domen. dopo Pasqua.

Ex ore infantium, il 28 dicembre.

Expecta Dominum, il martedì della settimana di passione.

Expectatio Partus B. Mariae, V. Maria Verg. (Aspett. Div. Par.).

Exsurge, la domen. di Sessagesima.

Exultate Deo, il mercoledì delle Tempora d'autunno.

Exultet, il sabato santo

Fac mecum Domine, il venerdì dopo la IIIª domen. di Quaresima.

Factus est Dominus, la IIª domen. dopo Pentecoste.

Famiglia, V. Sacra Famiglia.

Feria, nel medio-evo gli ecclesiastici chiamavano *ferie* tutti i giorni della settimana, eccetto la domenica che dicevasi più spesso *dominica*. *Feria* ebbe anche il significato di fiera.

Feria ad angelum, il mercoledì delle quattro tempora d'Avvento.

Feria alba, il giovedì santo.

Feria bona sexta, il venerdì santo.

Feria bona septima, il sabato santo.

Feria caeci-nati, il mercoledì dopo la IVª domen. di Quaresima.

Feria largum sero, il 24 dicembre.

Feria magnificet, il giovedì dopo la IIIª domen. di Quaresima.

Feria magni scrutinii, il mercoledì della IVª settimana di Quaresima

Feria quarta, il mercoledì, — *quar-*

ta cinerum, il primo giorno di Quares., mercol. delle Ceneri.
— *quarta maior*, o *magna*, il mercoledì santo.

Feria quinta, il giovedì, — *quinta magna*, o *viridium*, o *in Coena Domini*, il giovedì santo.

Feria salus popoli, il giovedì dopo la IIIª domen. di Quaresima.

Feria secunda, il lunedì; — *secunda maior*, il lunedì santo; — *secunda jurata*, il lunedì dopo l'Epifania.

Feria septima, il sabato; — *septima maior*, il sabato santo.

Feria sexta, il venerdì; — *sexta maior*, il venerdì santo.

Feria tertia, il martedì; — *tertia maior*, il martedì santo.

Ferialis hebdomada, V. *Hebdomada*.

Ferragosto, il Iº giorno di agosto in molti luoghi d'Italia. In Lombardia e in alcuni altri paesi, il 15 dello stesso mese.

Festa Paschalia, le feste di Natale, Pasqua e Pentecoste.

Festivitas Dominicae Matris, il 25 marzo, Annunc. di M. V.

Festivitas omnium metropolis, il 25 dic., Natale di G. C.

Festum Christi, V. *Christi festum*.

Festum Dei, V. *Corpus Domini*

Fuga di Gesù in Egitto, il 17 febbr.

Gaudete [in Domino], la IIIª domen. dell'Avvento.

Gesù Nazzareno (Festa di), il 23 ottobre, nella diocesi di Modena.

Giorno dei Re, il 6 gennaio, Epifania.

Giovedì bianco o il gran giovedì (*iovis albi, iovis mandati, viridus dies*), il giovedì santo.

Giovedì delle olive, il giovedì che precede la domen. delle Palme.

Giovedì *Magnificet*, il giovedì di mezza Quaresima.

Giovedì grasso, l'ultimo giovedì di Carnevale. V. Berlingaccio.

Giovedì santo, il giovedì che precede la Pasqua di Risurr.

Giudizio estremo, il lunedì della Iª settimana di Quaresima.

Gran Madre di Dio. V. Maria Verg. (Maternità di).

Gula Augusti, il primo giorno di agosto.

Hebdomada absolutionis, la settimana santa.

Hebdomada alba, o *albaria*, la settimana che segue la Pasqua ed anche quella che segue la Pentecoste.

Hebdomada antipaschalis, la settimana dopo Pasqua.

Hebdomada autentica, la settimana santa.

Hebdomada communis, la settimana che cominciava la domen. dopo S. Michele (29 sett.).

Hebdomada crucium, la settimana delle Rogazioni.

Hebdomada de excepto, l'ultima settimana dell'Avvento.

Hebdomada duplex, la settim. dopo la domen. della SS Trinità.

Hebdomada expectationis, la settim. dopo l'Ascensione di G. C.

Hebdomada ferialis, o *indulgentiae*, la settimana santa.

Hebdomada laboriosa, la settimana di Passione.

Hebdomada magna, o *maior*, la settimana santa e quella avanti Pentecoste.

Hebdomada media jejunorum Paschalium, la III^a settimana di Quaresima.

Hebdomada mediana Quadragesimae, la IV^a settimana di Quares.

Hebdomada muta, o *penalis*, o *penosa*, o *poenitentiae*, o *nigra*, la settimana santa.

Hebdomada passionis, la settimana di passione o quella che precede la domen. delle Palme.

Hebdomada sacra, o *sancta*, la settimana che precede la Pasqua.

Hebdomada Trinitatis, la settimana dopo la domen. della SS. Trinità.

Herbarum festum, il 15 agosto, Assunzione di M. V.

Hodie scietis, la vigilia di Natale.

Hosannah, la domen. delle Palme.

Hypapanti, il 2 febbr., festa della Presentazione di Gesù Cristo al Tempio. V. Maria Verg. (Purificazione di).

Hypodiaconorum festum, il primo o secondo giorno dell'anno, festa dei Sottodiaconi.

Incarnazione del Divin Verbo, il 25 marzo. V. Maria Verg. (Annunc. di).

Immacolata Concezione di M. V., V. Maria Verg.

Inclina, Domine, aurem tuam, la XV^a domen. dopo Pentecoste.

In Deo laudabo, il lunedì dopo la III^a domen. di Quaresima.

In excelso throno, la I^a domen. dopo l'Epifania.

Infernus factus est, il 12 gennaio.

In medio ecclesiae, il 27 dicembre.

In nomine Jesu, il mercoledì dopo la domen. delle Palme.

Instrumentorum Dominicae Passionis festum, V. *Coronae Christi festum*.

Intret oratio mea, il sabato delle *Tempora* di primav.

Introduxit vos Dominus, il lunedì di Pasqua.

Inventio J. Christi in templo, la domen. fra l'ottava dell'Epifania, o il 9 genn. se l'Epifania cade in domen.

Inventio S. Crucis, V. Croce (Inv. della S.).

Invocabit me, la I^a domen. di Quaresima.

In voluntate tua, la XXI^a domen. dopo Pentecoste.

Isti sunt dies, la domen. di Passione o V^a di Quaresima.

Jeiunium aestivale, il digiuno d'estate, cominciante il mercoledì di Pentecoste.

Jeiunium autumnale, il digiuno cominciante dopo l'Esaltaz. di S. Croce (14 sett.).

Jeiunium hiemale, il digiuno cominciante dopo la festa di S. Lucia (13 dic.).

Jeiunium vernale, la Quaresima.

Jubilate Deo omnis terra, la III^a domen. dopo Pasqua.

Judica, Domine, nocentes, il lunedì dopo la domen. delle Palme.

Judica me, Deus, la V^a domen. di Quaresima o dom. di Passione.

Judicium extremum, V. Giudizio estremo.

Justus es, Domine, la XVII^a domen. dopo Pentecoste.

Laetare Jerusalem, la IV^a domen. di Quaresima.

Laetetur cor quaerentium, il giovedì dopo la IV^a domen. di Quaresima e il venerdì delle Tempora d'autunno.

Lancia e chiodi di Gesù Cristo, il venerdì dopo la I^a domen. di Quaresima.

Lazzaro, il venerdì della IV^a settimana di Quaresima. V. anche *Dominica de Lazzaro*.

Lex Domini, il sabato dopo la II^a domen. di Quaresima.

Liberator meus, il mercoledì della settimana di Passione.

Litania, o *Litaniae*, le Rogazioni.

Litania Maior, o *Romana*, le litanie maggiori; solenne processione della festa di S. Marco (25 aprile). Se il giorno di S. Marco cade nella domen. di Pasqua, la processione viene trasferita al martedì che segue. Le litanie maggiori risalgono al tempo di S. Gregorio Magno (607).

Litania Minor, o *Gallicana*, le Rogazioni.

Litanie ambrosiane, V. Rogazioni.

Luciae, le Tempora d'inverno, V. Quattro Tempora.

Lumina sancta, o *Luminum festum*, il 2 febbr. Purif. di M. V.

Lunedì dell'ante, il lunedì che precede il Berlingaccio a Firenze.

Lunedì dell'Angelo, il lunedì dopo la domen. di Pasqua.

Lunedì dello Spirito Santo, il lunedì dopo la domen. di Pentecoste nel calend. Greco-Russo.

Lunedì grasso, il penultimo giorno di Carnevale.

Lux Domini, o *Dei*, la domenica.

Lux fulgebit, la II^a messa di Natale.

Madonna, V. Maria Vergine.

Magnae Dominae festum, il 15 agosto, Assunz. di M. V.

Magorum festum, il 6 gennaio, Epifania.

Mandatum pauperum, il sabato avanti la domen. delle Palme.

Malvagio (Il) ricco, il giovedì della II^a settimana di Quaresima.

Maria Vergine (Immacolata Concezione di), l'8 dicembre, con trasferim. al giorno susseguente se l'8 dic. cade nella II^a domen. d'Avvento. Festa di data antichissima in Oriente; in Occid. risale al VII sec. Pio IX l'8 dic. 1854 ne definì il dogma.

Maria Vergine (Natività di), l'8 settembre. Festa ordinata da Sergio I nel 688.

Maria Vergine (SS. Nome di), la domen. dopo la Natività di M. V. Festa già celebrata in molte parti della Cristianità, estesa a tutta la Chiesa da Innocenzo XI il 17 luglio 1683 e confermata da Pio IX il 3 giu. 1856.

Maria Vergine (Presentazione al Tempio di), il 21 nov. Festa già celebre nella chiesa greca fin dai primi secoli del cristianesimo; fu introdotta in Occidente nel 1372 da Gregorio XI.

Maria Vergine (Sposalizio di), il 23 genn. Festa promossa da Gio. Gerson nel 1414 ed approvata poscia da Paolo III, verso il 1540, che la rese universale.

Maria Vergine (Annunciazione di), o Annunziata, o Incarnazione del Verbo, il 25 marzo. La più antica memoria di questa festa risale alla fine del IV secolo, ed in Oriente fu introdotta fino dai primi tempi del cristianes. Fu sanzionata dal decimo Concilio di Toledo nel 656 che stabilì dovesse celebrarsi il 18 dic. Nelle chiese di Toledo e di Milano si celebrò il 10 dic. (1). Gli Armeni la celebrano il 5 genn., i Sirii il 1° dic. Quando la Pasqua di Risurr. cade nei giorni compresi fra il 22 e il 28 marzo inclusivi, la festa dell'Annunciaz. di Maria viene trasportata al lunedì dopo la domen. in Albis.

Maria Vergine (Visitazione di) a S. Elisabetta, il 2 luglio; festa istituita da Urbano VI nel 1378 e confermata da Gregorio XI nel 1380.

Maria Vergine (Aspettazione del Divin Parto di), detta anche Madonna della Fabbrica o Incar-

---

(1) Martène, De antiquis ecclesiae ritibus. III, p. 560.

naz. del Verbo, il 18 dicembre. Ebbe principio nella Spagna ; Gregorio XIII la estese a tutta la cristianità.

Maria Vergine (Purificazione di), il 2 febb. Festa che credesi istituita da Papa Gelasio nel 492. Papa Sergio I la riordinò verso il 689, aggiungendovi la processione delle candele; da ciò il nome di *Candelora* o *Candelaia* dato a questa festa. Se il 2 febb. cade nelle domen. di Quinquages., Sessages., Settuages., la festa della Purif. viene trasferita al giorno susseguente.

Maria Vergine Addolorata, o Dolori di M. V. (*Compassio, Septem dolores, Spasmus, Transfixio B. Mariae*). Festa che cominciò a celebrarsi nel 1423. Dal 1727 si celebra nel venerdì dopo la domen. di Passione e, dal 1734, anche nella IIIª domen. di settembre.

Maria Vergine (Assunzione di), al Cielo (*Assumptio Matris Dei, Dormitio, Natalis, Depositio S. Mariae*), Festa che cade il 15 agosto, ma anticamente celebravasi il 18 genn. Si fa cenno di questa festa nella storia Ecclesiastica di Eusebio, vescovo di Cesarea (270-338). — Commemoraz. dell'Assunz. di M. V., 25 sett.

Maria Vergine (Purissimo Cuore di), la IIIª domen. dopo Pentecoste.

Maria Vergine (Maternità di), o Gran Madre di Dio, la IIª domen. di ott.

Maria Vergine (Patrocinio di), la IIª domen. di nov. pel rito romano; la IIª domen. di lugl. pel rito ambros. Festa istituita da Papa Alessandro VII nel 1656, ad istanza di Filippo IV re di Spagna. Innocenzo XI, nel 1679, la estese a tutti i dominii spagnuoli e Benedetto XIII la introdusse in tutta la chiesa cattolica.

Maria Vergine (Purità di), la IIIª domen. di ottobre.

Maria Vergine degli Angioli, il 2 agosto; festa approvata da papa Onorio III nel 1223. Venerata nella chiesa detta della Porziuncola, presso Assisi.

Maria Vergine Ausiliatrice, il 24 maggio. Venerata dalla congreg. Salesiana.

Maria Vergine di Caravaggio, il 26 maggio ; venerata a Caravaggio (Lombardia) dal 1432.

Maria Vergine del Carmine o di Monte Carmelo, o del Divino Scapolare. Venerata, credesi, fino dal sec. X, il 16 luglio, pel rito rom.; il 19 luglio pel rito ambros.

Maria Vergine della Ceriola, il 2 febbr. Purif. di M. V.

Maria Vergine della Cintura, festa che si celebra la domen. successiva al 28 agosto. Risale ai tempi di S. Agostino.

Maria Vergine della Consolazione, detta anche ' la Consolata ,, protett. di Torino. ove si venera il 20 giugno. Risale al 1104.

Maria Vergine della Guadalupa, il 12 dicembre.

Maria Vergine della Lettera, venerata a Messina il 3 giugno, data della lettera della Vergine ai Messinesi.

Maria Vergine di Loreto, venerata il 10 dicembre a Loreto. V. Traslazione della S Casa di Loreto.

Maria Vergine di Lourdes, l'11 febb., a Lourdes. V. *Apparitio B. Mariae Immac.*

Maria Vergine della Mercede o della Redenzione degli Schiavi, il 24 sett. Risale al 1218.

Maria Vergine Madre di Misericordia, il 18 marzo, Festa che risale al 1536.

Maria Vergine della Neve o del Presepio, il 5 agosto. Festa istituita dopo la metà del IV sec.

Maria Vergine di Oropa, venerata l'ultima domen. di agosto nel santuario di Oropa, diocesi di Biella Risale al IV sec.

Maria Vergine di Pompei, vener. a Valle di Pompei l'8 magg.

Maria Vergine del Rosario, risale al 1212, Papa Gregorio XIII (1572-85) ne fissò la festa alla prima domen. di ottobre.

Maria Vergine della Salette, il 19 settembre.

Maria Vergine del Suffragio, la prima domen. di nov.

Maria Vergine della Vittoria, la IIª domen. di nov. a Roma. Festa istituita in commemor. della vittoria riportata sui Turchi dalle armi cristiane presso Praga, nel 1620.

Martedì grasso, l'ultimo giorno di Carnevale.

Martror, V. *Dies Martyrum*.

Marzia, o Madonna di marzo, o dei famigli, il 25 marzo, Annunciaz. di M. V.

Mater Noctium, la notte di Natale.

Matris Dominicae festivitas, il 25 marzo, Annunc. di M. V.

Mediae o *Medianae Quadragesimae*, la IVª domen. di Quaresima.

Mediana octava, V. *Dominica mediana*.

Meditatio cordis, il venerdì dopo la IVª domen. di Quaresima.

Memento nostrum Domine, la IVª domen. dell'Avvento.

Mensis fenalis, il mese di luglio.

Mensis exiens, astans, stans, restans, i 15 ultimi giorni di un mese, numerati a ritroso.

Mensis intrans o *introiens*, i primi 15 giorni nei mesi di 30 e i primi 16 nei mesi di 31 giorno.

Mensis magnus, il mese di giugno perché ha i giorni più lunghi.

Mensis messionum, l'agosto, mese delle messi.

Mensis novarum, l'aprile, mese delle primizie.

Mensis purgatorius, il febbraio, per la festa della Purif. di M. V.

Mercoledì delle Ceneri, il primo giorno di Quaresima, pel rito romano.

Mercoledì delle tradizioni, il mercol. della IIIª settim. di Quares.

Merla (I tre giorni della), gli ultimi tre giorni di gennaio, in Lombardia.

Mese di Maria o Mariano, il mese di maggio.

Mirabilia Domine, la IIª domen. dopo Pasqua.

Miserere mei, Domine, il lunedì dopo la domen. di Passione.

Miserere mihi, Domine, la XVIª domen. dopo Pentecoste.

Miserere mihi, Domine, quoniam tribulor, il venerdì e sabato della settimana di Passione.

Misereris omnium, Domine, il mercol. delle Ceneri.

Misericordia Domini plena est terra, la IIª domen. dopo Pasqua.

Missa, il giorno dell'ufficio o della festa di un santo.

Missae Domini, Alleluja, la domen. di *Quasimodo*, ottava di Pasqua.

Morti (Giorno dei). V. *Animarum commem*.

Mulier adultera, il sabato avanti la IVª domen. di Quaresima.

Munera oblata quaesumus, la domen. di Pentecoste.

Munus quod tibi, Domine, il lunedì dopo la IIIª domen. di Quaresima

Natale, V. *Nativitas Domini*.

Natales, le quattro principali feste dell'anno cioè Natale, Pasqua, Pentecoste, Ognissanti.

Natalis o *Natale*, il giorno della morte di un santo, specialmente se martire.

Natalis Calicis, il giovedì santo.

Natalis Innocentium, il 28 dic. festa de' SS. Innocenti martiri sotto Erode.

Natalis Mariae, il 15 agosto, Assunz. di M. V.

Natalis reliquiarum, l'anniversario della traslazione delle reliquie d'un santo.

Nativitas B. Mariae, V. Maria Vergine.

Nativitas Domini, il 25 dicembre, giorno della nascita di G. C. È una delle più antiche feste della Cristianità. Pare che nel sec. III si festeggiasse il Natale unitamente all'Epifania il 6 genn., specie in Oriente, ma circa alla metà del IV sec. la chiesa romana fissò tale solennità al 25 dicembre.

Ne derelinquas me, il mercol. dopo la IIª domen. di Quaresima.

Nome di Gesù, Festa istituita nel 1500. Dapprima fu fissata all'8 genn, poi al 14 dello stesso mese, al 15 marzo, al 17 agosto. In fine, nel 1721, papa Innocenzo XIII la fissò alla IIª domen. dopo l'Epifania.

Nome di Maria, V Maria Verg.

Nos autem gloriari, il martedì e giovedì dopo la domen. delle Palme.

Nostra Donna. V. Maria Verg.

Nox Sacrata, la vigilia di Pasqua.

O dell'Avvento, o di Natale, V. Oleries.

Obdormitio B. Mariae, festa dell'Assunzione di M. V., 15 agosto.

Oblatio B. Mariae in templo, il 21 nov.

Occursus festum, la Purificazione, il 2 febbr.

Octava, V. Ottava.

Octava Domini, o Christi, il 1° di genn. ottava della Nativ. di G. C.

Octava Infantium, la domen. dell'ottava di Pasqua.

Octava SS. Innocentium, il 4 genn.

Octo dies Neophitorum, l'ottava di Pasqua o di Pentecoste.

Oculi, la IIIª domen. di Quaresima.

Ognissanti, il 1° nov. V. Elenco alfab. dei Santi.

Oleries, i sette ultimi giorni dell'Avvento, dal 17 al 23 dicembre, nei quali cantavansi le antifone comincianti per O; O Sapientia, il 17; O Adonai, il 18; O radix Jesse, il 19; O clavis David, il 20; O Oriens, il 21; O Rex gentium, il 22: O Emmanuel, il 23.

Olivarum festum, la domen. delle Palme.

Omnes gentes, la VIIª domen. dopo Pentecoste.

Omnia quae fecisti, il giovedì della settimana di Passione e la XXª domen. dopo Pentecoste.

Omnis terra, la IIª domen. dopo l'Epifania.

Orazione di Gesù nell'Orto, il martedì dopo la domen. di Settuagesima.

Ottava, spazio di 8 giorni destinato alla prorogazione di una festa religiosa. Più spesso intendesi l'ottavo giorno dopo la festa stessa

Palmae o Palmarum festum, la domen. delle Palme cioè quella che precede la Pasqua.

Pani (Domenica dei cinque), la IVª domen. di Quaresima

Parasceve, il venerdì santo; talvolta anche il venerdì di ogni settimana.

Pascha, o Paschalis dies, o Resurrectio, il giorno della Pasqua di Resurr. e qualche volta la settimana di Pasqua o altra festa solenne, aggiungendovi il suo nome, come: Pascha Nativitatis, Pascha Pentecostes, etc. La Pasqua di Risurrez., la principal festa dell'anno, si celebra dalla Chiesa nella 1ª domen. dopo il plenilunio di marzo. Da essa dipendono le altre feste mobili dell'anno.

Pascha annotinum, l'anniversario della Pasqua dell'anno preced.

Pascha clausum, Pasqua chiusa, la Iª domen. dopo Pasqua di Ris.

Pascha competentium, o florum, o floridum, Pasqua fiorita, la domen. delle Palme.

Pascha de madio, la Pentecoste, Pasqua di maggio.

Pascha medium, il mercoledì nell'ottava di Pasqua.

Pascha militum, la Pentecoste.

Pascha novum, il sabato santo.

Pascha Pentecostes, la Pentecoste

Pascha petitum, la domen. delle Palme.

Pascha primum, il 22 marzo, primo termine nel quale può cadere la Pasqua. Così dicevasi anche Pascha ultimum il 25 apr.

Pascha rosarum, o rosata, la Pentecoste, detta anche Pasqua rosa o di rose.

Pasqua dei morti, il 2 novembre, in Toscana.

Pasqua di ceppo o di Natale, il 25 dicembre.

Pasqua d'uovo o d'agnello, la Pasqua di Resurr.

Pasqua carnuta, o comunicante, o scomunicante, o comuniale, la Pasqua di Resurr.

Pasqua fiorita, V. Pascha competentium.

Pasqua maggiore, la Pasqua di Resurr.

Pasquetta o Piccola Pasqua, il 6 genn, Epifania.

Passio, commemoraz. del martirio di un santo. Ad es.: *Passio quadraginta militum*, il 10 marzo; — *quatuor coronatorum martyrum*, l'8 nov. — 20,000 martyrum in Nicomedia, il 28 dic.

Passio dominica, il venerdì santo.

Passione di G. C. (Commemoraz. della), il martedì dopo la domen. di Sessagesima.

Passione (Domenica di), V. *Dominica in Passione Domini*.

Passione (Venerdì di), il venerdì che precede la domen. delle Palme.

Passionis lugubris dies, il venerdì santo.

Pastor bonus, la IIª domen. dopo Pasqua.

Patefactio Domini in monte Thabor, il 6 agosto; trasfigur. di Cristo.

Patrocinio di Maria Verg. V. Maria Verg.

Pausatio S. Mariae, il 15 agosto, V. Maria V. (Assunz. di)

Peccatrice (La penitente), il giovedì della Vª settim. di Quaresima.

Pentecoste, antichissima festa cristiana, ma di origine ebraica che si celebra il 50° giorno dalla resurrez. di Cristo e ricorda la discesa dello Spirito Santo sugli Apostoli. Gli Ebrei l'applicavano al giorno che avevano ricevuto dal Sinai le tavole della legge.

Pentecoste collectorum, la festa di Pentecoste.

Pentecoste media, il mercoledì della settimana di Pentecoste.

Pentecoste prima, *ultima*, il 10 magg. e il 13 giugno, termini estremi nei quali può cadere la Pentec.

Pentolaccia (Domen. di), la Iª domen. di Quaresima in alcuni paesi d'Italia.

Perdono d'Assisi, il 2 d'agosto. Istituito da papa Onorio III (1216-27).

Piaghe (le cinque S.) di Gesù Cristo, il venerdì dopo la IIIª domen. di Quaresima.

Piccola Quaresima, l'11 novembre, festa di S. Martino.

Populus Sion, la IIª domen. dell'Avvento.

Porziuncola, il 2 agosto, V. Perdono d'Assisi.

Praesentatio Domini Nostri Jesu Christi, il 2 febb.; presentaz. di Gesù al tempio

Prati feria, il 9 ottobre.

Presentazione di Maria Verg. al tempio, il 21 novembre, V. Maria Verg.

Privicarnium, V. *Carnisprivium*.

Processio in cappis, il 1° e il 3 maggio.

Prodigo (Il figliuol), il sabato della IIª settim. di Quaresima.

Prope es tu, Domine, il venerdì dopo la IIIª domen. dell'Avvento.

Protector noster, la XIVª domen. dopo Pentecoste.

Puer Jesus relatus de Aegypto, V. Cristoforia.

Puer natus est, la IIIª messa di Natale e quella del 1° genn.

Pueri tres, il 24 genn.

Puerperium, il 26 dicembre presso i Russi e i Greci.

Purificatio B. Mariae. V. Maria V.

Purità di Maria Verg., V. Maria Verg.

Quadragesima, la Quaresima, cioè i 40 giorni che precedono la Pasqua di Risurr. Fu istituita nei primi tempi del cristianesimo in memoria del digiuno di Cristo nel deserto. Fu detta talvolta *Quadragesima maior* per distinguerla da quelle di Natale, Pentecoste, S. Martino e S. Giovanni che erano anticamente osservate.

Quadragesima intrans, o *Quaresmentranum*, il martedì grasso.

Quadragesima minor, l'avvento ambrosiano.

Quaresima, V. *Quadragesima*.

Quasimodo, la Iª domen. dopo Pasqua, detta anche *in albis*.

Quattro tempora (*Quatuor tempora*, *Angaria*), digiuni stabiliti dalla Chiesa per santificare le quattro stagioni dell'anno. Tali digiuni si osservano nei giorni di mercoledì, venerdì e sabato dopo la Iª domen. di Quaresima (Tempora di primavera), dopo Pentecoste (Temp. d'estate) dopo l'Esaltaz. della S. Croce (Temp. d'autunno) e dopo la festa di S. Lucia (Temp. d'inverno), e prendono i nomi di *Reminiscere, Trinitatis, Crucis, Luciae.* Le Tempora si credono istituite dagli Apostoli di G. C. S. Leone nel sec. V ne parla come di cosa già in uso nei primi tempi della Chiesa.

Quatuor tempora intret, le quattro tempora avanti la IIª domen. di Quaresima.

Quindena, quindana, quinquenna, la quindicina.

Quindena Paschae, la settimana che precede e quella che segue la festa di Pasqua.

Quinquagesima (Esto mihi), la VIIª domen. avanti Pasqua, o ultima di Carnevale. Indicò anche i 50 giorni compresi tra Pasqua e Pentecoste, o lo stesso giorno di Pentecoste.

Ramifera, Ramalia, Ramorum festum, la domen. delle Palme, o Iª avanti Pasqua.

Re (Festa dei), l'Epifania, 6 genn.

Re delle domeniche (*Rex dominicarum*), la domen. della SS. Trinità.

Reddite quae sunt Caesaris Caesari, la XXIVª domen. dopo Pentecoste.

Redentore (Festa del SS.), la IIIª domen. di luglio, a Venezia. Festa che ricorda la cessazione della peste del 1578. — Commemorazione del SS. Redentore, 23 ottobre.

Redime me, Domine, il lunedì dopo la IIª domen. di Quaresima.

Relatio pueri Jesu de Aegypto, V. Cristoforia.

Reminiscere, la IIª domen. di Quaresima e il mercoledì delle *tempora* di primavera.

Repleatur os meum, il venerdì dopo Pentecoste.

Requies Mariae, il 15 agosto. V. Maria Verg. (Assunz. di).

Respice Domine, o *Respice secundum,* la XIIIª domen. dopo Pentecoste

Respice in me, o *Respice primum,* la IIIª domen. dopo Pentecoste.

Resurrexi, il giorno di Pasqua.

Rogate, la Vª domen. dopo Pasqua.

Rogazioni, preghiere e processioni che hanno luogo nei tre giorni che precedono la festa dell'Ascensione di G C. Pel rito ambrosiano, le Rogazioni cadono nel lunedì, martedì e mercoledì che seguono la Iª domen. dopo l'Ascensione e sono dette anche *litanie ambrosiane.* Nel primo di questi tre giorni si dànno le *ceneri.* Le Rogazioni si credono istituite verso il 470 da S. Mamerto.

Rorate coeli, il mercoledì delle tempora d'inverno e la IVª domen. dell'Avvento.

Rosario (Festa del S.), la Iª domen. di ottobre. V. anche Maria Verg. del Rosario.

Rosalia, la Pentecoste.

Rosata Pascha, la Pentecoste.

Rupti sunt fontes abyssi, il 12 apr.

Sabato grasso, l'ultimo sabato di Carnevale.

Sabato *sitientes.* V. *Sitientes venite ad aquas.*

Sabbatum, il sabato e talora anche la settimana, trovandosi usato, per la domenica, *prima sabbati;* pel lunedì, *secunda sabbati,* etc

Sabbatum albis depositis, o *in albis,* o *post albas,* il sabato dopo Pasqua.

Sabbatum audivit Dominus, il primo sabato di Quaresima, rito rom.

Sabbatum Caritas Domini, il sabato dopo Pentecoste.

Sabbatum carnisprivii, il sabato grasso.

Sabbatum de gaudete, i tre sabati dell'Avvento rom.

Sabbatum duodecim lectionum, i sabati delle Quattro tempora.

Sabbatum filii prodigi, il sabato avanti la IIIª domen di Quaresima.

Sabbatum in traditione symboli, o *vacans,* o *in passione,* il sabato che precede la domen. delle Palme.

Sabbatum lavationis, o *luminum,* o *magnum,* il sabato santo o vigilia di Pasqua.

Sabbatum Paschae, il sabato avanti la domen. in Albis.

Sabbatum sanctum Paschae, il sabato avanti Pasqua.

Sabbatum quando elemosyna datur, il sabato dopo la domen. di Passione.

Sabbatum Pentecostes, il sabato dopo Pentecoste.

Sabbatum Trinitatis, il sabato dopo la SS. Trinità.

Sacerdotes tui, il 31 dicembre.

Sacra Famiglia, festa che si celebra dalla chiesa la IIIª domen. dopo l'Epifania; istituita da papa Leone XIII il 14 giu 1892.

Sacrosanctum Sacramentum, la festa del *Corpus Domini.*

Salax lunae dies, l'ultimo lunedì di Carnevale.

Salus populi, il giovedì dopo la IIIª domen. di Quaresima e la XIXª domen. dopo Pentecoste.

Salutatio S. Mariae, V Maria Verg. (Aspett. div. Parto di).

Samaritana, il venerdì dopo la IIIª domen. di Quaresima. V. anche: *Dominica de Samaritana.*

Sanctificatio Mariae, l'8 dicembre pei domenicani.

Sanctus Spiritus, la Pentecoste.

Sangue (Prez.) di Gesù (*Sanguinis Christi festum*), il 19 giu.; oggi il venerdì dopo la IVª domen. di Quaresima e la 1ª domen. di luglio.

Sanguis Domini, il giovedì santo.

Scapolare (Festa dello), V. Maria Verg. del Carmine.

Secunda Nativitas, l'Epifania, 6 gennaio.

Sederunt principes, il 26 dic.

Septem dolores (o *spasmi*) *B. Mariae,* V. Maria Verg. Addolor

Septem gaudia B. Mariae, il 23 sett

Sessagesima, l'VIIIª domen. avanti Pasqua.

Settimana, V. *Hebdomada.*

Settimana santa o maggiore, la settim. che precede la Pasqua.

Settuagesima, la IXª domen. av. Pasqua (*Circumdederunt*)

Sicut oculi servorum, il lunedì dopo la 1ª domen. di Quaresima.

Si iniquitates, la XXIIª domen. dopo Pentecoste

Sindone (S.) di Gesù C., il venerdì dopo la IIª domen. di Quaresima.

Sitientes venite ad aquas, il sabato avanti la domen. di Passione.

Solemnitas solemnitatum, il giorno di Pasqua.

Spasmus B. Mariae, V. Maria Verg. Addol.

Spiritus Domini replevit, la domen. di Pentecoste.

Statuit, il 22 febb. e il 6 dic, feste della Catt. di S. Pietro e di S. Nicola.

Stellae festum, il 6 genn., Epifania.

Subdiaconorum festum, V. *Ipodiaconorum festum.*

Succinctio campanarum, il sabato santo.

Sudario di Cristo, V. Sindone.

Suscepimus Deus, l'VIIIª domen. dopo Pentecoste.

Susceptio S. Crucis, l'11 agosto a Parigi, giorno del ricevimento della S. Croce da Luigi IX.

Suscipe Domine, la Vª domen. dopo Pasqua.

Tempora, V. Quattro tempora.

Theophania, il 6 genn., Epifania.

Tibi dixit cor meum, il martedì dopo la IIª domen. di Quaresima.

Tradizioni, V. Mercoledì delle tradizioni.

Transfigurationis festum, o *Transfiguratio Domini,* il 6 agosto, giorno della trasfigurazione di Gesù Cristo sul monte Tabor. In diverse diocesi fu festeggiata anche il 17 marzo; il 26, 27, 31 luglio; il 4, 5, 7, 26 agosto e 3 sett. V. anche *Dominica Transfigurationis.*

Transfixio B. Mariae Virginis, V. Maria Verg Addolorata.

Traslazione della S Casa di Loreto, festegg. il 10 dicembre nelle Marche, dal 1291.

Tredicino (Festa del), il 13 marzo, festegg. ad Arona e a Milano.

Tres pueri, il 24 genn.; in alcuni luoghi anche il 12 sett.

Trinitatis festum, o *Trinitas aestivalis,* festa della SS. Trinità, la 1ª domen. dopo Pentecoste. Risale a Papa Pelagio II (579-590):

nel 1316 papa Giovanni XXII la estese a tutta la Chiesa.

Triumphus Corporis Christi, V. *Corpus Domini*. — *S. Crucis*, V. *Crucis*.

Trium Regum, o *Magorum dies*, V. *Dies Regum*.

Trombe (Festa delle), il 7 maggio, vigilia della traslaz. delle reliquie di S. Genziano all'abbazia di Corbie.

Tua nos quaesumus, Domine, la XVIIª domen. dopo Pentecoste.

Valletorum festum, la festa dei Paggi, la domen. dopo la festa di S. Dionigi (9 ott.).

Vecchia (Giorni della), i tre ultimi giorni di marzo e i primi tre di aprile nelle Romagne.

Venerdì adorato, il venerdì santo.

Venerdì del gnocco, l'ultimo venerdì di Carnevale a Verona.

Venerdì grasso, l'ultimo venerdì di Carnevale.

Venerdì santo, o *Parasceve*, il venerdì che precede la Pasqua.

Veni et ostende, il sabato dopo la IIIª domen. dell'Avvento

Venite adoremus, il sabato delle Tempora d'autunno.

Venite, benedicti, il mercoledì dopo Pasqua.

Verba mea, il sabato avanti la IVª domen. di Quaresima.

Verberalia, la domen. delle Palme. V. *Palmae festum*.

Verbum incarnatum, il giorno del Natale di G. C, 25 dic.

Vergine (Beata). V. *Maria Verg.*

Victricem manum, il giovedì dopo Pasqua.

Vigilia Christi, Domini, Verbi incarnati, luminum, Nativitatis, la vigilia di Natale, 24 dic

Vigilia vigiliae, l'antivigilia di una festa, come *Vigilia vigiliae Domini*, l'antivigilia di Natale, 23 dicembre.

Viri Galilei, il giorno dell'Ascensione di G. C; V. *Ascensione*.

Visitatio B. Mariae, V. *Maria Verg.* (Visit. di).

Vocem jucunditatis, la Vª domen dopo Pasqua, detta anche *Rogate* e *Dominica rogationum*.

VIII.

Elenco alfabetico dei principali Santi e Beati.

ABBREVIATURE: *ab.* abbate; *abb.*ᵃ abbadessa; *ap.* apostolo; *arc.* arcivescono; *arcid.* arcidiacono; B. Beato; B.ᵃ Beata; *comp.* compagno; *card.* cardinale; *can.* canonizzato; *conf.* confessore; *diac.* diacono; *fond.* fondatore; *m.* morto; *mart.* martire; *miss.* missionario; *mon.* monaco; *M. V.* Maria Vergine; *onor.* onorato; *Occ.* Occidente; *Or.* Oriente; *patr.* patriarca; *S.* Santo; *SS.* Santi; *sec.* secolo; *trasl.* traslazione; *V.* Vedi; *v.* verso; *ved.* vedova; *Ven.* Venerabile; *verg.* vergine; *vesc.* vescovo.

NB. Salvo indicazione contraria, la festa del santo cade il giorno della sua morte. Indicammo fra parentesi le località ove il santo riceve un culto speciale o ne è patrono.

Abaco, V. Mario.

Abbondio, *Abundus*, vesc. di Como, m. 2 apr. 468, onor. 31 agosto (Como).

Abbone, *Abbo*, ab. di Fleury, m. 1004, 13 nov.

Abdon e Sennen. persiani, mart. a Roma 250, 30 lugl. (Roma).

Abele, vesc. di Reims, m. v. 751, 5 agosto.

Abramo, patr., onor. 9 ott.

Abramo, ab. di Clermont, sec. V, 15 giu.

Acacio, centurione, mart. 306, 8 magg. (Squillace).

Acario, vesc. di Noyon, m. 639, 27 nov.

Achille, vesc. di Larissa in Tessaglia, m. v. 330, 15 magg.

Achilleo e Nereo, mart. a Roma II° sec., 12 magg.

Ada, abb.ᵃ di Mans, m. v. 689, 4 dic.

Adalberto, ap. della Prussia, arciv. di Praga, m. 997, 23 apr.

Adalgiso o Adelgiso, vesc. di Novara, m. 840, 6 ott.

Adaucto, V. Felice.

Adelaide, *Adelais*, *Adelheidis*, imp. di Germ, m. 999, 16 dic. (Boemia, Polonia, Slesia).

Adelardo, ab. di Corbie, m. 826, 2 genn.

Adele, abb.ᵃ figlia di Dagoberto II re d'Austrasia, m. v. 734, 30 giu.

Adelgonda, V. Aldegonda.

Adelfo *Adelphus*, vesc. di Metz, IV sec., 29 agosto.

Adolfo, mart. a Cordova, 821, 27 sett.

Adone, *Ado*, arciv di Vienna, m. 875, 16 dic.

Adriano, mart. di Nicomedia, 303, 4 mar.; sua trasl. a Roma e sua festa, 8 sett.; onor. in chiese greche 26 agosto.

Adriano III. papa, m. 885 metà sett.; onor. 8 lugl. (Nonantola).

Agape e Chionia, verg. e mart. a Tessalonica, 304, 3 apr.

Agapito, vesc. di Ravenna, m. 232, 16 marzo.

Agapito, papa, m. 22 apr. 536; sua trasl. 20 sett.

Agapito, mart. sotto Aureliano, onor. 18 ag.

Agata, verg. e mart. 251, 5 febb. (Catania, Mirandola).

Agatone, *Agatho*, papa, m. 681, 10 genn. (Palermo).

Agnese, *Agnes*, verg. romana, mart. v. 304, onor. 21 e 28 genn.

Agostino, *Augustinus*, vesc. d'Ippona e dott., m. 430, 28 agosto (festa princ.); sua trasl. a Pavia 722, 28 febb.; sua conversione 5 magg; suo battesimo 24 apr. (Pavia, Palermo, Piombino).

Agostino, ap. d'Inghilterra, vesc. di Cantorbery, m. v. 604, 26 magg, sua trasl. 6 sett.

Agricola, vesc. e patrono d'Avignone, m. 700, 2 sett. — V. Vitale.

Agrippina, verg. e mart. a Roma, 262, 23 giugno.

Agrippino, vesc. di Como, m. 615, 17 giugno.

Albano, mart. in Inghilterra, 303, 22 giu. (Sant'Albano).

Albano, mart. a Magonza, V sec. 21 giu. (Magonza).

Alberto, vesc. di Liegi, mart. a Reims 1192, 23 nov.

Alberto da Trapani, carmelitano, m. 1306, 7 agosto (Messina, Palermo, Trapani).

Albino, vesc. d'Angers, m. 560, 1º marzo.

Alda, verg. a Parigi, m. av. 512, 18 nov.

Aldegonda, verg., ab. di Maubeuge, m. v. 684, 30 genn. (Maubeuge, Emmerich).

Aldrico, arciv. di Sens, m. 836, 10 ott., onor 6 giu. (Sens).

Alessandro I, papa, mart. 115, 3 magg. (Mirandola).

Alessandro, mart a Lione 178; onor. a Roma 24 apr, a Parigi 26 apr.

Alessandro, vesc. di Gerusal, m. 250, onor. 18 mar. (Parigi).

Alessandro, vesc. di Alessandria d'Eg., m. 326, 26 febb. (Alessandria d'Eg.).

Alessandro, soldato della legione Tebea, mart. v. 288, onor. 26 agosto (Bergamo, Desana, Rastadt).

Alessandro, vesc. di Verona, sec. VIII, 4 giugno.

Alessandro Sauli (B.), vesc. conf. m. a Pavia 1592, 23 apr. Canon. da Benedetto XIV.

Alessio, conf. ad Edessa, m. a Roma 6 sett. 417, onor. 17 luglio.

Alfio, Filadelfio e Cirino, mart. sotto Decio v. 250, 10 magg. (Lentini).

Alfonso o Ildefonso, vesc. di Toledo, m. 667, 23 genn. (Toledo, Zamora).

Alfonso Maria de' Liguori, vesc, dott. della Chiesa, m. 1787, can. 1839; onor. 2 agosto (Napoli, S. Agata de' Goti).

Alfredo, ab. Cistercense a Rieval, m. 1166, 12 genn.

Amabile, prete, mart. 475, 1º nov., sua trasl. 19 ott. (Riom nell'Alvernia).

Amando, vesc. di Strasburgo, m. v. 346, 6 febb. sua trasl. 26 ott.

Amando, vesc. di Bordeaux, m. v. 432, 18 giu.

Amando, vesc. di Maestricht, m. v. 679, 6 febb. (S. Amando, Utrecht).

Amanzio, vesc. di Como, m. v. 422, 8 apr.

Amaranto, mart. ad Alby, sec. III, 7 nov.

Amato, vesc. di Sion (?), m. 690, 29 apr., onor. 13 sett. (Douai).

Amatore, vesc. d'Auxerre, m. 418, 1º magg.

Ambrogio, vesc. di Milano, m. 4 apr. 397, onor. 7 dic. a Roma e a Milano, 4 apr. a Parigi (Milano, Vigevano).

Amedeo IX (B.), duca di Savoia, m. 1472, 30 mar.

Anacleto o Cleto, papa, mart. v. 88, onor. 13 lugl. a Roma, 26 apr. a Parigi.

Anastasia, dama rom., mart. 304, onor. 25 dic.

Anastasio I, papa, m. 19 dic. 401, onor. 27 apr e 14 dic.

Anastasio II, papa, m. 498, 19 nov, onor. 8 sett.

Anastasio, mon. persiano, mart. 628, 22 genn.

Andrea, ap., 1º sec., 30 nov. (Amalfi, Pienza, Sarzana, la Russia).

Andrea Corsini, vesc di Fiesole, m. 1373, 4 febb. (Fiesole).

Andrea Avellino, conf., mon. teatino, m. 1608, 10 nov. (Napoli, Sicilia).

Angadrema, *Angadrisma*, verg., m. v. 695, 14 ott., sua trasl. 27 mar. (Beauvais).

Angela Merici, fond. delle Orsoline, m. 1540, 31 magg., onor. anche 30 genn. (Desenzano).

Angeli Custodi, onor. 2 ott. V. Glossario di date

Angelo, sac. carm, mart. in Sicilia 1220, 5 magg. (Palermo).

Aniano, vesc. di Orleans, m. 453, 17 nov.; sua trasl. 14 giu.

Aniceto, papa, mart. v. 166, 17 apr.

Anna madre di Maria Verg., onor.

26 luglio. Festa istituita, insieme a quella di S. Gioachino, da papa Giulio II nel 1510.

Anselmo, duca del Friuli, fond. del monast. di Nonantola, sec. VIII, 3 marzo.

Anselmo, arc. di Cantorbery e dott., m. 1109, 21 apr.

Anselmo, vesc. di Lucca, m. 1086, 18 marzo (Mantova).

Antelmo, vesc. di Belley, m. 1178, 26 giu. (Belley).

Antero, papa, mart. 236, 3 genn.

Antonino, soldato della legione Tebea, mart. 303, 4 luglio (Piacenza).

Antonino, arc. di Firenze, m. 1459, onor. 2 magg. a Roma, 10 magg. a Parigi.

Antonio, ab. patr. dei Cenobiti, m. 356, 17 genn. (Ampurias in Sardegna).

Antonio di Padova, francesc., m. 1231, 13 giu.; sua trasl. 15 febb.; onor. a Parigi 28 marzo (Padova, Lisbona).

Apollinare, vesc., m. v. 78, 23 lugl. (Ravenna).

Apollinare, vesc. di Valenza nel Delfinato; m. v. 520, 5 ott. (Valenza).

Apollonia, verg. e mart. ad Alessandria d'Egitto, 249, 9 febb.

Apollonio, Senatore romano, mart. 186, 18 apr.

Aquilino, prete, mart. a Milano sec. VII, 29 genn.

Aquilino, vesc. d'Evreux, m. v. 690, 19 ott.

Arcadio, mart. in Cesarea, sec. III, 12 genn.

Arialdo, diacono di Milano, mart. 1066, 28 giugno.

Aristide, ateniese, mart. 128, 31 agosto.

Arsenio, anacoreta di Sceté; m. v. 449, 19 luglio.

Atanasio, patr. di Alessandria, m. 18 genn. 373; onor. 2 magg., sua trasl.

Audiface, V. Mario.

Augusto, prete ed ab. a Bourges, m. v. 560, 7 ott.

Aureliano, vesc. di Arles, m. 551 o 553, 16 giugno.

Aureliano, arciv. di Lione, m. 895, 4 luglio.

Aurelio, vesc. di Cartagine, m. v. 429, 20 luglio.

Aureo e Giustina, mart. in Magonza v. 450, 16 giu.

Ausonio, primo vesc. di Angouleme, mart. III sec., 22 magg.

Avito, vesc. di Vienna, m. 523, 5 febbr.

Avito, ab. di S. Mesmin presso Orleans, m. v. 527, 17 giugno.

Babila, *Babylas*, *Babillus*, vesc. d'Antiochia, mart. v. 250, 24 genn., chiesa lat; 4 sett., chiesa greca

Balbina, verg. e mart. a Roma, m. 117, 31 marzo.

Baldassare, uno dei tre Re Magi, onor. 6 genn. (Colonia, Lima).

Balderico, conf. a Montfaucon, m. av. 650, 16 ott.

Baldo, vesc. di Tours, VI sec., 7 nov.

Barbara, verg. e mart. a Eliopoli, m. 306, 4 dic.

Barbato, vesc. di Benevento, m. 382, 19 febb.

Barlaam e Giosafat, onor. 27 nov.

Barnaba, ap. dei Gentili, vesc., mart. in Cipro, sec. I, 11 giu.

Bartolomeo, ap., mart. v. 47, onor. 24 agosto, a Roma 25 agosto (Curzola, Fermo, Francoforte sul Meno, Altenburgo).

Basilide e comp. soldati mart., sec. III e IV, 12 giugno.

Basilio Magno, vesc. di Cesarea, m. 1° genn. 379; onor. 14 giu; a Parigi 31 marzo.

Basilio il Giov., anacor. a Costantinop., m. v. 952, 26 marzo.

Basolo, mon. erem. a Verzy (Marna), m. v. 620, 26 nov.

Bassiano, vesc., m. 413, 19 genn. (Bassano, Lodi).

Batilde, regina di Francia, m. 680, onor. 26 e 30 genn.; sua trasl. nell'833, 17 marzo (Chelles, Corbie).

Bavone, *Bavo*, m. v. 653 1° ottobre (Gand).

Beatrice (B.ª) d'Este, m. 1262, 19 genn.

Beda detto il Venerabile, mon. a Jarrow, m. 735, onor. 27 magg.

Beda il giovane, mon., m. 883, onor. 10 apr. (Genova).

Bellino, vesc. di Padova, onor. 26 nov. (Adria).

Benedetta (B.ª), ab.ª francesc. d'Assisi, m. 1260, 16 marzo.

Benedetto da Norcia, fond. dell'ordine monast. d'Occid., m.543, 21 marzo, festa princip., chiesa lat. ; 12 marzo, chiesa greca; sua traslaz. a Fleury, v. 653, 11 lugl.

Benedetto, ab. in Inghilterra, m v. 703, 12 genn.

Benedetto, arc. di Milano, m. v. 725, 11 marzo.

Benedetto, ab. di Agnane, m. 821, 12 febbr.

Benedetto, pastore, fond. del ponte di Avignone, m. 1184, 14 aprile.

Benedetto (B.) Giuseppe Labre, m a Roma 1783, 16 aprile.

Benigno, ap. di Digione, m. v.179, 1º nov.

Benigno da Todi, mart. IV sec., 13 febb.

Benigno, vesc. e mart., onor. 28 giugno (Utrecht).

Bernardino da Siena, francescano, m. 1444, 20 magg. (Carpi).

Bernardo, arc di Vienna, m. 842, 22 genn.

Bernardo di Menthon, arcid. d'Aosta, ap. delle Alpi, fond. degli ospizii sul S. Bernardo, m.1008, 28 magg., onor 15 giu ; sua trasl. 31 luglio.

Bernardo, card. vesc. di Parma, m. 1133, 4 dic. (Parma).

Bernardo, fond. e ab. del mon.di Chiaravalle, m. 1153, 20 agosto; sua traslaz. 14 nov. (Borgogna).

Berta, abb.ª d'Avenay, VII sec., 1º maggio.

Berta, abb.ª di Blangy, m. v. 725, 4 luglio.

Bertilla, verg. a Mareuil, m. 687, 3 genn.

Bertilla, abb.ª di Chelles, m. v. 692, 5 nov.

Bertino, ab. di Sithin, m. v. 709, 5 sett.

Bertolfo, ab. di Bobbio, m. 639 o 640, 19 agosto.

Bertrando, vesc. e patr. di Comminges, m. v. 1123, 16 ott.

Bertrando (B.), patr. d'Aquileia, mart. 1350, 6 giu. (Friuli).

Biagio, vesc. di Sebastopoli e mart. v. 316, 3 febbraio (Cento, Codogno).

Biagio, vesc. di Verona, m. 750, 22 giugno.

Bibiana, verg. e mart. a Roma, 363, 2 dic.

Bobone, sign. provenzale, m. a Voghera 22 magg. 986, onor. 2 genn.; in Lombardia 22 maggio (Tortona, Verona, Lodi).

Boezio, filosofo, m. presso Pavia 522, 23 ott.

Bonaventura, gener. dell'Ord. di S. Francesco. card. e vesc. di Albano, m. 1274. can. 1482, onor. 14 luglio, sua trasl. 14 marzo.

Bonifacio, mart. a Tarso 290, 14 maggio.

Bonifacio I. papa, m. 422, 4 sett.

Bonifacio di Magonza, apost. d'Alemagna, vesc. e mart. 755, 5 giugno.

Brigida, Brigitta, Birgita, Britta. verg. di Scozia, abb. di Kildare in Irlanda, m. 523, 1º febb.

Brigida di Svezia, ved., m. 25 lugl. 1373, onor. 8 ott.

Brizio, Brixius. Brictius, vesc. di Tours nel 397, m. v. 447, 13 nov. (Orvieto).

Brunone, arc. di Colonia, m. 966, 11 ott.

Brunone, vesc., apost. della Prussia, m 1009, 15 ott.

Brunone, vesc di Würzbourg, m. 27 magg. 1045, onor. 17 magg.

Brunone o Bruno, ab., fond. dei Certosini nel 1086, m. in Calabria 1101, 6 ott. — Canon. da Leone X nel 1514.

Brunone, vesc. di Segni, m. 1123, 18 luglio.

Burcardo, 1º vesc. di Würzburgo, m. 754, 2 febb.; sua trasl. 983, 14 ottobre.

Caio, vesc. di Milano, m. 85, 27 sett.

Calimero, vesc. e mart. a Milano, m. v. 191, onor. 31 lugl. e 3 ott.

Calisto I, papa, m. 222, 14 ott.

Calocero, vesc. di Ravenna, m.132, 11 febb.

Camilla, verg. ad Auxerre, m. 437, 3 marzo.

Camillo de Lellis, di Bacchianico negli Abbruzzi, conf., m. 1614, 18 luglio.

Candida, convert. da S. Pietro a Roma, sec. I, 4 sett.

Candida, mart. a Napoli 586, 4 sett. (Napoli).

Candida, verg. e mart. a Cartagine, sec. III, 20 sett. (Ventotene).

Candido, mart. a Roma, sec. III, 3 ott.

Canuto IV, re di Danimarca, m. 10 lugl. 1086, can. 1100, onor. 19 genn.

Canuto il giovane, duca di Sleswig, m. 1131, canon. 1171, onor. 7 genn.

Carlo Magno, imp. d'Occid., m. 814, 28 genn., festa prescr. da Luigi XI (Haix-la-Chapelle, Francoforte sul Meno, Munster, Osnabrück, Paderborn)

Carlo il buono (B.), conte di Fiandra, m. 1127, 2 marzo (Bruges).

Carlo Borromeo, arc. di Milano, m. 1584, 4 nov. (Milano).

Carpoforo e comp. mart. sotto Massimiano, 7 agosto (Como).

Casimiro, figlio di Casimiro IV re di Polonia, m. 1483, canon. da Leone X, onor. 4 mar. (Polonia, Lituania).

Cassiano, vesc. di Todi, mart. 330 c., 13 agosto. V. Ippolito.

Cassiano, vesc. di Autun, m. 355, 5 agosto.

Cassiano, prete di Marsiglia, m. 450, 23 luglio; onor. in Grecia, 29 febb.

Cassio e comp., mart. in Alvergnia, m. v. 264, 15 magg.

Casto, V. Emilio e Casto.

Casto, vesc. in Bretagna, VI sec., 5 luglio.

Catello, vesc., sec. VII, 19 genn. (Castellamare di Stabia).

Caterina, *Catharina*, verg. e mart. ad Alessandria, IV sec., 25 nov. (Jaen, Magdeburgo. Oppenheim)

Caterina da Siena, della famiglia Benincasa, religiosa domenicana m. 29 apr. 1380, onor. 30 aprile (Siena).

Caterina de' Ricci, di Firenze, verg. domenicana, m. 1589, 13 febb. (Prato).

Caterina dei Fieschi di Genova, ved. m. 1510, 15 sett. e 22 marzo (Genova).

Cecilia, verg. e mart. a Roma, m. 230, 22 nov.

Celestino I, papa, m. 27 lugl. 432, onor. 6 apr.

Celestino, papa, V. Pietro Celestino.

Celinia, verg. a Meaux, V sec., 21 ottobre.

Celso, mart. a Milano, I sec., onor. con S. Nazario, 28 lugl. (Milano).

Cerano, vesc. di Parigi, m. av. 625, 27 sett.

Cerbonio, vesc. di Populonia, m. v. 575, onor. 10 ott.

Cesaria, abb.ª d'Arles, m. v. 529, 12 genn.

Cesario, medico, m. 369, 25 febb.

Chiara, *Clara*, verg., fond. delle francescane, dette poi Clarisse. m. 11 ag. 1253, can. 1435, onor. 12 agosto (Assisi).

Chiara di Montefalco, m. 1308, 17 agosto.

Chiaro, vesc. e mart. a Nantes, m. v. 300, 10 ott.

Chiaro, prete, v. 400, onor. a Tours 8 nov.

Chiaro, abb. a Vienna nel Delfinato, m. v. 660, 1º genn.

Chiliano, *Kilianus*, ap. del Würzbourg, mart. 689, 8 lugl.

Cipriano, vesc. di Cartagine e dott., mart. 14 sett. 258; già onor. 14 sett., oggi 16 sett. (Compiègne).

Cipriano e Giustina, mart. a Nicomedia, 304, 26 sett.

Cipriano, vesc. di Tolone, mart. 546, onor. 3 ott. (Tolone).

Ciriaco, inv. della Croce l'anno 326, vesc. e prot. di Ancona, m. in Gerusalemme, onor. 6 magg.

Ciriaco, Largo e Smeraldo, mart. a Roma IV sec., 8 agosto.

Cirillo, *Cyrillus*, vesc. e mart., 250, 9 luglio.

Cirillo, vesc. di Gerusalemme e dott.; m. 18 mar. 386, onor. 18 o 22 marzo.

Cirillo, patr. d'Alessandria e dott., m. 27 giu. 444; onor. in chiese latine 28 genn., ad Alessandria d'Egitto 9 febb.

Cirillo e Metodio, apost. degli Slavi, IX sec.; onor. in chiese lat. 9 marzo, oggi 5 lugl. (Boemia, Moravia, Croazia, Bulgaria).

Cirino, V. Alfio.

Ciro o Cirico, *Cyrus, Cyricus, Syricus*, mart. in Cilicia nel 305

16 giugno, con S.ª Giulitta sua madre, onor. a Parigi 1º giu

Claudio, vesc. di Besançon, m. 693, 6 o 7 giu. (Saint-Claude).

Claudio, mart. a Roma 286, 7 lugl. (Léon).

Clemente I, papa. mart. v. 97, 23 nov. (Siviglia, Velletri, Crimea).

Cleto o Anacleto e Marcellino, papi, mart. I e IV sec., 26 aprile.

Clotilde. regina di Francia, sposa di Clodoveo, m. v. 545, 3 giugno.

Coletta, verg. di Picardia, riform. dell'ordine di S. Chiara, m. 1447, can. 1807. m. 6 marzo (Corbie, Gand).

Colomba, verg. e mart. a Sens v. 273, 31 dic.; sua trasl. 17 dic. (Sens).

Colomba di Rimini, verg. e mart. v. 275, 31 dic (Rimini).

Colombano, ab. di Bobbio, m. 615, 21 nov., sua trasl. 21 agosto (Bobbio, Irlanda. Luxeuil).

Concordio, vesc. di Saintes, VI sec., 25 febbr.

Consolo, vesc. di Como, m. v. 495, 7 luglio.

Consorzia, verg. in Provenza, m. v 578, onor. 22 giu. (Cluny).

Contardo Estense, principe, m. 1249, 16 apr. (Broni).

Contesto, vesc. di Bayeux, m. v. 513, 19 gennaio.

Corbiniano, 1º vesc. di Frisinga in Baviera, m. 730. 8 sett.

Cornelio I, papa, m. giugno 253, onor. 16 sett. con S. Cipriano vesc.

Corrado, *Conradus*, vesc. di Costanza, m. 976, 26 nov.

Corrado Confalonieri. er. piacentino, in Sicilia, m. 1351, 19 febb. (Noto).

Cosma e Damiano, medici e martiri in Cilicia nel 297. onor. 27 sett., chiesa latina, e 1º luglio, chiesa greca (Praga, Essen, Salamanca).

Costantino, imp. m. 22 magg. 337, onor. 21 magg. (Bova di Reggio Cal.).

Costanziano, solitario nel Maine, m. v. 582, 1º dic.

Costanzo, vesc. e mart. sotto Marco Aurelio, 20 genn. (Perugia).

Crescenzio, discep. di S. Paolo, Iº sec., 27 giu. a Roma; 29 dic. in Francia.

Crisanto e Daria, mart. III sec., 25 ott. (Reggio Emilia, Salzbourg).

Crisogono, prete e mart. presso Aquileia, m. v. 304. 24 nov.

Crispino e Crispiniano. frat. mart. a Soissons, 285 o 286, 25 ott. (Osnabrück, Soissons).

Crispino (B.) da Viterbo. cappuccino, onor. 23 magg. (Viterbo).

Cristina, verg. e mart., III o IV sec., 24 lugl. (Bolsena, Palermo, Torcello).

Cristoforo, mart in Siria, III sec., onor. 25 lugl. (Gallarate).

Cristoforo, mart. in Palestina, on. 14 apr.

Cromazio, vesc. di Aquileja, m. 411, 2 dicembre.

Cunegonda, *Chunegundis, Kunegunda*, imper., m. 1040, can. 1198, vener. 3 marzo (Bamberga).

Cuniberto o Uniberto o Chuniberto, vesc. di Colonia, m. 663, 12 nov.

Cutberto, *Cuthbertus*, vesc. di Lindisfarn in Inghilterra, m. 687, 20 marzo (Northumberland).

Dagoberto, m. v. 679, onor. 23 sett. (Stenay, 2 sett.).

Dagoberto, arciv. di Bourges, m. 1013, 19 genn.

Dalmazio, vesc. di Rodez, m. v. 541, 2 nov.

Damaso I, papa, m. 384, 11 dic.

Damiano. V. Cosma e Damiano.

Daniele, levita, mart. v. 169, onor. 3 genn. (Padova, Treviso).

Daria. V. Crisanto.

Dato. vesc. di Ravenna, m. 185, 3 luglio.

David, vesc. di Ménévie, m. 544, 1º marzo.

David (Ven.), re di Scozia, onor. 24 magg. (Scozia).

Dazio, vesc. di Milano, m. 552, 11 gennaio.

Decoroso, vesc. di Capua, m. 693, 15 febbr.

Defendente, *Defendens*, soldato, mart., onor. 2 genn. (Chivasso, Novara).

Delfino, vesc. di Bordeaux, m. 403, 24 dic.

Demetrio, mart. di Tessalonica, 307, 8 ott. (Grecia e Russia 26 ott.).

Desiderato, vesc. di Bourges, m. 550, 8 magg.

Desiderio, vesc di Vienna nel Delfinato, m. v. 608, 23 magg., onor. a Lione 11 febb.

Deus-Dedit. papa. m. 618, 8 nov.

Diego o Didaco, mon. francescano, miss. alle isole Canarie, m. 1463, 13 nov.

Diodato, vesc. di Vienna, VII sec., 15 ott.

Diodato, *Deodatus. Theodatus*, vesc. di Nevers, m 729, 19 giu. (S. Diodato presso Chambord).

Dionigi, *Dionysius*, l'Areopagita, m. I° sec., 3 ottobre.

Dionigi, vesc. di Corinto, m. II° sec., 8 aprile.

Dionigi, patriar. d'Alessandria, m. 265, 17 nov.

Dionigi, papa, m. 268, 27 dic., onor. 12 febb e 26 dic.

Dionigi, ap. dei Galli, vesc. di Parigi, mart. v. 286 coi comp. Rustico ed Eleuterio, 9 ott.

Dionigi, vesc. di Milano, m. v. 371, 25 maggio.

Domenica, verg. e mart., sec. III, 6 luglio (Tropea in Calabria).

Domenico de' Guzman, fond. dell'ord. de' predicatori, m. 6 ag. 1221, onor. 4 agosto, canon. 1234 (Bologna, Tolosa).

Domitilla, verg. mart. 98, 12 magg., onor. coi SS. Nereo e Achilleo.

Donato, vesc. d'Arezzo, mart 362, 7 agosto (Arezzo, Mondovì, Pinerolo, Acerno).

Donato, vesc. di Besançon, m. 660, 23 giugno.

Donato, vesc. di Fiesole, m. 864, 22 ott. (Fiesole).

Donaziano, vesc. di Reims, m. 389, onor. 14 ott. (Bruges, Gand).

Donaziano e Rogaziano, mart. a Nantes v. 288, 24 magg. (Nantes).

Donnino, mart. 304, 9 ott. (Borgo S. Donnino).

Dorotea, verg. e mart. in Cappadocia, v. 306, 6 febb. (Pescia).

Dunstano, arc. di Cantorbéry, m. 988, 19 magg. (Cantorbéry).

Ebbone, *Ebbo*, vesc. di Sens, m. 740, 27 agosto; sua trasl. 15 febb.

Edmondo, *Eadmundus*, re d'Estanglia, m. 870, 20 nov.; sua trasl. 29 apr.

Edmondo, arc. di Cantorbéry, m. 1240, 16 nov., can. 1247.

Eduardo II, *Edwardus*, re d'Inghilterra, mart. 978, onor. 18 marzo a Roma; 19 marzo a Parigi; sua trasl. 18 febb.

Eduardo III il Confessore, re d'Inghilterra, m. 5 genn. 1066, can. 1161, onor. 13 ott., giorno della sua trasl. nel 1163 (Inghilterra, Westminster)

Edvige, *Hedwigis*, ved., duchessa di Polonia, m. 15 ott. 1243, can. 1267, onor. 17 ott. (Slesia, Cracovia).

Efisio di Antiochia, mart., sec. III-IV, 15 genn. (Cagliari).

Efrem, *Ephrem*, diac. di Edessa, m. 378. 1° febb.

Egberto, prete in Irlanda, m. 729, 24 apr.

Egesippo, *Hegesippus*, conf. a Roma, m. v. 180, 7 apr.

Egidio, *Aegidius*, ab. in Linguadoca, m. 721, 1° sett. (Edimburgo, Klagenfurth, Norimberga, Tolosa).

Elena, *Helena*, madre di Costantino, m. 328, onor. 18 agosto; 21 magg. rito ambr. (Treves, Colchester).

Eleuterio, papa, m. 189, 23 magg.

Eleuterio, vesc. di Auxerre, m. 561, onor. 16 agosto; ad Auxerre 26 agosto.

Eleuterio, vesc. di Tournay, m 532, 20 febb. (Tournay).

Eleuterio, V. Dionigi ap. dei Galli.

Elia, prof. sul Carmelo, onor. 20 luglio.

Eligio, vesc. di Noyon e di Tournai, m. 30 nov. 659, onor. 1° dic. (Anversa, Dunkerque, Limoges. Marsiglia, Noyon, Parigi, Bologna)

Eliodoro, dalmata, vesc. di Altino (Chieti), m. v. 407, 3 luglio.

Elisabetta, madre di S. Gio. Batt., I sec., onor. 10 febb.

Elisabetta d'Ungheria, ved., m 1231, can 1235, onor. 19 nov.; sua trasl., 2 magg. (Turingia, Marbourg, Isny).

Elisabetta, reg. di Portogallo, m. 1336, 8 lugl., can. 1516 (Coimbra. Estremoz, Saragozza).

Elpidio, abb., m. av. 410, 2 sett. (Sant'Elpidio nella Marca d'Ancona).

Emerenziana, verg. e mart. a Roma nel 304, 23 genn. (Térnel).

Emerico, *Hemericus, Hainricus*, figlio di S. Stefano re d'Ungheria; sua depos. 1031, 2 sett.; sua trasl. 5 nov. (Ungheria).

Emidio, *Emigdius*, vesc. e mart., IV sec, 5 agosto (Ascoli Piceno).

Emilia Biccheria, mon. a Vercelli, m. 1314, 3 magg.

Emiliano, mart. a Trevi, v. 298, 28 genn. (Faenza, Trevi).

Emiliano (B.), prete, in Spagna, m. 574, 12 nov.

Emiliano, vesc. di Vercelli, sec. VI, 11 sett.

Emiliano, vesc. di Nantes, m. v. 726, 25 giu.

Emilio e Casto, mart. in Africa, 250, 22 magg. V. Marcello.

Ennodio, vesc. di Pavia, m. 1º ag 521, onor. a Parigi 17 lugl.

Enrico, imp. di Germania, m. 1024, onor. a Roma 15 luglio, a Parigi 2 marzo (Basilea, Bamberga).

Epifanio, *Epiphanus*, vesc. di Pavia, m. 21 genn. 496, onor. 30 genn.

Epimaco. V. Gordiano ed Epimaco.

Eraclio, *Heraclius*, vesc. di Sens, m. v. 515, 8 giugno.

Erasmo, o Elmo, vesc. e mart. a Formies, IV sec., 2 giugno (Gaeta, Napoli).

Ercolano, vesc. e mart. 547, 1º marzo (Perugia).

Eriberto, *Heribertus*, arc. di Colonia, 999-1021, 16 marzo (Deutz).

Ermelinda, verg, m. v. 595, 29 ott. (Meldraërt).

Ermenegildo, *Hermenegildus*, mart. a Tarragona, 24 marzo 585, onor. 13 aprile (Siviglia).

Ermete, *Hermetis*, mart. in Roma, sec. II, 28 agosto (Salzbourg).

Erminia, figlia del re Dagoberto II, abb.ª di Oeren, sec. VIII, 24 dicembre.

Ermino od Ermo, vesc. ed abb. di Lobbes, m. 737, 25 aprile; sua trasl. 26 ott.

Ermolao, *Hermolaus*, prete, mart. a Nicomedia, 303, 27 luglio (Chartres).

Esuperanzia, verg. a Troyes, V a VI sec., 26 apr.

Esuperanzio, vesc. di Ravenna, m. 418, 30 magg.

Esuperanzio, vesc. di Cingoli, sec. V, 24 genn. (Cingoli).

Eucario, vesc. di Treveri, sec. III, 8 dic.

Eucherio I, vesc. di Lione, m. 450, 16 nov.

Eucherio II, vesc. di Lione, m. 530, 16 luglio.

Eucherio, vesc. d'Orleans, m. 738, 20 febb.

Eufemia, verg. e mart. in Calcedonia nel 307, 16 sett (Calatafimi).

Eufrasia, verg. della Tebaide, mart. aprile 410, onor. 13 marzo.

Eufrasio, vesc. di Clermont in Alvernia, m. 515, 15 magg.

Eufronio, vesc. d'Autun, m. 490, 3 agosto.

Eugenia, verg. e mart. a Roma v. 258, 25 dicem.

Eugenio, vesc. di Cartagine, m. 505, 13 luglio.

Eugenio I, papa, m. 657, 2 giugno.

Eugenio, arc. di Milano, sec. VIII, 30 dic.

Eulalia, verg. e mart. 304, 12 febb. (Barcellona).

Eulalia, verg. e mart. a Merida, 404, 10 dic. (Merida, Lentini).

Eulogio e comp., mart. a Costantinop. sotto Valente, onor. 3 lugl.

Eulogio, patriarca d'Alessandria, m. 13 febbr. 607, onor. 13 sett.

Eulogio, prete di Cordova, arc. di Toledo, mart. 859, 11 marzo.

Eurosia, verg. e mart., sec. VII, 25 giugno.

Eusebia, verg. e mart. v. sec. VII, 29 ott. (Bergamo).

Eusebio di Cremona, m. v. 423, 5 marzo.

Eusebio, prete romano, mart. 347, 14 agosto.

Eusebio, papa, m. 309, 26 sett.

Eusebio, vesc. di Vercelli, m. v. 370, onor. 1º agosto, oggi 16 dic. (Vercelli).

Eustachio, soldato e compagni, mart. a Roma v. 118, 20 sett.

Eustasio, abb. di Luxeuil, m. 625, 29 marzo.

Eustochia, verg. rom, m. a Betlemme, 419, 28 sett.

Eustorgio, vesc. di Milano, m. 518, 6 giugno (Milano).

Eutichiano, papa, m. 7 dic. 283, onor. 8 dic.

Eutichio, suddiac. d'Alessandria, mart. IV sec., 26 marzo.

Eutropia, ved. in Alvernia, V sec., 15 sett.

Eutropia, mart. a Reims, 451, 14 dicembre.

Eutropio, vesc. di Saintes, III sec., 30 aprile.

Eutropio, vesc. d'Orange, m. dopo 475, 27 magg.

Evaristo, papa, mart. v. 105, 26 ott.

Evasio, vesc. e mart., sec. III o IV, 1° dic. (Casale Monf., Asti).

Evodio, vesc. di Rouen, m. v. 430, 8 ott.

Fabiano, papa, mart. 250, 20 genn.

Fabiola, dama romana, mart. 400, 27 dic.

Famiano, conf, m. 1150, 8 agosto (Gallese).

Faustino e Giovita, mart. v. 134, 15 febb. (Brescia).

Faustina e Liberata, verg. piacentine, onor. 18 genn.

Fausto, vesc. di Riez, m. v. 490, 28 sett. (Cordova).

Fede, *Fidis*, verg. e mart. di Agen v. 287, 6 ott. (Agen, Chartres, Morlas).

Fedele, soldato, mart. a Como v. 285, 28 ott.

Fedele da Sigmaringa, cappuccino, mart. 1632, 24 apr.

Federico, *Fredericus*, vesc. di Utrecht, mart. 838, 18 luglio.

Felice, vesc di Metz, m. v. 500, 21 febbr.

Felice, Fortunato e Achilleo, diaconi, apostoli del Valentinois, mart. v. 212, 26 apr.

Felice e Fortunato, mart. ad Aquileia, 296, 11 giu. (Chioggia).

Felice, prete di Nola, mart. v. 265, 14 genn.

Felice I, papa, mart. 274, onor. 30 maggio.

Felice II, papa e comp., mart. 365, 29 luglio.

Felice III, papa, mart. 492, 25 febb.

Felice IV, papa, m. 22 sett. 530, onor. 30 genn.

Felice, vesc. di Nantes, m. 582, 7 luglio.

Felice ed Adaucto, mart. a Roma, sec. IV, 30 ag.

Felice, vesc. di Clermont, m. v. 664, 10 ott.

Felice di Valois, fond. dei Trinitarî, m. 4 nov. 1212, onor. 20 nov. (Meaux).

Felice da Cantalice, conf., m. 18 magg. 1587, onor. 21 magg., can. 1712 (Roma).

Feliciano, vesc. di Foligno, mart. v. 251, 24 genn. (Foligno).

Feliciano, V. Primo e Feliciano.

Felicita, mart. a Roma 164, onor. 23 nov.; coi figli, 10 lugl.

Felicita, V. Perpetua e Felicita.

Felicola, verg. e mart. a Roma, sec. I, 13 giu.

Felino e Graziano, soldati, mart. a Perugia v. 250, 1° giugno (Milano).

Ferdinando III, re di Leone e Castiglia, m. 1252, 30 maggio (Cordova, Siviglia).

Ferdinando, vesc. di Cajazzo (Caserta), m. v. 1050, 27 giugno (Cajazzo).

Fermo e Rustico, mart. a Verona v. 340, 9 agosto.

Ferreolo, mart. a Vienna nel Delfinato, IV sec., 18 sett. (Catalogna).

Filadelfio, V. Alfio.

Filastro, vesc di Brescia, m. v. 387, 18 lugl.

Filiberto, ab. di Jumiéges, m. 684, 20 agosto (Jumieges, Tournus, Donzerès nel Delfinato).

Filippo, ap. e mart. con S. Giacomo il minore, I sec., 1° magg.; in alcune chiese onor. 14 nov. (Algeri).

Filippo Benizzi, conf., m. 1285, 23 agosto.

Filippo Berruyer, arciv. di Bourges, m. 1261, 9 genn.

Filippo Neri, fondat. della Congr. dell'Oratorio, m. 1595, onor. 26 magg. in Italia, 21 magg. a Parigi. (Roma).

Filogono, vesc. d'Antiochia, m. 323, 20 dic.

Filomena, *Philumena*, verg., sec. VI, 5 lugl. (San Severino nelle Marche).

Fiorentino ed Ilario, mart. a Borgogna v. 406, 27 sett.

Fiorenzo, prete e conf. a Glonne. m. v. 400, onor. 22 sett. (Saumur).

Fiorenzo, *Flentius*, vesc. di Vienna, m. v. 258, 3 genn.

Fiorenzo, vesc. d'Orange, m. 526, 17 ott. (Fiorenzuola, Orange).

Firmiliano, vesc. di Cesarea in Cappadocia, m. 269, onor. 28 ott. dai Greci, 26 dic. dai Latini.

Firmino, vesc. di Amiens, conf., m. v. 290, 25 sett. (Pamplona, Amiens, Beauvais, Navarra).

Flaviano, pref. di Roma, mart. III sec., 28 genn.

Flaviano, vesc. d'Antiochia, m. 404, 26 sett.

Flaviano, vesc. di Costantinopoli, m. 449, onor. 18 febb.

Flavio, vesc. di Rouen, m. v. 542, 23 agosto.

Floriano, mart a Lorch in Austria v. 304, 4 magg. (Austria, Polonia).

Foca, giardiniere, mart. in Antiochia, 303, 5 marzo.

Fortunato, V. Felice.

Fortunato, Caio ed Ante, sec. III-IV, 28 agosto (Salerno).

Fortunato, vesc. di Fano, m. v. 620, 8 giu. (Fano).

Francesca romana, ved., istit. delle Collatine, m. 1440, 9 marzo (Roma).

Francesco d'Assisi, istit. dei Frati Minori, m. 1226, canon. 16 lugl 1228; onor. 4 ott. Sua trasl. 25 magg; stigmati, 17 sett.; invenz. del suo corpo, 12 dic. (Assisi, Guastalla, Livorno, Mirandola, Massa e Carrara).

Francesco Borgia, gesuita, conf., m. 1572, 10 ott. (Gandia).

Francesco di Paola, istit dei Minimi, m. 1507, 2 apr., rito ambr. 6 magg. (Cosenza, Tours).

Francesco Caràcciolo, conf., fond. dei Chierici Reg. Min., m. 1610, 4 giugno.

Francesco Saverio, ap. delle Indie, m. 1552, 3 dic. (Piacenza, Bastia, Goa, Macao, Portogallo, Pamplona).

Francesco di Sales, vesc. di Ginevra, m. 28 dic. 1622, can. 1665; onor. 29 genn. (Annecy, Chambery)

Francesco Regis. gesuita di Narbona, m. 1640, 16 giugno (Velay).

Francesco Solano, francescano, spagnuolo, evangelizz. del Perù, m. 1610, 24 lugl. (Granata, Perù).

Frediano, *Frigidianus*, vesc. di Lucca, m. 588, 18 mar. (Lucca).

Frumenzio, ap. dell'Etiopia, vesc., m. v. 380, onor. 27 ott. dai Latini. 30 nov. dai Greci, 18 dic in Abissinia

Fruttuoso, vesc. di Tarragona, mart. 259, 21 genn. (Segovia, Tarragona).

Fruttuoso, arc. di Braga, m. 665, 16 aprile (Braga, Lisbona, Compostella).

Fulberto, vesc. di Chartres, m. 1029, 10 apr.

Fulcrano, vesc. di Lodéve in Linguadoca, m. 1006, 13 febb.

Fulgenzio, vesc. di Ruspe in Africa, m. 533, 1° genn. (Cagliari).

Fusciano, mart. presso Amiens, III o IV sec., 11 dic., onor. anche 27 lug.

Gabriele Arcangelo, on. 18 marzo.

Gaetano, *Cajetanus*, da Thiene, istitut. dei Teatini, m. 1547, 7 agosto; can. 1670 (Napoli, Poggio e Mirteto).

Gaio o Caio, papa, mart. 296, 22 aprile, V. Sotero.

Galdino, arc. di Milano, m, 1176, 18 apr.

Gallo, vesc. di Alvernia, m. 10 magg. v. 554, onor. 1° lugl.

Gallo, ab. irlandese, apost. della Svizzera, m. v. 627, 16 ott. (Saint-Gall, Ladenberg).

Gasparo, V. Re Magi.

Gauchero, *Galcherius*, canon. regol. nel Limosino, m. 1140, 9 apr.

Gaudenzio, vesc. di Brescia, m. v. 410, 25 ott.

Gaudenzio, vesc. di Novara, m. 417, 22 gennaio (Ivrea, Novara).

Gavino, mart. in Sardegna 304, 25 ott. (Porto-Torres).

Gelasio I, papa. m. 496. 21 nov.

Gelasio, vesc. di Poitier, V sec., 26 agosto.

Gemelli (*I tre*), Speusippo, Eleusippo e Meleusippo, mart. in Cappadocia, II o III sec., 17 genn.

Geminiano, vesc. di Modena, m. 397, 31 genn. Suo patrocin. 4 apr., sua trasl. 30 apr. (Modena, Este, Ferrara, Pontremoli).

Gemma, verg., m. 1426, 13 maggio (Goriano Sicoli, Aquila degli Abruzzi).

Genebaldo, 1º vesc. di Laon, m. v. 549, 5 sett.

Generoso, ab. di S. Jouin-de-Marne, v. 682, 10 luglio.

Genesio, mimo, mart. a Roma, 286, 25 agosto.

Genesio, mart. a Arles v. 303, 25 agosto.

Genesio, vesc. d'Alvernia, m. v. 662, 3 giugno.

Gennaro, *Januarius*, vesc. di Benevento, mart. 21 apr. 305, onor. 19 sett. Festa della sua trasl. la Iª o IIª domen. di maggio (Napoli, Benevento, Sassari).

Genoveffa, verg., di Nanterre, m. 512, 3 genn.; sua trasl. 28 ott. (Parigi).

Genziano, mart. presso Amiens v. 303, 11 dic., sua trasl 8 magg.

Geraldo, fondat. dell'Abbazia di S. Pietro d'Aurillac, m. 909, 13 ott.

Gerardo, vesc. di Potenza, m. v. 1120, 30 ottobre.

Gerardo, vesc. di Toul, m. 994, 23 aprile.

Gerardo, vesc. di Csanad (Ungheria), m. 1046, 24 sett., onor. a Venezia 27 sett. Sua trasl. 24 febb.

Gerardo dei Tintori, conf., m. 1207, 13 giu. (Monza).

Germano, vesc. di Besançon, m. v. 407, 11 ott.

Germano, vesc. di Parigi, m. 576, 28 magg.

Germano, patriarca di Costantinopoli, m. 733, 12 maggio

Germerio, vesc. di Tolosa, m dopo 560, 16 magg.

Gerolamo, V. Girolamo.

Gertrude, *Geretrudis*, abb.ª di Nivelle nel Brabante, m 659, 17 marzo (Breda, Nivelle).

Gertrude, abb.ª benedettina di Rodersdorff e di Heldelfs, m. 1334, 15 nov

Gervasio e Protasio, mart. Iº sec., 19 giu. (Milano, Parigi, Soissons, Nevers). — Festa dell'elevazione dei loro corpi nel 1864 a Milano, 14 magg.

Giacinta de' Marescotti, *Hyacintha*, verg. romana, 1640, 6 febb. (Viterbo).

Giacinto, *Hyacintus*, domenicano, m. 1257, 16 agosto (Polonia).

Giacinto, V. Proto e Giacinto.

Giacomo il Maggiore, ap. e mart. 44, 25 lugl. Festa della sua appariz., in Spagna, 23 magg. (Pesaro, Pistoia, Chili, Coimbra, Brunswick, Compostella, Innsbrück).

Giacomo il Minore, apost. e vesc. di Gerusalemme, mart. 62, 1º magg. (Dieppe).

Giacomo l'Interciso, m. 421, 27 nov. (Braga).

Giacomo della Marca, conf., m. 1479, 28 nov. (Chemnitz).

Gilberto, fond. dell'ordine di Simptingham in Inghilterra, m. 1190, 4 febb.

Gilberto, ab. di Neuffons, m. 6 giu. 1152, onor. 3 ott.

Gilda, abb.ª di Ruis in Bretagna, m. 565, 29 genn.

Gioachino, *Joachim*, padre di M. V., già onor. 20 marzo a Roma, 22 marzo in Polonia, 28 lugl a Parigi, 9 sett. in Grecia e a Milano, 9 dic. a Magonza. Clemente XII (1730-40) ne trasferì la festa alla domen. fra l'ottava dell'Assunzione di M. V.

Gioconda, verg., sec. V, 25 nov. (Reggio-Emilia).

Giocondo, vesc. di Bologna, m. v. 490, 14 nov.

Giona, mart. in Persia 327, 29 mar.

Giorgia, verg. di Clermont, sec. V, 15 febb.

Giorgio, guerriero, mart. a Lydda in Palestina v. 303, onor. 23 apr., rito rom., 24 apr. rito ambr., 25 apr. a Coira (Inghilterra, Baviera, Aragona, Costantinopoli, Russia, Serbia, Sassonia, Ferrara, Genova, Vigevano).

Giorgio, vesc. di Suelli (Cagliari), m. 1117, 23 apr. (Suelli).

Giosafat, V. Barlaam e Giosafat.

Giosafatte, vesc., mart., 1632, 12 nov.

Giovanna (B.²) di Francia, moglie di Luigi XII, istit. delle suore dell'Annunciaz., m. 1505, 4 febb.

Giovanna Francesca Fremiot di Chantal, ved., m. 13 dic. 1641, can 1767, onor. 21 agosto.

Giovanni Battista, precurs. di Cristo ; sua concez. 24 sett. ; sua natività (festa princ) 24 giugno ; sua decoll. 29 agosto (Firenze, Torino, Cesena, Breslau, Francoforte s. M., Avignone, Amiens. Cambrai, Utrecht, Malta, Rodi, Lipsia, Lubecca, Lione).

Giovanni Bono, vesc. di Milano, m. v. 660, 10 genn.

Giovanni Buralli, conf. francesc., m. 1289, 20 marzo (Parma).

Giovanni da Capistrano, francescano, m. 1456, 23 ott, onor. anche 28 mar. (Belgrado, Villach).

Giovanni Climaco, detto lo Scolastico, ab. del Monte Sinai, m. 605, 30 marzo.

Giovanni Colombini da Siena, fondat. dei Gesuati, m. 1367, 31 lugl.

Giovanni Crisostomo, dott., vesc. di Costantinop., m 14 sett. 407, onor. 27 genn. a Roma, 18 sett. a Parigi, 30 genn. e 13 nov. in Grecia.

Giovanni della Croce, conf., riform. dei Carmelitani, m. 14 dic. 1591 ; onor. 24 nov.

Giovanni Canzio (di Kenty), prete, conf, m. 1473, 20 ott. (Cracovia, Polonia, Lituania).

Giovanni Damasceno, dott, m. v. 780, onor. a Roma 6 maggio, a Parigi 8 magg., dai Greci 29 nov.

Giovanni di Dio, istit. dell'ordine della Carità o Fate-bene-fratelli, m. 1550, 8 marzo (Granata).

Giovanni di Matha, fondat. dei Trinitarii, m. dic. 1213, onor. 8 febb., pel rito ambros. 14 febb. (Parigi, Toledo).

Giovanni Oldrato da Meda (de Mida), fondat. degli Umiliati, m. 1159, 25 o 26 sett.

Giovanni de Montemirabili, cistercense, m. 1217, 29 sett.

Giovanni Elemosinario, patriarca d'Alessandria, m. 11 nov. 616, onor. a Roma 23 genn. ; a Parigi 9 apr. ; in Oriente 11 nov. (Monaco).

Giovanni Evangelista, ap., m. 101, on. 27 dic ; — avanti la porta lat., 6 magg. (Pesaro, Mecklemburgo, Besançon, Clèves, Langres, Lione).

Giovanni Francesco Régis, gesuita, conf., onor. 16 giu.

Giovanni e Paolo, mart. a Roma v. 363, 26 giu

Giovanni, er. a Nicopoli nell'Egitto, sec. IV, 27 marzo.

Giovanni da S. Facondo, conf, m. 1479, onor. 12 giugno.

Giovanni Gualberto, ab. fondat. di Vallombrosa, m. 1073, can. 1193, onor. 12 luglio, sua trasl. 10 ott.

Giovanni Nepomuceno, canonico di Praga, mart. 1383, 16 maggio (Boemia, Praga, Santander).

Giovanni Silenziario, vesc. di Armenia, m. 558, 13 magg.

Giovanni I, papa, mart. 18 magg. 526, onor. 27 magg.

Giovenale, vesc. di Narni, m 376, 3 magg. (Narni).

Giovita, V. Faustino.

Girolamo, Hieronymus. prete e dott, m. 420, 30 sett. (Roma, Pesaro, Curzola). .

Girolamo, vesc. di Nevers, m 816, 5 ottobre.

Girolamo Emiliani o Miani, fond. della congreg. de' Somaschi, m. 1537, 20 lugl. (Venezia, Treviso).

Gisleno, ab. nell'Hainant, m. 681, 9 ottobre.

Giuda, Judas, ap. detto Taddeo, mart. dopo il 62, onor. 28 ott. ; dai Greci e Russi 19 giu. (Magdeburgo, Colonia).

Giulia, Julia, verg. e mart. in Siria, v. 300, 7 ott

Giulia, verg e mart. in Corsica, VI o VII sec., 22 magg. (Livorno).

Giuliana. verg. e mart. a Nicomedia, m. 308, onor. 16 febb. a Roma (sua traslaz) ; 21 marzo a Parigi.

Giuliana Falconieri, verg. a Firenze, m. 1341, 19 giu.

Giuliano, mart. a Rimini, sec. III, 22 giu. (Rimini, Macerata).

Giuliano, mart. ad Auxerre, III sec., 3 febb.

Giuliano, vesc. del Mans, III sec., 27 genn. (Mans).

Giuliano, vesc. di Vienna, m. v. 532, 22 apr.

Giuliano, mart. a Brioude (Alvergnia) v. 304, 28 agosto (Brioude, Tournon).

Giuliano, vesc. di Toledo, m. 690, 8 marzo (Toledo).

Giuliano e Basilissa, mart. sotto Dioclez., 9 genn.

Giulietta o Giulitta, mart. con S. Ciro v. 305, onor. 16 giugno a Roma, 1º giugno a Parigi.

Giulio, senatore, mart. 182, 19 ag.

Giulio d'Orta, prete, m. 400, 31 gennaio (Orta)

Giulio I, papa, m. 352, 12 aprile (Volterra).

Giuniano, *Junianus*, er. nel Limosino, m. v. 500, onor. 16 ott. e 15 novembre.

Giuseppe, sposo di M. V.; sua festa 19 marzo, in chiese latine; 20 aprile a Parigi. — Suo Patrocinio, la III domen. dopo Pasqua; festa istituita nel 1680 (Belgio, Spagna, Verdun, Westfalia, Napoli).

Giuseppe da Calasanzio, istit. della congreg. dei chierici regolari, m. 1648, 27 agosto.

Giuseppe da Copertino, conf., m. 1663, 18 sett.

Giustina, verg. e mart. a Padova, v. II sec., 7 ott (Padova, Piacenza, Venezia).

Giustino, il filosofo, dott., mart. 13 apr. 168, onor. 14 apr.

Giusto, vesc. e Clemente, prete, v. 1140, 5 giu (Volterra).

Giusto, mart. nel Beauvais, V sec, 18 ott.

Giusto, vesc di Lione, m. v. 390, 2 sett. (Lione).

Giusto, mart a Roma, on. 28 febb.

Giuvenale, vesc. di Narni, m. v. 377, 3 magg. (Narni).

Goffredo, ab. di Nogent, vesc. d'Amiens, m. 1115, 8 nov. (Amiens, Soissons).

Gontrano, re di Borgogna e d'Orleans, m. 593, 28 marzo.

Gonzales, *Gonsalvus*, domenic., nel Portogallo, m. v. 1259, 10 genn.

Gordiano, mart. a Roma nel 362, onor. 10 magg. con S. Epimaco a Parigi 22 marzo.

Gorgonia, sorella di S. Gregorio Nazianzeno, m. v. 372, 9 dic.

Gorgonio e Doroteo, mart. sotto Diocleziano nel 304, 9 sett.

Gotardo, *Godehardus*, vesc. d'Hildesheim, m. 1038, on. 4 magg.

Grato, vesc. d'Aosta, sec. V, onor. 7 sett. (Aosta).

Grato, vesc. di Châlon-sur-Saône, m. 652, 8 ott.

Grato e Marcello, preti, sec. IV o V, 20 marzo (Forlì).

Graziano, mart. ad Amiens, 303, 23 ott.

Gregorio, vesc. di Nazianzo, m. 374, 1º genn.

Gregorio I il Grande, papa, dott., m. 604, onor. 12 marzo e 3 sett. (Granata, Petershausen)

Gregorio II, papa, m. 731, 13 febb.

Gregorio III, papa, m. 10 dic. 741, onor 28 nov.

Gregorio VII, papa, m. 1085, 25 maggio (Bosnia. Salerno).

Gregorio d'Alvernia, vescovo di Tours, m. 595, 17 nov.

Gregorio l'Illuminatore, ap. dell'Armenia, m v. 325, 30 sett. (Armenia, Napoli, Nardò).

Gregorio Nazianzeno, patriar. di Costantinopoli, dott., m. 389, on. 9 magg. e 11 giu.; dai Greci 25 e 30 genn.

Gregorio il Taumaturgo, vesc. di Neocesarea, m v, 270, 17 nov.

Gregorio, vesc. di Langres, m. 539, 4 genn.

Gregorio, vesc. di Nissa, padre della chiesa, m. 400, on. 9 marzo; dai Greci 10 genn.

Gualtiero, *Gallerius*, *Gualterius*, *Walterus*, ab. di Lesterp, m. 1070, 11 maggio

Gualtiero, ab. di S. Martino di Pontoise, m. 1099, canon. 1153, onor. 8 apr.

Gudila o Gudulla, verg. nel Brabante, m. v. 710, 8 genn. (Bruxell.).

Guglielmo, *Guillelmus*, arciv. di Bourges, m. 1209, onor. 10 genn.

Guglielmo, ab. di S. Benigno di Fruttuaria, m. 1031, 1º genn.

Guglielmo, arciv. di York, m. 1154, 8 giugno.

Guglielmo di Malavalle presso Siena, er. fondat. de' Guglielmiti, m. 1157, 10 febb. (Toscana).

Guglielmo, duca d'Aquitania, monaco, m. 812 o 813, 28 maggio.

Guglielmo, fondat. del monast. di Monte Vergine, m. 1142, 25 giugno (Vercelli).

Guiberto, *Wigbertus*, fondat. dell'abbazia di Gembloux, m. 962, 23 maggio.

Guido, vesc. d'Acqui, m. 1070, 1° giu. (Acqui).

Guido, sagrest. a Bruxelles, m. v. 1012, 12 sett.

Guiniforte, mart. a Pavia v. sec. VI, 22 agosto.

Ida (B.ª), contessa di Boulogne, madre di Goffredo di Buglione, m. 1113, 13 apr. (Boulogne-sur-Mer).

Ifigenia, verg., onor. 21 sett.

Igino, *Hyginus*, papa, mart. 10 genn. 140, onor. 11 genn.

Ignazio, vesc. d'Antiochia, mart. a Roma 107, onor. 1° febb.; dai Greci 29 febb.

Ignazio, patr. di Costantinopoli, m. 877, 23 ott.

Ignazio di Loyola, conf., fondat. della Comp. di Gesù, m. 1556, 31 luglio (Pamplona, Lanzo in Piemonte).

Ilario, *Hilarius, Chilarius*, vesc. di Gévaudan, m 540, 25 ott.

Ilario, vesc. di Pavia, m. 376, 16 magg.

Ilario, vesc. d'Arles. m. 449, 5 magg.

Ilario, vesc. di Poitier, dott., m. 13 genn. 368, onor. 14 genn.; sue trasl. 26 giu., 1° ott., 1° nov. (Parma, Poitiers, Luçon)

Ilario, papa, m. 29 febb. 468, onor. 10 sett.

Ilarione, *Hilario*, ab., istitutore della vita monastica in Palestina, m. 372 in Cipro, onor 21 ott.; dai Greci 28 marzo.

Ildeberto, *Hildebertus, Datlevertus*, vesc. di Meaux. m. v. 690, 27 magg.

Ildefonso, V. Alfonso.

Ildegarda, *Hildegardis*, abb.ª di S. Rupert (Magonza), m. 1180, 17 sett. (Bingen).

Ildemanno, *Hildemannus*, vesc. di Beauvais, m. 844, 8 dic.

Illuminato, confess., comp. di S. Francesco d'Assisi, m. 1226, 11 magg. (S. Severino Marche).

Innocenti, mart. sotto Erode, 28 dicembre.

Innocenzo I. papa, m. 12 marzo 417, onor. 28 luglio.

Innocenzo, vesc. del Mans, m. 542, 19 giugno.

Ippolito, mart. a Roma nel 259, on. 13 agosto, con S. Cassiano, mart.

Ippolito, vesc. e dott., mart., III sec., 22 agosto.

Irene, mart. a Tessalonica nel 304, onor. 5 apr.; dai Greci 16 apr. (Lecce).

Irene, verg. e mart. in Portogallo, 653, 20 ott. (Santarem).

Ireneo, vesc. di Lione, mart. 202, 28 giu. (Lione).

Ireneo, diacono, mart. a Chiusi (Toscana), 274, 3 luglio (Catanzaro).

Isabella (B.ª), figlia del re Luigi VIII, fond. del mon. di Long-Champ, m. 22 febb. 1270, vener. a Parigi 12 sett., a Long-Champ 31 agosto.

Isaia, profeta, onor. 6 luglio.

Isidoro di Pelusio, padre della chiesa, m. v. 450, 4 febb.

Isidoro, vesc. di Siviglia, dott., m. 636, 4 apr. (Léon, Siviglia).

Isidoro il lavoratore, conf., m. 1130, can. 1622, onor. 15 magg. e 30 nov. (Madrid)

Ivone, *Ivo Carnotensis*, vesc. di Chartres, m. 1116, onor. 23 dic. e 20 magg. (Rennes).

Labre, V. Benedetto G. Labre.

Ladislao o Lancellotto, re d'Ungheria, m. 1095, canon. 1192, on. 27 giu. Sua deposiz. 29 lugl. (Ungheria, Lituania, Transilvania).

Lamberto o Landeberto, vesc. di Lione, m. 690, 14 aprile.

Lamberto, vesc. di Maëstricht, mart. v. 706, 17 sett. (Liegi).

Lancellotto, V. Ladislao.

Landelino, ab. di Lobbes, m. 686, 15 giu.

Landoaldo, mission. dei Paesi Bassi, m. v. 666, 19 marzo.

Landolfo, vesc. d'Asti, m. 1134, 7 giugno.

Landrada, verg., abb.ª di Münster-Bilsen, m. v. 700, 8 lugl. (Gand, Münster-Bilsen).

Lanfranco, arciv. di Cantorbery, m. 1089, 28 magg.

Lanfranco, vesc. di Pavia, m. 1198, 23 giugno.

Largo, V. Ciriaco.

Lazzaro, vesc., fratello di Marta e Maria a Betania, risusc. da Gesù Cristo, onor. 17 dic. (Marsiglia)

Lazzaro Boccardi, vesc. di Milano, m. 449, 11 febb.

Lea, ved. romana, m v. 384, 22 marzo.

Leandro, vesc. di Siviglia, m. 599. onor. 27 febb. e 13 marzo (Siviglia).

Leocadia, verg. e mart. a Toledo, 304, 9 dic. (Toledo).

Leonardo, ab. di Vendeuvre, m. v. 570, onor. 15 ott. (Mans, Corbigny, Morvan).

Leonardo, erem, ab. di Noblat, m. 559, 6 nov.

Leonardo da Porto Maurizio, francescano, m. 26 nov. 1751, onor. 27 nov.

Leone I il Grande, papa, m 10 nov. 461; onor. 11 apr. a Roma (sua trasl.), e 18 febb. in Oriente.

Leone II, papa, m. 683, onor. 3 luglio e 23 maggio fino al sec. XVI, poscia il 28 giugno (Sicilia).

Leone III, papa, m. 816, 12 giugno (Aix-la-Chapelle).

Leone IV, papa, m. 855, 17 giugno.

Leone IX, papa, m. 1054, 19 aprile.

Leone, prete, sec. III o IV, 1º ag. (Montefeltro).

Leonida, padre di Origene, mart. ad Alessandria v. 204, 22 aprile.

Leonzio, vesc. di Cesarea in Cappadocia, v. 337, onor. 13 genn.

Leonzio, vesc. di Fréjus in Provenza, m. v. 450, 1º dic. (Fréjus, Vicenza).

Leonzio, Iº vesc. di Bordeaux, m. v. 541, 21 agosto.

Leonzio, IIº vesc. di Bordeaux, m. v. 564, 15 nov.

Leopoldo IV, march. d'Austria, m. 1136, 15 nov. (Austria, Carinzia, Stiria).

Leto, Laelus, monaco a S. Mesmin, m. 534, 5 nov.

Leucadia, verg. e mart., m. 303, 9 dic.

Liberio, papa, m. 366, 24 settem. (Roma).

Liborio, vesc. del Mans, m. v. 397, 23 luglio (Mans, 9 giugno).

Licerio, vesc. di Conserans, m. v. 548, 27 agosto.

Licinio, vesc. di Angers, m. v. 605, 1º Nov., onor. 13 febbr.

Licinio, mart. a Como, onor. 7 agosto.

Lino, papa, mart v. 76, 23 sett.

Livino, vesc. irland., apost. della Fiandra e Brabante, m. 657, 12 nov. (Gand).

Lodovico, V. Luigi.

Longino, centurione, mart. 1º sec. 15 marzo (Mantova, Brunswick).

Lorenzo, Laurentius, arcidiac. a Roma, mart. 258, 10 ag. (Alba, Cuneo, Ancona, Chiavenna, Viterbo, Lugano, Norimberga).

Lorenzo, arciv. di Milano, 512, 27 luglio.

Lorenzo, arciv. di Cantorbéry, m. 619, 2 febb.

Lorenzo, arciv. di Dublino, m. 1181, 14 nov. (Dublino).

Lorenzo Giustiniani, vesc. di Venezia, m. 8 genn. 1455, onor. 5 sett. (Venezia).

Lorenzo da Brindisi, conf., cappuccino, m. 11 luglio 1619, onor. 7 luglio (Brindisi, Lisbona).

Luca, Lucas, ap. evang., I sec., onor. 18 ott.; sua trasl. 9 magg (Padova, Reutlingen).

Lucia, verg. e mart. a Siracusa, 304, 13 dic. (Siracusa).

Luciano, vesc. di Beauvais, mart. v. 280, 8 genn. Sua trasl. 1º magg. (Beauvais).

Luciano di Samosata, prete, mart. 312, 7 genn.

Lucio, papa e mart., 5 marzo 254, onor. 4 marzo (Copenagen, Seeland).

Lucio di Coira, re de' Britanni, m. v. 180, 3 dic. (Coira, Baviera).

Lucrezia, verg e mart. sotto Dioclez. a Merida di Spagna, onor. 23 nov. (Merida).

Luigi IX, Ludovicus, re di Francia, m. 1270, canon. 1297, onor. 25 agosto; a Roma 26 ag.; sua trasl.

nel 1306, 27 maggio (Blois, Versailles, la Rochelle).

Luigi (B.) alemanno, arciv. di Arles, card., m. 1450, 16 sett.

Luigi d'Anjou, vesc. di Tolosa, m. 1297, canon. 1317, onor. 19 agosto (Marsiglia, Brignoles, Valenza).

Luigi Gonzaga, gesuita, m. 1519, 21 giugno (Castiglione delle Stiviere, Mantova).

Lullo, vesc. di Magonza, m. 786, 16 ottobre.

Luminosa, verg. pavese, sec. V, 9 maggio.

Lupicino, ab. di S. Claude, m. v. 480, 21 marzo.

Lupo, vesc. di Bayeux, m. 465, 25 ottobre.

Lupo, vesc. di Lione, m. v. 542, 25 sett.

Lupo, vesc. di Sens, m. 623, onor. 1º sett.; sua traslaz. 23 aprile.

Lutgarda, *Lutgardis*, relig.ª cistercen. nel Brabante, m. 1246, onor. 16 giu. a Roma, 13 giu. a Parigi.

Macario d'Egitto, abb., m. 391, 15 genn.

Macario, vesc. di Bordeaux, sec. IV o V, 4 magg.

Macario, vesc. di Comminges, sec. V, 1º magg. (Comminges).

Macario d'Alessandria, ab. in Egitto, m. v. 394, onor. 2 genn.

Macario, patriar. di Costantinop., m. 1012, 10 aprile.

Maccabei (sette frat.), mart. in Antiochia, onor. 1º agosto.

Macra, verg. e mart. a Fimes, v. 287, 6 genn., onor. anche 11 giugno.

Macrina, sorella di S. Basilio, m. v. 380, 19 luglio.

Macuto, *Machutus*, *Maclovius*, vesc. d'Aleth in Bretagna, m. v. 565, 15 nov.

Maddalena, V. Maria Maddalena.

Maglorio, vesc. di Dol, mon. a Jersey, m. v. 575, 24 ott.

Magno de' Trincheri, vesc. di Milano, m. 530, 5 nov.

Magno, vesc. d'Avignone, v. 660, 19 agosto.

Maiolo, ab. di Cluny, m. 994, 11 maggio (Souvigny).

Malachia, profeta, onor. 14 genn.

Malachia, arciv. d'Armagh in Irlanda, m. 2 nov. 1148, on 8 nov. (Armagh, Clairvaux).

Mamerto, vesc. di Vienna, m. v. 476, 11 maggio.

Mamiliano, mart. a Roma, III sec., 12 marzo.

Mammete, *Mammas*, mart. a Cesarea in Cappadocia v. 274, onor. 17 agosto (Langres).

Mansueto, vesc. di Toul, m. 375, 3 sett.

Mansueto, vesc. di Milano, m. apr. 680, onor. 19 febb.

Manveo, vesc. di Bayeux, m. v. 480, 28 magg.

Marcella, dama rom., m. 410, 30 agosto, onor. 31 genn.

Marcellina, verg., sorella di S. Ambrogio, m. 398 o 399, 17 luglio.

Marcellino, papa, mart. v. 25 ott. 304, onor. 26 apr.

Marcellino, prete e Pietro, esorcista, mart. a Roma, sec. III o IV, 2 giugno.

Marcellino, vesc. d'Embrun, m. 376, 20 aprile.

Marcello ed Apuleio, mart. a Roma, I sec., 7 ott.

Marcello, vesc., mart. a Chalon-sur-Saône v. 178, 4 sett.

Marcello I, papa, mart. 309, 16 genn.

Marcello, vesc. di Parigi, m. 1º nov. 436, onor. 3 nov.; sua trasl. v. 1200, 26 lugl. (Parigi).

Marcello, Casto, Emilio e Saturnino, mart. a Capua v. 440, 6 ott. (Capua).

Marcia o Rustica, *Marcia*, *Rusticula*, abb.ª di S. Cesareo d'Arles, m. 632, 11 agosto.

Marco Evangelista, mart. 68, 25 apr, sua trasl. a Venezia, 829, 31 genn. (Venezia, Cortona).

Marco e Marcellino, mart. a Roma v. 287, 18 giu. (Badajoz).

Marco, papa, m. 336, 7 ott. (Toledo).

Margherita, *Margaretha*, verg. e mart. ad Antiochia, fine del III sec.; onor. 20 lugl. dai Latini, 17 lugl. dai Greci. Fu onor. anche 12, 13, 14, 15 e 19 luglio (Parigi).

Margherita, regina di Scozia, m. 16 nov. 1093, can. 1251; già onor. 8 luglio e, dal 1693, 10 giu. Sua trasl. 19 giu. (Scozia).

Margherita (B.ª) di Savoia, ved., m. 27 nov.

Margherita da Cortona, penit., mon. francesc., m. 22 febb. 1297. Can. 1728, onor. 23 febb. (Cortona).

Margherita Maria Alacoque (B.ª), mon. Salesiana a Paray le Monial, dioc. di Autun, m. 1690, 17 ottobre.

Maria Vergine, madre di Gesù Cristo. V. Glossario di date.

Maria (B.ª) degli Angeli, verg. carmelit. a Torino, m. 1717, beatif. 1866, vener. 19 dic.

Maria di Betania, *Maria Bethanitis*, sorella di Marta e Lazzaro, I⁰ sec. onor. dai Greci 18 mar. e 13 genn.; a Parigi 19 genn., in Borgogna 19 marzo.

Maria Egiziaca, penitente, m. 431, 2 apr., onor. in Orien. 1⁰ apr., a Parigi 29 apr.

Maria Cleofe, *Maria Cleophas* o *Jacobe*, madre dell'ap. S. Giacomo il minore, I⁰ sec., 9 apr.; sua trasl. 25 magg.

Maria Maddalena, sorella a Marta e a Lazzaro, m. v. 66, 22 luglio.

Maria Maddalena de' Pazzi di Firenze, carmelitana, m. 25 magg. 1607, onor. 27 magg.   •

Maria Salome, sposa di Zebedeo, I⁰ sec., 22 ott.

Mariano, diacono, mart. a Roma v. 270, 1⁰ dic.

Marina, verg. in Egitto, m. v. 750, 18 giugno; sua trasl. 17 luglio a Venezia.

Marino, muratore, VII sec., 4 sett. (Rep. di S. Marino).

Mario, Marta, Audiface e Abaco, mart. a Roma v. 270, 19 genn.

Marone, Eutiche e Vittorino, mart. in Italia, sec. I⁰, 15 apr.

Marta, verg., sorella di Lazzaro e di Maria, sec. I⁰, 29 luglio (Aix, Tarascona, Castres).

Martina, verg e mart. a Roma, III sec., 1⁰ e 30 genn. (Roma).

Martiniano e Processo, mart. a Roma, I⁰ sec, 2 lugl.

Martiniano, er., m. sec. V, 13 febb.

Martino, vesc. di Tours, m. v. 397; 11 nov. (festa princ.); sua ordinaz. e trasl., 4 luglio; festa pel

ritorno delle sue reliquie a Tours, 13 dic. (Lucca, Belluno, Amiens, Braga, Colmar, Magdeburgo, Tours, Uri, Utrecht, Vienna).

Martino, ab. a Saintonge, sec. V, 7 dicembre.

Martino, arciv. di Braga in Portogallo, m. 580, 20 marzo.

Martino, ab. di Vertou in Bretagna, m. v. 601, 24 ott.

Martino, papa e mart., 16 sett. 655, onor 12 nov.

Martiri d'Italia, sotto i Longob. v. 579, 2 marzo.

Martiri d'Otranto, nel 1480, 14 ag.

Martiri Giapponesi, nel 1597, 5 febb. Canon. 9 giu 1862.

Martiri della Cocincina (1835-40), onor. 24 dicembre.

Marziale, vesc. di Spoleto, m. v. 350, 4 giugno.

Marziale, 1⁰ vesc. di Limoges, III sec., 30 giugno; sua trasl. 10 ott.

Marziano, vesc. di Tortona, mart II sec., 6 marzo (Tortona).

Massenzia, *Maxentia*, verg. scozzese, mon. in Picardia, V sec. 20 nov.

Massenzio, *Maxentius*, ab. nel Poitu, m 515, 26 giugno.

Massimiliano, *Maximilianus*, mart. in Numidia, m. 295, 12 marzo.

Massimiliano, vesc. di Lorsch in Austria, mart. v. 308, 12 ott.

Massimino, *Maximinus*, arciv. di Treviri, m. 12 sett. 349, onor. 29 maggio.

Massimino, ab. di Micy presso Orleans, m. 520, 15 dic.

Massimo, *Maximus*, vesc. di Alessandria, m. 9 apr. 282, on. 27 dic.

Massimo, vesc. di Torino, m. v. 466, 25 giugno.

Massimo, V. Tiburzio, Valer. e Massimo.

Materno, vesc. di Treviri, Tongres e Colonia, m. 315, onor. 14 sett; sue trasl. a Treviri 18 luglio e 23 ott.; a Liegi 19 o 25 sett.

Matilde, *Mathildis*, regina di Germania, moglie di Enrico I, m. 968, 14 marzo.

Matrona, verg, serva, sec. V o VI, mart. a Tessalonica, onor. 15 marzo.

Matteo, ap. ed evang., I⁰ sec.; sua

festa 21 sett. in Occid., 9 ag. in Orien.

Mattia, *Matthias*, ap., I sec.; sua festa 24 febb.; negli anni bisestili 25 febb. (Treves, Goslar).

Maturino, prete nel Gatinais, IV o V sec., già onor. 6 nov., oggi 9 nov.

Maura e Brigida, verg, sec. V, onor. in Turenna e nel Beauvaisis 15 genn. e 3 luglio.

Maurillo, vesc. d'Angers, m. 437, 13 sett.

Maurillo, arciv. di Rouen, m. v. 1067, 9 agosto.

Maurizio, capo della legione tebea e comp., mart. ad Agaune 286, 22 sett. (Pinerolo. Fossombrone, Lucerna, Magdeburgo, Angers, Appenzel, Havre, Savoia).

Mauro, vesc. di Verdun, m. 383, 8 nov.

Mauro, discep. di S. Benedetto, abb. di Glanfeuil, m. 584, 15 genn.

Mauronte, ab. di Bruel, patrono di Douay, m. 702, 5 magg.

Medardo, vesc. di Noyon e di Tournai, m. 545, 8 giugno.

Mederico, ab. di S Mart. d'Autun, m. v. 700, 29 agosto; 31 agosto a Parigi; altre feste 22 genn. e 2 sett.

Melania, dama romana, m. a Costantinop. v. 411, 7 genn.

Melania, nipote della preced., m. v. 439, 31 dic.

Melanio, vesc. di Rouen, m. v. 311, 22 ott.

Melanio, vesc. di Rennes, m. v 530, 6 genn.

Melchiade o Milziade, *Miltiades*, papa, m. 11 genn. 314, già onor. 10 genn., oggi 10 dic.

Melchiorre, V. *Re Magi*.

Melecio, *Meletius*, patriar. d'Antiochia, m. 381, 12 febb.

Memmio, vesc. di Chalon-sur-Marne, v 290, 5 agosto.

Menelao, ab. di Menat in Alvernia, m. 720, 22 lugl.

Menno, mart. in Frigia, m. 303 o 304, 11 nov.

Metodio, *Methodius*, patriar. di Costantinopoli, m. 847, 14 giugno.

Metodio, vesc., V. Cirillo e Metodio.

Michele, *Michaël*, arcang., sua ap-

pariz. o rivelaz. nel 493, 8 maggio. Sua festa princip. in Occid., e dedicaz. del tempio sul monte Gargano, 29 sett.; in Orien 8 giu. e 6 sett. (Albenga, Caltanisetta, Benevento, Salerno, Napoli. Inghilterra, Baviera, Spagna, Bruxelles, Sebenico, Zoug).

Michele de' Sanctis, conf., m. 10 apr. 1625, can. 1862, onor. 5 lugl.

Milete. *Miles, Milles. Mellisius*, vesc. di Susa. mart. 11 nov. 331; onor. 22 apr., in Oriente 10 nov.

Mitrio, *Mitrius. Mitrias, Metrius*, mart. ad Aix in Provenza nel 304, 13 nov.

Moderano, *Moderamnus, Moderandus*, vesc. di Rennes in Bretagna, m. 730, 22 ott. (Parma).

Moderato, mart. ad Auxerre, sec. V, 1° luglio.

Modesto, mart. a Cartagine, onor. 12 genn.

Modesto, mart. con S. Vito, sec. IV, 15 giu.

Modoaldo, vesc. a Treveri, m. 640, 12 magg.

Mommolino, *Mummolenus*, vesc. di Noyon e di Tournai, m. 685, 16 ott.

Monaci di Nonantola, massacrati dagli Ungari verso il 903, 24 sett.

Monegonda, *Monegundis*, religiosa a Tours, sec. VI (?), 2 luglio.

Monica, madre di S. Agostino, m. 387, 4 maggio: sua traslaz. a Roma nel 1430, 9 aprile.

Montano, soldato, mart. a Terracina, sec. II, 17 giugno.

Mosè, legisl. e prof., onor. 4 sett.

Mosè, prete, mart. a Roma v. 251, 25 nov.

Musa, verg. romana, sec. VI, 2 apr.

Mustiola, matrona romana, mart. con S. Ireneo, sotto Aureliano, onor. 3 lugl. (Chiusi).

Nabore e Felice, mart. a Milano v. 304, 12 lugl.; trasl. 23 luglio (Milano).

Narciso, *Narcissus*, vesc. di Girone, ap. di Augsburgo, IV sec., onor. 18 mar. (Girone. Augsbourg).

Narciso, vesc. di Gerusalemme, v. 222, onor. 29 ott.

Natalia, mart. onor. 29 ag. e 20 ott. (Lisbona).

Nazario, mart. a Roma v. 304, 12 giugno (Arras).

Nazario e Celso, mart. a Milano, I° sec, 28 luglio (Milano).

Nemesio, mart. in Cipro, onor. 20 febb.

Nemesio, vesc. di Tubuna, mart. 257, 19 dic.

Nereo, V. Achilleo e Nereo.

Nestore, vesc. di Perga, mart. v. 250, 26 febb.

Nicasio, vesc. di Reims, mart. 407, 14 dic. (Reims).

Nicasio, vesc. di Rouen, mart. v. 286, 11 ott. (Rouen, Vaux).

Niceforo, *Nicephorus*, mart. ad Antiochia v. 259; onor. a Roma 9 febb., a Parigi 15 marzo.

Niceto, *Nicetius*, vesc. di Treviri, m. 566, 5 dic

Nicodemo, *Nicodemus*, discep. di G. C., onor. 27 marzo.

Nicola o Nicolò di Bari, vesc. di Mira, m. IV sec., 6 dicembre. Sua trasl. 9 magg. (Russia, Bari, Ancona, Sassari, Sicilia, Corfù, Amiens, Lorena, Parigi).

Nicola da Tolentino, erem., m. 1309, 10 sett. Can. 1446 (Tolentino).

Nicolò 1, papa, m. 867, 13 nov.

Nicomede, prete, mart. sotto Domiziano, onor. 15 sett.

Nilo, er. sul monte Sinai, m. 451, 12 nov.

Nilo il giov., fondat. di Grotta-Ferrata, m. 1005, 26 sett.

Ninfa, V. Trifone.

Nivardo, vesc. di Reims, m. 672, 1° sett.

Nonna, madre di S. Gregorio di Nazianzeno, m 374, 5 agosto.

Norberto, fond. dell'ordine di Premontre, arciv. di Magdeburgo, m. 1134, can. 1582, onor. 6 giu. (Magdeburgo, Anversa, Praga).

Odemaro, *Audomarus*, vesc. di Thérouanne, m. v. 697, 9 sett.

Odeno, *Dado, Audoenus, Dadoenus*, vesc. di Rouen, m. 683, 24 ag.

Odilla, *Odilia, Ottilia*, abb.ª di Hoenburgo, m. v. 720, 13 dic. (Hoenburgo, Liegi).

Odilone, *Odilo*, ab. di Cluny, m. 31 dic. 1048, onor. 2 genn. e 21 giugno.

Odomaro, *Othmarus*, abb. di S. Gallo, m. 759, 16 nov., sua trasl. 25 ott.

Odone, *Odo, Otto*, ab. di Cluny, m. 943, 18 nov.

Odone, vesc. di Cambrai, m. 1113, 19 giu.

Odone, *Odo*, arc. di Cantorbery, m. 958, 4 luglio.

Ognissanti, festa consacrata a tutti i Santi; si celebra, nella chiesa latina, il 1° novembre; nella chiesa greca, la 1ª domenica dopo Pentecoste. — Risale all'anno 608 nel quale Bonifacio IV, consacrando il Pantheon di Roma a tutti i Santi martiri, ne fissò la festa al 13 di maggio. Nell'834 Gregorio IV estese la festa a tutti i Santi, fissandola al 1° nov. Nel 1475 Sisto IV ordinò la celebrazione di questa festa a tutta la Chiesa.

Olao, *Olaus, Olavus*, re di Norvegia, m. 31 ag. 1030, onor. 29 luglio (Norvegia, le Orcadi).

Olimpiade, *Olympiadis*, diaconessa a Costantinop., m. 408; onor. 17 dic. in Occ., 25 lugl. in Or.

Omobono, mercante a Cremona, m. 1197, onor. a Roma, 13 nov., a Parigi, 6 lugl. (Cremona, Faenza, Modena, Lione).

Onesimo, vesc. di Efeso, mart. sec. II, 16 febb.

Onesto, prete di Tolosa, mart. v. 270, onor. a Tolosa il 12 luglio, la domen. nell'ottava di S. Dionigi e il 15 febb.

Onofrio, erem. nella Tebaide, sec. IV, 12 giugno.

Onorato, vesc. di Arles, m. 429, onor. 20 genn. e 15 magg. (Tolone).

Onorato, vesc. di Tolosa, m. 270, 21 dic. (Perpignano).

Onorato, di Milano, vesc. v. 570, 8 febb.

Onorato, vesc. d'Amiens, m. 600, 16 magg.

Onorato, arciv. di Cantorbery, m. 653, 30 sett.

Onorina, *Honorina*, verg. e mart. v. 300, onor. 27 febb.

Opportuna, abb.ª di Montreuil, m. 770, 22 apr.

Optato, vesc. di Milève v. 370, 4 giugno.

Oriento, *Orientius*, vesc. d'Auch, m. v. 396, 1º magg.

Orseolo (Ven.), V. Pietro Orseolo.

Orsiso, *Orsisius*, abb. di Tabenna (Egitto), m. 381, 15 giu.

Orso, *Ursus*, vesc. d'Auxerre, m. v. 508, 30 luglio.

Orso, ab. di Senneviers in Touraine, m. v. 510, 18 o 28 lugl.

Orsola, *Ursula*, e comp., mart., IV o V sec., a Colonia, onor. 21 ott. (Colonia, Delft).

Osvaldo, arciv. di Yorck, m. 992, 29 febb.; sua trasl. 15 ott.

Osvaldo, re d'Inghilt., mart. 672, 5 agosto

Ottone, *Otto*, vesc. di Bamberga, m. 30 giu. 1139, canon. 1189, on. 2 lugl. (Bamberga, Pomerania, Camin).

Paciano, vesc. di Barcellona v. 390, 9 marzo (Barcellona).

Pacifico, d'Ancona, v. 840, 26 ag.

Pacomio, ab. istit. dei Cenobiti, m. 9 magg. 348, onor. 14 magg.

Palemone, *Palemo*, anacoreta nella Tebaide, sec. IV, onor. 11 genn. a Roma, 14 magg. a Parigi.

Palladio, vesc. di Bourges, m. v. 384, 10 maggio.

Palladio, vesc. di Saintes, m. v. 600, 7 ottobre.

Pancrazio, vesc. e mart. in Sicilia, 1º sec., 3 apr. (Taormina).

Pancrazio, mart. a Roma v. 304, 12 magg.(Albano, Bergen, Leyda).

Panfilo, *Pamphilus*, prete, mart. a Cesarea 309, onor. a Roma 1 giu., a Parigi 12 marzo.

Pantaleone, *Pantaleo*, medico e mart. di Nicomedia nel 303, 27 lugl. (Oporto, Crema)

Panteno, *Pantanus*, apost. delle Indie, m. v. 216, 7 luglio.

Paola, dama romana, m. 404 a Betlemme, onor. 26 genn. a Roma, 2? giu. a Parigi.

Paolino, vesc. di Lucca, mart. sotto Nerone, 12 lugl. (Lucca).

Paolino, vesc. di Treveri, m. 358, 31 agosto; sua trasl. 13 magg.

Paolino, vesc. di Nola, m. 431, 22 giu. (Nola, Ratisbona).

Paolino, patriar. d'Aquileja, m.

802, 11 genn.; onor. oggi 28 genn. (Friuli).

Paolino, vesc. di Sinigaglia, sec. IX, onor. 4 magg. (Sinigaglia).

Paolo, ap., mart. a Roma nel 67; sua festa princip., con S. Pietro, 29 giu.; sua commem. 30 giu.; sua convers. 25 genn.; sua entrata a Roma, 6 lugl.; sua trasl. 16 apr. (Roma, Bologna, Massa Lomb., Berlino, Avignone, Cluny, Brema, Londra, Saragozza, Valladolid).

Paolo, vesc. di Narbona, sec. III, onor. 22 marzo (Narbona, Tarragona).

Paolo, primo erem. in Tebaide, m 10 genn. 341, onor. 10 e 15 genn.

Paolo, mart. a Roma col frat. Giovanni, 362 o 363, 26 giu.

Paolo, vesc. di Léon (Bretagna), m. 575, 12 marzo (Saint-Pol-de-Léon).

Paolo, vesc. di Verdun, m. 648, 8 febb. (Verdun).

Paolo I, papa, m. 767, 28 giugno.

Paolo della Croce, conf., fondat. dei Passionisti nel 1724, m. 1775, onor. 28 apr.

Papia, vesc. di Hierapolis, m. v. 156, 22 febb.

Pasquale I, *Pascalis*, papa, m. febb. 824, onor. 14 magg.

Pasquale Baylon, di Torre Hermosa (Aragona), min. osserv. rif., m. 1592, 17 maggio (Torre Ermosa).

Paterno, vesc. di Vannes, m. v. 448, 15 apr. (Vannes).

Paterniano o Patrignano, vesc. di Bologna v. 450, 12 lugl. (Fano).

Patrizio, *Patricius*, vesc. di Bayeux, m. v. 469, 1º nov.

Patrizio, ap. dell'Irlanda, m. 463, 17 mar ; sua trasl. 9 giu. (Irlanda, Murcia).

Patroclo, mart. a Troyes v. 275, 21 genn. (Troyes).

Patroclo, er nel Berry, m. 577, 19 nov. (Vestfalia).

Paziente, *Patiens*, vesc. di Lione, m. v. 49', 11 sett.

Pelagia, commediante in Antiochia, m. v. 457, onor. a Roma 8 ott., a Parigi 8 mar., sua conv. 12 giu.

Pelagia, ved., m. v 570 a Limoges, 26 agosto.

Pepino, *Pippinus* (B.), di Landen nel Brabante, m. 640, 21 febb.

Peregrino, mart. a Lione, sec III, 28 lugl.

Peregrino, vesc. d'Auxerre, mart. 304, 16 magg.

Perfetto, mart. a Cordova 850, 18 apr. (Cordova).

Perpetua, mart. a Roma, sec. I, 4 agosto.

Perpetua e Felicita, mart. a Cartagine 200 o 205, 7 mar.

Perpetuo, vesc. di Tours, m. 497, 8 apr.; sua ordin. 30 dic.

Petronilla, pretesa figlia di S. Pietro, sec. I, 31 magg. (Roma).

Petronio, vesc. di Bologna, m. 450, 4 ott. (Bologna).

Piato, *Piatus, Pyato*, apost. di Tournai, mart. v. 287, 1º e 29 ottobre (Tournai).

Pietro, ap. e papa, mart. 65 o 66; onor. con S. Paolo, 29 giugno; sua trasl. 16 apr.; sua cattedra a Roma 18 genn.; in Antiochia 22 febb.; in Or. 16 genn.; S. Pietro *in Vinculis*, il 1º ag. (Roma, Bologna, Ancona, Faenza, Fanò, Fabriano, Fiesole, Genova, Lucca, Napoli, Sicilia, Inghilterra, Baviera, Boemia, Colonia, Amburgo, Lilla, Lovanio, Nantes, Montpellier, Vannes, York).

Pietro, esorcista a Roma, mart. 304, 2 giu.

Pietro, vesc. d'Alessandrina, mart. 311, 26 nov.

Pietro, vesc. di Sebaste, m 387, 9 genn.

Pietro, vesc. di Policastro, m. 1123, 4 marzo.

Pietro, arciv. di Tarentasia, m. 14 sett. 1174, onor. 8 magg.

Pietro d'Alcantara, istit. dei Francescani scalzi, m. 18 ott. 1562, onor. 19 ott.

Pietro Damiano, card., vesc. d'Ostia, dott., m. 22 febb. 1072, onor. 23 febb.

Pietro Crisologo, vesc. di Ravenna, m. v. 2 dic. 457, onor. 4 dic. (Ravenna, Imola).

Pietro Celestino, *Petrus de Morone*, papa ed istitutore dei Cele-

stini, m. 1296, 19 magg.; canon. 1307.

Pietro Gonzales, domenicano, m. 1240, 15 apr.

Pietro Martire, dell'ord. dei Predicat., m. 1252, onor. 29 apr. (Milano, Como).

Pietro di Nola, *Petrus Nolascus*, fond. dell'ordine della Mercede, m. 29 genn. 1256, can. 1628, onor. 31 genn. (Barcellona)

Pietro Orseolo, doge di Venezia, poi mon. bened., m. 997, 10 genn. (Venezia).

Pietro il Venerabile, ab. di Cluny, m. 1156, 25 dic.

Pietro, Battista, Paolo e comp., mart., V. Martiri giapponesi.

Pinieno (B.), *Pinianus*, sposo di S.ª Melania, m. v. 435, onor. 19 e 31 dic.

Pio I, papa, m. v. 155, 11 lugl.

Pio V, papa e conf. m. 1572, 5 magg. (Barbastro).

Piono, *Pio, Pionius*, mart. a Smirne 250, onor. 1º febb. in Occid., 11 mar. in Orien.

Pirmino, vesc., m. 753, 3 nov.

Placida, verg. e mart., 460, onor. 11 ott. (Verona).

Placido, discep. di S. Benedetto, mart. a Messina 541, 5 ott. (Messina).

Platone, *Plato*, ab. a Costantinop., m. 19 mar. 813, onor. 4 apr.

Policarpo, *Polycarpus*, discep. di S. Giovanni evang., vesc. di Smirne, mart. 167, 26 genn.

Policarpo, prete a Roma, m. v. 300, 23 febb.

Pompeo, mart., vesc. di Pavia v. 100, 14 dic.

Pompeo, mart. in Africa sotto Decio, onor. 10 apr.

Ponziano, mart. a Spoleto v. 154, 19 genn. (Spoleto).

Ponziano, papa, mart. 235, 19 nov. (Sardegna).

Porfirio, *Porphyrius*, vesc. di Gaza in Palestina, m. 420, 26 febb.

Porziano, *Portianus*, ab. nell'Alvernia, m. v. 540, 24 nov.

Possidonio, vesc., sec. IV-V, onor. 16 magg. (Mirandola).

Potamione, *Potamius*, vesc. e mart. ad Eraclea, 345, 18 magg.

Potenziano. vesc. e mart., IV sec., onor. a Sens 19 ott. e 31 dic.

Potino, vesc. di Lione, mart. 177, 2 giu. (Lione).

Prassede, *Praxedis*, verg. rom., II sec., 21 lugl. (Roma).

Pretestato, vesc. di Rouen, mart. 586, 24 febb.

Primo e Feliciano, frat, mart a Roma v. 287, 9 giu.

Principio, vesc del Mans, m 510, 16 sett.

Prisca, verg. e mart. a Roma, I° sec., 18 genn.

Prisco, mart. nell'Auxerrois, 274, 26 magg.

Privato. vesc. di Gévaudan, mart. v. 256, 21 agosto.

Probo, vesc. di Verona v. sec. VI, 12 genn. — V. Taraco.

Processo e Martiniano, mart. a Roma, I° sec, 2 luglio.

Procopio, mart. a Cesarea 303, 8 luglio.

Proietto, vesc. d'Imola, m. 483, 23 sett. (Imola).

Prosdocimo, vesc. di Padova, m. v. 133, 7 nov. (Carrara, Padova).

Prospero d'Aquitania, dott. della Chiesa, m. v. 463, 25 giu. (Reggio Emilia).

Prospero, vesc. d'Orleans, m. v. 464, 29 lugl.

Protasio, vesc. di Milano, m 352. onor. 19 giu. e 24 nov. (Milano)

Proto e Giacinto, mart. a Roma 257. 11 sett

Prudenzio, vesc. di Atino (Terra di Lavoro), m. v. 300. 1° apr.

Prudenzio. mart. nel Poitu v. 613, onor. a Bèze 6 ott.

Pulcheria, figlia dell'Imp. Arcadio, m. 453. onor. 7 lugl. e 10 sett.

Quadragesimo, sotto-diacono in Italia, VI sec., 26 ott.

Quadrato, vesc. d'Atene, m. 123. 26 magg.

Quaranta martiri in Cappadocia, 320. 10 marzo.

Quarantasette martiri a Roma, sotto Nerone, onor. 14 marzo.

Quattro martiri coronati, Severo, Severiano. Carpoforo e Vittorino fratelli, III o IV sec., 8 nov.

Quintino, mart. nel Vermandois, 287, 31 ott. (Vermandois).

Quinziano, vesc. d'Alvernia, m. 10 nov. 527, onor. 13 nov. (Rodez, 14 giu.).

Quirino o Cirino, mart. a Roma, v. 309, 12 giugno.

Quirino, Tribuno, mart., sec. II, 30 marzo (Correggio, Colonia, Neuss).

Quirino o Cirino, mart. a Roma sotto Claudio, onor. 25 marzo (Tegernsée).

Rabano (B.) Mauro, arciv. di Magonza. m. 856, 4 febb.

Radbodo, vesc. di Utrecht, m 918, 29 nov.

Radegonda, *Radegundis, Aregundis*, regina di Francia, m. 13 ag. 587, onor. a Parigi 30 genn (Poitiers. Peronne. Chinon).

Raffaele, *Raphaël*, Arcangelo, on. 24 ott. (Cordova).

Raimondo di Pennafort, domenicano. m. 6 genn. 1275, già onor. 7 genn., oggi 23 genn. Canon. 1601 (Barcellona, Toledo).

Raimondo Nonnato, dell'ord. della Mercede, m. 1240, 31 ag. (Catalogna).

Raineri o Ranieri, *Ranerius*, conf., m. 1161, 17 giu. (Pisa).

Raingarda (B.ª), religiosa di Marcigny, m. 1135, 24 giu.

Ramberto o Renoberto, *Ragnobertus*, vesc. di Bayeux, m. v. 668, 16 magg. Sue trasl 23 apr, 13 giu, 2 sett., 24 ott., 28 dic

Regina, verg. e mart. presso Alise, 251, 7 sett., onor. anche 17 e 22 mar. (Alise in Borgogna).

Regina, di Denain, sec. VIII, 1° luglio.

Regolo, vesc. ed apost. d'Arles e Senlis, mart. sec. III, 30 marzo. onor. anche 7 febb, 23 apr. e 15 luglio (Senlis).

Regolo, mart. in Africa v. 542 (Toscana e Spagna).

Remaclo, vesc. di Maëstricht, m. v. 668. 3 sett.; sua trasl. 25 giu.

Re Magi, Melchiorre, Gasparo e Baldassare, sec. I, 6 genn.

Remedio. *Romedius*. confess. nel Trentino, sec. V, 1° ott. (Trento).

Remigio, vesc. di Reims, m. 533, 13 genn. Sua trasl. e festa princip. 1° ott. (Reims).

Remigio, arc. di Lione, m. 875, 28 ottobre.

Renato, vesc. d'Angers, m. v. 470, 12 nov.; sua traslaz. 20 ag. (Angers, Sorrento).

Reparata, verg. e mart. in Palestina sotto Decio, 8 ott. (Correggio, Nizza)

Respicio, V. Trifone

Restituta. verg. e mart. con Cirillo v. 272, 27 magg. (Sora di Caserta).

Restituta, mart. in Africa sotto Diocleziano, sec. III, 17 magg.

Reticio, vesc. di Autun, m. 334, 19 lugl., onor. anche 15 magg. e 25 luglio.

Ricario, *Richarius*, ab. di Centule, m. 645, 26 apr, onor. anche 24 ag.; sua trasl. 5 marzo.

Riccardo, re degli Anglosassoni, m. a Lucca nel 722, 7 febb (Lucca, Eichstädt).

Riccardo, vesc. di Chichester, m. m. 1253, 3 apr. Can. 1262.

Rigoberto, vesc. di Reims, m. 739, 4 genn.; sua trasl. 11 giu.

Rigomero, vesc. di Meaux, sec. V, 28 magg.

Roberto, ab. e fond. del conv. di Molemé e di Citeaux, m. 21 mar. 1110, onor. 29 apr.

Roberto, ab. di New Minster (Inghilterra), m. 1159, 7 luglio.

Roberto d'Arbrissel (B.), fondat dell'ord. di Fontevrault, m. 1117, 24 febb, onor. 25 febb negli anni bisestili.

Rocco, *Roch.* confess. a Montpellier, m. 1327, 16 agosto (Parma, Venezia, Montpellier).

Rodingo, ab. di Beaulieu (Champagne), m. v. 680, 17 sett.

Rodrigo, *Rudericus*, prete e mart. a Cordova 857, 13 marz. (Cordova).

Rogaziano, V. Donaziano.

Romano, abb. confess., m. 460, 28 febb.

Romano, vesc. di Metz, m. v. 489, 16 apr.

Romano, vesc. d'Auxerre, m 564, 6 ott. (Auxerre).

Romano, vesc. di Rouen, m 639, 23 ott. (Rouen).

Romano e David, mart. 1001, 24 luglio (Russia).

Romano, soldato, mart. a Roma 258, 9 agosto.

Romarico, fondat. dei monast. di Remiremont, m. 653, 8 dic.

Romolo, vesc. di Fiesole, mart., sec. I, 6 luglio (Fiesole).

Romualdo, fondat. dei Camaldolesi, m. 1027, 19 giu.; sua trasl. 7 febb. (Ravenna).

Rosa da Viterbo, verg., m. 1252, 4 sett. (Viterbo).

Rosa di Lima, verg. nel Perù, domenicana, m. 1617. 26 ag.; onor. 30 ag.. giorno della sua canon. nel 1671 (Lima, il Perù).

Rosalia, verg., m. 1160, 4 sett.; canon. 1625 (Palermo).

Rufino e Valerio, mart. a Soissons v. 287, 14 giu.

Rufino, conf. a Mantova, onor. 19 agosto (Ferrara).

Rufo, vesc. d'Avignone, v. III sec., 12 nov.; a Valenza 14 nov. (Avignone).

Ruggero, *Rogerius*, *Rugerius*, vesc. di Canne, m. v. 496, onor. 15 ott. e 30 dic. (Barletta)

Rustico, vesc di Clermont, m. v. 446, 24 sett.

Rustico, vesc di Narbona, m 461, 26 ott.

Rustico, vesc. di Lione, m. v. 500, 25 apr.

Rustico, V. Dionigi ap. dei Galli.

Sabba, ab. e fondat. di monasteri in Palestina, m. 532, 5 dic.

Sabina, ved. e mart. a Roma 126, 29 ag.; sua traslaz. 3 sett. (Roma).

Sabina, verg. a Troyes, sec. III, 29 genn. (Troyes).

Sabina, mart. ad Avila in Spagna, 305, 27 ott. (Avila).

Sabiniano, mart. a Troyes, sec. III, 29 genn.

Sabino, vesc. d'Assisi, mart. 303, 30 dic. (Assisi, Castri, Spoleto).

Sabino o Savino, vesc. di Piacenza. IV sec., 17 genn. (Piacenza).

Salvio, vesc. ad Angoulêm, mart. a Valenciennes v. 801, 26 giu.; sua trasl. 7 sett.

Samson, *Samso*, vesc. di Dol in Bretagna. 585, onor. 28 lugl., a Parigi 17 ott. (Dol).

Samuele, profeta, onor. 16 febb. (Migne); 20 ag. (Bollandisti).

Sapore ed Isaac, mart. in Persia 339, 30 nov.

Satiro, mart. in Acaja, onor. 12 genn.

Satiro, fratello di S. Ambrogio, m. 393, onor. 17 sett. (Milano).

Saturnino, vesc. di Tolosa, mart. 257, 29 nov. (Tolosa, Pamplona, la Navarra)

Saturnino, prete, mart. a Cartagine 304, 11 febb. V. Marcello.

Savina, matrona di Lodi, sec. IV, 30 genn. (Milano, Lodi).

Savino, V. Sabino.

Scillitani, cristiani di Scillite d'Africa, mart. a Cartagine nel 200, 17 lugl.

Scolastica, sorella di S. Benedetto, m. v. 543, 10 febb. (Montecassino, Le Mans).

Sebastiano, mart. a Roma v. 287, 20 genn.; sua trasl. 9 dic. (Roma, Mannheim, Palma, Soissons, Oetting, Chiemsée).

Sebastiano Valfrè (B.º), conf., m. a Torino 1710, 30 genn

Secondo, capitano della legione tebea, mart. presso Ventimiglia v. 286, 26 ag. (Ventimiglia).

Secondo, mart. ad Asti 119, 29 mar. (Asti).

Sempronio ed Aureliano, mart sec. IV, 5 dic. (Brindisi).

Senatore, vesc. di Milano, m. 480, 28 magg.

Sennen, V. Abdon e Sennen.

Serapia, verg. e mart. a Roma 29 ag. 126; onor 3 sett.

Serapione, vesc. e mart. a Catania 304, 12 sett. (Catania).

Serapione, mart ad Algeri sotto Decio, 14 nov. (Barcellona).

Sereno, vesc di Marsiglia, m. v. 601, 2 ag. (Biandrate).

Sergio e Bacco, nobili romani, mart. in Siria, III o IV sec., 7 ott. (Sergiopolis).

Sergio I, papa, m 8 sett. 701, on. 9 sett.

Servando e Germano, mart. a Cadice princ. del sec. IV, 23 ott. (Cadice, Léon)

Servazio, vesc. di Tongres, m. 384, 13 magg. (Tongres, Maestricht, Worms).

Sette Dormienti, mart. in Efeso, sec. III, 27 luglio.

Sette fondatori dell'ordine dei Servi di M. V., nel 1233, onor. 11 febb. Canon. nel 1717.

Sette fratelli, figli di S. Felicita, mart. v. 164 a Roma, 10 luglio.

Settimio, vesc. e mart. a Jesi, sec. IV, 22 sett (Jesi).

Severiano, vesc. di Gevaudan, m. III sec., 25 genn

Severiano, vesc. di Scitopoli, m. v. 452, 21 febb.

Severiano, V. *Quattro mart. coron.*

Severino, vesc. di Colonia, m. v. 403, 23 ott. (Colonia).

Severino, ab. apost. de' Norici (Austria), m. 482, 8 genn. (Austria, la Baviera, Vienna, San Severino)

Severino, ab. di Agaune, m 507 a Château-Landon, 11 febb.

Severo, mart. a Ravenna, 304, 1º genn.

Severo di Ravenna, vesc., v. 390, 22 ott. (Ravenna).

Sidonio Apollinare, vesc. d'Alvernia, m. v. 488, 21 agosto; onor. 23 agosto (Alvernia, Clermont-Ferrand).

Sigeberto, re d'Austrasia, m. 656, 1º febb. (Nancy, Metz)

Sigismondo, *Sigismundus, Simundus*. re di Borgogna, m. 524, 1º magg. (Cremona, la Boemia).

Sigolena, abb.ª di Troclare, m. v. 700, 24 lugl.

Silverio, papa, mart. v. 538, 20 giu.

Silvestro I, papa, m. 335, onor. 31 dic. in Occid., 2 genn. in Orien.

Silvestro, vesc. di Châlon-sur-Saône, m. v. 526, 20 nov.

Silvestro Gozzolini, ab. di Osimo, istitut. dei Silvestrini, m. 1267, 26 nov.

Silvia, madre di S. Gregorio Magno, sec. VI, 3 nov. (Brescia)

Silvino, vesc. apostolico, m. nell'Artois 720, 17 febb.

Silvio, vesc. di Tolosa, m. v. 400, 31 magg.

Simeone, *Simeo, Simo*, profeta a Gerusal., sec I, onor. 8 ott. in Occid., 3 febb. in Orien. (Zara).

Simeone e Giuda Taddeo, apost., sec. I, onor. in Occid. 28 ott. (Goslar).

Simeone o Simone, cugino germ.

di Gesù Cristo, vesc. di Gerusal, mart. v. 107, 18 febb.

Simeone, vesc. di Metz, sec. IV, 16 febb.

Simeone Barsabeo, *Simeo Bar-Saboé*, vesc. di Seleucia, mart. v. 344, 21 apr.

Simeone Stilita l'antico, anacoreta ad Antiochia, m. 460, onor. 5 genn.

Simeone Stilita il giovane, m. 596, 24 magg.

Simone Stock, generale dei Carmelitani, m. 1265, 16 magg.

Simone di Trento, mart. 1475, 24 marzo; onor. a Trento la IV domen. dopo Pasqua.

Simmaco, *Symmachus*, papa, m. 514, 19 lugl.

Simpliciano, vesc. di Milano, m. 400, 16 ag. (Milano).

Simplicio, vesc., mart. in Sardegna v. 304, 15 magg. (Terranova Pausania in Sardegna).

Simplicio, vesc. d'Autun, m. 418, 24 giu.

Simplicio, papa, m. 10 mar. 483, onor. 2 marzo.

Sindolfo, prete nella dioc. di Reims, sec. VII, 20 ott.

Sindolfo, vesc. di Vienna v. 630, 10 dic.

Sinforiano, *Symphorianus*, mart. ad Autun v. 180, 22 ag. (Autun, Trevoux).

Sinforosa e i 7 suoi figli, mart. a Tivoli v. 120 o 125, 18 luglio.

Siricio, papa, m. 399, 26 nov.

Siro, vesc. di Pavia, m. 96, 9 dic. (Genova, Pavia).

Sisto I, *Sistus, Xystus*, papa, mart. 125, onor. 6 aprile.

Sisto II, papa, mart. 258, 6 ag.

Sisto III, papa, m. 19 ag. 440, on. 28 marzo.

Smeraldo o Smaragdo, V Ciriaco.

Sofia, *Sophia, Sapientia*, mart. a Roma colle figlie Fede, Speranza e Carità, sec. I, 1º ag.; loro festa a Roma 30 sett., in Orien. 17 sett. (Sortino in Sicilia).

Sofronio, *Sophronius*, patriar. di Gerusal., m. 638, 11 mar.

Sotero, papa, mart. v. 174, on. con S. Gaio papa, 22 apr.

Spiridione, *Spiridio*, vesc. di Tri-

midonte in Cipro v. 374, onor. in Orien. 12 dic., in Occid. 14 dic. (Corfù).

Spiro, *Exuperius*, vesc. di Bayeux, m. v. 405, 1º agosto (Corbeil, Bayeux).

Stanislao, *Stanislas*, vesc. di Cracovia, mart. 1079, onor. 8 magg. fino alla fine del sec. XVI, poi 7 maggio. Sua trasl. 27 sett. (Cracovia, Schweidnitz).

Stanislao Kostka, conf. in Polonia, m. 15 ag. 1568, onor. 13 nov.

Stefania, verg. e mart, onor. 18 sett. (Scala presso Amalfi).

Stefano, diacono, protomart. nel 33; sua festa princip. 26 dic.; presso i Greci 27 dic.; invenz. del suo corpo nel 415, 3 ag. Sua trasl. 7 magg. (Biella, Prato, Rovigo, Capua).

Stefano I, papa, m. 257, 2 agosto (Lesina).

Stefano, vesc. di Lione, m. v. 512, 13 febb.

Stefano, vesc. di Bourges, m. 845, 13 genn.

Stefano, re d'Ungheria, m. 15 ag. 1038, onor. già 20 ag., oggi 2 sett. (Ungheria, Bulgaria, Scutari).

Stefano, fond. dell'ord. di Grandmont, m. 1124, 8 febb.

Sulpizio, *Sulpicius*, vesc. di Bayeux, m. 844, 4 sett.

Sulpizio I Severo, vesc. di Bourges, m. 591, 29 genn.

Sulpizio II il Buono, vesc. di Bourges, m. 644, 17 genn.

Sulpizio Severo, discep. di S. Martino, mon. di Marsiglia, m. v. 410, 29 genn.

Susanna, *Suzanna*, mart. a Roma v. 295, onor. con S. Tiburzio, 11 agosto (Roma).

Susanna, mart. in Palestina sotto Giuliano, onor. 20 sett. (Cadice).

Taraco, Probo e Andronico, mart. in Cilicia 304, onor. 11 ott. in Occid., 12 ott. in Orien.

Tarba, *Tarba, Tarbula*, mart. in Persia 341, onor. 22 apr. in Occid, 5 magg. in Or.

Tarsilla, verg. a Roma, sec. VI, 24 dic.

Taurino, vesc. d'Eause, mart. v. 320, 5 sett.

Taurino, vesc. d'Évreux, m. v. 412, 11 agos. (Évreux, Fécamp).

Tebaldo, *Theobaldus*, arc. di Vienna, m. v. 1000, 21 magg.

Tebaldo, erem. camaldol. presso Vicenza, m. 1066, 30 giu., sua depos 1° luglio.

Tecla, *Thecla*, verg. e mart. a Seleucia, 1° sec., onor 23 sett. in Occid., 24 sett. in Orien. (Tarragona).

Telesforo, papa, mart. 2 genn. 136, onor. 5 genn.

Teodardo, vesc di Maëstricht, mart. 668, 10 sett.

Teodardo, arciv. di Narbona, m. v. 893, 1° magg. (Montauban).

Teodolfo, *Theodulfus*, abb. di S. Thierry di Reims, m. v. 590, 1° magg

Teodolfo, abb. di Lobbes, m. 776, 24 giu.

Teodorico o Thierry, vesc. d'Orleans, m. 1012, 27 genn.

Teodoro d'Amasea, mart. 306, onor. 9 nov.

Teodoro, vesc. di Milano, m 490, 26 marzo.

Teodoro d'Eraclea, mart. v. 312, 7 febb. (Costantinop., Ferrara, Venezia).

Teodoro, vesc. di Marsiglia m. v. 594, 2 genn.

Teodoro, I papa, m. 649, 14 magg.

Teodoro, arciv. di Cantorbery, m. 690, 19 sett.

Teodoro Studita, ab. di Costantinop., m. 826, 11 nov.

Teodosio, mart. a Roma v. 269, 25 ottob.

Teodosio, archimandr. in Palestina, m. 529, 11 genn.

Teodoto, il tavernaio, mart. ad Ancira, 303, onor. a Roma 18 magg.; in altre chiese 25 maggio.

Teodulo, mart. a Cesarea 308, on. 17 febb.

Teofanio, *Theophanus*, ab. di Magalagro, mart. 818, 12 marzo.

Teofilo, vesc. di Brescia; sec. V, 27 aprile.

Teofilo, vesc. di Antiochia, m. v. 181, onor. 13 ott.

Teofilo, vesc. di Cesarea in Palestina, m. v. 200, 5 marzo.

Terenzio, diacono, conf., onor. 30 lugl. (Faenza).

Terenzio, mart. v. 249, 24 sett. (Pesaro).

Teresa, *Therasia*, verg. riform. dei Carmelit. Scalzi, m. 1582, 15 ott. — Trasverberazione del cuore della santa, 27 agosto. Festa istituita per l'Ordine Carmelitano nel 1726 (Spagna, Avila).

Tetrico, vesc. d'Auxerre, m. 707, onor. 12 apr. e 6 ott.

Tiberio, mart. nella dioc. d'Agde 304, 10 nov.

Tiburzio, mart. a Roma 286, onor. con S.ª Susanna, 11 agosto.

Tiburzio, Valeriano e Massimo, mart. II o III sec. 14 apr.

Tillone, *Tillo*, *Tillonius*, *Tilmenus*, *Hillonius*, monaco a Solignac, m. 703, 7 genn.

Timoteo, *Timotheus*, discep. di S. Paolo e vesc. d'Efeso, mart 22 genn. 97, onor. a Roma 24 genn., a Parigi 31 mar.; sua traslaz. a Costantinop. 24 febb. 356; festa 9 magg.

Timoteo e Apollinare, mart. a Reims, sec. III o IV, 23 agosto.

Timoteo, Ippolito e Sinforiano, mart. a Roma, IV sec., 22 agos.

Tito, discep. di S. Paolo, vesc. di Creta m. v. 105, 4 genn., onor. 6 febb. (Candia).

Tito, diac, mart. a Roma, sec. V, 16 agosto.

Tommaso, *Thomas*, apost., mart., onor. 21 dic. in Occid, 6 ott. in Orien.; sua trasl. 3 luglio (Portogallo, Goa, Riga, Méliapor).

Tommaso Becket, arciv. di Cantorbéry, mart. 1170, 29 dic Sua trasl 7 lugl. 1222 Can. 1173 (Londra, Cantorbéry, Parigi, Lione, Sens).

Tommaso de' conti d'Aquino, domenicano, dott. della Chiesa, m. 1274, onor. a Roma 7 marzo, a Parigi 18 mar. Canon. 18 luglio 1323; sua trasl. 28 genn. (Napoli).

Tommaso di Villanova, arciv. di Valenza, m. 8 sett. 1555, onor. 18 sett. (Valenza, Thomar).

Torpezio, mart. a Pisa sotto Nerone, 29 apr.; onor. 17 maggio (Provenza).

Torquato, vesc. di S. Paul-Trois-Châteaux, sec. IV, 31 genn. e 1° febb.

Turibio, arc. di Lima, mart. 1606, 23 marzo (Perù).

Trifone, Respicio e Ninfa, mart. IV o V sec., onor. 10 nov. (Cattaro).

Ubaldo, vesc. di Gubbio, m. 1160, 16 magg. (Gubbio).

Uberto, *Hubertus, Hucbertus*, vesc. di Maëstricht e Liegi, conf., m. 727, onor. 3 nov.

Ugo, *Hugo*, arc. di Rouen, m. 730, 9 apr.

Ugo, ab. di Cluny, m. 1109, 28 e 29 apr.

Ugo, vesc. di Grenoble, m. 1132, canon. 1134, onor. 1° apr.; altra festa 11 apr. (Grenoble).

Ugo, vesc. di Lincoln, m. 16 nov. 1200, onor. 17 nov.

Ulrico o Udalrico, vesc. d'Augsbourg, m. 973, 4 lugl. Can. 993 (Augsbourg, Würtemberg).

Umberto, *Humbertus*, abb. di Marolles, m. v 682, 25 mar.

Umberto III (B.), Conte di Savoia, m. 1189, 4 marzo.

Urbano I, papa, mart. 19 maggio 230, onor. 25 magg. (Valenza, Toledo, Troyes).

Urbano, vesc. di Langres, m. v. 374, 23 genn e 2 apr. (Langres, Digione).

Urbico, *Urbicius*. vesc. di Clermont nell'Alvernia, m. v. 312, 3 apr.

Urbico, vesc. di Metz, m. v. 420, 20 marzo (Metz).

Ursino, vesc. di Bourges, sec. II o III. 9 nov. e 29 dic. (Bourges, Lisieux).

Valburga, *Valburgis, Walburgis*, abb.ª di Heidenheim, m. 779, 25 febb.; sua trasl. 2 magg. 870.

Valente, diac. mart. sotto Massimino, 16 febb., onor. 1° giu.

Valente o Valenzio, vesc. di Verona, m. 531, 26 lugl.

Valentino, prete e mart. a Terni, v. 273, 14 febb. (Terni).

Valentino, vesc. di Passaw, conf., m. 440, 7 genn. Sua trasl. 4 ag. (Passaw, il Tirolo).

Valeria, verg. e mart. nel Limosino dopo il 250, onor. a Roma 9

dic., a Parigi 10 dic. (Limoges, Parigi).

Valeriano, mart. a Tournus in Borgogna v. 178, 15 sett. (Tournus).

Valeriano, mart. a Roma 229, 14 apr. (Cordova).

Valerio, vesc. di Treviri, v. 290, 29 genn.

Valerio, vesc. di Sorrento v. 453, 16 genn. (Sorrento).

Valerio, mart. a Soissons con S. Rufino, v. 287, 14 giu.

Valerio, *Walarius*, ab., discep. di S. Colombano, m. 622, 12 dic.

Venanzio, ab. a Tours, sec. V, 13 ottobre.

Venanzio, mart. a Camerino, sec. III, onor. 18 magg. (Camerino).

Venanzio, erem. nell'Artois, sec. VIII, 10 ott. (Saint-Venant nell'Artois).

Venceslao, *Wenceslaus*, duca di Boemia, mart. 936, 28 sett. (Boemia, Ungheria, Polonia, Breslau, Olmütz).

Venerando, vesc. d'Alvernia, m. 25 dic. 423, onor. 18 genn.

Ventura, prete, mart. in Umbria v. 1250, 7 sett. (Città di Castello).

Veranio, vesc. di Vence in Provenza, m. v. 467, 10 sett. (Vence).

Verecondo, vesc. di Verona, m. 522, 22 ott.

Veronica, matrona a Gerusal., sec. I, 4 febb.

Veronica di Binasco (Milano), verg. m. 1497, 13 genn.

Veronica Giuliani, monaca clarissa, m. 1727, 9 luglio, can. 1839.

Vigilio, vesc. di Trento, mart. 405, 26 giu. Sua trasl. 31 genn. (Trento).

Vigilio, vesc. di Brescia, m. v. 480, 26 sett.

Vigore, vesc. di Bayeux, m. v. 536, 1° nov., onor. oggi 3 nov. (Bayeux).

Vincenzo, diac. di Saragozza, mart a Valenza 304, 22 genn. Sua trasl. 27 apr. (Vicenza, Cortona, Lisbona, Oporto, Léon. Valenza, Saragozza, l'Aragona, Berna).

Vincenzo, vesc. nell'Umbria, mart. 303, 6 giu.

Vincenzo, mon. di Lérins, m. 450, on. 24 magg. e 1° giu.

Vincenzo de' Paoli, fond. dei Lazzaristi e delle suore di Carità, m. 27 sett. 1660, onor. 19 luglio Can. 1737.

Vincenzo Ferreri, domenicano, detto il *missionario apostolico*, m. 1419, 5 apr. (canon. 1455); onor. a Piacenza 5 apr, a Napoli la prima domen. di lugl., a Parigi, 13 marzo (Valenza di Spagna, Vannes).

Vindiciano, vesc. d'Arras, m. 706 o 712, 11 marzo.

Virgilio, vesc. d'Arles, m. 10 ott. 610, onor. a Lérins 5 mar., ad Arles 10 ott.

Virgilio, apost della Carinzia, vesc. di Salisburgo. m. 780, 27 nov.

Vitale, mart. a Roma con S. Felicola, onor. 14 febb. (Toledo).

Vitale, mart. a Ravenna sec. II, 28 apr. (Parma, Ravenna).

Vitale ed Agricola, mart. a Bologna v. 304, 4 nov. (Bologna).

Vitale. ab. di Savigny, m. 1122, 16 set.

Vitaliano, vesc. di Capua, m. v. 728, 16 lugl. (Catanzaro).

Vito, *Vito, Vitonus, Videnus*, vesc. di Verdun, m. 529, 9 nov.

Vito o Guido, Modesto e Crescenzia, mart. v. 303, 15 giu.

Vittore I, *Victor*, papa, con S. Nazario, m. 199, 28 lugl.

Vittore, mart. a Marsiglia v. 290, 21 lugl. (Parigi, Marsiglia).

Vittoria, *Victoria*, verg. e mart. a Roma 249, 23 dic

Vittoria, verg., mart. a Cartagine con S. Saturnino e comp., 304, 11 febb.

Vittorino o Vittoriano, *Victorianus*, procons. di Cartagine, mart 484, 23 marzo.

Vittorino, V. *Quattro mart. coron.*

Vittorio, *Victoricus*, mart. presso Amiens, III o IV sec., 11 dic.

Vivanzio. *Viventius*, prete e solit. nel Poitu v. 413, 13 genn.

Volfango, *Wolfgangus*, vesc. e conf.

a Ratisbona. m. 999, 31 ott. (Ungheria, Baviera, Oettingen, Ratisbona).

Volusiano, vesc. a Tours, m. v. 498, 18 genn.

Walfrido, ab. in Toscana, m. v. 775, 15 febb.

Walfredo, *Waldifredus, Vulfilaicus*, diac, er e stilita a Treveri, v. 585, on. 7 lugl. e 21 ott.

Wasnulfo, *Wasnulfus*, mon. Irlandese, apost. dell'Hainaut, m. v. 650, 1º ott.

Wilfrido, vesc. d'York, m. 709, 24 apr.; sua trasl. 940, 12 ott.

Willibrordo, vesc. d'Utrecht, m. 739, 7 nov. (Olanda, Utrecht, Wesel).

Winnoco, ab. di Wormhoudt in Fiandra, m. 717, 6 nov.

Wunebaldo, ab. di Heidenheim in Baviera, m. 761, 18 dic.

Zaccaria, prof. in Giudea, onor. 6 sett.

Zaccaria. prof., padre di S. Giovanni Batt., 1º sec., 5 nov. (Venezia).

Zaccaria, vesc. di Lione, sec. III, 28 ott.

Zaccaria, papa, m 22-23 mar. 752, onor. 15 marzo.

Zama, vesc. di Bologna, m. 320, 24 genn.

Zanobi o Zenobio, vesc. di Firenze, sec. V, 25 magg. (Firenze).

Zefirino, papa, m. 217, 26 agosto.

Zenone, *Zeno*, vesc. di Verona, m. v. 380, 12 apr. (Verona).

Zita, verg, m. 1282, 27 apr. (Lucca).

Zoe, mart. a Roma, sec. III-IV, 5 luglio.

Zosimo, *Zozimus*, papa, m. 418, 26 dicem.

Zosimo, vesc. di Siracusa, m. v. 660, 30 marzo.

Zotico, mart. a Tivoli 137, 12 genn.

Zotico e comp. mart. sotto Decio, 10 febb.

X.

Egira Maomettana.

L'anno dei Maomettani si compone di 354 giorni, 8 ore, 48 minuti e 33 secondi e si divide in 12 mesi lunari, cioè:

1. Moharrem . . . . di giorni	30
2. Çafar . . . . „	29
3. Rebî el-awwel (Rebî I) . . . . . „	30
4. Rebî el-âkhir (Rebî II) . . . . . „	29
5. Dschumâdâ el ûlâ (Dschumâdâ I) . . „	30
6. Dschumâdâ el-àkhira (Dschumâdâ II) . . „	29
7. Redscheb . . . . „	30
8. Schabân . . . . „	29
9. Ramadân . . . . „	30
10. Schawwâl . . . . „	29
11. Dhul-kade . . . . „	30
12. Dhul-hiddsche . . . . . . „	29 o 30

Dell'avanzo annuo di 8^h, 48^m, 33^s i Maomettani tennero conto istituendo un ciclo lunare di 30 anni, dei quali 19 sono comuni cioè di 354 giorni, e 11 sono abbondanti cioè di 355 giorni. In ogni ciclo sono abbondanti gli anni: 2°, 5°, 7°, 10°, 13°, 16°, 18°, 21°, 24°, 26°, 29°, e il giorno che aggiungesi, ponesi in fine del 12° mese che diventa in tal modo di 30 giorni.

L'uso di quest'era incominciò circa nell'anno 640 dell'Era Volgare, al tempo del Califfo Omar I.

Nelle tavole che seguono noi indichiamo, per ciascun anno

dell'Egira fino al 1421 (2000 dell'era cristiana) a qual giorno corrisponde del nostro calendario il 1° Moharrem, o principio dell'anno maomettano. Conoscendo questo, non sarà difficile il calcolo per avere l'inizio degli altri mesi dello stesso anno, quando non si possano consultare le tavole edite dal Dottor F. Wüstenfeld, « *Vergleichungs-Tabellen der Muhammedanischen und Christlichen Zeitrechnung* etc. Leipzig, 1854 , riprodotte anche dal Mas Latrie nel suo *Trésor de Chronologie,* pag. 550-622.

Anni dell'Egira	Era cristiana e principio dell'anno maomettano		Anni dell'Egira	Era cristiana e principio dell'anno maomettano		Anni dell'Egira	Era cristiana e principio dell'anno maomettano	
1	622	16 Lugl.	49	669	9 Feb.	97	715	5 Sett.
2	623	5 Lugl.	50	670	29 Gen.	98	716	25 Agos.
3	624	24 Giug.	51	671	18 Gen.	99	717	14 Agos.
4	625	13 Giug.	52	672	8 Gen.	100	718	3 Agos.
5	626	2 Giug.	53	672	27 Dic.	101	719	24 Lugl.
6	627	23 Mag.	54	673	16 Dic.	102	720	12 Lugl.
7	628	11 Mag.	55	674	6 Dic.	103	721	1 Lugl.
8	629	1 Mag.	56	675	25 Nov.	104	722	21 Giug.
9	630	20 Apr.	57	676	14 Nov.	105	723	10 Giug.
10	631	9 Apr.	58	677	3 Nov.	106	724	29 Mag.
11	632	29 Mar.	59	678	23 Ott.	107	725	19 Mag.
12	633	18 Mar.	60	679	13 Ott.	108	726	8 Mag.
13	634	7 Mar.	61	680	1 Ott.	109	727	28 Apr.
14	635	25 Feb.	62	681	20 Sett.	110	728	16 Apr.
15	636	14 Feb.	63	682	10 Sett.	111	729	5 Apr.
16	637	2 Feb.	64	683	30 Agos.	112	730	26 Mar.
17	638	23 Gen.	65	684	18 Agos.	113	731	15 Mar.
18	639	12 Gen.	66	685	8 Agos.	114	732	3 Mar.
19	640	2 Gen.	67	686	28 Lugl.	115	733	21 Feb.
20	640	21 Dic.	68	687	18 Lugl.	116	734	10 Feb.
21	641	10 Dic.	69	688	6 Lugl.	117	735	31 Gen.
22	642	30 Nov.	70	689	25 Giug.	118	736	20 Gen.
23	643	19 Nov.	71	690	15 Giug.	119	737	8 Gen.
24	644	7 Nov.	72	691	4 Giug.	120	737	29 Dic.
25	645	28 Ott.	73	692	23 Mag.	121	738	18 Dic.
26	646	17 Ott.	74	693	13 Mag.	122	739	7 Dic.
27	647	7 Ott.	75	694	2 Mag.	123	740	26 Nov.
28	648	25 Sett.	76	695	21 Apr.	124	741	15 Nov.
29	649	14 Sett.	77	696	10 Apr.	125	742	4 Nov.
30	650	4 Sett.	78	697	30 Mar.	126	743	25 Ott.
31	651	24 Agos.	79	698	20 Mar.	127	744	13 Ott.
32	652	12 Agos.	80	699	9 Mar.	128	745	3 Ott.
33	653	2 Agos.	81	700	26 Feb.	129	745	22 Sett.
34	654	22 Lugl.	82	701	15 Feb.	130	747	11 Sett.
35	655	11 Lugl.	83	702	4 Feb.	131	748	31 Agos.
36	656	30 Giug.	84	703	24 Gen.	132	749	20 Agos.
37	657	19 Giug.	85	704	14 Gen.	133	750	9 Agos.
38	658	9 Giug.	86	705	2 Gen.	134	751	30 Lugl.
39	659	29 Mag.	87	705	23 Dic.	135	752	18 Lugl.
40	660	17 Mag.	88	706	12 Dic.	136	753	7 Lugl.
41	661	7 Mag.	89	707	1 Dic.	137	754	27 Giug.
42	662	26 Apr.	90	708	20 Nov.	138	755	16 Giug.
43	663	15 Apr.	91	709	9 Nov.	139	756	5 Giug.
44	664	4 Apr.	92	710	29 Ott.	140	757	25 Mag.
45	665	24 Mar.	93	711	19 Ott.	141	758	14 Mag.
46	666	13 Mar.	94	712	7 Ott.	142	759	4 Mag.
47	667	3 Mar.	95	713	26 Sett.	143	760	22 Apr.
48	668	20 Feb.	96	714	16 Sett.	144	761	11 Apr.

Anni dell'Egira	Era cristiana e principio dell'anno maomettano		Anni dell'Egira	Era cristiana e principio dell'anno maomettano		Anni dell'Egira	Era cristiana e principio dell'anno maomettano	
145	762	1 Apr.	193	808	25 Ott.	241	855	22 Mag.
146	763	21 Mar.	194	809	15 Ott.	242	856	10 Mag.
147	764	10 Mar.	195	810	4 Ott.	243	857	30 Apr.
148	765	27 Feb.	196	811	23 Sett.	244	858	19 Apr.
149	766	16 Feb.	197	812	12 Sett.	245	859	8 Apr.
150	767	6 Feb.	198	813	1 Sett.	246	860	28 Mar.
151	768	26 Gen.	199	814	22 Agos.	247	861	17 Mar.
152	769	14 Gen.	200	815	11 Agos.	248	862	7 Mar.
153	770	4 Gen.	201	816	30 Lugl.	249	863	24 Feb.
154	770	24 Dic.	202	817	20 Lugl.	250	864	13 Feb.
155	771	13 Dic.	203	818	9 Lugl.	251	865	2 Feb.
156	772	2 Dic.	204	819	28 Giug.	252	866	22 Gen.
157	773	21 Nov.	205	820	17 Giug.	253	867	11 Gen.
158	774	11 Nov.	206	821	6 Giug.	254	868	1 Gen.
159	775	31 Ott.	207	822	27 Mag.	255	868	20 Dic.
160	776	19 Ott.	208	823	16 Mag.	256	869	9 Dic.
161	777	9 Ott.	209	824	4 Mag.	257	870	29 Nov.
162	778	28 Sett.	210	825	24 Apr.	258	871	18 Nov.
163	779	17 Sett.	211	826	13 Apr.	259	872	7 Nov.
164	780	6 Sett.	212	827	2 Apr.	260	873	27 Ott.
165	781	26 Agos.	213	828	22 Mar.	261	874	16 Ott.
166	782	15 Agos.	214	829	11 Mar.	262	875	6 Ott.
167	783	5 Agos.	215	830	28 Feb.	263	876	24 Sett.
168	784	24 Lugl.	216	831	18 Feb.	264	877	13 Sett.
169	785	14 Lugl.	217	832	7 Feb.	265	878	3 Sett.
170	786	3 Lugl.	218	833	27 Gen.	266	879	23 Agos.
171	787	22 Giug.	219	834	16 Gen.	267	880	12 Agos.
172	788	11 Giug.	220	835	5 Gen.	268	881	1 Agos.
173	789	31 Mag.	221	835	26 Dic.	269	882	21 Lugl.
174	790	20 Mag.	222	836	14 Dic.	270	883	11 Lugl.
175	791	10 Mag.	223	837	3 Dic.	271	884	29 Giug.
176	792	28 Apr.	224	838	23 Nov.	272	885	18 Giug.
177	793	18 Apr.	225	839	12 Nov.	273	886	8 Giug.
178	794	7 Apr.	226	840	31 Ott.	274	887	28 Mag.
179	795	27 Mar.	227	841	21 Ott.	275	888	16 Mag.
180	796	16 Mar.	228	842	10 Ott.	276	889	6 Mag.
181	797	5 Mar.	229	843	30 Sett.	277	890	25 Apr.
182	798	22 Feb.	230	844	18 Sett.	278	891	15 Apr.
183	799	12 Feb.	231	845	7 Sett.	279	892	3 Apr.
184	800	1 Feb.	232	846	28 Agos.	280	893	23 Mar.
185	801	20 Gen.	233	847	17 Agos.	281	894	13 Mar.
186	802	10 Gen.	234	848	5 Agos.	282	895	2 Mar.
187	802	30 Dic.	235	849	26 Lugl.	283	896	19 Feb.
188	803	19 Dic.	236	850	15 Lugl.	284	897	8 Feb.
189	804	8 Dic.	237	851	5 Lugl.	285	898	28 Gen.
190	805	27 Nov.	238	852	23 Giug.	286	899	17 Gen.
191	806	17 Nov.	239	853	12 Giug.	287	900	7 Gen.
192	807	6 Nov.	240	854	2 Giug.	288	900	26 Dic.

Anni dell'Egira	Era cristiana e principio dell'anno maomettano		Anni dell'Egira	Era cristiana e principio dell'anno maomettano		Anni dell'Egira	Era cristiana e principio dell'anno maomettano	
289	901	16 Dic.	337	948	11 Lugl.	385	995	4 Feb.
290	902	5 Dic.	338	949	1 Lugl.	386	996	25 Gen.
291	903	24 Nov.	339	950	20 Glug.	387	997	14 Gen
292	904	13 Nov.	340	951	9 Giug.	388	998	3 Gen.
293	905	2 Nov.	341	952	29 Mag.	389	998	23 Dic.
294	906	22 Ott.	342	953	18 Mag.	390	999	13 Dic.
295	907	12 Ott.	343	954	7 Mag.	391	1000	1 Dic.
296	908	30 Sett.	344	955	27 Apr.	392	1001	20 Nov.
297	909	20 Sett.	345	956	15 Apr.	393	1002	10 Nov.
298	910	9 Sett.	346	957	4 Apr.	394	1003	30 Ott.
299	911	29 Agos.	347	958	25 Mar.	395	1004	18 Ott.
300	912	18 Agos.	348	959	14 Mar.	396	1005	8 Ott.
301	913	7 Agos.	349	960	3 Mar.	397	1006	27 Sett.
302	914	27 Lugl.	350	961	20 Feb.	398	1007	17 Sett.
303	915	17 Lugl.	351	962	9 Feb.	399	1008	5 Sett.
304	916	5 Lugl.	352	963	30 Gen.	400	1009	25 Agos.
305	917	24 Giug.	353	964	19 Gen.	401	1010	15 Agos.
306	918	14 Giug.	354	965	7 Gen.	402	1011	4 Agos.
807	919	3 Giug.	355	965	28 Dic.	403	1012	23 Lugl.
308	920	23 Mag.	356	966	17 Dic.	404	1013	13 Lugl.
309	921	12 Mag.	357	967	7 Dic.	405	1014	2 Lugl.
310	922	1 Mag.	358	968	25 Nov.	406	1015	21 Giug.
311	923	21 Apr	359	969	14 Nov.	407	1016	10 Giug.
312	924	9 Apr.	360	970	4 Nov.	408	1017	30 Mag.
313	925	29 Mar.	361	971	24 Ott.	409	1018	20 Mag.
314	926	19 Mar.	362	972	12 Ott.	410	1019	9 Mag.
315	927	8 Mar.	363	973	2 Ott.	411	1020	27 Apr.
316	928	25 Feb.	364	974	21 Sett.	412	1021	17 Apr.
317	929	14 Feb.	365	975	10 Sett.	413	1022	6 Apr.
318	930	3 Feb.	366	976	30 Agos·	414	1023	26 Mar.
319	931	24 Gen.	367	977	19 Agos·	415	1024	15 Mar.
320	932	13 Gen.	368	978	9 Agos.	416	1025	4 Mar.
321	933	1 Gen.	369	979	29 Lugl.	417	1026	21 Feb.
322	933	22 Dic.	370	980	17 Lugl.	418	1027	11 Feb.
323	934	11 Dic.	371	981	7 Lugl.	419	1028	31 Gen.
324	935	30 Nov.	372	982	26 Giug.	420	1029	20 Gen.
325	936	19 Nov.	373	983	15 Giug.	421	1030	9 Gen.
326	937	8 Nov.	374	984	4 Giug.	422	1030	29 Dic.
327	938	29 Ott.	375	985	24 Mag.	423	1031	19 Dic.
328	939	18 Ott.	376	986	13 Mag.	424	1032	7 Dic.
329	940	6 Ott.	377	987	3 Mag.	425	1033	26 Nov.
330	941	26 Sett.	378	988	21 Apr.	426	1034	16 Nov.
331	942	15 Sett.	379	989	11 Apr.	427	1035	5 Nov.
332	943	4 Sett.	380	990	31 Mar.	428	1036	25 Ott.
333	944	24 Agos.	381	991	20 Mar.	429	1037	14 Ott.
334	945	13 Agos.	382	992	9 Mar.	430	1038	3 Ott.
335	946	2 Agos.	383	993	26 Feb.	431	1039	23 Sett.
336	947	23 Lugl.	384	994	15 Feb.	432	1040	11 Sett.

Anni dell'Egira	Era cristiana e principio dell'anno maomettano		Anni dell'Egira	Era cristiana e principio dell'anno maomettano		Anni dell'Egira	Era cristiana e principio dell'anno maomettano	
433	1041	31 Agos.	481	1088	27 Mar.	529	1134	22 Ott.
434	1042	21 Agos.	482	1089	16 Mar.	530	1135	11 Ott.
435	1043	10 Agos.	483	1090	6 Mar.	531	1136	29 Sett.
436	1044	29 Lugl.	484	1091	23 Feb.	532	1137	19 Sett.
437	1045	19 Lugl.	485	1092	12 Feb.	533	1138	8 Sett.
438	1046	8 Lugl.	486	1093	1 Gen.	534	1139	28 Agos.
439	1047	28 Giug.	487	1094	21 Gen.	535	1140	17 Agos.
440	1048	16 Giug.	488	1095	11 Gen.	536	1141	6 Agos.
441	1049	5 Giug.	489	1095	31 Dic.	537	1142	27 Lugl.
442	1050	26 Mag.	490	1096	19 Dic.	538	1143	16 Lugl.
443	1051	15 Mag.	491	1097	9 Dic.	539	1144	4 Lugl.
444	1052	3 Mag.	492	1098	28 Nov,	540	1145	24 Giug.
445	1053	23 Apr.	493	1099	17 Nov.	541	1146	13 Giug.
446	1054	12 Apr.	494	1100	6 Nov	542	1147	2 Giug.
447	1055	2 Apr.	495	1101	26 Ott.	543	1148	22 Mag.
448	1056	21 Mar.	496	1102	15 Ott.	544	1149	11 Mag.
449	1057	10 Mar.	497	1103	5 Ott.	545	1150	30 Apr.
450	1058	28 Feb.	498	1104	23 Sett.	546	1151	20 Apr,
451	1059	17 Feb	499	1105	13 Sett.	547	1152	8 Apr.
452	1060	6 Feb.	500	1106	2 Sett.	548	1153	29 Mar.
453	1061	26 Gen.	501	1107	22 Agos.	549	1154	18 Mar.
454	1062	15 Gen.	502	1108	11 Agos.	550	1155	7 Mar.
455	1063	4 Gen.	503	1109	31 Lugl.	551	1156	25 Feb.
456	1063	25 Dic.	504	1110	20 Lugl.	552	1157	13 Feb.
457	1064	13 Dic.	505	1111	10 Lugl.	553	1158	2 Feb.
458	1065	3 Dic.	506	1112	28 Giug.	554	1159	23 Gen.
459	1066	22 Nov.	507	1113	18 Giug.	555	1160	12 Gen.
460	1067	11 Nov.	508	1114	7 Giug.	556	1160	31 Dic.
461	1068	31 Ott.	509	1115	27 Mag.	557	1161	21 Dic.
462	1069	20 Ott.	510	1116	16 Mag.	558	1162	10 Dic.
463	1070	9 Ott.	511	1117	5 Mag.	559	1163	30 Nov.
464	1071	29 Sett.	512	1118	24 Apr.	560	1164	18 Nov.
465	1072	17 Sett.	513	1119	14 Apr.	561	1165	7 Nov.
466	1073	6 Sett.	514	1120	2 Apr.	562	1166	28 Ott.
467	1074	27 Agos.	515	1121	22 Mar.	563	1167	17 Ott
468	1075	16 Agos.	516	1122	12 Mar.	564	1168	5 Ott.
469	1076	5 Agos.	517	1123	1 Mar.	565	1169	25 Sett.
470	1077	25 Lugl.	518	1124	19 Feb.	566	1170	14 Sett.
471	1078	14 Lugl.	519	1125	7 Feb.	567	1171	4 Sett.
472	1079	4 Lugl.	520	1126	27 Gen.	568	1172	23 Agos.
473	1080	22 Giug.	521	1127	17 Gen.	569	1173	12 Agos.
474	1081	11 Giug	522	1128	6 Gen.	570	1174	2 Agos.
475	1082	1 Giug.	523	1128	25 Dic.	571	1175	22 Lugl.
476	1083	21 Mag.	524	1129	15 Dic.	572	1176	10 Lugl.
477	1084	10 Mag.	525	1130	4 Dic.	573	1177	30 Giug.
478	1085	29 Apr.	526	1131	23 Nov.	574	1178	19 Giug.
479	1086	18 Apr.	527	1132	12 Nov.	575	1179	8 Giug.
480	1087	8 Apr.	528	1133	1 Nov.	576	1180	28 Mag.

Anni dell'Egira	Era cristiana e principio dell'anno maomettano		Anni dell'Egira	Era cristiana e principio dell'anno maomettano		Anni dell'Egira	Era cristiana e principio dell'anno maomettano	
577	1181	17 Mag.	625	1227	12 Dic.	673	1274	7 Lugl.
578	1182	7 Mag.	626	1228	30 Nov.	674	1275	27 Giug.
579	1183	26 Apr.	627	1229	20 Nov.	675	1276	15 Giug.
580	1184	14 Apr.	628	1230	9 Nov.	676	1277	4 Giug.
581	1185	4 Apr.	629	1231	29 Ott.	677	1278	25 Mah.
582	1186	24 Mar.	630	1232	18 Ott.	678	1279	14 Mag.
583	1187	13 Mar.	631	1233	7 Ott.	679	1280	3 Mag.
584	1188	2 Mar.	632	1234	26 Sett.	680	1281	22 Apr.
585	1189	19 Feb.	633	1235	16 Sett.	681	1282	11 Apr.
586	1190	8 Feb.	634	1236	4 Sett.	682	1283	1 Apr.
587	1191	29 Gen.	635	1237	24 Agos.	683	1284	20 Mar.
588	1192	18 Gen.	636	1238	14 Agos.	684	1285	9 Mar.
589	1193	7 Gen.	637	1239	3 Agos.	685	1286	27 Feb.
590	1193	27 Dic.	638	1240	23 Lugl.	686	1287	16 Feb.
591	1194	16 Dic.	639	1241	12 Lugl.	687	1288	6 Feb.
592	1195	6 Dic.	640	1242	1 Lugl.	688	1289	25 Gen.
593	1196	24 Nov.	641	1243	21 Giug.	689	1290	14 Gen.
594	1197	13 Nov.	642	1244	9 Giug.	690	1291	4 Gen.
595	1198	3 Nov.	643	1245	29 Mag.	691	1291	24 Dic.
596	1199	23 Ott.	644	1246	19 Mag.	692	1292	12 Dic.
597	1200	12 Ott.	645	1247	8 Mag.	693	1293	2 Dic.
598	1201	1 Ott.	646	1248	26 Apr.	694	1294	21 Nov.
599	1202	20 Sett.	647	1249	16 Apr.	695	1295	10 Nov.
600	1203	10 Sett.	648	1250	5 Apr.	696	1296	30 Ott.
601	1204	29 Agos.	649	1251	26 Mar.	697	1297	19 Ott.
602	1205	18 Agos.	650	1252	14 Mar.	698	1298	9 Ott.
603	1206	8 Agos.	651	1253	3 Mar.	699	1299	28 Sett.
604	1207	28 Lugl.	652	1254	21 Feb.	700	1300	16 Sett.
605	1208	16 Lugl.	653	1255	10 Feb.	701	1301	6 Sett.
606	1209	6 Lugl.	654	1256	30 Gen.	702	1302	26 Agos.
607	1210	25 Giug.	655	1257	9 Gen.	703	1303	15 Agos.
608	1211	15 Giug.	656	1258	8 Gen.	704	1304	4 Agos.
609	1212	3 Giug.	657	1258	29 Dic.	705	1305	24 Lugl.
610	1213	23 Mag.	658	1259	18 Dic.	706	1306	13 Lugl.
611	1214	13 Mag.	659	1260	6 Dic.	707	1307	3 Lugl
612	1215	2 Mag.	660	1261	26 Nov.	708	1308	21 Giug.
613	1216	20 Apr.	661	1262	15 Nov.	709	1309	11 Giug.
614	1217	10 Apr.	662	1263	4 Nov.	710	1310	31 Mag.
615	1218	30 Mar.	663	1264	24 Ott.	711	1311	20 Mag.
616	1219	19 Mar.	664	1265	13 Ott.	712	1312	9 Mag.
617	1220	8 Mar.	665	1266	2 Ott.	713	1313	28 Apr.
618	1221	25 Feb.	666	1267	22 Sett.	714	1314	17 Apr.
619	1222	15 Feb.	667	1268	10 Sett.	715	1315	7 Apr.
620	1223	4 Feb	668	1269	31 Agos.	716	1316	26 Mar.
621	1224	24 Gen.	669	1270	20 Agos.	717	1317	16 Mar.
622	1225	3 Gen.	670	1271	9 Agos.	718	1318	5 Mar.
623	1226	2 Gen.	671	1272	29 Lugl.	719	1319	22 Feb.
624	1226	22 Dic.	672	1273	18 Lugl.	720	1320	12 Feb.

Anni dell'Egira	Era cristiana e principio dell'anno maomettano		Anni dell'Egira	Era cristiana e principio dell'anno maomettano		Anni dell'Egira	Era cristiana e principio dell'anno maomettano	
721	1321	31 Gen.	769	1367	28 Agos.	817	1414	23 Mar.
722	1322	20 Gen.	770	1368	16 Agos.	818	1415	13 Mar.
723	1323	10 Gen.	771	1369	5 Agos.	819	1416	1 Mar.
724	1323	30 Dic.	772	1370	26 Lugl.	820	1417	18 Feb.
725	1324	18 Dic.	773	1371	15 Lugl.	821	1418	8 Feb.
726	1325	8 Dic.	774	1372	3 Lugl.	822	1419	28 Gen.
727	1326	27 Nov.	775	1373	23 Giug.	823	1420	17 Gen.
728	1327	17 Nov.	776	1374	12 Giug.	824	1421	6 Gen.
729	1328	5 Nov.	777	1375	2 Giug.	825	1421	26 Dic.
730	1329	25 Ott.	778	1376	21 Mag.	826	1422	15 Dic.
731	1330	15 Ott.	779	1377	10 Mag	827	1423	5 Dic.
732	1331	4 Ott.	780	1378	30 Apr.	828	1424	23 Nov.
733	1332	22 Sett.	781	1379	19 Apr.	829	1425	13 Nov.
734	1333	12 Sett.	782	1380	7 Apr.	830	1426	2 Nov.
735	1334	1 Sett.	783	1381	28 Mar.	831	1427	21 Ott.
736	1335	21 Agos.	784	1382	17 Mar.	832	1428	11 Ott.
737	1336	10 Agos.	785	1383	6 Mar.	833	1429	30 Sett.
738	1337	30 Lugl.	786	1384	24 Feb.	834	1430	19 Sett.
739	1338	20 Lugl.	787	1385	12 Feb.	835	1431	9 Sett.
740	1339	9 Lugl.	788	1386	2 Feb.	836	1432	28 Agos.
741	1340	27 Giug.	789	1387	22 Gen.	837	1433	18 Agos.
742	1341	17 Giug.	790	1388	11 Gen.	838	1434	7 Agos.
743	1342	6 Giug.	791	1388	31 Dic.	839	1435	27 Lugl.
744	1343	26 Mag.	792	1389	20 Dic.	840	1436	16 Lugl.
745	1344	15 Mag.	793	1390	9 Dic.	841	1437	5 Lugl.
746	1345	4 Mag.	794	1391	29 Nov.	842	1438	24 Giug.
747	1346	24 Apr.	795	1392	17 Nov.	843	1439	14 Giug.
748	1347	13 Apr.	796	1393	6 Nov.	844	1440	2 Giug.
749	1348	1 Apr.	797	1394	27 Ott.	845	1441	22 Mag.
750	1349	22 Mar.	798	1395	16 Ott.	846	1442	12 Mag.
751	1350	11 Mar.	799	1396	5 Ott.	847	1443	1 Mag.
752	1351	28 Feb.	800	1397	24 Sett.	848	1444	20 Apr.
753	1352	18 Feb.	801	1398	13 Sett.	849	1445	9 Apr.
754	1353	6 Feb.	802	1399	3 Sett.	850	1446	29 Mar.
755	1354	26 Gen.	803	1400	22 Agos.	851	1447	19 Mar.
756	1355	16 Gen.	804	1401	11 Agos.	852	1448	7 Mar.
757	1356	5 Gen.	805	1402	1 Agos.	853	1449	24 Feb.
758	1356	25 Dic.	806	1403	21 Lugl.	854	1450	14 Feb.
759	1357	14 Dic.	807	1404	10 Lugl.	855	1451	3 Feb.
760	1358	3 Nov.	808	1405	29 Giug.	856	1452	23 Gen.
761	1359	23 Nov.	809	1406	18 Giug.	857	1453	12 Gen.
762	1360	11 Nov.	810	1407	8 Giug.	858	1454	1 Gen.
763	1361	31 Ott.	811	1408	27 Mag.	859	1454	22 Dic.
764	1362	21 Ott.	812	1409	16 Mag.	860	1455	11 Dic.
765	1363	10 Ott.	813	1410	6 Mag.	861	1456	29 Nov.
766	1364	28 Sett.	814	1411	25 Apr.	862	1457	19 Nov.
767	1365	18 Sett.	815	1412	13 Apr.	863	1458	8 Nov.
768	1366	7 Sett.	816	1413	3 Apr.	864	1459	28 Ott.

Anni dell'Egira	Era cristiana e principio dell'anno maomettano		Anni dell'Egira	Era cristiana e principio dell'anno maomettano		Anni dell'Egira	Era cristiana e principio dell'anno maomettano	
865	1460	17 Ott.	913	1507	13 Mag.	961	1553	7 Dic.
866	1461	6 Ott.	914	1508	2 Mag.	962	1554	26 Nov.
867	1462	26 Sett.	915	1509	21 Apr.	963	1555	16 Nov.
868	1463	15 Sett	916	1510	10 Apr.	964	1556	4 Nov.
869	1464	3 Sett.	917	1511	31 Mar.	965	1557	24 Ott.
870	1465	24 Agos.	918	1512	19 Mar.	966	1558	14 Ott.
871	1466	13 Agos.	919	1513	9 Mar.	967	1559	3 Ott.
872	1467	2 Agos.	920	1514	26 Feb.	968	1560	22 Sett.
873	1468	22 Lugl.	921	1515	15 Feb.	969	1561	11 Sett.
874	1469	11 Lugl.	922	1516	5 Feb.	970	1562	31 Agos.
875	1470	30 Giug.	923	1517	24 Gen.	971	1563	21 Agos.
876	1471	20 Giug.	924	1518	13 Gen.	972	1564	9 Agos.
877	1472	8 Giug.	925	1519	3 Gen.	973	1565	29 Lugl.
878	1473	29 Mag.	926	1519	23 Dic.	974	1566	19 Lugl.
879	1474	18 Mag.	927	1520	12 Dic.	975	1567	8 Lugl.
880	1475	7 Mag.	928	1521	1 Dic,	976	1568	26 Giug.
881	1476	26 Apr.	929	1522	20 Nov.	977	1569	16 Giug.
882	1477	15 Apr.	930	1523	10 Nov.	978	1570	5 Giug.
883	1478	4 Apr.	931	1524	29 Ott.	979	1571	26 Mag.
884	1479	25 Mar.	932	1525	18 Ott.	980	1572	14 Mag.
885	1480	13 Mar.	933	1526	8 Ott.	981	1573	3 Mag.
886	1481	2 Mar.	934	1527	27 Sett.	982	1574	23 Apr.
887	1482	20 Feb.	935	1528	15 Sett.	983	1575	12 Apr.
888	1483	9 Feb.	936	1529	5 Sett.	984	1576	31 Mar.
889	1484	30 Gen.	937	1530	25 Agos.	985	1577	21 Mar.
890	1485	18 Gen.	938	1531	15 Agos.	986	1578	10 Mar.
891	1486	7 Gen.	939	1532	3 Agos.	987	1579	28 Feb.
892	1486	28 Dic.	940	1533	23 Lugl.	988	1580	17 Feb.
893	1487	17 Dic.	941	1534	13 Lugl.	989	1581	5 Feb.
894	1488	5 Dic.	942	1535	2 Lugl.	990	1582	26 Gen.
895	1489	25 Nov.	943	1536	20 Giug.	991	1583	25 Gen.(1)
896	1490	14 Nov.	944	1537	10 Giug.	992	1584	14 Gen.
897	1491	4 Nov.	945	1538	30 Mag.	993	1585	3 Gen.
898	1492	23 Ott.	946	1539	19 Mag.	994	1585	23 Dic.
899	1493	12 Ott.	947	1540	8 Mag.	995	1586	12 Dic.
900	1494	2 Ott.	948	1541	27 Apr.	996	1587	2 Dic.
901	1495	21 Sett.	949	1542	17 Apr.	997	1588	20 Nov.
902	1496	9 Sett.	950	1543	6 Apr.	998	1589	10 Nov.
903	1497	30 Agos.	951	1544	25 Mar.	999	1590	30 Ott.
904	1498	19 Agos.	952	1545	15 Mar.	1000	1591	19 Ott.
905	1499	8 Agos.	953	1546	4 Mar.	1001	1592	8 Ott.
906	1500	28 Lugl.	954	1547	21 Feb.	1002	1593	27 Sett.
907	1501	17 Lugl.	955	1548	11 Feb.	1003	1594	16 Sett.
908	1502	7 Lugl.	956	1549	30 Gen.	1004	1595	6 Sett.
909	1503	26 Giug.	957	1550	20 Gen.	1005	1596	25 Agos.
910	1504	14 Giug.	958	1551	9 Gen.	1000	1597	14 Agos.
911	1505	4 Giug.	959	1551	29 Dic.	1007	1598	4 Agos.
912	1506	24 Mag.	960	1552	18 Dic.	1003	1599	24 Lugl.

(1) Secondo il calendario gregoriano. Così le date che seguono.

Anni dell'Egira	Era cristiana e principio dell'anno maomettano		Anni dell'Egira	Era cristiana e principio dell'anno maomettano		Anni dell'Egira	Era cristiana e principio dell'anno maomettano	
1009	1600	13 Lugl.	1057	1647	6 Feb.	1105	1693	2 Sett.
1010	1601	2 Lugl.	1058	1648	27 Gen.	1106	1694	22 Agos.
1011	1602	21 Giug.	1059	1649	15 Gen.	1107	1695	12 Agos.
1012	1603	11 Giug.	1060	1650	4 Gen.	1108	1696	31 Lugl.
1013	1604	30 Mag.	1061	1650	25 Dic.	1109	1697	20 Lugl.
1014	1605	19 Mag.	1062	1651	14 Dic.	1110	1698	10 Lugl.
1015	1606	9 Mag.	1063	1652	2 Dic.	1111	1699	29 Ging.
1016	1607	28 Apr.	1064	1653	22 Nov.	1112	1700	18 Giug.
1017	1608	17 Apr.	1065	1654	11 Nov.	1113	1701	8 Giug.
1018	1609	6 Apr.	1066	1655	31 Ott.	1114	1702	28 Mag.
1019	1610	26 Mar.	1067	1656	20 Ott.	1115	1703	17 Mag.
1020	1611	16 Mar.	1068	1657	9 Ott	1116	1704	6 Mag.
1021	1612	4 Mar.	1069	1658	29 Sett.	1117	1705	25 Apr.
1022	1613	21 Feb.	1070	1659	18 Sett.	1118	1706	15 Apr.
1023	1614	11 Feb.	1071	1660	6 Sett.	1119	1707	4 Apr.
1024	1615	31 Gen.	1072	1661	27 Agos.	1120	1708	23 Mar.
1025	1616	20 Gen.	1073	1662	16 Agos.	1121	1709	13 Mar.
1026	1617	9 Gen.	1074	1663	5 Agos	1122	1710	2 Mar.
1027	1617	29 Dic.	1075	1664	25 Lugl	1123	1711	19 Feb.
1028	1618	19 Dic.	1076	1665	14 Lugl	1124	1712	9 Feb.
1029	1619	8 Dic.	1077	1666	4 Lugl.	1125	1713	28 Gen.
1030	1620	26 Nov.	1078	1667	23 Giug.	1126	1714	17 Gen.
1031	1621	16 Nov.	1079	1668	11 Giug.	1127	1715	7 Gen.
1032	1622	5 Nov.	1080	1669	1 Giug.	1128	1715	27 Dic.
1033	1623	25 Ott.	1081	1670	21 Mag.	1129	1716	16 Dic.
1034	1624	14 Ott.	1082	1671	10 Mag.	1130	1717	5 Dic.
1035	1625	3 Ott.	1083	1672	29 Apr.	1131	1718	24 Nov.
1036	1626	22 Sett.	1084	1673	18 Apr.	1132	1719	14 Nov.
1037	1627	12 Sett.	1085	1674	7 Apr.	1133	1720	2 Nov.
1038	1628	31 Agos.	1086	1675	28 Mar.	1134	1721	22 Ott.
1039	1629	21 Agos.	1087	1676	16 Mar.	1135	1722	12 Ott.
1040	1630	10 Agos.	1088	1677	6 Mar.	1136	1723	1 Ott.
1041	1631	30 Lugl.	1089	1678	23 Feb.	1137	1724	20 Sett.
1042	1632	19 Lugl.	1090	1679	12 Feb.	1138	1725	9 Sett.
1043	1633	8 Lugl.	1091	1680	2 Feb.	1139	1726	29 Agos.
1044	1634	27 Giug.	1092	1681	21 Gen.	1140	1727	19 Agos.
1045	1635	17 Giug.	1093	1682	10 Gen.	1141	1728	7 Agos.
1046	1636	5 Giug.	1094	1682	31 Dic.	1142	1729	27 Lugl.
1047	1637	26 Mag.	1095	1683	20 Dic.	1143	1730	17 Lugl.
1048	1638	15 Mag.	1096	1684	8 Dic.	1144	1731	6 Lugl.
1049	1639	4 Mag.	1097	1685	28 Nov.	1145	1732	24 Giug.
1050	1640	23 Apr.	1098	1686	17 Nov.	1146	1733	14 Giug.
1051	1641	12 Apr.	1099	1687	7 Nov.	1147	1734	3 Giug.
1052	1642	1 Apr.	1100	1688	26 Ott.	1148	1735	24 Mag.
1053	1643	22 Mar.	1101	1689	15 Ott.	1149	1736	12 Mag.
1054	1644	10 Mar.	1102	1690	5 Ott.	1150	1737	1 Mag.
1055	1645	27 Feb.	1103	1691	24 Sett.	1151	1738	21 Apr.
1056	1646	17 Feb.	1104	1692	12 Sett.	1152	1739	10 Apr.

Anni dell'Egira	Era cristiana e principio dell'anno maomettano		Anni dell'Egira	Era cristiana e principio dell'anno maomettano		Anni dell'Egira	Era cristiana e principio dell'anno maomettano	
1153	1740	29 Mar.	1201	1786	24 Ott.	1249	1833	21 Mag.
1154	1741	19 Mar.	1202	1787	13 Ott.	1250	1834	10 Mag.
1155	1742	8 Mar.	1203	1788	2 Ott.	1251	1835	29 Apr.
1156	1743	25 Feb.	1204	1789	21 Sett.	1252	1836	18 Apr.
1157	1744	15 Feb.	1205	1790	10 Sett.	1253	1837	7 Apr.
1158	1745	3 Feb.	1206	1791	31 Agos.	1254	1838	27 Mar.
1159	1746	24 Gen.	1207	1792	19 Agos.	1255	1839	17 Mar.
1160	1747	13 Gen.	1208	1793	9 Agos.	1256	1840	5 Mar.
1161	1748	2 Gen.	1209	1794	29 Lugl.	1257	1841	23 Feb.
1162	1748	22 Dic.	1210	1795	18 Lugl.	1258	1842	12 Feb.
1163	1749	11 Dic.	1211	1796	7 Lugl.	1259	1843	1 Feb.
1164	1750	30 Nov.	1212	1797	26 Giug.	1260	1844	22 Gen.
1165	1751	20 Nov.	1213	1798	15 Giug.	1261	1845	10 Gen.
1166	1752	8 Nov.	1214	1799	5 Giug.	1262	1845	30 Dic.
1167	1753	29 Ott.	1215	1800	25 Mag.	1263	1846	20 Dic.
1168	1754	18 Ott.	1216	1801	14 Mag.	1264	1847	9 Dic.
1169	1755	7 Ott.	1217	1802	4 Mag.	1265	1848	27 Nov.
1170	1756	26 Sett.	1218	1803	23 Apr.	1266	1849	17 Vov.
1171	1757	15 Sett.	1219	1804	12 Apr.	1267	1850	6 Nov.
1172	1758	4 Sett.	1220	1805	1 Apr.	1268	1851	27 Ott.
1173	1759	25 Agos.	1221	1806	21 Mar.	1269	1852	15 Ott.
1174	1760	13 Agos.	1222	1807	11 Mar.	1270	1853	4 Ott
1175	1761	2 Agos.	1223	1808	28 Feb.	1271	1854	24 Sett.
1176	1762	23 Lugl.	1224	1809	16 Feb.	1272	1855	13 Sett.
1177	1763	12 Lugl.	1225	1810	6 Feb.	1273	1856	1 Sett.
1178	1764	1 Lugl.	1226	1811	26 Gen.	1274	1857	22 Agos.
1179	1765	20 Giug.	1227	1812	16 Gen.	1275	1858	11 Agos.
1180	1766	9 Giug.	1228	1813	4 Gen.	1276	1859	31 Lugl.
1181	1767	30 Mag.	1229	1813	24 Dic.	1277	1860	20 Lugl.
1182	1768	18 Mag.	1230	1814	14 Dic.	1278	1861	9 Lugl.
1183	1769	7 Mag.	1231	1815	3 Dic.	1279	1862	29 Giug.
1184	1770	27 Apr.	1232	1816	21 Nov.	1280	1863	18 Giug.
1185	1771	16 Apr.	1233	1817	11 Nov.	1281	1864	6 Giug.
1186	1772	4 Apr.	1234	1818	31 Ott.	1282	1865	27 Mag.
1187	1773	25 Mar.	1235	1819	20 Ott.	1283	1866	16 Mag.
1188	1774	14 Mar.	1236	1820	9 Ott.	1284	1867	5 Mag.
1189	1775	4 Mar.	1237	1821	28 Sett.	1285	1868	24 Apr.
1190	1776	21 Feb.	1238	1822	18 Sett.	1286	1869	13 Apr.
1191	1777	9 Feb.	1239	1823	7 Sett.	1287	1870	3 Apr.
1192	1778	30 Gen.	1240	1824	26 Agos.	1288	1871	23 Mar.
1193	1779	19 Gen.	1241	1825	16 Agos.	1289	1872	11 Mar.
1194	1780	8 Gen.	1242	1826	5 Agos.	1290	1873	1 Mar.
1195	1780	28 Dic.	1243	1827	25 Lugl.	1291	1874	18 Feb.
1196	1781	17 Dic.	1244	1828	14 Lugl.	1292	1875	7 Feb.
1197	1782	7 Dic.	1245	1829	3 Lngl.	1293	1876	28 Gen.
1198	1783	26 Nov.	1246	1830	22 Giug.	1294	1877	16 Gen.
1199	1784	14 Nov.	1247	1831	12 Giug.	1295	1878	5 Gen.
1200	1785	4 Nov.	1248	1832	31 Mag.	1296	1878	26 Dic.

Anni dell'Egira	Era cristiana e principio dell'anno maomettano		Anni dell'Egira	Era cristiana e principio dell'anno maomettano		Anni dell'Egira	Era cristiana e principio dell'anno maomettano	
1297	1879	15 Dic.	1339	1920	15 Sett.	1381	1961	15 Giug.
1298	1880	4 Dic.	1340	1921	4 Sett.	1382	1962	4 Giug.
1299	1881	23 Nov.	1341	1922	24 Agos.	1383	1963	25 Mag.
1300	1882	12 Nov.	1342	1923	14 Agos.	1384	1964	13 Mag.
1301	1883	2 Nov.	1343	1924	2 Agos.	1385	1965	2 Mag.
1302	1884	21 Ott	1344	1925	22 Lugl.	1386	1966	22 Apr.
1303	1885	10 Ott.	1345	1926	12 Lugl.	1387	1967	11 Apr.
1304	1886	30 Sett.	1346	1927	1 Lugl.	1388	1968	31 Mar.
1305	1887	19 Sett.	1347	1928	20 Giug.	1389	1969	20 Mar.
1306	1888	7 Sett.	1348	1929	9 Giug.	1390	1970	9 Mar.
1307	1889	28 Agos.	1349	1930	29 Mag.	1391	1971	27 Feb.
1308	1890	17 Agos.	1350	1931	19 Mag.	1392	1972	16 Feb.
1309	1891	7 Agos.	1351	1932	7 Mag.	1393	1973	4 Feb.
1310	1892	26 Lugl.	1352	1933	26 Apr.	1394	1974	25 Gen.
1311	1893	15 Lugl.	1353	1934	16 Apr.	1395	1975	14 Gen.
1312	1894	5 Lugl.	1354	1935	5 Apr.	1396	1976	3 Gen.
1313	1895	24 Giug	1355	1936	24 Mar.	1397	1976	23 Dic.
1314	1896	12 Giug.	1356	1937	14 Mar.	1398	1977	12 Dic.
1315	1897	2 Giug.	1357	1938	3 Mar.	1399	1978	2 Dic.
1316	1898	22 Mag.	1358	1939	21 Feb.	1400	1979	21 Nov.
1317	1899	12 Mag.	1359	1940	10 Feb.	1401	1980	9 Nov.
1318	1900	1 Mag.	1360	1941	29 Gen.	1402	1981	30 Ott.
1319	1901	20 Apr.	1361	1942	19 Gen.	1403	1982	19 Ott.
1320	1902	10 Apr.	1362	1943	8 Gen.	1404	1983	8 Ott.
1321	1903	30 Mar.	1363	1943	28 Dic.	1405	1984	27 Sett.
1322	1904	18 Mar.	1364	1944	17 Dic.	1406	1985	16 Sett.
1323	1905	8 Mar.	1365	1945	6 Dic.	1407	1986	6 Sett
1324	1906	23 Feb.	1366	1946	25 Nov.	1408	1987	26 Agos.
1325	1907	14 Feb.	1367	1947	15 Nov.	1409	1988	14 Agos.
1326	1908	4 Feb.	1368	1948	3 Nov.	1410	1989	4 Agos.
1327	1909	24 Gen.	1369	1949	24 Ott.	1411	1990	24 Lugl.
1328	1910	13 Gen.	1370	1950	13 Ott.	1412	1991	13 Lugl.
1329	1911	2 Gen.	1371	1951	2 Ott.	1413	1992	2 Lugl.
1330	1911	22 Dic.	1372	1952	21 Sett.	1414	1993	21 Giug.
1331	1912	11 Dic.	1373	1953	10 Sett.	1415	1994	10 Giug.
1332	1913	30 Nov.	1374	1954	30 Agos.	1416	1995	31 Mag.
1333	1914	19 Nov.	1375	1955	20 Agos	1417	1996	19 Mag.
1334	1915	9 Nov.	1376	1956	8 Agos.	1418	1997	9 Mag.
1335	1916	28 Ott	1377	1957	29 Lugl.	1419	1998	28 Apr.
1336	1917	18 Ott.	1378	1958	18 Lugl.	1420	1999	17 Apr.
1337	1918	7 Ott.	1379	1959	7 Lugl.	1421	2000	6 Apr.
1338	1919	26 Sett.	1380	1960	26 Giug.			

XI.

Era della Repubblica Francese.

Pel decreto della Convenzione Nazionale del 4 glaciale anno II (24 Nov. 1793) l'anno repubblicano veniva diviso in 12 mesi di 30 giorni ciascuno. Dopo di questi, per completare l'anno ordinario, seguivano 5 giorni che non appartenevano ad alcun mese e che vennero chiamati *Sans-Culotides*, e più tardi, con decreto del 7 fruttidoro anno III (24 Agosto 1795), furono detti *giorni complementari*. A questi, per completare la durata dell'anno tropico, veniva aggiunto, ogni quattro anni, un sesto giorno detto della Rivoluzione.

Ciascun mese era diviso in tre parti uguali di 10 giorni ciascuna, dette *decadi*. I nomi dei giorni delle decadi erano: *Primidi, Duodi, Tridi, Quartidi, Quintidi, Sextidi, Septidi, Octidi, Nonidi, Decadi.* Quest'ultimo era giorno di riposo.

I nomi dei mesi erano: per l'autunno, *Vendémiaire, Brumaire Frimaire*; per l'inverno, *Nivôse, Pluviôse, Ventôse*; per la primavera, *Germinal, Floreal, Prairial*; per l'estate, *Messidor, Thermidor, Fructidor*.

Il periodo di quattro anni alla fine dei quali era ordinariamente necessaria, come vedemmo, l'aggiunta di un giorno, era chiamata la *Franciade*.

Il giorno, da una mezzanotte all'altra, era diviso in dieci parti o ore, ciascuna ora in cento minuti decimali, e ciascun minuto in cento secondi decimali.

Il calendario repubblicano fu messo in vigore il 26 novembre 1793 e abolito il 31 dicembre 1805 da Napoleone I.

NB. *Segnammo con asterisco (') nell'Era volgare i giorni di domenica e nell'Era repubblicana il* **decadì** *o giorno di riposo.*

Anno primo (1792-93).

Complem. — Era volgare: Sett. 1793

Era volgare	Era rep.
17	1
18	2
19	3
20	4
21	5

Fructid. — Agosto 1793 / Settembre 1793

Era rep.	1	2	3	4	5	6	7	8	9	10*	11	12	13	14	15	16	17	18	19*	20	21	22	23	24	25	26	27	28	29*	30
Era volgare	18*	19	20	21	22	23	24	25*	26	27	28	29	30	31	1	2	3	4	5	6*	7	8*	9	10	11	12	13	14	15*	16

Thermid. — Luglio 1793 / Agosto 1793

Era rep.	1	2	3	4	5	6	7	8	9	10*	11	12	13	14	15	16	17	18	19	20*	21	22	23	24	25	26	27	28	29	30*
Era volgare	19	20*	21*	22	23	24	25	26	27	28*	29	30	31	1	2	3	4*	5	6	7	8	9	10*	11*	12	13	14	15	16	17*

Messidor — Giugno 1793 / Luglio 1793

Era rep.	1	2	3	4	5	6	7	8	9	10*	11	12*	13	14	15	16	17	18	19	20*	21	22	23	24	25	26	27	28	29	30*
Era volgare	19	20	21	22	23*	24	25	26	27	28	29	30*	1	2	3	4	5	6	7*	8	9	10	11	12	13	14*	15	16	17	18

Prairial — Maggio 1793 / Giugno 1793

Era rep.	1	2	3	4	5	6	7	8	9	10*	11	12	13	14	15	16	17	18	19*	20	21	22	23	24	25	26	27	28	29	30*
Era volgare	20	21	22	23	24	25*	26	27	28*	29	30	31	1	2*	3	4	5	6	7	8	9*	10	11	12	13	14	15	16*	17	18

Floréal — Aprile 1793 / Maggio 1793

Era rep.	1	2	3	4	5	6	7	8	9	10*	11	12	13	14	15	16	17	18	19	20*	21	22	23	24	25	26	27	28	29	30*
Era volgare	20	21*	22	23	24	25	26	27	28*	29	30	1	2	3	4	5*	6	7	8	9	10	11	12*	13	14	15	16	17	18	19*

Germin. — Marzo 1793 / Aprile 1793

Era rep.	1	2	3	4	5	6	7	8	9	10*	11	12	13	14	15	16	17	18	19	20*	21	22	23	24	25	26	27	28	29	30*
Era volgare	21	22*	23*	24*	25	26	27	28	29	30*	31*	1	2	3	4	5	6	7*	8	9	10	11	12*	13*	14*	15	16	17	18	19

Ventôse — Febbraio 1793 / Marzo 1793

Era rep.	1	2	3	4	5	6	7	8	9	10*	11	12	13	14	15	16	17	18	19	20*	21	22	23	24	25	26	27	28	29	30*
Era volgare	19	20	21	22	23*	24*	25	26	27	28	1	2	3*	4	5	6	7	8	9*	10*	11	12	13	14	15	16*	17*	18	19	20

Pluviôse — Gennaio 1793 / Febbraio 1793

Era rep.	1	2	3	4	5	6	7	8	9	10*	11	12	13	14	15	16	17	18	19	20*	21	22	23	24	25	26	27	28	29	30*
Era volgare	20*	21	22	23	24	25	26*	27*	28	29	30	31	1	2	3*	4	5	6	7	8	9	10*	11	12	13	14	15	16	17*	18

Nivôse — Dicembre 1792 / Gennaio 1793

Era rep.	1	2	3	4	5	6	7	8	9	10*	11	12	13	14	15	16	17	18	19	20*	21	22	23	24	25	26	27	28	29	30*
Era volgare	21	22	23*	24	25	26	27	28	29	30*	31	1	2	3	4	5*	6	7	8	9	10*	11	12	13*	14	15	16	17	18	19

Frimaire — Novembre 1792 / Dicembre 1792

Era rep.	1	2	3	4	5	6	7	8	9	10*	11	12	13	14	15	16	17	18	19	20*	21	22	23	24	25	26	27	28	29	30*
Era volgare	21	22	23	24	25*	26	27	28	29	30*	1	2	3	4	5	6	7	8	9	10*	11	12	13	14	15	16*	17	18	19	20

Brumaire — Ottobre 1792 / Novembre 1792

Era rep.	1	2	3	4	5	6	7	8	9	10*	11	12	13	14	15	16	17	18	19	20*	21	22	23	24	25	26	27	28	29	30*
Era volgare	22	23	24	25	26	27	28	29	30	31	1	2	3	4*	5	6	7	8	9	10*	11*	12	13	14	15	16	17	18*	19	20

Vendém. — Settembre 1792 / Ottobre 1792

Era rep.	1	2	3	4	5	6	7	8	9	10*	11	12	13	14	15	16	17	18	19	20*	21	22	23	24	25	26	27	28	29	30
Era volgare	22	23*	24	25	26	27	28	29	30*	1	2	3	4	5	6	7*	8	9	10	11	12	13	14*	15	16	17	18	19	20	21*

Anno secondo (1793-94).

Complem.

Era volgare	Sett. 1794
Era	1 17 · 2 18 · 3 19 · 4 20 · 5 21
Era rep.	

Fructid.

Era volgare	Agosto 1794 — Settembre 1794
Era	18 19 20 21 22 23 24 25 26 27 28 29 30 31 · 1 2 3 4 5 6 7 8 9 10 11 12 13 14 15 16
Era rep.	1 2 3 4 5 6 7 8 9 10 11 12 13 14 15 16 17 18 19 20 21 22 23 24 25 26 27 28 29 30

Thermid.

Era volgare	Luglio 1794 — Agosto 1794
Era	19 20 21 22 23 24 25 26 27 28 29 30 31 · 1 2 3 4 5 6 7 8 9 10 11 12 13 14 15 16 17
Era rep.	1 2 3 4 5 6 7 8 9 10 11 12 13 14 15 16 17 18 19 20 21 22 23 24 25 26 27 28 29 30

Messidor

Era volgare	Giugno 1794 — Luglio 1794
Era	19 20 21 22 23 24 25 26 27 28 29 30 · 1 2 3 4 5 6 7 8 9 10 11 12 13 14 15 16 17 18
Era rep.	1 2 3 4 5 6 7 8 9 10 11 12 13 14 15 16 17 18 19 20 21 22 23 24 25 26 27 28 29 30

Prairial

Era volgare	Maggio 1794 — Giugno 1794
Era	20 21 22 23 24 25 26 27 28 29 30 31 · 1 2 3 4 5 6 7 8 9 10 11 12 13 14 15 16 17 18
Era rep.	1 2 3 4 5 6 7 8 9 10 11 12 13 14 15 16 17 18 19 20 21 22 23 24 25 26 27 28 29 30

Floréal

Era volgare	Aprile 1794 — Maggio 1794
Era	20 21 22 23 24 25 26 27 28 29 30 · 1 2 3 4 5 6 7 8 9 10 11 12 13 14 15 16 17 18 19
Era rep.	1 2 3 4 5 6 7 8 9 10 11 12 13 14 15 16 17 18 19 20 21 22 23 24 25 26 27 28 29 30

Germin.

Era volgare	Marzo 1794 — Aprile 1794
Era	21 22 23 24 25 26 27 28 29 30 31 · 1 2 3 4 5 6 7 8 9 10 11 12 13 14 15 16 17 18 19
Era rep.	1 2 3 4 5 6 7 8 9 10 11 12 13 14 15 16 17 18 19 20 21 22 23 24 25 26 27 28 29 30

Ventôse

Era volgare	Febbraio 1794 — Marzo 1794
Era	19 20 21 22 23 24 25 26 27 28 · 1 2 3 4 5 6 7 8 9 10 11 12 13 14 15 16 17 18 19 20
Era rep.	1 2 3 4 5 6 7 8 9 10 11 12 13 14 15 16 17 18 19 20 21 22 23 24 25 26 27 28 29 30

Pluviôse

Era volgare	Gennaio 1794 — Febbraio 1794
Era	20 21 22 23 24 25 26 27 28 29 30 31 · 1 2 3 4 5 6 7 8 9 10 11 12 13 14 15 16 17 18
Era rep.	1 2 3 4 5 6 7 8 9 10 11 12 13 14 15 16 17 18 19 20 21 22 23 24 25 26 27 28 29 30

Nivôse

Era volgare	Dicembre 1793 — Gennaio 1794
Era	21 22 23 24 25 26 27 28 29 30 31 · 1 2 3 4 5 6 7 8 9 10 11 12 13 14 15 16 17 18 19
Era rep.	1 2 3 4 5 6 7 8 9 10 11 12 13 14 15 16 17 18 19 20 21 22 23 24 25 26 27 28 29 30

Frimaire

Era volgare	Novembre 1793 — Dicembre 1793
Era	21 22 23 24 25 26 27 28 29 30 · 1 2 3 4 5 6 7 8 9 10 11 12 13 14 15 16 17 18 19 20
Era rep.	1 2 3 4 5 6 7 8 9 10 11 12 13 14 15 16 17 18 19 20 21 22 23 24 25 26 27 28 29 30

Brumaire

Era volgare	Ottobre 1793 — Novembre 1793
Era	22 23 24 25 26 27 28 29 30 31 · 1 2 3 4 5 6 7 8 9 10 11 12 13 14 15 16 17 18 19 20
Era rep.	1 2 3 4 5 6 7 8 9 10 11 12 13 14 15 16 17 18 19 20 21 22 23 24 25 26 27 28 29 30

Vendém.

Era volgare	Settembre 1793 — Ottobre 1793
Era	22 23 24 25 26 27 28 29 30 · 1 2 3 4 5 6 7 8 9 10 11 12 13 14 15 16 17 18 19 20 21
Era rep.	1 2 3 4 5 6 7 8 9 10 11 12 13 14 15 16 17 18 19 20 21 22 23 24 25 26 27 28 29 30

Anno terzo, bisestile (1794-95).

Complem.

Settem. 1795

Era volgare	17	18	19	20	21	22
Era rep.	1	2	3	4	5	6

Fructid.

Agosto 1795 — Settembre 1795

Era	18	19	20	21	22	23	24	25	26	27	28	29	30	31	1	2	3	4	5	6	7	8	9	10	11	12	13	14	15	16
Era rep.	1	2	3	4	5	6	7	8	9	10	11	12	13	14	15	16	17	18	19	20	21	22	23	24	25	26	27	28	29	30

Thermid.

Luglio 1795 — Agosto 1795

Era	19	20	21	22	23	24	25	26	27	28	29	30	31	1	2	3	4	5	6	7	8	9	10	11	12	13	14	15	16	17
Era rep.	1	2	3	4	5	6	7	8	9	10	11	12	13	14	15	16	17	18	19	20	21	22	23	24	25	26	27	28	29	30

Messidor

Giugno 1795 — Luglio 1795

Era	19	20	21	22	23	24	25	26	27	28	29	30	1	2	3	4	5	6	7	8	9	10	11	12	13	14	15	16	17	18
Era rep.	1	2	3	4	5	6	7	8	9	10	11	12	13	14	15	16	17	18	19	20	21	22	23	24	25	26	27	28	29	30

Prairial

Maggio 1795 — Giugno 1795

Era	20	21	22	23	24	25	26	27	28	29	30	31	1	2	3	4	5	6	7	8	9	10	11	12	13	14	15	16	17	18
Era rep.	1	2	3	4	5	6	7	8	9	10	11	12	13	14	15	16	17	18	19	20	21	22	23	24	25	26	27	28	29	30

Floréal

Aprile 1795 — Maggio 1795

Era	20	21	22	23	24	25	26	27	28	29	30	1	2	3	4	5	6	7	8	9	10	11	12	13	14	15	16	17	18	19
Era rep.	1	2	3	4	5	6	7	8	9	10	11	12	13	14	15	16	17	18	19	20	21	22	23	24	25	26	27	28	29	30

Germin.

Marzo 1795 — Aprile 1795

Era	21	22	23	24	25	26	27	28	29	30	31	1	2	3	4	5	6	7	8	9	10	11	12	13	14	15	16	17	18	19
Era rep.	1	2	3	4	5	6	7	8	9	10	11	12	13	14	15	16	17	18	19	20	21	22	23	24	25	26	27	28	29	30

Ventôse

Febbraio 1795 — Marzo 1795

Era	19	20	21	22	23	24	25	26	27	28	1	2	3	4	5	6	7	8	9	10	11	12	13	14	15	16	17	18	19	20
Era rep.	1	2	3	4	5	6	7	8	9	10	11	12	13	14	15	16	17	18	19	20	21	22	23	24	25	26	27	28	29	30

Pluviôse

Gennaio 1795 — Febbraio 1795

Era	20	21	22	23	24	25	26	27	28	29	30	31	1	2	3	4	5	6	7	8	9	10	11	12	13	14	15	16	17	18
Era rep.	1	2	3	4	5	6	7	8	9	10	11	12	13	14	15	16	17	18	19	20	21	22	23	24	25	26	27	28	29	30

Nivôse

Dicembre 1794 — Gennaio 1795

Era	21	22	23	24	25	26	27	28	29	30	31	1	2	3	4	5	6	7	8	9	10	11	12	13	14	15	16	17	18	19
Era rep.	1	2	3	4	5	6	7	8	9	10	11	12	13	14	15	16	17	18	19	20	21	22	23	24	25	26	27	28	29	30

Frimaire

Novembre 1794 — Dicembre 1794

Era	21	22	23	24	25	26	27	28	29	30	1	2	3	4	5	6	7	8	9	10	11	12	13	14	15	16	17	18	19	20
Era rep.	1	2	3	4	5	6	7	8	9	10	11	12	13	14	15	16	17	18	19	20	21	22	23	24	25	26	27	28	29	30

Brumaire

Ottobre 1794 — Novembre 1794

Era	22	23	24	25	26	27	28	29	30	31	1	2	3	4	5	6	7	8	9	10	11	12	13	14	15	16	17	18	19	20
Era rep.	1	2	3	4	5	6	7	8	9	10	11	12	13	14	15	16	17	18	19	20	21	22	23	24	25	26	27	28	29	30

Vendém.

Settembre 1794 — Ottobre 1794

Era	22	23	24	25	26	27	28	29	30	1	2	3	4	5	6	7	8	9	10	11	12	13	14	15	16	17	18	19	20	21
Era rep.	1	2	3	4	5	6	7	8	9	10	11	12	13	14	15	16	17	18	19	20	21	22	23	24	25	26	27	28	29	30

Anno quarto (1795-96).

Mese rep.	Volgare	Era volg. (giorni)	Era rep. (giorni)
Complém.	Sett. 1796	17 18 19 20 21	1 2 3 4 5
Fructid.	Agosto 1796 / Settembre 1796	18 19 20 21 22 23 24 25 26 27 28 29 30 31 – 1 2 3 4 5 6 7 8 9 10 11 12 13 14 15 16	1 2 3 4 5 6 7 8 9 10 11 12 13 14 15 16 17 18 19 20 21 22 23 24 25 26 27 28 29 30
Thermid.	Luglio 1796 / Agosto 1796	19 20 21 22 23 24 25 26 27 28 29 30 31 – 1 2 3 4 5 6 7 8 9 10 11 12 13 14 15 16 17	1 2 3 4 5 6 7 8 9 10 11 12 13 14 15 16 17 18 19 20 21 22 23 24 25 26 27 28 29 30
Messidor	Giugno 1796 / Luglio 1796	19 20 21 22 23 24 25 26 27 28 29 30 – 1 2 3 4 5 6 7 8 9 10 11 12 13 14 15 16 17 18	1 2 3 4 5 6 7 8 9 10 11 12 13 14 15 16 17 18 19 20 21 22 23 24 25 26 27 28 29 30
Prairial	Maggio 1796 / Giugno 1796	20 21 22 23 24 25 26 27 28 29 30 31 – 1 2 3 4 5 6 7 8 9 10 11 12 13 14 15 16 17 18	1 2 3 4 5 6 7 8 9 10 11 12 13 14 15 16 17 18 19 20 21 22 23 24 25 26 27 28 29 30
Floréal	Aprile 1796 / Maggio 1796	20 21 22 23 24 25 26 27 28 29 30 – 1 2 3 4 5 6 7 8 9 10 11 12 13 14 15 16 17 18 19	1 2 3 4 5 6 7 8 9 10 11 12 13 14 15 16 17 18 19 20 21 22 23 24 25 26 27 28 29 30
Germin.	Marzo 1796 / Aprile 1796	21 22 23 24 25 26 27 28 29 30 31 – 1 2 3 4 5 6 7 8 9 10 11 12 13 14 15 16 17 18 19	1 2 3 4 5 6 7 8 9 10 11 12 13 14 15 16 17 18 19 20 21 22 23 24 25 26 27 28 29 30
Ventôse	Febbraio 1796 / Marzo 1796	20 21 22 23 24 25 26 27 28 29 – 1 2 3 4 5 6 7 8 9 10 11 12 13 14 15 16 17 18 19 20	1 2 3 4 5 6 7 8 9 10 11 12 13 14 15 16 17 18 19 20 21 22 23 24 25 26 27 28 29 30
Pluviôse	Gennaio 1796 / Febbraio 1796	21 22 23 24 25 26 27 28 29 30 31 – 1 2 3 4 5 6 7 8 9 10 11 12 13 14 15 16 17 18 19	1 2 3 4 5 6 7 8 9 10 11 12 13 14 15 16 17 18 19 20 21 22 23 24 25 26 27 28 29 30
Nivôse	Dicembre 1795 / Gennaio 1796	22 23 24 25 26 27 28 29 30 31 – 1 2 3 4 5 6 7 8 9 10 11 12 13 14 15 16 17 18 19 20	1 2 3 4 5 6 7 8 9 10 11 12 13 14 15 16 17 18 19 20 21 22 23 24 25 26 27 28 29 30
Frimaire	Novembre 1795 / Dicembre 1795	22 23 24 25 26 27 28 29 30 – 1 2 3 4 5 6 7 8 9 10 11 12 13 14 15 16 17 18 19 20 21	1 2 3 4 5 6 7 8 9 10 11 12 13 14 15 16 17 18 19 20 21 22 23 24 25 26 27 28 29 30
Brumaire	Ottobre 1795 / Novembre 1795	23 24 25 26 27 28 29 30 31 – 1 2 3 4 5 6 7 8 9 10 11 12 13 14 15 16 17 18 19 20 21	1 2 3 4 5 6 7 8 9 10 11 12 13 14 15 16 17 18 19 20 21 22 23 24 25 26 27 28 29 30
Vendém.	Settembre 1795 / Ottobre 1795	23 24 25 26 27 28 29 30 – 1 2 3 4 5 6 7 8 9 10 11 12 13 14 15 16 17 18 19 20 21 22	1 2 3 4 5 6 7 8 9 10 11 12 13 14 15 16 17 18 19 20 21 22 23 24 25 26 27 28 29 30

Anno quinto (1796-97).

Complem. — Sett. 1797

Era volgare	17	18	19	20	21
Era rep.	1	2	3	4	5

Fructid. — Agosto 1797 / Settembre 1797

Era volg.	18	19	20	21	22	23	24	25	26	27	28	29	30	31	1	2	3	4	5	6	7	8	9	10	11	12	13	14	15	16
Era rep.	1	2	3	4	5	6	7	8	9	10	11	12	13	14	15	16	17	18	19	20	21	22	23	24	25	26	27	28	29	30

Thermid. — Luglio 1797 / Agosto 1797

Era volg.	19	20	21	22	23	24	25	26	27	28	29	30	31	1	2	3	4	5	6	7	8	9	10	11	12	13	14	15	16	17
Era rep.	1	2	3	4	5	6	7	8	9	10	11	12	13	14	15	16	17	18	19	20	21	22	23	24	25	26	27	28	29	30

Messidor — Giugno 1797 / Luglio 1797

Era volg.	19	20	21	22	23	24	25	26	27	28	29	30	1	2	3	4	5	6	7	8	9	10	11	12	13	14	15	16	17	18
Era rep.	1	2	3	4	5	6	7	8	9	10	11	12	13	14	15	16	17	18	19	20	21	22	23	24	25	26	27	28	29	30

Prairial — Maggio 1797 / Giugno 1797

Era volg.	20	21	22	23	24	25	26	27	28	29	30	31	1	2	3	4	5	6	7	8	9	10	11	12	13	14	15	16	17	18
Era rep.	1	2	3	4	5	6	7	8	9	10	11	12	13	14	15	16	17	18	19	20	21	22	23	24	25	26	27	28	29	30

Floréal — Aprile 1797 / Maggio 1797

Era volg.	20	21	22	23	24	25	26	27	28	29	30	1	2	3	4	5	6	7	8	9	10	11	12	13	14	15	16	17	18	19
Era rep.	1	2	3	4	5	6	7	8	9	10	11	12	13	14	15	16	17	18	19	20	21	22	23	24	25	26	27	28	29	30

Germin. — Marzo 1797 / Aprile 1797

Era volg.	21	22	23	24	25	26	27	28	29	30	31	1	2	3	4	5	6	7	8	9	10	11	12	13	14	15	16	17	18	19
Era rep.	1	2	3	4	5	6	7	8	9	10	11	12	13	14	15	16	17	18	19	20	21	22	23	24	25	26	27	28	29	30

Ventôse — Febbraio 1797 / Marzo 1797

Era volg.	19	20	21	22	23	24	25	26	27	28	1	2	3	4	5	6	7	8	9	10	11	12	13	14	15	16	17	18	19	20
Era rep.	1	2	3	4	5	6	7	8	9	10	11	12	13	14	15	16	17	18	19	20	21	22	23	24	25	26	27	28	29	30

Pluviôse — Gennaio 1797 / Febbraio 1797

Era volg.	20	21	22	23	24	25	26	27	28	29	30	31	1	2	3	4	5	6	7	8	9	10	11	12	13	14	15	16	17	18
Era rep.	1	2	3	4	5	6	7	8	9	10	11	12	13	14	15	16	17	18	19	20	21	22	23	24	25	26	27	28	29	30

Nivôse — Dicembre 1796 / Gennaio 1797

Era volg.	21	22	23	24	25	26	27	28	29	30	31	1	2	3	4	5	6	7	8	9	10	11	12	13	14	15	16	17	18	19
Era rep.	1	2	3	4	5	6	7	8	9	10	11	12	13	14	15	16	17	18	19	20	21	22	23	24	25	26	27	28	29	30

Frimaire — Novembre 1796 / Dicembre 1796

Era volg.	21	22	23	24	25	26	27	28	29	30	1	2	3	4	5	6	7	8	9	10	11	12	13	14	15	16	17	18	19	20
Era rep.	1	2	3	4	5	6	7	8	9	10	11	12	13	14	15	16	17	18	19	20	21	22	23	24	25	26	27	28	29	30

Brumaire — Ottobre 1796 / Novembre 1796

Era volg.	22	23	24	25	26	27	28	29	30	31	1	2	3	4	5	6	7	8	9	10	11	12	13	14	15	16	17	18	19	20
Era rep.	1	2	3	4	5	6	7	8	9	10	11	12	13	14	15	16	17	18	19	20	21	22	23	24	25	26	27	28	29	30

Vendém. — Settembre 1796 / Ottobre 1796

Era volg.	22	23	24	25	26	27	28	29	30	1	2	3	4	5	6	7	8	9	10	11	12	13	14	15	16	17	18	19	20	21
Era rep.	1	2	3	4	5	6	7	8	9	10	11	12	13	14	15	16	17	18	19	20	21	22	23	24	25	26	27	28	29	30

Complem.

Era volgare	Sett. 1798				
Era	17	18	19	20	21
Era rep.	1	2	3	4	5

Fructid. — Agosto 1798 / Settembre 1798

Era	18	19	20	21	22	23	24	25	26	27	28	29	30	31	1	2	3	4	5	6	7	8	9	10	11	12	13	14	15	16
Era rep.	1	2	3	4	5	6	7	8	9	10	11	12	13	14	15	16	17	18	19	20	21	22	23	24	25	26	27	28	29	30

Thermid. — Luglio 1798 / Agosto 1798

Era	19	20	21	22	23	24	25	26	27	28	29	30	31	1	2	3	4	5	6	7	8	9	10	11	12	13	14	15	16	17
Era rep.	1	2	3	4	5	6	7	8	9	10	11	12	13	14	15	16	17	18	19	20	21	22	23	24	25	26	27	28	29	30

Messidor — Giugno 1798 / Luglio 1798

Era	19	20	21	22	23	24	25	26	27	28	29	30	1	2	3	4	5	6	7	8	9	10	11	12	13	14	15	16	17	18
Era rep.	1	2	3	4	5	6	7	8	9	10	11	12	13	14	15	16	17	18	19	20	21	22	23	24	25	26	27	28	29	30

Prairial — Maggio 1798 / Giugno 1798

Era	20	21	22	23	24	25	26	27	28	29	30	31	1	2	3	4	5	6	7	8	9	10	11	12	13	14	15	16	17	18
Era rep.	1	2	3	4	5	6	7	8	9	10	11	12	13	14	15	16	17	18	19	20	21	22	23	24	25	26	27	28	29	30

Floréal — Aprile 1798 / Maggio 1798

Era	20	21	22	23	24	25	26	27	28	29	30	1	2	3	4	5	6	7	8	9	10	11	12	13	14	15	16	17	18	19
Era rep.	1	2	3	4	5	6	7	8	9	10	11	12	13	14	15	16	17	18	19	20	21	22	23	24	25	26	27	28	29	30

Germin. — Marzo 1798 / Aprile 1798

Era	21	22	23	24	25	26	27	28	29	30	31	1	2	3	4	5	6	7	8	9	10	11	12	13	14	15	16	17	18	19
Era rep.	1	2	3	4	5	6	7	8	9	10	11	12	13	14	15	16	17	18	19	20	21	22	23	24	25	26	27	28	29	30

Ventôse — Febbraio 1798 / Marzo 1798

Era	19	20	21	22	23	24	25	26	27	28	1	2	3	4	5	6	7	8	9	10	11	12	13	14	15	16	17	18	19	20
Era rep.	1	2	3	4	5	6	7	8	9	10	11	12	13	14	15	16	17	18	19	20	21	22	23	24	25	26	27	28	29	30

Pluviôse — Gennaio 1798 / Febbraio 1798

Era	20	21	22	23	24	25	26	27	28	29	30	31	1	2	3	4	5	6	7	8	9	10	11	12	13	14	15	16	17	18
Era rep.	1	2	3	4	5	6	7	8	9	10	11	12	13	14	15	16	17	18	19	20	21	22	23	24	25	26	27	28	29	30

Nivôse — Dicembre 1797 / Gennaio 1798

Era	21	22	23	24	25	26	27	28	29	30	31	1	2	3	4	5	6	7	8	9	10	11	12	13	14	15	16	17	18	19
Era rep.	1	2	3	4	5	6	7	8	9	10	11	12	13	14	15	16	17	18	19	20	21	22	23	24	25	26	27	28	29	30

Frimaire — Novembre 1797 / Dicembre 1797

Era	21	22	23	24	25	26	27	28	29	30	1	2	3	4	5	6	7	8	9	10	11	12	13	14	15	16	17	18	19	20
Era rep.	1	2	3	4	5	6	7	8	9	10	11	12	13	14	15	16	17	18	19	20	21	22	23	24	25	26	27	28	29	30

Brumaire — Ottobre 1797 / Novembre 1797

Era	22	23	24	25	26	27	28	29	30	31	1	2	3	4	5	6	7	8	9	10	11	12	13	14	15	16	17	18	19	20
Era rep.	1	2	3	4	5	6	7	8	9	10	11	12	13	14	15	16	17	18	19	20	21	22	23	24	25	26	27	28	29	30

Vendém. — Settembre 1797 / Ottobre 1797

Era	22	23	24	25	26	27	28	29	30	1	2	3	4	5	6	7	8	9	10	11	12	13	14	15	16	17	18	19	20	21
Era rep.	1	2	3	4	5	6	7	8	9	10	11	12	13	14	15	16	17	18	19	20	21	22	23	24	25	26	27	28	29	30

Anno settimo (1798-99).

Complem. — Era volgare: Settem. 1799

Era rep.	1	2	3	4	5	6
Era volg.	17	18	19	20	21	22

Fructid. — Agosto 1799 / Settembre 1799

Era rep.	1	2	3	4	5	6	7	8	9	10	11	12	13	14	15	16	17	18	19	20	21	22	23	24	25	26	27	28	29	30
Era volg.	18	19	20	21	22	23	24	25	26	27	28	29	30	31	1	2	3	4	5	6	7	8	9	10	11	12	13	14	15	

Thermid. — Luglio 1799 / Agosto 1799

Era rep.	1	2	3	4	5	6	7	8	9	10	11	12	13	14	15	16	17	18	19	20	21	22	23	24	25	26	27	28	29	30
Era volg.	19	20	21	22	23	24	25	26	27	28	29	30	31	1	2	3	4	5	6	7	8	9	10	11	12	13	14	15	16	17

Messidor — Giugno 1799 / Luglio 1799

Era rep.	1	2	3	4	5	6	7	8	9	10	11	12	13	14	15	16	17	18	19	20	21	22	23	24	25	26	27	28	29	30
Era volg.	19	20	21	22	23	24	25	26	27	28	29	30	1	2	3	4	5	6	7	8	9	10	11	12	13	14	15	16	17	18

Prairial — Maggio 1799 / Giugno 1799

Era rep.	1	2	3	4	5	6	7	8	9	10	11	12	13	14	15	16	17	18	19	20	21	22	23	24	25	26	27	28	29	30
Era volg.	20	21	22	23	24	25	26	27	28	29	30	31	1	2	3	4	5	6	7	8	9	10	11	12	13	14	15	16	17	18

Floréal — Aprile 1799 / Maggio 1799

Era rep.	1	2	3	4	5	6	7	8	9	10	11	12	13	14	15	16	17	18	19	20	21	22	23	24	25	26	27	28	29	30
Era volg.	20	21	22	23	24	25	26	27	28	29	30	1	2	3	4	5	6	7	8	9	10	11	12	13	14	15	16	17	18	19

Germin. — Marzo 1799 / Aprile 1799

Era rep.	1	2	3	4	5	6	7	8	9	10	11	12	13	14	15	16	17	18	19	20	21	22	23	24	25	26	27	28	29	30
Era volg.	21	22	23	24	25	26	27	28	29	30	31	1	2	3	4	5	6	7	8	9	10	11	12	13	14	15	16	17	18	19

Ventôse — Febbraio 1799 / Marzo 1799

Era rep.	1	2	3	4	5	6	7	8	9	10	11	12	13	14	15	16	17	18	19	20	21	22	23	24	25	26	27	28	29	30
Era volg.	19	20	21	22	23	24	25	26	27	28	1	2	3	4	5	6	7	8	9	10	11	12	13	14	15	16	17	18	19	20

Pluviôse — Gennaio 1799 / Febbraio 1799

Era rep.	1	2	3	4	5	6	7	8	9	10	11	12	13	14	15	16	17	18	19	20	21	22	23	24	25	26	27	28	29	30
Era volg.	20	21	22	23	24	25	26	27	28	29	30	31	1	2	3	4	5	6	7	8	9	10	11	12	13	14	15	16	17	18

Nivôse — Dicembre 1798 / Gennaio 1799

Era rep.	1	2	3	4	5	6	7	8	9	10	11	12	13	14	15	16	17	18	19	20	21	22	23	24	25	26	27	28	29	30
Era volg.	21	22	23	24	25	26	27	28	29	30	31	1	2	3	4	5	6	7	8	9	10	11	12	13	14	15	16	17	18	19

Frimaire — Novembre 1798 / Dicembre 1798

Era rep.	1	2	3	4	5	6	7	8	9	10	11	12	13	14	15	16	17	18	19	20	21	22	23	24	25	26	27	28	29	30
Era volg.	21	22	23	24	25	26	27	28	29	30	1	2	3	4	5	6	7	8	9	10	11	12	13	14	15	16	17	18	19	20

Brumaire — Ottobre 1798 / Novembre 1798

Era rep.	1	2	3	4	5	6	7	8	9	10	11	12	13	14	15	16	17	18	19	20	21	22	23	24	25	26	27	28	29	30
Era volg.	22	23	24	25	26	27	28	29	30	31	1	2	3	4	5	6	7	8	9	10	11	12	13	14	15	16	17	18	19	20

Vendém. — Settembre 1798 / Ottobre 1798

Era rep.	1	2	3	4	5	6	7	8	9	10	11	12	13	14	15	16	17	18	19	20	21	22	23	24	25	26	27	28	29	30
Era volg.	22	23	24	25	26	27	28	29	30	1	2	3	4	5	6	7	8	9	10	11	12	13	14	15	16	17	18	19	20	21

Anno ottavo (1799-1800).

Complem. — Sett. 1800
Era volgare: 18 19 20 21 22
Era rep.: 1 2 3 4 5

Fructid. — Agosto 1800 / Settembre 1800
Era volgare: 19 20 21 22 23 24 25 26 27 28 29 30 31 | 1 2 3 4 5 6 7 8 9 10 11 12 13 14 15 16 17
Era rep.: 1 2 3 4 5 6 7 8 9 10 11 12 13 14 15 16 17 18 19 20 21 22 23 24 25 26 27 28 29 30

Thermid. — Luglio 1800 / Agosto 1800
Era volgare: 20 21 22 23 24 25 26 27 28 29 30 31 | 1 2 3 4 5 6 7 8 9 10 11 12 13 14 15 16 17 18
Era rep.: 1 2 3 4 5 6 7 8 9 10 11 12 13 14 15 16 17 18 19 20 21 22 23 24 25 26 27 28 29 30

Messidor — Giugno 1800 / Luglio 1800
Era volgare: 20 21 22 23 24 25 26 27 28 29 30 | 1 2 3 4 5 6 7 8 9 10 11 12 13 14 15 16 17 18 19
Era rep.: 1 2 3 4 5 6 7 8 9 10 11 12 13 14 15 16 17 18 19 20 21 22 23 24 25 26 27 28 29 30

Prairial — Maggio 1800 / Giugno 1800
Era volgare: 21 22 23 24 25 26 27 28 29 30 31 | 1 2 3 4 5 6 7 8 9 10 11 12 13 14 15 16 17 18 19
Era rep.: 1 2 3 4 5 6 7 8 9 10 11 12 13 14 15 16 17 18 19 20 21 22 23 24 25 26 27 28 29 30

Floréal — Aprile 1800 / Maggio 1800
Era volgare: 21 22 23 24 25 26 27 28 29 30 | 1 2 3 4 5 6 7 8 9 10 11 12 13 14 15 16 17 18 19 20
Era rep.: 1 2 3 4 5 6 7 8 9 10 11 12 13 14 15 16 17 18 19 20 21 22 23 24 25 26 27 28 29 30

Germin. — Marzo 1800 / Aprile 1800
Era volgare: 22 23 24 25 26 27 28 29 30 31 | 1 2 3 4 5 6 7 8 9 10 11 12 13 14 15 16 17 18 19 20
Era rep.: 1 2 3 4 5 6 7 8 9 10 11 12 13 14 15 16 17 18 19 20 21 22 23 24 25 26 27 28 29 30

Ventôse — Febbraio 1800 / Marzo 1800
Era volgare: 20 21 22 23 24 25 26 27 28 1 2 3 4 5 6 7 8 9 10 11 12 13 14 15 16 17 18 19 20 21
Era rep.: 1 2 3 4 5 6 7 8 9 10 11 12 13 14 15 16 17 18 19 20 21 22 23 24 25 26 27 28 29 30

Pluviôse — Gennaio 1800 / Febbraio 1800
Era volgare: 21 22 23 24 25 26 27 28 29 30 31 1 2 3 4 5 6 7 8 9 10 11 12 13 14 15 16 17 18 19
Era rep.: 1 2 3 4 5 6 7 8 9 10 11 12 13 14 15 16 17 18 19 20 21 22 23 24 25 26 27 28 29 30

Nivôse — Dicembre 1799 / Gennaio 1800
Era volgare: 22 23 24 25 26 27 28 29 30 31 1 2 3 4 5 6 7 8 9 10 11 12 13 14 15 16 17 18 19 20
Era rep.: 1 2 3 4 5 6 7 8 9 10 11 12 13 14 15 16 17 18 19 20 21 22 23 24 25 26 27 28 29 30

Frimaire — Novembre 1799 / Dicembre 1799
Era volgare: 22 23 24 25 26 27 28 29 30 1 2 3 4 5 6 7 8 9 10 11 12 13 14 15 16 17 18 19 20 21
Era rep.: 1 2 3 4 5 6 7 8 9 10 11 12 13 14 15 16 17 18 19 20 21 22 23 24 25 26 27 28 29 30

Brumaire — Ottobre 1799 / Novembre 1799
Era volgare: 23 24 25 26 27 28 29 30 31 1 2 3 4 5 6 7 8 9 10 11 12 13 14 15 16 17 18 19 20 21
Era rep.: 1 2 3 4 5 6 7 8 9 10 11 12 13 14 15 16 17 18 19 20 21 22 23 24 25 26 27 28 29 30

Vendém. — Settembre 1799 / Ottobre 1799
Era volgare: 23 24 25 26 27 28 29 30 1 2 3 4 5 6 7 8 9 10 11 12 13 14 15 16 17 18 19 20 21 22
Era rep.: 1 2 3 4 5 6 7 8 9 10 11 12 13 14 15 16 17 18 19 20 21 22 23 24 25 26 27 28 29 30

Anno nono (1800-1801).

Complem. — Sett. 1801
- Era rep.: 1, 2, 3, 4, 5
- Era volgare: 18, 19, 20, 21, 22

Fructid. — Agosto 1801 / Settembre 1801
- Era rep.: 1 2 3 4 5 6 7 8 9 10 11 12 13 14 15 16 17 18 19 20 21 22 23 24 25 26 27 28 29 30
- Era volgare: 19 20 21 22 23 24 25 26 27 28 29 30 31 | 1 2 3 4 5 6 7 8 9 10 11 12 13 14 15 16 17

Thermid. — Luglio 1801 / Agosto 1801
- Era rep.: 1 2 3 4 5 6 7 8 9 10 11 12 13 14 15 16 17 18 19 20 21 22 23 24 25 26 27 28 29 30
- Era volgare: 20 21 22 23 24 25 26 27 28 29 30 31 | 1 2 3 4 5 6 7 8 9 10 11 12 13 14 15 16 17 18

Messidor — Giugno 1801 / Luglio 1801
- Era rep.: 1 2 3 4 5 6 7 8 9 10 11 12 13 14 15 16 17 18 19 20 21 22 23 24 25 26 27 28 29 30
- Era volgare: 20 21 22 23 24 25 26 27 28 29 30 | 1 2 3 4 5 6 7 8 9 10 11 12 13 14 15 16 17 18 19

Prairial — Maggio 1801 / Giugno 1801
- Era rep.: 1 2 3 4 5 6 7 8 9 10 11 12 13 14 15 16 17 18 19 20 21 22 23 24 25 26 27 28 29 30
- Era volgare: 21 22 23 24 25 26 27 28 29 30 31 | 1 2 3 4 5 6 7 8 9 10 11 12 13 14 15 16 17 18 19

Floréal — Aprile 1801 / Maggio 1801
- Era rep.: 1 2 3 4 5 6 7 8 9 10 11 12 13 14 15 16 17 18 19 20 21 22 23 24 25 26 27 28 29 30
- Era volgare: 21 22 23 24 25 26 27 28 29 30 | 1 2 3 4 5 6 7 8 9 10 11 12 13 14 15 16 17 18 19 20

Germin. — Marzo 1801 / Aprile 1801
- Era rep.: 1 2 3 4 5 6 7 8 9 10 11 12 13 14 15 16 17 18 19 20 21 22 23 24 25 26 27 28 29 30
- Era volgare: 22 23 24 25 26 27 28 29 30 31 | 1 2 3 4 5 6 7 8 9 10 11 12 13 14 15 16 17 18 19 20

Ventôse — Febbraio 1801 / Marzo 1801
- Era rep.: 1 2 3 4 5 6 7 8 9 10 11 12 13 14 15 16 17 18 19 20 21 22 23 24 25 26 27 28 29 30
- Era volgare: 20 21 22 23 24 25 26 27 28 | 1 2 3 4 5 6 7 8 9 10 11 12 13 14 15 16 17 18 19 20 21

Pluviôse — Gennaio 1801 / Febbraio 1801
- Era rep.: 1 2 3 4 5 6 7 8 9 10 11 12 13 14 15 16 17 18 19 20 21 22 23 24 25 26 27 28 29 30
- Era volgare: 21 22 23 24 25 26 27 28 29 30 31 | 1 2 3 4 5 6 7 8 9 10 11 12 13 14 15 16 17 18 19

Nivôse — Dicembre 1800 / Gennaio 1801
- Era rep.: 1 2 3 4 5 6 7 8 9 10 11 12 13 14 15 16 17 18 19 20 21 22 23 24 25 26 27 28 29 30
- Era volgare: 22 23 24 25 26 27 28 29 30 31 | 1 2 3 4 5 6 7 8 9 10 11 12 13 14 15 16 17 18 19 20

Frimaire — Novembre 1800 / Dicembre 1800
- Era rep.: 1 2 3 4 5 6 7 8 9 10 11 12 13 14 15 16 17 18 19 20 21 22 23 24 25 26 27 28 29 30
- Era volgare: 22 23 24 25 26 27 28 29 30 | 1 2 3 4 5 6 7 8 9 10 11 12 13 14 15 16 17 18 19 20 21

Brumaire — Ottobre 1800 / Novembre 1800
- Era rep.: 1 2 3 4 5 6 7 8 9 10 11 12 13 14 15 16 17 18 19 20 21 22 23 24 25 26 27 28 29 30
- Era volgare: 23 24 25 26 27 28 29 30 31 | 1 2 3 4 5 6 7 8 9 10 11 12 13 14 15 16 17 18 19 20 21

Vendém. — Settembre 1800 / Ottobre 1800
- Era rep.: 1 2 3 4 5 6 7 8 9 10 11 12 13 14 15 16 17 18 19 20 21 22 23 24 25 26 27 28 29 30
- Era volgare: 23 24 25 26 27 28 29 30 | 1 2 3 4 5 6 7 8 9 10 11 12 13 14 15 16 17 18 19 20 21 22

Anno decimo (1801-02 primo della repubblica...)

Complem. — Sett. 1802
- Era volgare: 18 · 19* · 20 · 21 · 22
- Era rep.: 1 · 2 · 3 · 4 · 5

Fructid. — Agosto 1802 | Settembre 1802
- Era volgare: 19 20 21 22* 23 24 25 26 27 28* 29* 30 31 | 1 2 3 4* 5* 6 7 8 9 10 11 12* 13 14 15 16 17
- Era rep.: 1 2 3 4 5 6 7 8 9 10* 11 12 13 14 15 16 17 18 19 20* 21 22 23 24 25 26 27 28 29 30*

Thermid. — Luglio 1802 | Agosto 1802
- Era volgare: 20 21 22 23 24 25* 26 27 28 29 30 31 | 1 2 3 4 5 6 7* 8 9 10 11 12 13 14 15* 16 17 18
- Era rep.: 1 2 3 4 5 6 7 8 9 10* 11 12 13 14 15 16 17 18 19 20* 21 22 23 24 25 26 27 28 29 30*

Messidor — Giugno 1802 | Luglio 1802
- Era volgare: 20* 21 22 23 24 25* 26 27 28 29 30 | 1 2 3 4* 5 6 7 8 9 10 11* 12 13 14 15 16 17 18* 19
- Era rep.: 1 2 3 4 5 6 7 8 9 10* 11 12 13 14 15 16 17 18 19 20* 21 22 23 24 25 26 27 28 29 30*

Prairial — Maggio 1802 | Giugno 1802
- Era volgare: 21 22 23* 24 25 26 27 28 29 30* 31 | 1 2 3 4* 5 6* 7 8 9 10 11 12 13* 14 15 16 17 18 19
- Era rep.: 1 2 3 4 5 6 7 8 9 10* 11 12 13 14 15 16 17 18 19 20* 21 22 23 24 25 26 27 28 29 30*

Floréal — Aprile 1802 | Maggio 1802
- Era volgare: 21 22 23 24* 25 26 27 28 29 30 | 1* 2* 3 4 5 6 7 8* 9* 10 11 12 13 14 15* 16 17 18 19 20
- Era rep.: 1 2 3 4 5 6 7 8 9 10* 11 12 13 14 15 16 17 18 19 20* 21 22 23 24 25 26 27 28 29 30*

Germin. — Marzo 1802 | Aprile 1802
- Era volgare: 22 23 24 25 26 27 28* 29 30 31 | 1* 2 3 4* 5 6 7 8 9* 10 11* 12 13 14 15 16 17 18* 19 20
- Era rep.: 1 2 3 4 5 6 7 8 9 10* 11 12 13 14 15 16 17 18 19 20* 21 22 23 24 25 26 27 28 29 30*

Ventôse — Febbraio 1802 | Marzo 1802
- Era volgare: 20 21* 22 23 24 25 26 27 28* | 1 2 3 4 5 6* 7 8 9 10 11 12 13* 14 15 16 17 18 19 20 21*
- Era rep.: 1 2 3 4 5 6 7 8 9 10* 11 12 13 14 15 16 17 18 19 20* 21 22 23 24 25 26 27 28 29 30*

Pluviôse — Gennaio 1802 | Febbraio 1802
- Era volgare: 21 22 23 24* 25 26 27 28 29 30* 31 | 1 2 3 4 5 6* 7 8 9 10 11 12 13* 14 15 16 17 18 19
- Era rep.: 1 2 3 4 5 6 7 8 9 10* 11 12 13 14 15 16 17 18 19 20* 21 22 23 24 25 26 27 28 29 30*

Nivôse — Dicembre 1801 | Gennaio 1802
- Era volgare: 22 23 24 25 26 27* 28 29 30 31 | 1 2 3* 4 5 6 7 8 9 10* 11 12 13 14 15 16* 17 18 19 20
- Era rep.: 1 2 3 4 5 6 7 8 9 10* 11 12 13 14 15 16 17 18 19 20* 21 22 23 24 25 26 27 28 29 30*

Frimaire — Novembre 1801 | Dicembre 1801
- Era volgare: 22* 23 24 25 26 27 28* 29 30 | 1 2 3 4 5* 6 7 8 9 10 11 12* 13* 14 15 16 17 18 19 20*
- Era rep.: 1 2 3 4 5 6 7 8 9 10* 11 12 13 14 15 16 17 18 19 20* 21 22 23 24 25 26 27 28 29 30*

Brumaire — Ottobre 1801 | Novembre 1801
- Era volgare: 23 24 25* 26 27 28 29 30 31 | 1* 2 3 4 5 6 7* 8 9 10 11 12 13 14 15 16 17 18 19 20 21
- Era rep.: 1 2 3 4 5 6 7 8 9 10* 11 12 13 14 15 16 17 18 19 20* 21 22 23 24 25 26 27 28 29 30*

Vendém. — Settembre 1801 | Ottobre 1801
- Era volgare: 23 24 25* 26 27 28 29 30 | 1 2 3 4* 5 6 7 8 9 10 11* 12 13 14 15 16 17 18* 19 20 21 22
- Era rep.: 1 2 3 4 5 6 7 8 9 10* 11 12 13 14 15 16 17 18 19 20* 21 22 23 24 25 26 27 28 29 30*

Anno undecimo (1802-1803).

Complem.

Era volgare: Settem. 1803

Era rep.	Era volgare
1	18*
2	19
3	20
4	21
5	22
6	23

Fructid. — Era volgare: Agosto 1803 | Settembre 1803

Era volgare: 19 20* 21* 22 23 24 25 26 27 28* 29 30 31 1 2 3 4* 5 6 7 8 9 10 11* 12 13 14 15 16 17

Era rep.: 1 2 3 4 5 6 7 8 9 10* 11 12 13 14 15 16 17 18 19 20* 21 22 23 24 25 26 27 28 29 30*

Thermid. — Era volgare: Luglio 1803 | Agosto 1803

Era volgare: 20 21 22 23 24* 25 26 27 28 29* 30 31 1 2 3 4 5 6 7* 8 9 10 11 12 13 14* 15 16 17 18

Era rep.: 1 2 3 4 5 6 7 8 9 10* 11 12 13 14 15 16 17 18 19 20* 21 22 23 24 25 26 27 28 29 30*

Messidor — Era volgare: Giugno 1803 | Luglio 1803

Era volgare: 20 21 22 23 24 25* 26* 27 28 29 30 1 2 3* 4 5 6 7 8 9 10* 11 12 13 14 15 16 17* 18 19

Era rep.: 1 2 3 4 5 6 7 8 9 10* 11 12 13 14 15 16 17 18 19 20* 21 22 23 24 25 26 27 28 29* 30

Prairial — Era volgare: Maggio 1803 | Giugno 1803

Era volgare: 21 22* 23 24 25 26 27 28* 29* 30 31 1 2 3 4 5* 6 7 8 9 10 11 12* 13 14 15 16 17 18 19*

Era rep.: 1 2 3 4 5 6 7 8 9 10* 11 12 13 14 15 16 17 18 19 20* 21 22 23 24 25 26 27 28 29 30*

Floréal — Era volgare: Aprile 1803 | Maggio 1803

Era volgare: 21 22 23 24* 25 26 27 28 29 30 1* 2 3 4 5 6 7 8* 9 10 11 12 13 14 15* 16 17 18 19 20

Era rep.: 1 2 3 4 5 6 7 8 9 10* 11 12 13 14 15 16 17 18 19 20* 21 22 23 24 25 26 27 28 29 30*

Germin. — Era volgare: Marzo 1803 | Aprile 1803

Era volgare: 22 23 24 25 26* 27 28 29 30 31 1 2 3* 4 5 6 7 8 9 10* 11 12 13 14 15 16 17 18 19 20

Era rep.: 1 2 3 4 5 6 7 8 9 10* 11 12 13 14 15 16 17 18 19 20* 21 22 23 24 25 26 27 28 29 30*

Ventôse — Era volgare: Febbraio 1803 | Marzo 1803

Era volgare: 20* 21 22 23 24 25 26* 27* 28 1 2 3 4 5 6* 7 8 9 10 11 12 13* 14 15 16 17 18 19 20* 21

Era rep.: 1 2 3 4 5 6 7 8 9 10* 11 12 13 14 15 16 17 18 19 20* 21 22 23 24 25 26 27 28 29 30*

Pluviôse — Era volgare: Gennaio 1803 | Febbraio 1803

Era volgare: 21 22* 23* 24 25 26 27 28 29 30* 31 1 2 3 4 5 6* 7 8 9 10* 11 12* 13* 14 15 16 17 18 19

Era rep.: 1 2 3 4 5 6 7 8 9 10* 11 12 13 14 15 16 17 18 19 20* 21 22 23 24 25 26 27 28 29 30*

Nivôse — Era volgare: Dicembre 1802 | Gennaio 1803

Era volgare: 22 23 24 25 26* 27 28 29 30 31 1* 2 3 4 5 6 7 8 9* 10 11 12 13 14 15 16* 17 18 19 20

Era rep.: 1 2 3 4 5 6 7 8 9 10* 11 12 13 14 15 16 17 18 19 20* 21 22 23 24 25 26 27 28 29 30*

Frimaire — Era volgare: Novembre 1802 | Dicembre 1802

Era volgare: 22 23 24 25 26 27 28* 29 30 1 2 3 4 5* 6 7 8 9 10 11 12* 13 14 15 16 17 18 19* 20 21

Era rep.: 1 2 3 4 5 6 7 8 9 10* 11 12 13 14 15 16 17 18 19 20* 21 22 23 24 25 26 27 28 29 30*

Brumaire — Era volgare: Ottobre 1802 | Novembre 1802

Era volgare: 23 24* 25 26 27 28 29 30 31* 1 2 3 4 5 6* 7 8 9 10 11 12 13* 14 15 16 17 18 19 20 21*

Era rep.: 1 2 3 4 5 6 7 8 9 10* 11 12 13 14 15 16 17 18 19 20* 21 22 23 24 25 26 27 28 29 30*

Vendém. — Era volgare: Settembre 1802 | Ottobre 1802

Era volgare: 23 24 25 26* 27 28 29 30 1 2 3* 4 5 6 7 8 9 10* 11 12 13 14 15 16 17* 18 19 20 21 22

Era rep.: 1 2 3 4 5 6 7 8 9 10* 11 12 13 14 15 16 17 18 19 20* 21 22 23 24 25 26 27 28 29 30*

Anno duodecimo (1803-1804).

Complém. — Sett. 1804

Era rep.	1	2	3	4	5
Era volgare	18	19	20	21	22

Fructid. — Agosto 1804 / Settembre 1804

Era rep.	1	2	3	4	5	6	7	8	9	10	11	12	13	14	15	16	17	18	19	20	21	22	23	24	25	26	27	28	29	30
Era volgare	19	20	21	22	23	24	25	26	27	28	29	30	31	1	2	3	4	5	6	7	8	9	10	11	12	13	14	15	16	17

Thermid. — Luglio 1804 / Agosto 1804

Era rep.	1	2	3	4	5	6	7	8	9	10	11	12	13	14	15	16	17	18	19	20	21	22	23	24	25	26	27	28	29	30
Era volgare	20	21	22	23	24	25	26	27	28	29	30	31	1	2	3	4	5	6	7	8	9	10	11	12	13	14	15	16	17	18

Messidor — Giugno 1804 / Luglio 1804

Era rep.	1	2	3	4	5	6	7	8	9	10	11	12	13	14	15	16	17	18	19	20	21	22	23	24	25	26	27	28	29	30
Era volgare	20	21	22	23	24	25	26	27	28	29	30	1	2	3	4	5	6	7	8	9	10	11	12	13	14	15	16	17	18	19

Prairial — Maggio 1804 / Giugno 1804

Era rep.	1	2	3	4	5	6	7	8	9	10	11	12	13	14	15	16	17	18	19	20	21	22	23	24	25	26	27	28	29	30
Era volgare	21	22	23	24	25	26	27	28	29	30	31	1	2	3	4	5	6	7	8	9	10	11	12	13	14	15	16	17	18	19

Floréal — Aprile 1804 / Maggio 1804

Era rep.	1	2	3	4	5	6	7	8	9	10	11	12	13	14	15	16	17	18	19	20	21	22	23	24	25	26	27	28	29	30
Era volgare	21	22	23	24	25	26	27	28	29	30	1	2	3	4	5	6	7	8	9	10	11	12	13	14	15	16	17	18	19	20

Germin. — Marzo 1804 / Aprile 1804

Era rep.	1	2	3	4	5	6	7	8	9	10	11	12	13	14	15	16	17	18	19	20	21	22	23	24	25	26	27	28	29	30
Era volgare	22	23	24	25	26	27	28	29	30	31	1	2	3	4	5	6	7	8	9	10	11	12	13	14	15	16	17	18	19	20

Ventôse — Febbraio 1804 / Marzo 1804

Era rep.	1	2	3	4	5	6	7	8	9	10	11	12	13	14	15	16	17	18	19	20	21	22	23	24	25	26	27	28	29	30
Era volgare	21	22	23	24	25	26	27	28	29	1	2	3	4	5	6	7	8	9	10	11	12	13	14	15	16	17	18	19	20	21

Pluviôse — Gennaio 1804 / Febbraio 1804

Era rep.	1	2	3	4	5	6	7	8	9	10	11	12	13	14	15	16	17	18	19	20	21	22	23	24	25	26	27	28	29	30
Era volgare	22	23	24	25	26	27	28	29	30	31	1	2	3	4	5	6	7	8	9	10	11	12	13	14	15	16	17	18	19	20

Nivôse — Dicembre 1803 / Gennaio 1804

Era rep.	1	2	3	4	5	6	7	8	9	10	11	12	13	14	15	16	17	18	19	20	21	22	23	24	25	26	27	28	29	30
Era volgare	23	24	25	26	27	28	29	30	31	1	2	3	4	5	6	7	8	9	10	11	12	13	14	15	16	17	18	19	20	21

Frimaire — Novembre 1803 / Dicembre 1803

Era rep.	1	2	3	4	5	6	7	8	9	10	11	12	13	14	15	16	17	18	19	20	21	22	23	24	25	26	27	28	29	30
Era volgare	23	24	25	26	27	28	29	30	1	2	3	4	5	6	7	8	9	10	11	12	13	14	15	16	17	18	19	20	21	22

Brumaire — Ottobre 1803 / Novembre 1803

Era rep.	1	2	3	4	5	6	7	8	9	10	11	12	13	14	15	16	17	18	19	20	21	22	23	24	25	26	27	28	29	30
Era volgare	24	25	26	27	28	29	30	31	1	2	3	4	5	6	7	8	9	10	11	12	13	14	15	16	17	18	19	20	21	22

Vendém. — Settembre 1803 / Ottobre 1803

Era rep.	1	2	3	4	5	6	7	8	9	10	11	12	13	14	15	16	17	18	19	20	21	22	23	24	25	26	27	28	29	30
Era volgare	24	25	26	27	28	29	30	1	2	3	4	5	6	7	8	9	10	11	12	13	14	15	16	17	18	19	20	21	22	23

Anno decimoterzo (1804-1805).

Complem.	vol gare	Sett. 1805
	Era	18 19 20 21 22
	Era rep.	1 2 3 4 5

Fructid.	vol gare	Agosto 1805 / Settembre 1805
	Era	19 20 21 22 23 24 25 26 27 28 29 30 31 1 2 3 4 5 6 7 8 9 10 11 12 13 14 15 16 17
	Era rep.	1 2 3 4 5 6 7 8 9 10 11 12 13 14 15 16 17 18 19 20 21 22 23 24 25 26 27 28 29 30

Thermid.	vol gare	Luglio 1805 / Agosto 1805
	Era	20 21 22 23 24 25 26 27 28 29 30 31 1 2 3 4 5 6 7 8 9 10 11 12 13 14 15 16 17 18
	Era rep.	1 2 3 4 5 6 7 8 9 10 11 12 13 14 15 16 17 18 19 20 21 22 23 24 25 26 27 28 29 30

Messidor	vol gare	Giugno 1805 / Luglio 1805
	Era	20 21 22 23 24 25 26 27 28 29 30 1 2 3 4 5 6 7 8 9 10 11 12 13 14 15 16 17 18 19
	Era rep.	1 2 3 4 5 6 7 8 9 10 11 12 13 14 15 16 17 18 19 20 21 22 23 24 25 26 27 28 29 30

Prairial	vol gare	Maggio 1805 / Giugno 1805
	Era	21 22 23 24 25 26 27 28 29 30 31 1 2 3 4 5 6 7 8 9 10 11 12 13 14 15 16 17 18 19
	Era rep.	1 2 3 4 5 6 7 8 9 10 11 12 13 14 15 16 17 18 19 20 21 22 23 24 25 26 27 28 29 30

Floréal	vol gare	Aprile 1805 / Maggio 1805
	Era	21 22 23 24 25 26 27 28 29 30 1 2 3 4 5 6 7 8 9 10 11 12 13 14 15 16 17 18 19 20
	Era rep.	1 2 3 4 5 6 7 8 9 10 11 12 13 14 15 16 17 18 19 20 21 22 23 24 25 26 27 28 29 30

Germin.	vol gare	Marzo 1805 / Aprile 1805
	Era	22 23 24 25 26 27 28 29 30 31 1 2 3 4 5 6 7 8 9 10 11 12 13 14 15 16 17 18 19 20
	Era rep.	1 2 3 4 5 6 7 8 9 10 11 12 13 14 15 16 17 18 19 20 21 22 23 24 25 26 27 28 29 30

Ventôse	vol gare	Febbraio 1805 / Marzo 1805
	Era	20 21 22 23 24 25 26 27 28 1 2 3 4 5 6 7 8 9 10 11 12 13 14 15 16 17 18 19 20 21
	Era rep.	1 2 3 4 5 6 7 8 9 10 11 12 13 14 15 16 17 18 19 20 21 22 23 24 25 26 27 28 29 30

Pluviôse	vol gare	Gennaio 1805 / Febbraio 1805
	Era	21 22 23 24 25 26 27 28 29 30 31 1 2 3 4 5 6 7 8 9 10 11 12 13 14 15 16 17 18 19
	Era rep.	1 2 3 4 5 6 7 8 9 10 11 12 13 14 15 16 17 18 19 20 21 22 23 24 25 26 27 28 29 30

Nivôse	vol gare	Dicembre 1804 / Gennaio 1805
	Era	22 23 24 25 26 27 28 29 30 31 1 2 3 4 5 6 7 8 9 10 11 12 13 14 15 16 17 18 19 20
	Era rep.	1 2 3 4 5 6 7 8 9 10 11 12 13 14 15 16 17 18 19 20 21 22 23 24 25 26 27 28 29 30

Frimaire	vol gare	Novembre 1804 / Dicembre 1804
	Era	22 23 24 25 26 27 28 29 30 1 2 3 4 5 6 7 8 9 10 11 12 13 14 15 16 17 18 19 20 21
	Era rep.	1 2 3 4 5 6 7 8 9 10 11 12 13 14 15 16 17 18 19 20 21 22 23 24 25 26 27 28 29 30

Brumaire	vol gare	Ottobre 1804 / Novembre 1804
	Era	23 24 25 26 27 28 29 30 31 1 2 3 4 5 6 7 8 9 10 11 12 13 14 15 16 17 18 19 20 21
	Era rep.	1 2 3 4 5 6 7 8 9 10 11 12 13 14 15 16 17 18 19 20 21 22 23 24 25 26 27 28 29 30

Vendém.	vol gare	Settembre 1804 / Ottobre 1804
	Era	23 24 25 26 27 28 29 30 1 2 3 4 5 6 7 8 9 10 11 12 13 14 15 16 17 18 19 20 21 22
	Era rep.	1 2 3 4 5 6 7 8 9 10 11 12 13 14 15 16 17 18 19 20 1 2 3 4 5 6 7 8 9 0

Anno decimoquarto (1805).

Vendém.		Brumaire		Frimaire		Nivôse	
Era rep.	Era volgare	Era rep.	Era volgare	Era rep	Era volgare	Era rep.	Era volgare
1	23	1	23	1	22	1	22*
2	24	2	24	2	23	2	23
3	25	3	25	3	24*	3	24
4	26	4	26	4	25	4	25
5	27	5	27*	5	26	5	26
6	28	6	28	6	27	6	27
7	29*	7	29	7	28	7	28
8	30	8	30	8	29	8	29*
9	1	9	31	9	30	9	30
10*	2	10*	1	10*	1*	10*	31
11	3	11	2	11	2		
12	4	12	3*	12	3		
13	5	13	4	13	4		
14	6*	14	5	14	5		
15	7	15	6	15	6		
16	8	16	7	16	7		
17	9	17	8	17	8*		
18	10	18	9	18	9		
19	11	19	10*	19	10		
20*	12	20*	11	20*	11		
21	13*	21	12	21	12		
22	14	22	13	22	13		
23	15	23	14	23	14		
24	16	24	15	24	15*		
25	17	25	16	25	16		
26	18	26	17*	26	17		
27	19	27	18	27	18		
28	20*	28	19	28	19		
29	21	29	20	29	20		
30*	22	30*	21	30*	21		

Vendém. — Settembre 1805 / Ottobre 1805
Brumaire — Ottobre 1805 / Novembre 1805
Frimaire — Novembre 1805 / Dicembre 1805
Nivôse — Dicembre 1805

XII.

Tavole Cronologiche dei Sovrani dei principali Stati d'Europa.

N. B. — Abbiamo creduto opportuno segnare in queste tavole, dopo il nome di ciascun sovrano, il grado di parentela col suo antecessore (come: f., *figlio*; fr., *fratello*; nip., *nipote*) ed aggiungere, fra parentesi, i diversi titoli o condomini dello stesso, con le rispettive date, potendo servire di richiamo ad altre tavole.

Principali abbreviature: — abd., *abdica*; arc., *arciduca*; assoc., *associato*; av., *avanti*; Bav., *Baviera*; Borg., *Borgogna*; C.ᵉ, *Conte*; cogn., *cognato*; cor., *coronato*; cug., *cugino*; d., *dopo*; dep., *deposto*; el., *eletto*; f., *figlio*; fr., *fratello*; Germ., *Germania*; imp., *imperatore*; land., *landgravio*; marc. o march., *marchese*; marg., *margravio*; nip., *nipote*; nom., *nominato*; pod., *podestà*; pred., *predetto*; princ., *principio*; regg., *reggente* o *reggenza*; rin., *rinunzia*; rom., *romano*; s. a., *stesso anno*; sen., *senatore*; sp., *sposa*; spod., *spodestato*; succ., *succede*; tut., *tutore*; usurp., *usurpatore*; v., *verso*; † *muore*.

§ I.

Impero Austro-Ungarico

1. **Austria.**

Margravi, poi Duchi dal 1156, Arciduchi dal 1453.
Imperatori dal 1804.

Leopoldo I di **Babenberg**, l'*Illustre*, f. di Adalberto,
    margravio . . . . 976 - † 10 lugl. 994
Enrico I, f. . . . . 10 lug. 994 - † 23 giu. 1018
Alberto *il Vittorioso*, f. . . . . 23 giu. 1018 - † 1055
Ernesto *il Valente*, f. . . . . 1055 - † 9 giu. 1075
Leopoldo II *il Bello*, f. . . . . 9 giu. 1075 - † 12 ott. 1096
Leopoldo III *il Pio o il Santo*, f. . . . . . 12 ott. 1096 - † 15 nov. 1136
Leopoldo IV *il Liberale*, f., (duca di Bav. 1139) . . nov. 1136 - † 1141
Enrico II *Jasomirgott*, fr., (duca di Baviera 1141) suc-
    cede . . . . 1141, duca 17 sett. 1156 - † 13 gen. 1177
Leopoldo V *il Virtuoso*, f., (duca di Stiria 1192) 13 gen. 1177 - † 21 dic. 1194
Federico I *il Cattolico*, f. . . . . 21 dic. 1194 - † 11 ag. 1198
Leopoldo VI *il Glorioso*, f. (duca di Stiria 1194) 11 ag. 1198 - † 26 lugl. 1230
Federico II *il Belligero*, f. (duca di Stiria 1230) 26 lugl. 1230 - † 15 giu. 1246
Ottone, Conte d'Eberstein, governa a nome dell' imperatore   *1246-1248*
Ermanno VI, marchese di Baden, invest. da Guglielmo
    d'Olanda . . . . *1248 - † 4 ott. 1250*
Premislao-Ottocaro, f. di Wenceslao III (march. di Mo-
    ravia 1247, re di Boemia 1253) . . 1251 - dep. 1276 († 26 ag. 1278)
Interregno . . . . *dal 1276 al 27 dic. 1282*
Alberto I, f. dell'Imp. Rodolfo d'**Absburgo**, (imp. di
    Germania 1298) duca. . . . . 27 dic. 1282 - † 1° magg. 1308
Rodolfo II, fr. (land. d'Alsazia 1273) assoc. . . 1289 - † 27 apr. 1290
Rodolfo III, f. di Alberto I (re di Boemia 1306) assoc. 1298 - † lug. 1307
Federico I *il Bello*, fr. (re di Germ. 1314) 1° mag. 1308 - † 13 gen. 1330
Leopoldo I *il Glorioso*, fr. (land. d'Alsaz. 1307) 1° mag. 1308 - † febb. 1326
Alberto II *il Saggio*, fr. (duca di Carinz. 1335) 13 gen. 1330 - † 20 lugl. 1358
Enrico *il Placido*, fr. . . . . 1308 - † 3 febb. 1327
Ottone *l'Audace*, fr. (duca di Carinzia 1335) . . 1329 - † 16 febb. 1339
Rodolfo IV *l'Ingegnoso*, f. di Alberto II (duca di Ca-
    rinzia 1358) . . . . 1356 - † 27 lugl. 1365
Federico II, f. di Ottone . . . . febb. 1339 - † 13 dic. 1344

Federico III *lo Splendido*, fr. di Rodolfo IV . . 1358 - † 10 dic. 1362
Alberto III *la Treccia*, fr. (duca di Carin. 1358) 27 lugl. 1365 - † 29 ag. 1395
Leopoldo III *il Valoroso*, fr. (duca di Carinzia 1379) 1379 - † 9 lugl. 1386
Alberto IV, f. di Alberto III, sotto tutela di Guglielmo
    f. di Leopoldo III . . . . 29 ag. 1395 - † 14 sett. 1404
Alberto V, f. (re di Boemia e Ungher. 1437, di Ger-
    mania 1438). . . . . 1404 - † 27 ott. 1439
Federico V, nip. di Leopoldo III (imp. di Germ. 1452)
    succ. . . . . ott. 1439 - 1444
Ladislao *Postumo*, f. di Alberto V (re di Boemia 1440,
    d'Ungheria 1453) arciduca 6 genn. 1453 ; 21 febb. 1440 - † 23 nov. 1457
Alberto VI *il Prodigo*, fr. di Federico V 1444-1446
Sigismondo, nip. di Leopoldo III . . 1446 - rin. 1490 († 4 mar. 1496)
Alberto VI *di nuovo* . . . . nov. 1457 - † 3 dic. 1463
Federico V *di nuovo* . . . . dic. 1463 - † 19 ag. 1493
Massimiliano I, f. (imp. di Germ. 1493) . . 19 ag. 1493 - † 12 genn. 1519
Carlo I [V]. nip., (imp. di Germ. 1519) . . . 1519 - 1521 († 21 sett. 1558)
Ferdinando I, fr. (re di Boemia e d'Ungheria 1527, imp.
    di Germ. 1556) . . . . magg. 1521 - † 25 lugl. 1564
Massimiliano II, f. (imp. di Germ. 1564) . . 25 lugl. 1564 - † 12 ott. 1576
Rodolfo V, f., (imp. di Germ. 1576) . 12 ott. 1576 - 1608 († 20 genn. 1612)
Mattia, fr. (imp. di Germ. 1612) . . . . . 26 giu. 1608 - † 20 mar. 1619
Ferdinando II, nip. di Ferdinando I, (imp. di Germa-
    nia 1619) . . . . 20 mar. 1619 - † 15 febb. 1637
Ferdinando III, f. (imp. di Germ. 1637) . . 15 febb. 1637 - † 2 apr. 1657
Leopoldo I, f. (imp. di Germ. 1658) . . . 2 apr. 1657 - † 5 magg. 1705
Giuseppe I, f. (imp. di Germ. 1705) . . . 6 magg. 1705 - † 17 apr. 1711
Carlo II [VI], fr. (imp. di Germ. 1711) . . . 12 ott. 1711 - † 20 ott. 1740
Maria-Teresa, f. (sp. Franc. duca di Lor. 1736) 20 ott. 1740 - † 29 nov. 1780
Giuseppe II di **Absburgo-Lorena**, f. (imp. di Germa-
    nia 1765) . . . . 29 nov. 1780 - † 20 febb. 1790
Leopoldo II, fr. (imp. di Germ. 1790) . 20 febb. 1790 - † 1° mar. 1792
Francesco, figlio (imperatore di Germania 1792-1806)
    succ. . . . . 1° mar. 1792, imp. d'Austria 11 ag. 1804 - † 2 mar. 1835
Ferdinando, f., imp. . . . . . 2 mar. 1835 - abd. 2 dic. 1848 († 1875)
Francesco-Giuseppe, nip., imp. . . . . . 2 dic. 1848 -

2. Aquileia (1).
(Friuli dal 1028, Carniola dal 1077, Istria dal 1203).

Vescovi, poi Arcivescovi dal 369, Patriarchi dal 557.

Ilario, di Pannonia . . . . 276 - 285
Crisogono I, Bizantino . . . . 286 - 295

---

(1) V. Gams, Series Episcoporum, Ratisbonae, 1873, pag. 772.

Leone . . . . 922 - ✝ v. 927
Orso II . . . . 928 - ✝ v. 931
Lupo II . . . . v. 932 - ✝ 13 marzo 944
Engelfredo . . . . v. 944 - ✝ nov. 963
Rodoaldo (Rodolfo) . . . . av. 13 dic. 963 - ✝ 983 o 984
Giovanni IV, di Ravenna . . . . 984 - 1017
Poppo (Wolfango) . . . . 1017 o 1019 - ✝ 1042 o 1045
Eberardo, longobardo . . . . 1045 - ✝ 1049
Goteboldo . . . . 1049 - 1063
Ravengero . . . . v. 1063 - ✝ 1068
Sigeardo (Singifredo) . . . . 1068 - ✝ 12 ag. 1077
Enrico . . . . av. 17 sett. 1077 - ✝ 1084
Federico II (Swatobor). . . . . 1084 - ✝ 1085
Ulrico (Vodalricus) d'Eppenstein, abate di S. Gallo 1085 - ✝ 11 dic. 1121
Gerardo Primiero . . . . av. 21 magg. 1122 - dep. 1128
Pellegrino I d'Ortenbourg . . . . v. 1130 - ✝ 8 ag. 1161
Ulrico II, alemanno . . . . 24 sett. 1161 - ✝ 1° apr. 1181
Gotifredo, ab. di Sesto . . . . 1182 - ✝ v. 1194
Pellegrino II . . . . av. 8 febb. 1195 - ✝ v. 15 magg. 1204
Wolfgaro, alemanno . . . . 24 giu. 1204 - ✝ 10 febb. 1218
Bertoldo di Meran . . . . . 27 mar. 1218 - ✝ 23 magg. 1251
Gregorio di Montelongo . . . . . . 29 nov. 1251 - ✝ 8 sett. 1269
Filippo I (duca di Carinzia 1269) . . . . 23 sett. 1269 - 1273 (✝ 1279)
Raimondo della Torre, milanese . . . 21 dic. 1273 - ✝ 23 febb. 1299
Pietro Gerra, di Ferentino . . . . . 18 ott. 1299 - ✝ 19 febb. 1301
Ottobuono de' Razzi . . . . 30 marzo 1302 - ✝ 13 genn. 1315
Gastone della Torre, arciv. di Milano . . 31 dic. 1316 - ✝ 20 ag. 1318
Pagano della Torre, vesc. di Padova . 24 luglio 1319 - ✝ 19 dic. 1331
Bertrando di S. Genesio . . . . 4 lugl. 1334 - ✝ 6 giu. 1350
Nicola I di Lussemburgo . . . . . . 22 ott. 1350 - ✝ 29 lugl. 1358
Lodovico I della Torre, vesc. di Trieste 10 mag. 1359 - ✝ 30 lugl. 1365
Marquardo di Randek . . . . 23 ag. 1365 - ✝ 3 genn. 1381
Filippo II d'Alençon, card., amministr. . . . . 11 febb. 1381 - 1387
Giovanni V Sobieslav di Moravia . . . 27 nov. 1387 - ✝ 12 ott. 1394
Antonio I de' Gaetani, Romano . . 27 genn. 1395 - dep. 2 febb. 1402
Antonio II Panciera . . . . . . 8 apr. 1402 - dep. 13 giu. 1409
Antonio III da Ponte . . . . 26 giu 1409 - 1412
Lodovico II di Teck . . . . 6 luglio 1412 - 1438
I Veneziani privano il Patriarcato del poter temporale *7 giu. 1420*
Lodovico III Scarampi-Mezzarota . . . 18 dic. 1439 - ✝ 27 mar. 1465
La sola città di Aquileia è resa al Patriarcato nel . . . *1445*
Marco I Barbò . . . . 27 apr. 1465 - ✝ 6 mar. 1491
Ermolao I Barbaro . . . . 7 mar. 1491 - ✝ 14 giu. 1493
Nicolò Donati . . . . 4 nov. 1493 - ✝ 3 sett. 1497
Domenico Grimani . . . . 13 febb. 1498 - 1517
Marino Grimani . . . . 1517 - dep. 16 apr. 1529
Marco II Grimani . . . . . 16 apr. 1529 - dep. 1533 (✝ 1544)
Marino Grimani *di nuovo* . . . . 1533 - dep. 1545 (✝ 28 sett. 1546)

L'Austria occupa definitivamente Aquileia nel 1542
Il Patriarcato sussiste ad Udine, privo del poter temporale, fino al 1750

3. Boemia.
Duchi, poi Re dal 1198.

Borziwoj I, discend. da **Premysl** capo degli Czechi di
    Boemia, duca . . . . 873 - † v. 894
Spitignew I, f. . . . . 895 - † v. 912
Wratislao I, fr. . . . . 895 - † 926
Drahomira, ved. di Wratislao I, reggente . . . . . 926 - 928 († 935)
Venceslao I (S), f. . . . . 926 - † 935
Boleslao I, fr. . . . . 935 - † 15 lugl. 967
Boleslao II *il Buono o il Casto*, f. . . . 15 lugl. 967 - † 7 febbr. 999
Boleslao III *il Cieco*, f. . . . . 7 febbraio 999 - abd. 1002
Wladiwoj, nip. di Boleslao II . . . . 1002 - † 1003
Boleslao III, *di nuovo* . . . . 1003 († 1037)
Jaromiro, fr. . . . . 1003 - dep. 1012 († 1038)
Udalrico o Ulrico I, fr. . . . . 1012 - † 9 nov. 1037
Bretislao I *il Guerriero o l'Achille*, f. . . 9 nov. 1037 - † 10 genn. 1055
Spitignew II, f. . . . . 10 genn. 1055 - † 28 genn. 1061
Wratislao II, fr., 28 genn. 1061, re 16 giu, cor. 3 lugl. 1086 - † 14 genn. 1092
Corrado I, fr., duca . . . . 14 genn. 1092 - † 1092
Bretislao II, f. di Wratislao II . . . . . . 1092 o 1093 - † dic. 1100
Borziwoj II, fr. . . . . 25 dic. 1100 - spod. 1107
Swatopluk, cugino . . . . 1107 - † 12 sett. 1109
Wladislao I, fr. di Borziwoj II . . . . . . 12 sett. 1109 - 1117
Borziwoj II, *di nuovo* . . . . . 1117 - spod. 1020 († 2 febbr. 1124)
Wladislao I, *di nuovo* . . . . 1120 - † 12 apr. 1125
Sobieslao I, fr. . . . . 12 apr. 1125 - † 13 mar. 1140
Wladislao II, f. di Wladislao I, succ. 12 apr. 1140,
    re . . . . 13 genn. 1158 - abd. 1173 († 17 genn. 1174)
Sobieslao II, f. di Sobieslao I, duca . . . . 1173 - spod. 1179 († 1180)
Federico, f. di Wladislao II . . . . 1179 - † 1189
Corrado II, nip. di Corrado I (march. di Moravia 1182). 1189 - † 1191
Venceslao II, f. di Sobieslao I . . . . . 1191 - spod. 1192 († v. 1177)
Premislao II *detto Ottocaro I*, f. di Wladislao II . . 1192 - spod. 1193
Enrico Bretislao, f. di Wladislao I . . . . 1193 - † 1197
Wladislao III, f. di Wladislao II (march. di Moravia
    1192) . . . . 1197 - abd. s. a. († 1222)
Premislao II *di nuovo*, succ. . . . 1197, cor. re 1198 - † 15 dic. 1230
Venceslao III *il Guercio*, f., cor. re 1228, succ. 15 dic. 1230 - † 22 sett. 1253
Premislao-Ottocaro II *il Vittorioso*, f. (march. di Mo-
    ravia 1247, marg. d'Austria 1251). 23 settembre 1253 - † 26 ag. 1278
Interregno dal . . . . *26 ag. 1278 al 1283*
Venceslao IV, f. (re di Polonia 1300) . . . . . 1283 - † 21 giu. 1305

Venceslao V, f. (re d'Ungheria 1302, di Polonia 1305) suc-
cede . . . . 21 giu. 1305 - † 4 ag. 1306
Rodolfo d'**Absburgo** (marg. d'Austria 1298) . . ag. 1306 - † 4 lug. 1307
Enrico di Carinzia, genero di Venceslao IV, suc-
cede . . . . 4 lugl. 1307 - dep. 1310 († 4 ag. 1335)
Giovanni *il Cieco*, C.ᵉ di **Lussemburgo** (1313), genero di
Venceslao IV, succ. . . . . 1310 - † 26 ag. 1346
Carlo I, f. (imp. di Germ. 1355) . . . . . 26 ag. 1346 - † 29 nov. 1378
Venceslao VI, f. (re di Germ. 1378) . . . 29 nov. 1378 - † 16 ag. 1419
Sigismondo, fr. (imp. di Germ. 1433) . . . 16 ag. 1419 - † 9 dic. 1437
Alberto d'**Absburgo** (duca d'Austria 1404, re di Unghe-
ria 1437, de'Romani 1438), genero di Sigism., suc-
cede . . . . 9 dic. 1437, cor. 6 magg. 1439 - † 27 ott. 1439
Ladislao *Postumo*, f. (arc. d'Austria e re di Boemia 1440,
d'Ungheria 1453). . . . . 22 febb. 1440 - † 23 nov. 1457
Giorgio Podiebrad, ussita, reggente dal 1444, re 2 mar.,
cor. . . . . 7 magg. 1458 - † 22 mar. 1471
Ladislao II, f. di Casimiro IV re di Polonia (re d'Un-
gheria 1490) re . . . . . 27 magg., cor. 16 ag. 1471 - † 13 mar. 1516
Luigi, f. (re d'Ungheria 1516) . . . . . . 13 mar. 1516 - † 29 ag. 1526
Ferdinando I d'**Austria**, genero di Ladislao II, re di
Boemia . . . . dic. 1526 (imp. 1556) - † 25 lugl. 1564
La Boemia, nel 1547, è dichiarata stato ereditario della corona
d'Austria e rimane unita ai suoi possessi.

4. Carinzia.

Unita al Friuli 796-828
Governata da Margravi particolari 828-907
Unita al ducato di Baviera 907-976

Duchi.

Enrico I *il Giovane*, f. di Bertoldo C.ᵉ di Scheiern in
Baviera, (margr. di Verona 976, duca di Baviera
982) . . . . 976 - dep. 978
Ottone I di **Waiblingen**, f. di Corrado II duca di Lo-
rena, (duca di Franconia 955) 978-982
Enrico I *di nuovo* . . . . 982-989 († 996)
La Carinzia è unita ancora alla Baviera 989-995
Ottone I *di nuovo* . . . . 995 - † 4 nov. 1004
Corrado I *il Vecchio*, f. (duca di Franconia) 4 nov. 1004 - † 11 o 12 dic. 1011
Adalberone d'**Eppenstein** . . . . 1012 - dep. 1035 († 1039)
Corrado II *il Giovane*, f. di Corrado I (duca di Fran-
conia 1011). . . . . 1036 - † 20 lug. 1039
Interregno . . . . 20 lugl. 1039-1047
Guelfo (Welf), f. di Guelfo II C.ᵉ d'Altorf . . . . . 1047 - † 1055

Corrado III, nip. di Corrado II . . . . 1056 · † 1061
Bertoldo *il Barbuto*, duca di **Zähringen** 1061 - dep. 1072 († lugl. 1077)
Marquardo, f. di Adalberone d' **Eppestein** . . . . . 1072 - † 1076
Liutoldo, f. 1077 - † 1090
Enrico II, fr. (marg. d'Istria e Carniola 1076). . . . 1090 - † 1122
Enrico III, d'**Ortenburgo** . . . . 1123 - † 1124
Engelberto II, fr. (margr. d'Istria e Carniola 1108) 1124 - abd. 1134 († 1141)
Ulrico I, f. . . . . 1134 - † 1144
Enrico IV, f. . . . . 1144 - † 1161
Ermanno, fr. . . . . 1161 - † 5 ott. 1181
Ulrico II, f. . . . . 1181 - † 1202
Bernardo, fr. . . . . 1202 - † febb. 1256
Ulrico III, f. . . . . febb. 1256 - † 23 ott. 1269
Filippo, fr. (patr. d'Aquileja 1269) . . . 23 ott. 1269 - dep. 1270 († 1279)
Premislao Ottocaro (duca d'Austria 1251, re di Boemia
   1253). . . . . 1269 - dep. 1276 († 26 ag. 1278)
Rodolfo d'**Absburgo** (re di Germ. 1273) . . 1276-1286 († 15 lugl. 1291)
Mainardo di **Goritz** (C.ᵉ del Tirolo 1258) . . . . 1286 - † 31 ott. 1295
Ottone II, f. (C.ᵉ del Tirolo 1295) . . . . 31 ott. 1295 - † 1310
Luigi, fr. . . . . 31 ott. 1295 - † 22 sett. 1305
Enrico V, fr. . . . . 31 ott. 1295 - † 4 apr. 1335
Alberto II d'**Absburgo**, duca d'Austria, eredita la Carinzia nel 1335
Il ducato viene definitivamente unito all'Austria nel 1493.

5. Ungheria.

Duchi, poi Re dal 1000.

Árpád, capo degli Ungheri, primo duca (*waivoda*) . . . 894 - † 907
Zsolt, f. 907 - † 947
Taksony, f. . . . . 947 - † 972
Geiza I, f. . . . . 972 - † 997
Stefano I *il Santo*, f., succ. . . . . . . 997, re nel 1000 - † 15 ag. 1038
Pietro *l'Alemanno*, f. di Ottone Orseolo doge di Venezia,
   succ. . . . . ag. 1038 - dep. 1041
Aba Samuele, marito di Sama sorella di Stefano I, suc-
   cede . . . . 1041 - detr. 5 lugl. 1044 († 1044)
Pietro *di nuovo* . . . . 1044 - dep. 1046 († 1047)
Andrea I, cug. di Geiza I . . . . 1046 - † 1061
Béla I, fr. . . . . 1061 - † 1063
Salomone, f. di Andrea I . . . . 1063 - dep. 1074 († 1087)
Geiza I, f. di Bela I . . . . 1074 - † 25 apr. 1077
Ladislao I *il Santo*, fr. . . . . apr. 1077 - † 19 lugl. 1095
Colomano (Kálmán), f. . . . . . . 20 lugl. 1095 - † 3 febbr. 1114
Stefano II *la Folgore*, f. . . . . 3 febbr. 1114 - † 1131
Bela II, f. di Almo fr. di Colomano . . . . 1131 - † 13 febb. 1141
Geiza II, f. . . . . cor. 16 febbr. 1141 - 31 magg. 1161
Stefano III, f. . . . . 31 magg. 1161 - detr. 1161

Ladislao II, f. di Bela II. . . . . 1161 - m. 14 genn. 1162

Stefano IV, fr. . . . . 14 genn. 1162 dep. s. a. († 1163)

Stefano III *di nuovo* . . . . 1163 - † 4 mar. 1173

Bela III, fr. di Stefano III . . . . cor. 13 genn. 1174 - † 18 apr. 1196

Emerico, f. . . . . 18 apr. 1196 - † genn. 1204

Ladislao III, f., regg. Andrea suo zio. . . . 1204 - † 7 magg. 1205

Andrea II *il Gerosolimitano*, f. di Bela III, 7 maggio 1205 - † 7 marz. 1235

Bela IV, f. . . . . 7 mar., cor. 14 ott. 1235 - † 1270

Stefano V, f. . . . . 1270 - † ag. 1272

Ladislao IV *il Cumano*, f. . . . . 1272 - † 19 lugl. 1290

Andrea III *il Veneziano*, nip. di Andrea II,. 19 lugl., cor. 4 ag. 1290 - † 1301

Venceslao dei **Premislidi** (re di Boemia e Polonia 1305)
   succ. . . . . 1302 - abd. 1305 († 4 ag. 1306)

Ottone di **Wittelsbach**, nip. di Stefano V (re di Bav. 1290)
   succ. . . . . 1305 - abd. 1308 († 1312)

Caroberto o Roberto Carlo d'**Anjou**, f. di Carlo Martello e pronip. di Stefano V . . . . . . 1308 - † 16 lugl. 1342

Luigi I *il Grande*, f. (re di Polonia 1370) 16 lugl. 1342 - † 11 o 12 sett. 1382

Maria, detta Re Maria, f., regg. Elisabetta sua madre,
   succede . . . . 11 o 12 sett. 1382-1385 († 1392)

Carlo di **Durazzo** *il Piccolo* (re di Napoli 1381) coronato re . . . . 31 dic. 1385 - † 24 febb. 1386

Sigismondo di **Lussemburgo**, marito di Maria (re de'
   Rom. 1410, di Boemia 1419), succ. . . . . 1387 - † 9 dic. 1437

Alberto d'**Austria**, genero di Sigism. (re di Boemia 1437)
   succ. . . . . . . 19 dic. 1437, cor. 1° genn. 1438 - † 27 ott. 1439

Elisabetta, ved. di Alberto . . . . . 27 ott. 1439 - genn. 1440 († 1442)

Vladislao I, (re di Polonia 1434) . . . . genn. 1440 - † 10 nov. 1444

   Interregno — Giovanni Hunyadi, gover. . nov. 1444 - 13 febb. 1453

Ladislao V *il Postumo*, f. di Alberto d'Austria (arc. d'Austria e re di Boemia 1440), re . . . . . 1453 - † 23 nov. 1457

Mattia *Corvino*, f. di Giov. Hunyadi, re . 24 genn. 1458 - † 6 apr. 1490

Vladislao II di Polonia, f. (re di Boemia 1471), succede . . . . 15 lugl., cor. 21 sett. 1490 - † 13 mar. 1516

Luigi II di Polonia, f. (re di Boemia 1516) succ. sotto
   regg. . . . . mar. 1516 - † 29 ag. 1526

Giovanni Szapolyai (vaivoda di Transilvania 1507) succede . . . . 11 nov. 1526 - † 21 lugl. 1540

Ferdinando d'**Austria**, cogn. di Luigi II (arc. d'Austria
   1521, imp. di Germ. 1556), re . . . . genn. 1527 - † 25 lugl. 1564

L'Ungheria rimane unita ai possessi di casa d'**Austria**.

§ II.
Danimarca, Svezia e Norvegia.

1. Danimarca.
Re.

Gorm II *il Vecchio*, riunisce i diversi stati danesi . . . v. 899-936
Araldo III *Blatan (dente nero)*, f. . . . . 936 - † v. 986
Svenone II *Tiyguskegg (barba forcuta)*, f. 986-987
Dominazione svedese 987-1000
Svenone II *di nuovo*, (re d'Inghilt. 1013) . . . . 1000 - † 3 febb. 1014
Araldo IV, f. . . . . 3 febb. 1014 - † 1018
Canuto II *il Grande*, fr. (re d'Inghilt. 1016) . . . . 1018 - † nov. 1035
Canuto III *Ardicanuto*, (re d'Inghilt. 1039) . . nov. 1035 - † 8 giu. 1042
Dominazione norvegese. . . . . giu. 1042 - ott. 1047
Svenone III, f. di **Astrid** sorella di Canuto II, ott. 1047 - † 28 apr. 1076
Araldo V *Hein*, f. nat. . . . . 1076 - † 17 apr. 1080
Canuto IV *il Santo*, fr. . . . . 17 apr. 1080 - † 10 lugl. 1086
Olao III (Olafr) *il Famelico*, fr. . . . . ·. 10 lugl. 1086 - † 18 ag. 1095
Erico I *il Buono*, fr. . . . . 10 ag. 1095 - † 11 lugl. 1103
Interregno di alcuni mesi . . . . 11 lugl. 1103-1104
Nicola, fr. di Erico I . . . . 1104 - † 25 giu. 1134
Erico II *Eimuni*, f. di Erico I . . . . . . 1134 - † 18 sett. 1137
Erico III *l'Agnello*, nip. di Erico I . . . . . sett. 1137 - abd. 1147
Svenone IV, f. di Erico II . . . . 1147 - † 23 ott. 1157
Canuto V, f. di Magno re di Svezia . . . . 1147 - † 1157
Valdemaro I *il Grande*, f. di Canuto I duca di Schle-
swig . . . . ott. 1157 - † 12 magg. 1182
Canuto VI *il Pio*, f. (duca di Schleswig 1182) 12 magg. 1182 - † 12 nov. 1202
Valdemaro II *il Grande*, fr. (duca di Schleswig 1191)
succede . . . . 12 nov. 1202 - 28 mar. 1241
Erico IV *Plogpenning*, f. (duca di Schleswig 1218) suc-
cede . . . . 28 mar. 1241 - † 9 o 10 ag. 1250
Abele, fr. (duca di Schleswig 1232) . . . d. 10 ag. 1250 - † 29 giu. 1252
Cristoforo I, fr. . . . . 29 giu. 1252 - † 29 magg. 1259
Erico V *Gipping*, f. . . . . . . 29 magg 1259 - † 21 o 22 nov. 1286
Erico VI *Menved*, f. . . . . 22 nov. 1286 - † 13 nov. 1319
Cristoforo II, fr. . . . . 1319 - dep. 1326, ristab. 1329 - 1332
Erico VII, f. . . . . 1324 - † 1331 o 1332
Valdemaro IV (duca di Schleswig 1325) . . . . 1326 - 1330 († 1364)
Interregno dal . . . . 1332 al 1340
Gerardo, Conte d'Holstein, amministratore 1326-1340
Valdemaro V, f. di Cristoforo II, ... 1340 - † 24 febb. 1375
Interregno dal . . . . 24 febb. 1375 al 13 magg. 1376
Olao IV, nip. di Valdem. V, f. di Aquino II re di Svezia
(re di Norvegia 1380) . . . . 13 magg. 1376 - † 3 ag. 1387

Margherita *la Grande*, madre di Olao IV (regina di Norvegia 1388, di Svezia 1389) . . . . . . 3 ag. 1387 - ÷ 27 nov. 1412
Enrico VIII di Pomerania, pronip., sotto regg. della
madre fino al 1412, succ. . . . . 23 lugl. 1396
cor. re di Dan. e Norv. . . . . . 17 giu. 1397 - dep. 1439 (÷ 1459)
Cristoforo III di Baviera, nip. (re di Svezia 1440, di
Norv. 1442) . . . . 9 apr. 1440 -÷ 6 genn. 1448
Cristiano I (*Christjern*), f. di Thierri C.ᵉ di **Oldenburgo**
(re di Norveg. 1450, di Svezia 1457) . 1º sett. 1448 - ÷ 22 magg. 1481
Giovanni (Hans), f. (re di Svezia 1497) . 22 magg. 1481 - ÷ 21 febbr. 1513
Cristiano II, f. (re di Svezia 1520) 21 febb. 1513 - dep. 1523 (÷ 25 genn. 1559)
Federico I *il Pacifico*, f. di Cristiano I . . . . . 1523 - ÷ 3 apr. 1533
Cristiano III, f. . . . . 1533, re 4 lugl. 1534 - † 1º genn. 1559
Federico II, f. . . . . 1º genn. 1559 - ÷ 4 apr. 1588
Cristiano IV, f. . . . . apr. 1588 - ÷ 9 mar. 1649
Federico III, f. (vesc. di Brema 1634) . . 9 mar. 1649 - ÷ 19 febb. 1670
Cristiano V, f. . . . . 19 febb. 1670 - ÷ 4 sett. 1699
Federico IV, f. . . . . 4 sett. 1699 - ÷ 12 ott. 1730
Cristiano VI, f. . . . . 12 ott. 1730 - ÷ 6 ag. 1746
Federico V, f. . . . . 6 ag. 1746 - † 13 genn. 1766
Cristiano VII, f. . . . . 13 genn. 1766 - † 13 marz. 1808
Federico VI, f., regg. dal 1784, succ. . . . 13 mar. 1808 - † 3 dic. 1839
Cristiano VIII, cugino . . . . . . 3 dic. 1839 - ÷ 20 genn. 1848
Federico VII, f. . . . . 20 genn. 1848 - ÷ 15 nov. 1863
Cristiano IX, f. di Guglielmo duca di **Schleswig-Holstein-**
Sonderbourg-Glücksbourg . . . . . 15 nov. 1863-

2. Svezia.

Re

Casa degli Skioldung.

Olao *Skötkonung*, re d'Upsala dal 995, riunisce tutti
gli stati svedesi e prende il titolo di re di Svezia . 1001 - ÷ 1022
Anundo Giacomo, f. . . . . 1022 - ÷ 1050
Emundo II *Slemme*, fr. . . . . 1050 - † 1054

Casa degli Stenkil.

Stenkil Ragnvaldsson genero di Emundo II . . . . . . ÷ 1054-1066
Erico VII ed **Erico VIII** 1066
Aquino (Hakon) **I**, *il Rosso* 1067-1069
Ingo I, f. di Stenkil . . . . 1066 - ÷ 1110
Alstano, fr. . . . . 1080 - ÷ 1090
Blot-Sven 1081-1083
Kol o **Erico Arsall**, f. 1083
Filippo, f. di Alstano . . . . 1110 - ÷ 1118
Ingo II, fr. . . . . 1110 - ÷ 1125

Ragnvaldo Knaphöfde 1125-1129
Magno, f. di Nicola re di Danimarca 1129-1134

Case degli Sverker e d'Erico il Santo, regnanti alternativamente.

Sverker I, f. di Kol. . . . . 1134 - † 1155
Erico IX *il Santo* . . . . 1150 - 17 magg. 1160
Magno, nip. di Nicola re di Danimarca e di Ingo I pred. 1160 - † 1161
Carlo VII, f. di Sverker I . . . . 1161 - † 1167
Canuto I, f. di Erico IX . . . . 1167 - † v. 1195
Sverker II, f. di Carlo VII . . . . . v. 1196 - dep. 1208 († 17 lugl. 1210)
Erico X, f. di Canuto I. . . . . 1208 - † 1216
Giovanni I *il Buono*, f. di Sverker II . . . . 1216 - † 1222
Erico XI *lo Scilinguato*, f. di Erico X . . . . . 1222 - † 2 febb. 1250
Canuto II *Lange*, pronip. di Erico IX . . . . 1229 - † 1234

Casa dei Folkungs.

Valdemaro, f. del C.e Birger della casa dei **Folkung**,
    suo tutore fino al 1266 . . . . 1250 - dep. 1274 (1302)
Magno I, *Ladulas*, fr. . . . . 1274 - † 18 dic. 1290
Birger. f., sotto tutela di Torkel Canutson fino al 1304,
    succede . . . . 18 dic. 1290 - dep. 1319 († 1321)
Magno II *Smek,* nip. (re di Norvegia 1319) 1319 - dep. 1363 († dic. 1374)
Erico XII, f. . . . . . . , ... 1343 - † 1359
Aquino (Hakon) II, fr. (re di Norvegia 1350) . 1361 - 1363 († giu. 1380)

Re di diverse dinastie ed Amministratori.

Alberto, nip. di Magno II e f. di Alberto duca di **Me-**
cklenburgo, re . . . . 1364 - dep. 24 febb. 1389 († 1412)
Margherita *la Grande* (regina di Danimarca 1387, di
    Norvegia 1388) . . . . 24 febbr. 1389 - † 27 nov. 1412
Erico XIII di **Pomerania** (re di Norvegia 1389. di Da-
    nim. 1396). . . . . 1396 - dep. 1439 († 1459)
Cristoforo di **Baviera**, nip., (re di Danim. 1440, di Norv.
    1442) . . . . 1440 - † 6 genn. 1448
Carlo VIII, f. di Canuto. maresc. di Svezia (re di Norv.
    1449) el. re . . . . . . 20 giu., cor. 28 giu. 1448 - dep. 24 giu. 1457
Cristiano I (re di Danim. 1448, di Norvegia 1450) suc-
    cede . . . 24 giu., cor. 25 giu. 1457 - dep. 1464 († 22 magg. 1481)
Carlo VIII, *di nuovo* . . . . ag. 1464 - rin. 1465
Kettil Karlsson Wasa amministrat. del reame 1465
Jöns Bengtston Oxenstierna 1465-1466
Erico Axelsson Tott 1466-1467
Carlo VIII *di nuovo* . . . . 1467 - † 15 ag. 1470
Stenone I, f. di Gustavo Sture amministr. del reame . . . 1471-1497
Giovanni (Hans) II, re di Danimarca, f. di Cristiano I,
    el. re di Svezia 14 ag. 1483, sale al trono il 26 nov. 1497 - dep. 1501
                                      († 21 febb. 1513)

Stenone I, f. di Gustavo Sture, amministr. di nuovo 1501 - ✝ 13 dic. 1503
Svante-Nilssone-Sture, maresc., ammistr. . . . 1501 - ✝ 2 genn. 1512
Stenone II Sture, f., amministr. el. . . . 21 genn. 1512 - ✝ febb. 1520
Cristiano II *il Crudele*, f. di Giovanni II, re di Dani-
   marća e Norv. 1513, el. re . . . . 6 mar. 1520 - dep. 1521
Gustavo **Wasa**, *f. di Erico duca di Gripsholm*, amministr. 1521-1523
   el. re con nome di Gustavo I . . . . . 6 giu. 1523 - ✝ 29 sett. 1560
Erico XIV, f. . . . . . 29 sett. 1560 - dep. 30 sett. 1568 (✝ 22 febb. 1578)
Giovanni III, fr. . . . . 30 sett. 1568 - ✝ 17 nov. 1592
Sigismondo, f. (re di Polonia 1587) succ. 17 nov. 1592,
   cor. . . . . 19 febb. 1594 - dep. 1600 (✝ 29 apr. 1623)
Carlo IX, f. di Gustavo 1. . . . . . . 1600, cor. 1606 - ✝ 8 nov. 1611
Gustavo II Adolfo, *il Grande*, f. . . . . 8 nov. 1611 - ✝ 16 nov. 1632
Cristina, f. . . . . nov. 1632 - abd. 16 giu. 1654 (✝ 19 apr. 1689)
Carlo X Gustavo, cug. di Cristina e f. di Giovanni Ca-
   simiro duca di **Due Ponti** . . . . . 16 giu. 1654 - ✝ 23 febb. 1660
Carlo XI, f., sotto regg. di Edvige sua madre 23 febb. 1660 - ✝ 15 ap. 1697
Carlo XII, f., sotto regg. di Edvige-Eleonora sua madre
   succ. . . . . 16 apr. 1697 - ✝ 11 dic. 1718
Ulrica-Eleonora, sorella di Carlo XII e moglie di Fe-
   derico I princ. d'**Assia Cassel**, succede 31 genn.,
   cor. . . . . 28 mar. 1719 - abd. 4 apr. 1720 (✝ 5 dic. 1741)
Federico I, princ. d'**Assia Cassel**, marito di Ulrica-
   Eleonora, el. re . . . . . 4 apr., cor. 14 magg. 1720 - ✝ 5 apr. 1751
Adolfo-Federico II d'**Holstein Gottorp**, vesc. di Lubecca
   re . . . . 6 apr., cor. 7 dic. 1751 - ✝ 13 febb. 1771
Gustavo III, f., succ. 13 febb., sale al trono 30 magg. 1771 - ✝ 29 mar. 1792
Gustavo IV Adolfo, f., regg. il duca Carlo di Suderma-
   nia suo zio, succ. . . . . . 29 mar. 1792 - abd. 6 giu. 1809 (✝ 1837)
Carlo XIII, zio (re di Norvegia 1814) succ. 6 giu. 1809 - ✝ 5 febb. 1818
Carlo XIV Giovanni **Bernadotte**, re di Svezia e Norv.,
   succ. . . . . 5 febb., cor. 11 mag. 1818 - ✝ 8 mar. 1844
Oscar I, f. . . . . 8 mar. 1844 - ✝ 8 lugl. 1859
Carlo XV, f. . . . . 8 lugl. 1859 - ✝ 18 sett. 1872
Oscar II, fr. . . . . 18 sett. 1872 -

3. Norvegia.

Re.

Dinastia degli Yngling.

Araldo I *Harfagri* . . . . v. 863 - abd. 930 (✝ 934)
Erico I *Blodöx*, f. . . . . 930-935 (✝ 954)
Aquino (Hakon) I *il buono*, fr. . . . . 935 - ✝ 961
Araldo II *Grafelldr*, f. di Erico I. . . . . . 961-965 (✝ 976)
Aquino II, pronip. di Aquino I, jarl . . . . . . 965 - ✝ 995
Olao (Olafr) I *Tryggvason*, pronip. di Erico I . . 995 - ✝ 9 sett. 1000
Erico II e Svenone, figli di Aquino II, jarl. 1000-1015

Olao II *il Santo*, f. di Araldo Graenski pronip. di
    Erico I . . . . 1015 - dep. 1028 († 31 ag. 1030)
Aquino III, f. *di Erico II, jarl.* . . . . 1015 e 1028-1030
Svenone, f. di Canuto II re di Danimarca, jarl. . . *1030 - dep. 1036*
Magno I *il Buono*, f. di Olao II (re di Danim. 1042) . . 1036 - † 1047
Araldo III *Hardradi*, f. di Sigurd pronip. di Aquino I, 1046 - † 25 sett. 1066
Magno II, f. . . . . 25 sett. 1066 - † 28 apr. 1069
Olao III *il Pacifico*, fr. . . . . 1067 - † 22 sett. 1093
Aquino II *Thoresfostre*, f. di Magno II . . . . . . 1093 - † 1094
Magno III *Berfaettr*, f. di Olao III . . . . 22 sett. 1093 - † 24 ag. 1103
Olao IV, fr., assoc. . . . . 1103-1115 († 1116)
Eysteinn I, fr., assoc. . . . . 1103 - † 1122
Sigurd I *Jorsalafari*, fr. . . . . assoc. 1103, solo 1122 - † 26 mar. 1130
Magno IV *il Cieco*, f. . . . . 1130 - 1134 († 1139)
Araldo IV *Gilli*, f. di Magno III . . . . 1134 - † 14 dic. 1136
Sigurd II, usurp. 1136-1139
Sigurd II *Mudr*, f. . . . . 1137 - † 10 giu 1155
Ingo I, fr. . . . . 1137 - † 4 febb. 1161
Eysteinn II, fr. . . . . 1142 - † 21 ag. 1157
Magno, fr. 1142
Aquino III *Herdibreid*, f. di Sigurd II. . . . . . 1157 - † 1162
Magno V, nip. di Magno IV . . . . 1162 - † 15 giu. 1184
Sigurd III, fr. di Aquino III. . . . . 1162 - † 1168
Eysteinn Meyla, usurp. 1174-1177
Sverri, fr. di Sigurd III . . . . 1177 - † 9 mar. 1202
Jon Kuvlung 1185-88; Sigurd 1193-94; Ingo 1196-1202, usurp.
Aquino IV, f. di Sverri . . . . 1202 - † 1° genn. 1204
Guthorm, nip. . . . . 1204 - † 1205
Ingo II, nip. di Sverri . . . . 1204 - † 22 apr. 1217
Aquino V, figlio di Aquino IV . . . . . . 1217 - † 15 dic. 1263
Erlingr, 1205-07; Filippo, 1207-08; Magno, 1218-22; Sigurd, 1219-26;
    Canuto, 1226-27, usurp.
Aquino VI, f. di Aquino V . . . . 1240 - † 1257
Magno VI *Lagaboeter*, fr. . . . . 1257 - † 9 magg. 1280
Erico II, f. . . . . 9 magg. 1280 - † 13 lugl. 1299
Aquino VII, fr. . . . . lugl. 1299 - † 8 magg. 1319

Dinastia dei Folkungs.

Magno VII *Smek*, f. di Eico (re di Svezia 1319) giu. 1319-1350 († 1° dic. 1374)
Aquino VIII, f. (re di Svezia 1361) . . . . 1350 - † giu. 1380
Olao V, f. di Aquino II re di Svezia (re di Danim. 1376)
    succ. . . . . giu. 1380 - † 3 ag. 1387
Margherita *la Grande*, madre d'Olao V (regina di Da-
    nimarca 1387, di Svezia 1389) . . . . 2 febbr. 1388 - † 25 ott. 1412
Erico III di Pomerania . . . . lugl. 1389 - dep. 1439 († 1459)
Cristoforo di Baviera, nip. (re di Danim. e Svez. 1440)
    re . . . . 1° giu. 1442 - † 6 genn. 1448
Carlo Knutsson *Bonde* (re di Svezia 1448) 20 nov. 1449-1450 († 15 ag. 1470)

Cristiano I di **Oldemburgo** (re di Danim. 1448, di Svezia 1457) . . . . 1450 - † 22 magg. 1481
La Norvegia rimane unita alla Danimarca fino al . . nov. 1814
Pel trattato di Kiel, 4 nov. 1814, essa viene unita al regno di Svezia, conservando la sua costituzione particolare.

§ III.
Francia e principali stati annessi.

1. Francia.

Prima razza — Merovingi.

Clodione (Chlogio), re . . . . 427 - † 448
Meroveo (Merwich), f. (?) . . . . 448 - † 457
Childerico (Childerich) I, f. . . . . 457 - † 481
Clodoveo (Chlodovech) I, f. . . . . 481 - † 27 nov. 511
Teodorico (Theuderich) I, f., re di Austrasia . . . nov. 511 - † 534
Teodeberto, f.   „   „   534 - † 547
Teodebaldo, f.   „   „   547 - † 555
Clodomiro, fr. di Teodorico, re d'Orleans . . . . nov. 511 - † 524
Childeberto I, fr., re di Parigi . . . . nov. 511 - † 23 dic. 558
Clotario I (Chlothachar), fr., re di Soisson nov. 511, di
tutti i dominii . . . . 23 dic. 558 - † 10 nov. 561
Cariberto I, f., re di Parigi . . . . 10 nov. 561 - † 567
Gontranno (Guntchramn), fr., re d'Orleans e di Bor-
gogna . . . . 10 nov. 561 - † 28 mar. 593
Sigeberto I, fr., re d'Austrasia . . . . 10 nov. 561 - † 575
Childeberto II, f., re di Austrasia 575, d'Orleans e Bor-
gogna . . . . 28 mar. 593 - † d. 28 febb. 597
Chilperico I, zio, re di Soissons, poi (dal 567) di Tour-
nay . . . . 10 nov. 561 - † sett. 584
Teodeberto II, f. di Childeberto II, re d'Austrasia . . . 597 - † 612
Teodorico II, fr., re d'Orleans e Borgogna mar. a lugl. 596 - † d. mar. 613
Sigeberto II, f., re d'Austrasia . . . . 613 - † d. 1° sett. 613
Clotario II, f. di Chilperico I, re di Soissons. . . . . sett. 584
solo re . . . . 613 - † d. ott. 629
Dagoberto I, f., re d'Austrasia febb. o marzo 623, di
Neustria, Borgogna e Soissons . . . . 629 o 630 - † 19 genn. 639
Cariberto II, fr., re d'Aquitania . . . . 630 - † 631
Sigeberto III, f. di Dagoberto I, re d'Austrasia genn. (?) 634 - † febb. 656
Clodoveo II, fr., re di Neustria e Borgogna . . genn. 639 - † fine 657
Childeberto, f. di Grimoaldo, re d'Austrasia (usurpat.) . . 656-657
Clotario III, f. di Clodoveo II, re di Neustria e di Bor-
gogna . . . . fine 657 - † princ. 673
Childerico II, fr., re d'Austrasia 663, di Neustria princ. 673 - † fine 675

Dagoberto II, f. di Sigeberto III, re d'Austrasia . 674 - † 23 dic. 679

Teodorico III, f. di Clodoveo II, re di Neustria e Borgogna . . . . fine 675 - † mar. o apr. 691

Clodoveo III, f., re di Neustria e Borgogna . . . . 691 - † mar. 695

Childeberto III, fr., re di Neustria e Borgogna mar. 695 - † 14 apr. 711

Dagoberto III, f., re di Neustria e Borgogna 14 apr. 711 - † 24 giu. 715

Chilperico II, f. di Childerico II, re di Neustria . . . 717 - † genn. 722

Clotario IV, f. di Teodorico III (?), re d'Austrasia 717-719

Teodorico IV, f. di Dagoberto III, re di Neustria, Borgogna e Austrasia. . . . . fine 721 - † 737

*Interregno. - Austrasia e Neustria governate da Carlo
Martello.* 737-742

Childerico III, f. di Chilperico II, re di Neustria, Borg.
e Austrasia . . . . 742 - dep. 752 († 755)

Seconda razza — Carolingi.

Pipino *il Breve*, f. di Carlo Martello, maggiordomo di
palazzo dal 741, re . . . . marzo 752 - † 24 sett. 768

Carlo I *Magno*, f., re di Neustria, Borgogna e Provenza,
poi (771) di tutta la monarchia, succ. fine sett. 768,
(re d'Italia magg. 774, imp. d'Occid. 25 dic. 800) - † 28 gennaio 814

Carlomanno, fr., re d'Austrasia . . . . . 24 sett. 768 - † 4 dic. 771

Luigi I *il Pio*, f. di Carlo Magno, assoc. sett. 813, succede. . . . . 28 genn. 814 - † 20 giu. 840

Carlo II *il Calvo*, f., re d'Aquitania 838, succ. 20 giu. 840,
imp. 25 dic. 875, re di Lorena e duca di Borgogna Cis. 869 - † 6 ott. 877

Luigi II *il Balbo*, f., re d'Aquitania 966, di Neustria,
Borgogna, Lorena e Provenza . . . . . 6 ott. 877 - † 10 apr. 879

Luigi III, f., re di Lorena, Neustria ed Austrasia 10 apr. 879 - † 5 ag. 882

Carlomanno II, fr., re di Borgogna e Aquit. 10 apr.
879, di tutta la monarchia . . . . . . 5 ag. 882 - † 6 dic. 884

Carlo III *il Grosso*, nip. di Luigi I (re di Germ. 876,
d'Italia 879) succ. . . . 6 dic. 884 - dep. 11 nov. 887 († 12 genn. 888)

Eude (Oddone) C.ᵉ di Parigi, f. di Roberto *il Forte* (duca
di Francia 866) succ. . . . . 887 - † 3 genn. 898

Carlo IV *il Semplice*, f. di Luigi II, re 28 genn. 893, divide il regno con Eude pred. 896, solo re genn. 898,
spod. . . . . 15 giu. 923 († 7 ott. 929)

Roberto I, fr. di Eude, (duca di Francia 898) competitore di Carlo IV, re . . . . 29 giu. 922 - † 15 giu. 923

Rodolfo duca di Borgogna, genero; compet. di Carlo
IV, re . . . . 13 lugl. 923 - † 15 genn. 936

Luigi IV *d'Oltremare*, f. di Carlo IV, re . . 19 giu. 936 - † 15 ott. 954

Lotario, f., assoc. al padre 952, cor. re . . 12 nov. 954 - † 2 mar. 986

Luigi V *il Neghittoso*, f., assoc. al padre 8 giugno 978,
succ. . . . . 2 mar. 986 - † 21 magg. 987

Terza razza — Capetingi.

Ugo *Capeto*, f. di Ugo il grande C.ᵉ di Parigi (duca di
Francia 956), re . . . . magg. 987 - ✝ 24 ott. 996
Roberto II *il Santo*, f. . . . . 24 ott. 996 - ✝ 20 lug. 1031
Enrico I, f. (duca di Borgogn. 1015) assoc. al padre 14
magg. 1027, succ. . . . . 20 lugl. 1031 - ✝ 4 ag. 1060
Filippo I, f., cor. re 23 mag. 1059, succ. . . 29 ag. 1060 - ✝ 29 lug. 1108
Luigi VI *il Grosso e il Battagliero*, f., succede 29 lug.
cor. . . . . 3 ag. 1108 - ✝ 1° ag. 1137
Luigi VII *il Giovane*, f., re 25 ott. 1131, succ. 1° ag 1137 - ✝ 18 sett. 1180
Filippo II *l'Augusto*, f., re 1° nov. 1179, cor. 29 magg.,
succ. . . . . 18 sett. 1180 - ✝ 14 lug. 1223
Luigi VIII *il Leone*, f., succ. . 14 lug., cor. 6 o 8 ag. 1223 - ✝ 8 nov. 1226
Luigi IX *il Santo*, f., succ. . . . 8 nov., cor. 29 nov. 1226 - ✝ 25 ag. 1270
Filippo III *l'Ardito*, f., succ. . 25 ag. 1270, cor. 15 ag. 1271 - ✝ 6 ott. 1285
Filippo IV *il Bello*, f. (re di Navarra 1284) succede 6 ott.
1285, cor. . . . . 6 genn. 1286 - ✝ 29 nov. 1314
Luigi X *il Protervo*, fr. (re di Navarra 1304), re 1307
succ. . . . . 29 nov. 1314, cor. 3 ag. 1315 - ✝ 5 giu. 1316
Giovanni I, f. . . . . nato 15 nov. - ✝ 19 nov. 1316
Filippo V *il Lungo*, f. di Filippo IV (re di Navarra 1316)
regg. dal 17 lugl. al 19 nov. 1316, succede 19 nov. 1316,
cor. . . . . 6 genn. 1317 - ✝ 3 genn. 1322
Carlo IV *il Bello*, fr. (re di Navarra 1322), succede 3 gennaio, cor. . . . . 21 febb. 1322 - ✝ 1° febb. 1328

Capetingi — *Ramo dei* Valois.

Filippo VI *il Fortunato*, f. di Carlo C.ᵉ di Valois, regg.
dal 1° febb. al 1° apr., re 1° apr., cor. 29 mag. 1328 - ✝ 22 ag. 1350
Giovanni II *il Buono*, f., succede 22 ag., cor. 26 sett 1350 - ✝ 8 apr. 1364
Carlo V *il Saggio*, f., succede 8 apr., cor. 19 mag. 1364 - ✝ 16 sett. 1380
Carlo VI *il Benamato*, f., succ. 19 sett., cor. 4 nov. 1380 - ✝ 21 ott. 1422
[*Enrico VI, f. di Enrico V d'Inghilt., re nominale di
Francia, sotto regg. del duca di Bedford 1422, cor. 1431 - ✝ 1471*]
Carlo VII *il Vittorioso*, f. di Carlo VI, succ. 1422, cor. 1429 - ✝ 22 lugl. 1461
Luigi XI, f., succ. . . . . 22 lugl., cor. 15 ag. 1461 - ✝ 30 ag. 1483
Carlo VIII *l'Affabile*, f., succ. 30 ag. 1483, cor. 30 magg. 1484 - ✝ 7 apr. 1498

Capetingi — *Ramo d'*Orleans.

Luigi XII *Padre del Popolo*, f. di Carlo duca d'Orleans
succ. . . . . 7 apr., cor. 27 magg. 1498 - ✝ 1° genn. 1515

Capetingi — *Ramo d'*Angoulême.

Francesco I *Padre delle Lettere*, Cᵉ d'Angoulême, cug.
e gen. di Luigi XII, succ. 1° genn., cor. 25 gen. 1515 - ✝ 31 mar. 1547
Enrico II *il Belligero*, f., succ. 31 mar., cor. 28 lugl. 1547 - ✝ 10 lugl. 1559
Francesco II, f., succ., ... 10 lugl., cor. 18 sett 1559 - ✝ 5 dic. 1560

CAPPELLI.   18

Carlo IX. fr., succ. . . . 5 dic. 1560, cor. 15 mag. 1561 - † 30 mag. 1574

Enrico III, duca d'Anjou, fr. (re di Polonia 1573) succede . . . . 30 mag. 1574, cor. 15 febb. 1575 - † 1° ag. 1589

Capetingi — Ramo dei Borboni.

Enrico IV *il Grande*, f. di Antonio di **Borbone**; (re di Navarra e duca di Vendôme 1572) succ. 2 ag. 1589, cons. . . . . 27 febb. 1594 - † 14 magg. 1610

Luigi XIII *il Giusto*, f., tutrice la madre Maria de' Medici fino al 2 ott. 1614, succ. 14 mag., cons. 17 ott. 1610 - † 14 mag. 1643

Luigi XIV *il Grande*, f., tutrice la madre Anna d'Austria fino al 5 sett. 1651, succede 14 maggio 1643, cons. . . . . 7 giu. 1654 - † 1 sett. 1715

Luigi XV *il Benamato*, pronip., f. di Luigi duca di Borgogna, succ. . . . . 1° sett. 1715, cons. 25 ott. 1722 - † 10 mag. 1774

Luigi XVI, nip., f. di Luigi delfino di Francia, succede 10 magg. 1774, cons. 11 giu. 1775 - dep. 13 ag. 1792 († 21 genn. 1793)

[*Luigi XVII, f., re nominale dal 21 genn. 1793 - † 8 giu. 1795*]

Prima Repubblica.

Governo della Convenzione Nazionale . . 21 sett. 1792 - 26 ott. 1795

[*Luigi XVIII, fr. di Luigi XVI, re nominale dal 1795 al 1804*]

Governo del Direttorio Esecutivo. . . . . 26 ott. 1795 - 10 nov. 1799

Governo del Consolato provvisorio . . . 11 nov. 1799 - 7 febb. 1800

Il Consolato. — Napoleone **Bonaparte** primo Console . 7 febb. 1800

   „   „ Console a vita 2 ag. 1802 - 18 mag. 1804

Primo Impero, poi Regno di Francia.

Napoleone I **Bonaparte**, imp. . 18 mag. 1804 - 31 mar. 1814 (abd. 6 apr.)

Governo provvisorio, Talleyrand presid. . . . . . 1 a 6 apr. 1814

Luigi XVIII di **Borbone** pred., re di Francia 6 apr. 1814 - 19 mar. 1815

Napoleone I imp. *di nuovo* . . 10 mar. al 22 giu. 1815 († 5 mag. 1821)

[*Napoleone II, f., re nominale dal 22 giu. al 3 lugl. 1815 († 22 lug. 1832)*]

Commissione esecutiva . . . . 22 giu. al 7 lug. 1815

Luigi XVIII **Borbone** *di nuovo* . . . . . 8 lugl. 1815 - † 16 sett. 1824

Carlo X, fr. . . . . 16 sett. 1824 - abd. 2 ag. 1830 (m. 6 nov. 1836)

Governo provvis. e luogotenenza generale del regno 30 lugl. - 7 ag. 1830

Luigi Filippo d'**Orleans**, re 7 ag. 1830 - abd. 24 febb. 1848 († 26 ag. 1850)

Seconda Repubblica.

Governo provvisorio . . . . 24 febbr. - 6 mag. 1848

Proclamazione della Repubblica. . . . . 25 febbr. 1848

Assemblea costituente . . . . 4 magg. 1848 - 2 dic. 1851

Commissione esecutiva . . . . 10 magg. - 28 giu. 1848

Presidenza provvisoria del Cavaignac . . . . 28 giu. - 10 dic. 1848

Luigi Napoleone **Bonaparte**, nip. di Napol. I, presid. della Repubb. per 4 anni . . . . 10 dic. 1848 - 2 dic. 1852

Secondo Impero.

Luigi Napoleone **Bonaparte** *predetto* (Napoleone III),
  imp. . . . . 22 nov. 1852 - dep. 4 sett. 1870 († 9 genn. 1873)
Reggenza dell'imp. Eugenia Montijo, moglie
  di Napoleone III . . . . 23 lugl. - 4 sett. 1870

Terza Repubblica.

Governo della difesa nazionale . . . . . 4 sett. 1870 - 13 febb. 1871
Assemblea Nazionale a Bordeaux. . . . . 12 febb. - 11 marzo 1871
Luigi Adolfo Thiers capo del potere esecutivo 17 febb. - 28 mar. 1871
Governo della Comune a Parigi . . . . . 15 marzo - 28 magg. 1871
Luigi Adolfo Thiers pred., Presidente della Repub-
  blica . . . . 31 ag. 1871 - rin. 24 magg. 1873 († 3 sett. 1877)
Maresc. Maurizio Mac-Mahon, Presidente della Re-
  pubblica . . . . 24 magg. 1873 - rin. 30 genn. 1879 († 17 ott. 1893)
Giulio Grevy, Presid. della Repubbl. 30 genn. 1879 - rin. 1° dic. 1887
  († 9 sett. 1891)
Maria Francesco Sadi-Carnot, Presidente della Repub-
  blica . . . . 3 dic. 1887 - † 24 giu. 1894
Casimiro Périer, Presid. della Repubb. 27 giu. 1894 - rin. 16 genn. 1895
Felice Faure   „   „   „   17 genn. 1895 - † 16 febb. 1899
Emilio Loubet   „   „   „   18 febb. 1899 -

2. **Aquitania** (Guienna).
Re e Duchi.

Cariberto, f. di Clotario II **Merovingio** (1), re d'Aquitania 630 - † 631
Childerico, f., re . . . . 631 - † (?)
Boggis e Bertrando, figli di Cariberto, duchi d'Aquit.
  e Tolosa 637-688
Eude o Oddone, f. di Boggis . . . . 688 - † 735
Unaldo (Hunold), f. . . . . 735 - abd. 745 († 774)
Vaifro (Waifar), f. . . . . 745 - † 2 giu. 768
L'Aquitania è unita da Pipino al reame dei Franchi nel . . 768
Carlo Magno ristab. il regno d'Aquitania nel 781
Lodovico *il Pio*, f. di Carlo Magno (imp. 814), re d'A-
  quitania . . . . 781-814 († 840)
Pipino I, f. . . . . dic. (?) 814 - † 13 dic. 838
Carlo I *il Calvo*, fr. (re de' Franchi 840) 838-845
Pipino II, f. di Pipino I 845-852
Carlo I *il Calvo, di nuovo* . . . . 852-854 († 6 ott. 877)
Pipino II, *di nuovo* . . . . 854-855 († d. 865)
Carlo II, f. di Carlo I . . . . metà ott. 855 - † 29 sett. 866

---

(1) V. 1 **Francia**, pag. 271.

Lodovico II *il Balbo*, fr. (re di Francia 877), succ. 866,
    coron. re . . . . marzo 867 - † 10 apr. 879
Carlomanno, f., re di Aquitania e Borgogna 10 apr. 879 - † 6 dic. 884

Conti di Poitiers e Duchi di Aquitania.

Abbone, nomin. C.ᵉ di Poitiers da Carlo Magno . . 778 - † d. 811
Bernardo, C.ᵉ di Poitiers . . . . 814 - † d. 830
Emenone, f., C.ᵉ di Poitiers (C.ᵉ d'Angoulême 863) v. 838 - dep. 839 († 866)
Ranulfo I, f. di Gerardo C.ᵉ d'Alvernia, duca d'Aquit.
    845, succ. . . . . 839 - † 867
Ranulfo II, f. duca d'Aquitania . . . . 867 - † 890
Eble, f., C.ᵉ di Poitiers . . . . 890 - dep. 893
Ademaro, f. di Emenone, C.ᵉ di Poitiers . . . . . 893-902 († 926)
Eble (*di nuovo*), C.ᵉ di Poitiers e Duca d'Aquit. . . . 902 - † 935
Guglielmo I *Testa di stoppa*, C.ᵉ di Poitiers e Duca
    d'Aquitania . . . . abd. 963 († 963)
Guglielmo II *Fierabras*, f., C.ᵉ di Poitiers e Duca d'A-
    quitania . . . . 963 - abd. 990 († 3 febb. 995)
Guglielmo III *il Grande*, f., C.ᵉ di Poitiers e Duca d'A-
    quitania . . . . 990 - abd. 1029 - († 31 genn. 1030)
Guglielmo IV *il Grasso*, f, C.ᵉ di Poitiers e Duca d'A-
    quitania . . . . 1029 - † 1038
Eude o Odone, f., C.ᵉ di Poitiers e Duca d'Aquit. 1038 - † 10 mar. 1039
Guglielmo V *l'Ardito*, f. di Guglielmo III, C.ᵉ di Poi-
    tiers e Duca d'Aquitania . . . . 10 mar. 1039 - † 1058
Guglielmo VI, fr., C.ᵉ di Poitiers e Duca d'Aquit. 1050 - † 1086 o 1087
Guglielmo VII *il Giovane*, f., C.ᵉ di Poit. e Duca d'A-
    quitania . . . . 1087 - † 10 febb. 1127
Guglielmo VIII, f. . . . . 1127 - † 9 apr. 1137
Eleonora, f. e Luigi [VII] *il Giovane*, re di Francia,
    suo marito . . . . 1137 - 18 marzo 1152
Eleonora *pred*. ed Enrico d'Anjou (re d'Inghilt. 1154)
    suo marito . . . . 18 magg. 1152 - rin. 1169
Ricardo I, f. (re d'Inghilt. 1189) . . . 1169 - rin. 1196 († 6 apr. 1199)
Ottone di **Brunswick**, nip. (re de' Rom. 1198) . . 1196 - 6 apr. 1199
Eleonora *pred*. e Giovanni I *Senza Terra* (re d'Inghil-
    terra 1199) . . . . 6 apr. 1199-1204
Giovanni I, *solo* . . . . 1204 - † 1216
L'Aquitania rimane unita all'Inghilterra fino al 1453;
    confiscata in quest'anno dalla Francia, viene unita
    alla corona nel 1472

3. Regno di Borgogna, poi d'Arles.

Gondicaro, re dei Burgundi . . . . 407 - † 436
Gonderico, f. . . . . 436 - † v. 473
Chilperico, f., assoc. al padre v. 466, succ. . . . . 473 - † v. 491

Gondebado, fr. . . . . v. 491 - † 516
Sigismondo, f. . . . . 516 - † v. 524
Godomaro, fr. 524 - dep. 534
Childeberto I, **Merovingio**, re dei Franchi, conq. la
   Borgogna . . . . 534 - † 23 dic. 558
Clotario I, fr. 534 - † 10 nov. 561
Gontranno, f. di Clotario I, re di Borg. . 10 nov. 561 - † 28 mar. 593
Childeberto, nip., re d'Austrasia e Borg. 28 mar. 593 - † d. 28 febb. 597
Teodorico (Thierry) II, f., re d'Orleans e di Bor-
   gogna . . . . mar. a lug. 596 - † d. marzo 613
Dagoberto I, f. di Clotario II, re di Neustria e Bor-
   gogna . . . . 629 o 630 - † 19 genn. 639
Clodoveo II, f., re di Neustria e Borgogna . . genn. 639 - † fine 657
Clotario III, f.   »   »   . . fine 657 - † princ. 673
Teodorico III, fr.   »   »   . fine 675 - † primav. 691
Clodoveo III, f.   »   »   primav. 691 - † marzo 695
Childeberto III, fr.   »   »   marzo 695 - † 14 apr. 711
Dagoberto III, f.   »   »   14 apr. 711 - † 24 giu. 715
Teodorico IV, f.   »   »   fine 721 o genn. 722 - † 737
Childerico III, f.   »   »   . . 742 - dep. 752 († 755)
Carlo Magno, figlio di Pipino il Breve, re di Borgo-
   gna . . . . 24 sett. 768 - † 28 genn. 814
Carlo I, f. di Lotario I imp., re di Borg. . . . . . sett. 855 - † 863
Lodovico I (re d'Italia 855) e Lotario (duca di Lorena
   855), fr., re 863-869
Carlo II *il Calvo*, f. di Lodovico il Pio; (re di Fran-
   cia 840, di Lorena 869, d'Italia 875), succ. . . . 869 - † 6 ott. 877
Luigi II *il Balbo*, f. (re d'Aquit. 866, di Francia e Lo-
   rena 877) . . . . 6 ott. 877 - † 10 apr. 879
Bosone C.ᵉ d'Autun, genero di Luigi I, caccia i Caro-
   lingi dalla Borgogna e fonda il regno della Borg.
   Cisjuriana . . . . 879 - † v apr. 887
Luigi *il Cieco*, f. (re d'Italia 900), succ. . . . . apr. (?) 887 - † 928
Ugo di Provenza, nip. di Lotario, *pred.* (re d'Italia 926)
   succ. . . . . 929 - rin. 934 († 24 apr. 947)
La Borgogna Cisjur. è unita alla Transjuriana nel 934.
Rodolfo I, f. di Corrado C.ᵉ della Borg. sup., re della
   Borg. Transjuriana . . . . 888 - † 25 ott. 911 o 912
Rodolfo II, f. (re d'Italia 924), primo re di Provenza o
   d'Arles dal 933, succ. . . . . 912 - † 937
Corrado *il Pacifico*, f., re d'Arles. . . . . . 937 - † 19 ott. 993
Rodolfo III *il Neghittoso*, f., re d'Arles . . . . 993 - † 6 sett. 1032
Corrado II *il Salico*, imp. di Germ., ered. il regno d'Ar-
   les ed è coron. re . . . . 2 febb. 1033
Il reame rimane unito alla Germania.

4. Ducato di Borgogna.

Riccardo *il Giustiziere*, fr. di Bosone re della Borgogna
Cisjur., Duca . . . . v. 877 - † 921
Rodolfo, f. (re di Francia 923) . . . . . . 921-923 († 15 genn. 936)
Giselberto di Vergy, genero di Riccardo pred. (C.ᵉ del-
l'alta Borg. 952) . . . . 923-943 († 9 apr. 956)
Ugo I *il Nero*, f. di Riccardo pred. (C.ᵉ dell'alta Bor-
gogna 915) . . . . 938 - rin. 943 († 17 dic. 952)
Ugo II *il Grande*, padre di Ugo Capeto (Duca di Fran-
cia 923) . . . . 938 - †15 giu. 956
Ottone, f.. . . . . 15 giu 956 - † 3 febb. 965
Enrico I *il Grande*, fr.. . . . . 3 febb. 965 - † v. 1001
Otto-Guglielmo, nip., f. di Adalberto re d'Italia (C.ᵉ
dell'Alta Borg. 995) . . . . *1001-1015* († 21 sett. 1027)
Enrico II, f. di Roberto II *il Santo* (re di Francia 1031)
succ. . . . . 1015 - rin. 1032 († 4 ag. 1060)
Roberto I *il Vecchio*, fr. . . . . 1032 - † 1075
Ugo I |III|, nip. . . . . 1075 - rin. 1078 († 1093)
Eude I *Borel*, fr. . . . . 1078 - † 1102 o 1103
Ugo II *il Pacifico*, f. . . . . 1102 - † 1142
Eude II, f. . . . . 1142 - † sett. 1162
Ugo III. f. . . . . sett. 1162 - † v. genn. 1193
Eude III, f. . . . . v. genn. 1193 - † 6 lugl 1218
Ugo IV, f. . . . . 6 lugl. 1218 - † v. dic. 1272
Roberto II, f. . . . . v. dic. 1272 - † marzo 1306
Ugo V, f. . . . . mar. 1306 - † d. 27 apr. 1315
Eude IV, fr. (C.ᵉ della Franca Contea 1330) . . 1315 - † 1349 o 1350
Filippo I *di Rouvre*, nip. (C.ᵉ della Franca Contea 1347)
succede . . . . 1350 - † 21 nov. 1361
Il ducato è unito da Giovanni II alla monarchia fran-
cese . . . . nov. 1361 - 6 sett. 1363
Filippo II *l'Ardito*, f. di Giovanni II re di Francia (C.ᵉ
della Franca Contea 1384), duca . . . 6 sett. 1363 - † 27 apr. 1404
Giovanni *Senza Paura*, f. (C.ᵉ di Nevers 1384, Sig. de'
Paesi Bassi 1404) . . . . 28 apr. 1404 - † 10 sett. 1419
Filippo III *il Buono*, f. (Sig. de' Paesi Bassi 1419)
succ. . . . . 10 sett. 1419 - † 25 giu. 1467
Carlo *il Temerario*, f. (Sig. de' Paesi Bassi 1467)
succede . . . . 25 giu. 1467 - † 14 genn. 1477
Il ducato di Borgogna viene unito alla corona di
Francia . . . . marzo 1482

5. Bretagna.

Re, poi Conti dall'874, Duchi dal 992.

Nominoë . . . . v. 841, re 843 - † 851
Erispoè, f., re . . . . 851 - † 857

Salomone, nip. di Nominoë, re . . . . 857 - † 874

Pasquiten, C.ᵉ di Vannes e Gurvand, C.ᵉ di Rennes,
    fratelli di Erispoé . . . . 874 - ††† 877

Alano I *il Grande*, f. di Pasquiten, C.ᵉ di Vannes . . . . 877 - † 907

Judicaël I, f. di Gurvand, C.ᵉ di Rennes . . . . 877 † 888

Gurmaëlon o Wermealon, C.ᵉ di Cornovaglia . . . 908 - . . .

Juhel Bérenger C.ᵉ di Rennes, f. di Judicaël . . . . . v. 930 - v. 952

Alano II *Barbatorta*, nip. di Alano I, C.ᵉ di Nantes . . 937 - † 952

Drogone, f., C.ᵉ di Nantes . . . . 952 - † 953

Hoel, fr.,   , ... 953 - † 980

Guérech, f. di Alano II, C.ᵉ di Nantes . . . . . 980 - † 987

Conan I *il Torto*, f. di luhel Bérenger, C.ᵉ di Rennes . 987 - † 992

Gofredo I, f., C.ᵉ di Bretagna, Duca . . . . . . 992 - † 1008

Alano III, f. . . . . 1008 - † 1º ott. 1040

Conano II, f. . . . . 1º ott. 1040 - † 11 dic. 1066

Hoel II, genero di Alano III . . . . . 11 dic. 1066 - † 13 apr. 1084

Alano IV Fergent, f. . . . . . . 13 apr. 1084-1112 († 13 ag. 1119)

Conano III *il Grosso*, f. . . . . 1112 - † 17 sett. 1148

Hoel III, f. . . . . 17 sett. 1148 - dep. 1156

Eude, C.ᵉ di Perhoët, genero di Conano III 1148-1156

Gofredo d'Anjou usurp. . . . . 1156 - † 27 lugl. 1158

Conano IV *il Piccolo*, f. di Eude . . . . 1156-1169 († 20 febb. 1171)

Gofredo II d'Anjou, genero di Conano IV . . . 1169 - † 18 ag. 1186

Costanza, f. di Conano IV, ved. di Gofr. II . 18 ag. 1186-1196 († 1201)

Arturo I, f. (C.ᵉ d'Anjou 1199) . . . . 1196 - † 3 apr. 1203

Guido di Thouars, padre di Arturo I . . . . . . 3 apr. 1203-1206

    ,   ,,   ,   *reggente* 1206-1213

Pietro I Mauclerc, C.ᵉ di Dreux, genero, 1213-1237 († fine magg. 1250)

Giovanni I, f. . . . . 1237 - † 8 ott. 1286

Giovanni II, f. . . . . 8 ott. 1286 - † 18 nov. 1305

Arturo II, f. . . . . 18 nov. 1305 - 17 ag. 1312

Giovanni III *il Buono*, f. . . . . . . 17 ag. 1312 - † 30 apr. 1341

Giovanni IV di Montfort, fr. . . . . . . 30 apr. 1341 - † 26 sett. 1345

Carlo di Blois, mar. di Giovanna nip. . 26 sett. 1345 - † 29 sett. 1364

Giovanni V, f. di Giovanni IV . . . . . 29 sett. 1364 - † 1º nov. 1399

Giovanni VI *il Buono*, f. . . . . . . 1º nov. 1399 - † 28 ag. 1442

Francesco I, f. . . . . 28 ag. 1442 - † 17 o 19 lugl. 1450

Pietro II, fr. . . . . 17 o 19 lugl. 1450 - † 22 sett. 1457

Arturo III, f. di Giovanni V . . . . . 22 sett. 1457 - † 26 dic. 1458

Francesco II, nip. . . . . 26 dic. 1458 - † 9 sett. 1488

Anna, f. di Francesco II, moglie di Carlo VIII, poi
    (1499) di Luigi XII re di Francia . . 9 sett. 1488 - † 9 genn. 1514

Claudia, f. di Anna e di Luigi XII, moglie di France-
    sco I re di Francia . . . . 9 genn. 1514 - † 20 giu. 1524

La Bretagna viene unita definitivamente alla corona
    di Francia nel 1532

6. **Fiandra.**

Conti.

Baldovino I *Braccio di Ferro* . . . . 862 - ✝ 879
Baldovino II *il Calvo*, f. . . . . 879 - ✝ 2 genn. 918
Arnoldo I *il Grande o il Vecchio*, f. . . . . . 918 - ✝ 27 mar. 965
Baldovino III *il Giovane*, f., assoc. . . . . . 958 - ✝ 1° genn. 962
Arnoldo II *il Giovane*, f. . . . . 965 - ✝ 23 mar. 988
Baldovino IV *il Barbuto*, f. . . . . . . mar. 988 - ✝ 30 magg. 1036
Baldovino V *il Bonario*, f. . . . . . . 1036 - ✝ 1° sett. 1067
Baldovino VI *il Buono*, f. . . . . 1067 - ✝ 17 lugl. 1070
Arnoldo III *lo Sfortunato*, f. . . . . 1070 - ✝ 22 febb. 1072
Roberto I *il Ricciuto*, zio . . . . 1072 - ✝ ott. 1092
Roberto II *il Gerosolimitano*, f. . . . . . 1092 - ✝ 5 ott. o 4 dic. 1111
Baldovino VII *Hapkin*, f. . . . . 1111 - ✝ 17 giu. 1119
Carlo I di Danimarca, il Buono, nip. di Roberto II e
    f. di Canuto IV re di Danimarca . . . . . 1119 - ✝ 2 mar. 1127
Guglielmo Cliton di Normandia, pronip., f. di Roberto II
    duca di Normandia; el. . . . . . . 23 mar. 1127 - ✝ 27 magg. 1128
Tierrico d'Alsazia, nip. di Roberto II, f. di Tierrico II
    duca di Lorena . . . . 27 magg. 1128 - ✝ genn. 1168
Filippo I d'Alsazia, f. . . . . genn. 1168 - ✝ 1° giu. 1191
Margherita I d'Alsazia, sorella di Filippo I, e Baldo-
    vino VIII *il Coraggioso*, suo marito . . giu. 1191 - 15 nov. 1194
Baldovino IX, f. (Imp. di Costantinopoli 1204) . . . . 1194 - ✝ 1205
Giovanna, f. . . . . 1205 - ✝ 5 dic. 1244
Ferrando di Portogallo, 1° marito di Giovanna 1211 - ✝ 23 lugl. 1233
Tommaso di **Savoia**, figlio di Tommaso I, II° marito
    di Giovanna . . . . 1237-1244 (✝ 1259)
Margherita II *la Nera*, sorella di Giovanna . . 1244 - ✝ 10 febb. 1280
Guido di Dampierre, f. . . . . 1280 - ✝ 7 mar 1305
Roberto III di Betunia, f. . . . . 1305 - ✝ 17 sett. 1322
Luigi I di Nevers, nip. . . . . 1322 - ✝ 26 ag. 1346
Luigi II di Male, f. . . . . 1346 - ✝ 9 genn. 1384
Margherita III, f. (sposa, 1369, Filippo l'Ardito duca di
    Borgogna, ✝ 27 apr. 1404) . . . . . 1384 - ✝ 16 mar. 1405
La Fiandra è unita al ducato di Borgogna 1405-1477
Giovanni *Senza Paura*, duca di Borgogna . . 1405 - ✝ 10 sett. 1419
Filippo III *il Buono*, f.,   „   „ 10 sett. 1419 - ✝ 15 giu. 1467
Carlo II *il Temerario*, f. „   , 15 giu. 1467 - ✝ 14 genn. 1477
Maria, f. di Carlo il Temerario, sposa (1477) Massimi-
    liano arcid. d'Austria, succ. . . . 14 genn. 1477 - ✝ 27 mar. 1482
Filippo IV *il Bello*, f. (Re di Castiglia 1504) 27 mar. 1482 - ✝ 25 sett. 1506
Carlo III (Carlo V d'Austria) ottiene da Francesco I la
    sovranità sulla Fiandra la quale diviene feudo
    della Germania . . . . ag. 1529
Parte della Fiandra viene unita alla corona fran-
    cese . . . . : . . . . 7 nov. 1659 e ag. 1667

7. Normandia.
Duchi.

Rollone (*Rolf*, *Roberto*), nom. duca da Carlo il Sem-
   plice . . . . 912 - abd. 927 († v. 931)
Guglielmo I *Lungaspada*, f. . . . . 927 - † 943
Ricardo I *Senza Paura*, f. . . . . 943 - † 20 nov. 996
Ricardo II *il Buono*, f. . . . . 20 nov. 996 - † 23 ag. 1026
Ricardo III. f. . . . . 23 ag. 1026 - † 6 ag. 1027
Roberto I *il Diavolo* o *il Magnifico*, fr. . . 6 ag. 1027 - † 2 lugl. 1035
Guglielmo II *il Conquistatore* o *il Bastardo* (re d'In-
   ghilterra 1066) . . . . 1035 - † 8 o 9 sett. 1087
Roberto II *Gambaron*, f. . . . . sett. 1087 - dep. 28 sett. 1106 († 1135)
Guglielmo III il Rosso, fr., reggente (?) . . . . 1096 - † 2 ag. 1100
Enrico I *il Leone*, f di Guglielmo II (re d'Inghilt. 1100)
   succ. . . . . 28 sett. 1106 - † 1° o 2 dic. 1135
Stefano di Blois C.ᵉ di Boulogne, nip. (re d'Inghilt. 1135)
   succ. . . . . 2 dic. 1135 - genn. 1144 († 25 ott. 1154)
Goffredo *Plantageneto* o *il Bello* (C.ᵉ d'Anjou 1129)
   succ. . . . . 20 genn. 1144 - † 7 sett. 1151
Enrico II, f. (re d'Inghilt. 1154) . . . . . 7 sett. 1151 - † 6 lugl. 1189
Ricardo IV *Cuor di Leone*, f. (re d'Ingh. 1189) 6 lugl 1189 - † 6 apr. 1199
Giovanni *Senza Terra*, fr. (re d'Inghilterra 1199)
   succ. . . . . 6 apr. 1199 - dep. 1204 († 19 ott. 1216)
Filippo II, re di Francia, confisca la Normandia nel 1204
Luigi XI la unisce definitivamente alla corona di Fran-
   cia nel . . . 1469

8. Provenza.
Conti.

Bosone I, nip. di Bosone re della Borgogna Cisjur.,
   nomin. C.ᵉ di Prov. da Ugo re d'Italia . . . . . 926 - † v. 948
Bosone II, f. di Rotboldo di Provenza . . . . 948 - † v. 968
Guglielmo I, f. . . . . v. 968 - † v. 992
Rotboldo, fr. . . . . v. 992 - † d. 1008
Guglielmo II, f. di Guglielmo I . . . . . . v. 1008 - † 1018
Guglielmo III, f. di Rotboldo . . . . 1018 - † 1037
Bertrando I, f. di Guglielmo II . . . . 1018 - † v. 1054
Goffredo I, fr. . . . . 1018 - † v. 1063
Bertrando II, f. . . . . v. 1063 - † 1090 a 1093
Stefanetta, ved.ᵃ di Goffredo I . . . . 1093 - † v. 1100
Gerberga, f.ᵃ e Gilberto di Gévaudan suo marito 1100 - rin. 1° febb. 1112
Dolce I, f.ᵃ . . . . 1° febb. 1112 - rin. 13 genn. 1113 († d. 1190)
Raimondo-Berengario I, marito di Dolce I (C.ᵉ di Bar-
   cellona 1082) . . . . . . 1112, solo 13 genn. 1113 - † 1131

Berengario-Raimondo, f. . . . . 1131 - ✝ v. genn. 1144
Raimondo-Berengario II *il Giovane*, f. . . . 1144 - ✝ fine mar. 1166
Dolce II, f.ᵃ . . . . 1166-1167 (✝ 1172)
Alfonso I, re d'Aragona, nip. di Berengario-Raimondo
    succ. . . . . 1167 - ✝ 25 apr. 1196
Raimondo-Berengario III, f. . . . . 1168 - ✝ 5 apr. 1181
Sancio, fr. . . . . 1181-1185 (✝ 1222)
Alfonso II, f. di Alfonso I . . . . 1185 - ✝ fine febb. 1209
Raimondo-Berengario IV, f. . . . . febb. 1209 - ✝ 19 ag. 1245
Beatrice, f.ᵃ (regina di Napoli e Sicilia 1265) 19 ag. 1245 - ✝ lugl. 1267
Carlo I d'**Anjou**, marito di Beatrice (re di Napoli e
    Sicilia 1265) . . . . genn. 1246 - ✝ 7 genn. 1285
Carlo II *lo Zoppo*, f. (re di Napoli 1285) 7 genn. 1285 - ✝ 6 magg. 1309
Roberto *il Saggio*, f. (re di Napoli 1309) 6 magg. 1309 - ✝ 14 genn. 1343
Giovanna, nip. (reg. di Napoli 1343) . 14 genn. 1343 - ✝ 22 magg. 1382
Luigi I f. di Giovanni re di Francia (duca d'Anjou 1356),
    succ. . . . . magg. 1382 - ✝ 20 sett. 1384
Luigi II, f. (duca d'Anjou 1384) . . . . 20 sett. 1384 - ✝ 29 apr. 1417
Luigi III, f. (duca d'Anjou 1417) . . . 29 apr. 1417 - ✝ 24 nov. 1434
Renato *il Buono*, fr. (duca di Lorena 1431, re di Na-
    poli 1435) . . . . 24 nov. 1434 - ✝ 10 lugl. 1480
Carlo III, nip. (C.ᵉ del Maine e duca d'Anjou 1472)
    succ. . . . . lugl. 1480 - ✝ 12 dic. 1481
Luigi XI, re di Francia, eredita la Provenza la quale
    viene definitivamente unita alla corona nell' . . . . ott. 1486

§ IV.
Impero Germanico.

1. Germania.
Re ed Imperatori.

Lodovico II *il Germanico*, della casa **Carolingia**, f. di
    Ludovico il Pio, re di Baviera 817, **re di Ger-**
    mania . . . . ag. 843 - ✝ 28 ag. 876
Carlomanno, figlio (re d'Italia 877), re di Baviera,
    succ. . . . . 28 ag. 876 - ✝ 22 mar. 880
Lodovico III *il Giovane*, fr., re di Sassonia e Franco-
    nia . . . . 28 ag. 876, re di Baviera 880 - ✝ 20 genn. 882
Carlo III *il Grosso*, fr., re di Svevia 876, d'Italia 879,
    imp. 881, solo . . . . 20 genn. 882 - dep. nov. 887 (✝ 12 genn. 888)
Arnolfo, f. nat. di Carlomanno, succede novembr. 887
    imp. . . . . febb. 896 - ✝ 8 dic. 899
Lodovico IV *il Fanciullo*, f., succede sotto reggen-
    za . . . . 8 dic. 899, re di Lorena e Baviera 900 - ✝ nov. 911

Corrado I, nip. di Arnolfo, duca di **Franconia** 906, succede . . . . 10 nov. 911, re di Baviera 914 - † 23 dic. 918
Enrico I dei **Ludolfingi**, *l'Uccellatore*, f. di Ottone I
 duca di **Sassonia**; succ. . . . . . . 9 apr. 919 - † 2 lugl. 936
Ottone I *il Grande*, f., duca di Sassonia 936, succ. 8 ag.
 936, (re d'Italia 961), imp. . . . . . 2 febb. 962 - † 7 magg. 973
Ottone II *il Rosso*, f., re 26 magg. 961, imp. assoc. 25
 dic. 967, solo . . . . 7 magg. 973 - † 7 dic. 983
Ottone III, f., succ. 24 dic. 983, imp. . . 2i magg. 996 - † 23 genn. 1002
Enrico II *il Santo*, pronip. di Enrico I, duca di Baviera
 995; succ. . . . . . 6 giu. 1002, imp. 14 febb. 1014 - † 13 lugl. 1024
Corrado II dei **Waiblingen**, *il Salico*, f. di Enrico di
 Franconia, succede 8 settembre 1024, duca di Ba-
 viera 1026, imperatore . . . . 26 mar. 1027 - † 4 giu. 1039
Enrico III *il Nero*, f., duca di Baviera 1027, succ. 4 giu. 1039 - † 5 ott. 1056
Enrico IV, f., duca di Baviera 1053, succ. 5 ott. 1056,
 imperatore . . . . 31 marzo 1084 - dep. 31 dic. 1105 - † 7 ag. 1106
Rodolfo di Svevia, cognato di Enrico IV, eletto re dai ri-
 belli . . . . 15 mar. 1077 - † 16 ott. 1080
Ermanno di **Lussemburgo**, *el. re dai ribelli* . 26 dic. 1081 - rin. 1088
Corrado, f. di Enrico IV . . . . nov. 1087 - dep. 1093 († lugl. 1101)
Enrico V, f. di Enrico IV, eletto 6 gennaio 1099, suc-
 cede . . . . . 6 genn. 1106, imp. 15 apr. 1111 - † 23 magg. 1125
Lotario II di **Supplimburgo** (duca di **Sassonia** 1106)
 re . . . . 13 sett. 1125, imp. 4 giu. 1133 - † 4 dic. 1137
Corrado III di **Hoenstaufen**, nipote di Enrico IV di
 Svevia, re de' Romani 29 giugno 1128, succede 13
 marzo 1138, duca di Baviera . . . . . . 1141 - † 15 febb. 1152
Enrico, f., re . . . . *30 mar. 1147 - † 1150*
Federico I, *Barbarossa*, nip., duca di Svevia 1147;
 succede . . . . . . 9 mar. 1152, imp. 18 giu. 1155 - † 10 giu. 1190
Enrico VI *il Crudele*, f., re 15 agos. 1169, succ. 10 giu-
 gno 1190, imp. 14 apr. 1191, re di Sicilia . 1194 - † 28 sett. 1197
Federico II, f., re giu. 1196, succ. 1197 sotto tutela, re
 di Sicilia 1197, cor. re de' Rom. 9 dic. 1212, duca
 di Svevia 1212, imp. 22 nov. 1220 - |dep. lugl. 1245| m. 13 dic. 1250
Filippo di Svevia, f. di Feder. I., *regg. per Federico II,*
 duca di Svevia, re de' Rom. . . . . . *6 mar. 1198 - † 21 giu. 1202*
Ottone IV di **Sassonia**, cor. re 12 luglio 1198, impera-
 tore . . . . 4 ottobre 1209 - † 19 magg. 1218
Enrico, figlio di Federico II, duca di Svevia 1216;
 re . . . . *8 magg. 1222 - dep. lugl. 1235 († 12 febb. 1242)*
Enrico Raspe, land. di Turingia 1242, re 22 mag. 1246 - † 16 febb. 1247
Corrado IV, f. di Federico II, re febb. 1237, succ. a Fe-
 derico II . . . . . 13 dic. 1250, re di Sicilia 1250 - † 20 magg. 1254
Guglielmo d'Olanda, re . . . . . . *1° nov. 1248 - † 28 genn. 1256*
Riccardo di Cornovaglia, f. di Giovanni re d'Inghilt.;
 re. de' Romani . . . . 17 magg. 1257 - † 2 apr. 1272

Alfonso di Castiglia (1252) **re de' Rom.** 1° apr. 1257 - 1272 († 4 apr. 1284)
Rodolfo I d'**Absburgo**, re de' Rom. . . . 24 ott. 1273 - † 15 lugl. 1291
Adolfo di **Nassau**, eletto re dei Romani 5 maggio 1292,
    coronato 1° luglio 1292 - [*deposto 23 giugno 1298*] † 2 lugl. 1298
Alberto I d'**Absburgo**, f. di Rodolfo I, duca d'Austria
    1282, re de' Rom. . . . . 27 lugl., cor. 24 ag. 1293 - † 1° magg. 1308
Interregno . . . . *dal 1° magg. al 27 nov. 1308*
Enrico VII, C.ᵉ di **Lussemburgo** (1288), re de' Romani
    27 novembre 1308, coronato 6 gennaio 1309, impe-
    ratore . . . . 29 giu. 1312 - † 24 ag. 1313
Interregno . . . . *dal 24 agosto 1313 al 25 nov. 1314*
Lodovico V, duca di Baviera (1294), re dei Romani
    25 nov. 1314, cor. a Milano 31 maggio 1327, impe-
    ratore . . . . 17 genn. 1328 - † 11 ott. 1347
*Federico III di **Absburgo**, il Bello, duca d'Austria 1308,*
    re de' Rom., cor. . . . . *25 nov. 1314 - † 13 genn. 1330*
Carlo IV, C.ᵉ di **Lussemburgo**, f. di Giovanni re di
    Boemia, re 11 luglio 1346, succede 11 ottobre 1347,
    coron. a Milano 6 genn. 1355, imp. . . . . 5 apr. 1355 - † 29 nov. 1378
[*Guntero di Schwarzburg, re 1° genn., rin. 24 mag. 1349 († 18 giu. 1349)*]
Venceslao, duca di **Lussemburgo**, f. di Carlo IV ; re de'
    Rom. 6 lugl. 1376, succ. 29 nov. 1378, dep. 20 ag. 1400 († 16 ag. 1419)
Roberto, Conte Palatino di **Baviera** 1398 ; re de' Ro-
    mani . . . . 21 ag. 1400 - † 18 magg. 1410
Jobst o Jodoco march. di Moravia (1375), *re de' Ro-*
    mani . . . . *1° ott. 1410 - † 18 genn. 1411*
Sigismondo di **Lussemburgo**, f. di Carlo IV pred., re
    d'Ungheria 1387, re de' Romani 20 sett. 1410, re di
    Boemia 1419, imperatore . . . . . 31 magg. 1433 - † 9 dic. 1437
Alberto II di **Absburgo**, genero di Sigismondo, duca
    d'Austria 1404, re de' Rom. . . . . 18 mar. 1438 - † 27 ott. 1439
Federico III di **Absburgo**, duca d'**Austria** 1463, re de'
    Rom. . . . . . 6 apr. 1440, imp. 16 mar. 1452 - † 19 agosto 1493
Massimiliano I, f., arcid. d'**Austria** 1493, el. re 9 apr.
    1486, succede 19 ag. 1493, imp. romano 10 febb. 1508 - † 12 genn. 1519
Carlo V d'**Absburgo**, nip., re di Spagna e di Napoli
    1516, arcid. d'Austria 1519, re de' Rom. 28 giu. 1519,
    coron. imperatore rom. 26 ott. 1520 - abd. 23 ag. 1556 († 21 sett. 1558)
Ferdinando I, fr., re 5 genn. 1531, imp. 24 febb. 1556 - † 25 lugl. 1564
Massimiliano II, f., re 24 nov. 1562, imp. . 25 lugl. 1564 - † 12 ott. 1576
Rodolfo II, f., el. re 27 ott. 1575, imp. . . 12 ott. 1576 - † 20 genn. 1612
Mattia, fr., re . . . . 13 giu. 1612 - † 20 mar. 1619
Ferdinando II, nip. di Massimil. II, re . 28 ag. 1619 - † 15 febb. 1637
Ferdinando III, f., el. re 22 dic. 1636, imp. 15 febb. 1637 - † 2 apr. 1657
Ferdinando IV, f., re de' Rom. . . . . *24 magg. 1653 - 9 lugl. 1654*
Interregno . . . . *dal 2 apr. 1657 al 18 lugl. 1658*
Leopoldo I, f. di Ferdinando III . imp. 18 lugl. 1658 - † 5 magg. 1705
Giuseppe I, f., re de' Rom. 24 genn. 1690, imp. 5 magg. 1705 - † 17 apr. 1711

Carlo VI, fr. . . . . imp. 12 ott. 1711 - ÷ 20 ott. 1740
Interregno . . . . *dal 20 ott. 1740 al 12 febb. 1742*
Carlo VII di **Baviera**, imp. 24 genn., cor. 12 febb. 1742 - ÷ 20 genn. 1745
Francesco I di **Lorena**, f. di Carlo VI, imp. 13 sett. 1745 - ÷ 18 ag. 1765
Giuseppe II, f., el. re 27 mar. 1764, . imp. 18 ag. 1765 - ÷ 20 febb. 1790
Leopoldo II. fr. . . . . cor. imp. 30 sett. 1790 - ÷ 1º mar. 1792
Francesco II. f. . . . cor. imp. 5 lugl. 1792 - rin. 6 ag. 1806 (÷ 2 mar. 1835)
Interregno . . . . *dal 6 agosto 1806 al 18 genn. 1871*
Confederazione del Reno, sotto la protezione di Napo-
leone I . . . . *12 lugl. 1806 - 16-19 ott. 1813*
Confederazione Germanica . . . . . . *9 giu. 1815 - 23 agosto 1866*
Confederazione della Germania del Nord . *agosto 1866 - genn. 1871*
Guglielmo I **Hohenzollern**, re di Prussia, imp. di Ger-
mania . . . . 18 genn. 1871 - ÷ 9 mar. 1888
Federico, f, re di Prussia, imp. di Germania . . 9 mar. - ÷ 15 giu. 1888
Guglielmo II, f. , , „ 15 giu. 1888 -

2. **Baviera.**

Duchi, Re dall'817, Duchi dal 911, Elettori dal 1623, Re dal 1806.

Duchi della casa degli **Agilulfingi** . . . . v. 555-788
Carlo Magno unisce la Baviera al regno dei Franchi
ponendovi al governo Geraldo, suo luogotenente . . 788-814
Lotario, f. di Ludovico il Pio, govern. . . . . 814-817 (÷ 855)
Ludovico II *il Germanico*, f. di Lodovico il Pio, re di
Baviera (1) . . . . 817 - ÷ 28 ag. 876
Carlomanno, f. . . . . ag. 876 - ÷ 22 mar. 880
Ludovico III, fr. . . . . 22 mar. 880 - ÷ 20 genn. 882
Carlo *il Grosso*, fr. (imp. 881) . . . 20 genn. 882 - dep. nov. 887 (÷ 888)
Arnolfo, f. di Carlomanno (imp. febb. 896) . . nov. 887 - ÷ 8 dic. 899
Ludovico IV, f. (imp. d'Occid. e re di Germ.) succ.,
sotto reggenza . . . . 8 dic. 900 - ÷ nov. 911
Arnolfo *il Malvagio*, f. di Luitpoldo di **Scheyern**, C.ᵉ
di Baviera, el. duca . . . . 911 - dep. 914
Corrado I di **Franconia** (re di Germ. 911) . . . . 914 - ÷ 23 dic. 918
Arnolfo I, *di nuovo* . . . . 919 - ÷ 11 lug. 937
Eberardo, f. . . . . 937 - dep. 938 (÷ v. 966)
Bertoldo, fr. di Arnolfo I . . . . 938 - ÷ 947
Enrico I di **Sassonia**, f. di Enrico I imp. di Germania
(duca di Lorena 940) succ. . . . . 947 - ÷ 955
Enrico II *il Pacifico*, f. 955-976
Ottone I di **Sassonia**, nip. di Ottone I imp. . . . . . 976 - ÷ 982
Enrico III *il Giovane*, f. di Bertoldo *pred.* (duca di Ca-
rinzia 976) . . . . 982 - dep. 985 (÷ 996)

(1) V. anche ı, Germania, pag. 282.

Enrico II *di nuovo* . . . . 985 - † 993
Enrico IV di **Sassonia**, *il Santo*, f. (imp. di Germ. 1014) 995 - rin. 1004
Enrico V di **Lussemburgo**, nip.. . . . . 1004 - dep. 1009
Enrico IV *di nuovo* . . . . 1009-1018 († 13 lugl. 1024)
Enrico V *di nuovo* . . . . 1018 - † 1026
Corrado II di **Franconia** (imp. di Germ. 1024) 1026-1027 († 4 giu. 1039)
Enrico VI *il Nero*, f. 1027-1042
Enrico VII di **Lussemburgo** . . . . 1042 - † 1047
Enrico VI *di nuovo* . . . . 1047-1049 († 5 ott. 1056)
Corrado III di **Zutphen** . . . . 1049 - dep. 1053 († 1054)
Enrico VIII di **Franconia**, f. di Enrico VI . . . 1053 - dep. 1054
Corrado IV, fr. . . . . 1054-1055 († 1061)
Agnese di **Poitiers**, ved. di Enrico VI . . . 1055 - abd. 1061 († 1077)
Ottone II di **Northeim** . . . . 1061 - dep. 1070 († 1083)
Guelfo I, f. di Alberto-Azzo II signore d'**Este** . . . 1070 - dep. 1077
Enrico VIII *di nuovo* . . . . 1077-1096 († 7 ag. 1106)
Guelfo I *di nuovo* . . . . 1096 - † 1101
Guelfo II f. . . . . 1101 - † 1119 o 1120
Enrico IX, *il Nero*, fr. . . . . 1120 - † 13 dic. 1126
Enrico X *il Superbo*, f. (duca di Sass. 1137) 1126 - dep. 1138 († 19 sett. 1139)
Leopoldo d'**Austria**, *il Liberale* (march. d'Austria 1136) 1138 - † 1141
Corrado V d'**Hohenstaufen** (imp. di Germ. 1138) 1141-1143 († 15 feb. 1152)
Enrico XI d'**Austria**, fr. di Leopoldo *pred.* (march.
  d'Austria 1141) . . . . 1143 - dep. 1156 († 13 genn. 1177)
Enrico XII **Guelfo**, *il Leone* (duca di Sassonia 1142)
  duca di Baviera 17 settembr. 1156 - dep 13 genn. 1180 († 6 ag. 1195)
Ottone I di **Wittelsbach**, *il Grande*, f. di Ottone C.ᵉ pa-
  latino in Baviera . . . . 29 giu. 1180 - † 11 lug. 1183
Luigi I, f., sotto tutela di Corrado di Wittelsbach suo
  zio . . . . 11 lug. 1183 - † 15 nov. 1231
Ottone II *l'Illustre*, f. (C.ᵉ palatino del Reno 1227)
  succede . . . . 15 nov. 1231 - † 29 nov. 1253
Luigi II *il Severo*, ed Enrico I, figli di Ottone II, gover. in comune . . . . 29 nov. 1253-1255
Il Ducato viene diviso in Alta e Bassa Baviera nel 1255

Alta Baviera

Luigi II *il Severo*. predetto, duca
  1255 - † 1° genn. 1294
Rodolfo I *il Balbo*, figlio, succede
  1° gennaio 1294 - 1317 († 1319)
Luigi IV *il Bavaro*, fr. (Imp. di
  Germ. 1314) assoc., sotto reg-
  genza . gen. 1294 - † 11 ott. 1347
Luigi V *il Vecchio*, figlio, succede
  ott. 1347 - † ott. 1361
Guglielmo I, fr., ott.1347-49(†1388)

Bassa Baviera

Enrico I, *pred.*, duca 1255 - † 1290
Ottone III, f. (Re d'Ungher. 1305)
  succ. . . . . . 1290 - † 1312
Luigi III, fr. . genn. 1294 - † 1296
Stefano I, fr. . genn. 1294 † 1310
Enrico II, f. . . . 1310 - † 1339
Ottone IV, fr. . . . 1310 - † 1334
Enrico III, figlio di Ottone III, gli
  succ. . . . . . 1312 - † 1333
Luigi V *il Vecchio*, f. di Luigi IV

Stefano II *l'Affibbiato*, fr., associato . ott. 1347 - 1349 († 1375)
Alberto I, fr., ott. 1347-1349 († 1404)
Luigi VI *il Giovane*, fr., associato . ott. 1347 - 1351 († 1365)
Ottone V *il Neghittoso*, fr., associato. . . . . ott. 1347 - 1351
Mainardo, figlio di Luigi V, gli
succede . . . 1361 - † 1363
Stefano II *l'Affibbiato* (*di nuovo*)
succ. . . 1363 - † 10 magg. 1375
Ottone V *il Neghittoso* (*di nuovo*)
succ. . . . . . 1375 - † 1379
Stefano III, Federico e Giovanni II *il Pacifico*, figli di Stefano II, governano in comune,
10 magg. 1375-1392
Si dividono l'Alta Baviera nel
1392, formando i rami di *Ingolstadt*, di *Landshut* e di *Monaco*. A questi si unisce la
Bassa Baviera nel 1425.

il Bavaro, duca dell'Alta e Bas-
sa Baviera 1347-1349 - († ott. 1361)
Stefano II *l'Affibbiato*, f., asso-
ciato . . 1347 - † 10 magg. 1375
Guglielmo I, fr. . . . 1347-1358
Luigi VI *il Giovane*, fr., 1347-1349
Alberto I, fr. . . . 1347 - † 1404
Ottone V *il Neghittoso*, fr., asso-
ciato . . 1347 - 1349 († 1379)
Guglielmo II, figlio di Alberto I,
gli succ. . . . . 1404 - † 1417
Giovanni III, fr.. . 1417 - † 1425

Ramo di Ingolstadt

Stefano III *pred*. . . 1392 - † 1413
Luigi VII *il Barbuto*, f. 1413-1443
(† 1447)
Luigi VIII *il Gobbo*, f. 1447 - † 1445
*Ingolstadt è unita a Landshut
nel 1445*

Ramo di Landshut

Federico *pred*. . . 1392 - † 1393
Enrico IV *il Ricco*, f. 1393 - † 1450
Luigi IX *il Ricco*, f. 1450 - † 1479
Giorgio, f. , . . . 1479 - † 1503
*Landshut è unita a Monaco nel
1503.*

Ramo di Monaco.

Giovanni II *il Pacifico, pred.*, duca . . . . 1392 - † 8 ag. 1397
Ernesto, f. . . . . 8 ag. 1397 - † 1° lugl. 1438
Guglielmo III, fr. . . . . 8 ag. 1397 - † 1435
Adolfo, f.. . . . . 1435-1439 († 1440)
Alberto II *il Pio*, f. di Ernesto . . . . 1° lugl. 1438 - † 1° mar. 1460
Giovanni IV, f. . . . . 1° mar. 1460 - † 1463
Sigismondo, fr.. . . . . 1° mar. 1460 - abd. 1465 († 1501)
Alberto III *il Saggio*, fr. (riunisce tutto il ducato nel
1503) . . . . 1465 - † 18 mar. 1508
Guglielmo IV *il Costante*, f. . . . . . . 18 mar. 1508 - † 6 mar. 1550
Luigi X, fr. . . . . 1516 - † 1545
Alberto IV *il Magnanimo*, f. di Guglielmo IV . . 1550 - † 24 ott. 1579
Guglielmo V *il Religioso*, f. . . . . . 1579 - abd. 1598 († 7 febb. 1626)
Massimiliano I, f., succ. 1598, elettore dal 25 febb. 1623 - † 27 sett. 1651
Ferdinando, f., sotto tut. di Alberto suo zio 27 ott. 1651 - † 26 magg. 1679
Massimiliano II, f. (govern. poi principe dei Paesi
Bassi 1692) . . . . 26 magg. 1679 - dep. 1706

Occupazione imperiale . . . . 29 apr. 1706 - 6 marzo 1714
Massimiliano II *di nuovo*. . . . . . . 6 marzo 1714 - ✝ 26 febb. 1726
Carlo-Alberto, f. (imp. di Germ. 1742) . 26 febb. 1726 - ✝ 20 genn. 1745
Massimiliano III Giuseppe, f. . . . . . 20 genn. 1745 - ✝ 30 dic. 1777
Carlo Teodoro di **Wittelsbach**, C.ᵉ palatino Sultzbach
   (1733) succ. . . . . 1777 - ✝ 16 febb. 1799
Massimiliano I [IV] di **Wittelsbach**, ramo Due-Ponti,
   succ. . . . 16 febb. 1799, re di Baviera 1º genn. 1806 - ✝ 13 ott. 1825
Luigi I, f., re . . . . 13 ott. 1825 - abd. 21 mar. 1848 (✝ 1868)
Massimiliano II, f. . . . . 21 mar. 1848 - ✝ 10 mar. 1864
Luigi II, f. . . . . 10 mar. 1864 - ✝ 13 giu. 1886
Ottone, fr., sotto regg. di Luitpoldo suo zio . . . 13 giu. 1886 -

3. **Brandeburgo, poi Regno di Prussia**.

Margravi della Marca Settentrionale, poi di Brandeburgo dal
1136; Elettori dal 1356; Re dal 1701.

Sigfrido di **Mersebourg** (Margravio della Sassonia set-
   tentrionale) . . . . 936 - ✝ 938
Gerone C.ᵉ di **Stade** (Margr. di Lusazia 938) . . 938 - ✝ 20 magg. 965
Teodorico (*Dietrich*) C.ᵉ di **Haldensleben** . . . 965 - dep. 983 (✝ 985)
Lotario C.ᵉ di **Walbeck** . . . . 983 - ✝ 25 genn. 1003
Werner, f. . . . . genn. 1003 - dep. 1010 (✝ 1014)
Bernardo I di **Haldensleben**, f. di Teodorico . . . 1010 - ✝ d. 1018
Bernardo II, f. . . . . 1036 - ✝ d. 1044
Guglielmo, f. . . . . succ. fra il 1046 e 1051 - ✝ 1056
Ludgero Udone I C.ᵉ di **Stade** . . . . 1056 - ✝ 1057
Udone II, f. . . . . 1057 - ✝ 4 magg. 1082
Enrico I *il Lungo*, f. . . . . 4 magg. 1082 - ✝ 1087
Ludgero-Udone III. fr. . . . . 1087 - ✝ 2 giu. 1106
Enrico II, f., e Rodolfo suo zio, fino al 1124 . . . . . 1106 - ✝ 1128
Udone IV. f. di Rodolfo . . . . 1128 - ✝ 13 mar. 1130
Corrado di **Ploetzkau** . . . . 1130 - ✝ 1133
Alberto I *l'Orso*, della Casa d'**Ascania** (march. di Lusa-
   zia 1124, duca di Sassonia 1138) succ. . . . 1134 - ✝ 18 nov. 1170
Ottone I, f. . . . . 18 nov. 1170 - ✝ 1184
Ottone II, f. . . . . 1184 - ✝ 1205
Alberto II, fr. . . . . 1205 - ✝ 1220
Giovanni I di **Stendal**, f., regg. la madre . . . 1220 - ✝ 4 apr. 1266
Ottone III di **Saltzwedel**, fr., regg. la madre . . . . 1220 - ✝ 1267
Giovanni II, f. di Giovanni I di **Stendal** . . . . . 1266 - ✝ 1281
Ottone IV,   „   „   „   . . 1266 - ✝ d. 27 nov. 1308
Corrado II   „   „   „   . . . . 1266 - ✝ 1304
Giovanni III, f. di Ottone III di **Saltzwedel** . . 1267 - ✝ 20 apr. 1268
Ottone V *il Lungo*   „   „   . . . . 1267 - ✝ 1299
Alberto III   „   „   . . v. 1268 - ✝ 1300
Ottone VI   „   „   . . . 1280-1286 (✝ 1303)

Giovanni V, f. di Corrado II di **Stendal** . . . . 1286 - † 1305
Ottone VII, „ „ „ . . . . 1291-1297 († 1308)
Valdemaro, „ „ „ . . 1304 - † d. 19 giu. 1319
Ermanno *il Lungo*, f. di Ottone V di **Saltzwedel** . 1295 - † v. 1308
Giovanni VI *l'Illustre*, f. . . . . 24 ott. 1308 - † v. nov. 1317
Enrico *il Giovane*, nip. di Corrado II, succ. a Valde-
   maro . . . . giu. a sett. 1319 - † sett. 1320
Luigi V *il Vecchio*, di **Wittelsbach** (Baviera), f. di Lo-
   dovico V imp. di Germ. (duca di Baviera 1347),
   succ. . . . . 24 giu. 1324 - rin. 24 dic. 1351 († ott. 1361)
Luigi VI *il Romano*, fr. (duca di Baviera 1347), elet-
   tore dal 1356 . . . . 1347 - † 1365
Ottone V *il Neghittoso*, fr. (duca dell'Alta e Bassa
   Baviera 1347). . . . . 1347 - abd. 23 ag. 1373 († 1379)
Venceslao di **Lussemburgo**, f. dell'imp. di Germania
   Carlo IV (re di Boemia e Germ. 1378, di Lussemb.
   1383), succ. sotto regg. del padre . 1373 - rin. 11 giu. 1378 († 1419)
Sigismondo, fr. (re di Germ. 1410, di Boem. 1419, d'Un-
   gheria 1387), succ. . . . . 11 giu. 1378 - rin. 1388
Jobst *il Barbuto* (march. di Moravia 1375, re de' Rom.
   1410), nip. dell'imp. Carlo IV, succ.. . . . 1388 - † 18 genn. 1411
Sigismondo *di nuovo* . . . . 8 genn. 1411 - rin. 1415
Federico I d'**Hohenzollern** (burgrav. di Norimberga
   1397) . . . . 1415 - † 21 sett. 1440
Federico II *Dente di ferro*, f.. . . . . 1440 - abd. 1471 († 10 febb. 1471)
Alberto *l'Achille*, fr. . . . . 1471 - † 11 marzo 1486
Giovanni *il Cicerone*, f. . . . . . . 11 mar. 1486 - † 9 genn. 1499
Gioacchino I *Nestore*, f. . . . . . . 9 genn. 1499 - † 11 lugl. 1535
Gioacchino II *Ettore*, f. . . . . 11 lugl. 1535 - † 3 genn. 1571
Giovanni-Giorgio, f. (vescovo di Brandeburgo 1560)
   succede . . . . 3 genn. 1571 - † 8 genn. 1598
Gioacchino-Federico, f. (vesc. di Brandeburgo 1571)
   succede . . . . 8 genn. 1598 - † 18 lugl. 1608
Giovanni-Sigismondo, f. . . . . . . 18 lugl. 1608 - † 23 dic. 1619
Giorgio-Guglielmo, f. . . . . 23 dic. 1619 - † 1° dic. 1640
Federico-Guglielmo, f. . . . . 1° dic. 1640 † 29 apr. 1688
Federico III [I], figlio, succede 29 aprile 1688, re di
   Prussia . . . . 18 genn. 1701 - † 25 febb. 1713
Federico-Guglielmo I, f. . . . . . . 25 febb. 1713 - † 31 magg. 1740
Federico II *il Grande*, f. . . . . . 31 magg. 1740 - † 17 ag. 1786
Federico-Guglielmo II, nip. . . . . . . 17 ag. 1786 - † 16 nov. 1797
Federico-Guglielmo III, f. . . . . . . 16 nov. 1797 - † 7 giu. 1840
Federico-Guglielmo IV, f. . . . . . . 7 giu. 1840 - † 2 genn. 1861
Guglielmo I, fr., regg. dal 9 ott. 1858, succ. 2 genn. 1861 (1) - † 9 mar. 1888
Federico III, f. (imp. di Germania) . . . . . 9 mar. - † 15 giu. 1888
Guglielmo II, f. „ „ . . . 15 giu. 1888 -

---

(1) Imp. di Germania dal 18 genn. 1871.

4. Lorena.

Re, poi Duchi dal 900.

Lotario, della casa **Carolingia**, f. dell'Imp. Lotario I,
   re . . . . 22 sett. 855 - † 8 ag. 869
Carlo I *il Calvo*, zio di Lotario (re di Francia 840, d'I-
   talia 875), succ. . . . . 8 ag , cor. 9 sett. 869 - † 6 ott. 877
Ludovico I *il Germanico*, fr. (re di Germania 843)
   associato . . . . 870 - † 28 ag. 876
Ludovico II *il Balbo*, f. (re di Aquitania 866, di Fran-
   cia e Borgogna 877) succ. . . . . 877 - † 10 apr. 879
Ludovico III, f. (re di Francia 879), succ. . . 10 apr. 879 - † 5 ag. 882
Carlo II *il Grosso*, fr., (re di Svevia 876, d'Italia 879, di
   Francia 884, di Germ. 882, imp. 881), succ. . 5 ag. 882 - dep. 887
                                          († 12 genn. 888)
Arnolfo, nip. (re di Germ. 887, d'Italia 894) 887 - rin. 895 († 8 dic. 899)
Sventiboldo, f. nat. . . . . 895 - dep. 900 († 13 ag. 900)
Ludovico IV *il Fanciullo*, f. di Arnolfo (re di Germa-
   nia 899) . . . . 900 - † 911
Carlo III *il Semplice*, f. di Luigi II (re di Francia 893)
   succede . . . . 911 - spod. 923 († 7 ott. 929)
   La Lorena passa alla Germania nel 923. È governata,
dal 900, dai duchi:
Reginardo o Raineri (C.ᵉ di **Hainaut** 875) . . . . . . 900 - † v. 916
Giselberto, f. . . . . 916 - † 939
Enrico I, f. di Enrico I imp. di Germania (duca di
   Baviera 947) . . . . 940 († 955)
Enrico II di **Hainaut**, f. di Giselberto . . . . . 940 - † 943
Ottone, tutore di Enrico II . . . . 940 - † 944
Corrado *il Saggio* (duca di Franconia 939) . . 944 - dep. 953 († 955)
Brunone di Sassonia, fr. di Enrico I (Arciv. di Colo-
   nia 953, Papa 996), Arciduca . . . . 953-965 († 999)
Federico I C.ᵉ di **Bar** (958), duca dell'Alta Lorena (1) 959-984 († 990)
Tierrico I, f., e Beatrice sua madre, tutrice fino al 1011
   succede . . . . 981 - † 2 genn. 1026
Federico II, f. . . . . 2 genn. 1026 - † 1033
Gotelone, duca della Bassa Lorena 1023, tutore delle
   figlie di Federico II, succ. . . . . 1033 - † 1044
Gotifredo, f., duca della Bassa Lorena 1065-70, succ. 1044-1045 († 1070)
Adalberto d'**Alsazia**, succ. . . . . 1047 - † 1048

---

(1) Brunone aveva diviso il suo territorio in *Alta* e *Bassa Lorena*, ponendovi a
capo due duchi. La *Bassa Lorena* nel 1190 prese nome di *Brabante*. V. Paesi
Bassi.

Gerardo, fr., primo duca eredit., succ. . . . . 1048 - † 6 mar. 1070
Tierrico II, f. . . . . 6 mar. 1070 - † 23 genn. 1115
Simone I, f. . . . . 23 genn. 1115 - † 19 apr. 1139
Matteo I, f. . . . . 19 apr. 1139 - † 13 magg. 1176
Simone II, f. . . . . . 13 magg. 1176 - rin. 1205 († 14 genn. 1207)
Federico I, fr. . . . . 1205 - rin. 1206 († 1207)
Federico II, f. . . . . 1206 - † 10 ott. 1213
Tibaldo I, f. . . . . 10 ott. 1213 - † marzo 1220
Matteo II, fr. . . . . marzo 1220 - † 24 giu. 1251
Federico III, f. . . . . 24 giu. 1251 - † 31 dic. 1303
Tibaldo II, f. . . . . 1° genn. 1304 - † 13 magg. 1312
Federico IV, f. . . . . 13 magg. 1312 - † 23 ag. 1328
Rodolfo, f. . . . . 23 ag. 1328 - † 26 ag. 1346
Giovanni I, f. . . . . 26 ag. 1346 - † 1390
Carlo I, f. . . . . 1390 - † 25 genn. 1431
Renato d'**Anjou** (duca di Bar 1419, re di Provenza 1434,
    di Napoli 1435) e Isabella d'Alsazia, f.ª di Carlo I,
    succ. . . . . 25 genn. 1431 - rin. 1452
Giovanni II, f. . . . . 26 mar. 1453 - † 13 dic. 1470
Nicola I, f. . . . . 13 dic. 1470 - † 24 lugl. 1473
Renato II, C.ᵉ di **Vaudemont** (1470), nip. di Giov. II,
    succede . . . . 24 lugl. 1473 - † 10 dic. 1508
Antonio *il Buono*, f. . . . . 10 dic. 1508 - † 14 giu. 1544
Francesco I, f. . . . . 14 giu. 1544 - † 12 giu. 1545
Carlo II, f. . . . . 12 giu. 1545 - † 14 magg. 1608
Enrico, f. . . . . 14 magg. 1608 - † 31 lugl. 1624
Nicolea, f.ª . . . . 1624-1625 († 1657)
Francesco II, fr. di Enrico . . . . 1625 - abd. 26 nov. 1625 († 1632)
Carlo III, f. . . . . 26 nov. 1625 - rin. 19 genn. 1634
Dominazione francese . . . . genn. 1634-1661
Carlo III, *di nuovo* . . . . 1661-1670 († 18 sett. 1675)
Dominazione francese 1670-1697
Leopoldo di **Vaudemont**, *pronip.* di Carlo III . 1697 - † 27 mar. 1729
Francesco III Stefano, f. . . . . 27 mar. 1729 - rin. febb. 1736 († 1765)
Stanislao **Leszczynski**, già re di Polonia febb. 1736 - † 23 febb. 1766
La Lorena è unita alla Francia . . . . 23 febb. 1766
La parte Nord-Est della Lorena passa alla Germania 6 febb. 1871

5. Sassonia.

Duchi, poi Re dal 1806.

Ludolfo, duca della Sassonia orient. . . . . 850 - † 866
Bruno, f. . . . . 866 - † 2 febb. 880
Ottone I *l'Illustre*, fr. (duca di Turingia 908) 2 febb 880 - † 13 nov. 912
Enrico I *l'Uccellatore*, f. (duca di Turingia 912, re di
    Germania 919) . . . . 13 nov. 912 - † 4 lugl. 936

Ottone II, f. (re di Germ. e duca di Turingia 936, re
d'Italia 961) . . . . lugl. 936 - rin. 961 († 7 magg. 973)
Ermanno, della casa dei **Billing** . . . . 961 - † 1° apr. 973
Bernardo I, f. . . . . 1° apr. 973 - † 1011
Bernardo II, f. . . . . 1011 - † 1059
Ortolfo, f. . . . . 1059 - † 1071
Magno, f. . . . . 1071 - † 1106
Lotario, f. di Gebardo di **Supplimburgo**, (re di Germ.
1125) . . . . 1106 - † 4 dic. 1137
Enrico I *il Superbo*, f. di Enrico il Nero della casa dei
Guelfi (duca di Baviera 1126, march. di Toscana
1133) . . . . 4 dic. 1137 - 1138 († 19 sett. 1139)
Alberto *l'Orso*, della casa d'**Ascania**, genero di Magno
(marg. di Brandeburgo 1134), succ. . . . . . 1138-1142 († 1170)
Enrico II *il Leone*, f. di Enrico I, casa dei **Guelfi** (duca
di Baviera 1156) . . 10 magg. 1142 - dep. 13 genn. 1180 († 6 ag 1195)
Bernardo III, d'**Ascania** f. di Alberto l'Orso . . . . . 1180 - † 1212
Alberto I, f. . . . . 1212 - † 1260
Alberto II, f. . . . . 1260 - † 25 ag. 1298
Rodolfo I, f. . . . . 25 ag. 1298 - † 1356
Rodolfo II, f., Principe Elettore . . . . 1356 - † 6 dic. 1370
Wenceslao, fr. „ „ . . . 6 dic. 1370 - † 1388
Rodolfo III, f. „ „ . . . 1388 - † 1419
Alberto III, fr. „ „ . . . 1419 - † 1422
Federico I di Misnia, *il Bellicoso*, della casa di **Wettin**,
genero di Wenceslao (margravio di Misnia 1407)
succede . . . . 6 giu. 1423 - † 4 genn. 1428
Federico II *il Buono*, f. (margravio di Misnia 1428)
succede . . . . 4 genn. 1428 - † 7 febb. 1464
Ernesto, f. . . . . 7 febb. 1464 - † 26 ag. 1486
Alberto IV. fr. (margr. di Misnia 1464) 7 febb. 1464-1485 († 12 sett. 1500)
Federico III *il Saggio*, f. di Ernesto . . 26 ag. 1486 - † 5 magg. 1525
Giovanni *il Costante*, fr. . . . . 5 magg. 1525 - † 16 ag. 1532
Giovanni-Federico *il Magnanimo*, f. . . 16 ag. 1532 - dep. 24 apr. 1547
(† 3 mar. 1554)
Maurizio, nip. di Alberto IV (margr. di Misnia 1541)
succede . . . . 24 apr. 1547 - † 11 lugl. 1553
Augusto *il Pio*, fr. . . . . 11 lugl. 1553 - † 11 febb. 1586
Cristiano I, f. . . . . 11 febb. 1586 - † 25 sett. 1591
Cristiano II, f. . . . . 25 sett. 1591 - † 23 giu. 1611
Giovanni-Giorgio I, fr. . . . . 23 giu. 1611 - † 8 ott. 1656
Giovanni-Giorgio II, f. . . . . 8 ott. 1656 - † 22 ag. 1680
Giovanni-Giorgio III, f. . . . . 22 ag. 1680 - † 22 sett. 1691
Giovanni-Giorgio IV, f. . . . . 22 sett. 1691 - † 27 apr. 1694
Federico-Augusto I, fr. (re di Polonia 1697) 27 apr. 1694 - † 1° febb. 1733
Federico-Augusto II f. (re di Polonia 1733) 1° febb. 1733 - † 5 ott. 1763
Federico-Cristiano Leopoldo, f. . . . . . 5 ott. 1763 - † 17 dic. 1763

Federico-Augusto III *il Giusto*, f., elettore . 17 dic. 1763 - 11 dic. 1806
    Re con tit. di Feder. Aug. I (1) . . 11 dic. 1806 - prig. ott. 1813
Il reame è amministrato dalla Russia, poi dalla Prus-
sia . . . . ott 1813 - genn. 1815
Federico-Augusto I, *ristab. sul trono, perdendo gran*
    parte del suo territorio . . . . . . genn. 1815 - † 5 magg. 1827
Antonio, fr. . . . . 5 magg. 1827 - † 6 giu. 1836
Federico-Augusto II, nip., già regg. dal 13 sett. 1830,
    succede . . . . 6 giu. 1836 - † 9 ag. 1854
Giovanni, fr. . . . . 9 ag. 1854 - † 29 ott. 1873
Alberto-Federico-Augusto, f. . . . . . . 29 ott. 1873 - † 19 giu. 1902
Giorgio, fr. . . . . 19 giu. 1902 - † 15 ott. 1904
Federico-Augusto III, f. . . . . 15 ott. 1904 -

6. Würtemberg.

Conti, poi Duchi dal 1495, Re dal 1806.

Corrado I di Beutelsbach, Conte 1083-1105
Corrado II, *nip.* 1110-1122
Luigi I. f. 1134-1158
Luigi II, f. 1166-1181
Luigi III, f. 1201-1228
Eberardo I, f. 1236-1241
Ulrico I *Gran pollice*, fr. . . . . 1241 - † 20 febb. 1265
Ulrico II, f. . . . . 1265 - † 1279
Eberardo II *l'Illustre*, fr. . . . . 1279 - † 5 giu. 1325
Ulrico III, f. . . . . 5 giu. 1325 - † 11 lugl. 1344
Eberardo III *il Contenzioso*, f. . . . . . 11 lugl. 1344 - † 16 mar. 1392
Ulrico IV, fr. . . . . 11 lugl. 1344 - † 1366
Eberardo IV *il Pacifico*, nip. di Eberardo III . 1392 - † 16 magg. 1417
Eberardo V *il Giovane*, f. . . . . . . 16 magg. 1417 - † 2 lugl. 1419
Luigi I, f. di Eberardo V, ad Urach dal 1442, succ. 1419 - † 23 sett. 1450
Ulrico V *il Benamato*, a Stuttgart dal 1442, figlio di
    Eberardo V . . . . 1433 - † 1480
Luigi II, f. di Luigi I, ad Urach . . . . 1450 - † 1457
Eberardo I *il Barbuto*, fr. sotto tutela di Ulrico V suo
    zio, fino al 1459, C.e d'Urach 1457-95, duca del Wür-
    temberg . . . . 31 lugl. 1495 - † 25 febb. 1496
Eberardo II *il Giovane*, f. di Ulrico V, 25 febb. 1496 - dep. 1498 († 1504)
Ulrico I, nip. di Ulrico V, *sotto reggenza* 1498-1503, solo . 1503-1519
Interregno . . . . 1519 - 19 giu. 1534
Ulrico I *di nuovo* . . . . 19 giu. 1534 - † 6 nov. 1550
Cristoforo *il Pacifico*, f. . . . . 6 nov. 1550 - † 28 dic. 1568
Luigi III, f. . . . . 28 dic. 1568 - † 8 ag. 1593

---

(1) Granduca di Varsavia, pel trattato di Tilsitt, 8 luglio 1807.

Federico I, nip. di Ulrico I . . . . 8 ag. 1593 - † 29 genn. 1608
Giovanni Federico di Stuttgart *il Pacifico*, f., 29 genn. 1608 - † 18 lugl. 1628
Eberardo III, f., sotto tutela di Luigi Federico C.ᵉ di
    Montbéliard, poi (1631-32) di Giulio Federico, suo
    fr., succ. . . . . 18 lugl. 1628 - † 12 lugl. 1674
Guglielmo-Luigi, f. . . . . 12 lugl. 1674 - † 23 giu. 1677
Eberardo-Luigi, f., regg. Federico Carlo suo zio fino
    al 1693, succ. . . . . 23 giu. 1677 - † 31 ott. 1733
Carlo-Alessandro, nip. di Eberardo III . 31 ott. 1733 - † 12 mar. 1737
Carlo Eugenio, f., sotto tutela della madre e di Carlo
    Rodolfo duca di Würtemb.-Neustadt, poi di Carlo
    Federico di Wurt-Oels fino al 1744 . 12 mar. 1737 - † 24 ott. 1793
Luigi Eugenio, fr. . . . . 24 ott. 1793 - † 20 magg. 1795
Federico Eugenio, fr. . . . . 20 magg. 1795 - † 23 dic. 1797
Federico II [I], f., succ. 23 dic. 1797, Re dal 1° gen. 1806 - † 30 ott. 1816
Guglielmo I, f. . . . . 30 ott. 1816 - † 25 giu. 1864
Carlo I, f. . . . . 25 giu. 1864 - † 6 ott. 1891
Guglielmo II, pronip. . . . . 6 ott. 1891-

§ V.

Gran Bretagna

1. Inghilterra.

Re Anglo-Sassoni.

Egberto, re di Wessex dall'802 c, riunisce sotto le
    proprie leggi l'eptarchia anglo-sassone . . . . . . 827 - † 839
Etelvulfo, f., re di Wessex . . . . 839 - rin. 857 († 858)
Etelbaldo, f. „   , ... 857 - † 860
Etelberto, fr. „   , ... 860 - † 866
Etelredo I, fr. „   , ... 866 - † 871
Alfredo *il Grande*, fr., re di Wessex . . . . . . 871 - † v. dic. 901
Edoardo I *il Vecchio*, f., re d'Inghilterra . . . . . . 901 - † 925
Atelstano, f. . . . . 925 - † 27 ott. 940
Edmondo I, fr. . . . . 27 ott. 940 - † 26 magg. 946
Edredo, fr. . . . . 26 magg. 946 - † 955
Edwig, f. di Edmondo I . . . . 955 - † 959
Edgardo *il Pacifico*, fr. . . . . 959 - † 18 lugl. 975
Edoardo II *il Martire*, f. . . . . 18 lugl. 975 - † 979
Etelredo II, fr., regg. Elfrida sua madre . . . . . 979 - dep 1013

Danesi.

Svenone Tiyguskegg (re di Danimarca 986), è procla-
    mato re d'Inghilterra . . . . nov. 1013 - † 3 febb. 1014

Anglo-Sassoni.

Etelredo II *di nuovo* . . . . 1014 - † 23 apr. 1016
Edmondo II *Fianco di ferro*, f. . . . . 1016 - † 1017

Danesi.

Canuto *il Grande*, f. di Svenone (re di Danim. 1018) 1017 † nov. 1035
Aroldo I (Harald), f. . . . . 1035 - † 1039
Canuto II o *Ardicanuto*, fr. . . . . 1039 - † 8 giu. 1042

Anglo-Sassoni.

Edoardo III *il Confessore*, f. di Etelredo II . . 1042 - † 6 genn. 1066
Aroldo II (Harald) di Essex, f. del C.ᵉ Goodwin, genn. 1066 - † 14 ott. 1066

Normanni.

Guglielmo I *il Conquistatore e il Bastardo* (duca di
    Normandia 1035), succ. . . . . 14 ott., cor. 25 dic. 1066 - † 7 sett. 1087
Guglielmo II *il Rosso*, f. . . . . 7 sett., cor. 26 sett. 1087 - † 2 ag. 1100
Enrico I *il Leone*, fr. (duca di Normandia 1106)
    coronato . . . . 15 ag. 1100 - † 1° dic. 1135
Stefano di Blois, nipote di Guglielmo I, succede 2 di-
    cembre, coronato . . . . 22 dic. 1135 - † 25 ott. 1154

Ramo d'Anjou-Plantageneti.

Enrico II, nip. di Enrico I il Leone (duca di Norm.
    e C.ᵉ d'Anjou 1151), succ. . 25 ott., cor. 19 dic. 1154 - † 6 lugl. 1189
Ricardo I *Cuor di Leone*, f. (duca di Norm. e C.ᵉ d'A-
    njou 1189), succ. . . . . . 6 lugl , cor. 3 sett. 1189 - † 6 apr. 1199
Giovanni *Senza Terra*, fr. (duca di Norm. 1199, e C.ᵉ
    d'Anjou 1203), succ. 6 apr., cor. . . . 27 magg. 1199 - † 12 ott. 1216
Enrico III *Winchester*, f. . . . . 12 ott., cor. 28 ott. 1216 - 16 nov. 1272
Edoardo I *Longshanks*, f. . 16 nov. 1272, cor. 19 ag. 1274 - † 7 lugl. 1307
Edoardo II *Caernarvon*, figlio, succede 7 luglio 1307,
    coronato . . . . 23 febb. 1308 - dep. 20 genn. 1327 († 21 sett. s. a.)
Edoardo III *Windsor*, f., reggente la madre Isabella
    fino al 1330 . . . . 24 genn. 1327 - † 21 giu. 1377
Ricardo II *Bordeaux*, nip. . 21 giu., cor. 17 lugl. 1377 - dep. 29 sett. 1399
                                        († 14 febb. 1400)

Ramo dei Lancaster (*Rosa Rossa*).

Enrico IV *Bolingbroke*, nipote di Edoardo III, suc-
    cede . . . . 30 sett., cor. 13 ott. 1399 - † 20 mar. 1413
Enrico V *Monmouth*, f., succ. . . 23 mar., cor. 9 apr. 1413 - 31 ag. 1422
Enrico VI *Windsor*, f., succ. 1° sett. 1422, cor. 6 nov. 1429
    dep. 29 mar. 1461, ristab. 6 ott. 1470 - dep. 14 apr. 1471 († 21 magg. 1471)

Ramo di **York** (*Rosa Bianca*).

Edoardo IV, figlio del duca di York, el. re 3 marzo,
   cor. 28 giu. 1461 - dep. 6 ott. 1470, ristab. 13 apr. 1471 - † 9 apr. 1483
Edoardo V, f., regg. lo zio Riccardo III, 9 apr. 1483 - dep. 22 giu. 1483
Ricardo III *il Gobbo*, fratello di Edoardo IV, suc-
   cede . . . . 26 giu., cor. 7 lugl. 1483 - † 22 ag. 1485

Ramo dei **Tudor.**

Enrico VII **Tudor**, discendente di Edoardo III, suc-
   cede . . . . 22 ag., cor. 13 ott. 1485 - † 21 apr. 1509
Enrico VIII, f., succ. . . . . . 25 apr., cor. 24 giu. 1509 - † 27 genn. 1547
Edoardo VI, figlio, sotto reggenza, succede 31 gennaio,
   coronato . . . . 25 febb. 1547 - † 6 lugl. 1553
Giovanna Grey, nip., succ. 10 lugl. 1553-dep. 19 lugl. 1553 († 12 febb. 1554)
Maria I *la Cattolica*, sorella di Edoardo VI, succede
   19 lugl., coronata . . . . 30 nov. 1553 - † 17 nov. 1558
Elisabetta, f. di Enrico VIII, succede 17 novembre,
   coronata . . . . 15 genn. 1558 - † 3 apr. 1603

Ramo degli **Stuart.**

Giacomo I, f. di Maria **Stuart**, (Re di Scozia 1567)
   re della Gran Bretagna 3 aprile, cor. 25 lugl. 1603 - † 6 aprile 1625
Carlo I, f., succ. . . . . . 6 apr. 1625 - dep. 30 nov. 1648 († 9 febb. 1649)
Repubblica . . . . febb. 1649 - magg. 1660
Consiglio di Stato di 41 membri . . . . 1649 - dic. 1653
Oliviero Cromwell, Lord protector . . . 26 dic 1653 - † 13 sett. 1658
Ricardo Cromwell, Lord protector 14 sett. 1658 - abd. 22 apr. 1659 († 1712)
Carlo II, figlio di Carlo I **Stuart**, re 8 maggio 1660,
   coronato . . . . 23 apr. 1661 - † 16 febb. 1685
Giacomo II, fr., succ. . . . 16 febb., cor. 23 apr. 1685 - dep. dic. 1688
                                                    († 16 sett. 1701)
Guglielmo III, f. di Guglielmo IX d'**Orange** e di Maria
   Stuart, primo re costit. . . . . . 13 febb. 1689 - † 19 mar. 1702
Maria II **Stuart**, figlia di Giacomo II, moglie di Gu-
   glielmo III . . . . 13 febb. 1689 - † 7 genn. 1695
Anna, sorella di Maria II, succ. 19 mar., cor. 15 magg. 1702 - † 1° ag. 1714
Giorgio I, figlio di Ernesto Augusto di **Annover**, suc-
   cede . . . . 1° ag., cor. 20 ott. 1714 - † 11 giu. 1727
Giorgio II, f., succ . . . . . . 11 giu., cor. 11 ott. 1727 - † 25 ott. 1760
Giorgio III, nip., f. di Federico princ. di Galles, suc-
   cede . . . . . . 25 ott. 1760, cor. 22 sett. 1761 - † 29 genn. 1820
Giorgio IV, f., succ. . . . . 29 genn. 1820 - † 26 giu. 1830
Guglielmo IV, fr., succ. . . 26 giu. 1830, cor. 8 sett. 1831 - † 20 giu. 1837
Vittoria, nip. (Imp. delle Indie 1876), succ. 20 giu. 1837 - † 22 gen. 1901
Edoardo VII di **Sassonia-Coburgo-Gotha**, figlio, suc-
   cede . . . . 23 genn. 1901, cor. 9 ag. 1902-

2. Scozia.

Re.

Kenneth I *Mac-Alpin* . . . . 834 - † 854
Donald III, fr. . . . . 854 - † 862
Costantino I, f. di Kenneth I . . . . 862 - † 876
Gregorio *il Grande* 876-889
Donald IV, f. di Costantino I . . . . 889 - † 900
Costantino II, nip. di Costantino I . . . . 900-943 († 952)
Malcolm I, f. di Donald IV . . . . 943 - † 954
Illuilb, f. di Costantino II . . . . 954 - † 962
Dubh, f. di Malcolm I . . . . 962 - † 967
Cuillen, f. di Illuilb . . . . 967 - † 971
Kenneth II, f. di Malcolm I . . . . 971 - † 995
Costantino III, f. di Cuillen . . . . 995 - † 997
Kenneth III, f. di Dubh . . . . 997 - † 1005
Malcolm II, f. di Kenneth II . . . . 1005 - † 1034
Duncano I, nip. di Malcolm II . . . . 1034 (?) - † v. 1040
Macbeth, f. di Finnlaech . . . . v. 1040-1057 († 1058)
Lulach, cug. di Machbeth . . . . v. 1057 - † 1058
Malcolm III, f. di Duncano I . . . . 1058 - † 13 nov. 1093
Donald V *Bane*, fr. di Malcolm III . 13 nov. 1093 - detr. magg. 1094
Duncano II, f. nat. di Malcolm III . . . . . magg. 1094 - † 1095
Donald V *di nuovo* . . . . 1095 - detr. v. 1098 († 1098)
Edgardo, f. di Malcolm III . . . . 1098 (?) - † 1107
Alessandro I, fr.. . . . . 1107 - † 24 apr. 1124
David I, fr. . . . . 24 apr. 1124 - † 24 magg. 1153
Malcolm IV, nip. . . . . 24 magg. 1153 - † 9 dic. 1165
Guglielmo *il Leone*, fr. . . . . 9 dic. 1165 - † 4 dic. 1214
Alessandro II, f. . . . . cor. 5 dic. 1214 - † 8 lugl. 1249
Alessandro III, f. . . . . 8 lugl. 1249 - † 19 mar. 1286
Margherita, nip. di Alessandro III e f. di Erico II re di
    Norvegia . . . . 1286 - † 1290
Interregno . . . . dal 1290 al 1292
Giovanni **Balliol**, figlio di Giovanni C.e d'Harcourt el.
    re . . . . 17 nov. 1292 - dep. 27 apr. 1296 - († 1305)
Interregno . . . . dal 1296 al 1306
Roberto I **Bruce**, f. di Roberto Conte di Carrick,
    coronato . . . . 25 mar. 1306 - † 7 giu. 1329
David II **Bruce**, f., regg. il C.e di Murray . . 7 giu. 1329 - dep. 1332
Edoardo **Balliol**, f. di Giovanni pred. . . . . 1332 - dep. 1342
David II **Bruce**, *di nuovo* . . . . . 1342-1346 e 1357 - † 22 febb. 1371
Roberto II **Stuart**, nip. di David II **Bruce** 22 febb. 1371 - † 9 apr. 1390
Roberto III, f., succ. . . . . . 19 apr., cor. 13 ag. 1390 - † 6 apr. 1406
Giacomo I, f. (prigion. degli Inglesi 1406-24) . 1406 - † 20 febb. 1437
Giacomo II, f, regg. Alan Livingston . . . 20 febb. 1437 - † 3 ag. 1460

Giacomo III, f., sotto reggenza . . . . 3 ag. 1460 - † 11 giu. 1488
Giacomo IV, f. . . . . 11 giu. 1488 - † 9 sett. 1513
Giacomo V, f., reggente la madre Margherita, poi il duca
    d'Albania . . . . 9 sett. 1513 - † 14 dic. 1542
Maria, f. (regina di Francia 1558-60), succ., sotto reg-
    genza . . . . . . 14 dic. 1542 - abd. 25 lugl. 1567 († 18 febb. 1587)
Giacomo VI, f., succ. 25 lugl. 1567, reggenti: il C.e di
    Murray, fr. di Maria (1567-70); il C.e di Lenox (1570-
    1571); il C.e Marr (1571-72); Giac. Douglas (1572-78).
    Re d'Inghilt. con nome di Giacomo I dal 3 apr. 1603 - † 6 apr. 1625
La Scozia è governata dai Re d'Inghilterra, come un
    regno particolare . . . . dall'apr. 1603
Unione definitiva delle due corone e dei due parlam. 25 mar. 1707

§ VI.
Italia

V. la serie degli Imperatori e Re d'Italia nelle Tavole Cronografiche,
pag. 23-91.

1. Bologna (1).

Comune libero retto da Consoli, poi (1153) da Podestà
    forestieri.
Il Comune si pone sotto la protezione del Papa . . . 29 lugl. 1278
    Bertoldo Orsini C.e di Romagna, rettore . . . . 1279 - rin. 1281
Prepond. di Romeo **Pepoli**   v. 1320 - scacc. 17 lugl. 1321 († 1° ott. 1322)
Istituzione dei Gonfalonieri di Giustizia. Guido Pa-
    squali primo Gonf. 1321-1327
Nuova sottomissione al Papa. Card. Bertrando del Pog-
    getto leg. pont. . . . . 5 febb. 1327 - 28 mar. 1334
Comune libero . . . . 28 mar. 1334 - 28 ag. 1337
Taddeo **Pepoli**, f. di Romeo, el. sign. con tit. di capi-
    tano generale . . . . 28 ag. 1337 - 21 ag. 1340
Bologna si sottomette al Papa (2 ag. 1340). Taddeo **Pe-**
    poli vic. pont.. . . . . 21 ag. 1340 - † 28 sett. 1347
Giacomo e Giovanni, f.i di Taddeo **Pepoli**, sigg. 2 ott. 1347 - 28 ott. 1350
Giovanni **Visconti** (arc. e sign. di Milano 1349) e in suo
    nome il nip. Galeazzo . . . . 28 ott. 1350 - † 5 ott. 1354

---

(1) Cronica di Bologna, in MURATORI, Rer. ital. script. v. XVIII. — SAVIOLI,
Annali Bolognesi, Bassano, 1788-95, voll. 6. — S. MUZZI, Annali della città di
Bologna, ivi 1840-46, voll. 8. — STOKVIS, Manuel d'histoire etc. Leida, 1890-92,
voll. 3.

Giovanni **Visconti da Oleggio**, nip. di Galeazzo, pretore . . . . apr. 1351, signore 18 mar. 1355 - 1° apr. 1360
Nuova sottomissione al Papa. - Card. Egidio Albornoz
(28 ott. 1360 - † fine ag. 1367), poi il Card. Guglielmo
di Noellet, legati pont. . . . . 1° apr. 1360 - 20 mar. 1376
Comune indip. — Sono ristab. i Consoli e il Gonfalo-
niere di giustizia . . . . 20 mar. 1376 - sett. 1377
La città ritorna sotto la protezione del Papa sett. 1377 - 28 febb. 1401
Vengono istituiti i *Riformatori dello Stato di Libertà*,
presied. da un Priore . . . . 8 genn. 1394
Giovanni I **Bentivoglio**, sign. . . . . . 28 febb. 1401 - † 30 giu. 1402
Gian Galeazzo **Visconti** (duca di Milano 1395). — Giac.
Dal Verme gov. . . . . 10 lugl. - † 3 sett. 1402
Gian Maria, f., regg. la madre Caterina **Visconti**. —
March. Leonardo Malaspina, poi (febb. 1403) Fa-
cino Cane, gov. . . . . 3 sett. 1402 - 3 sett. 1403
Bologna ritorna al Papa; Baldassarre Cossa (papa 1410)
ne prende possesso . . . . 3 sett. 1403 - 12 magg. 1411
Insurrezione della plebe capit. da Pier Cossolini. Il
pretore ed altri magistrati sono sostituiti da po-
polari . . . . 12 magg. 1411 - 14 ag. 1412
I nobili ritornano al potere (14 ag.); la città è resa al
Papa; Lodovico Fieschi leg. pont. . . . sett. 1412 - 3 genn. 1416
Nuova sommossa popolare. Si rinnovano i magistra-
ti e si creano 16 Riformatori dello stato popo-
lare . . . . 3 genn. 1416 - 27 genn. 1420
Anton Galeazzo, f. di Giovanni I **Bentivoglio**, capo
della Repubblica . . . . . 27 genn. - 15 lugl. 1420 († 23 dic. 1435)
La città ritorna al Papa (15 lugl.). Gabriello Condul-
mieri, card. di Siena, leg. pont. . . . . 21 lugl. 1420 - 2 ag. 1428
Comune libero . . . . 2 ag. 1428 - 25 sett. 1429
Al Papa di nuovo. — Lucio de' Conti, poi (1430) Giov.
Caffarelli leg. pontificio, Fantino Dandolo gover-
natore . . . . 25 sett. 1429 - magg. 1438
Niccolò Piccinino, occupa Bologna pel duca di Mi-
lano . . . . 21 magg. 1438 - 6 giu. 1443
Annibale I **Bentivoglio**, f. nat. di Anton Galeazzo, si-
gnore . . . . 6 giu. 1443 - † 24 giu. 1445
Santi Cascese, f. di Ercole **Bentivoglio**, sig. 13 nov. 1446 - † 1° ott. 1462
Giovanni II **Bentivoglio** (1), figlio di Annibale I succe-
de . . . . 1° ott. 1462 - dep. 2 nov. 1506 († 1509)
Il popolo nomina 20 *Riformatori* di partito avverso ai
Bentivoglio . . . . 3-18 nov. 1506

---

(1) Giovanni II, nel 1466, fu nominato da papa Paolo II presidente a vita
dei «Riformatori» il numero dei quali fu portato a 21, anch'essi a vita, divisi
in due sezioni che governavano alternativamente per 6 mesi.

Papa Giulio II occupa Bologna (11 nov.); rinnova il
    Gonfaloniere e gli Anziani e stabilisce un senato
    di 40 patrizi a vita con titolo di *Riformatori dello*
    Stato di Bologna . . . . 18 nov. 1506 - 23 magg. 1511
Annibale II ed Ermete **Bentivoglio** sigg. (1). — Istit.
    dei 31 *Riformatori* . . . . 23 magg. 1511 - giu. 1512
Bologna ritorna al Papa (10 giu. 1512). Vengono ripri-
    stinati i 40 *Riformatori dello Stato* . . . 24 giu. 1512 - 19 giu. 1796
Occupazione francese (19 giugno). Repubblica Cispa-
    dana . . . . 16 ott. 1796 - lugl. 1797
Repubblica Cisalpina . . . . lugl. 1797 - 29 giu. 1799
Occupazione Austriaca . . . . 29 giu. 1799 - 28 giu. 1800
I Francesi di nuovo, poi (magg. 1805) unione al regno
    Napoleonico (dipart. del Reno) . . . 28 giu. 1800 - 28 genn. 1814
Entrano in Bologna le truppe austriache (gen. Nu-
    gent) . . . . 28 genn. 1814 - 18 lugl. 1815
L'Austria restituisce Bologna al Papa . . 18 lugl. 1815 - 4 febb. 1831
Rivoluzione. — Governo provvisorio, presied. dall'avv.
    Vicini . . . . 4 febb. - 20 mar. 1831
Gli Austriaci di nuovo a Bologna (21 mar.). — È rista-
    bilito il governo del Papa . . . . . 17 lugl. 1831 - 9 febb. 1849
Gli Austriaci, col gen. Welden, presso Bologna . . . 6-8 ag. 1848
Repubblica . . . . 9 febb. - 16 magg. 1849
Le truppe austriache (gen. Wimpffen) occupano Bo-
    logna a nome del Papa. Gorzkowski gov. 16 magg. 1849 - 11 giu. 1859
Giunta governativa presied. dal march. G. N. Pepoli.
    Si proclama la dittatura di re Vitt. Emanuele 12 giu. - 11 lug. 1859
Massimo d'Azeglio, R. Commissario straord. pel go-
    verno Sardo, Col. Falicon (16 lugl.) pro-commis-
    sario . . . . 11 lugl. - 1º ag. 1859
Governo delle Romagne. — Col. Leonetto Cipriani,
    gov. gen. . . . . 2 ag. - 9 nov. 1859
L'Assemblea Nazionale vota l'annessione delle Roma-
    gne al regno di Sardegna . . . . 7 sett. 1859
L. Carlo Farini, Dittatore delle prov. Modenesi e Par-
    mensi, incaricato del gov. delle Romagne 9 nov. 1859 - 18 mar. 1860
Decreto di annessione delle Romagne al regno di Sar-
    degna . . . . 18 mar. 1860

---

(1) Annibale II morì a Ferrara il 24 giu. 1540, Ermete fu ucciso a Vicenza
il 7 ott. 1513.

2. Camerino (1).

Gentile I da **Varano**, capitano del popolo 1262, po-
destà . . . . 1266 e 1272 - † 1284
Rodolfo I, f. (cap. del pop. a Perugia 1303), sign. . . 1284 - † 1316
Berardo I, fr. (pod. di Macerata 1316) . . . . . . 1316 - † 1329
Giovanni, f. di Rodolfo I, sign. . . . . 1329 - † 1344
Gentile II, f. di Berardo I, (pod. di Firenze 1312, vic.
pont. 1332) succ. . . . . 1344 - † 1355
Rodolfo II, nip. (gonfal. della Chiesa 1355, cap. del pop.
a Firenze 1370, sign. di Macerata 1376) . . . 1355 - † 18 nov. 1384
Giovanni I, fr. (pod. di S. Ginesio 1350) . . . . 18 nov. 1384 - † 1385
Gentile III, fr. (sen. di Roma 1368, pod. di Lucca 1375) 1385 - † 1399
Rodolfo II, f. (sign. di Macerata 1385) . . . . 1399 - † 2 magg. 1424
Gentilpandolfo e Giovanni II, figli di Rodolfo II 2 magg. 1424 - † 1434
Piergentile, fr., assoc. . . . . 2 magg. 1424 - † 6 sett. 1433
Berardo II, fr. „ . . . . 2 magg. 1424 - † 12 lugl. 1434
Repubblica retta da Franc. Sforza e sotto la protez.
del Papa . . . . lugl. 1434-1444
Rodolfo IV da **Varano**, f. di Piergentile . . . . . 1444 - † 1464
Giulio Cesare, f. di Giovanni II, 1444 - dep. 20 lugl. 1502 († 9 ott. 1502)
Cesare **Borgia** (duca Valentino 1498, vic. pont. d'Imola,
Forlì. Cesena, Rimini, Pesaro, Piombino, Fano, etc.)
occupa Camerino . . . . 20 lugl. 1502
Giovanni **Borgia**, f. (?) duca di Nepi, nom. duca di Ca-
merino . . . . 2 sett. 1502 - dep. 25 ott. 1503
Giovanni Maria da **Varano**, f. di Giulio Cesare, suc-
cede . . . . 25 ott. 1503, duca 1515 - † 10 ag. 1527
Caterina, f. di Francesco **Cybo**, ved. di Giov. Maria
da Varano, reggente . . . . . . 10 ag. 1527 - 15 dic. 1534 († 1555)
Ai **Della Rovere** (duchi di Urbino) . . . 15 dic. 1534 - 3 genn. 1539
Al Papa . . . . 3 genn. 1539 - 5 nov. 1540
Ottavio **Farnese**, nipote di papa Paolo III, nominato
duca . . . . 5 nov. 1540 - rin. 24 ag. 1545
Al Papa *di nuovo* . . . . ag. 1545 - 1550
Baldovino **Del Monte**, fr. di papa Giulio III, govern.
perpet. . . . . 1550 - mar. 1555
Unione agli stati della Chiesa . . . . 1555 - febb. 1797
Occupazione francese . . . . febb. 1797 - febb. 1798
Repubblica romana . . . . 15 febb. 1798-1799
Gli Austriaci ristabiliscono il governo pontificio . 1799 - 2 apr. 1808
Regno d'Italia (dipartim. del Musone) . . . 2 apr. 1808 - genn. 1814

---

(1) C. Lili, Historia di Camerino. — Litta, Famiglie celebri, Varano. —
Feliciangeli B., Di alcune rocche dell'antico stato di Camerino, in Atti e Me-
morie della R. Dep. di Stor. patr. per le prov. delle Marche, nuova serie I, 42,
Ancona, 1904.

Occupazione di Gioacchino **Murat** (re di Napoli), genn. 1814 - magg. 1815
Governo pontificio, *di nuovo* . . . . 7 magg. 1815 - dic. 1860
Annessione al regno di Sardegna . . . . 17 dic. 1860

3. Faenza ed Imola (1).

Francesco **Manfredi**, capitano del popolo poi signore . . . . 4 genn. 1313 - rin. lugl. 1327 († 29 magg. 1343)
Alberghettino, f., sign. . 10 lugl. 1327 - dep. 23 lugl. 1328 († 18 nov. 1329)
Dominaz. pontificia. — Card. Bertrando del Poggetto,
legato . . . . 23 lugl. 1328 - 8 genn. 1339
Rizzardo **Manfredi**, f. di Francesco, sign. d'Imola 1322-
1327 (2), di Faenza . . . . 8 genn. 1339 - † 23 ag. 1340
Giovanni, f., regg. Francesco pred., suo avolo, fino
al 27 dic. 1342; sign. . . 23 ag. 1340 - dep. nov. 1356 († d. sett. 1371)
Dominazione pontificia. — Card. Egidio Albornoz, le-
gato . . . . 17 nov. 1356-1377
Astorre I **Manfredi**, figlio di Giovanni predetto, succe-
de . . . . 25 lugl. 1377 - dep. 15 sett. 1404 - († 28 nov. 1405)
Dominazione pontificia. — Card. Cossa legato ponti-
ficio . . . . 15 sett. 1404 - 28 giu. 1410
Gian Galeazzo **Manfredi**, f. di Astorre I . 28 giu. 1410 - † 16 ott. 1417
Guidantonio, f., regg. la madre Gentile Malatesta e
Guidantonio C.ᵉ d'Urbino (vic. pont. 1418) 16 ott. 1417 - v. feb. 1424
Filippo Maria **Visconti** (duca di Milano 1412) v. febb. 1424 - 30 dic. 1426
Guidantonio **Manfredi**, di nuovo signore di Faen-
za . . . . 30 dic 1426, sign. d'Imola giu. 1439 - † 20 giu. 1448
Astorre II, fr. (3) . . . . 20 giu. 1448 - † 12 mar. 1468

---

(1) TONDUZZI, Istorie di Faenza. — LITTA, Famiglie celebri. Manfredi, Ali-
dosio, Riario. — RIGHI A., Annali della città di Faenza. Ivi, 1840. — STOKVIS,
op. cit., vol. III.
(2) Nel 1327 Imola passò sotto il dominio della Chiesa. Furono nominati
vicari pontifici:
Lippo degli **Alidosi** 1333-1349
Roberto, f. . . . . 1349 - † 1363
Azzo, f. . . . . 1363 - † 1372
Bertrando, fr. . . . . 1372 - † d. 30 nov. 1391
Lodovico, f., dapprima sotto tutela della madre Elisa; succede . . . . v. dic. 1391 - dep. 2 febb. 1424 († d. 1426)
I **Visconti** di Milano ebbero Imola dal 2 febb. 1424 al 14 magg.
1426, poi la cedettero alla Chiesa che la tenne fino al . . . giu. 1438.
(3) Non ebbe Imola, la quale fu occupata da Taddeo **Man-
fredi**, f. di Guidantonio . . . . 1448 - 21 apr. 1473
Galeazzo Maria **Sforza** (duca di Milano 1466), acquista I-
mola . . . . 21 apr. - lugl. 1473

Carlo, f. . . . . 12 mar. 1468 - dep. 16 nov. 1477 (✝ 1484)
Galeotto, fr. . . . . 16 nov. 1477 - ✝ 31 magg. 1488
Astorre III, f. . . . . 31 magg. 1488 - dep. 25 apr. 1501 (✝ s. a.)
Cesare Borgia (duca Valentino 1498, vicario pont. d'I-
    mola, Forli, Cesena, Rimini, Pesaro) occupa Faen-
    za . . . . 25 apr. 1501 - dep. 26 ott. 1503
Francesco, detto *Astorre IV*, **Manfredi**, f. nat. di Ga-
    leotto, pred. . . . . 26 ott. - 19 nov. 1503 (✝ 24 dic. 1509)
La Repubblica di Venezia . . . . . . 19 nov. 1503 - magg. 1509
Dominazione pontificia . . . . magg. 1509 - giu. 1796
Occupazione francese . . . . giu. 1796 - magg. 1814
Dominazione pontificia . . . . magg. 1814 - 7 sett. 1859
È votata l'annessione al regno di Sardegna . . . . . 7 sett. 1859
Decreto di annessione allo stato Sardo . . . . . . 18 marzo 1860

4. Ferrara (1).

Tedaldo di **Canossa**, f. di Attone, conte poi march. di
    Modena e Reggio etc., sign. di Ferrara . . v. 984 - ✝ dopo 1007
Bonifacio, f. di Tedaldo, march. di Toscana etc., sign.
    di Ferrara . . . . 1012 - ✝ 7 magg. 1052
Matilde la **Gran Contessa**, f., march. di Toscana etc.,
    sign. di Ferrara . . . . 7 magg. 1052 - ✝ 24 lugl. 1115
Governo a Comune . . . . 1115 - .1208
Azzo VI d'Este, f. di Azzo V, signore 1203-1209
Salinguerra I Torelli, signore 1209
Azzo VI d'Este, di nuovo signore . . . . . 1209 - ✝ 18 nov. 1212
Aldobrandino I, f., signore . . . . . 18 nov. 1212 - ✝ 10 ott. 1215
Azzo VII *Novello*, fr., signore . . . . . . 10 ott. 1215 - dep. 1222
Salinguerra I Torelli, di nuovo signore di Ferrara
    1222 - dep. 3 giu. 1240 . . . . 1240 (✝ 25 lugl 1244)
Azzo VII *Novello*, di nuovo signore . . 3 giu. 1240 - ✝ 16 febb. 1264
Obizzo II d'Este, nip. di Azzo VII (sign. di Modena
    1288, di Reggio 1290), sign. . . . . 16 febb. 1264 - ✝ 21 febb. 1293
Azzo VIII, f. . . . . 21 febb. 1293 - ✝ 31 genn. 1308
Aldobrandino II, fr. . . . . 31 genn. - rin. 27 nov. 1308 (✝ 26 lugl. 1326)

Girolamo **Riario**, marito di Caterina **Sforza** (sign. di Forlì
    1480) . . . . lugl. 1473 - ✝ 14 apr. 1488. V. Forlì.
Ottaviano, f., regg. Caterina Sforza sua madre 30 apr. 1488 - dep. 27 nov. 1499
Cesare **Borgia**, f. di Aless. VI, (duca Valentino 1498) occupa
    Imola 27 nov. 1499 . . . . vic. pont. 9 mar. 1500 - dep. 3 dic. 1503
Annessione d'Imola agli Stati della Chiesa . . . . dic. 1503
    (1) Muratori, Antichità Estensi, Modena, 1740. — Frizzi, Memorie per ser-
vire alla storia di Ferrara, Ivi, 1847, voll 5. — Litta, Fam. cel. ital., D'Este
e Torelli. — Roveri e Fiorentini, *Annali Ferraresi*. — Stokvis, op. cit. vol. III

La Repubblica di Venezia occupa Ferrara   27 nov. 1308 - 28 ag. 1309

Governo del Papa. — [Card. Pelagrua (1310) leg. pont.,
   Roberto d'Anjou (1312) vic. pont.] . . .   28 ag. 1309 - 15 ag. 1317

Rinaldo, f. di Aldobrandino II, assoc. . .   15 ag. 1317 - † 31 dic. 1335

Niccolò I, fr., assoc. . . . . 15 ag. 1317 - † 1° magg. 1344

Obizzo III, fr., vic. pont. (sig. di Modena 1336, di Parma
   1344-46) assoc. 15 agosto 1317, solo   1° magg. 1344 - † 20 mar. 1352

Aldobrandino III, f. (vic. imp. di Modena 1354) succede . . . . 20 mar. 1352 - † 2 nov. 1361

Niccolò II, fr. (sig. di Modena) . . . . . 2 nov. 1361 - † 26 mar. 1388

Alberto, fr. (sig. di Modena), assoc. 1361, solo 26 mar. 1388 - † 30 lug. 1393

Niccolò III, f, sotto reggenza fino al 1401 (1) (march.
   di Modena, Reggio, Rovigo 1393 (2), sig. di Parma
   1409-20, di Garfagnana 1429), succ. . . 30 lugl. 1393 - † 26 dic. 1441

Leonello, f., succ. . . . . 29 dic. 1441 - † 1° ott. 1450

Borso, fr., succ. 1° ott. 1450, (nom. duca di Modena e
   Reggio e C.ᵉ di Rovigo, 18 magg. 1452) duca di Ferrara . . . . 14 apr. 1471 - † 19 ag. 1471

Ercole I, fr., succ. . . . . 19 ag. 1471 - † 25 gen. 1505

Alfonso I, f. (duca di Modena e Reggio 1505-10 e 1527-
   1534) succ. . . . . 25 genn. 1505 - † 31 ott. 1534

Ercole II, f. (duca di Modena e Reggio) . 31 ott. 1534 - † 3 ott. 1559

Alfonso II, f. (duca di Modena e Reggio) . 3 ott. 1559 - † 27 ott. 1597

Cesare, cugino di Alfonso II (duca di Modena e Reg-
gio) . . . . . . 29 ott. 1597 - dep. 30 genn. 1598 († 11 dic. 1628)

Governo pontificio . . . . 30 genn. 1598 - 19 giu. 1796

Occupazione francese . . . . 19 giu. 1796

Repubblica Cispadana, poi Cisalpina (lug. 1797) 18 ott. 1796 - magg. 1799

Gli Austriaci occupano Ferrara . . . . . magg. 1799 - genn. 1801

Occupazione francese di nuovo . . . . . genn. 1801 – febb. 1802

Aggregazione alla Repubblica italiana . . . febb. 1802 - mar. 1805

Aggregaz. al regno d'Italia (dip. del Basso Po) mar. 1805 - genn. 1814

Ripresa dagli Austriaci . . . . genn. 1814 - lugl. 1815

Occupata per pochi giorni da Gioacchino Murat . . . . apr. 1815

È restituita al Papa (congr. di Vienna) . 18 lugl. 1815 - 7 febb. 1831

Rivoluzione; reggenza provvisoria . . . . . 7 febb. - 7 mar. 1831

Al Papa . . . . 7 mar. 1831 - 13 ag. 1847

Occupazione austriaca . . . . 17 lugl. - dic. 1847

Al Papa . . . . v. 18 dic. 1847 - 14 lugl. 1848

Occupazione austriaca (gen. Lichtenstein) . . . 14 lugl. - nov. 1848

Governo provvisorio (Carlo Mayr preside) . nov. 1848 - 18 febb. 1849

———————

(1) Il march. Alberto aveva destinato alla reggenza del figlio, Filippo Roberti reggiano e Tommaso degli Obizzi lucchese, ponendolo inoltre sotto la protezione dei Veneziani, dei Fiorentini e dei Gonzaga.

(2) Niccolò III cedette ai Veneziani il Polesine di Rovigo il 14 mar. 1405.

Occupazione austriaca (gen. Haynau). — Vengono rial-
    zate le insegne del Papa . . . . . . 18 febb. 1849 - 21 giu. 1859
Governo provvisorio . . . . giu. 1859 - mar. 1860
Decreto di annessione al regno di Sardegna . . . . 18 mar. 1860

5. Forli (1).

Scarpetta degli **Ordelaffi**, f. di Teobaldo, cap. del po-
    polo . . . . v. 1307 - 1309 († d. 1317)
Al Papa 1309-1315
Francesco I (*Cecco*), degli **Ordelaffi**, fr. di Scarpetta,
    cap. del pop. . . . . 2 sett. 1315 - † ag. 1331
Al Papa. — Card. Bertr. del Poggetto leg. . . ag. 1331 - 11 sett. 1333
Francesco II degli **Ordelaffi**, nip. di Francesco I, sig.
    di Forlì e Forlimpopoli . . 12 sett. 1333 - dep. 4 lugl. 1359 († 1374)
Al Papa. — Card. Eg. Albornoz, (1359-67) leg. 4 lugl. 1359 - 20 dic. 1375
Sinibaldo I degli **Ordelaffi**, f. di Francesco II, suc-
    cede . . . . 5 genn. 1376 - dep. 13 dic. 1385 († 28 ott. 1386)
Pino I, nip. . . . . 14 dic. 1385 - † 16 lugl. 1402
Francesco III (*Cecco*), fr. . . . . 14 dic. 1385 - † 8 sett. 1405
Governo a Comune . . . . sett. 1405 - magg. 1406
Al Papa. — Card. Cossa leg. pont. . . . . . . magg. 1406 - 7 giu. 1411
Giorgio degli **Ordelaffi**, pronip. di Francesco III (sign.
    di Forlimpopoli 18 genn. 1410) sign. 7 giu. 1411 (2) - † 25 genn. 1422
Antonio, f. di Francesco III, sig., assoc. . . 7 giu. - dep. 31 ag. 1411
Tebaldo, f., sotto regg. della madre Lucrezia degli A-
    lidosi e la protezione del duca di Milano, suc-
    cede . . . . 25 genn. 1422 - 6 sett. 1423 († 23 lugl. 1425)
Filippo Maria **Visconti** (duca di Milano 1412), suc-
    cede . . . . 6 sett. 1423 - rin. 14 magg. 1426
Al Papa . . . . 14 magg. 1426 - 26 dic. 1433
Antonio I degli **Ordelaffi**, di nuovo sign. 26 dic. 1433 - dep. 11 lu. 1436
Al Papa . . . . 11 lugl. 1436 - 26 magg. 1438
Antonio I degli **Ordelaffi**, di nuovo sign. 26 magg. 1438 - † 4 ag. 1448
Francesco IV (*Cecco*), assoc. col fr., regg. la madre
    Elisab. Manfredi . . . 4 ag. 1448 - dep. 4 genn. 1466 († 22 apr. s. a.)
Pino II, fr., assoc. col fr., reggente la madre pre-
    detta . . . . 4 ag. 1448, solo sig. 4 genn. 1466 - † 9 febb. 1480
Sinibaldo II, f. nat., regg. Lucrezia Pico, vedova di
    Pino II . . . . 9 febb. - † 14 lugl. 1480

---

(1) Annales Forlivienses, in Muratori, Rer. ital. scrip. v. XXII. — Cronache
Forlivesi di Leone Cobelli, edite da Carducci e Frati. Bologna, 1874. — Litta,
Fam. cel. ital., Ordelaffi.

(2) Papa Martino V, nel 1418, nominò Giorgio degli Ordelaffi suo vicario in
Forli.

Antonio II, f. di Francesco IV . . . . 8 lugl. - 8 ag. 1480
Girolamo **Riario** (sign. d'Imola 1473) . . . 10 ag. 1480 - † 14 apr. 1488
Ottaviano, f. (sign. d'Imola 1488-99), regg. la madre Ca-
    terina **Sforza** . . . . 30 apr. 1488 - dep. 12 gen. 1500
Cesare **Borgia** (duca Valentino 1498) occupa Forlì 19
    dic. 1499, vicario pontificio . . . 9 marzo 1500 - dep. 22 ott. 1503
Antonio II degli **Ordelaffi** *di nuovo* . . . 22 ott. 1503 - † 6 febb. 1504
Lodovico, f. nat. di Francesco IV predetto succe-
    de . . . . 6 febb. - dep. 3 apr. 1504 († 29 magg. s. a.)
Dominazione pontificia . . . . giu. 1504 - 15 febb. 1798
Unione alla repubblica romana . . . . 15 febb. 1798 - 30 sett. 1799
Governo interinale . . . . 30 sett. 1799 - 22 giu. 1800
Al Papa . . . . 22 giu. 1800 - 17 magg. 1809
Unione all'impero francese . . . . . 17 magg. 1809 - 18 lugl. 1815
Al Papa . . . . 18 lugl. 1815 - mar. 1849
Repubblica . . . . 29 mar. - 4 lugl. 1849
Al Papa . . . . 15 lugl. 1849 - 18 mar. 1860
Annessione al regno di Sardegna, decreto . . . . . 18 mar. 1860

6. **Genova** (1).

Comune indip. — Consoli 1052-1194, 1202, 1207-11, 1212-17
Podestà 1191, 1195-1200, 1202-07, 1211, 1217-58
Capitani del popolo e Podestà 1258-1310
Guglielmo Boccanegra, cap. del pop. 1258-1262
Uberto Spinola e Uberto Doria, poi Corrado Doria
    cap. del pop. . . . . 28 ott. 1270 - 28 ott. 1291
Lanfranco de' Suardi, Beltrame de' Ficini e Simone
    de' Gromelli cap. del pop. . . . . . 28 ott. 1291 - genn. 1296
Corrado Doria di nuovo, e Corrado Spinola f. di O-
    berto cap. del pop. . . . . genn. 1296-1299
Opicino Spinola e Barnaba Doria, poi (1309) lo Spi-
    nola solo cap. del pop. . . . . 7 genn. 1306-1310
Governo dei 13 cittadini, 6 nobili, 6 popolari e un ab-
    bate del pop. . , ... 1° lugl. 1310-1311
Enrico VII imp., sign. di Genova. — Uguccione della
    Faggiuola (16 febb. 1312) vic. imp. . . . . 1° nov. 1311 - ag. 1313
Genova ritorna a libertà; crea un Consiglio di 12 no-
    bili e 12 popolari . . . . ag. 1313-1314

(:) Belgrano, Annali Genovesi di Caffaro e dei suoi continuatori, Roma,
1901, voll. 2. — Giustiniano, Annali di Genova, Genova 1537.
    Canale, Nuova istoria della Repubblica di Genova, Firenze, 1858-64, voll. 4.
    Serra, Storia dell'Antica Liguria e di Genova, Torino, 1834, voll. 4.
    Varese, Storia della Repubblica di Genova. Genova, 1835-39, voll. 8.
    Stokvis, op. cit. vol. III. — E. Calvi, Tavole stor. dei Comuni Ital., Roma, 1903.

Barnaba Giano, doge . . . . 29 mar. - 3 lugl. 1415
Tommaso Campofregoso, doge . . . . 4 lug. 1415 - abd. 2 nov. 1421
Filippo Maria **Visconti** (duca di Milano 1412) si-
    gnore . . . . 2 nov. 1421 - dep. 27 dic. 1435
Repubblica. — Isnardo Guarco, doge . . 28 mar. - dep. 3 apr. 1436
Tommaso Campofregoso, *di nuovo* doge 3 apr. 1436 - dep. 24 mar. 1437
Battista Campofregoso, fr., doge per poche ore, poi
    Tomm. Campofregoso, *di nuovo* . 24 mar. 1437 - dep. genn. 1443
Raffaele Adorno, doge . . . 28 genn. 1443 - abd. 4 genn. 1447 († 1458)
Barnaba Adorno, id. . . . . 4-30 genn. 1447
Giovanni o Giano Campofregoso, id. . . 30 genn. 1447 - † dic. 1448
Lodovico Campofregoso, fr., id. . . . . . . 16 dic. 1448 - dep. 1450
Pietro Campofregoso, id. 8 dic. 1450 - rin. 11 magg. 1458 († 14 sett. 1459)
I Campofregoso cedono Genova a Carlo VII re di Fran-
    cia. Giovanni duca di Lorena *govern.* 11 mag. 1458 - 12 mar. 1461
Repubblica. — Prospero Adorno, doge . . . . 12 mar. - 3 lug. 1461
Spinetta Campofregoso, doge . . . . 3 - 14 lug. 1461 († 17 genn. 1471)
Lodovico Campofregoso, *di nuovo*, id. 24 lug. 1461 - dep. 14 mag. 1462
Paolo Campofregoso (arciv. 1453), id. . . . . . 14 mag. - 8 giu. 1462
Lodovico Campofregoso, *di nuovo*, id. 8 giu. 1462 - genn. 1463 († 1490)
Paolo Campofregoso, *di nuovo*, id. gen. 1463 - 19 ap. 1464 († 22 ap. 1498)
Gli **Sforza**, duchi di Milano, sign. di Genova 19 apr. 1464 - 8 ag. 1478
Repubblica. — Prospero Adorno, *di nuovo* doge 17 ag. - nov. 1478
Battista Campofregoso, nip. di Paolo 25 nov. 1478 - dep. 25 nov. 1483
Paolo da Campofregoso, arcivescovo, *di nuovo* do-
    ge, ... 25 nov. 1483 - dep. ag. 1487 († 2 mar. 1498)
Gli **Sforza**, duchi di Milano, sign. di Genova 23 ag. 1487 - 26 ott. 1499
Luigi XII re di Francia. — Filippo di Cleves, sign. di
    Ravenstein, gov. . . . . 26 ott. 1499 - apr. 1507
Repubblica. — *Paolo da Novi, doge pop.* 10 - 28 apr. 1507 († 15 giu. 1507)
Luigi XII, re di Francia, *di nuovo* . . . . . 28 apr. 1507 - giu. 1512
Repubblica. — Giovanni da Campofregoso, eletto do-
    ge . . . . 29 giu. 1512 - mag. 1513 († 1529)
Dominaz. francese. — Antoniotto Adorno govern. 25 mag. - 16 giu. 1513
Repubblica. — Ottaviano Campofregoso, doge 18 giu. 1513 - nov. 1515
Dominaz. francese. — Ottaviano Campofregoso, go-
    vernatore . . . . 1515 - 2 giu. 1522
Repubblica. — Antoniotto Adorno, *di nuovo* eletto
    doge . . . . 2 giu. 1522 - dep. 1527 († 1530)
Dominaz. francese. — Teodoro Trivulzio, governa-
    tore . . . . fine ag. 1527 - 12 sett. 1528
Repubblica aristocratica sotto la protezione spagnuola,
    govern. da dogi biennali . . . . sett. 1528 - magg. 1797

Dogi biennali.

Uberto Cattaneo eletto 12 dic. 1528
Battista Spinola elet. 4 genn. 1531
Giambattista Lomellino eletto
      4 genn. 1533
Cristoforo Grimaldi-Rosso eletto . . . . . 4 genn. 1535
Giambattista Doria el. 4 genn. 1537
Andrea Giustiniani el. 4 gen. 1539
Leonardo Cattaneo el. 4 gen. 1541
Andrea Centurione-Pietrasanta
  eletto . . . . 4 genn. 1543
Giambatt. Fornari el. 4 gen. 1545
Benedetto Gentile el 4 genn. 1547
Gaspare Bracelli-Grimaldi, eletto . . . . . . 4 genn. 1549
Luca Spinola eletto 4 genn. 1551
Giac. Promontorio el. 4 genn. 1553
Agostino Pinelli el. 4 genn. 1555
Pier Giovanni Cybo-Ciarega eletto . . . . . 4 genn. 1557
Gerolamo Vivaldi el. 4 genn. 1559
Paolo Battista Calvi eletto doge . . genn. 1561 - † sett. 1561
Battista Cicala-Zoagli eletto doge . . . . . . 4 ott. 1561
Giambattista Lercaro eletto doge . . . . . . 7 ott. 1563
Ottavio Gentile Oderico eletto
      11 ott. 1565
Simone Spinola eletto 15 ott. 1567
Paolo Moneglia Giustiniani eletto . . . . . 6 ott. 1569
Giannotto Lomellini eletto doge . . . . . . 10 ott. 1571
Giacomo Durazzo-Grimaldi eletto . . . . . 16 ott. 1573
Prospero Fatinanti-Centurione eletto . . . . . 17 ott. 1575
Giambattista Gentile eletto doge . . . . . . 19 ott. 1577
Nicola Doria eletto 20 ott. 1579
Girolamo De' Franchi eletto
      21 ott. 1581
Girolamo Chiavari el. 4 nov. 1583
Ambrogio di Negro el. 8 nov. 1585
Davide Vacca eletto 14 nov. 1587
Battista Negrone el. 20 nov. 1589
Gio. Agostino Giustiniani eletto
      27 nov. 1591
Antonio Grimaldi-Ceva eletto
      27 nov. 1593
Matteo Senarega el. 5 dic. 1595

Lazzaro Grimaldi-Ceva eletto doge . . . . . . 10 dic. 1597
Lorenzo Sauli eletto 22 febb. 1599
Agostino Doria eletto 24 febb. 1601
Pietro De-Franchi già Sacco eletto . . . . . 26 febb. 1603
Luca Grimaldi eletto 1 mar. 1605
Silvestro Invrea eletto 3 mar. 1607
Girolamo Assereto el. 22 mar. 1607
Agostino Pinelli el. 1 aprile 1609
Alessandro Giustiniani eletto doge . . . . . . 6 apr. 1611
Tommaso Spinola el. 21 apr. 1613
Bernardo Claravezza eletto doge . . . . . . 23 apr. 1615
Giangiacomo Imperiali eletto
      29 apr. 1617
Pietro Durazzo eletto 2 mag. 1619
Ambrogio Doria elet. 4 mag. 1621
Giorgio Centurione eletto doge
    25 giu. 1623, rin.
Federico de' Franchi eletto doge . . . . . . 25 giu. 1623
Giacomo Lomellini el. 16 giu. 1625
Gian Luca Chiavari f. di Girolamo pred. eletto . 28 giu. 1627
Andrea Spinola eletto 28 giu. 1629
Leonardo Torre elet. 30 giu. 1631
Giovanni Stefano Doria eletto
      9 lug. 1633
Gian Francesco Brignole eletto
      11 lug. 1635
Agost. Pallavicino el. 13 lug. 1637
Giambatt. Durazzo el. 28 lug. 1639
Giovanni Agostino Marini eletto . . . . . . 4 ag. 1641
Giambatt. Lercari el. 4 lug. 1643
Luca Giustiniani, f. di Alessandro pred., eletto 21 al 22 lug. 1645
Giambattista Lomellini, eletto
      24 lug. 1646
Giacomo De' Franchi di Federigo, eletto . . . . 2 ag. 1648
Agostino Centurione di Stefano, eletto . . . . . 23 ag. 1650
Girol. De' Franchi el. 8 nov. 1652
Alessandro Spinola el. 9 ott. 1654
Giulio Sauli eletto . 12 ott. 1656
Giambattista Centurione eletto
      15 ott. 1658
Giambernardo Frugoni eletto
    28 ott. 1660 - † 1661

Antoniotto Invrea el. 29 mar. 1661
Stefano Mari eletto 12 apr. 1663
Cesare Durazzo eletto 18 apr. 1665
Cesare Gentile eletto 10 mag. 1667
Franc. Garbarino el. 18 giu. 1669
Alessandro Grimaldi di Pietro
   eletto. . . . . 27 giu. 1671
Agostino Saluzzo el. 5 lug. 1673
Antonio Passano el. 11 lug. 1675
Giannettino Odone el. 16 lug. 1677
Agostino Spinola el. 29 lug 1679
Luca Maria Invrea el. 13 ag. 1681
Francesco Imperiali-Lercari e-
   letto . . . . . . 18 ag. 1683
Pietro Durazzo eletto 23 ag. 1685
Luca Spinola eletto 27 ag. 1687
Oberto Torre eletto 31 ag. 1689
Giambatt. Cattaneo el. 4 sett. 1691
Francesco Maria Invrea eletto
               9 sett. 1693
Bandinelli Negrone di Battista,
   eletto . . . . . 16 sett. 1695
Franc. Maria Sauli el. 17 sett. 1697
Girolamo Mari eletto 3 giu. 1699
Federico De' Franchi 7 giu. 1701
Antonio Grimaldi Ceva eletto
                7 ag. 1703
Stefano Onorato Feretto eletto
             12 ag. 1705
Domenico Maria Mari di Stefano,
   eletto . . . . . 9 sett. 1707
Vincenzo Durazzo el. 9 sett. 1709
Francesco Maria Imperiali e-
   letto . . . . . 17 sett 1711
Gianantonio Giustiniani eletto
           22 sett. 1713
Lorenzo Centurione di Giorgio,
   eletto. . . . . 26 sett. 1715
Benedetto Viale el. 30 sett. 1717
Ambrogio Imperiali el. 4 ot. 1719
Cesare De' Franchi el. 8 ott. 1721
Domenico Negrone el. 13 ott. 1723
Girol. Veneroso el. 18 genn. 1726
Luca Grimaldi el. 22 genn. 1728
Francesco Maria Balbi eletto
          25 genn. 1730
Domenico Maria Spinola eletto
          29 genn. 1732
Stefano Durazzo el. 3 febb. 1734
Nicolò Cattaneo el. 7 febb. 1736
Costantino Balbi el. 11 febb. 1738
Nicolò Spinola el. 16 febb. 1740

Domenico Maria Canevaro elet-
   to . . . . . . 20 febb. 1742
Lorenzo Mari eletto 27 febb. 1744
Gian Francesco Maria Brignole
   eletto. 3 mar. - dep. 4 sett. 1746
Governo degli Austriaci e del
   March. Botta 4 sett.-5 dic. 1746
Gian Francesco Maria Brignole
   di nuovo doge . dic. 1746-1748
Cesare Cattaneo el. 6 mar. 1748
Agostino Viale eletto 10 mar. 1750
Stefano Lomellini eletto do-
   ge. . 29 mar. - abd. 3 giu. 1752
Giambattista Grimaldi eletto do-
   ge. . . . . . 7 giu. 1752
Gian Giacomo Stefano Venero-
   so eletto . . . . 11 giu. 1754
Giacomo Grimaldi el. 22 giu. 1756
Matteo Franzoni . el. 22 ag. 1758
Agostino Lomellini di Bartolo-
   meo, eletto . . . 10 sett. 1760
Rodolfo Emilio Brignole-Sale
   eletto . . . . . 25 nov. 1762
Mario Gaetano Della Rovere
   eletto . . . . . 29 genn. 1765
Marcello Durazzo el. 3 febb. 1767
Giambattista Negrone eletto do-
   ge . . . . . . 16 febb 1769
Giambattista Cambiaso di Giam-
   maria el. 16 apr. 1771 - †21 d. 1772
Ferdinando Spinola di Gherar-
   do eletto 7 gen.-abd. 12 gen. 1773
Pier Francesco Grimaldi eletto
          26 genn. 1773
Brizio Giustiniani el. 31 gen. 1775
Giuseppe Lomellini el. 4 feb. 1777
Giacomo Maria Brignole eletto
          4 mar. 1779
Marcantonio Gentile di Filippo
   eletto. . . . . 8 mar. 1781
Giambattista Airoli el. 6 mag. 1783
Gian Carlo Pallavicini eletto
          6 giu. 1785
Raffaele De Ferrari el. 4 lug. 1787
Aleramo Pallavicini eletto do-
   ge . . . . . . 30 lugl. 1789
Michelangelo Cambiaso eletto
   doge . . . . . 3 sett. 1791
Giuseppe Maria Doria eletto
          16 sett. 1793
Giacomo Maria Brignole, di
   nuovo . 17 nov. 1793-mag. 1797

Caduta della Repubblica per opera dei Francesi . . . magg. 1797
Governo provvisorio, presieduto da Giacomo Maria
    Brignole, ultimo doge . . . . 14 giu. 1797 - 17 genn. 1798
Repubblica Ligure, con un direttorio di 5, poi 7
    membri . . . . 1°-17 genn. 1798 - 4 giu. 1800
Genova è occupata dalle truppe anglo-austriache . 4 - 24 giu. 1800
Ricade di nuovo sotto ai Francesi. — Governo prov-
    visorio . . . . 24 giu. 1800 - lug. 1802
Repubblica Ligure. — Girolamo Durazzo, doge 10 ag. 1802 - 6 giu. 1805
Genova è annessa alla Francia . . . . . 6 giu. 1805 - 18 apr. 1814
Gli alleati conquistano Genova — Ristabilimento della
    repubb. sotto la protez. dell'Inghilterra . . . . . 18 apr. 1814
Girolamo Serra, presidente del governo provvis. 26 apr. - 26 dic. 1814
Il Genovesato è unito al Regno di Sardegna . . . . 7 genn. 1815

7. Guastalla (1).

Giberto da **Correggio** (sig. di Parma ecc. 1305) sig. 1307 - † fine lug. 1321
Simone, Guido, Azzone e Giovanni, figli di Gi-
    berto. . . . . lug. 1321 - spod. v. 1346
I **Visconti** di Milano . . . . 1347 - 1402 c.
Ottone de' **Terzi**, generale di Gio. Maria Visconti, sign.
    di Parma e Guastalla . . . . 1403 - 1406
Guido **Torelli** il Grande, conte di Guastalla e Mon-
    techiarugolo . . . . : . . 3 ott. 1406 - † 8 lug. 1449
Cristoforo e Pier Guido I, figli di Guido . 8 lug. 1449 - † 18 apr. 1460
Guido Galeotto e Francesco Maria, figli di Pier Gui-
    do I . . . . 18 apr. 1460 - 8 ott. 1479
Francesco Maria pred., solo . . . . . . 8 ott. 1479 - † febb. 1486
Pier Guido II, f. . . . . febb. 1486 - † 11 ag. 1494
Achille, fr., reggente Maddalena del Carretto, sua avo-
    la . . . . ag. 1494 - † 30 nov. 1522
Lodovica, f. . . . . 30 nov. 1522 - rin. 3 ott. 1539 († 1569)
Ferrante I **Gonzaga**, f. di Gio. Franc. II march. di
    Mantova, conte . . . . 3 ott. 1539 - † 15 nov. 1557
Cesare I, f. . . . . 15 nov. 1557 - † 17 febb. 1575
Ferrante II, f., regg. la madre Camilla Borromeo,
    succ. . . . . 17 febb. 1675, Duca 2 lug. 1621 - † 5 ag. 1630
Cesare II, f. . . . . 5 ag. 1630 - † 26 febb. 1632
Ferrante III, f. .. . . 26 febb. 1632 - † 11 genn. 1678
Ferdinando Carlo, f. di Carlo II, (duca di Man-
    tova 1665) . . . . 11 genn. 1678 - 4 magg. 1692

---

(1) I. Affò. Storia della città e ducato di Guastalla. Ivi, 1785, voll. 4. — Benamati, Storia della città di Guastalla, Parma, 1674. — Stokvis, op. cit. vol. III.

Vincenzo, nip. di Cesare II . . . . 4 magg. 1692 - 30 ag. 1702
Ferdinando Carlo, *di nuovo* . . . . . 30 ag. 1702 - 1706 (✝ 5 lug. 1708)
Vincenzo, *di nuovo*. . . . . 1706 - ✝ 27 apr. 1714
Antonio Ferdinando, f. . . . . 27 apr. 1714 - ✝ 19 apr. 1729
Giuseppe Maria, fr. . . . . 30 apr. 1729 - ✝ 16 ag. 1746
Guastalla è occup. dagli Austriaci a nome di Maria-
    Teresa (3 apr.), gov. . . . . 4 sett. 1746 - 8 apr. 1748
Aggregata al Ducato di Parma e Piacenza 8 apr. 1748;
    di fatto . . . . 22 febb. 1749 - ott. 1802
Occupazione Francese. — Moreau de S. Mery am-
    ministr. . . . . ott. 1802 - 1805
Paolina **Bonaparte** sorella di Napoleone I, e princ.
    Paolo Borghese suo marito, duchi . . . 30 mar. - 24 magg. 1806
Unione di Guastalla al regno d'Italia . . 24 magg. 1806 - 7 giu. 1814
Il congresso di Vienna unisce Guastalla al ducato di
    Parma e Piacenza. . . . . 9 giu. 1815 - dic. 1847
Guastalla passa al duca di Lucca Carlo Ludovico di
    Borbone . . . . dic. 1847 - rin. 8 genn. 1848
È ceduta ai duchi di Modena (V. Modena) . 8 genn. 1848 - giu. 1859
Annessione al regno di Sardegna . . . . 18 mar. 1860

8. Lucca (1).

Comune retto da Consoli (v. 1107), poi da Pode-
    stà (1169) . . . . princ. sec. XII - 1314
Uguccione della **Faggiuola**, sign. di Pisa, occupa Lucca
    coi Ghibellini suoi collegati . 14 giugno 1314 - dep. 13 giu. 1316
                           (✝ 1° nov. 1319)
Castruccio Castracani degli Antelminelli, sign. e (17
    nov. 1327) duca di Lucca e Lunigiana . giu. 1316 - ✝ 2 sett. 1328
Arrigo **Castracani**, f., duca . . . . 2 sett. - dep. 7 ott. 1328
Lodovico IV di Baviera (imp. di Germ. 1328) sign. . . . . 7 ott. 1328
Federigo, burgravio di Norimberga, vic. imp. . . . ott.-nov. 1328
Federigo, C.ᵉ d'Ottingen   ,   ,   nov. 1328 - mar. 1329
Francesco **Castracani**, zio di Arrigo pred., vicario
    imp. . . . . 16 mar. - dep. 15 apr. 1329
Marco **Visconti**, f. di Matteo, el. sign. dai cavalieri te-
    deschi . . . . 15 apr. - 30 giu. 1329
Governo dei cavalieri tedeschi . . . . 30 giu. - 2 sett. 1329
Gerardo **Spinola** di Genova, ghibellino, compra Luc-
    ca . . . . 2 sett. 1329 - spod. 16 mar. 1331

---

(1) A. Mazzarosa, Storia di Lucca, Lucca, 1842, voll. 2. — G. Tommasi, Sommario della storia di Lucca 1004-1700 e contin., Firenze, 1847. — S. Bongi, Inventario del R. Archivio di Stato in Lucca. Ivi, 1872-88, voll. 4. — Stokvis, op. cit., vol. III.

Giovanni di **Lussemburgo** (re di Boemia 1310) e Carlo
  suo figlio, sign.; Simone **Filippi** da Pistoja luogoten. . . . . 16 mar. 1331 - 3 ott. 1333
Marsiglio, Pietro ed Orlando de' **Rossi** di Parma,
  vic. regi . . . . 3 ott. 1333 - 14 nov. 1335
Mastino **Della Scala** (sig. di Verona 1329) e Alberto
  suo fr., sign.; Gugl. Canacci degli Scannabecchi
  di Bologna, luogot., poi cap. gen. . . . 15 nov. 1335 - 24 sett. 1341
Il Comune di Firenze compra Lucca, Ghiberto da
  Fogliano, cap. gen. . . . . 25 sett. 1341 - 6 lug. 1342
Il Comune di Pisa occupa Lucca. Ranieri della Ghe-
  rardesca C.^e di Donoratico, cap. gen. . . . 6 lug. 1342 - 5 giu. 1347
Gli Anziani di Pisa, capitani, govern. e difens. di
  Lucca . . . . 6 giu. 1347 - 12 ag. 1364
Giovanni **Dell'Agnello de' Conti** (doge di Pisa, ag. 1364)
  cap. gen. e govern. . . . . 22 ott. 1364 - 4 sett. 1368
L'imp. Carlo IV di Boemia occupa Lucca. — Mar-
  quardo patr. d'Aquileja, poi (2 lugl. 1369) il Card.
  Guidone vic. imp. . . . . 25 ag. 1368 - 12 mar. 1370
È istituito il Consiglio Generale di 180 Consiglieri,
  presied. dagli Anziani e dal Gonfaloniere di giu-
  stizia . . . . 16 febb. 1370 - 2 lugl. 1400
È creata una balla di 12 cittadini, fra quali Paolo **Guinigi**, investiti della piena autorità . . . . 2 lugl. 1400
Paolo **Guinigi** nom. Capitano e Difensore del pop.
  (14 ott.) poi Signore . . . 21 nov. 1400 - spod. 15 ag. 1430 († 1432)
È restaurato il Consiglio Generale con 120 Consiglieri
  e 40 surrogati (1) presied. dagli Anziani e dal Gonfaloniere di giustizia . . . . 11 ott. 1430 - 2 genn. 1799
I Francesi comand. dal maresc. Serrurier occupano
  Lucca (2 genn.). Governo democratico provvisorio
  creato dal Serrurier . . . . , 4 febb. - 17 lugl. 1799
Gli Austriaci entrano in Lucca. Il gen. Cleran crea
  una reggenza di 10 cittadini . . . . . . 24 lugl. 1799 - 9 lugl. 1800
I Francesi di nuovo col gen. Launay, il quale istitui-
  sce un governo democratico di 11 membri, amici
  della Francia . . . . 9 lugl. - 15 sett. 1800
Ritornano gli Austriaci ed eleggono una seconda reggenza di 10 ex nobili . . . . 15 sett. - 9 ott. 1800
I Francesi di nuovo col gen. Clement il quale lascia
  in piedi la *reggenza*, detta poi *governo provv.*, 9 ott. 1800 - dic. 1801
Nuova costituzione democratica della Repubbl. con
  un Consiglio di 12 anziani ed un Gonfaloniere di
  giustizia . . . . 26 dic. 1801 - 28 giu. 1805

---

(1) Nel 1432 i Consiglieri si ridussero a soli 90 con 30 surrogati, ma nel
1531 si ritornò al numero di 120 con 40 supplenti.

Napoleone **Bonaparte** sopprime la Repubblica di Lucca ed affida il governo al princ. Felice **Bacciocchi**,
marito di Elisa **Bonaparte**, la quale governa di
fatto . . . . 24 giu. 1805 - 18 mar. 1814
Entrano in città gli Austriaci col gen. Starhemberg
govern. . . . . 18 mar. 1814 - 3 mar. 1815
Werklein, tenente colonnello, govern. . . . 3 mar. 1815 - 7 dic. 1817
Maria Luisa di **Borbone**, f. di Carlo IV re di Spagna,
duchessa . . . . 17 dic. 1817 - † 13 mar. 1824
Carlo Lodovico, f., (duca di Parma e Piacenza 1847)
duca . . . . 13 mar. 1824 - rin. 5 ott. 1847
Lucca è unita al Granducato di Toscana (V. Toscana) . 5 ott. 1847

9. Mantova (1).

Signori, poi Marchesi dal 1432, Duchi dal 1530.

Tedaldo, avo della cont. Matilde, conte . . . . - 1012
Bonifacio, f., (march. di Canossa poi di Toscana 1027)
conte . . . . 1012 - † 7 magg. 1052
Matilde, la *Gran Contessa*, f. (march. di Toscana, Modena, Ferrara, ecc. dal 1077) . . . . . . 1052 - † 24 lugl. 1115
Comune guelfo, retto da Consoli v. 1126 e da Podestà
dal 1184 . . . . v. 1115 - ...
Pinamonte **Bonacolsi** e Federico C.ᵉ di Marcaria rettori 1272 - 1274
  „   „   e (per un mese) Ottonello Zane-
             calli, capitani . . . . 1274 - 1276
  „   „   nominato capitano generale a
vita . . . . 15 febb. 1276 - rin. 1291 († 7 ott. 1293)
Bardellone, f., rettore, poi cap. gen. . 1291 - rin. 2 lugl. 1299 († 1300 ?)
Guido, detto *Botticella*, nip., cap. gen. . . . . . 1299 - † 24 genn. 1309
Bonaventura, detto *Bottirone*, fr., signore, associato con
Rinaldo . . . . 1308 - 1326
Rinaldo, detto *Passerino*, fr. (sign. di Modena e Carpi
1312, di Cremona 1316) vic. imp. 1312, assoc. col fr.
Bonaventura . . . . 1308 - ÷ 16 ag. 1328
Luigi I **Gonzaga**, sign. con tit. di Capitano generale 26
ag. 1328, vic. imp. . . . . 1329 - † 18 genn. 1360
Guido, f., sign. con tit. di Capitano generale 18 gen. 1360 - † 22 sett. 1369
Luigi II, f. . . . . 22 sett. 1369 - † ott. 1382
Francesco I, f. . . . . ott. 1382 - † 8 mar. 1407

---

(1) S. MAFFEI, Annali di Mantova, Tortona, 1675. — C. D'ARCO, Studi in-
torno al Municipio di Mantova, ivi, 1871-74, voll. 7. — P. LITTA, Fam. cel.
ital., Bonacolsi e Gonzaga. — STOKVIS, op. cit., vol. III.

Giovanni Francesco I, f., sotto reggenza di Carlo
    Malatesta e la protezione dei Veneziani, succe-
    de . . . . 20 mar. 1407, marchese 1432 - † 23 sett. 1444
Luigi III *il Turco*, f., march. . . . . . 23 sett. 1444 - † 12 giu. 1478
Federico I, f.   „   . . . . 12 giu. 1478 - † 14 lugl. 1484
Giovanni Francesco II, f. „ . . . . 15 luglio 1484 - † 29 mar. 1519
Federico II, f., (marchese del Monferrato 1536) suc-
    cede . . . . 29 mar. 1519, duca 8 apr. 1530 - † 28 giu. 1540
Francesco II, f, sotto tutela del card. Ercole suo
    zio . . . . 28 giu. 1540 - † 22 febb. 1550
Guglielmo, fr. (duca del Monferrato 1574) 22 febb. 1550 - † 14 ag. 1587
Vincenzo I, f., duca . . . . 14 ag. 1587 - † 18 febb. 1612
Francesco III, f, „ . . . . 18 febb. - † 22 ag. 1612
Ferdinando, fr.   „ . . . . 22 ag. 1612 - † 29 ott. 1626
Vincenzo II, fr.   „ . . . . 29 ott. 1626 - † 26 dic. 1627
Carlo I di **Gonzaga-Nevers**, nipote di Guglielmo pre-
    detto . . . . 26 dic. 1627 - † 20 sett. 1637
Carlo II   „   „   nip., regg. la madre Ma-
    ria Gonzaga fino al 1647, succ. . . . 20 sett. 1637 - † 14 ag. 1665
Ferdinando Carlo, f., dapprima sotto reggenza (C.ᵉ di
    Guastalla 1678) succ. . . . . 14 ag. 1665 - † 5 lugl. 1708
Mantova è unita all'Austria . . . . lugl. 1708 - lugl. 1797
Repubblica Cisalpina, poi Italiana (dal 28 gennaio
    1802) . . . . 9 lugl. 1797 - 18 mar. 1805
Unione al regno Napoleonico. — Mantova capoluogo
    del dipart. del Mincio . . . . mar. 1805 - apr. 1814
All'Austria di nuovo . . . . 30 magg. 1814 - 22 ott. 1866
Unione al regno d'Italia, con plebiscito 21-22 ott. e
    con decreto . . . . 4 nov. 1866

10. Massa e Carrara (1).

Massa, in potere dei Vescovi di Luni, sec. X-XII, fu
    poscia signoreggiata dai **Malaspina**, poi da Castruc-
    cio **Castracani**, sig. di Lucca 1316-28, dai Pisani, dai
    Fiorentini ecc. e ritornò nel sec. XV ai **Malaspina**
    che seguono:
Antonio-Alberico **Malaspina**, f. di Spinetta (march. di
    Fosdinovo 1404) toglie Massa alla repubbl. di Lucca
    e se ne fa signore . . . . 1434 - † 1445
Giacomo, f., succ. 1445, march. di Massa e Carrara 1473 - † d. 29 mar. 1481
Antonio-Alberico II, f.   „   „   „ v. apr. 1481 - † 13 apr. 1519

---

(1) Sforza, Cronache di Massa di Lunigiana, Lucca, 1882. — Staffetti, Giulio Cybo-Malaspina march. di Massa, in Atti e mem. della R. dep. di Storia Patria di Modena, IV serie, 1892. — Musettini, Ricciarda Malaspina e Giulio Cybo. Ivi, I serie, vol. II. — Stokvis, op. cit., vol. III.

Ricciarda, f.ᵃ, sposa Scipione Fieschi († 1520) poi (1530)
    Lorenzo Cybo († 14 mar. 1549) marc. 13 apr. 1519 - dep. 20 sett. 1546
Giulio **Cybo-Malaspina**, f.ᵃ, marc. di Massa, sig. di Car-
    rara . . . . . . 20 sett. 1546 - dep. 20 mar. 1547 († 18 magg. 1548)
Card. Innocenzo Cybo, zio . . . . 20 mar. - 27 giu. 1547
Ricciarda, di nuovo march. . . . . . . 27 giu. 1547 - † 15 giu. 1553
Alberico I, f., march. di Massa 15 giu. 1553, principe
    1568, duca . . . . 1605 - † fine febbr. 1623
Alderano, f., march. di Carrara . . . . . ott. 1568 - † fine dic. 1606
Carlo I, f. (duca d'Ajello) march. di Carrara 1606, duca
    di Massa . . . . fine febb. 1623 - † 25 febb. 1662
Alberico II, f., duca di Massa, poi (1664) princ. di Car-
    rara, succ. . . . . 25 febb. 1662 - † 2 febb. 1690
Carlo II, f., princ. di Carrara poi di Massa, succ. 2 feb. 1690 - † 6 dic. 1710
Alberico III, f. . . . . 6 dic. 1710 - † 20 mar 1715
Alderano, fr. . . . . 21 dic. 1715 - † 18 ag. 1731
Maria-Teresa, f.ᵃ, reggente Ricciarda Gonzaga-Cybo sua
    madre fino al 23 giu. 1744; sposa (16 apr. 1741) Er-
    cole III duca di Modena, succ. . . . . 18 ag. 1731 - † 26 dic. 1790
Maria Beatrice **Cybo d'Austria d'Este**, f., moglie di
    Ferdinando arc. d'Austria . . . . 26 dic. 1790 - dep. 30 giu. 1796
Occupazione francese. . . . . 30 giu. 1796
Massa e Carrara vengono unite alla Repubblica Cisal-
    pina, poi Italiana. . . . . 9 lugl. 1797 - mar. 1805
Unione al Regno d'Italia (dipart. del Crostolo) mar. 1805 - 1° magg. 1806
Unione al principato di Lucca e Piombino, governato
    da Elisa **Bonaparte-Bacciocchi** . . 1° magg. 1806 - 31 magg. 1814
Maria Beatrice pred., di nuovo duchessa 31 magg. 1814 - † 14 nov. 1829
Francesco IV, **d'Austria d'Este** (duca di Modena 1814)
    duca. . . . . 14 nov. 1829 V. Modena
Massa e Carrara si sottraggono al governo degli **Estensi**
    e proclam. dittatore il re di Sardegna . . . . . . 27 apr. 1859
Annessione definitiva al regno di Sardegna . . . . 18 magg. 1860

11. Milano (1).

Leone, conte, vic. imp., prime notizie 840
Alberico   „   „   „   „   „ . . . . genn. 865

---

(1) GIULINI, Memorie, ecc. della città di Milano, ivi, 1885, voll. 7. — CORIO, Storia di Milano, ivi, 1855-57. — C. ROSMINI, Storia di Milano, ivi, 1821, voll. 4. — GAMS, " Series Episcoporum „ Ratisbonae, 1873. — CUSANI, Storia di Milano dall'origine ai nostri giorni, Milano, 1879-81, voll. 8. — FORMENTINI, Il ducato di Milano, ivi, 1877. — GARGANTINI, Cronologia di Milano, ivi, 1874. — D. MUONI, Governatori, Luogotenenti e Capitani generali dello Stato di Milano dall'anno 1499 al 1848, Milano, 1859. — Archivio storico lombardo, Milano, 1874-1905. — STOKVIS, op. cit., vol. III.

Guglielmo, C.ᵉ di Monforte, vic. imp. . . . . lugl. 1327 - febb. 1329

Azzo Visconti, f. di Galeazzo I, vic. imp. 15 genn. 1329,
vic. papale, poi sign. di Milano . . . . apr. 1330 - † 16 ag. 1339

Luchino, f. di Matteo I, (sign. di Pavia 1315, vic. pontif. 1342) . . . . magg. 1339 - † 24 genn. 1349

Giovanni, fr., arciv. (sign. di Novara 1332, di Bologna
1350, di Genova 1353) sign. . . . . . fine apr. 1349 - † 5 ott. 1354

Matteo II Visconti, nip. (sign. di Bobbio, Bologna,
Lodi, Monza, Parma, Piacenza, Vigevano) (1) succede coi fr. . . . . 5 ott. 1354 - † 26 sett. 1355

Galeazzo II, fr., (sign. di Alba, Alessandria, Asti, Como,
Novara, Pavia, Tortona, Vercelli, vicario imp.
1355) assoc. . . . . 5 ott. 1354 - † 4 ag. 1378

Bernabò, fr. (signore di Bergamo, Brescia, Crema,
Cremona, Guastalla, vicario imperiale 1355)
assoc. . . . . 5 ott. 1354 - dep. 6 magg. 1385 († 19 dic. 1385)

Gian Galeazzo, *Conte di Virtù*, f. di Galeazzo II, gli
succ. 4 ag. 1378, vic. imp. 1380, sign. di tutto il dominio 6 magg. 1385, creato duca . . 1° magg. 1395 - † 3 sett. 1402

Giovanni Maria, f., duca, regg.: la madre Caterina
Visconti, l'arc. Pietro di Candia, Antonio da Urbino,
Giac. Dal Verme e Francesco Barbavara fino al
14 ott. 1404 (2) succ. . . . . . . 3 sett. 1402 - † 16 magg. 1412

Estore, f. nat. di Bernabò e Gianpiccinino, nip. dello
stesso Bernabò, accl. sign. di Milano 16 magg. - dep. 12 giu. 1412 (3)

Filippo Maria, fr. di Giovanni Maria Visconti, duca
di Milano . . . . 12 giu. 1412 - † 13 ag. 1447

Repubblica Ambrosiana, procl. per iniziativa di Trivulzio, Cotta, Bossi, Lampugnani . . . 14 ag. 1447 - 24 febb. 1450

Governo provvisorio 14-18 ag. 1447. — Gov. dei 24 Capitani e Difensori della libertà . . . . 18 ag. 1447 - 1° mar. 1448

Governo dei 12 Capitani e Difensori . . . . . 1° mar. - 1° ott. 1448

Governo dei 24 Capitani e Difensori . . . 1° ott. 1448 - 24 febb. 1450

Carlo Gonzaga, capitano generale del popolo 14 nov. 1448 - 1° sett. 1449

Biagio Assereto podestà; Ambrogio da Trivulzio e
G. Annone, luogoten. di C. Gonzaga . 8 sett. 1449 - 26 febb. 1450

---

(1) Milano e Genova furono dominate in comune dai tre fratelli. Morto
Matteo II, Bobbio, Monza, Vigevano e Piacenza toccarono a Galeazzo II; Lodi,
Parma e Bologna a Bernabò.

(2) Giovanni Maria ebbe, oltre Milano, le città di Como, Bergamo, Brescia,
Lodi, Cremona, Piacenza, Parma, Reggio, Bologna, Siena, Perugia, Assisi; Filippo Maria, suo fr., ebbe: Pavia, Tortona, Alessandria, Novara, Vercelli, Casale, Valenza, Verona, Vicenza, Feltre, Cividale, Bassano; Gabriele Maria, altro
fr., ebbe Pisa e Crema.

(3) Estore morì nel 1413 a Monza e Gianpiccinino nel 1418 a Parigi.

Francesco I **Sforza** (1), genero di Filippo Maria Visconti,
    entra in Milano (26 febb.) ed è acclamato duca dal
    popolo (2) . . . . 25 mar. 1450 - † 8 mar. 1466
Bianca Maria **Visconti-Sforza**, ved. di Franc. I, go-
    verna in assenza del figlio . . . . 8-20 mar. 1466
Galeazzo Maria **Sforza**, f., assoc. alla madre Bianca
    Maria fino al genn. 1468, succ. . . . 20 mar. 1466 - † 26 dic. 1476
Gian Galeazzo Maria, f., regg. la madre Bona di Sa-
    voja e Cicco Simonetta fino al 7 ott. 1480, poi lo
    zio Lodovico *il Moro* . . . . 26 dic. 1476 - † 22 ott. 1494
Lodovico Maria **Sforza** *il Moro*, zio (duca di Bari
    1479) (3) . . . . 22 ott. 1494 - dep. 2 sett. 1499
Luigi XII re di Francia. — Gian Giacomo Trivulzio
    suo cap., occupa Milano (6 sett.), nom. luogoten.
    (3 nov.) vicerè (7 nov.) . . . . 6 sett. 1499 - 5 febb. 1500
Lodovico Maria **Sforza** *di nuovo* e per lui il fr. Card.
    Ascanio . . . . 3 febb. - dep. 10 apr. 1500 († v. 1510) (4)
Luigi XII, *di nuovo* (15 apr.); Rohan, Card. d'Amboise
    suo luogoten. e gov. (17 apr.), il sign. di Benin,
    luogoten. (1500-1507); il card. d'Amboise pred., luo-
    goten. poi govern. (1507-1511); Gastone di Fois, duca
    di Nemours, govern. (1512) . . . . . 17 apr. 1500 - 16 giu. 1512
Massimiliano **Sforza**, f. di Lodovico-Maria, duca.
    — Ottaviano Sforza, suo cugino, luogotenente
            16 giu. 1512 - dep. 8 ott. 1515 († 25 magg. 1530)
Francesco I, re di Francia. — Il duca di Borbone suo
    luogot. e gov. (3 dic. 1515-17); Odetto di Foix, sign.
    di Lautrec, govern. (1517-21) . . . . . 11 ott. 1515 - 19 nov. 1521
Francesco II **Sforza**, fr. di Massimiliano, duca. —
    Girol. Morone, gov. . . . . 19 nov. 1521 - 3 ott. 1524

---

(1) Marchese e vic. pont. nella Marca d'Ancona 1434-47, sign. di Cremona
1442, di Piacenza 1447, C.ᵉ di Pavia 1447, ecc.

(2) L'atto di dedizione della città a Francesco Sforza è in data 3 marzo
1450. Conservasi nell'Archivio di Stato di Milano.

(3) Il ducato di Bari, con Palo e Modugno, erano stati donati, il 9 sett. 1464,
dal re di Napoli a Sforza Maria Sforza († 29 lugl. 1479), f. di Francesco I.
    Lodovico il Moro, fr., ne fu investito il . . 14 ag. 1479 - rin. 27 apr. 1497
    Francesco, f.   »   » . . . 20 giu. 1497 - 9 apr. 1500
    Isabella d'Aragona, ved. di Gian Galeazzo Sforza, nov. 1500 - † 11 febb. 1524
    Bona Sforza, f. di Gian Galeazzo, (reg. di Polonia), febb. 1524 - † 19 nov. 1557
Nel 1557 lo stato di Bari tornò in possesso dei re di Napoli.
    V. L. Pepe, Storia della successione degli Sforzeschi negli Stati di Puglia e
Calabria, Bari, 1900.

(4) Secondo il Prato, Storia di Milano, Firenze, 1842, Lodovico il Moro sarebbe morto il 17 maggio 1508.

Francesco I, re di Francia, *di nuovo* . . 23 ott. 1524 - 24 febb. 1525

Francesco II Sforza, pred. — Girol. Morone gov. fino
al 15 ott. (march. di Pescara, luogot. per Carlo V
imp.) . . . . 26 febb. - 12 nov. 1525

Carlo V, re di Spagna. — March. Pescara († 3 dic. 1525),
poi Antonio de Leyva e March. D'Avalos gover-
natori . . . . 7 nov. 1525-29 nov. 1529

Francesco II Sforza pred., invest. da Carlo V. — (Aless.
Bentivoglio govern.) . . . . 29 nov. 1529 - † 1° nov. 1535

Carlo V d'Austria (re di Spagna e Sicilia 1516, di Germ.
ed Austria 1519, imp. 1520) occupa Milano 2 nov. 1535 - 11 ott. 1540

Don Antonio de Leyva, principe d'Ascoli, governatore . . . . 27 nov. 1535 † 15 sett. 1536

Card. Marino Caracciolo, govern. . . . . 15 sett. 1536 - febb. 1538

Alfonso d'Avalos, march. del Vasto, govern. febb. 1538 - 31 mar. 1546

Filippo II d'Austria, f. di Carlo V (re di Spagna e Sicilia 1556) duca di Milano . . . . . 11 ott. 1540 - † 13 sett. 1598

D. Alvaro de Luna, castellano di Milano, govern. interin., el. . . . . apr. - † 1° ott. 1546

D. Ferrante Gonzaga, (princ. di Molfetta, C.° di Guastalla 1539, vicerè di Sicilia 1535) gov. e luogot. ott. 1546 - mar. 1555

D. Ferdinando-Alvarez De Toledo, duca d'Alba, gov.
e luogot. (el. apr.) . . . . 12 giu. 1555 - 1556

Card. Cristoforo Madrucci (vesc. e princ. di Trento),
gov. e luogot. . . . . 1556 - ag. 1557

D. Giovanni de Figueroa, govern. interin. . . 7 ag. 1557 - lugl. 1558

D. Consalvo-Fernando di Cordova, duca di Sessa,
(el. mar.) . . . . 20 lugl. 1558 - 1560

D. Francesco Ferdinando d'Avalos, march. di Pescara,
gov. int. . . . . febb. 1560 - mar. 1563

D. Consalvo-Fern. di Cordova, di nuovo govern. mar. 1563 - apr. 1564

D. Gabriele della Cueva, duca d'Albuquerque governatore . . . . 16 apr. 1564-20 (?) ag. 1571

D. Alfonso Pimentel, governa coi Consiglieri del Consiglio segreto . . . . 21 ag. - metà sett. 1571

D. Alvaro de Sande, march. di Piovera, castellano di
Milano, gov. interin. . . . . metà sett. 1571 - apr. 1571

D. Luigi De Zuniga y Requesens, gov. . . 7 apr. 1572 - 8 (?) ott. 1573

D. Antonio de Guzman y Zuniga, marc. d'Ayamonte
gov. . . . . 17 sett. 1573 - 20 apr. 1580

D. Sancho de Guevara e Padillia, castellano e gov.
interin.. . . . . lugl. 1580 - 21 mar. 1583

D. Carlo d'Aragona, duca di Terranova, gov. (el. 13
nov. 1582) . . . . 21 mar. 1583 - 18 nov. 1592

D. Ivan-Fernández de Velasco, contest. di Castiglia e
Leon, gov. . . . . 4 dic. 1592 - mar. 1595

D. Pedro de Padillia, castell., govern. interin. . 11 mar. - nov. 1595

D. Ivan-Fernández de Velasco pred., gov.   nov. (?) 1595 - sett. (?) 1600

Filippo III **d'Austria**, f. di Filippo II, (re di Spagna
1598) duca di Milano . . . . 13 sett. 1598 - † 31 mar. 1621

D. Pedro Henriquez de Açevedo, C.ᵉ di Fuentes, gov.
(el. 19 sett.) . . . . 16 ott. 1600 - † 22 lugl. 1610

D. Diego de Portugal, C.ᵉ de Jelues, gov. interin. e capit.
generale . . . . 28 lugl. - 9 dic. 1610

D. Ivan-Fernández de Velasco, di nuovo gov. (el. 26
sett.) . . . . 9 dic. 1610 - rin. 1612

D. Giovanni Hurtado de Mendoza, march. della Hy-
nojosa, gov. (el. 4 magg.) . . . . . . 30 lugl. 1612 - dic. 1615

D. Sancho de Luna e Rosas, gov. interin. . . 14 ag. 1614 - nov. 1614

D. Pedro Alvarez de Toledo Osorio, march. di Villafranca, gov.   . . . . dic. 1615 - ag. 1618

D. Gomez-Suarez de Figueróa e Cordova, duca di Feria, gov. . . . . 22 ag. 1618 - 20 apr. 1625

Filippo IV **d'Austria**, f. di Filippo III, (re di Spagna e
Sicilia 1621) duca di Milano . . . . 31 mar. 1621 - † 17 sett. 1665

I Consiglieri regi ducali del Consiglio segreto, governano . . . . 20 apr. 1625 - giu. 1626

D. Gonzalo Fernández di Cordova, princ. di Maratra,
gov. el. . . . . 31 mar. 1626 - ag. 1629

D. Ambrogio Spinola-Doria, march. de los Balbases,
gov. (el. 16 lugl.) . . . . 29 ag. 1629 - † 25 ott. 1630

D. Alvaro de Bazán, marc. di Santa Croce, gov. 3 dic. 1630 - mar. 1631

D. Gomez-Suarez de Figueróa, duca di Feria, di nuovo
gov. . . . . 30 mar. 1631 - magg. 1633

D. Fernando, card., Infante di Spagna, gov. (el. 12
dic. 1632) . . . . 24 magg. 1633 - lugl. 1634

D. Gil de Albornoz, card. di S. Maria in Via, gov. 14 lugl. 1634 - ott. 1635

D. Diego Felipe de Guzmán, marchese di Leganes,
gov. . . . . 17 nov. 1635 - apr. 1636

D. Ferdinando Affan di Ribera, duca d'Alcalà, gov. apr. - 2 giu. 1636

D. Diego Felipe de Guzmán, *di nuovo* gov. . . 12 giu. 1636 - 1641

D. Giovanni Velasco Della Cueva, C.ᵉ di Sirvela, gov.
(el. 19 dic. 1640) . . . . 12 febb. 1641 - ag. 1643

D. Antonio-Sancho Dávila-Toledo-Colonna, march. di
Velada, gov. (el. 20 giu.) . . . . 29 giu. 1643 - 1646

D. Bernardino-Fernández de Velasco e Tovar, Con-
test. di Castiglia, gov. (el. 18 sett. 1645) 24 febb. 1646 - 15 nov. 1647

D. Iñigo-Fernández de Velasco e Tovar, C.ᵉ di Haro,
f., gov. . . . . 15 (?) nov 1647 - 15 (?) mar. 1648

D. Luigi de Benavides de Carillo e Toledo, marc. di
Fromista e Caracena, governatore (el. 20 sett.
1647) . . . . 25 giu. 1648 - mar. (?) 1656

Principe Teodoro Trivulzio, card. (vicerè di Sicilia
1647, di Sardegna 1649) govern. . . . . . . 2 apr. - 5 sett. 1656

D. Alonso-Pérez de Vivero, C.ᵉ di Fuensaldagna, governatore . . . . 5 sett. 1656 - apr. 1660

D. Giovanni di Borgia governa coi Consiglieri del
Consiglio segreto . . . . apr. - magg. 1660

D. Francesco Gaetano, duca di Sermoneta e di S. Marco,
princ. di Caserta, gov. . . . . 13 mag. 1660 - 1º mag. 1662

D. Luigi de Guzmán Ponce de Leon, gov. . 5 giu. 1662 - 29 mar. 1668

Carlo II d'Austria, f. di Filippo IV (re di Spagna e
Sicilia 1665) duca di Milano . . . . 17 sett. 1665 - † 1º nov. 1700

D. Paolo Spinola-Doria, march. de los Balbases, governatore . . . . 14 apr. - 10 sett. 1668

D. Francesco de Orozio, march. di Olias, Mortara e
S. Reale, gov. . . . . 10 sett. - 24 dic. 1668

D. Paolo Spinola-Doria, di nuovo gov. . . . mar. 1669 - mag. 1670

D. Gaspare-Tellez Girón Gomez de Sandoval, duca
d'Ossuna, gov. . . . . 21 mag. 1670 - giu. 1674

D. Claudio-Lamoraldo, principe di Ligne d' Amblice
(vicerè di Sicilia 1670-74) govern. . . . . 7 lugl. 1674 - nov. 1678

D. Giovanni Tommaso Henriquez de Cabrera e To-
ledo, C.ᵉ di Melgar, gov. . . . . 6 nov. 1678 - apr. 1686

D. Antonio López de Ayala Velasco e Cárdenas, C.ᵉ di
Fuensalida, gov. . . . . 8 apr. 1686 - mag. 1691

D. Diego Filippo di Guzmán, duca di Lucar, marc.
di Leganés, gov. (el. 1º apr.), ... 26 mag. 1691 - mag. 1698

D. Carlo Enrico di Lorena, princ. di Vaudemont,
gov. . . . . 17 mag. 1698 - 7 sett. 1706

Filippo V di Borbone (re di Spagna e Sicilia 1700),
duca di Milano . . . . 10 genn. 1701 - 24 sett. 1706

Giuseppe I d'Austria, (imp. di Germ. 1705). Il princ.
Eugenio di Savoia entra in Milano con gli Austro-
Savoiardi . . . . 24 sett. 170 - 12 genn. 1707

Carlo VI d'Austria, fr. di Giuseppe I (re di Napoli 1707,
imp. di Germania 1711) duca di Milano 12 gen 1707 - 11 dic. 1733

Eugenio di Savoia pred., (gov. de' Paesi Bassi 1716)
gov. . . . . 1707 - genn. 1717

Milano è confermata alla casa d'Austria (pace d'U-
trecht) . . . . 11 apr. 1713

Massimiliano Carlo, princ. di Löwenstein e Werteim,
C.ᵉ di Rochefort, gov. . . . . 2 genn. 1717 - 26 dic. 1718

C.ᵉ Girolamo di Colloredo, gov. . . . . . 18 genn. 1719 - dic. 1725

C.ᵉ Wirico Filippo Lorenzo di Daun (vicerè di Napoli
1707) gov. . . . . 24 dic. 1725 - 21 ott. 1733

I Gallo-Sardi occupano Milano (3 nov.). Entrata in Mil.
di Carlo Emanuele III. re di Sardegna . . 11 dic. 1733 - ag. 1736

R. Giunta provvisoria di governo, nom. da Carlo E-
manuele III . . . . 25 genn. 1734 - 15 dic. 1736

Carlo VI d'Austria di nuovo . . . . . . 7 sett. 1736 - † 20 ott. 1740

Otto Ferdinando, C.ᵉ di Traun, gov. . . . . 15 dic. 1736 - 17 mar. 1742

Maria Teresa **d'Austria**, f. di Carlo VI, (arcid. d'Au-
    stria) duch. di Milano . . . . 20 ott. 1740 - 16 dic. 1745

R. Giunta interinale di governo . . . . 18 mar. 1742 - 12 sett. 1743

Giorgio Cristiano, princ. di Lobkowitz, gov. . . . . 12-15 sett. 1743

R. Giunta interinale di governo . . . . . 15 sett. 1743 - 16 giu. 1745

C.ᵉ Gian Luca Pallavicini, ministro-plenip. e comand.
    gener. . . . . 16 giu. - 22 sett. 1745

R. Giunta interinale di governo . . . . 22 sett. - 16 dic. 1745

Filippo **di Borbone**, Infante di Spagna occupa Mi-
    lano . . . . 16 dic. 1745 - 19 mar. 1746

R. Giunta interin. di gov. . . . . 16 dic. 1745 - genn. 1746

D. Giov. Gregorio Muniain e D. Gius. de Fosdeviela
    march. della Torre, gov. . . . . genn. - 20 mar. 1746

Ritornano gli Austriaci a nome di Maria Teresa
    pred. . . . . 20 mar. 1746 - 29 nov. 1780

La Giunta interin. ritorna al gov. . . . . . 20 mar. - 25 ag. 1746

C.ᵉ Gian Luca Pallavicini min. plen. austriaco, *di nuovo*
    gov. . . . . 25 ag. 1746 - 16 sett. 1747

R. Giunta di governo . . . . 16-19 sett. 1747

Ferdinando Bonaventura C.ᵉ d'Harrach. gov. 19 sett. 1747 - 18 sett. 1750

R. Giunta di governo . . . . 19-26 sett. 1750

C.ᵉ Gian Luca Pallavicini, pred., gov. . . 26 sett. 1750 - 23 sett. 1753

R. Giunta di Governo . . . . 23 sett. 1753 - 14 genn. 1754

Pietro Leopoldo, arcid. d'Austria, gov., e per esso Fran-
    cesco III d'Este (duca di Modena 1737) con titolo
    di amministratore (el. 1° nov. 1753) . . . 14 genn. 1754 - ott. 1771

C.ᵉ Beltrame Cristiani, ministro plenip. . . nov. 1754 - † 3 lugl. 1758

Carlo C.ᵉ di Firmian, ministro plenip. . 29 lugl. 1758 - † 20 giu. 1782

Giuseppe II **d'Austria**, f. di Maria Teresa, dich. co-
    reggente della madre . . . . 23 sett. 1765 - 29 nov. 1780

Ferdinando, arcid. d'Austria, fr., gov. . . 15 ott. 1771 - 9 magg. 1796

Giuseppe II **d'Austria**, pred., solo . . . 29 nov. 1780 - † 20 febb. 1790

Giuseppe C.ᵉ di Wilczek, commiss. imp. e ministro
    plenip. . . . . 29 lugl. 1782 - 9 mag. 1796

Leopoldo II **d'Austria**, fr. di Giuseppe II (imp. di
    Germania 1790) . . . . 20 febb. 1790 - † 1° mar. 1792

Francesco II di **Lorena**, f. (imperatore di Germania
    1792) . . . . 1° mar. 1792 - dep. 9 magg. 1796

Giunta interinale di governo. nominata da France-
    sco II . . . . 9 magg. - 19 magg. 1796

Bonaparte coi Francesi entra in Milano. — Repubbl.
    francese . . . . 15 magg. - 15 nov. 1796

Formazione della Repubblica Transpadana . 15 nov. 1796 - lugl. 1797

Inauguraz. della Repubblica Cisalpina ed istituz. del
    Direttorio esecutivo . . . . 9 lugl. 1797 - 24 mag. 1799

Gli Austro-Russi entrano in Milano condotti dal ma-

resc. Melas (28 apr.). — Amministr. provvisoria di
21 cittadini (30 apr.-9 giu. 1799) . . . . 28 apr. 1799 - 2 giu. 1800
I Francesi rientrano in Milano comand. da Napoleone
Bonaparte . . . . 2 giu. 1800
È ripristinata la Repubblica Cisalpina (trattato di
Luneville 9 febb. 1801) . . . . 4 giu. 1800 - 26 genn. 1802
Costituzione della Repubblica Italiana, Napoleone Bo-
naparte presid., Franc. Melzi vice-pres. 26 genn. 1802 - 19 mar. 1805
Napoleone I **Bonaparte**, imperatore dei Francesi, re
d'Italia. . . . . 19 mar., cor. 26 magg. 1805 - rin. 11 apr. 1814
Princ. Eugenio di Beauharnais, vicerè d'Italia 7 giu. 1805 - 20 apr. 1814
Reggenza di Governo nom. dal consiglio comunale
nelle persone del C.ᵉ C. Verri, C.ᵉ G. Borromeo, C.ᵉ
A. Litta, C.ᵉ G. Giulini, G. Bazzetta, C.ᵉ G. Mellerio,
C.ᵉ gen. D. Pino . . . . 21 apr. 1814 - 7 apr. 1815
Gli Austriaci entrano in Milano a nome di France-
sco I **d'Austria** . . . . 28 apr. 1814 - 2 mar. 1835
Il C.ᵉ di Bellegarde, commiss. plenip. austriaco, pre-
sid. della Reggenza di gov. . . . . . 25 magg. 1814 - 7 apr. 1815
È costitutito il regno Lombardo-Veneto sotto l'Austria   7 apr. 1815
C.ᵉ Francesco di Saurau, govern. . . . . 21 apr. 1815 - 24 febb. 1818
L'Arciduca Ranieri, el. vicerè del regno Lombardo-
Veneto . . . . 3 genn. 1818 - rin. mar. 1848
C.ᵉ Giulio di Strassoldo, presid. di governo 24 febb. 1818 - † 3 mag. 1830
C.ᵉ Francesco Hartig, govern. . . . . . . 10 magg 1830 - dic. 1840
Ferdinando I **d'Austria**, succ. al padre Francesco I . . 2 mar. 1835
coronato re del regno Lombardo-
Veneto . . . . 1º sett. 1838 - abd. 2 dic. 1848
C.ᵉ Algravio Roberto di Salm-Reifferscheid, vice pre-
sid. di gov. . . . . dic. 1840 - mag. 1841
C.ᵉ di Spaur, govern. . . . . magg. 1841 - mar. 1848
C.ᵉ Enrico O'Donell, vice presid. di gov. . . . . . . mar. 1848
Gli Austriaci si ritirano da Milano. — Governo prov-
visorio di Lombardia, Gabrio Casati presid. 22 mar. - 31 lug. 1848
Il Governo provvisorio si muta in *Consulta Lombarda* 2-6 ag. 1848
Gli Austriaci ritornano in Milano. — Felice princ. di
Schwarzenberg, gov. milit. . . . . 6 ag. - 1º sett. 1848
C.ᵉ Francesco di Wimpfen, govern. milit. . . . . 1-24 sett. 1848
C.ᵉ Alberto Montecuccoli-Laderchi, ministro plenip. 25 sett. 1848 - 1849
Francesco Giuseppe I **d'Austria**, nip. di Ferdinando I,
re del Lombardo-Veneto . . . . 2 dic. 1848 - 4 giu. 1859
Maresc. C.ᵉ Giuseppe Radetzky, govern. gen. civ. e
milit. . . . . 25 ott. 1849 - 28 mar. 1857 († 5 genn. 1858)
Arcid. Ferdinando Massimiliano **d'Austria**, govern.
gener. (1) . . . . 6 sett. 1857 - 4 apr. 1859

_____

(¹) Imperatore del Messico 1864-67.

C.^e Francesco Gyulai, govern. gener. . . . . . . 4 apr. - 5 giu. 1859

È proclamata l'annessione della Lombardia al Piemonte . . . . 5 giu. 1859

Paolo Onorato Vigliani, luogoten. gen. del re di Sardegna in Lombardia . . . . 8 giu. - 30 nov. 1859

Atto di cessione della Lombardia al re di Sardegna (Convenzione di Villafranca) . . . . 12 lugl. 1859 (1)

12. Mirandola e Concordia. (2)

Francesco I **Pico**, f. di Bartol.º vic. imp. di Modena e Mirandola . . . . 1311 - dep. 27 nov. 1321 († s. a.)

Rinaldo, detto Passerino, **Bonacolsi** (sign. di Mantova 1308, di Modena 1312) sign. . . . . . 27 nov. 1321 - † 26 ag. 1328

Luigi I **Gonzaga**, (sign. di Mantova 1328) . 1328 - 23 dic. 1354 († 1360)

Francesco II **Pico**, pronip. di Francesco I . . 23 dic. 1354 - † v. 1399

Francesco III e Giovanni, figli, e Ajace loro cugino († 1429), C.ⁱ di Concordia 1432, sigg. . . . . v. 1399 - 15 nov. 1451

Francesco III pred. († 1458) e Gian Francesco I, f. di Giovanni, sigg. . . . . 15 nov. 1451 - sett. 1457

Gian Francesco I, solo sign. . . . . sett. 1457 - † 11 febb. 1467

Galeotto I, f. . . . . 12 febb. 1467 - † 9 apr. 1499

Gian Francesco II, f. . . . . 16 mag. 1499 - spod. 6 ag. 1502

Lodovico I, fr. . . . . 6 ag. 1502 - † 15 dic. 1509

Galeotto II, f., regg. Francesca Trivulzio sua madre e il C.^e Roberto Boschetti, . 20 dic. 1509 - dep. 20 genn. 1511

Gian Francesco II, *di nuovo* sign. . . . . . 20 genn. - magg. 1511

Galeotto II e la madre Francesca (3), *di nuovo* . magg. 1511 - 1513

Gian Francesco II, *di nuovo* C.^e della Mirandola 1514 - † 15 ott. 1533

Galeotto II, *di nuovo*, C^e di Concordia 1514, di Mirandola. . . . . 15 ott. 1533 - † 20 nov. 1550

Lodovico II, f., signore . . . . 14 dic. 1550 - † 18 dic. 1568

Galeotto III, f., sotto tutela della madre Fulvia da Correggio († 7 ott. 1590), suc. 18 nov. 1568, assoc. ag. 1592 - † 18 nov. 1597

Federico, fr., principe di Mirandola e march. di Concordia dal 1596, assoc. al fr. ag. 1592, solo 16 ag. 1597 - † 7 sett. 1602

---

(1) E trattato di Zurigo 10 nov. 1859.

(2) G. VERONESI, Quadro storico della Mirandola e della Concordia, Modena, 1847. — POMPEO LITTA, Famiglie celebri italiane, Pico, Bonacolsi, Gonzaga. — F. CERETTI, Memorie stor. sui Pico; in Atti della Dep. di stor. patr. di Modena, ser. II e III.

— F. CERETTI, Dei podestà, dei luogotenenti, degli auditori e governatori dell'antico ducato della Mirandola, ivi, 1898. — Memorie stor. della città e dell'antico ducato di Mirandola, ivi, 1874-82, voll. 5.

(3) Francesca Trivulzio fu reggente pel figlio Galeotto II fino al 1518 e morì nel sett. 1560.

Alessandro I, fr., succ. . . . 7 sett. 1602, nom. duca 1617 - † 2 sett. 1637
Alessandro II, nip. . . . . sett. 1637 - † 2 febb. 1691
Francesco-Maria , nipote , succede sotto reggenza
                  2 febb. 1691 - dep. lugl. 1708 († 1747)
Occupazione imperiale . . . . lugl. 1708 - magg. 1710
L'Imp. Giuseppe I vende Mirandola e Concordia agli
   Estensi di Modena . . . . magg. 1710. V. Modena

13. Modena e Reggio (1).

Attone o Azzo Adalberto di **Canossa**, nom. Conte o
   Govern. di Modena e Reggio . . . . 962 - † d. 981
Tedaldo, f., C.ᵉ poi march. di Modena e Reggio (sign.
   di Ferrara 984) succ. . . . . v. 982 - 1012
Bonifacio, f., C.ᵉ di Modena e Reggio (sign. di Ferrara
   e Mantova, march. di Toscana, ecc.), succ. . 1012 - † 7 mag. 1052
Beatrice di Lorena, ved. di Bonifacio, poi Matilde sua
   figlia (march. di Toscana, ecc.) . . . 7 magg. 1052 - 24 lugl. 1115
Comune, retto da Consoli (1135) e da Podestà (1156) . v. 1115 - 1289
Obizzo II d'**Este**, f. di Rinaldo, (sign. di Ferrara 1264)
   sign. di Modena 15 dic. 1288, di Reggio genn. 1290 - † 21 febb. 1293
Azzo VIII, f., signore di Ferrara, Modena e Reggio, suc-
   cede . . . . . 21 febb. 1293 - dep. 26 genn. 1306 († 31 génn. 1308)
Comune indip. retto da un Podestà e da un Capi-
   tano . . . . 26 genn. 1306 - 6 genn. 1311
Modena dip. dall'Imp. — Guidalosto dei Vercellesi, vic.
   imp. . . . . 13 genn. - 1º ag. 1311
Francesco **Pico** della Mirandola, vic. imp. . 1º ag. 1311 - 8 lugl. 1312
Rinaldo, detto *Passerino*, **Bonacolsi** di Mantova, sign.
   di Modena . . . . 24 lugl. 1312 - dep. 18 genn. 1318
Francesco **Pico** della Mirandola, *di nuovo*, capo della
   repubbl. Modena è governata da 4 nobili e 4 giudici dipendenti dal Pico, poscia (30 genn.) da un
   Podestà . . . . 18 genn. 1318 - rin. 30 nov. 1319
Rinaldo, detto *Passerino*, **Bonacolsi**, *di nuovo* sign.
   di Modena (2) . . . . 30 nov. 1319 - dep. apr. 1327

---

(1) G. Tiraboschi, Memorie storiche Modenesi, Modena, 1795. — Gazata, Chronicon regiense, in Muratori, Rer. it. scrip. vol. XVIII. — L. A. Muratori, Antichità Estensi, Modena, 1740. — J. Bianchi, Cronaca modenese, Parma, 1861-84, voll. 12. — Monumenti di storia patria delle provincie modenesi, Parma, 1862 segg., voll. 15. — Stokvis, op. cit., vol. III.

(2) Reggio, dopo esser stata sotto il governo della Chiesa dal 1322 al 1328, fu signoreggiata dai Fogliani fino al giu. 1335 e dopo breve occupazione degli Scaligeri di Verona, passò (luglio 1335) a Guido, Filippino e Feltrino Gonzaga di Mantova che la tennero fino al 17 magg. 1371, poi fu venduta a

Modena si assoggetta al Papa; è governata da un Ret-
tore rinnov. ogni 6 mesi . . . . apr. 1327 - 27 nov. 1328
Lodovico il Bavaro, imp. — C.ᵉ Ettore da Panico (nov.
1328) poi Guido e Manfredo de' Pio di Carpi (15 dic.
1329) vic. imp. . . . . 27 nov. 1328 - 14 apr. 1331
Giovanni di Lussemburgo (re di Boemia 1311) signore,
Guido e Manfredo de' Pii pred. vic. reg. . . 14 apr. 1331 - 1333
Manfredo Pio pred., sign. . . . . 1333 - rin. 17 apr. 1336
Modena, poi Reggio nel 1409, passano sotto il governo
degli Estensi di Ferrara (V. Ferrara) . 17 apr. 1336 - 18 ag. 1510
Modena occupata da papa Giulio II, è govern. da Vin-
cenzo Gavazzo, poi da Nicolò Bonafede vesc. di
Chiusi . . . . 18 ag. 1510 - 1° febb. 1511
Vitfurst prende possesso di Modena a nome dell'Imp.
Massimiliano I . . . . 1° febb. 1511 - 17 giu. 1514
Papa Leone X compra Modena. — Govern.: Fabbiano
Lippi (13 dic. 1514), Gian Francesco Guicciardini
(29 giu. 1516), Antonio de Sanctis, poi Filippo
Nerli . . . . 17 giu. 1514 - 6 giu. 1527
Alfonso I d'Este (duca di Ferrara 1505, di Reggio 1509,
sign. di Carpi 1530) (!) ricupera Modena 6 giu. 1527 - 21 mar. 1530
Carlo V Imp. occupa Modena; Pietro Zappata di Car-
denas, gov. imp. dal 17 apr. 1530 . . 21 mar. 1530 - 21 apr. 1531
Alfonso I d'Este di nuovo . . . . 21 apr. 1531 - † 31 ott. 1534
Ercole II, f. (princ. di Carpi 1535) . . . . 31 ott. 1534 - † 3 ott. 1559
Alfonso II, f. . . . . 3 ott. 1559 - † 27 ott. 1597
Cesare d'Este, cugino di Alfonso II, (duca di Ferrara
1597-98) duca . . . . 29 ott. 1597 - † 11 dic. 1628
Alfonso III, f. . . . . 11 dic. 1628 - abd. 25 lugl. 1629 († 24 mag. 1644)
Francesco I, f. (principe di Correggio 1635) 25 lugl. 1629 - † 14 ott. 1658
Alfonso IV, f. . . . . 14 ott. 1658 - † 16 lugl. 1662
Francesco II, f., sotto tutela di Laura Martinozzi sua
madre fino al 1674, succ. . . . . . . 16 lugl. 1662 - † 6 sett. 1694
Rinaldo, f. di Francesco I . . . . . 6 sett. 1694 - dep. 30 lugl. 1702
Entrano in Modena i Gallo-Spani comand. dal gen.
Albergotti . . . . 1° ag. 1702 - 7 febb. 1707
Rinaldo d'Este (duca di Mirandola e Concordia 1710)
ristab. . . . . 7 febb. 1707 - 20 lugl. 1734

Visconti di Milano, finché nel magg. 1404 venne in potere di Ottobono Terzi,
sign. di Parma. Dopo la morte del Terzi, Reggio ritornò in possesso degli
Estensi il 29 giugno 1409.

(1) Carpi, che apparteneva alla cont. Matilde di Toscana, passò alla Chiesa
1115-1216; fu unita a Modena 1215-1319 e 1320-27; tu signoreggiata dai Pio
1319 e 1320-1525; occupata dagli Spagnuoli 1525-marzo 1527, e in questo
anno venne in possesso di Alfonso I d'Este che ne ottenne l'investitura da
Carlo V nel marzo 1530.

I Gallo-Sardi occupano Modena . . . . 20 lugl. 1734 - 23 magg. 1736

Rinaldo d'**Este**, *di nuovo* . . . . 21 magg. 1736 - † 26 ott. 1737

Francesco III, f., succ. . . . 26 ott., gov. 4 dic. 1737 - dep. 6 giu. 1742

Guerra per la success. d'Austria. — Le truppe austro-
   sarde, guidate da re Carlo Emanuele, entrano in
   Modena . . . . 6 giu. 1742 - 30 apr. 1748

Francesco III d'**Este**, ristab. 30 apr. 1748; consegna
   degli Stati . . . . 11 febb. 1749 - † 22 apr. 1780

Ercole III Rinaldo, f. . . 22 apr. 1780 - dep. 7 mag. 1796 († 14 ott. 1803)

Le truppe francesi occupano Modena, comand. dal
   gen. Sandos . . . . 6 ott. 1796

Repubblica Cispadana, poi Cisalpina . . . . ott. 1796 - 4 mag. 1799

Modena è occupata degli Austriaci (4 magg.), dai Francesi (12 giu.) dagli Austriaci *di nuovo* 20 e 25 giu. 1799 - giu. 1800

Ricostituzione della Repubbl. Cisalpina . . 9 lugl. 1800 - febb. 1802

Repubblica Italiana . . . . 19 febb. 1802 - mar. 1805

Regno d'Italia (Dipart. del Panaro). . . . 17 mar. 1805 - genn. 1814

Gioacchino Murat, re di Napoli, occupa Modena per
   l'imp. d'Austria . . . . 21 genn, - 7 febb. 1814

Francesco IV d'**Austria-Este**, f. dell'arcid. Ferdinando
   d'Austria, duca di Modena-Brisgau, proclamato
   il 7 febbraio 1814, entra in Modena 15 luglio 1814 - dep. 4 apr. 1815

Gioacchino Murat *di nuovo* . . . . 4 - 11 apr. 1815

Francesco IV pred. (duca di Massa e Carrara 14 nov.
   1829) ristab. . . . . 13 apr. 1815 - 5 febb. 1831

Insurrezione di Modena (4 febb.). Governo provvisorio . . . . 6 febb. - 9 mar. 1831

Ritorno del Duca Francesco IV a Modena 9 mar. 1831 - † 21 genn. 1846

Francesco V, f. . . . . 21 genn. 1846 - dep. 21 mar. 1848

Rivoluzione. — Governo provvisorio, capo Gius. Mal-
   musi. . . . . 21 mar. - giu. 1848

Il Gov. provv. procl. le prov. di Modena, Reggio, Guastalla ecc. unite agli Stati Sardi . . . . . . 29 magg. 1848

C.e Lodov. Sauli d'Igliano, commissario del re di Sardegna . . . . 24 giu. 1848

Francesco V rientra in Modena . . . . 10 ag. 1848 - dep. 20 ag. 1859

Istituzione di una Reggenza ducale (L. Giacobazzi, G.
   Galvani, G. Coppi, P. Grandini). . . . . . . 11-13 giu. 1859

Governo provv. a Modena (13 giu.), avv. Luigi Zini Commissario provvis. del Gov. Sardo . . . . . . 15 - 19 giu. 1859

Luigi Carlo Farini, Governatore Sardo . . . 19 giu. - 28 lugl. 1859

   „   „   „   Dittatore delle RR. prov. Modenesi e
   Parmensi . . . . 28 lugl. 1859 - 3 genn. 1860

Luigi Carlo Farini, Governatore generale delle RR.
   provincie dell'Emilia . . . . 3 genn. - 18 mar. 1860

Decreto di annessione al regno di Sardegna . . . . 18 mar. 1860

14. Monferrato (1).

Marchesi, poi Duchi dal 1574.

Aleramo, f. di Guglielmo e Ottone I suo f., march.,
   per donazione dell'imp. Ottone I . . . . . 23 mar. 967 - † v. 991
Guglielmo I, f. . . . . 991 - † v. 1031
Enrico, f. . . . . v. 1032 - † 1045
Ottone II, fr. . . . . v. 1040 - † 20 nov. 1084
Guglielmo II, f . . . . 1084 - v. 1125
Ranieri, f. . . . . v. 1100 - † 1140
Guglielmo III *il Vecchio*, f. . . . . 1140 - † 1183
Corrado e Bonifacio I, figli di Gugl. III . . . . 1183 - 24 apr. 1192
Bonifacio I pred., solo . . . . 24 apr. 1192 - † 1207
Guglielmo IV, f. . . . . 1207 - † sett. 1225
Bonifacio II *il Gigante*, f. . . . . sett. 1225 - † v. 1253
Guglielmo V *il Grande*, f., regg. Tommaso di Savoia
   dur. min., succ. . . . . 1253 - † 6 febb. 1292
Giovanni I *il Giusto*, f. . . . . . . 6 febb. 1292 - † 9 genn. (?) 1305
Violante, f.; sposa Andronico II **Paleologo** imp. di Co-
   stantinop. (1282-86); regg. Manfredo IV march. di
   Saluzzo . . . . genn. 1305 - rin. 1306
Teodoro I **Paleologo**, f. . . . . 16 sett. 1306 - † 21 apr. 1338
Giovanni II, f. (vic. imp. 1355) . . . . . 21 apr. 1338 - † 20 mar. 1372
Secondo-Ottone (Secondotto), f., tutore Ottone di Brun-
   swich suo zio; vic. imp. . . . . . 20 mar. 1372 - † 16 dic. 1378
Giovanni III, fr., tutore Ottone di Brunswich, fino al
   1379 . . . . 16 dic. 1378 - † 25 ag. 1381
Teodoro II, fr., (vic. imp. 1414) . . . . 25 ag. 1381 - † 2 dic. (?) 1418
Giangiacomo, f. . . . . 2 dic. 1418 - † 13 mar. 1445
Giovanni IV, f. . . . . 13 mar. 1445 - † 29 genn. 1464
Guglielmo VI, fr. (principe dell'Impero) 29 gen. 1464 - † 28 feb. 1483
Bonifacio III, fr. . . . . 28 febb. 1483 - rin. 1493 († 31 genn. 1494)
Guglielmo VII, f., regg. Maria di Serbia 1493-94, Co-
   stantino Comneno 1494-99 e Benvenuto Sangior-
   gio 1499-1512; succ. . . . . 1493 - † 4 ott. 1518
Bonifacio IV, f., reggente Anna d'Alençon sua ma-
   dre . . . . 4 ott. 1518 - † 17 ott. 1530
Giangiorgio, f. di Bonifacio III . . . 17 ott. 1530 - † 30 apr. 1533
Sequestro messo dall'Imperatore al territ. del Mon-
   ferrato . . . . magg. 1533 - 5 genn. 1536

---

(1) Litta, Famiglie cel. italiane, Monferrato, Paleologo. — Benvenuti San-georgii, Chronicon Montisferati, nei Monum. histor. patriae Script. vol. III. — Stokvis, op. cit., vol. III. — E. Calvi, Tavole storiche dei Comuni Italiani, Roma, 1903, pag. 55.

Margherita, sorella di Bonifacio IV, e Federico II
Gonzaga duca di Mantova suo marito († 28 giu-
gno 1540) . . . . 5 genn. 1536 - † 28 dic. 1566
Il Monferrato rimane unito al ducato di Mantova
fino al . . . . giu. 1703
Passa al ducato di Savoia e ne segue le sorti . . . . . giu. 1703
V. Savoia e Piemonte.

15. Napoli (1).

Governo dei Duchi Bizantini . . . . sec. VII - 775 c.
Duchi indipendenti . . . . v. 755 - 1137
Il ducato è annesso al regno di Sicilia . . . . . 1137 - 2 sett. 1282
Carlo I d'**Anjou**, f. di Luigi VIII re di Francia (C.ᵉ di
Provenza 1246, sen. di Roma 1263, re di Sicilia 1265)
re di Napoli . . . . 2 sett. 1282 - † 7 genn. 1285
Carlo II *lo Zoppo*, f. (C.ᵉ di Provenza 1285) re 7 gen. 1285 - † 6 mag. 1309
Roberto *il Saggio*, f. (C.ᵉ di Provenza 1309) re, suc-
cede . . . . 6 magg. 1309 - † 19 genn. 1343
Giovanna I, nip., figlia di Carlo d'**Anjou** duca di
Calabria (C.ᵃ di Provenza 1343), succede sotto tu-
tela (2) . . . . . 19 genn. 1343 - dep. 26 ag. 1381 († 12 magg. 1382)
Luigi *il Grande*, f. di Caroberto d'**Anjou**, (re d'Ungheria
1342, di Polonia 1370) usurp. dic. 1347 - dep. dic. 1349 (÷ sett. 1382)
Carlo III di **Durazzo**, *il Piccolo e della Pace*, f. di Luigi
C.ᵉ di Gravina, (re d'Ungheria 1385) cor. re 2 giugno, occupa Napoli . . . . 16 lugl. 1381 - † febb. 1386
[*Luigi I d'**Anjou**, f. di Giovanni II re di Francia, com-
petitore di Carlo III, re titolare* . . . *giu. 1382 - † 10 ott. (?) 1384*]
Luigi II, f. di Luigi I d'**Anjou**, acclam. re 14 lugl. 1386,
cor. re di Sicilia . . . . . 1° nov. 1389 - dep. febb. 1400 († 1418)
Ladislao (*Lanzilao*), f. di Carlo III di **Durazzo**, reggente la madre Margherita fino al 1400, re nomi-
nale . . . . febb. 1386, re di fatto 10 lugl. 1400 - † 6 ag. 1414
Giovanna II, sorella di Ladislao, (Pandolfello Piscopo

---

(1) SCHIPA, Il Ducato di Napoli ; nell'Archivio Storico delle Prov. Napoletane, vol. XVII. — Giornale dell'istoria del regno di Napoli dal 1266 al 1478,
Napoli, 1770. GIANNONE, Storia civile del regno di Napoli, Milano, 1827.
voll. 9. — P. COLLETTA, Storia del reame di Napoli, Milano, 1861, voll. 2. —
STOKVIS, op. cit. vol. III.

(2) Giovanna I sposò: 1°, il 26 sett. 1333, Andrea, f. di Caroberto d'Anjou,
re d'Ungheria, † 18 sett. 1345 ; 2°, nel 1348, Luigi di Taranto, † 26 maggio
1362 ; 3°, nel 1363, Giacomo d'Aragona infante di Majorica, † 1375 ; 4°, il 15.
ag. 1376, Ottone di Brunswich, † 1393. — I due ultimi non furono associati
al trono.

detto Alopo, † 1° ott. 1415, poi Giov. Caracciolo, † 18
ag. 1432, ministri) succ. 6 ag. 1414, cor. 28 ott. 1419 - † 11 febb. 1435

Giacomo di **Borbone**, C.ᵉ della Marcia, marito di Giovanna II, usurpa il trono . . 10 ott. 1415 - dep. ott. 1416 († 1438)

Luigi III d'Anjou, f. di Luigi II, re collega di Giovanna II . . . . 1424 - † v. 15 nov. 1434

I Napoletoni eleggono una Balìa di venti cittadini che
govern. insieme col Consiglio regio . . . . . . 15 febb. 1435

Renato d'Anjou *il Buono*, fr. (duca di Lorena 1431, C.ᵉ
di Provenza 1434) reggente Isabella di Lorena sua
moglie, dal 18 ott. 1435 al 19 magg. 1438; succe-
de . . . . febb. 1435 - dep. 12 giu. 1442 († 10 lug. 1480)

Alfonso I d'Aragona, *il Magnanimo*, f. di Ferdinando I,
(re d'Aragona e Sicilia 1416) . . . . 12 giu. 1442 - † 27 giu. 1458

Ferdinando I *il Bastardo*, f. nat. . . . 27 giu. 1458 - † 25 genn. 1494

Alfonso II, f. . . succ. 25 genn., cor. 8 magg. 1494 - abd. 21 genn. 1495
(† 19 nov. 1495)

Ferdinando II (*Ferrandino*), f. . . . . 23 genn. - dep. 22 febb. 1495

Carlo VIII d'Anjou (re di Francia 1483). — Gilberto di
Montpensier vicerè . . . . 22 febb. - dep. 7 lugl. 1495

Ferdinando II *di nuovo* . . . . 7 lugl. 1495 - † 7 ott. 1496

Federico, figlio di Ferdinando I *il Bastardo* succe-
de . . . 7 ott. 1496, cor. 26 giu. 1497 - dep. 2 ag. 1501 († 9 sett. 1504)

Luigi XII d'Orléans (re di Francia 1498) . 2 ag. 1501 - 14 magg. 1503
(† 1° genn. 1515)

Napoli è unita al regno di Sicilia sotto Ferdinando
il Cattolico e successori . . . . . 14 magg. 1503 - lugl. 1707 (1)

Vicerè: Consalvo di Cordova 1504-07. — Giov. d'Aragona 1507-09. — Raimondo di Cardona 1509-22. —
Carlo di Lannoy 1522-24. — Andrea Carafa 1524-26.
Ugo di Moncada 1527-28. — Filiberto di Châlons-
Orange 1529-30. — Pompeo Colonna 1530-32. — Pedro di Toledo marc. di Villafranca 1532-53. — Pedro Pacheco di Villena 1553-55. — Bern. di Mendoza 1555. — Fernando-Alvarez di Toledo duca
d'Alba 1555-58. — Perafan di Ribera, duca d'Alcala
1558-71. — Ant. Perrenot 1571-75. — Iñigo López
Hurtado di Mendoza 1575-79. — Juan de Zúñiga
1579-82. — Pedro Girón, duca d'Ossuna 1582-86. —
Juan de Zúñiga, C.ᵉ di Miranda 1586-95. — Enrique
de Guzmán 1595-99. — Fernando-Ruiz de Castro
1599-1603. — Juan-Alfonso Pimentel d'Errera 1603-
10. — Pedro-Fernando de Castro 1610-16. — Pedro
Girón, duca d'Ossuna 1616-20. — Card. Antonio Za-

(1) V. Sicilia.

pata 1620-22. — Ant.-Alvarez de Toledo, duca d'Alba 1622-29. — Fernando de Ribera, duca d'Alcala 1629-31. -- Manuel de Guzmán 1631-37. — Ramiro de Guzmán 1637-44. — Juan-Alfonso Enriquez 1644-46. — Rodrigo Ponce de Leon, duca d'Arcos, 1646-48. — Juan d'Austria 1648. — Iñigo Velez de Guevara 1648-53. — Garcia d'Avellaneda y Haro 1653-59. — Gaspare di Bracamonte 1659-64. — Card. Pasquale d'Aragona 1664-65. — Pedro-Antonio d'Aragona 1665-71. — Federico di Toledo 1671-72 (p. i.). — Antonio Alvarez 1672-75. — Ferd. Gioac. Faxardo 1675-83. — Gasparo de Haro 1683-87. — Franc. Benavides 1687-95. — Luigi de la Cerda 1695-1702. — Juan-Manuel-Fernandez Pacheco de Acuña 1702-07.

Carlo VI d'**Austria**, fr. dell'imp. Giuseppe I, (duca di Milano 1707, imper. di Germania 1711, re di Sicilia 1718) re . . . . . . sett. 1707 - dep. mar. 1734 († 20 ott. 1740)

Vicerè: Giorgio Adamo, C.ᵉ di **Martinitz** 1707. — Wirico Filippo Lorenzo, C.ᵉ di Daun 1707-8. — Card. Vincenzo Grimani 1708-10. — Carlo Borromeo, C.ᵉ d'Arona 1710-13. — C.ᵉ di Daun *pred.* 1713-19. — Giov.-Venceslao, C.ᵉ di Gallas 1719. — Wolfango-Annibale di Schrattenbach 1719-21. — Marcant. Borghese 1721-22. — Card. Michele Federico d'Althan 1722-28. — Card. Gioacch. Portocarrero 1728. — Luigi Tom. Raim., C.ᵉ d'Harrach 1728-33. — Giulio de' Visconti 1733-34.

Carlo VII di **Borbone**, f. di Filippo V di Spagna (duca di Parma e Piac. 1731, re di Spagna 1759) re di Napoli e Sicilia . . 15 magg. 1734 (1) - rin. ag. 1759 († 14 dic. 1788)

Ferdinando IV, f., regg. il ministro Tannucci fino al 1764, succ. . . . . ag. 1759 - dep. 23 genn. 1799

Occupazione francese. — Repubbl. Partenopea 23 gen. - 23 giu. 1799

Ferdinando IV di **Borbone**, ristab. . 23 giu. 1799 - dep. 13 febb. 1806

Giuseppe-Napoleone **Bonaparte**, prende possesso di Napoli a nome e come luogot. gen. del fr. **Napoleone I** . . . . 15 febb. - 30 mar. 1806

Giuseppe-Napoleone **Bonaparte**, nominato re di Napoli . . . . 30 mar. 1806 - rin. 2 lugl. 1808 (2)

Gioacchino **Murat**, cognato di Napoleone I **Bonaparte**, re . . . . lugl. 1808 - dep. 19 magg. 1815 († 13 ott. 1815)

Leopoldo di **Borbone** entra in Napoli e ne prende possesso a nome del padre Ferdinando IV . . 22 maggio 1815

---

(1) E pel trattato di Vienna, prelim. 3 ott. 1735.

(2) Nominato re di Spagna 6 giug. 1808 - dic. 1813, † 28 lugl. 1844.

Ferdinando IV di **Borbone** (con tit. di Ferdinando I
 dal 22 dic. 1816) ristab. . . . . 2 giu. 1815 - 15 mar. 1821
Governo provvisorio, presieduto dal March. di Cir-
 cello . . . . 15 mar. - 15 magg. 1821
Ferdinando di **Borbone** rientra in Napoli 15 mag. 1821 - † 4 gen. 1825
Francesco I, f. . . . . 4 genn. 1825 - † 8 nov. 1830
Ferdinando II, f. . . . . 8 nov. 1830 - † 22 magg. 1859
Francesco II, f., . . . 22 magg. 1859 - dep. 7 sett. 1860 († 27 sett. 1894)
Il gen. Garibaldi entra in Napoli . . . . 7 sett. 1860
Decreto d'annessione delle provincie Napoletane al
 regno di Sardegna . . . . 17 dic. 1860

16. **Padova** (1).

Comune retto da Consoli, poi (1175) da Podestà.
Ezzelino da Romano, protetto dall'imp. Federico II,
 si fa signore di Padova . . . . . 25 feb 1237 - dep. 20 giu. 1256
 († 9 ott. ? 1259)
Comune guelfo . . . . 1256 - 1311
All'Imperatore . . . . 1311 - 1312
Comune guelfo . . . . 1312 - 15 Iuglio 1318
Giacomo I da **Carrara**, capitano gener. . 15 lugl. 1318 - rin. 5 gen. 1320
 († 22 nov. 1324)
Federico III d'**Absburgo**, re de' Rom. — Enrico C.e di
 Gorizia († 24 apr. 1323), poi Enrico duca di Carin-
 zia, suoi vicari . . . . 5 gen. 1320 - sett. 1328
Marsilio I **da Carrara**, nip. di Giacomo I. sign. e cap.
 gen. . . . . 3 sett. - rin. 10 sett. 1328
Can Grande **Della Scala**, signore di Verona e Pa-
 dova . . . . 10 sett. 1328 - 22 lugl. 1329
Alberto e Mastino **Della Scala**, nipote di Can Gran-
 de . . . . 22 lugl. 1329 - dep. 3 ag. 1337
Marsilio I **da Carrara**, *di nuovo sign.* . . 3 ag. 1337 - † 21 mar. 1338
Ubertino, f. di Jacopino **da Carrara** (occ. Bassano ed
 Este 1339) . . . . 21 mar. 1338 - † 25 mar. 1345
Marsilietto (o Marsilio II) *Papafava*, figlio di Alberti-
 no . . . . 27 mar. - † 6 mag. 1345
Jacopo II, f. di Ubertino pred. . . . . . 7 mag. 1345 - † 22 dic. 1350
Jacopino, fr., signore, associato col nipote France-
 sco . . . . 22 dic. 1350 - dep. 17 dic. 1355 († 1372)

---

(1) S. Orsato, Storia di Padova, ivi, 1678. — G Gennari, Annali della città di Padova, Bassano, 1804. — G. B. Verci, Storia degli Ecelini, Bassano, 1779, voll. 3. — Cittadella, Storia della dominazione Carrarese in Padova, Pad. 1842, voll. 2. — Capelletti G. P., Storia di Padova, Pad. 1875-76, voll. 2. — Stokvis, op. cit., vol. III.

Francesco *il Vecchio*, f. di Jacopo II, (sign. di Feltre,
    Belluno, Treviso, Ceneda 1384) . .   22 dic. 1350 - abd. 29 giu. **1388**
                                                    († 6 ott. **1393**)
Francesco Novello, f., sign.. . . . . 29 giu. - dep. 23 nov. **1388**
Giovanni Galeazzo **Visconti** (signore di Milano) si-
    gnore . . . . 28 dic. 1388 - dep. 19 giu. 1390 **(1)**
Francesco Novello **da Carrara**, *di nuovo* (sign. di Ve-
    rona 1404) . . . . 19 giu. 1390 - dep. 22 nov. 1405 († 16 genn. 1406)
Padova è unita alla Repubblica di Venezia e ne segue
    le sorti . . . . 22 nov. 1405 - 14 lugl. **1866**
Annessione al regno d'Italia con decreto . . . . . 14 luglio **1866**

17. **Parma** (2).

Comune libero retto da Consoli (v. 1165) e da Pode-
    stà . . . . princ. sec. XII - XIV
Giberto da **Correggio**, difensore del comune e del po-
    polo . . . . 24 lugl. 1303 - dep. 28 mar. 1308
Comune, con prepond. dei **Rossi** e dei **Lupi** di So-
    ragna . . . . 28 mar. - sett. 1308
Giberto da **Correggio**, *di nuovo* (*potestas mercatorum*
    1309) . . . . sett. 1308 - 27 genn 1311
Guido da Cocconato C.ᵉ di Radicati, vicario imperiale
    per Enrico VII di Lussemburgo . . . . . 27 genn. - apr. 1311
Franceschino Malaspina, cogn. di Giberto da Cor-
    reggio, vic. imp. . . . . 14 apr. - sett. 1311
Falcone degli Enrici, di Roma, vic. imp. . . . 27 sett. - 6 dic. 1311
Giberto da **Correggio**, *di nuovo signore* . . 6 dic. 1311 - magg. 1313
Roberto d'**Anjou** (re di Napoli 1309), sign. — Pietro
    Spino vic. regio e Giberto da Correggio capitano
    generale . . . . magg. 1313 - sett. 1314
Giberto da **Correggio**, *di nuovo signore* sett. 1314 - dep. 25 lugl. 1316
                                               († 25 lugl. 1321)
Comune libero con prepond., dal 1317, di Gianquirico
    Sanvitale . . . . 25 lugl. 1316 - 19 sett. 1322
Comune libero, con prepond. di Rolando e Marsilio

---

(1) Treviso e Ceneda passarono alla Repubbl. di Venezia nel genn. 1389.

I Visconti rimasero signori di Feltre e Belluno fino al 1404, poi le cedettero alla Repubblica di Venezia.

(2) I. Affò, Storia della città di Parma, Parma, 1792-95, voll. 4. — A. Pez-
zana, Storia di Parma, ivi 1837-59, voll. 5. — L. Scarabelli, Storia dei ducati di Parma, Piacenza Guastalla, Guastalla, 1858, voll. 2. — Benassi, Storia di Parma, ivi, 1899, voll. 4. — Dalla Rosa, Alcune pagine di Storia Par-
mense, Parma, 1878. — Casa, Parma da Maria Luigia Imperiale a Vitt. Emanuele II, Parma, 1901. — Stokvis, op. cit., vol. III.

de' **Rossi** . . . . dic. 1322 - 30 sett. 1326

La città si sottomette al Papa. — Passerino **Della Torre**, rettore . . . . 1° ott. 1326 - sett. 1328

Rolando de' **Rossi**, sign. . . . . 25 sett. 1328 - sett. 1329

Lodovico il Bavaro, imp. — Marsilio de' Rossi, vic. imp. . . . . 17 nov. 1329 - mar. 1331

Giovanni di **Lussemburgo**, (re di Boemia 1311), signore. Ponzone de' Ponzoni, poi Selvaggio Moro e Castellino Beccaria vic. regi e pod. . . . . . . mar. 1331 - ott. 1333

Maffeo da Sommo, poi (18 ott. 1333) Rolando de' Rossi vic. regi . . . . ott. 1333 - 21 giu. 1335

Alberto e Mastino **Della Scala** (signori di Verona 1329) . . . . 21 giu. 1335 - 21 magg. 1341

Azzo, Simone e Guido da **Correggio**, figli di Giberto . . . . 21 magg. 1341 - 24 ott. 1344

Obizzo III d'**Este** (sign. di Ferrara 1317). . 24 ott. 1344 - 22 sett. 1346

Luchino **Visconti** (sign. di Milano 1339) . . 22 sett. 1346 - 7 mar. 1404

Pietro Maria de' **Rossi** e Ottobuono de' **Terzi**, signori . . . . 8 mar. - 22 mag. 1404

Ottobuono **Terzi**, solo sign. . . . . 22 magg. 1404 - † 27 magg. 1409

Niccolò **Terzi**, f. di Ottobuono, e per esso Jacopo Terzi . . . . 28 magg. - 26 giu. 1409

Niccolò III d'**Este** (march. di Ferrara 1393) 26 giu 1409 - 1° dic. 1420

Filippo Maria **Visconti** (duca di Milano 1412) signore . . . . 1° dic. 1420 - † 13 ag. 1447

Repubblica libera. . . . . 15 ag. 1447 - 16 febb. 1449

Gli **Sforza**, (duchi di Milano 1450) . . . 28 febb. 1449 - 2 sett. 1499

Luigi XII, re di Francia . . . . 2 sett. 1499 - 5 sett. 1512

Dominazione pontificia . . . . 5 sett. 1512 - 11 mar. 1513

Massimiliano **Sforza** (duca di Milano 1512); govern. C.e Franc. Sforza . . . . 11 mar. - 2 magg. 1513

Dominazione pontificia . . . . 2 magg. 1513 - 26 ott. 1515

Francesco I d'**Angoulême** (re di Francia 1515) 26 ott. 1515 - 8 sett. 1521

Dominazione pontificia . . . . 8 sett. 1521 - 19 ag. 1545

Pier Luigi **Farnese**, f. di papa Paolo III (duca di Castro e C.e di Ronciglione 1537, march. di Novara 1538) (1) Duca di Parma e Piacenza 19 ag., assume il gov. . . . . 23 sett 1545 - † 10 sett. 1547

Ottavio, f. (duca di Camerino 1540) duca di Parma . . . . 16 sett. 1547 - 23 ott. 1549

---

(1) Castro e Ronciglione appartennero ai Farnesi fino al 1649, poi passarono alla Chiesa.

Novara rimase in potere dei Farnesi dal 1538 al 1551 e dal 1556 al 1602, poi tornò a far parte del ducato di Milano, sotto la dominaz. spagnuola, fino al 1706, poscia passò all'Impero e nel 1734 fu aggregata al regno di Sardegna.

Il gen. Camillo Orsini governa Parma a nome del
    Papa . . . . ott. 1549 - 24 febb. 1550
Ottavio **Farnese**, *di nuovo* duca di Parma (dal 19 ott.
    1556 di Piacenza) . . . . 24 febb. 1550 - † 18 sett. 1586
Alessandro *il Gran Capitano*, f., (gov. dei Paesi Bassi
    1578-92) duca; gov. Ranuccio suo figlio, 18 sett. 1586 - † 2 dic. 1592
Ranuccio I, f. (sign. di Montechiarugolo, Colorno e
    Sala dal 1612) (1) . . . . 3 dic. 1592 - † 5 mar. 1622
Odoardo, f., regg. la madre Margherita Aldobrandini
    ed il Card. Odoardo suo zio, fino al 1626, suc-
    cede . . . . 5 mar. 1622 - † 11 sett 1646
Ranuccio II, f., regg. la madre Margh. de' Medici e il
    Card. Farnese suo zio, fino al 1649 . . 11 sett. 1646 - † 11 dic. 1694
Francesco, f. . . . . 11 dic. 1694 - † 26 febb. 1727
Antonio, fr. . . . . 27 febb. 1727 - † 20 genn. 1731
Reggenza di: Enrichetta d'**Este** vedova di Antonio,
    Camillo Marazzani vesc. di Parma, C.e Federigo
    Dal Verme, C.e Artaserse Baiardi, C.e Giac. San-
    vitale, C.e Odoardo Anvidi . . . . . . 29 genn. - 29 dic. 1731
Carlo I di **Borbone** (re di Napoli 1734, di Spagna 1759)
    f. di Filippo V re di Spagna e di Elisabetta Far-
    nese nip. di Antonio; reggente Dorotea Sofia Pa-
    latina di Neoburgo sua avola, fino al 20 genn.
    1734 . . . . 29 dic. 1731 - dep. 26 mar. 1736 († 14 dic. 1788)
Gli Austriaci, condotti dal principe di Lobcowitz,
    occupano il ducato a nome dell'imperatore Car-
    lo VI . . . . 3 magg. 1736 - 20 ott. 1740
Maria Teresa d'**Austria**, f. di Carlo VI, (arcid. d'Au-
    stria) duchessa di Parma . . . . 20 ott. 1740 - 18 ott. 1748
Filippo di **Borbone**, fr. di Carlo I, duca di Parma,
    Piacenza e Guastalla 18 ott. 1748 (2), ne prende pos-
    sesso . . . . 7 mar. 1749 - † 18 lugl. 1765
Ferdinando, f., duca di Parma, Piacenza e Gua-
    stalla . . . . 18 lugl. 1765 - † 9 ott. 1802
Reggenza di: Maria Amalia vedova di Ferdinando,
    march. Cesare Ventura e cons. Francesco Schiz-
    zati . . . . 9 - 23 ott. 1802
Il ducato viene unito alla Repubblica, poi Impero
    Francese. — Moreau de Saint Méry, cons. di Stato
    ed amministratore generale . . . . 23 ott. 1802 - 25 genn. 1806
Ugo Nardon, amministratore-prefetto . . 28 genn. 1806 - 7 ag. 1810

---

(1) Colorno, che apparteneva alla Marchesa Barbara Sanseverino-Sanvitale
(† 19 magg. 1612) fu confiscato da Ranuccio I nell'ott. 1611 e dichiarato preda
del fisco il 4 magg. 1612.

(2) Pel trattato di Aix-la-Chapelle di pari data.

Generale Andoche Junot, govern. generale . 19 genn. - 18 sett. 1806
Domenico Perignon, gov. 18 sett. 1806, amministr. 7 ag. - 26 sett. 1810
Gli Stati di Parma e Piacenza vengono eretti in *Di-*
    partimento Francese detto *del Taro* 24 e 30 magg. 1808 - 14 febb. 1814
[Il princ. Giovanni **Cambacérès**, arcicanc. dell'Impero,
    ha titolo di duca di Parma (1) . . . 19 lugl. 1808 - 14 febb. 1814]
Barone Dupont Delporte, prefetto del dipartimento
    del Taro . . . . 26 sett. 1810 - 11 febb. 1814
Entrano in Parma gli Austriaci col gen. Nugent (13
    febb.). — Governo provvisorio, comp. del Marc.
    Cesare Ventura, C.e Filippo Magawly-Cerati, March.
    Casimiro Meli-Lupi di Soragna . . . . . 14 febb. - 2 mar. 1814
Viene ristabilito il governo imperiale francese . . 2 - 9 mar. 1814
Gli Austriaci rioccupano Parma (9 mar.). Il gen. Nu-
    gent ristab. il governo provvis. del 14 febb. 13 mar. - 6 giu. 1814
Reggenza provvisoria in nome di Maria Luigia d'Au-
    stria. Amministr. Francesco I d'Austria 6 giu. 1814 - 7 mar. 1816
Maria Luigia d'**Austria**, moglie di Napoleone I, du-
    chessa di Parma, Piacenza e Guastalla pel trat-
    tato di Fontainebleau 10 apr. 1814, entra in Par-
    ma . . . . 20 apr. 1816 - dep. 14 febb. 1831
Rivoluzione (11 febb.). — Governo provv. con Filippo
    Linati, Antonio Casa, C.e Gregorio Ferd. di Casta-
    gnola, C.e Jac. Sanvitale e Francesco Melega-
    ri (2) . . . . 14 febb. - 13 mar. 1831
Maria Luigia d'**Austria** ritorna al potere 13 mar. 1831 - † 17 dic. 1847
Carlo Lodovico (Carlo II) di **Borbone**, pronip. di Fer-
    dinando predetto re d'Etruria 1803-07 (duca di
    Lucca 1824-47) succede . . . . . 18 dic. 1847 - dep. 20 mar. 1848
Rivoluzione. — Reggenza, composta di Luigi C.e San-
    vitali, C.e Girol. Cantelli, Ferd. Maestri, Pietro
    Gioja, Pietro Pellegrini . . . . 20 mar. - 10 apr. 1848
Governo provvisorio, comp. del C.e Ferd. De Castagnola,
    C.e Gir. Cantelli, Pietro Pellegrini, C.e Luigi San-
    vitale, Gius. Bandini, Mons. Gio. Carletti, Ferd.
    Maestri . . . . 10 apr. - 30 giu. 1848
Le truppe Austriache entrano in Parma in nome di
    Carlo II di **Borbone**, col gen. Degenfeld-Schön-
    burg . . . . . . 16 ag. 1848 - abd. 14 mar. 1849 († 17 apr. 1883)
Gli Austriaci lasciano Parma (14 mar.). — Il Munici-
    pio nomina una Commissione governativa comp.
    di Salvatore Riva, Guido Dalla Rosa, Aless. Cava-
    gnari . . . . 16 - 22 mar. 1849

---

(1) S. A. il Principe Arcitesoriere Carlo Francesco Lebrun ebbe il titolo di duca di Piacenza.

(2) Più tardi vi si aggiunsero Macedonio Melloni e l'Ortalli.

Entrano in Parma i Piemontesi col gen. Alf. La Mar-
mora. Sen. Plezza, commissario di re Carlo Alberto . . . . 22 marzo - 4 apr. 1849
Le truppe Austriache, a nome di Carlo III di **Borbone**
occupano Parma (5 aprile). Gen. d'Aspre, poi (27 apr.)
gen. Stürmer, gov. mil. . . . . 5 apr. - 27 ag. 1849
Carlo III di **Borbone**, f. di Carlo II, entra in Par-
ma . . . . 18 magg. 1849 - † 27 mar. 1854
Roberto, f., regg. la madre Luisa-Maria di Borbone-
Artois . . . . 27 mar. 1854 - dep. 9 giu. 1859
Proclamazione di un Governo provvisorio in nome di
re Vittorio Emanuele II di **Savoia** . . . . . 1°-2 magg. 1859
Commissione governativa, comp. di Cantelli C.ᵉ Gerol.,
Bruni dott. Pietro, Armani ing. Evaristo . . . 9 - 17 giu. 1859
Il C.ᵉ Diodato Pallieri assume il gov. in nome di Vit-
torio Emanuele II . . . . 17 giu. - 8 ag. 1859
L'Avv. Giuseppe Manfredi assume provvisoriamente
il governo . . . . 8 - 18 ag. 1859
Carlo Luigi Farini, Dittatore delle prov. Modenesi e
Parmensi . . . . 18 ag. 1859 - 16 mar. 1860
Decreto di annessione di Parma e Piacenza al regno
di Sardegna . . . . 18 mar. 1860

18. Piacenza (1).

Comune, retto da Consoli (1126) e da Podestà forestieri (1188).
Uberto **Pelavicino** (sign. di Cremona ecc.) pod. 1253,
signore . . . . 1254 - dep. 24 lugl. 1257
Alberto da **Fontana**, pod. e rettore . . . . 24 lugl. 1257 - dep. 1260
Filippo **Fulgosio** piacentino, vesc., pod. e rettore 1260
Uberto **Pelavicino**, di nuovo sign. apr. 1261 - rin. 1266 († 8 magg. 1269)
Comune sotto la protez. del Papa, poi (1268) di Ro-
berto d'Anjou . . . . 1266 - 1271
Carlo I d'**Anjou** (re di Sicilia 1266) sign. . . . 1271 - rin. 16 giu. 1281
Comune indip. . . . . giu. 1281 - giu. 1290
Alberto **Scotti**, capitano del popolo e signore per-
petuo . . . . giu. 1290 - spod. 4 dic. 1304
Comune indip. . . . . 4 dic. 1304 - 24 lugl. 1307
Alberto **Scotti** di nuovo, anziano e rettore . 24 lugl. 1307 - genn. 1308

---

(1) AGAZZARI e VILLA, Chronica civitatis Placentiae, Parma, 1862. — C. POG-
GIALI, Memorie storiche di Piacenza, ivi, 1757-66, voll. 12. — BOSELLI, Storie
piacentine, Piacenza, 1793-1805, voll. 3. — ROSSI, Storia patria ad uso de'
piacentini, Piacenza, 1829-33, voll. 5. — L. SCARABELLI, Istoria civile dei ducati di Parma, Piacenza e Guastalla, Italia, 1846, voll. 2. — F. GIARELLI, Storia di Piacenza, ivi, 1889, voll. 2.

Guido **Della Torre** (cap. del pop. a Milano 1307) sign.
  e difens. di Piacenza . . . . . genn. 1308 - 6 mag. 1309 († 1312)
Alberto **Scotti**, di nuovo sign. . . . . 6 magg. 1309 - dep. ag. 1310.
Comune indip. . . . . ag. 1310 - ott. (?) 1311
L'imp. Enrico VII di **Lussemburgo**, sign. — Lamberto
  de' Cipriani poi Pietro Dal Menso, vic. impe-
  riale . . . . ott. 1311 - 18 febb. 1312
Alberto **Scotti**, di nuovo sign. . . 18 mar. 1312 - dep. 1313 († 23 gen. 1318)
Galeazzo **Visconti**, f. di Matteo (sign. di Milano 1322)
  vic. imp. 18 magg. 1313, sign. perpet. . . 10 sett. 1313 - 9 ott. 1322
Dominazione pontificia. — Bertrando del Poggetto le-
  gato pont., Versuzio Lando rettore . . 9 ott. 1322 - 25 lugl. 1335
Francesco **Scotti**, figlio di Alberto predetto, signo-
  re . . . . 25 lugl. 1335 - dep. 15 dic. 1336
I **Visconti** (sign. di Milano) . . . . . . 15 dic. 1336 - 16 mar. 1404
Manfredo **Scotti**, sign. . . . . 16 mar. - 2 apr. 1404
Ottobuono **Terzi**, (sign. di Parma mar. 1494) . . . 2 apr. - giu. 1404
Facino **Cane**, sign. . . . . giu.-ott. 1404
Ottobuono **Terzi**, pred. . . ott. 1404 - dep. magg. 1406 († 27 magg. 1409)
Facino **Cane** pred., poi Jacopo **Dal Verme** govern. pei
  Visconti . . . . magg. 1406 - 22 ag. 1409
Occupazione francese. — Giov. Le Maingre, detto *Bucci-
  caldo*, poi Antonio di Hostendun govern. 22 ag. 1409 - 10 nov. 1410
Giovanni **Vignati** (sign. di Lodi 1403) sign. . 10 nov. 1410 - gen. 1414
Sigismondo di **Lussemburgo** (re de' Romani 1411) si-
  gnore . . . . genn. - 22 mar. 1414
I **Visconti** (duchi di Milano 1412) . . . . 22 mar. 1414 - 21 ott. 1415
Filippo **Arcelli** († 1421) e Bartolomeo suo fr. († 1418)
  sign. . . . . 21 ott. 1415 - 13 giu. 1418
I **Visconti** di nuovo . . . . 13 giu. 1418 - 13 ag. 1447
Repubblica, retta da Lazzaro Della Porta, Lodovico
  Borla, Bart. Malvicini da Fontana, Francesco Rossi
  e Tommaso Beraldi . . . . 16 ag. - 15 sett. 1447
La Repubblica di Venezia occupa Piacenza . 15 sett. - 16 nov. 1447
Gli **Sforza** (duchi di Milano 1450) . . . . 16 nov. 1447 - nov. 1499
Occupazione francese . . . . nov. 1499 - 24 giu. 1512
La città passa al Papa il 24 giu. 1512 e segue le sorti di
  Parma fino al . . . . 10 sett. 1547
È occupata, in nome di Carlo V imp., da don Ferrante
  Gonzaga, govern. di Milano, ed annessa a questo
  Ducato . . . . 10 sett. 1547 - 15 sett. 1556
Ottavio **Farnese** (duca di Parma 1547) ottiene Piacenza
  ma sotto la sovran. dell'Imper. . . . . 15 sett. 1556
Piacenza segue le sorti di Parma fino al . . . . . *7 magg. 1796*
Occupazione francese . . . . 7 magg. 1796 - 16 apr. 1814
Gli Austriaci entrano in Piacenza col gen. Nugent,
  a nome di Maria Luigia d'**Austria** . . . . . . 27 apr. 1814

Maria Luigia d'**Austria**, moglie di Napoleone I, du-
chessa . . . . 11 apr. 1814 - † 17 dic. 1847
Carlo II di **Borbone**, nip. di Ferdinando (duca di
Lucca 1824-47) . . . . 17 dic. 1847 - dep. 26 mar. 1848
Governo provvisorio, comp. di: Pietro Gioia, Antonio
Anguissola, Camillo Piatti, Corrado Marazzani, An-
tonio Emmanueli . . . . 26 mar. - 31 magg. 1848
Plebiscito per l'unione di Piacenza al Piemonte, 10
magg. — Un commissario Piemontese assume il
potere a nome di re Carlo Alberto . . . . 2 giu. - 13 ag. 1848
Ritorno degli Austriaci in Piacenza col ten. maresc.
C.ᵉ di Thürn . . . . 13 ag. 1848 - magg. 1849
Carlo III di **Borbone**, f. di Carlo II, duca 14 mar., en-
tra in Piacenza . . . . 16 magg. 1849. V! Parma.

19. Pesaro (1).

Pandolfo I **Malatesta**, f. di Malatesta I di Rimini,
signore . . . . 1304 - dep. ag. 1306
Dominazione pontificia . . . . ag. 1306 - 1324
Pandolfo I **Malatesta** *di nuovo* (signore di Rimini
1317) . . . . 1324 - † 6 apr. 1326
Malatesta III *Guastafamiglia*, f. (signore di Rimini
1335) . . . . apr. 1326 - 1340 († 27 ag. 1364)
Pandolfo II, f., podestà . . . . 1340 - † genn. 1373
Galeotto, f. di Pandolfo I (sign. di Rimini 1372, di Ce-
sena 1378) . . . . 1373 - † 21 genn. 1385
Malatesta V, f. di Pandolfo II . . . . 21 genn. 1385 - † 19 dic. 1429
Pandolfo IV, f. . . . . 19 dic. 1429 - † 17 apr. 1441
Carlo II, fr., ... 19 dic. 1429 - † 14 nov. 1438
Galeazzo, fr. . . . . . . 19 dic. 1429 - 15 genn. 1445 († v. 1457)
Francesco **Sforza** compra Pesaro . . . . 15 genn. 1445
Alessandro, fr., (govern. della Marca d'Ancona pel
fr., 1434) sign. . . . . 1445 - † 3 apr. 1473
Costanzo, f. . . . . 3 apr. 1473 - † 19 lugl. 1483
Giovanni, f. . . . . 19 lugl. 1483 - spod. 11 ott. 1500
Cesare **Borgia** (duca Valentino 1498, vic. pont. d'Imola,
Forlì, Cesena, Rimini), occ.ª Pesaro 11 ott. 1500 - dep. 3 sett. 1503
Giovanni **Sforza** *di nuovo* . . . . 3 sett. 1503 - † 27 lugl. 1510
Giuseppe Maria, detto *Costanzo II*, f., sotto reggen-
za . . . . 27 luglio 1510 - † 5 ag 1512
Galeazzo, zio di Giuseppe Maria . . 5 ag. - 2 nov. 1512 († 14 apr. 1515)
Francesco Maria **Della Rovere** (duca d'Urbino 1508) si-
gnore . . . . 20 febb. 1513 - 31 magg. 1516

(1) LITTA, Famiglie celebri Malatesta e Sforza. — STOKVIS, op. cit.,
vol. III.

Lorenzo de' Medici, nip. del *Magnifico* (duca d'Ur-
 bino 1516) sig. . . . . giu. 1516 - † 4 magg. 1519
Dominazione pontificia . . . . 4 magg. 1519 - dic. 1521
Ai Della Rovere duchi d'Urbino, (V. Urbino) . . . dic. 1521 - 1624
Dominazione pontificia . . . . 1624 - febb. 1798
Occupazione francese . . . . mar. 1798 - 23 sett. 1801
Dominazione pontificia . . . . 23 sett. 1801 - 28 mar. 1815
Occupazione di Gioacchino Murat . . . . . 28 mar. - 7 magg. 1815
Dominazione pontificia . . . . 7 magg. 1815 - 12 sett. 1860
Il generale Cialdini occupa Pesaro a nome di Vittorio
 Emanuele II . . . . 12 sett. 1860
Decreto di annessione al regno di Sardegna . . . . . 17 dic. 1860

20. Pisa (1).

Comune indip., retto da Consoli, poi da Podestà (1198),
 da Capitani del popolo (1254) . . . . sec. IX (?) - 1285
Ugolino della Gherardesca, C.e di Dinoratico, capi-
 tano del popolo poi podestà 1285 - dep. 1º lugl. 1288 († mar. 1289)
Ruggieri degli Ubaldini, arcivesc., ghibell., podestà e
 gov. . . . . lugl. 1288 - 1289
Guido da Montefeltro (Ce di Urbino 1255, Sen. di
 Roma 1268) cap. gener. . . . . . 13 magg. 1289 - dep. lugl. 1293
Comune indip.. . . . . 1293 - mar. 1312
Enrico VII di Lussemburgo (Imp. di Germania 1308),
 signore . . . . 6 mar. 1312 - † 24 ag. 1313
Uguccione della Faggiuola, capit. del popolo, poi si-
 gnore . . . . mar. 1314 - dep. 10 apr. 1316 († 1º nov. 1319)
Gaddo della Gherardesca, f. di Bonifacio I, cap. del
 popolo . . . . 18 apr. 1317 - † 1º magg. 1320
Ranieri I della Gherardesca, zio di Gaddo, cap. del
 pop. . . . . magg. 1320 - † 13 dic. 1325
Lodovico il *Bavaro*, (imp. di Germ. 1314) sign. 11 ott. 1327 - apr. 1328
Castruccio Castracane degli Antelminelli, duca di
 Lucca e sign. di Pisa . . . . apr. - † 3 sett. 1328
Lodovico il *Bavaro*, di nuovo sign. . . . 21 sett. 1328 - magg. 1329
Tarlato di Pietramala, vicario imper. . . . . magg. - 17 giu. 1329
Bonifacio della Gherardesca, f. di Gaddo, cap. del
 popolo . . . . giu. 1329 - † 2 dic. 1340
Rainieri II *Novello*, f., signore, sotto tutela di Dino
 Della Rocca . . . . dic. 1340 - † 5 lugl. 1347

(1) P. Tronci, Annali Pisani, ecc. 2ª ediz., Pisa, 1868-71, voll. 2. — F. Dal
Borgo, Dissertazioni sulla storia pisana, Pisa, 1761-68, voll. 3. — Stokvis,
op. cit., vol. III.

Andrea **Gambacorta**, della fazione dei Bergolini
(guelfi), sign. . . . . dic. 1347 - † 1354
Franceschetto, Bartolomeo e Lotto **Gambacorta**, nip.
di Andrea, signori . . . . 1354 - † 26 magg. 1355
Carlo IV di **Lussemburgo** (imp. di Germ. 1347), sig. —
Marguardo d'Absburgo vesc. di Augusta, vic. imp. mag. - 11 giu. 1355
Governo del popolo minuto . . . . 1356 - 1364
Giovanni dell'**Agnello**. doge . . . . . . 13 ag. 1364 - dep. sett. 1368
Il *popolo grasso* ritorna al potere (sett. 1368). — Pietro,
f. di Andrea **Gambacorta**, signore . 24 febb. 1369 - † 20 ott. 1392
Jacopo I **Appiani**, sign. . . . . 25 ott. 1392 - † 5 sett. 1398 ·
Gherardo, f., sign. . . . . 5 sett. 1398 - rin. 18 febb. 1399 (1)
Gian Galeazzo **Visconti** (duca di Milano 1385) acqui-
sta Pisa 18 febb. 1399, sign. . . . . . 31 mar. 1400 - † 3 sett. 1402
Gabriele Maria, f. nat., sign. . . . . . 3 sett. 1402 - dep. 26 lugl. 1405
Giovanni **Gambacorta**, nip. di Pietro, cap. del po-
polo . . . . 1405 - 9 ott. 1406 († 1431)
La Repubbl. di Firenze occupa Pisa . . . 9 ott. 1406 - 9 nov 1494
Repubbl. indipendente . . . . 9 nov. 1494 - 8 giu. 1509
I Fiorentini riprendono la città . . . . . 8 giu. 1509. V. Toscana.

21. Piombino ed Elba (2).

Signori, poi Principi dal 1594.

Piombino è unito alla Repubblica di Pisa . . . . . v. 1013 - 1399
Gherardo **Appiani**, f. di Iacopo I (sign. di Pisa 1398-99)
signore . . . . 19 febb. 1399 - † 1405
Iacopo II, f., sotto regg. della madre Paola **Colonna** e
la protez. dei Fiorentini . . . . 1405 - † 1441
Paola **Colonna-Appiani** pred. . . . . 1441 - † nov. 1445
Rinado **Orsini**, C.ᵉ di Tagliacozzo e d'Alba, e sua moglie
Caterina, f. di Gherardo **Appiani** . . . nov. 1445 - 5 luglio 1450
Caterina **Appiani-Orsini** pred., sola . 5 luglio 1450 - † 19 febb. 1451
Emanuele **Appiani**, fr. di Gherardo, sign. 19 febb. 1451 - † 19 febb. 1458
Iacopo III, f. . . . . 19 febb. 1458 - † 22 mar. 1474
Iacopo IV, f. . . . . 22 mar. 1474 - dep. 3 sett. 1501
Cesare **Borgia** (duca Valentino 1498, vic. pont. d'Imola,
Forlì, Cesena, Rimini, Pesaro) . . . . . 3 sett. 1501 - sett. 1503
Iacopo IV pred., ristab. . . . . sett. 1503 - † apr. 1510

---

(1) L'Appiani vendette Pisa al duca di Milano, serbando per sè Piombino,
l'isola d'Elba ed altre piccole terre dei dintorni, cioè Suvereto, Buriano, Scar-
lino, Vignale e Populonia. (V. Piombino ed Elba).

(2) A. DATI, Historia Plumbinensis, Senis, 1503. — A. CESARETTI, Storia del
principato di Piombino, Firenze, 1788. — L. CAPPELLETTI, Storia della città e
Stato di Piombino, Livorno, 1897.

Iacopo V, f. . . . . apr. 1510 - † 1545
Iacopo VI, f., regg. la madre Elena Salviati († 1552)
    succede. . . . . 1545 - dep. 22 giu. 1548
Cosimo de' Medici, (duca di Firenze 1537) occupa
    Piombimo . . . . 22 giu. - 24 lugl. 1548 e 12 ag. 1552 - 29 mag. 1557
Occupazione spagnuola. . . . . 24 lugl. 1548 - 12 ag. 1552
Iacopo VI pred., ristabilito 29 magg. 1557, ne prende
    possesso . . . . 1° ag. 1559 - † 15 magg. 1585
Alessandro, f. nat. . . . . 15 magg. 1535 - † 28 sett. 1590
Felice d'Aragona, gov. gen. del presidio spagnuolo,
    acclam. signore . . . . 14 ott. 1590 - dep. genn. 1591
Iacopo VII (Cosimo Iacopo) Appiani, f. di Alessandro,
    sign. 6 apr. 1591, principe . . . . . . febb. 1594 - † 5 genn. 1603
Carlo d'Aragona-Appiani, f. di Sforza Appiani, acclam.
    principe . . . . 15 genn. - 20 febb. 1603
Il viceré di Napoli occupa Piombino a nome dell'Im-
    peratore - P. Pasquier govern.. . . . . 20 febb. 1603 - 31 ott. 1611
Isabella Appiani, C.ª di Binasco, sorella di Iacopo VII,
    principessa . . . . 31 ott. 1611 - 10 apr. 1628 († 1661)
Occupazione spagnuola . . . . 10 apr. 1628 - 20 mar. 1634
Niccolò Ludovisi, princ. di Venosa, nip. di Papa Gre-
    gorio XV, principe . . . . 20 mar. 1634 - dep. 5 ott. 1646
Occupazione francese. - Manicamp governatore 5 ott. 1646 - giu. 1650
Niccolò Ludovisi, ristabilito . . . . giu. 1650 - † 25 dic. 1664
Giov. Battista, f., investito del principato 17 sett 1665 - † 24 ag. 1699
Olimpia, sorella, succ. . . . . ag. 1699 - † 27 nov. 1700
Ippolita Ludovisi-Boncompagni, sorella, investita del
    principato . . . . 27 febb. 1701 - † 29 dic. 1733
Gregorio Boncompagni, marito di Ippolita e co-reg-
    gente . . . . 27 febb. 1701 - † 1° febb. 1707
Eleonora, f., prende possesso dello Stato, con presi-
    dio di milizie napoletane . . . . . 30 dic. 1733 - † 5 genn. 1745
Gaetano, f., ... 6 genn. 1745 - † 24 magg. 1777
Antonio, f., ... 24 magg. 1777 - dep. 21 mar. 1801 († 26 apr. 1805)
Occupazione francese (colonn. Datti, poi gen. Giov.
    Blanc). . . . . sett. 1801 (1) - 18 mar. 1805
Elisa Bonaparte-Baciocchi, sorella di Napoleone I, e
    suo marito Felice Baciocchi, nominati principi di
    Piombino (V. anche Lucca, Massa-Carrara e To-
    scana) . . . . 18 mar. 1805 - dep. 18 mar. 1814
Entrano in Piombino gli Austriaci, condotti dal gen.
    Starhemberg . . . . mar. 1814 - giu. 1815

---

(1) L'isola d'Elba fu unita alla Francia con *senatus-consulto* del 26 ag. 1802, finché pel trattato di Vienna (atto finale 9 giu. 1815) fu aggregata al gran-ducato di Toscana.

Ferdinando III di **Lorena**, grand. di Toscana, ottiene
la sovran. del principato (tratt. di Vienna) 9 giu. 1815 V. Toscana.

22. Puglia e Calabria.

Conti, poi Duchi dal 1059.

Guglielmo I *Braccio di Ferro*, f. di Tancredi d'Alta-
villa, conte di Puglia . . . . 1043 - † 1049
Drogone, fr., C.ᵉ di Puglia e d'Ascoli . . . . . 1046 - † 10 ag. 1051
Umfredo, fr., succ. . . . . 10 ag. 1051 - † 1057
Roberto Guiscardo, fr., duca di Puglia e Calabria dal
1059, succ. . . . . 1057 - † 17 lugl. 1085
Ruggero, detto *Borsa*, f., duca . . . d. 17 lugl. 1085 - † 22 febb. 1111
Guglielmo II, f., duca . . . . febb. 1111 - † 20 lugl. 1127
Il ducato passa ai conti di Sicilia. — V. Sicilia.

23. Ravenna (1).

Odoacre ed Eruli . . . . 474 - 493
Gli Ostrogoti . . . . 493 - 540
Dominazione bizantina . . . . 540 - 752
Narsete, Maestro dei militi e Patrizio 553 - dep. 567. —
Longino, generale 568 - 573. — **Esarchi**: *Baduario* (?)
575 - 576. — Decio 57... - 585. — Smeraldo 585 - 589
— Romano 589 - † 598 — Callinico 598 - 603. —
Smeraldo *di nuovo* 603 - 611. — Giovanni I Lemigio
611 - † 616. — Eleuterio 616 - † 619. — Isacco 620 -
† 637. — Platone 638 - 648. — Teodoro I Calliopa
648 - 649. — Olimpio 649 - † 652. — Teodoro I Calliopa *di nuovo*, 652 - 666 c. — Gregorio v. 666 - 678
— Teodoro II 678 - 687. — Giovanni II Platino 687
- 702. — Teofilatte 702 - † 710. — Giovanni III Ri-
zocopo 710 - † 711. — Eutichio 711 - 713. — Scolastico 713 - 726 c. — Paolo v. 726 - † 727. — Eutichio, *di nuovo*, 727 - 752.
I Longobardi cominciano ad invadere l'Esarcato 728;
occupano Ravenna v. . . . . 752 - 756
Pipino, re dei Franchi, occupa l'Esarcato pel Papa 756
Gli Arcivescovi governano Ravenna con tre tribuni
eletti dal popolo . . . . 748 - 1217

---

(1) GAMS, " Series Episcoporum „ Ratisbonae, 1873. — ORIOLI, Descrizione
storica di Ravenna, ivi, 1836. — G. M. Cardoni, Ravenna antica, Faenza, 1879.
— LITTA, Fam. cel. ital., Da Polenta. — Stokvis, op. cit., vol. III.

Arcivescovi.

Sergio	el. 748 - † 769	*Sede vacante* . . .	1004 - 1013
Leone I (esarca pont.)	770 - † 777	Arnoldo . . .	1014 - † nov. 1019
Giovanni VIII „	777 - 784	Eriberto	1019 - † 1027
Grazioso „	784 - 795	Gebardo . .	1027 - † 15 feb. 1044
Giovanni IX „	795 - † 806	*Witgero, intr.*	1044
S. Valerio o Valeriano	806 - † 810	Umfrido . .	1046 - † 22 ag. 1051
Martino	810 - † 817	Giovanni Enrico v.	1052 - † v. 1072
Petronax . .	817 - † 10 mar. 834	Riccardo	1072 - ...
Giorgio	835 - † v. 846	*Otto Boccatorta, intr.* . - † v. 1110	
Deusdedit	847 - 850	*Geremia, intr.* . . .	v. 1110 - ...
Giovanni X	850 - † sett. o ott. 878	*Filippo, intr.* . . .	1118 - ...
Romano . .	878 - † 888 o 889	Gualtiero, ag. 1119 - † 13 febb. 1144	
Domenico	889 - 898	Moses . .	1114 - † 26 ott. 1154
Giovanni XI Traversari	898 - 904	Simone	v. 1154
Pietro V	904 - ...	Anselmo. 18 giu. 1155 - † 12 ag. 1158	
Giovanni XII . . .	905 - ...	Guido Biandrate (*Blandrata*)	
Teobaldo	910 - ...	succede . 1158 - † 9 luglio 1169	
Costantino . . .	914 - † v. 924	Gerardo	1170 - † 1190
Onesto I (con titolo di duca 920-		Guglielmo . . .	1190 - † 1201
924)	920 - 927	Alberto (vescovo d'Imola) suc-	
Pietro VI . . .	927 - apr. 971	cede . . . 10 mar. 1202 - † 1207	
Onesto II . . .	971 - † 983	Egidio Garzoni (vesc. di Mo-	
Giovanni XIII . . .	983 - 998	dena)	1207 - 1208
Gerberto (papa Silvestro II 999		Ubaldo (vescovo di Faenza)	
-1003) . . v. apr. 998 - apr. 999		succ. . 21 dic. 1208 - abd. 1215	
Leone II	999 - 1001 c.	Piccinino	1215 - 1217
Federico	1001 - † 1003	Simeone (vescovo di Cervia)	
Adalberto, intruso . . .	1004	succ. . . 5 mar. 1217 - † 1228	

Pietro **Traversari**, podestà . . . . 1218 - † 1225

Paolo, f. „ . . . . 1225 - † ag. 1240

Federico II di **Svevia**, imp, occupa Ravenna   ag. 1240 - magg. 1248

Dominazione pontificia; prevalenza dei Traversari magg. 1248 - 1275

Guido I, f. di Lamberto da **Polenta**, capitano del popolo. . . . . 1275 - 1297 († d. 1307)

Lamberto I, f. di Guido I, podestà . . . . . . 1297 - † 22 giu. 1316

Guido II *Novello*, nip., podestà . . 22 giu. 1316 - spod. 1322 († 1323)

Ostasio I da **Polenta** (sign. di Cervia), cugino di Guido II, podestà . . . . 1322 - 21 ag. 1329

Dominazione pontificia; Cardinale Del Poggetto legato · . . . . 21 ag. 1329 - sett. 1333

Ostasio I da **Polenta**, di nuovo sign.. . . . sett. 1333 - † 14 nov. 1346

Bernardino II, f. . . . . nov. 1346 - dep. 3 apr. 1347

Pandolfo e Lamberto II, fr. di Bernardino II   3 apr. - 24 giu. 1347
(† sett. 1347)

Bernardino II, di nuovo sign. . . . . . 24 giu. 1347 - † 10 mar. 1359

Guido III, f., di nuovo . . . . . . 10 mar. 1359 - † v. genn. 1390

Ostasio III († 14 mar. 1396), Obizzo († 25 genn. 1431), Pietro († ag. 1404), Aldobrandino († 1406), figli di Guido III, vic. pont. . . . . genn. 1390 - 25 genn. 1431

Ostasio III, f. di Obizzo . . . 25 genn. 1431 - dep. febb. 1441 († 1447)
Alla Repubblica di Venezia . . . . . 24 febb. 1441 - 21 magg. 1509
Dominazione pontificia . . . . . . 27 magg. 1509 - 5 lugl. 1527
Alla Repubblica di Venezia . . . . 5 lugl. 1527 - 31 dic. 1529
Dominazione pontificia . . . . 1º genn. 1530 - 26 giu. 1796
Invasione francese . . . . 26 giu. - 20 lugl. 1796
Dominazione pontificia . . . . . . 20 lugl 1796 - 31 genn. 1797
Repubblica Cispadana, poi Cisalpina (dal 26 luglio
    1797) . . . . 31 genn. 1797 - 27 magg. 1799
Dominazione austriaca . . . . . . 27 magg. 1799 - 14 lugl. 1800
Repubblica Cisalpina . . . . 14 lugl. - 11 dic. 1800
Dominazione austriaca . . . . 11 dic. 1800 - 26 gen. 1801
Repubblica Cisalp., poi Italiana (29 genn. 02) 26 gen. 1801 - 17 mar. 1805
Regno d'Italia . . . . 17-19 mar. 1805 - 9 dic. 1813
Entrano in Ravenna le truppe austriache comand. dal
    gen. Nugent . . . . 9 dic. 1813 - giu. 1814
Governo provvisorio austriaco . . . . . . 12 giu. 1814 - 3 apr. 1815
I Napoletani occupano Ravenna . . . . 3 - 20 apr. 1815
Governo provvisorio austriaco . . . . 20 apr. - 9 giu. 1815
Governo provvisorio pontificio . . . . . . 9 giu. 1815 - mar. 1831
Governo provvisorio delle provincie unite italiane 4 - 22 mar. 1831
Dominazione pontificia . . . . 22 mar. 1831 - genn. 1849
Rivoluzione. — Governo provvisorio . . . . 23 genn. - febb. 1849
Proclamazione della Repubblica Romana . 12 febb. - 19 mag. 1849
Dominazione pontificia . . . . . . 19 magg. 1849 - 13 giu. 1859
Giunta provvisoria di governo. — Adesione al go-
    verno di Bologna sotto la dittatura del re di Sar-
    degna . . . . 13 giu. - 2 ag. 1859
Governo delle Romagne. — Col. Leonetto Cipriani,
    gov. gen. . . . . 2 ag. - 9 nov. 1859
L. Carlo Farini, dittatore delle provincie Modenesi e
    Parmensi, incaricato del governo delle Roma-
    gne . . . . 9 nov. 1859 - 18 mar. 1860
Decreto di annessione delle Romagne al regno Sardo 18 mar. 1860

24. Rimini (1).

Malatesta I da Verucchio, f. di Malatesta, signore 13 dic. 1295 - † 1312
Malatesta II, detto *Malatestino*, f. . . . . . . 1312 - † 14 ott. 1317
Pandolfo I, fr. (sign. di Pesaro 1304-06) . . 14 ott. 1317 - † 6 ap. 1326
Ferrantino, f. di Malatesta II . . . . 6 apr. - 9 lugl. 1326

---

(1) Cronica Riminese, in Rer. Ital. Script. vol. 1;º. — L. Tonini, Storia civile e sacra riminese, proseg. dal figlio Carlo, Rimini, 1848-88, voll. 9. —
P. Litta, Famiglie cel. ital., Malatesta. — P. Villari, Rimini e i Malatesta;
in Saggi stor. e crit., pag. 267 seg., Bologna, 1890. — Stokvis, op. cit,
vol. III.

Ramberto, cugino, f. di Giovanni Gianciotto di Pe-
saro . . . . 9 - 12 lugl. 1326 († 1339)
Ferrantino *di nuovo* . . . . lugl. 1326 - mag. 1331
Dominazione pontificia. . . . . maggg. 1331 - mar. (?) 1334
Ferrantino *di nuovo* . . . . . mar. 1334 - magg. 1335 († 12 nov. 1353)
Malatesta III *Guastafamiglia*, f. di Pandolfo I, (sign.
di Pesaro 1326) . . . . . magg. 1335 - rin. ott. 1363 († 27 ag. 1364)
Malatesta IV *l'Ungaro*, f. . . . . ott. 1363 - † 17 lugl. 1373
Galeotto, fr. di Malatesta III (sig. di Fano 1340, di Pe-
saro 1373, di Cesena 1378) succ. . . 17 lugl. 1372 - † 21 genn 1385
Carlo I, f. . . . . 21 genn. 1385 - † 13 sett. 1429
Galeotto-Roberto, nipote di Galeotto . . sett. 1429 - abd. lugl. 1432
(† 10 ott. s. a.)
Sigismondo-Pandolfo, fr. . . . . lugl. 1432 - † 9 ott. 1468
Roberto, f. . . . . 9 ott. 1468 - † 10 sett. 1482
Pandolfo V, f., regg. la madre Elisabetta Aldovran-
dini e gli zii Galeotto e Raimondo fino al 31 lugl.
1492; vic. pont. . . . . 16 ott. 1482 - dep. 10 ott. 1500
Cesare **Borgia** (duca Valentino 1498, vic. pont. d'Imola,
Forlì, Cesena) occupa Rimini . . . 10 ott. 1500 - dep. 6 sett. 1503
Pandolfo V, *di nuovo* . . . . 6 sett. - rin. 16 dic. 1503
Alla Repubblica di Venezia . . . . . 16 dic. 1503 - 14 magg. 1509
Al Papa . . . . giu. 1509 - 24 magg. 1522
Pandolfo V **Malatesta** *di nuovo*, e Sigismondo suo
figlio, sign. . . . . 24 magg. 1522 - 31 gen. 1523
Al duca d'Urbino pel Papa . . . . . 31 genn. 1523 - 14 giu. 1527
Pandolfo V e Sigismondo **Malatesta**, *di nuovo* signo-
ri . . . . 14 giu. 1527 - 17 giu. 1528 (1)
Al Papa . . . . 17 giu. 1528 - dic. 1797
Occupazione francese . . . . dic. 1797 - 29 sett. 1808
Unione al regno d'Italia . . . . . . 29 sett. 1808 - 24 mag. 1814
Al Papa . . . . magg. 1814 - 29 mar. 1815
Occupazione di Giocchino Murat . . . . . 29 mar - 27 apr. 1815
Occupazione Austriaca . . . . 27 apr. - 18 lugl. 1815
È ristabilito il governo del Papa . . . 18 lugl. 1815 - 18 mar. 1860
Annessione al regno di Sardegna . . . . . . 18 mar. 1860

25. Roma (2).

V. nelle " Tavole Cronografiche . la serie dei Papi
e dei Re d'Italia.

Governata da un Duca, capo dell'esercito (eletto prima
dall'Imperatore, poi dal popolo e dal Papa) e da
un Prefetto o govern. civile . . . . sec. VI - VIII

---

(1) Pandolfo V morì nel 1534 e Sigismondo il 27 dic. 1543.
(2) GREGOROVIUS, Storia di Roma, nel medio-evo. Venezia, 1872-76, voll. 8.

— REUMONT, Geschichte der Stadt Rom, Berlin, 1867-68, voll. 3. — VITALE, Storia diplomatica dei Senatori di Roma, Roma, 1790-91. — J. PAPENCORDT, Geschichte der Stadt Rom, Paderborn, 1857. — Archivio della Società Romana di Storia patria. Roma, 1878-1905. — L. C. FARINI, Lo Stato Romano dal 1815 al 1850, Firenze, 1853, voll. 4. — STOKVIS, op. cit., vol. III. — GENNARELLI, Il governo pontificio e lo Stato Romano, Prato, 1860, voll. 2. — P. VILLARI, Il Comune di Roma nel medio evo; in *Saggi storici*, Bologna, 1890.

Matteo Rossi-Orsini, f. di Gio. Gaetano Orsini (guelfo),
 solo sen. magg 1241 - 1243
Annibale degli Annibaldi e Napoleone Orsini, sen.   mar. (?) 1244 - 1245
Pietro Frangipani, sen. 1246
Bobo, f. di Giovanni e Pietro Caffaro, romano, pro-
 senatore 1247
Pietro Anibaldi e Angelo Malabranca, sen. 1248
Raimondo Capizuccio, romano, sen. 1252
Si elegge un Senatore forestiero con ampi poteri:
Brancaleone degli Andalò, C.e di Casalecchio, ghibell   ag. 1252 - 1254
Jacopo Capoccio e Buonconte de' Monaldeschi, sen. . . 1254 - 1255
Martino della Torre, di Milano, sen.   . . . . . 1256 - rin. s. a.
Emanuele de Madio (Maggi), bresciano, guelfo, sen. . . 1256 - 1257
Le Arti cacciano i nobili dal governo e mettono in
 fuga il papa. — Brancaleone degli Andalò richia-
 mato . . . . 1257 - † 1258
Castellano degli Andalò, zio di Brancaleone, el. dal
 popolo . . . . 1258 - dep. primav. 1259
Sono el. due senat. romani. Napoleone Orsini e Ric-
 cardo degli Anibaldi el. dal papa 1259
Giovanni Savelli e Anibaldo Anibaldi, sen. . . . . v. 1260 - apr. 1261
Governo provvisorio dei *Boni Homines* (1) . . . . . 1261 - 1263
Carlo I d'Anjou C.e di Provenza (re di Sicilia 1266),
 senat. pel Papa . . . . ag. 1263 - rin. magg. 1266
Luca Savelli. padre di papa Onorio IV, sen. . . . . 1266 - † s. a.
Si costit. un governo democr. di 26 Boni Homines
 con Angelo Capocci ghibell. per capitano. Don
 Arrigo, f. di Ferdinando III di Castiglia, el. sen. . 1267 - ag. 1268
Carlo I d'Anjou, di nuovo sen. . . . . 16 sett. 1268 - 1278
Matteo Rosso-Orsini II, el. sen. da papa Nicolò III suo fr. . 1278
Giovanni Colonna I e Pandolfo Savelli, el. sen. per
 un anno . . . . ott. 1279 - 1280
Pietro de' Conti e Gentile Orsini, f. di Bertoldo, sen. . . . 1280
Carlo d'Anjou, re di Sicilia, di nuovo senat. — Filip-
 po di Lavena, Guglielmo l'Etendard e Goffredo de
 Dragona pro-senat. . . . . 1281 - 22 genn. 1281
Giovanni di Cencio Malabranca, parente degli Orsini,
 el. Capitano e difensore di Roma. Annibale Anni-
 baldi e Pandolfo Savelli, senat. . . . . 1284 - 1285
Pandolfo Savelli e Annibale Transmundo, sen. 1285
Papa **Onorio IV**, el. sen. a vita . . . . 1285 - † 1288
Gentile Orsini, sen. . . . . v. 1286
Bertoldo Orsini I, conte di Romagna, sen. . . . . dic. 1288 - 1289
Orso Orsini I e Niccolò de' Conti, sen. . . . . . . sett. 1288

---

(1) V. Gregorovius, Storia di Roma, vol. V, pag. 390.

Nicola Conti e Luca Savelli, sen. . . . . genn. 1290
Giovanni Colonna I, sen. e signore di Roma . . . . . . sett. 1290
Pandolfo Savelli, *di nuovo* sen. 1291
Stefano Colonna I C.^e di Romagna e Matteo Rinaldo
    Orsini, sen. 1292
Agapito Colonna e un Orsini, sen. . . . . mar. 1293
Pietro Raineri de' Stefaneschi ed Eude di S. Eustac-
    chio, sen. . . . . ott. 1293 - 1294
Tommaso da San-Severino C.^e di Marsico, sen. 1294
Ugolino de' Rossi di Parma, sen. 1295
Pietro de' Stefaneschi e Andrea Romano di Traste-
    vere, sen. 1206
Pandolfo Savelli, *di nuovo*, el. sen. dal Papa per un
    anno . . . . 13 mar. 1297 - 1298 († 1306)
Eude o Oddone di Sant'Eustachio, sen. 1298
Riccardo Annibaldi e Gentile Orsini, sen. 1300
Giacomo Napol. Orsini e Matteo Rinaldi Orsini, sen. . . giu. 1302
Guido de Pileo, sen. . . . . 19 genn. 1303
Tebaldo, f. di Matteo Orsini e Alessio Bonaventura,
    sen. . . . . 11 giu. 1303
Gentile Orsini e Luca Savelli, sen. 1304
Viene eletto un *Capitano del popolo* (1) con tredici *An-
    ziani* ed un *Senatore*, Paganino della Torre 1305
Gentile Orsini e Stefano Colonna II, sen. . . . . 2° semestre 1306
Pietro Savelli e Giovanni Normanni, sen. per 6 mesi . 9 mar. 1307
Pietro Savelli e Giovanni Cerese, sen. . . . . ag. 1307
Riccardo degli Annibaldi e Giov. Colonna . . . 1° nov. 1307 - 1308
Giacomo Sciarra Colonna e Giacomo Savelli, sen. . . 15 apr. 1308
Giovanni Pietro de' Stefaneschi e Tebaldo di S. Eu-
    stachio, sen. . . . . 27 giu. e 13 sett. 1309
Fortebraccio Orsini e Giovanni degli Annibaldi, se-
    natore . . . . 1310 - dep. 19 mag. 1310
Luigi di Savoia (Riccardo Orsini e Giov. Annibaldi
    vicari), sen. . . . . 1° ag. 1310 - nov. 1311 (2)
Giovanni di Savigny, cap. del pop. 1312
Giacomo Arlotti de' Stefaneschi, cap. del pop, con un
    Consiglio di 26 Buoni Uomini, poi sen. . . . . . 1312 - 1313
Francesco Orsini e Giacomo Sciarra Colonna, sen. . . . ott. 1312
I nobili fuorusciti abbattono il governo popolare.
    L'Orsini e Sciarra Colonna di nuovo sen. . . . fine febb. 1313
Roberto d'Anjou, re di Napoli, sen., governa in nome
    del Papa . . . . 1314 - 1326

---

(1) Il bolognese Giovanni *de Ygiano* o *de Lignano*. V. Gregorovius, Stor. di
Roma, vol. VI, pag. 9.

(2) C. Fraschetti, Luigi di Savoia, Senatore di Roma, Roma, 1902.

Vicari regi: Poncello Orsini 1314; Guglielmo Scarrer 1314-15; Gentile ·Spinola 1315; Tebaldo Orsini e Riccardo Annibaldi 1316; Rinaldo de Lecto 1317; Nicolò de Jamvilla e Roberto de Lentino 1318; Giov. Alkerutii Bobonis, poi Guglielmo Scarrer 1319-20; Giordano Orsini e Stef. Colonna II 1320; Annibale Riccardi e Riccardo Orsini 1321; Giov. Savelli e Paolo de' Conti 1322; Stef. de' Conti e Stef. Colonna I, poi Bertoldo Orsini II e Stef. Colonna I 1323; Bertrando de Baux, Gugl. Eboli, Annib. di Ricciardo, Giov. de' Stefaneschi, Buccio di Processu e Orsino Orsini 1324; Franc. Bonaventura e Giov. de' Conti 1324-25; Giac. Savelli 1325; Romano Orsini e Riccardo Frangipani, poi Franc. dell'Anguillara 1326.

Il popolo insorge: forma un nuovo governo democratico. Giacomo Sciarra Colonna, ghibell., capit. del pop., con un Consiglio comunale di 52 popolani, poi Giac. Savelli, sen. . . . . v. apr. 1327 - rin. ag. 1328

L'Imp. **Lodovico il Bavaro**, eletto senatore e cap. del popolo . . . . 11 genn.- 4 ag. 1328

Castruccio Castracani degli Antelminelli (sign. di Pisa e Lucca 1328) vic. imp. e sen. . . . . 18 genn. - 1o febb. 1323

Rainero della Faggiuola, f. di Ugo, sen. . . . . magg. 1328

Cade il governo democr. — Nuovo governo di senatori nobili . . . . ag. 1328 - 1338

Bertoldo Orsini e Stef. Colonna, sen. inviati dal Papa . 8 ag. 1328

Roberto d'Anjou, re di Napoli, di nuovo sen. . . 18 ag. 1328 - 1333 Gugl. di Eboli e Novello di Monte Scabioso vicari regi. . . . . 18 ag 1328 - 4 febb 1329

Napoleone Orsini III, e Stef. Colonna I, sindaci del popolo . . . . 4 febb. 1329

Bertoldo Orsini III C.e di Nola e Bertoldo di Poncello Orsini, vic. regi, poi sen. giu.1329

Giovanni d'**Anjou**, C.e di Gravina, fr. del re di Napoli, sen. e vic. regio 1330

Buccio di Giov. Savelli e Franc. de' Stefaneschi, vic. regi 1331

Stef. Colonna I e Niccolò Stefano de' Conti, vic. regi 1332

Simone de Sangro, vic. regio 1333

Raimondo di Loreto, pro-senatore 1334

Riccardo Fortebraccio Orsini e Giac. Colonna, sen. giu. e sett. 1335

Commissari delegati dal popolo 1336

Patrasso C.e dell'Anguillara e Anibaldo Anibaldi, vic. regi (4 marzo). — Stef. Colonna e Orso dell'Anguillara, sen. 1337

Papa **Benedetto XII**, el. dal popolo senat. e capit. a vita . . . . lugl. 1337 - apr. 1342

Giacomo di Cante dei Gabrielli e Bosone Novello dei
    Gabrielli da Gubbio, senat. delegati dal papa . . 15 ott. 1337
Matteo Orsini e Pietro Colonna, sen. pel papa 2 ott. 1338 - lugl. 1339
Sommossa popolare. Nuovo governo democratico (1338-
    42) Giordano Orsini e Stefano Colonna, rettori . . . lugl. 1339
Tebaldo di S. Eustachio e Martino de' Stefaneschi,
    sen. pel papa . . . . 1º mar. - 1º sett. 1340
Orso dell'Anguillara e Giordano Orsini, sen. fino a sett.
    1341, poi Franc. Orsini e Paolo Nicolo degli An-
    nibaldi, poi Franc. Savelli e l'Annibaldi 1341
Papa **Clemente VI**, el. senatore a vita . . . 1342 - † 6 dic. 1352
    Stef. Colonna e Bertoldo Orsini, vic. 1342
Matteo Orsini e Paolo Conti, sen. . . . . . . 1343 - lugl. 1344
Giordano Orsini e Giov. Colonna, sen. . . . . . 1º lugl. - 31 dic. 1344
Bertoldo Orsini e Orso dell'Anguillara (1º sem.); poi
    Rainaldo Orsini e Nicola Annibaldi (2º sem.) 1345
Orso Orsini e Nicola Conti (1º sem.), poi Nicola Anni-
    baldi e Giord. Orsini (2º sem.) 1346
Roberto Orsini e Pietro di Agapito Colonna (1º sem.) . . . 1347
Rivoluz. popolare. — **Cola di Rienzo**, tribuno e ditta-
    tore del pop. . . . . 19 mag. - dep. 15 dic. 1347
È ripristinata l'autorità del papa . . . . 19 dic. 1347
Bertoldo Orsini e Luca Savelli, sen. pel papa . . . . gen. 1348
Nicola de Zancato cav. di Anagni e Guido Franc. Or-
    sini (?), sen. 1349
Pietro Colonna Giordani e Giov. Orsini, poi Rinaudo
    Orsini e Stefanello Colonna (el. 14 sett.) . . . 1350 - febb. 1351
Rivoluz. popolare. — Giov. **Cerroni** capitano e ditta-
    tore pel pop. . . . . 26 dic. 1351 - sett. 1352
Bertoldo Orsini e Stefanello Colonna, sen. non appro-
    vati dal papa 1352
Giovanni Orsini e Pietro Sciarra, sen. 1353
Francesco **Baroncelli**, el. tribuno e dittatore . . 14 sett. - dic. 1353
Guido Giordani de Patriciis (Guido dell'Isola) sen. pel
    papa . . . . 1353 - 1354
Cola di Rienzo, senatore . . . . 5 ag. - † 8 ott. 1354
Orso Andrea Orsini e Giov. Tebaldi di S. Eustachio
    (1º sem.), Luca Savelli e Franc. Orsini (2º sem.), sen. . . . 1355
Sciarra Colonna e Nicola Orsini (1º sem.); Orso e Pie-
    tro Capoccio de' Capocius (2º sem.), sen. 1356
Pietro Giordani Colonna e Nicola Riccardi degli An-
    nibaldi (1º sem.), sen. 1357
Papa **Innocenzo VI**, nom. sen. a vita. — Giovanni Conti
    deleg. dal papa (1º sem.), Raimondi de' Tolomei
    di Siena (2º sem.), sen. (1) 1358

———————

(1) Col Tolomei incominciò la serie dei Senatori forestieri, che si rinnova-

vano di sei in sei mesi, avversi ai nobili. Accanto al Senatore fu posto il Consiglio dei *sette riformatori della repubblica*.

(1) I Riformatori (imitazione dei *Priori* di Firenze) erano eletti a sorte di tre in tre mesi fra i popolani. Appaiono la prima volta nel 1360. La milizia era stata ricomposta popolarmente sotto due *Banderesi* (imitaz. dei *Gonfalonieri* di Firenze) che dovevano sostenere i Riformatori, abbattere i nobili e difendere la Repubblica. — V. VILLARI, Saggi storici, Bologna, 1890, pag. 234.

(2) *Conservatores Camerae Urbis*, cioè un consiglio municipale fornito di podestà giudiziaria ed amministrativa. V. Gregorovius, Storia di Roma, Venezia, 1875, vol. VI, pag. 507.

È ristaur. dal Papa il governo dei Conservatori. —
Giac. Isolani card. legato . . . . 19 ott. 1414
Riccardo degli Alidosi d'Imola, sen. . . . . 6 ott. 1415
Giovanni degli Alidosi d'Imola, sen. 1416
Braccio da Montone di Perugia, *defensor Urbis.* —
Ruggero, C.ᵉ di Antigliola, sen. . . . . . 16 giu. - 26 ag. 1417
Giovanni Spinelli di Siena, sen. . . . . . . 27 ag. 1417 - genn. 1418
Governo dei tre Conservatori 1418
Ranuccio Farnese, sen. . . . . 27 apr. 1419
Nerio Vettori di Firenze, poi Baldassare C.ᵉ di Bardella
d'Imola, sen. . . . . 27 nov. 1420
Stefano de' Branchi di Gubbio e Giov. Salerno, ve-
ronese, sen. 1421
Bartol. Gonzaga di Mantova e Battista de' Conti di
Pianciano, sen. (1) 1422
È acclamata di nuovo la Repubblica, restaurati i Ban-
deresi con sette Governatori della libertà 29 magg. - 26 ott. 1434
Dominazione pontificia . . . . . . 25 ott. 1434 - 10 febb. 1798
I Franco-Cisalpini, col general Berthier, occupano
Roma. . . . . 10 febb. 1798
Proclamaz. della Repubblica Romana. — Governo dei
sette Consoli . . . . 15 febb. 1798
Governo dei cinque Consoli . . . . 20 mar. - sett. 1798
Nuovo Consolato . . . . sett. - 27 nov. 1798
I Napoletani occupano Roma (27 nov.). — Governo
provvisorio . . . . 29 nov. - 12 dic. 1798
È ristabilito il Consolato . . . . 12 dic. 1798 - 24 giu. 1799
Comitato di governo di 5 membri, Périller presi-
dente . . . . 24 giu. - 30 sett. 1799
I Napoletani rientrano in Roma (30 sett.) — Governo
provv. . . . . 3 ott. 1799
Le truppe Napoletane lasciano Roma. — È ristabil. il
governo del Papa . . . . 23 giu. 1800 - 17 mag. 1809
[Occupazione francese . . . . 2 apr. 1808]
Napoleone I **Bonaparte** unisce Roma e il Lazio alla
Francia . . . . 17 magg. 1809 - 24 magg. 1814
Pio VII rientra in Roma . . . . . 24 magg. 1814 - 2 magg. 1815
Gli Austriaci, comand. dal gen. Nugent occupano Ro-
ma . . . . 2 magg. - 7 giu. 1815
Governo del Papa . . . . 7 giu. 1815 - 5 febb. 1849
Apertura della Costituente (5 febb.) — Procl. della Re-
pubblica Romana; Mazzini, Saffi, Armellini trium-
viri . . . . 9 febb. - 4 lugl. 1849

---

(1) Qui sospendiamo la serie dei Senatori di Roma perchè ormai di poca
importanza storica. Rimandiamo pel seguito all'opera già citata del VITALE.

I Francesi ristab. a Roma il poter temporale e l'auto-
    rità del Papa . . . . 14 lugl. 1849 - 20 sett. 1870
Le truppe italiane occupano Roma (gen. Cadorna) . . 20 sett. 1870
Giunta provvisoria di Governo . . . . 20 sett. - 9 ott. 1870
Roma e le provincie romane sono annesse al Regno
    d'Italia con decreto . . . . ott. 1870

26. Saluzzo (1).

Marchesi,

Manfredo I di **Saluzzo**, f. di Bonifacio march. del
    Vasto . . . . 1125 - † 1175
Manfredo II, detto *Punasio*, f., march. . . . . . 1175 - † feb. 1215
Manfredo III, *Manfredino*, nip, regg la madre per
    qualche anno . . . . 1215 - † av. 29 ott. 1244
Tommaso I f., regg. la madre Beatrice fino al 1247, poi
    Bonifacio II di Monferrato fino al 1253, poi Tom-
    maso II di Savoia fino al 1254 . . . . succ. 1244 - † 3 dic. 1296
Manfredo IV, f. . . . . 3 dic. 1296 - dep. 1329 († 16 sett. 1340)
Federico I, f. . . . . : . . . . 1329 - † 29 giu. 1336
Tommaso II, f. . . . . 1336 - dep. apr. 1341
Manfredo V, zio . . . . apr. 1341 - dep. 27 mar. 1344
Tommaso II, *di nuovo* . . . . 27 mar. - dep. 13 mag. 1344
Manfredo V, *di nuovo* . . . . 13 mag. 1344 - dep. 6 sett. 1346
Tommaso II, *di nuovo* . . . . 6 sett. 1346 - † 15 ag. 1357
Federico II, f. di Manfredo V . . . . 15 ag. 1357 - dep. 11 nov. 1375
Amedeo VI **di Savoia** (C.º di Savoia 1343) 11 nov. 1375 - dep. 9 mag. 1376
Federico II **di Saluzzo**, *di nuovo* . . . . . . 9 magg. 1376 - † 1396
Tommaso III, f. . . . . 1396 - † ott. 1416
Lodovico I, f., regg. la madre Isabella di Monferrato
    per pochi anni, succ. . . . . ott. 1416 - † 8 apr. 1475
Lodovico II, f. . . . . 8 apr. 1475 - dep. 3 apr. 1487
Carlo I **di Savoia** (duca di Savoia 1482). . . apr. 1487 - † mar. 1490
Lodovico II **di Saluzzo**, *di nuovo* . . . . apr. 1490 - † 27 genn. 1504
Michelantonio, f., regg. la madre Margherita di Foix
    fino al 1526, succ. . . . . . . 27 genn. 1504 - † 18 ott. 1528
Gianlodovico, fr. . . . . 18 ott. 1528 - dep. 1529
Francesco Lodovico, fr. . . . . 1529 - dep. 1537 († 1563)
Gabriele, fr. . . . . 21 lugl. 1537 - dep. 29 giu. 1543
Annessione all'Impero . . . . giu. 1543 - feb. 1544
Alla Francia . . . . feb. 1544

---

(1) D. CARUTTI, Il marchesato di Saluzzo. in Bibl. della soc. stor. subalp.
v. X — LITTA, Famiglie cel. italiane, March. di Saluzzo. — STOKVIS, op. cit.,
vol. III. — GABOTTO, I marchesi di Saluzzo, ivi, 1901. — E. CALVI, Tavole
storiche dei Comuni Italiani, Roma, 1903, pag. 61.

Gabriele **di Saluzzo**, *di nuovo* 1544 - dep. 23 febb. 1548 († 29 lugl. s. a.)
Alla Francia *di nuovo* . . . . febb 1548 - dic. 1588
Al ducato di Savoia, poi regno di Sardegna, . . dic. 1588 - 9 dic. 1798
Alla Francia *di nuovo* . . . . 9 dic. 1798 - magg. 1814
Annessione definitiva al regno di Sardegna . . . . 11 magg. 1814

27. Savoia e Piemonte (1).

Conti di Savoia, poi Duchi dal 1416, Re di Sardegna dal 1720
Re d'Italia dal 1861.

[Bosone C.ᵉ di Savoja e Belley, f. dell'imp. Luigi III
  il Cieco . . . . già morto 998]
[Umberto I, C.ᵉ di Savoia, f. di Bosone (?) . . . . vivente 943-980]
[Amedeo I, *la Coda*, C.ᵉ di Savoja, f. di Umberto (?)   ,   980]
Umberto I [II] *Biancamano*, cugino (?) di Amedeo I
  (C.ᵉ di Ginevra 1003, d'Aosta 1025, di Moriana
  1034, di Belley 1040) . . . . 1003 - † v. 1048
Oddone, f, C.ᵉ di Savoia e Torino, sposa nel 1046 Ade-
  laide, erede della Marca in Italia, figlia di Olde-
  rico Manfredi march. di Torino v. 1048 o 1056 - † av. 21 mag. 1061
Pietro I, f., sotto tutela della madre Adelaide, C.ᵉ di
  Savoia . . . . 1060 - † fra 16 lugl. e 26 ott. 1078
Amedeo II, fr., C.ᵉ di Savoia . . . . . 26 ott. 1078 - † av. 8 mar. 1080
Umberto II il *Rinforzato*, f, C.ᵉ di Moriana e March.
  d'Italia, regg. Adelaide sua nonna fino al 19 dic.
  1091, succ. . . . . v. mar. 1080 - † 19 ott. 1103
Amedeo III, f., sotto tutela di Aimone II Cᵉ di Gine-
  vra fino v. 1110, succ. 19 ott. 1103, C.ᵉ di Torino 1130 - † 1 apr. 1148
Umberto III *il Beato*, f. . . . . 1° apr. 1148 - † 4 mar. 1189
Tommaso I, f., tutore, per alcuni anni, Bonifacio III
  march. di Monferrato . . . . 4 mar. 1189 - † 1° mar. 1233
Amedeo IV, f, succ. 1° mar. 1233, duca d'Aosta 1238,
  del Chiablese . . . . 1243 - † 13 lugl. 1253 (2)

---

(1) M. Paroletti, I secoli della R. Casa di Savoia, Torino, 1827, v. 2. —
L. Cibrario, Storia della Monarchia di Savoia, Torino, 1840-44, e Origini e
progressi della Monarch. di Savoia, Firenze 1869. — D. Carutti, Storia della
diplomazia della Corte di Savoia, Torino, 1875-80, voll. 4. — N. Bianchi, Storia della Monarch. Piemontese, Roma 1877-85 voll. 4. — A. Gerbaix De Son-
naz, Studi sul contado di Savoia e marchesato in Italia, Torino, 1883-1888,
v. 2. — F. Gabotto, Il Piemonte e la Casa di Savoia fino al 1492, Firenze,
1896; e Lo Stato Sabaudo da Amedeo VIII ad Emanuele Filiberto, Torino,
1892-95, voll. 3. — Stokvis, op. cit., vol. III. — E. Calvi, Tavole storiche
dei Comuni Italiani, Roma, 1903, ecc.

(2) Ramo dei principi di Piemonte:
Tommaso II, fr. di Amedeo IV (C.ᵉ di Fiandra e d'Hainaut

Bonifacio *l'Orlando*, f., regg. Tommaso II di Piem.
  suo zio fino al febb. 1259; (duca del Chiable-
  se 1253) . . . . lugl. 1253 - giu. 1263 († 1268)
Pietro II *il piccolo Carlomagno*, f. di Tommaso I, suc-
  cede . . . . giu. 1263 - † 16 magg. 1268
Filippo I, fr. . . . . 16 magg. 1268 - † v. 15 ag. 1285
Amedeo V *il Grande*, nip. (f. di Tommaso II di Pie-
  monte) . . . . ag. 1285 - † 16 ott. 1323
Edoardo *il Liberale*, f. . . . . . . 16 ott. 1323 - † 4 nov. 1329
Aimone *il Pacifico*, fr. . . . . . . 4 nov. 1329 - † 24 magg. 1343
Amedeo VI *il Conte Verde*, f., sotto tutela 1343-48, (uni-
  sce il Piemonte 1360-63) . . . . . 24 magg. 1343 - † 1º mar. 1383
Amedeo VII *il Conte Rosso*, f. . . . . 1º mar. 1383 - † 1º nov. 1391
Amedeo VIII, *il Pacifico*, f., regg. Bona di Borbone sua
  nonna, poi Oddone di Villars e Ibleto di Challant
  fino al 1398; creato duca di Savoia 19 febb. 1416,
  di Piemonte dic. 1418, succ. . . . 1º nov. 1391 - rin. 7 nov. 1434 (1)
                                              († 7 genn. 1451)
Lodovico, f., princ. di Piemonte, luogot. dello Stato,
  succ. . . . . 7 nov. 1434, duca 6 gen. 1440 - † 29 genn. 1465
Amedeo IX *il Beato*, f., e Jolanda di Francia sua moglie dal 1466, succ. . . . . 29 genn. 1465 - † 30 mar. 1472
Filiberto *il Cacciatore*, f., regg. la madre Jolanda († 30
  ag. 1478) . . . . 30 mar. 1472 - † 22 apr. 1482
Carlo I *il Guerriero*, fr., tutore Luigi XI re di Fran-
  cia, † 30 ag. 1483; (re di Cipro 1445) 22 apr. 1482 - † 14 mar. 1490
Carlo II, f., reggente Bianca di Monferrato sua ma-
  dre . . . . 14 mar. 1490 - † 16 apr. 1496
Filippo II *Senza Terra*, sire di Bugey, f. di Lodovico
  pred., succ. . . . . 16 apr. 1496 - † 7 nov. 1497
Filiberto II *il Bello*, f. . . . . . . 7 nov. 1497 - † 10 sett 1504

1237-45, vic. imp. 1242, princ. di Capua 1252) ottiene il
  Piemonte, ... 1233, conferm. 1245 - † febb. 1259
Tommaso III, f., stipite del ramo d'**Acaja**, succ. . febb. 1259 - † 16 mag. 1282
Filippo I, f., regg. la madre Guya di Borgogna; principe di
  Piemonte. . . . . 16 magg. 1282 (princ. d'Acaja 1301) - † 25 sett. 1334
Giacomo d'**Acaja**, f. . . . . 25 sett. 1334 - dep. 1360
  »   »   . . . . . . ristabilito autunno 1363 - † 17 magg. 1367
Filippo II d'**Acaja**, f. . . . . 17 magg. 1367 - † dic. 1368
Amedeo d'**Acaja**, fr. sotto tutela (1368-77) di Amedeo VI, C.e
  Verde . . . . 17 magg. 1367 - † 7 magg. 1402
Lodovico d'**Acaja**, fr. . . . . 7 magg. 1402 - † 11 dic. 1418
  (1) Si ritira eremita a Ripaglia, conservando la suprema direzione degli
affari più importanti e lasciando la luogotenenza dello Stato al figlio Lodovico. Fu antipapa con nome di Felice V dal 5 nov. 1439 al 7 apr. 1449.

Carlo III *il Buono*, fr. . . 10 sett. 1504 - dep. mar. 1536 († 17 ag. 1553)

I Francesi occupano la Savoia e il Piemonte mar. 1536 - 3 apr. 1559

Emanuele Filiberto **di Savoia**, *Testa di ferro*, f. di
    Carlo III . . . . 3 apr. 1559 - † 30 ag. 1580

Carlo Emanuele I *il Grande*, f. . . . . . 30 ag. 1580 - † 26 lugl. 1630

Vittorio Amedeo I, f. . . . . 26 lugl. 1630 - † 7 ott. 1637

Francesco Giacinto, f. . . . . 7 ott. 1637 - † 4 ott. 1638

Carlo Emanuele II, *l'Adriano del Piemonte*, fr., regg.
    la madre Cristina fino al 1648; succ. . 4 ott. 1638 - † 12 giu. 1675

Vittorio Amedeo II, f., regg. la madre Maria Giov. di
    Savoia Nemours fino al 1684 (re di Sicilia 1713, di
    Sardegna 1720), succ. . 12 giu. 1675 - abd. 3 sett. 1730 († 30 ott. 1732)

Carlo Emanuele III, f. (re di Sardegna 1730) 3 sett. 1730 - † 20 feb. 1773

Vittorio Amedeo III, f., (re di Sardegna 1773) 20 febb. 1773 - † 16 ott. 1796

Carlo Emanuele IV, f. (re di Sardegna 1796-1802) suc-
    cede . . . . 16 ott. 1796 - 9 dic. 1798 (1)

La Savoia e il Piemonte occup. dalla Francia 9 dic. 1798 - magg. 1814

Vittorio Emanuele I, f. di Vittorio Amedeo III, re di
    Sardegna 4 giu. 1802, prende possesso degli Stati
    continentali . . 20 magg. 1814 - abd. 13 mar. 1821 († 10 genn. 1824)

Carlo Alberto di **Savoia**, princ. di **Carignano**, cugino,
    reggente del Regno . . . . 13 mar. - rin. 23 mar. 1821

Insurrezioni in Torino e in Alessandria. Governi provv-
    visori . . . . 21 mar. - 10 apr. 1821

Governo militare del generale Sallier de la Tour per
    Carlo Felice di **Savoia** . . . . 10 apr. - 17 ott. 1821

Carlo Felice, fr. di Vittorio Emanuele I, duca del Ge-
    nevese, re di Sardegna . . . . . . 30 apr. 1821 - † 27 apr. 1831

Carlo Alberto *il Magnanimo*, di **Savoia-Carignano**,
    pred., re . . . . . 27 apr. 1831 - abd. 23 mar. 1849 († 28 lugl. s. a)

Vittorio Emanuele II, f., succ. 23 mar. 1849 (2), re d'I-
    talia . . . . 17 mar 1861 - † 9 genn. 1878

Umberto I, f., re d'Italia . . . . 9 genn. 1878 - † 29 lugl. 1900

Vittorio Emanuele III, f., re d'Italia . . 29 lugl. 1900 -

28. Sicilia (3).

---

(1) Rinunzia agli Stati continentali e si ritira in Sardegna. Là pure abdica il 4 giugno 1802 a favore del fratello Vittorio Emanuele I; muore il 6 ottobre 1819.

(2) Cede Savoia e Nizza alla Francia il 24 mar. 1860.

(3) R. Di Gregorio, Considerazioni sulla storia della Sicilia dai Normanni a noi, Palermo, 1816, voll. 7. — F. La Lumia, Storie Siciliane, Palermo. 1882-83, voll. 4. — Di Blasi, Storia del Regno di Sicilia, Palermo, 1830, voll. 25. — Stokvis, op. cit. vol. III.

I Bizantini . . . . 535 - 831

I Saraceni entrano in Sicilia 827, occupano Palermo
    832, Messina 842, Siracusa 878 . . . . 827 - 1072

I Normanni: Ruggero I d'**Altavilla**, fr. di Roberto
    Guiscardo duca di Puglia e Calabria, occupa Mes-
    sina 1061, Catania lugl. 1071, Palermo genn. 1072,
    Siracusa 1088, ecc., C.ᵉ di Sicilia . . . . . . 1072 - † lugl. 1101

Ruggero II [I], fr., regg. la madre Adelaide fino al
    1113, (duca di Puglia e Calabria 1127, re di Na-
    poli 1137), succ. . . lugl. 1101, cor. re 25 dic. 1130 - † 26 febb. 1154

Guglielmo I il *Malo*, f. (duca di Napoli e princ. di Ta-
    ranto 1141) . . . . 26 febb. 1154 - † 7 magg. 1166

Guglielmo II il *Buono*, f., regg. la madre Margherita
    di Navarra (princ. di Taranto 1157) 7 magg. 1166 - † 16 nov. 1189

Tancredi, nip. di Ruggero II (C.ᵉ di Lecce 1149), assoc.,
    1191-93, col f., Ruggero . . . succ. 16 nov. 1189 - † 20 febb. 1194

Guglielmo III, f., (principe di Taranto 1190-95) suc-
    cede . . . . 20 febb. - dep. ott. o nov. 1194 († 1195)

Enrico I di **Hohenstaufen** (imp. di Germ. 1191), regg.
    Costanza, d'Altavilla sua moglie, succ. ott. o nov. 1194 - † 28 sett. 1197

Federico I, f., (imp. di Germ. 1220), regg. la madre
    Costanza, † 27 nov. 1198, poi il papa Innocenzo III;
    succ. . . . . . . 28 sett. 1197, cor. 17 magg. 1198 - † 13 dic. 1250

Corrado I, f., (re de' Romani 1237), regg. Manfredi,
    princ. di Taranto . . . . 13 dic. 1250 - † 21 magg. 1254

Corrado II *detto Corradino*, f., regg. Bertoldo di Hohen-
    burg, poi Manfredi pred. . . . . . 21 magg. 1254 - dep. 11 ag. 1258
                                  († 29 ott. 1268)

Manfredi, f. nat. di Federico I (princ. di Taranto 1240)
    coron. re . . . . 11 ag. 1258 - † 26 febb. 1266

Carlo I d'**Anjou**, f. di Luigi VIII re di Francia, re titol.
    29 magg. 1265, cor. re 6 genn. 1266 - dep. 2 sett. 1282 († 7 genn. 1285)

Pietro I d'**Aragona** il *Grande* (re d'Aragona 1276), co-
    ronato re . . . . 2 sett. 1282 - † 10 nov. 1285

Giacomo, f. (re d'Aragona 1291, di Sardegna 1324), suc-
    cede 10 nov. 1285, coron. 2 febb. 1286 - rin. genn. 1296 († 5 nov. 1327)

Federico II, fr., succ. 15 genn. 1296, assoc. col f. Pie-
    tro II . . . . 19 apr. 1322 - † 25 giu. 1337

Pietro II, f., assoc. al padre dal 1322, gli succ. 25 giu. 1337 - † 15 ag. 1342

Luigi, f., reggente lo zio Giovanni († apr. 1348), poi
    Blasco d'Alagona . . . . 15 sett. 1342 - † 16 ott. 1355

Federico III il *Semplice*, fr., regg. Eufemia sua so-
    rella . . . . ott. o nov. 1355 - † 27 lugl. 1377

Maria, f. (Artale Alagona, Ventimiglia, Chiaramonte e
    Peralta vic. regi 1377-96), succ. . . 27 lugl. 1377 - † 25 magg. 1402

Martino I d'**Aragona** il *Giovane*, marito di Maria dal
    29 nov. 1391, coron. re 1392, solo re 25 magg. 1402 - † 25 lugl. 1409

Martino II *il Vecchio*, padre di Martino I (re d'Aragona 1395) succ. . . . . 25 lugl. 1409 - † 31 magg. 1410

Vicariato di Bianca, f. di Carlo III re di Napoli, ved. di Martino I . . . . 31 magg. 1410 - 30 giu. 1412

Ferdinando I *il Giusto*, f. di Giovanni I re di Castiglia (re d'Aragona e Sardegna 1412), el. 30 giu., assume il governo . . . . 28 lugl. 1412 - † 2 apr. 1416

Giovanni, C.ᵉ di Pegnafiel, f di Ferdinando I, viceré 1415 - ag. 1416

Alfonso I *il Magnanimo*, f., (re di Castiglia, Aragona e Sardegna 1416, di Napoli 1442) . . . . 2 apr. 1416 - † 27 giu. 1458

Viceré: Antonio Cardona e Domenico Ram, vesc. di Lerida 1416-19; Ferdinando Velasquez, Martino de Torres e il Cardona 1419-21; Giov. Podio de Nucho, Arnaldo Ruggero de Pallas, Nicolò Castagna 1421-22; Ferd. Velasquez, De Nucho e De Pallas 1422-23; Nicolò Speciale 1423-24; Pietro, princ. d'Aragona 1424-25; Nicolò Speciale 1425-29; Gugl. Moncada e N. Speciale 1429-30; Giov. Ventimiglia, C.ᵉ di Gerage, N. Speciale e Gugl. Moncada 1430-32; Pietro Felice e Adamo Asmundo, pres. 1432-33; Pietro, princ. d'Aragona 1435; Ruggero Paruta 1435-39; Bernardo Requesens 1439-40; Gilberto Centelles e Battista Platamon 1440-41; Ramón Perellos 1441-42; Lopez Ximen de Urrea 1443-59.

Giovanni, fr. di Alfonso I (re di Navarra 1425, di Castiglia, Aragona e Sardegna 1458) . . 27 giu. 1458 - † 19 gen. 1479

Viceré: Giov. de Moncayo 1459-62; Gugl. Raimondo de Moncada (inter.) 1462-63; Bernardo Requesens 1463-64; Lopez Ximen de Urrea 1464-75; Giov. de Moncayo (inter.) 1475; Gugl. Peralta e Gugl. Pujades 1475-77; Giovanni Cardona, C.ᵉ di Prades 1477-79.

Ferdinando II *il Cattolico*, f. di Giovanni (re d'Aragona e Sardegna 1479, di Granata 1492, di Napoli 1503, di Castiglia 1507, di Spagna 1512) 19 genn. 1479 - † 23 gen. 1516

Viceré: Gaspare de Spes 1479-87; Raimondo Santapace e José Centelles 1487-88; Ferd. d'Acuña 1488-94; Giov. de Lanuza 1495-1506; Raimondo di Cardona 1506-09; Ugo di Moncada 1509-16.

Carlo II [V] d'**Absburgo-Austria**, nip. di Ferd. II, (re di Spagna 1516, di Germania ed Austria 1519) succede . . . . . . 23 genn. 1516 - rin. 16 genn. 1556 († 21 sett. 1558)

Viceré: Ettore Pignatelli, C.ᵉ di Monteleon 1517-34; Simone Ventimiglia, march. di Gerace (int.) 1534-35; Ferd. Gonzaga 1535-46; Ambrogio Santapace, march. di Licodia (int.) 1546-47; Giov. de Vega 1547-57.

Filippo I, figlio di Carlo II, (re di Spagna 1556), succede . . . . 16 giu. 1556 - † 13 sett. 1598

Viceré: Ferd. de Vega (int.) 1557; Giovanni di Medina Coeli 1557-65; Garcia de Toledo 1565-66; Carlo d'Aragona, duca di Terranova (int.) 1566-68; Franc. Ferd. d'Avalos, march. di Pescara 1568-71; Gius. Franc., C.ᵉ di Landriano 1571-76 (?); Carlo d'Aragona, princ. di Castelvetrano 1576-77; Marcant. Colonna, duca di Tagliacozzo 1577 84; Giov. Alfonso Bisbal, C.ᵉ di Briatico (int.) 1584-85; Diego Henriquez de Guzmán, C.ᵉ d'Alba 1585-91; Enrico de Guzmán 1592-95; Giov. Ventimiglia, march. di Gerace 1595-98.

Filippo II, f. di Filippo I, (re di Spagna 1598), succede . . . . 13 sett. 1598 - ✝ 31 mar. 1621

Viceré: Bernardino de Cardines 1598-1601; Giorgio de Cardines (int.) 1601-02; Lorenzo Suarez de Figueróa, duca di Feria 1602-06; Giov. Ventimiglia, march. di Gerace (int.) 1606-07; Giov. Ferd. Pacheco, duca d'Escalona 1607-10; Giov. Doria, card. (int.) 1610-12; Pietro Girón, duca d'Ossuna 1612-16; Franc. di Lemos, C.ᵉ di Castro 1616-22.

Filippo III, f di Filippo II (re di Spagna 1621), succede . . . . 31 mar. 1621 - ✝ 17 sett. 1665

Viceré: Filiberto di Savoia 1622-24; Card. Gio. Doria 1624-26; Antonio Pimentel, march. di Tavora 1626-27; Enrico Pimentel, C.ᵉ di Villada 1627; Franc. Ferd. de la Cueva, duca d'Albuquerque 1627-32; Ferd. de Ribera, duca d'Alcala 1632-35; Luigi di Moncada, duca di Montalto (int.) 1635-39; Franc. di Mello, duca di Braganza 1639-41; Alfonso-Henriquez de Caprera, C.ᵉ di Modica 1641-44; Pietro Faxardo Zúñiga Requesens, march. de los Velez 1644-47; Vincenzo di Guzmán, march. di Montalegre (int.) 1647; Card. Teodoro Trivulzio 1647-48; Giovanni d'Austria 1648-51; Rodrigo di Mendoza, duca d'Infantado 1651-55; Giov. Tellez Girón, duca d'Ossuna 1655-56; Franc. Gisulfo e Pietro Rubeo (int.) 1656; Martino di Redin 1656-57; Gian. Batt. Ortiz de Spinoza (int.) 1657; Pietro Rubeo (int.) 1657-60; Ferd. C.ᵉ d'Ajala 1660-63; Franc. Caetani, duca di Sermoneta 1663-67.

Carlo III d'Austria, f. di Filippo III (re di Spagna 1665), regg. la madre Maria Anna d'Austria fino al 1676 (?), succede . . . . : . . . . 17 sett. 1665 - ✝ 1º nov. 1700

Viceré: Franc. Fernández de la Cueva, duca d'Albuquerque 1667-70; Claudio Lamoral, princ. di Ligne 1670-74; Franc. Bazan di Benavides (int.) 1674; Fed. di Toledo, march. di Villafranca 1674-76   Angelo di Guzmán, march. di Castel Rodrigo 1676; Fr. Gattinara (int.) 1676-77; Card. L. F. di Portocarrero (int.) 1677-78; Vinc. Gonzaga, duca di Guastalla 1678; Franc. Benavides, C.ᵉ di Santisteban 1678-87; Giov. Franc. Pacecho, duca d'Uzeda 1687-96; Pietro Colon, duca di Veragua 1696-1701.

Filippo IV di Borbone, nip. di Luigi XIV re di Francia, (re di Spagna 1700) succ.. . . . 1° nov. 1700 - dep. sett. 1713

Vicerè: Giov. Eman.-Fern. Pacecho de Acuña, duca d'Escalona 1701-02; Card. Franc. del Giudice 1702-05; Isidoro de la Cueva, march. di Bedmar 1705-07; Carlo Spinola, march. di Los Balbases 1707-13.

Vittorio Amedeo (duca di Savoia e Piemonte 1675), re . . . . sett., cor. 24 dic. 1713 - dep. 2 ag. 1718

Vicerè: C.ᵉ Annibale Maffei 1713-18.

Carlo II d'Austria, fr. di Giuseppe I imp., (re di Napoli 1707, imp. di Germania 1711) . . 2 ag 1718 - dep. lugl. 1735
(† 20 ott. 1740)

Vicerè: Nicolò Pignatelli 1719-22; Gioach. Fern. Portocarrero 1722-28; Crist. Fern. di Cordova 1728-34.

Carlo IV di Borbone, f. di Filippo IV re di Spagna (duca di Parma e Piac. 1731, re di Spagna 1759) re di Napoli e Sicilia . . 15 magg. 1734 - rin. ag. 1759 († 13 dic. 1788)

Vicerè: Josè Castillo Albornoz 1734; Pietro de Castro Figueróa 1734-37; Bart. Corsini 1737-47; Eustachio, duca di Viefuille 1747-54; Giuseppe C.ᵉ Griman 1754-55; Arciv. Marcello Papiniano Cusani 1755; Giov. Fogliani d'Aragona 1755-73.

Ferdinando III, f. di Carlo IV, regg. il min. Tanucci fino al 1764, succ. . . . . 5 ott. 1759 - 16 genn. 1812

Vicerè: Serafino Filangieri arciv. 1773-75; Marcantonio Colonna 1775-81; Domenico Caracciolo 1781-86; Franc. d'Aquino 1786-95; Filippo López y Royo arciv. 1795-98; Tomm. Firrao 1798; Domenico Pignatelli arciv. 1802-03; Aless. Filangieri 1803-06.

Francesco Gennaro, f. di Ferdinando III, vicario generale del regno . . . . 16 genn. 1812 - 4 lugl. 1814

Ferdinando III pred. (con tit. di Ferdinando I re delle due Sicilie dal 22 dicembre 1816) riassume il governo . . . . 4 lugl. 1814 - † 4 genn. 1825

Francesco I, f., re . . . . 4 genn. 1825 - † 8 nov. 1830

Ferdinando II f. . . . . 8 nov. 1830 - dep. genn. 1848

Insurrezione di Palermo (12 genn. 1848), poi di altre città dell'isola. — Governo provvisorio, Ruggero Settimo presid. . . . . genn. 1848 - 15 magg. 1849

Ferdinando II di Borbone *di nuovo* . 15 magg. 1849 - † 22 magg. 1859
V. Napoli.

Plebiscito per l'annessione al Regno Sardo . . . . . 21 ott. 1860
Decreto d'annessione delle provincie siciliane al Regno Sardo . . . . 17 dic. 1860

29. Toscana (1).

Bonifacio I, conte di Lucca e margravio di Toscana . . 812 - 813
Bonifacio II, f. . . . . v. 828 - 834
Adalberto I, f. . . . . 847 - †884 o 890
Adalberto II *il Ricco*, f. . . . . 890 - † v. 917
Guido, f. (sposa nel 925 Marozia, domin. di Roma
    dal 928) . . . . 917 - † 929
Lamberto, fr. . . . . 929 - dep. 931
Bosone, f. di Tebaldo d'Arles e fr. di Ugo re d'Italia . . . . 931 - dep. 936
Uberto, o Umberto, f. nat. di Ugo re d'Italia, (duca di
    Spoleto e marc. di Camerino 943) . . . . 936 - † v. 961
Ugo *il Grande*, f. (duca di Spoleto e marc. di Came-
    rino 943) . . . . 961 - † v. 1001
Adalberto III, f. del march. Alberto . . . . v. 1001 - 1014
Ranieri, f. del march. Uguccione (duca di Spoleto 1010)
    succede . . . . v. 1014 - dep. 1027
Bonifacio III di **Canossa**, *il Pio*, f. di Tedaldo C.ᵉ di
    Modena e Reggio; sposa nel 1037 Beatrice di Lo-
    rena, succ. . . . . 1027 - †7 magg. 1052
Beatrice di Lorena, ved. di Bonifacio III, sposa (1053)
    Goffredo *il Barbuto*, duca della Bassa Lorena,
    succ. . . . . 7 magg. 1052- † 18 apr. 1076
Matilde *la Gran Contessa*, f. di Bonifacio III e di Bea-
    trice (duch. di Spoleto, ecc.) . . . 18 mar. 1076 - † 24 lugl. 1115
Le città della Toscana si considerano quasi indip. dal-
    l'Impero e si reggono in Comuni (V. anche Lucca,
    Pisa, Massa e Piombino) . . . . v. 1115
L'imp. Enrico V, manda i suoi rappresentanti, con ti-
    tolo di *Marchio* o *Praeses*, a prender possesso dei
    beni della contessa Matilde:
Rabodo (*Rempoctus*), *vic. imp.* . . . . 1116 - † 1119
Corrado, *vic. imp.* . . . . 1120 - 1127
Ramberto (*Rampret*), *vic. imp.* . . . . 1131 - 1132 c.
Engelberto, *vic. imp.* . . . . 1134 - 1137 c.

---

(1) Perrens, Histoire de Florence, Paris, 1877, voll. 3.

P. Villari, I primi due secoli della storia di Firenze, Firenze, 1905.

G. Capponi, Storia della repubblica di Firenze, Firenze, 1876, voll. 3.

A. Reumont, Tavole cronologiche e sincrone dell'istoria fiorentina. Firenze, 1841. — Stokvis, op. cit., vol. III.

Enrico (duca di Baviera 1126, di Sassonia 1138), *vic.*
    imp. . . . . 1137 - † 1139 c.
Ulrico d'Attems, *vic. regio* . . . . v. 1139 - . . .
Guelfo, duca di Spoleto, zio di Federico imp., *vic. imp.* 1160 - 1162
Rainaldo di Colonia, arciv., *vic. imp.* . . . . 1162 - 1163
Cristiano di Magonza, arciv., *vic. imp.* . . . . 1163 - 1173
Firenze si regge a Comune ed è governata da Con-
    soli . . . . princ. sec. XII - 1193
        dá Podestà fiorentini . . . . 1193 - 1196
        da Consoli . . . . . 1196 - 1200, 1202 - 1205, 1206 e 1211 - 1212
        da Podestà forestieri . . . . 1200 - 1201, 1207 - 1210 e 1213
Lotte tra Guelfi e Ghibellini in Firenze; i Guelfi vinti
    escono dalla città . . . . 2 feb. 1249
Nuova costituzione di Firenze detta del *Primo Popolo.*
    Creazione di un *Capitano del popolo*, quale capo
    dei popolani e di un *Consiglio di Dodici Anziani*.
    Si mantiene il Podestà a capo dei nobili . . . . . . ott. 1250
Il C.ᵉ Giordano d'Anglona occupa Firenze (batt. di
    Montaperti) in nome di Manfredi re di Sicilia . . 16 sett. 1260
Guido Novello, vic. di re Manfredi . . . . 1261 - rin. 11 nov. 1266
Governo dei due Podestà bolognesi, frati gaudenti,
    Catalano de' Malavolti (guelfo) e Lotteringo degli
    Andalò (ghibell.), con un Consiglio di 36 cittadini 1266 - dep. s. a.
Vinti i Ghibellini, i Guelfi dànno la signoria di Fi-
    renze, per 6 anni, a Carlo d'Anjou, re di Sicilia e
    vic. papale, il quale manda a govern. Filippo di
    Monforte suo vicario . . . . 17 apr. 1267 - 1269
Vengono istituiti i *Dodici Buoni Uomini*, coi quali il
    Podestà deve consigliarsi, ed un Consiglio di *100*
    Buoni Uomini di popolo . . . . v. 1267 - 1280
Guido di Monforte, vic. regio, poi (1273) lo stesso
    Carlo d'Anjou, gov. . . . . 1269 - 1279
Elezione ogni 2 mesi di *Quattordici Buoni Uomini*, 8
    guelfi e 6 ghibellini che govern. insieme col Capi-
    tano e coi Consigli . . . . mar. 1280 - giu. 1282
Sono posti a capo della Repubblica *Tre Priori delle*
    Arti, i quali nello stesso anno vengono portati a
    sei, uno per Sesto, rinnovabili ogni 2 mesi . . . . giu. 1282
L'ufficio del Podestà viene ridotto da un anno a soli
    sei mesi 1290
Gli " *Ordinamenti di giustizia* „ dànno il governo nelle
    mani delle *Arti maggiori*, escludendo i grandi. Ai
    Priori s'aggiunge un *Gonfaloniere di Giustiz ia*, el.
    ogni 2 mesi, il quale ben presto diviene capo della
    Repubblica (1) . . . . 18 genn. 1293

---

(1) Il Gonfaloniere cominciò ad essere più specialmente capo della Signoria

Principio delle contese fra i due partiti dei Cerchi e
dei Donati detti poi dei *Bianchi* e dei *Neri* . . . . . . v. 1300

Carlo di **Valois**, fr. del re di Francia, ottiene la signoria e la guardia della città . . . . 5 nov. 1301 - 1302

I Priori di Firenze sono cacciati; la città rimane alcuni giorni senza governo . . . . nov. 1301

Si eleggono nuovi Priori ed un Gonfaloniere tutti di
parte Nera . . . . 8 nov. 1301 - 1313

Roberto d'**Anjou**, re di Napoli, ottiene la signoria di
Firenze . . . . giu. 1313 - genn. 1322

Carlo d'**Anjou** duca di Calabria, f. di Roberto, creato
sign. di Firenze 24 dic. 1325. - Gualtieri **di Brienne**,
(duca titolare d'Atene) suo vicario, assume il governo. . . . . 17 magg. 1326 - 28 dic. 1327

Firenze ritorna indipendente; si crea un *Consiglio
popolare* di 300 membri presieduto dal capitano
del pop. e un Consiglio comune di 350 membri
presieduto dal Podestà . . . . genn. 1328 - 1342

Gualtieri **di Brienne**, duca d'Atene, pred., el. capitano
e conservatore del popolo (31 magg. 1342) poi signore di Firenze a vita . . . . . 8 sett. 1342 - dep. 1º ag. 1343

I popolani grassi, aiutati dai grandi, cacciano il duca
d'Atene. È riprist. il governo dei Priori e del Gonfaloniere con intervento dei nobili . . . . ag. 1343

I popolani (arti mediane) si levano contro i grandi,
costringendoli a rinunziare agli uffizi; riformano
il governo che rimane nelle loro mani e rinno-
vano gli *Ordinamenti di Giustizia* . . 22 sett. 1343 - 22 lugl. 1378

Tumulto dei Ciompi. Michele di Lando, delle *Arti minori*, el. Gonfaloniere dalla plebe (1). Governo del
popolo minuto . . . . 22 lugl. 1378 - genn. 1382

I Guelfi, ed il partito degli **Albizzi**, abbattono il *popolo minuto*; Governo oligarchico delle *Arti maggiori* . . . . genn. 1382 - sett. 1434

Giovanni I **de' Medici**, f. di Averardo *Bicci* detto *Padre de' Poveri*, (gonfaloniere ag.-sett. 1421) 1421 - † 20 febb. 1429

Cosimo I *il Vecchio*, *Padre della Patria*, f. di Giovanni I . . . . 1429 - esiliato 7 sett. 1433

Cade il partito degli Albizzi; Cosimo I **de' Medici** è
richiamato . . . 26 sett. 1434, el. gonfaloniere 1435 - † 1º ag. 1464

Piero I *il Gottoso*, f. di Cosimo I, (gonfaloniere 1461),
signore . . . . ag. 1464 - † 3 dic. 1469

---

quando fu creato l'*Esecutore di Giustizia* con legge 23 dic. 1306. V. Villari,
I primi due sec. della storia di Firenze. Firenze, 1905, pag. 402.

(1) Si crede fosse capo del governo per due giorni circa. Morì nel 1401.

Giuliano 1, f. . . . . 3 dic. 1469 -÷ 26 apr. 1478
Lorenzo I *il Magnifico*, fr. . . . . 3 dic. 1469 - † 8 apr. 1492
Piero II, f. . . . . 8 apr. 1492 - dep. 8 nov. 1494 († 28 dic. 1503)
Riforma dello Stato. Si crea un *Consiglio generale* **ed**
   uno *minore* **di 80 cittadini** . . . . dic. 1494
Piero Soderini, el. gonfaloniere a vita . 10 sett. 1502 - dep. 31 ag. 1512
Card. Giovanni II **de' Medici**, fr. di Piero II (papa
   1513) sign. . . . . 14 sett. 1512 - mar. 1513 († 1° dic. 1521)
Giuliano II, fr., (duca di Nemours 1515)   14 sett. 1512 - † 17 mar. 1516
Lorenzo II, f. di Piero II (duca d'Urbino 1516-19)
   gov. . . . . mar. 1513 - † 4 magg. 1519
Giulio, card., f. nat. di Giuliano I, arciv. e govern. di
   Firenze pel papa Leone X (papa 1523) 4 magg. 1519 - rin. nov. 1523
Il Card. di Cortona, Silvio Passerini, govern. di Fi-
   renze pel papa . . . . mag. 1524 - 16 mag. 1527
Ippolito **de' Medici**, cardinale, f. di Giuliano II, go-
   verna . . . . 30 lugl. 1524 - dep. 16 mag. 1527 († 1535)
Alessandro, f. di Lorenzo II . . . . 1524 - dep. 16 mag. 1527
Il *Consiglio generale* **crea i** *Dieci di libertà*, **gli** *Otto di*
   pratica, **il** *Consiglio degli Ottanta* **e un** *Gonfaloniere*
   di giustizia . . . . 21 magg. 1527 - 1530
Alessandro **de' Medici**, pred., creato capo della Re-
   pubb. dall'Imperatore (ott. 1530), riconosciuto dai
   Fiorentini 16 lugl. 1531, el. duca . . 1° mag. 1532 - † 5 gen. 1537
Cosimo I de' Medici, f. di Giovanni dalle Bande Nere,
   el. supremo reggitore di Firenze 9 genn. 1537, duca
   20 sett. 1537 (1), gran duca di Toscana   27 ag. 1569 - † 21 apr. 1574
Francesco Maria, f., gran duca di Toscana   21 apr. 1574 - † 19 ott. 1587
Ferdinando I, fr.   „   „   19 ott. 1587 - † 7 febb. 1609
Cosimo II, f.   „   „   7 febb. 1609 - † 28 febb. 1621
Ferdinando II, f. sotto regg. „   „   28 febb. 1621 - † 24 mar. 1670
Cosimo III, f.   „   „   24 mar. 1670 - † 31 ott. 1723
Gian Gastone, f.   „   „   31 ott. 1723 - † 9 lugl. 1737
Francesco Stefano di **Lorena**, (duca di Lorena 1729,
   imp. di Germ. 1745) granduca. — Il princ. Marco
   di Craon prende possesso della Toscana per
   Franc. Stef. (12 lugl.) . . . . 9 lugl. 1737 - † 18 ag. 1765
Leopoldo I, f., (imp. di Germ. e arcid. d'Austria 1790),
   granduca . . . . . . 3 sett. 1765 - 20 febb. 1790 († 1° mar. 1792)
Consiglio di Reggenza per la Toscana . . . 20 febb. 1790 - mar. 1791

---

(1) Il 3 luglio 1557, Cosimo I ottenne in fendo dal re di Spagna la città e stato di Siena (Repubblica dal sec. XII al 17 apr. 1555), eccettuati i porti di Orbetello, Talamone, Port'Ercole, Mont'Argentaro e Santo Stefano, i quali formarono lo *Stato dei Presidii*, dipendenti dal vicereame di Napoli, poi aggregati al regno d'Etruria nel marzo 1801.

Ferdinando III di **Lorena**, granduca per rinunzia del
    padre Leopoldo I 27 lugl. 1790, proclamato a Fi-
    renze . . . . 7 mar. 1791 - dep. 27 mar. 1799
I Francesi occupano la Toscana. — Governo provvis.
    istit. dal commiss. francese Reinhard . . 25 mar. - 5 lugl. 1799
Firenze è occupata dagli Austriaci (8 lugl.). È ristabi-
    lito il governo a nome di Ferdinando III di **Lo-**
    rena pred. . . . . 17 lugl. 1799 - dep. 15 ott. 1800
I Francesi rientrano in Toscana; il gen. Dupont oc-
    cupa Firenze . . . . 15 ott. 1800 - 21 mar. 1801
Lodovico I **di Borbone**, princ. eredit. di Parma, el. re
    di Etruria 21 mar., ne prende possesso 2 ag. 1801 - † 27 magg. 1803
Carlo Lodovico, f., **regg.** la madre Maria Luigia di
    Spagna, re . . . . . 27 magg. 1803 - dep. 27 ott., rin. 10 dic. 1807
Occupazione francese . . . . 10 dic. 1807
Napoleone istituisce una giunta straord. di governo
    in Toscana; presid. il gen. Menou 12 magg. 1808 - 4 febb. 1809 (1)
Unione della Toscana all'Impero Francese 24 magg. 1808 - 2 mar. 1809
La Toscana è eretta in Granducato (2 mar.). Elisa **Bo-**
    naparte-Baciocchi (duchessa di Lucca e princip.
    di Piombino 1805) nom. granduchessa 3 mar. 1809 - 1° febb. 1814
Firenze è occupata dai Napoletani. Il gen. Minutolo
    ne prende possesso in nome di re Gioacchino
    Murat . . . . 3 febb. - 15 selt. 1814
Ferdinando III **di Lorena**, di nuovo granduca di To-
    scana (1° magg.), ne prende possesso 15 sett. 1814 - † 18 giu. 1824
Leopoldo II, f., granduca di Toscana 18 giu. 1824 - dep. 7 febb. 1849
Governo provvisorio coi triumviri: Guerrazzi, Mon-
    tanelli, Mazzoni (8 febb.). Procl. della Repubblica
    Toscana . . . . 18 febb. - 12 apr. 1849
Leopoldo II *pred.*, ristabilito . . 12 aprile 1849 - dep. 27 apr. 1859 (2)
Governo provvisorio composto di Ubaldino Peruzzi,
    V. Malenchini, A. Danzini . . . . 27 apr. 1859
La dittatura toscana è accettata dal re Vittorio Ema-
    nuele II. C. Boncompagni commissario regio, poi
    (1° agosto) Bettino Ricasoli presid. di governo . . 28 apr. 1859
La Toscana è unita al regno di Sardegna con decreto 22 mar. 1860

30. Treviso, Feltre e Belluno (3).

Comune retto da Consoli (1114), da Podestà (1174).

---

(1) La Giunta era stata soppressa con decreto imp. 31 dic. 1808.

(2) Il 21 lugl. 1859 Leopoldo II abdica in favore del figlio Ferdinando, muore il 29 genn. 1870.

(3) LITTA, Fam. cel. ital., Da Camino. — STOKVIS, op. cit. vol. III. — G. B. PICOTTI, I Caminesi e la loro signoria in Treviso dal 1283 al 1312. Livorno, 1905.

Ezzelino III da Romano, poi Alberigo suo fr. . . . . 1237 - 1259
Comune libero . . . . 1259 - 15 nov. 1283
Gerardo **da Camino**, sign. di Treviso, Feltre, Bellu-
no . . . . 15 nov. 1283 - † 26 mar. 1307
Rizzardo, f. . . . . 26 mar. 1307 - † apr. 1312
Guecello, fr. . . . . apr. - dep. 14 dic. 1312 († 1324)
Comune libero . . . . 14 dic. 1312 - nov. 1318
Federico d'**Absburgo** (re de' Romani 1314). - Enrico C.^e
di Gorizia († 24 apr. 1323), poi Enrico di Carinzia,
vicari . . . . nov. 1318 - 1328
Guecello **Tempesta**, cap. . . . . 1328 - 18 lugl. 1329
Cangrande **della Scala** (sign. di Verona 1308) 18 lugl. - † 22 lugl. 1329
Mastino II ed Alberto, figli di Alboino **della Scala**, si-
gnori . . . . 22 lugl. 1329 - 24 genn. 1339
La Repubblica di Venezia occupa Treviso 24 genn. 1339 - mag. 1381
Leopoldo III d'**Absburgo** (duca d'Austria 1379), sig. di
Belluno, apr. ; di Treviso, . . . princ. magg. 1381 - genn. 1384
Francesco da **Carrara**, *il Vecchio* (sig. di Padova 1350),
sig. di Treviso genn. 1384, di Feltre e Belluno 1386 - dep. dic. 1388
Giovanni Galeazzo **Visconti** (sig. di Milano 1378) dic. 1388 - 24 gen. 1389
La Repubblica di Venezia occupa Treviso e Ceneda 24 genn. 1389.
V. Venezia.

31. Urbino (1).

Conti, poi Duchi dal 1443.

Antonio, C.^e di **Montefeltro**, f. di Oddo Antonio, vic.
imp. (?) di Urbino 1155
Bonconte, nip., C.^e d'Urbino . . . . 1213 - † 1241
Montefeltrano, f. . . . . 1241 - † 1255
Guido I *il Vecchio*, f. (sen. di Roma 1269, cap. di giust.
a Pisa 1289) . . . . 1255 - dep. 1286
Dominazione pontificia . . . . 1286 - sett. 1289
Corrado di Montefeltro, nip. di Bonconte s'impadr. di
Urbino . . . . sett. 1289
Giovanni **Colonna** (sen. di Roma 1290), occupa Ur-
bino . . . . 23 sett. 1289 - 1° nov. 1292
Guido I di **Montefeltro** *di nuovo* . . 1° nov. 1292 - rin. 17 nov. 1296
(† 29 sett. 1298)
Federico I, f., ... nov. 1296 - † 26 apr. 1322
Dominazione pontificia . . . . 1322 - 1324
Nolfo I, f. di Federico di **Montefeltro**, vic. imp., regg.
lo zio Speranza . . . . 1324 - dep. 1359 († d. 1359)

---

(1) F. UGOLINI, Storia dei Conti e Duchi d'Urbino, Firenze, 1859. — LITTA,
Famiglie celebri ital, Montefeltro e Della Rovere. — STOKVIS, op. cit., vol. III.

Guido II, fr. 1324 - 1341
Guido II, fr., vic. imp. 1324
Dominazione pontificia. Card. Albornoz leg. pont. . . . 1359 - 1376
Antonio di **Montefeltro**, nip. di Nolfo I (sig. di Gub-
    bio mar. 1384) (1) . . . . 1376 - † 23 apr. 1404
Guidantonio, f., vic. pont. . . . . 23 apr. 1404 - † 21 febb. 1443
Oddo Antonio, f., creato duca da Eugenio IV apr.
    1443, succ. . . . . 21 febb. 1443 - † 22 lugl. 1444
Federigo II, fr., succ. . . 22 lugl. 1444, duca 23 ag. 1474 - † 10 sett. 1482
Guidubaldo I, f. . . . . 10 sett. - 1482 † 11 apr. 1508
Francesco Maria **Della Rovere**, f. di Giovanni duca di
    Sora . . . . apr. 1508 - dep. 31 mag. 1516
Lorenzo de' **Medici**, nip. di Lorenzo il Magnifico,
    duca . . . . giu. 1516 - † 4 mag. 1519
Dominazione pontificia . . . . 4 magg. 1519 - 1° dic. 1521
Francesco Maria **Della Rovere**, *di nuovo* duca dic. 1521 - † 21 ott. 1538
Guidubaldo II, f. . . . . 21 ott. 1538 - † 28 sett. 1574
Francesco Maria II, f. . . . . 28 sett. 1574 - rin. 1621
Federico-Ubaldo, f. . . . . 1621 - † 29 giu. 1623
Francesco Maria II, *di nuovo* . . . . 29 giu. 1623 - † 28 apr. 1631
Dominazione pontificia . . . . apr. 1631 - febb. 1797
Occupazione francese . . . . . . 1-17 febb. 1797 - 15 febb. 1798
Repubblica Romana . . . . 15 febb. 1798 - 30 sett. 1799
Governo interinale . . . . sett. 1799 - 22 giu, 1800
Dominazione pontificia . . . . giu. 1800 - 9 apr. 1808
Unione al Regno d'Italia . . . . 9 apr. 1808 - apr. 1814
Dominazione pontificia . . . . magg. 1814 - 28 mar. 1815
Occupazione di Gioacchino Murat . . . . . 28 mar. - 7 magg. 1815
Dominazione pontificia . . . . magg. 1815 - 11 sett. 1860
Il gen. Cialdini occupa Urbino a nome di Vitt. Eman. II 11 sett. 1860
Decreto di annessione al regno di Sardegna . . . . . 17 dic. 1860

32. **Venezia** (2).

Governata da Tribuni annuali eletti dal popolo e con-
    fermati dall'Imperatore . . . . v. sec. V - 697
Paoluccio Anafesto . . . . el. doge (3) 697 - † 717

---

(1) Gubbio appartenne ai **Gabrielli** 1349-54, poi passò al Papa 1354-77, e di nuovo ai **Gabrielli** 1377-84. Dal 1384 in poi seguì le sorti di Urbino.

(2) V. Romanin, Storia documentata di Venezia, Venezia, 1853-61, voll. 10. E. Musatti, Storia di un lembo di terra. Padova, 1888, voll. 4.
Stokvis, op. cit., vol. III.
P. Daru, Storia della Repubbl. di Venezia, Capolago, 1832-34, voll. 11.
Archivio Veneto, Venezia, 1871-1905.
P. Villari. Le invasioni barbariche in Italia. Milano, 1905.

(3) Pare che anche l'elezione del doge venisse, nei primi tempi, confermata dall'Imperatore.

Marcello Tegaliano, già maestro dei militi . . .   „   717 - † 726
Orso *Ipato* . . . .   „   726 - † 737
Domenico Leone, el. dall'Imperat., maestro dei militi   737 - 738
Felice Cornicola   „   „   738 - 739
Diodato Orso, f. di Orso *Ipato*   „   „   739 - 740
Giuliano o Gioviano Cepario   „   „   740 - 741
Giovanni Fabriciaco o Fabriaco   \ „   „   741 - 742
Diodato, f. di Orso *Ipato*, già maestro dei militi, el. doge   742 - † 755
Galla Gaulo . . . .   „   755 - dep. 756
Domenico Monegario . . . .   „   756 - 764
Maurizio Galbaio I . . . .   „   764 - 787
Giovanni Galbaio . . . .   „   787 - 804
Obelerio Antenoreo . . . . doge 804 - dep. 809 o 810
Agnello Partecipazio . . . .   „   810 - 827
Giustinian Partecipazio, f. . . . .   „   827 - 829
Giovanni Partecipazio I, f. . . . .   „   829 - dep. 836 o 837
Pietro Tradonico . . . . doge 836 o 837 - † 15 mar. 864
Orso Partecipazio I . . . .   „   864 - † 881 o 882
Giovanni Partecipazio II, f. . . . .   „   881 - dep. 887
Pietro Candiano I . . . .   „   17 apr. (?) - † sett. 887
Pietro Tribuno . . . . . . doge magg. (?) 888 - † fine magg. (?) 912
Orso Partecipazio II, *Paureta* . . . . . doge   912 - abd. 932
Pietro Candiano II, f. di Pietro Candiano I   „   932 - abd. 939
Pietro Partecipazio, f. di Orso I . . .   „   939 - † 942
Pietro Candiano III . . . .   „   942 - † 959
Pietro Candiano IV, f. . . . .   „   959 - † 976
Pietro (S.) Orseolo I, doge   12 ag. (?) 976 - abd. 1° sett. 978 († 12 apr. 987)
Vitale Candiano, fr. di Pietro Candiano IV, doge   978 - † dic. 979
Tribuno Memmo . . . .   „   dic. (?) 979 - † 992
Pietro Orseolo II, f. di Orseolo I . doge mar. 992 - † metà sett. 1009
Ottone Orseolo, f. . . . . doge   1009 - dep. 1026
Pietro *Barbolano* Centranico . . . . .   „   1026 - dep. 1032
Domenico Orseolo, usurp. . . . .   „   giu. (?) 1032 (1)
Domenico Fabiano o Flabianico . . .   1032 - 1042
Domenico Contarini . . . .   „   1043 - † 1070 o 1071
Domenico Selvo (duca di Dalmazia 1052)   „   1070 o 1071 - dep. 1084
Vitale Falier . . . .   „   1084 o 1085 - 1096
Vitale Michiel I . . . .   „   1096 - † 1102
Ordelaffo Falier . . . .   „   1102 - † 1118
Domenico Michiel . . . . doge 1118 - abd. 1129 († v. 1130)
Pietro Polani . . . . doge   1130 - 1148
Domenico Morosini . . . .   „   1148 - febb. 1156
Vitale Michiel II . . . .   „ feb. 1156 - † 28 mag. 1172
Sebastiano Ziani . . . . doge 29 sett. 1172 - † 13 apr. 1178

---

(1) Si crede fosse doge per un sol giorno.

Orio Malipiero, *Mastropiero*	„ 17 apr. 1178 - † 14 giu. 1192
Enrico Dandolo	„ 21 giu. 1192 - † 14 giu. 1205
Pietro Ziani, f. di Sebastiano pred.	„ 5 ag. 1205 - † 13 mar. 1229
Jacopo Tiepolo, el. doge 6 mar. 1229 - abd. 20 magg. 1249 († 9 lugl. s. a.)
Marino Morosini (duca di Candia) doge 13 giu. 1249 - † 1° gen. 1253
Ranieri Zen	„ 25 genn. 1253 - † 7 lugl. 1268
Lorenzo Tiepolo, f. di Jacopo pred.	„ 15 lugl. 1268 - † 15 ag. 1275
Jacopo Contarini	„ 6 sett. 1275 - † 6 mar. 1280
Giovanni Dandolo	„ 25 mar. 1280 - † 2 nov. 1289
Pietro Gradenigo	„ (1) 25 nov. 1289 - † 13 ag. 1311
Marino Zorzi	„ 23 ag. 1311 - † 3 lugl. 1312
Giovanni Soranzo	„ 13 lugl. 1312 - † 31 dic. 1328
Francesco Dandolo, *Cane*	„ 4 genn. 1329 - † 31 ott. 1339
Bartolomeo Gradenigo.	„ 7 nov. 1339 - † 28 dic. 1342
Andrea Dandolo	„ 4 gen. 1343 - † 7 sett. 1354
Marino Falier, doge 11 sett., assume il dog. 15 ott. 1354 - † 17 apr. 1355
Giovanni Gradenigo, *Nasone* . . . . doge 21 apr. 1355 - † 8 ag. 1356
Giovanni Dolfin	„ 13 ag. 1356 - † 12 lugl. 1361
Lorenzo Celsi	„ 16 lugl. 1361 - † 18 lugl. 1365
Marco Corner	„ 21 lugl. 1365 - † 13 gen. 1368
Andrea Contarini	„ 20 genn. 1368 - † 5 giu. 1382
Michele Morosini	„ 10 giu. - † 15 ott. 1382
Antonio Venier	„ 21 ott. 1382 - † 23 nov. 1400
Michele Steno, doge 1° dic., assume il dog. 19 dic. 1400 - † 26 dic. 1413
Tommaso Mocenigo, doge 7 genn. 1414, assume il dogato . . . . 28 gen. 1414 - † 4 apr. 1423
Francesco Foscari, doge 15 apr. 1423, assume il dogato . . . . . . 16 apr. 1423 - dep. 23 ott. 1457 († 1° nov. 1457)
Pasquale Malipiero . . . . . doge 30 ott. 1457 - † 5 magg. 1462
Cristoforo Moro	„ 12 mag. 1462 - † 9 nov. 1471
Nicolò Tron	„ 23 nov. 1471 - † 28 lugl. 1473
Nicolò Marcello	„ 13 ag. 1473 - † 1° dic. 1474
Pietro Mocenigo, nipote di Tommaso Mocenigo predetto . . . . doge 14 dic. 1474 - † 23 febb. 1476
Andrea Vendramini	„ 5 mar. 1476 - † 6 magg. 1478
Giovanni Mocenigo, fr. di Pietro pred.	„ 18 magg. 1478 - † 4 nov. 1485
Marco Barbarigo	„ 19 nov. 1485 - † 14 ag. 1486
Agostino Barbarigo	„ 30 ag. 1486 - † 20 sett. 1501
Leonardo Loredan	„ 2 ott. 1501 - † 22 giu. 1521
Antonio Grimani	„ 6 lugl. 1521 - † 7 magg. 1523
Andrea Gritti	„ 20 magg. 1523 - † 28 dic. 1538
Pietro Lando	„ 19 genn. 1539 - † 9 nov. 1545
Francesco Donà	„ 24 nov. 1545 - † 23 mag. 1553

---

(1) Serrata del *Gran Consiglio* e origine del governo aristocratico nel 1297. Creazione del Consiglio dei Dieci nel 1310.

Marc'Antonio Trevisan . . . . . doge 4 giu. 1553 - † 31 magg. 1554
Francesco Venier . . . . „ 11 giu. 1554 - † 2 giu. 1556
Lorenzo Priuli . . . . „ 14 giu. 1556 - † 17 ag. 1559
Girolamo Priuli . . . . „ 1° sett. 1559 - † 4 nov. 1567
Pietro Loredan . . . . „ 26 nov. 1567 - † 3 mag. 1570
Alvise I Mocenigo . . . . „ 11 mag. 1570 - † 4 mag. 1577
Sebastiano Venier . . . . „ 11 giu. 1577 - † 3 mar. 1578
Nicolò da Ponte . . . . „ 11 mar. 1578 - † 30 lugl. 1585
Pasquale Cicogna . . . . „ 18 ag. 1585 - † 2 apr. 1595
Marino Grimani . . . . „ 26 apr. 1595 - † 25 dic. 1605
Leonardo Donà . . . . „ 10 genn. 1606 - † 16 lugl. 1612
Marc'Antonio Memmo . . . . . „ 24 lugl. 1612 - † 29 ott. 1615
Giovanni Bembo . . . . „ 2 dic. 1615 - † 16 mar. 1618
Nicolò Donà . . . . „ 5(?) apr. - † 9 magg. 1618
Antonio Priuli . . . . „ 17 magg. 1618 - † 12 ag. 1623
Francesco Contarini . . . . . . „ 8 sett. 1623 - † 6 dic. 1624
Giovanni Corner I . . . . „ 4 genn. 1625 - † 23 dic. 1629
Nicolò Contarini . . . . „ 18 genn. 1630 - † 2 apr. 1631
Francesco Orizzo . . . . „ 10 apr. 1631 - † 3 gen. 1646
Francesco da Molin . . . . . . „ 20 genn. 1646 - † 27 feb. 1655
Carlo Contarini . . . . „ 27 mar. 1655 - † 1° mag. 1656
Francesco Corner . . . . „ 17 magg. - † 5 giug. 1656
Bertuccio Valier . . . . doge 15 giu., cor. 10 lugl. 1656 - † 29 mar. 1658
Giovanni Pesaro . . . . doge 8 apr. 1658 - † 30 sett. 1659
Domenico Contarini . . . . . „ 16 ott. 1659 - † 26 genn. 1675
Nicolò Sagredo . . . . „ 6 febb. 1675 - † 14 ag. 1676
Alvise Contarini . . . . „ 26 ag. 1676 - † 15 genn. 1684
Marc'Antonio Giustinian . . . . „ 26 genn. 1684 - † 23 mar. 1688
Francesco Morosini . . . . . . „ 3 apr. 1688 - † 6 genn. 1694
Silvestro Valier . . . . „ 25 febb. 1694 - † 5 lugl. 1700
Alvise Mocenigo II . . . . „ 16 lugl. 1700 - † 6 magg. 1709
Giovanni Corner II . . . . „ 22 magg. 1709 - † 12 ag. 1722
Alvise Mocenigo III . . . . „ 24 ag. 1722 - † 21 magg. 1732
Carlo Ruzzini . . . . „ 2 giu. 1732 - † 5 genn. 1735
Alvise Pisani . . . . „ 17 genn. 1735 - † 17 giu. 1741
Pietro Grimani . . . . „ 30 giu. 1741 - † 7 mar. 1752
Francesco Loredan . . . . . . „ 18 mar. 1752 - † 20 mag. 1762
Marco Foscarini . . . . „ 31 mag. 1762 - † 31 mar. 1763
Alvise Mocenigo IV . . . . „ 19 apr. 1763 - † 31 dic. 1778
Paolo Renier . . doge 14 genn., cor. 15 genn., 1779 - † 14 febb. 1789
Lodovico Manin , doge 9 mar., cor. 10 mar. 1789 - dep. 12 magg. 1797
Governo democratico provvisorio di 60 membri, pre-
    sieduti da Lodovico Manin e Andrea Spada. Oc-
    cupazione francese . . . . 16 magg. - 17 ott. 1797
Il territorio Veneto viene diviso (pace di Campofor-
    mio) fra la Repubblica Cisalpina e l'Austria . . . 17 ott. 1797
Gli Austriaci entrano in Venezia . . . 19 genn. 1798 - 26 dic. 1805

Il Veneto è unito al regno d'Italia (pace di Presburgo
  26 dic. 1805). Il gen. Miollis prende possesso di Venezia in nome di Napoleone . . . 19 genn. 1806 - 30 mag. 1814
Venezia è aggregata di nuovo all'Impero d'Austria
  (tratt. di Parigi) . . . . 30 magg. 1814
Formazione del regno Lombardo-Veneto sotto la dominazione austriaca . . . . 7 apr. 1815 - 23 mar. 1848
Rivoluzione. — Governo provvisorio; Daniele Manin,
  presid. . . . . 23 mar. - 3 lugl. 1848
  Castelli ministro presid. . . . . 3 lugl. - 13 ag. 1848
Proclamaz. della Repubblica. Daniele Manin, ditta-
  tore . . . . 10 - 13 ag. 1848 - 5 mar. 1849
Daniele Manin, presid. del governo provvis. . . 5 mar. - 30 ag. 1849
L'Austria ritorna in possesso di Venezia. Gen. Gorz-
  kowski gov. . . . . 27 ag. 1849 - 24 ag. 1866
L'Austria cede Venezia alla Francia . . . . . . 24 ag. 1866
Venezia passa a far parte del regno d'Italia (tratt. di
  Vienna) . . . . 3 ott. 1866
Decreto di annessione al regno d'Italia . . . . . . 4 nov. 1866

33. Verona (1).

Comune retto da Consoli (v. 1120) poi da Podestà (1163).
Ezzelino da Romano, podestà nel 1227 (sign. di Pa-
  dova 1237) . . . . 1232 - † 7 ott. 1259
Mastino I della Scala, podestà 1260, capit. del pop. 1262 - † 17 ott. 1277
Alberto I, fr. (pod. di Mantova 1272 e 1275), „   „ ott. 1277 † 3 sett. 1301
Bartolomeo I, f., cap. del pop. . . . . 3 sett. 1301 - † 27 mar. 1304
Alboino, fr., assoc. a Cangrande I dal 1308, vic. imp.
  1311, succ. . . . . 27 mar. 1304 - † 28 ott. 1311
Cangrande I, fr., assoc. ad Alboino dal 1308, vic. imp.
  1311, succ. . . . . 28 ott. 1311 - † 22 lugl. 1329
Mastino II, f. di Alboino, associato al fr. Alberto, suc-
  cede . . . . 22 lugl. 1329 - † 3 giu. 1351
Alberto II, fr., assoc. a Cangrande I dal 1311, poi a Ma-
  stino II, solo . . . . 3 giu. 1351 - † 13 sett. 1352
Cangrande II, f. di Mastino II . . . . . 13 sett. 1352 - † 13 dic. 1359
Paolo Alboino, fr. . . . dic. 1359 - dep. 20 genn. 1365 († 16 ott, 1375)
Cansignorio, fr. . . . . . dic. 1359, solo 20 genn. 1365 - † 19 ott. 1375

---

(1) PARISIUS, Annales Vet. Veron., in Rer. ital. script. del Muratori, vol. VIII.
TORELLO SARAYNA, Delle historie e fatti dei Veronesi, etc. Verona, 1542.
C. D'ARCO, Studii sul Municipio di Mantova. Mantova, 1874.
STOKVIS, op. cit. vol. III.
C. CIPOLLA, Documenti per la storia delle relazioni diplomatiche fra Ve-
rona e Mantova. Milano, 1901.

Bartolomeo II, f. nat. . . . . 19 ott. 1375 - † 12 lugl, 1381
Antonio I, fr. . . . . . 12 lugl. 1381 - dep. 18 ott. 1387 († 3 nov. 1388)
Gian Galeazzo **Visconti** di Milano, sig. . . 18 ott. 1387 - † 3 sett. 1402
Filippo Maria, f., sign. . . . . . . 3 sett 1402 - 10 apr. 1404 († 1412)
Guglielmo **della Scala**, figlio nat. di Cangrande II, si-
    gnore . . . . 17 apr. - † 18 apr. 1404
Brunoro ed Antonio II, figli di Guglielmo, signori per
    pochi giorni . . . . apr.-magg. 1404
Francesco Novello da **Carrara** (sign. di Padova 1388)
    e per lui il f. Giacomo, 25 magg. 1404 - dep. 23 giu. 1405 († gen. 1406)
La Repubbl. di Venezia occupa Verona . . 23 giu. 1405 - genn. 1509
È occupata dai collegati di Cambray e data a Massi-
    miliano I imp. . . . . genn. 1509 – dic. 1516
È restituita alla Repubblica di Venezia . . . dic. 1516 - 3 giu. 1796
Occup. dai Francesi comand. dal gen. Massena 3 giu. 1796 - 21 gen. 1798
Gli Austriaci prendono Verona . . . . . 21 gen. 1798 - 9 febb. 1801
Verona è divisa in due parti (pace di Luneville);
    quella a destra dell'Adige è data ai Francesi, quella
    a sinistra all'Austria . . . . 9 febb. 1801 - 19 mar. 1805
Regno d'Italia . . . . 19 mar. 1805 - 4 febb. 1814
Gli Austriaci occupano Verona . . . . . 4 febb. 1814 - 16 ott. 1866
Annessione al regno d'Italia . . . . 16 ott. 1866.

§ VII.

Paesi Bassi, Belgio e Lussemburgo.

1. Paesi Bassi del Nord.

Conti d'Olanda, Zelanda, ecc.

Dirk I, f. di Gerolfo (?) C.e di Frisia, ottiene da Carlo
    il Semplice re di Francia la chiesa d'Egmond e
    sue dipendenze . . . . v. 15 giu. 922 - † av. 942
Dirk II, f. (C.e della Frisia occid. 985) succ. . . . . . v. 942 - † 988
Arnolfo *il Grande*, f. . . . . 988 - † 993
Dirk III, f., regg. Lutgarda sua madre, durante mino-
    rità, succ. . . . . 993 - † 27 dic. 1039
Dirk IV, f. . . . . 27 dic. 1039 - † 14 genn. 1049
Fiorenzo I, fr. . . . . genn. 1049 - † 18 giu. 1061
Dirk V, f., regg. Gertrude di Sassonia sua madre 18 giu. 1061 - 1063
Roberto *il Ricciuto*, marito di Gertrude pred., (C.e di
    Fiandra 1072) . . . . . . 1063 - dep. 1071 († ott. 1092)
Goffredo *il Gobbo*, (duca della Bassa Lorena 1070) 1071 - † 26 febb. 1076
Dirk V, *pred.* . . . . giu. 1076 - † giu. 1091

Fiorenzo II *il Grosso*, f., regg. la madre Otilde, durante minorità . . . . 17 giu. 1091 - † 2 mar. 1122

Dirk VI, f., regg. la madre Petronilla, durante minorità, succ. . . . . 2 mar. 1122 - † 5 ag. 1157

Fiorenzo III, f. . . . . 5 ag. 1157 - † 1º ag. 1190

Dirk VII, f. . . . . 1º ag. 1190 - † 4 nov. 1203

Ada, f., e Luigi II C.ᵉ di Looz (1194) suo marito († 1218), succ. . . . . 4 nov. 1203 - dep. 1204

Guglielmo I, fr. di Dirk VII . . . . 1204 - † 4 febb. 1223

Fiorenzo IV, f., regg. Gerardo IV, C.ᵉ di Gueldria, suo zio . . . . 4 feb. 1223 - † 19 lugl. 1234

Guglielmo II, f. (re de' Romani 1247), regg. Ottone III vesc. d'Utrecht († 1249) suo zio, succ. 19 lugl. 1234 - † 28 genn. 1256

Fiorenzo V, f., regg. dur. minor., Fiorenzo suo zio, poi (1258) Adelaide sua zia, succ. . . . 28 genn. 1256 - † 28 giu. 1296

Giovanni I, f., regg. Giovanni d'Avênes, C.ᵉ d'Hainaut, nip. di Gugliel. II, succ. . . . . . . 28 giu. 1296 - † 1º ag. 1299

Giovanni II d'Avênes, C.ᵉ d'Hainaut (1279), già reggente, succ. . . . . 1º ag. 1299 - † 22 ag. 1304

Guglielmo III *il Buono*, f. . . . . 22 ag. 1304 - † 7 giu. 1337

Guglielmo IV, f. . . . . 7 giu. 1337 - † 26 sett. 1345

Margherita, sorella di Guglielmo IV, moglie dell'imp. Luigi *il Bavaro*, succ. . . . . ott. 1345 - † 23 giu. 1356

Luigi di Baviera pred., (duca di Baviera 1302, re de' Romani 1314) . . . . 23 giu. 1345 - † 11 ott. 1347

Guglielmo V, f. (duca di Baviera 1347) . 5 genn. 1349 - † 1º apr. 1389

Alberto, fr., (duca di Baviera 1347) regg. dal 1358, succede . . . . 1º apr. 1389 - † 13 dic. 1404

Guglielmo VI, f., (duca di Baviera 1404) 13 dic. 1404 - † 31 magg. 1417

Giacomina, f.ᵃ, vedova di Giovanni delfino di Francia, († 1417), succ . . . . 31 magg. 1417 - rin. 1433 († 8 ott. 1436)

Giovanni IV di Borgogna, duca del Brabante dal 1415, 1º marito di Giacomina . . . . . 4 apr. 1418 - dep. 1422 († 1427)

Umfredo di Glocester, fr. di Enrico VI re d'Inghilt., 2º marito di Giacomina . . . . . . 1422 - dep. 1426 († 1446)

Giacomina cede Olanda, Zelanda ed Hainaut, nel 1433, a

Filippo II *il Buono*, duca di Borgogna, sovr. (1419) dei Paesi Bassi (Fiandra, Artois, Franca Contea, Malines, Anversa, Limburgo, Namur, Brabante, ecc.) 1433 - † 15 giu. 1467

Carlo I *il Temerario*, f. (duca di Borgogna 1467) sovr. de' Paesi Bassi . . . . 15 giu. 1467 - † 14 genn. 1477

Maria, figlia, e Massimiliano d'Austria suo marito 1477 - 27 mar. 1482

Adolfo di Clèves (sign. di Ravenstein 1462) governatore . . . . febb. - 18 ag. 1477

Filippo III *il Bello*, f. di Massimiliano d'Austria e di Maria pred. (re di Castiglia 1504), succ. 27 mar. 1482 - † 25 sett. 1506

Engilberto (C.ᵉ di Nassau-Breda 1475) govern. 1485 - giu. 1486 († 1504)

Alberto di Wettin, (duca di Sassonia e margr. di Misnia 1464), govern. . . . . 1489 - rin. 1494 († 12 sett. 1500)

Guglielmo de Crois, march. d'Arschot, govern. . 1505 - 1507 († 1521)

Carlo II [V], f. (re di Spagna e di Napoli 1516, imperatore romano 1520, duca di Milano 1535) succede a Filippo III. . . sett. 1506 - abd. 25 ott. 1555 († 21 sett. 1558)

Margherita d'Austria, f.ª dell'imp. Massimiliano, governatrice . . . . 1507 - † 27 nov. 1530

Maria d'Austria, sorella di Carlo II pred., governatrice . . . . 1531 - rin. ott. 1555 († sett. 1558)

Filippo IV [II], f. di Carlo II, (re di Spagna e di Napoli e duca di Milano 1556) succ. al padre 25 ott. 1555 - dep. 26 lugl. 1581
(† 13 sett. 1598)

Emanuele Filiberto (duca di Savoia 1553) governatore . . . . 1555 - rin. 1559 († 30 ag. 1580)

Margherita d'Austria, f.ª nat. di Carlo II pred. e vedova di Ottavio Farnese duca di Parma, governatrice . . . . 1559 - rin. 30 dic. 1567 († 1586)

Don Ferdinando-Alvarez di Toledo, duca d'Alba, govern. . . . . 16 ag. 1567 - nov. 1573

D. Luigi di Requesens y Zuniga, gov. . . 17 nov. 1573 - †5 mar. 1576

D. Giovanni d'Austria, f. nat. di Carlo II pred., governatore . . . . v. mar. 1576 - † 1° ott. 1578

Alessandro Farnese, nip. (duca di Parma e Piac. 1586) luogot. gen. di D. Giovanni pred. 18 dic. 1577, gov. ott. 1578 - lugl. 1581

I Paesi Bassi del Nord, cioè Olanda, Zelanda, Utrecht, parte della Gheldria e poco dopo la Frisia, si liberano (unione d'Utrecht) dal giogo spagnuolo formando una " Repubblica delle Provincie Unite „ . . . . 25 genn. 1579 (1) - 18 genn. 1795

Guglielmo 1 d'Orange, statolder d'Olanda, Zelanda e Utrecht dal 1559 e di Frisia dal . . . . . 1581 - † 10 lugl. 1584

Guglielmo Lodovico di Nassau, statolder di Frisia 1584, poi di Groninga . . . . 1594 - 1620

Adolfo di Neuenahr-Moers, statolder di Utrecht, Overyssel e Gheldria . . . . 1585 - 1589

Maurizio, f. di Guglielmo I d'Orange, statolder d'Olanda e Zelanda dal 1585, d'Utrecht, Overyssel e Gheldria 1590, di Drenthe . . . . 1620 - † 23 apr. 1625

Federico-Enrico, fr., statolder d'Olanda, Zelanda, Utrecht, Overyssel e Gheldria . . . 23 apr. 1625 - † 14 mar. 1647

---

(1) Alla Repubblica si unirono l'Overyssel nel 1580 e Groninga nel 1594.

Il re di Spagna venne dichiarato decaduto dal potere il 2 luglio 1581. Le *Provincie Unite* furono riconosciute indipendenti col trattato di Münster 30 genn. 1648.

Ernesto Casimiro, statolder di Frisia e Groninga 1620,
di Drenthe . . . . 1625 - 1632

Enrico Casimiro I, statolder di Frisia, Groninga e
Drenthe . . . . 1632 - 1640

Guglielmo II, f. di Feder. Enrico d'**Orange**, statolder
d'Olanda, Zelanda, Utrecht, Overyssel, Gheldria
e Drenthe . . . . 14 mar. 1647 - † 6 nov. 1650

Guglielmo Federico, statolder di Frisia e Groninga 1640,
di Drenthe . . . . 1650 - 1664

*È soppresso lo Statolderato in Olanda, Zelanda, Utrecht,
Overyssel e Gheldria* . . . . *nov. 1650 - febb. 1672*

Giovanni De Vitt, gran pensionario . . . . *1653 - ag. 1672*

Enrico Casimiro II, statolder di Frisia e Groninga 1664,
di Drenthe . . . . 1674 - 1696

Guglielmo III d'**Orange**, f. di Guglielmo II (re d'Inghilterra 1689) cap. gen., poi statolder di Drenthe
1696, d'Olanda, Zelanda e Utrecht febb. 1672, di Overyssel e Gheldria . . . . 1675 - † 19 mar. 1702

Giovanni Guglielmo Friso, statolder di Frisia e Groninga . . . . 1696 - 1711

È soppresso lo statolderato in Olanda, Zelanda, U-
trecht, Overyssel [Antonio Heynsins gran pension.
1689-1720] . . . . 10 mar. 1702 - magg. 1747

È soppresso lo statolderato in Gheldria dal 1702 al
1722, in Groninga dal . . . . 1711 al 1718

Guglielmo IV d'**Orange-Nassau**, statolder di Frisia 1711,
di Groninga 1718, di Drenthe e Gheldria 1722, d'O-
landa, Zelanda, Utrecht, Overyssel . 22 nov. 1747 - † 22 ott. 1751

Guglielmo V, f., regg. la madre Anna d'Inghilterra
(† 12 genn. 1759), poi il duca Luigi di Brunswick-
Wolfenbuttel fino all'8 mar. 1766; statolder delle
Provincie Unite . . . . . . 22 ott. 1751 - rin. 18 genn. 1795 († 1806)

Invasione e conquista francese . . . . genn. 1795

Governo degli Stati Generali . . . . . 16 magg. 1795 - 1° mar. 1796

» dell'Assemblea Nazionale . . . 1° mar. 1796 - 22 genn. 1798

» dell'Assemblea Costituente . . . . . 22 - 25 genn. 1798

Proclamazione della Repubblica Batava . 21 genn. 1798 - 5 giu. 1806

Ruggero Giovanni Schimmelpenninck, *gran pensionario* . . . . 29 apr. 1805 - 5 genn. 1806

Luigi **Bonaparte**, fr. di Napoleone I imp., re d'Olanda . . . . 5 giu. 1806 - abd. 1° lugl. 1810 († 25 lugl. 1846)

Unione all'Impero Francese . . . . 9 lugl. 1810 - 17 nov. 1813

I Paesi Bassi si dichiarano indipendenti (17 nov.). Governo provvisorio . . . . 20 nov. - 6 dic. 1813

Guglielmo I di **Orange-Nassau**, f. di Guglielmo V pred.,
sovrano dei Paesi-Bassi 1° dic. 1813, re dei Paesi
Bassi e granduca del Lussemburgo 16 mar. 1815 - abd. 7 ott. 1840
(† 12 dic. 1843)

Guglielmo II. f., (grand. del Lussemburgo)   7 ott. 1840 - † 17 mar. 1849
Guglielmo III, f.,   ,   .   17 mar. 1849 - † 23 nov. 1890
Guglielmina, f.ª regg. la madre Emma di Waldeck-
    Pyrmont fino al 31 ag. 1898, succ. 23 nov. 1890. -

2. Paesi Bassi del Sud.

Bassa Lorena, poi Brabante (1190) Belgio (1794).

Goffredo I, nom. duca della Bassa Lorena dall'arcid.
    Brunone di Sassonia (1) . . . . 959 - † 964
Gotifredo II, f. . . . . 964 - † 976
Carlo I, fr. di Lotario re di Francia . . . . 976 - dep. v 991
Ottone, f., succ. . . . . 991 - † 1005
Gotifredo III, C.ᵉ di Verdun . . . . 1005 - † v. 1023
Gotelone I, fr., succ. 1023, unisce l'Alta Lorena . . . . 1033 - † 1044
Gotelone II, f., duca della Bassa Lorena . . . . . . 1044 - 1046
Federico, f. di Federico I Cᵉ di **Lussemburgo** . . 1046 - † ag. 1065
Gotifredo IV *il Barbuto*, fr. di Gotelone II, (duca del-
    l'Alta Lorena 1044-45), succ. . . . . 1065 - † 1070
Gotifredo V *il Gobbo*, f., (C.ᵉ d'Olanda 1071), succ.   1070 - † 26 feb. 1076
Corrado di **Franconia**, f. di Enrico IV imp. di Germ.,
    (re di Germ. 1087-93) . . . . . . 1076 - dep. 1088 - († lugl. 1101)
Gotifredo VI *di Bugliione*, f. di Eustacchio II C.ᵉ di
    Boulogne, (re di Gerusalemme 1099) succ. . 1088 - † 18 lugl. 1100
Enrico I (C.ᵉ di Limburgo 1081) nip di Federico pred.,
    succ. . . . . 25 dic. 1101 - dep. 13 mag. 1106 († 1119)
Gotifredo VII *il Barbuto*, C.ᵉ di **Lovanio**, succ. magg. 1106 - dep. 1128
Valeriano, f. di Enrico I pred. . . . . 1128 - † 1139
Gotifredo VII *il Barbuto*, *di nuovo*, primo duca eredi-
    tario . . . . 1139 - † 15 genn. 1140
Gotifredo VIII *il Giovane*, f. . . . . 15 genn. 1140 - † 1142
Gotifredo IX *il Coraggioso*, f, (assoc. dal 1172) succ. 1142 - † 10 ag. 1190
Enrico I *il Guerriero*, f., duca del Brabante, associato
    col padre dal 1172, gli succ. . . . . . 10 ag. 1190 - † 5 nov. 1235
Enrico II *il Magnanimo*, f., succ. . . . . . 5 nov. 1235 - † 1° febb. 1248
Enrico III *il Buono*, f. . . . . 1° febb. 1248 - † 28 febb. 1261
Giovanni I *il Vittorioso*, f. . . . . 28 febb. 1261 - † 4 mag. 1294
Giovanni II *il Pacifico*, f. . . . . 4 magg. 1294 - † 27 ott. 1312
Giovanni III *il Trionfante*. f. . . . . 27 ott. 1312 - † 5 dic. 1355
Giovanna f.ª (col marito Venceslao duca di Lussem-
    burgo, † 7 dic. 1383), succ. 5 dic. 1355 - rin. 7 mag. 1404 († 1° dic. 1406)
Margherita contessa di Fiandra, nip., succ. 7 magg. 1404 - † 16 mar. 1405
Antonio, f. di Filippo *l'Ardito* duca di **Borgogna** e di

---

(1) V. Lorena, pag. 290.

Margherita predetta (duca di Lussemburgo 1411)
    succ. . . . . 16 mar. 1405 - † 25 ott. 1415
Giovanni IV, f. . . . . 25 ott. 1415 - † 17 apr. 1427
Filippo I, fr. . . . . 17 apr. 1427 - † 4 ag. 1430
Il Brabante viene unito al ducato di Borgogna ag. 1430 - 14 gen. 1477
Maria, f.ª dl Carlo il Temerario, e Massimiliano d'Au-
    stria suo marito (1) . . . . 14 gen. 1477 - 27 mar. 1482
Filippo III *il Bello*, f. (C.e di Fiandra 1482, re di Casti-
    glia 1504) sovrano de' Paesi Bassi . . 27 mar. 1482 - † 25 sett. 1506
Carlo II [V], f. (re di Spagna 1516, imp. di Germania
    1520, ecc.) sovrano de' Paesi Bassi, succ. . 1506 - abd. 25 ott. 1555
                                             († 21 sett. 1558)
Filippo IV [II], f. (re di Spagna 1556, del Portogallo
    1580) sovrano de' Paesi Bassi . . . . 25 ott. 1555 - † 13 sett. 1598
Alessandro **Farnese** (duca di Parma 1586, gov. dei Paesi
    Bassi del Nord 1578-81) gov. . . . . 1581 - † 3 dic. 1592
Pietro Ernesto (C.e di **Mansfeld** 1531) gov. dic. 1592 - genn. 1594 († 1604)
Ernesto d'**Austria**, fr. di Rodolfo V imp. di Germa-
    nia, gov. . . . . 30 genn. 1594 - † 21 febb. 1595
D. Pedro Enriquez de Acevedo, C.e di Fuentes, governa-
    tore. . . . . 1595 - genn. 1596 († 1610)
Card. Alberto d'**Austria** *il Pio*, f. dell'imp. Massimi-
    liano II, (arc. di Toledo 1594-98, C.e del Tirolo 1620)
    governatore 29 genn. 1596, sovrano dei Paesi Bas-
    si . . . . 6 magg. 1598 - † 13 lugl. 1621
Isabella Clara, f.ª del re di Spagna, cugina e sposa (13
    apr. 1599) di Alberto d'**Austria** . . . 6 magg. 1598 - † 1° dic. 1633
Filippo V [IV] re di Spagna e Portogallo 31 mar. 1621 - † 17 sett. 1665
D. Francesco di Moncada, govern. interin. . . . dic. 1633 - 4 nov. 1634
D. Ferdinando, fr. del re di Spagna (card. arciv. di
    Toledo) gov. . . . . 4 nov. 1634 - † 9 nov. 1641
D. Francesco De Mello, C.e d'Assumar, gov. . . . . nov. 1641 - 1644
D. Manuel de Moura Cortéréal, march. di Castel Ro-
    drigo, gov. . . . . 1644 - 1647 († 30 genn. 1661)
Leopoldo Guglielmo, f. dell'imper. Ferdinando II,
    gov. . . . . 1647 - 1656 († 21 nov. 1662)
D. Giovanni d'**Austria**, f. del re di Spagna, gov. . 1656 - mar. 1659
                                             († 17 sett. 1679)
D. Luigi De Benavides Carillo, march di Fromiata,
    gov. . . . . 1659 - sett. 1664 († 6 genn. 1668)
D. Francesco De Moura Cortéréal, march. di Castel
    Rodrigo, gov. . . . . 1664 - sett. 1668 († 23 nov. 1675)
Carlo II, f. di Filippo V re di Spagna . 17 sett. 1665 - † 1° nov. 1700

---

(1) Pei *Governatori dei Paesi Bassi* fino al 1581, veggasi 1, Paesi bassi del Nord, pag. 376.

D. Iñigo Melchior Fernandez de Velasco, duca di Feria, gov. . . . . v. sett. 1668 - lugl. 1670

D. Juan-Domingo de Zuñiga y Fonseca, C.ᵉ di Montery, gov. . . . . 1670 - febb. 1675

D. Carlos de Gurrea, duca di Villahermosa . . . . 1675 - ott. 1680

Alessandro Farnese, fr. di Ranuccio II duca di Parma, gov. . . . . 24 ott. 1680 - rin. apr. 1682 († 18 febb. 1689)

Ottone-Enrico, march. del Carretto, C.ᵉ di Millesimo, gov. . . . . apr. 1682 - † 19 giu. 1685

D. Francesco Antonio de Agurto, march. di Castañaga, gov. . . . . 1685 - 1692

Massimiliano di Wittelsbach (elettore di Baviera 1679), gov. . . . . 26 mar. 1692 - 22 mar. 1701

Filippo VI [V] di **Borbone**, f. di Luigi delfino di Francia, (re di Spagna e Sicilia 1700), succede 16 nov. 1700 - 6 mar. 1714

D. Isidoro de la Cueba y Benavides, march. di Bedmar, gov. interin. . . . . 1701 - 1704

Massimiliano elettore di Baviera, pred., gov. (poi principe 1712-14). . . . . 1° ott. 1704 - 1706

Governo del *Consiglio di Stato* . . . . 20 lugl. 1706 - 1714

I Paesi Bassi del sud passano all'Austria (pace di Rastadt) . . . . 6 mar. 1714 - dic. 1794

Giuseppe-Lotario, C.ᵉ di Koenigseck, governatore generale . . . . nov. 1715 - genn. 1716

Eugenio-Giovanni-Francesco di Savoia-Soissòn, luogoten., gov. e capitano gen. 25 genn. 1716 - rin. 8 dic. 1724 († 1736)

Virico C.ᵉ di Daun, gov. interin. . . . . dic. 1724 - 9 ott. 1725

Maria Elisabetta, f.ᵃ di Carlo II arciduca d'Austria, gov. . . . . 9 ott. 1725 - † 26 ag. 1741

Federico Augusto C.ᵉ di Harrach-Rohrau, gov. e cap. gen. interim. . . . . ag. 1741 - 1744

Maria Anna, f.ᵃ di Carlo II d'Austria, gov. assieme col marito . . . . 1744 - † 16 dic. 1744

Carlo Alessandro, princ. di Lorena, marito di Maria Anna pred. gov. . . . . 1744 - † 4 lugl. 1780

Giorgio Adamo, princ. di Starhemberg, gov. interin. . 1780 - 1781

Maria Cristina, f.ᵃ di Francesco I imp. e di Maria Teresa d'Austria, e Alberto-Casimiro di Sassonia suo marito, luogot., gov. e cap. gen. . . . . 1781 - 1793

Carlo Lodovico d'Austria . . . . 1793 - dic. 1794

Occupazione francese. — I Paesi Bassi del Sud prendono nome di **Belgio** . . . . dic. 1794 - 21 lugl. 1814

Unione del Belgio alle Provincie del Nord; M. de Cappellen amministr. . . . . 21 lugl. 1814 - 30 sett. 1830

Insurrezione di Bruxelles (25 ag.), poi di tutto il Belgio. — Governo provvisorio . . . . 27 sett. 1830 - 25 febb. 1831

Il Belgio si dichiara indipendente . . . . 18 nov. 1830

Erasmo Luigi Barone di Surlet di Chokier, reggen-
te . . . . 25 febb. - 21 lugl. 1831 († 7 ag. 1839)
Leopoldo I di **Sassonia-Coburgo** el. re del Belgio 4
giu., sale al trono . . . . 21 lugl. 1831 - † 10 dic. 1865
Leopoldo II, f, succ. . . . . 10 dic. 1865 -

3. Lussemburgo.

Conti, poi Duchi dal 1354, Granduchi dal 1815.

Sigfrido, f. di Widerico (?) acquista dall'abbate di S.
Massimo di Treviri il castello di Lussembur-
go . . . . 12 apr. 963 - † v. 26 nov. 998
Federico, f. . . . . 998 - † 1019
Gilberto o Giselberto, f. . . . . 1019 - † fra 1055 e 1060
Corrado I, f. . . . . v. 1060 - † 20 ag. 1086
Guglielmo, f. . . . . 1086 - † fra 1127 e 1130
Corrado II, f. . . . . 1130 - † 1136
Enrico I *il Cieco*, f. di Goffredo C.ᵉ di Namur e nip.
di Corrado I . . . . 1136 - † 1196
Ermesinda, figlia e Tebaldo Cᵉ di Bar suo marito
(† 1214) . . . . 1196 - 12 febb. 1214
Ermesinda pred., sola, (poi sposa di Walerano f. di
Enrico III duca di Limbourg) . . . . . 12 febb. 1214 - † 1247
Enrico II *il Grande*, f. di Ermesinda e di Walerano,
(duca di Limbourg) . . . . 1247 - † 1281
Enrico III, f. . . . . 1281 - † 5 giu. 1288
Enrico IV [VII] f., regg. dur. min., la madre Beatrice
d'Avenes (re de' Rom. 1308, imp. 1312) succ. 5 giu. 1288 - † 24 ag. 1313
Giovanni *il Cieco*, f. (re di Boemia 1310), succ. 24 ag. 1313 - † 26 ag. 1346
Carlo, f. (re di Boemia 1346, coronato imper. 1355),
succ. . . . . 26 ag. 1346 - rin. 1353 († 29 nov. 1378)
Venceslao I, fr. (duca del Brabante 1355) succ. 1353,
duca . . . . 1354 - † 7 dic. 1383
Venceslao II *l'Infingardo*, f. di Carlo pred. (elett. di
Brandeburgo 1373, re de' Romani 1376, di Boemia
1378) duca . . . . 7 dic. 1383 - † 16 ag. 1419
Jobst, nip. (march. di Moravia 1375, elett. di Brandeburgo 1388, re de' Romani 1410) duca . . 1388 - † 16 genn. 1411
Antonio, f. di Filippo di **Borgogna** (duca del Brabante 1405) succ. . . . . 1411 - † 25 ott. 1415
Elisabetta di Görlitz, sorella di Jobst pred. e vedova
di Antonio, sposa, nel 1418, Giovanni re di Ba-
viera († 6 genn. 1425) succ. . . . . . 25 ott. 1415 - † 3 ag. 1451
Sigismondo, fr. di Venceslao II pred. (elett. di Brandeburgo 1378, re d'Ungheria 1387, re de' Romani
1410, di Boemia 1419) succ. al fr. pred. 16 ag. 1419 - † 9 dic. 1437

Alberto d'**Absburgo**, genero di Sigismondo (duca d'Austria 1404, re di Boemia e Ungheria 1437, de' Romani 1438) succ. . . . . 9 dic. 1437 - † 27 ott. 1439

Elisabetta, figlia di Sigismondo e vedova di Alberto pred. . . . . 27 ott. - rin. dic. 1439 († 1442)

Anna, f. di Alberto, († 1462) e Guglielmo di Turingia suo marito († 1482) . . . . dic. 1439 - 1443

Ladislao, fr., (arcid. d'Austria e re di Boemia 1440, di Ungheria 1453) . . . . 1443 - † 23 nov. 1457

Filippo *il Buono* (duca di Borgogna e sign. dei Paesi Bassi 1419) ammin. del ducato 1441, duca 25 ott. 1451 - † 15 giu. 1467

Il Lussemburgo rimane unito ai Paesi Bassi del Sud e ne segue le sorti fino all' . . . . ott. 1795

Occupazione francese . . . . 1° ott. 1795 - magg. 1815

Parte del Lussemburgo è unita alla Prussia, il rimanente è eretto in Granducato, dipendente dalla Confederazione Germanica . . . . 10 magg. 1815

Guglielmo I d'**Orange-Nassau** (re dei Paesi Bassi) granduca del Lussemburgo 10 magg. 1815 - abd. 7 ott. 1840 († 12 dic. 1843)

Guglielmo II, f., (re dei Paesi Bassi) granduca del Lussemburgo . . . . 7 ott. 1840 - † 17 mar. 1849

Guglielmo III, f., (re dei Paesi Bassi) granduca del Lussemburgo . . . . 17 mar. 1849 - † 23 nov. 1890

Adolfo di **Nassau**, f. di Guglielmo duca di Nassau, granduca . . . . 23 nov. 1890 - † 17 nov. 1905

Guglielmo, f., granduca . . . . 17 nov. 1905 -

§ VIII.
Penisola balcanica.

1. Impero d'Oriente.

Arcadio, f. dell'imp. **Teodosio I**, imp. . 17 genn. 395 - † 1° magg. 408

Teodosio II *il Giovane*, f. . . . . 1° magg. 408 - † 28 lugl. 450

Marciano, genero di Arcadio . . . . 24 o 25 ag. 450 - † fine gen. 457

Leone I *Magno*; della **Tracia** . . . . . . 7 febb. 457 - † genn. 474

Leone II *il Giovane*, nip., (Cesare fine 473) Imp. . genn. - † nov. 474

Zenone Isaurico, padre di Leone II . . . febb. 474 - dep. genn. 476

Basilisco, cognato di Leone I, usurp. genn. 476 - dep. ag. 477 († 484)

Zenone Isaurico, ristab. . . . . ag. 477 - † 9 apr. 491

Anastasio I *Dikoros*, genero di Leone I, cor. 11 apr. 491 - † 9 lugl. 518

Giustino I *il Vecchio* . . . . 9 lugl. 518 - † 1° ag. 527

Giustiniano I nip. . . . . . cor. 1° apr., succ. 1° ag. 527 - † 14 nov. 565

Giustino II *il Giovane*, nip. . . . . 14 nov. 565 - † 5 ott. 578

Tiberio II Costantino, genero di Giustino II, Cesare
dic. 574, cor. Imp. 26 sett., succ. . . . . . 5 ott. 578 - † 14 ag. 582
Maurizio, genero di Tiberio II, cor. 13 ag., succ. 14 ag. 582 - † 27 nov. 602
Foca . . . . cor. 23 nov. 602 - † 5 ott. 610
Eraclio I, ... cor. 7 ott. 610 - † mar. 641
Costantino III, f., assoc. 22 genn. 613, succ. . . mar. - † 25 magg. 641
Eracleone Costantino, fr., succ. . . . . . . 25 magg. - esil. ott. 641
Costante II, f. di Costantino III . . . . ott. 641 - † sett. 668
Costantino IV *Pogonato*, f., augusto 654, succ. sett. 668 - † princ. sett. 685
Giustiniano II *Rinotmete*, f., augusto 681, succ. . sett. 685 - detr. 695
Leonzio . . . . 695 - detr. 698
Tiberio III *Absimaro* . . . . 698 - detr. 704
Giustiniano II *di nuovo* . . . . 704 - † 11 dic. 711
Filippico *Bardane* . . . . dic. 711 - dep. 4 giu. 713 († 713)
Anastasio II *Artemio* . . . . . . 4 giu. 713 - abd. genn. 716 († 719)
Teodosio III *Atramiteno*, ... v. genn. 716 - abd. magg. 717
Leone III Isaurico, ... 25 mar. 717 - † 18 giu. 741
Costantino V *Copronimo*, f., augusto 31 mar. 720, im-
peratore . . . . 18 giu. 741 - † 14 sett. 775
[*Artavasde, cognato di Costantino V, usurp.* . 742 - dep. 2 nov. 743]
Leone IV *Khazaras*, f. di Costantino V, assoc. al pa-
dre 6 genn. 751, succ. . . . . 14 sett. 775 - † 8 sett. 780
Costantino VI *Porfirogenito*, f., assoc. 14 apr. 776, suc-
cede (sotto la reggenza di Irene sua madre fino
al 790) . . . . 8 sett. 780 - dep. 15 giu. 797
Irene Attica, madre di Costantino VI, giu. 797 - dep. 31 ott. 802 († 9 ag. 803)
Niceforo I *Logoteta* . . . . 31 ott. 802 - † 25 lugl. 811
Staurace, f. . . . . . . 25 lugl. - abd. 1° ott. 811 († 5 genn. 812)
Michele I Curapolata *Rhangabé*, cognato di Staurace,
cor. . . . . 2 ott. 811 - dep. 10 lugl. 813 († 848)
Leone V *l'Armeno* . . . . 11 lugl. 813 - † 24 dic. 820
Michele II *il Balbo*, genero di Costantino VI, succe-
cede . . . . 24 dic. 820 - † 1° ott. 829
Teofilo . . . . 1° ott. 829 - † 20 genn. 842
Michele III *l'Ubriaco*, f., regg. Teodora sua madre
fino all'857, succ. . . . . 20 genn. 842 - † 24 sett. 867
Basilio I il **Macedone**, associato 21 magg. 866, succe-
de . . . . 24 sett. 867 - † 1° mar. 886
Leone VI *il Filosofo*, f., augusto 870, succ. 1° mar. 886 - † 11 magg. 911
Costantino VII *Porfirogenito*, f., (regg. la madre Zoe
912-919), succ. . . . . 11 magg. 911 - † nov. 959
Alessandro, fr. di Leone VI, tutore e collega di Costan-
tino VII . . . . 11 magg. 911 - † 6 giu. 912
Romano I *Lakapenos*, suocero e collega di Costanti-
no VII . . . . dic. 919 - dep. 20 dic. 944 († 15 lugl. 948)
Cristoforo, f., assoc. col padre . . . . 921 - † ag. 931

Stefano e Costantino, figli di Romano I, associati col
padre . . . , ... 928 - dep. 27 genn. 945
Romano II *il Giovane*, f. di Costantino VII, assoc. col
padre 949, succ. . . . . nov. 959 - † 15 mar. 963
Niceforo II Foca, usurp. . . . . 2 lugl., cor. 16 ag. 963 - † 11 dic. 969
Giovanni I *Zimiscè*, cognato di Romano II, usurpato-
re . . . . 11 dic., cor. 25 dic. 969 - † 10 genn. 976
Basilio II, f. di Romano II, assoc. con Giovanni I, poi
col fr. Costantino VIII . . . . 10 genn. 976 - † dic. 1025
Costantino VIII, fr., assoc. . 10 genn. 976, solo dic. 1025 - † 12 nov. 1028
Bardas Skleros e Bardas Il Foca, nip. di Niceforo II,
usurp. . . . . 976 - 989
Romano III *Argiro*, marito di Zoe, f. di Costantino IX,
succ. . . . . 12 nov. 1028 - † 11 apr. 1034
Michele IV *Paflagonio*, secondo marito di Zoe, succe-
de . . . . 11 apr. 1034 - † 10 dic. 1041
Michele V *Calafato*, nip. . . . . . cor. 14 dic. 1041 - detr. apr. 1042
Zoe, *pred.* e Teodora, figlie di Costantino VIII (1), im-
peratrici . . . . apr. - 12 giu. 1042
Costantino IX *Monomaco*, marito di Zoe *pred.*, succe-
de . . . . 11 giu., cor. imp. 12 giu. 1042 - † 30 nov. 1054
Teodora, pred., imp. . . . . 30 nov. 1054 - † 22 ag. 1056
Michele VI, *Stratiotico* . . . . 22 ag. 1056 - abd. 31 ag. 1057 († 1059)
Isacco I **Comneno**, f. di Manuele, augusto 8 giugno,
imp. . . . . 31 ag. 1057 - abd. dic. 1059 († 1061)
Costantino X **Doukas**, cor. . . . . . . 25 dic. 1059 - † magg. 1067
Eudossia, vedova di Costantino X, coi figli Michele VII
Parapinace, Andronico e Costantino XI magg. 1067 - genn. 1068
Romano IV *Diogene*, secondo marito di Eudossia, suc-
cede . . . . 1º genn. 1068 - † ott. 1061
Michele VII *Parapinace*, pred. . . . . . ott. 1071 - dep. 31 mar. 1078
Niceforo Briennio, procl. imp. co-regg. . 3 ott. 1077 - dep. apr. 1078
Niceforo III Botoniate, . 10 ott. 1077, cor. 3 apr. 1078 - dep. mar. 1081
Alessio I **Comneno**, nip. di Isacco I pred., mar. 1081 - † 15 ag. 1118
Giovanni II, f., augusto 1092, imp. . . . 15 ag. 1118 - † 8 apr. 1143
Manuele I, f. . . . . 8 apr. 1143 - † 24 sett. 1180
Alessio II, f., regg. la madre Maria d'Antiochia, suc-
cede . . . . 24 sett. 1180 - † ott. 1183
Andronico I, cugino di Manuele I, assoc. 1182, suc-
cede . . . . ott. 1183 - † 12 sett. 1185
Isacco II **Angelo**, pronip. di Alessio I. . 12 sett. 1185 - dep. 8 apr. 1195
Alessio III, fr. . . . . 8 apr. 1195 - dep. 18 lugl. 1203
Isacco II *di nuovo*, assoc. col figlio . . . 18 lugl. 1203 - † febb. 1204
Alessio IV, f., assoc. col padre, cor. . . . 1º ag. 1203 - † 8 febb. 1204

---

(1) Zoe morì nel 1052.

Nicola Canabe, usurp. . . . . 25 genn. - dep. 12 apr. 1204

Alessio V **Doukas** detto *Murzuflo*, procl. imp. febb - dep. 12 apr. 1204

Caduta e smembramento dell'Impero greco per opera
    dei crociati Veneti e Franchi . . . . apr. 1204

Baldovino, Conte di **Fiandra**, fonda l'Impero Latino
    di Costantinopoli (1); Teodoro I **Lascaris**, genero di
    Alessio III pred., fonda un nuovo Impero greco a
    Nicea; Michele I **Angelo-Commeno**, cugino di Ales-
    sio III, la Despotia di Epiro e Alessio I **Comneno**,
    nip. di Andronico I, la Despotia poi Impero di
    Trebisonda 1204

a. *Imperatori Latini di Costantinopoli.*

Baldovino I, (Conte di Fiandra 1194), eletto Impera-
    tore . . . . . . 9 magg., cor. 16 magg. 1204 - dep. 15 apr. 1205

Enrico I, fr. . . . . cor. 20 ag. 1206 - † 11 giu. 1216

Pietro di **Courtenay**, C.e di Auxerre, cognato dei pre-
    cedenti e nipote di Luigi VI re di Francia, eletto
    1216 . . . . cor. 9 apr. 1217 - prigion. 1217, † 1219

Conone di Bethune, reggente . . . . *1216 - 1221*

Roberto di **Courtenay**, f. di Pietro pred. . cor. 25 mar. 1221 - † 1228

---

(1) Baldovino, sebbene fosse riconosciuto come alto sovrano di tutto l'Impero non ebbe, in dominio diretto, che una quarta parte del territorio greco,
cioè la Tracia coi palazzi di Blacherne e Bucaleone. Una metà circa delle ri-
manenti tre parti rimase ai Veneziani, cioè: gran parte della Morea (conquistata poco dopo da Villehardouin e de Champlitte), le isole di Negroponte
(Eubea), Candia (ceduta dal march. di Monferrato), le Cicladi e le Sporadi,
la città di Gallipoli e una parte di Costantinopoli. Il march. di Monferrato
ebbe la Macedonia ed altre terre che formarono il regno di Tessalonica.

Parecchi nobili Veneziani conquistarono inoltre per proprio conto, varie
isole nel mare Egeo, assegnate alla Repubb. Veneta ma ancora in potere dei
Bizantini, come: Marco Sanudo, nel 1207, le isole di Nasso, Paro, Antiparo,
Milo, Cimolo, Delo, Sira, Stampalia, Santorino, Sifanto, Termia, Nio. Nello
stesso anno Marino Dandolo occupò Andro; Andrea e Geremia Ghisi le isole
di Sciro, Scopelo, Zia, Sciato, Tino, Micone ed Amorgo; Leonardo Foscolo
l'isola di Nanfio e Filocalo Navigajoso l'isola di Lemno. Queste isole furono
poi conquistate dai Turchi negli anni 1537-38, eccetto Nasso, Andro e Zia che
furono conquistate nel 1566, Sifanto e Termia nel 1617, Tino e Micone
nel 1718.

Quanto all'isola di Negroponte, assegnata ai Veneziani, fu conquistata nel
1204 da Giacomo d'Avesne per conto del march. di Monferrato, poscia divisa
in signorie, ma riconobbe, verso il 1210, la sovranità di Venezia, la quale vi
tenne dei bali fino all'anno 1470 in cui fu occupata dai Turchi. — Candia
appartenne alla Repubb. Veneta, che vi tenne dei governatori (duchi dal 1204
al 1669, poi fu conquistata anch'essa dai Turchi.

Baldovino II, fr., regg. (1229), poi collega (1231-37) lo
    suocero Giovanni di **Brienne** re tit. di Gerusalem-
    me; succede 1228, solo 23 mar. 1237 - dep. 25 lugl. 1261 († fine 1273)
Costantinopoli è ripresa dai Greci di Nicea 25 lugl.1261

b. *Imperatori Greci a Nicea poi a Costantinopoli.*

Tedoro **Lascaris**, genero di Alessio III, despota 1204,
    imp. . . . . 1206 - † 1222
Giovanni III **Doukas-Vatatzès**, genero . . . . 1222 - † 30 ott.1255
Teodoro II **Doukas-Lascaris**, f., succ. ott., cor. 25 dic. 1255 - † ag. 1259
Giovanni IV, f., reggente Michele Paleologo, succe-
    de . . . . ag. 1259 - detr. 1° genn. 1260
Michele VIII **Paleologo**, regg. 1259, poi Imp., cor. 1260,
    occupa Costantinopoli . . . . . . 25 lugl. 1261 - † 11 dic. 1282
Andronico II *il Vecchio*, f., succ. . . 11 dic. 1282 - abd. 24 magg. 1328
                              († 13 febb. 1332)
Andronico III *il Giovane*, nipote, coronato 2 febb. 1325,
    solo . . . . 24 magg. 1328 - † 15 giu. 1341
Giovanni V, f., sotto tutela della madre, poi solo, suc-
    cede . . . . 15 giu., cor. 19 nov. 1341 - prig. 1376
Giovanni VI **Cantacuzeno**, *usurp.* . . *13 magg. 1347 - abd. genn. 1355*
Matteo, f., assoc. al padre . . . . . . *febb. 1354 - abd. 1357 († 1383)*
Andronico IV **Paleologo**, f. di Giovanni V, assoc. col
    f. Giovanni VII . . . . 1376 - dep. 1379
Giovanni V *di nuovo*, col figlio Manuele . . . . . . 1379 - † 1391
Manuele II, f., assoc., poi solo . . . 1391, abd. 1423 - † 21 lugl. 1425
Giovanni VII, f. di Andronico IV, pred., associato a
    Manuele II . . . . 4 dic. 1399 - abd. 1402 († d. 1408)
Giovanni VIII, f., succ. . . . . 25 lugl. 1425 - † 31 ott. 1448
Costantino XII *Dragazès*, fr. . . . princ. nov. 1448 - † 29 magg. 1453
Maometto II, sultano dei Turchi, prende Costantino-
    poli, ponendo fine all'Impero Bizantino (1) . . . 29 magg. 1453

c. *Despotia d'Epiro e regno d'Albania.*

Michele I **Angelo-Comneno**, cugino di Alessio III, de-
    spota d'Epiro, Etolia ed Acarnania . . . . 1204 - † 1214
Teodoro, fr. (imperatore di Tessalonica 1222-30), de-
    spota . . . . 1214 - dep. 1230 († d. 1254)
Manuele, fr., (imperatore di Tessalonica 1230-40) de-
    spota . . . . 1230 - dep. 1237 († 1240)
Michele II, detto *Costantino*, f. di Michele I, despota . 1237 - † 1271

---

(1) Rimaneva ai Greci soltanto Trebisonda, nell'Asia Minore, che dal 1204
era governata, come vedemmo, dai **Comneno** (imperatori dal 1280) ma venne
anch'essa conquistata dai Turchi nel 1462.

Niceforo I, f., succ. sotto la sovran. del re di Napoli . 1271 - † 1296

Tommaso, f., sotto tutela della madre Anna Paleologo
    Cantacuzeno . . . . 1296 - †1318

Nicola **Orsini**, (C.ᵉ di Cefalonia 1317-20) (1), despota . 1318 - † 1323

Giovanni, fr. (C.ᵉ di Cefalonia 1323-35) despota . . . 1323 - † 1335

Niceforo II, f. (C.ᵉ di Cefalonia 1335-58) desp. 1335 - dep. 1339 († 1358)

La Despotia d'Epiro viene unita all'Impero Bizantino . 1339 - 1356

Niceforo II, di nuovo, despota d'Epiro e Tessaglia . . 1356 - † 1358

Carlo Thopia, re d'Albania, occupa l'Epiro (2) . 1358 - † genn. 1388

Giorgio Thopia, f., re d'Albania genn. 1388 - rin. mar. 1392 († ott. 1392)

La Repubblica di Venezia occupa l'Albania, eccetto
    il territorio di Kroia (3) . . . . mar. 1392 - 1478

L'Albania è occupata dai Turchi 1478

d. *Regno di Tessalonica* (*Salonicco*).

Bonifacio, (march. di Monferrato 1192). . . . . 1204 - † 1207

Demetrio I, f., re . . . . 1207 - dep. 1222 († 1227)

---

(1) Gli **Orsini** erano conti di Cefalonia dal 1194 e signori di Leucade dal
1295. Alla morte di Niceforo II **Orsini** nel 1358 le due isole passarono al
cugino Leonardo I **Tocco**, signore di Zante. Questa famiglia occupò anche
Argirocastro nel 1405, Arta e Giannina nel 1418. Cefalonia, Zante e Leucade
appartennero poi alla Repubb. Veneta, salvo brevi interruzioni, dal 1485 al 1797.
In quest'anno le isole Ionie furono occupate dai Francesi, ma nel 1799 dalla
flotta russo-turca furono tolte alla Francia e costituite, il 21 marzo 1800, in
Repubblica delle sette isole tributaria della Turchia, finchè nell'agosto 1807 furono di nuovo unite alla Francia. — V. Grecia, pag. 392, nota 2.

(2) Nel 1259 Durazzo e Lepanto si erano staccate dalla despotia d'Epiro
per passare sotto il governo di Manfredi re di Sicilia e sign. di Corfù dal
1257. Quest'isola appartenne in seguito ai Veneziani dal 1386 al 1796, poi fu occupata dai Francesi. Durazzo passò ai Turchi nel 1502 e Lepanto nel 1699,
dopo aver appartenuto alla Repubb. Veneta dal 1407 al 1499 e dal 1687 al 1699
— La Tessaglia, l'Arcanania e l'Etolia passarono nel 1271 a Giovanni fratello del despota d'Epiro Niceforo I e furono occupate dai Turchi nel 1393.
— La città di Valona, presa dai Bizantini nel 1314, fu conquistata dai Turchi nel 1414.

(3) Furono principi di Kroja:

Elena Thopia, sorella di Giorgio pred. . . . . mar. 1392 - 1395.

Costantino **Castriota**, marito d'Elena, nipote di Carlo Tho-
    pia . . . . 1395 - dep. 1401 († 1402)

Andrea Thopia, pronip. di Carlo Thopia pred. . . . . 1401 - † 1415

Dominazione Ottomana . . . . 1415 - 1443

Giorgio **Castriota**, *Skanderberg*, nip. di Costantino pred. 1443 - † 17 febb. 1467

Giovanni, f. . . . . febb. 1467 - rin. 1474 († 1485)

La Repubblica di Venezia occupa Kroja. . . . . 1474 - 1478

I Turchi riprendono Kroja 1478

Teodoro **Angelo-Comneno** (despota d'Epiro 1214) imperatore . . . . 1222 - dep. 1230 († d. 1254)
Manuele, fr., (despota d'Epiro 1230), imperatore . 1230 - 1240 († 1241)
Giovanni I, f. di Teodoro, imp., poi despota dal 1242 . 1240 - † 1244
Demetrio II, fr., despota . . . . 1244 - dep. 1246
Tessalonica è conquistata dall'imp. greco di Nicea . . 1246 - 1423
Alla Repubblica di Venezia . , ... v. dic. 1423 - 1° mar. 1430
Presa dai Turchi . . . . 1° mar. 1430

e. *Principato d'Acaja* (*Morea*).

Guglielmo di Champlitte (*le Champenois*) conquista
  l'Acaja . . . . 1205 - dep. 1209 († 1212)
Goffredo I di **Villehardouin** . . . . 1209 - † 1218
Goffredo II, f. . . . . 1218 - † 1245
Guglielmo II, fr. . . . . 1245 - † 1278
Carlo I d'**Anjou** (re di Sicilia, e despota di Romania,
  1266, ecc.) . . . . 1278 - † 7 genn. 1285
Carlo II, f. (re di Napoli e despota di Romania 1285
  ecc.) . . . . 1285 - dep. 1289 († magg. 1309)
Isabella di Villehardouin, f. di Guglielmo II pred. 1289 - dep. 1307
  († 1311)
Fiorenzo d'**Hainaut** marito d'Isabella pred. . . . . . 1289 - † 1297
Filippo I di **Savoia**, terzo marito d'Isabella pred.
  (princ. di Piemonte 1282) . . . . 1301 - dep. 1307 († 25 sett. 1334)
Filippo II d'**Anjou**, f. di Carlo II pred. (princ. di Taranto e despota di Romania 1294) . . 1307 - 1313 († 26 dic. 1332)
Matilde d'**Hainaut**, f. d'Isabella e Fiorenzo pred.; sposa
  a Luigi di Borgogna († 1316) . . . . . . 1313 - 1318 († 1331)
Ferdinando I di Maiorca, competitore . . . . *1315 - † 1316*
Giovanni d'**Anjou**, C.e di **Gravina**, fr. di Filippo II pred.
  (duca di Durazzo 1333) . . . . 1318 - 1333 († 1335)
Caterina di **Valois**, moglie di Filippo II pred. . . . . 1333 - † 1346
Roberto d'**Anjou**, f. (despota di Romania 1311, princ.
  di Taranto 1332) . . . . 1346 - † sett. 1364
Maria, f. di Luigi I di **Borbone**, vedova di Roberto,
  col marito Ugo di Lusignano principe di Galilea
  († 1347) . . . . 1364 - rin. 1370 († 1387)
Filippo III d'**Anjou**, f. di Filippo II e di Caterina pred.
  (princ. di Taranto 1364) principe titolare . . . . 1370 - † 1373
Giovanna d'**Anjou**, f.a di Carlo duca di Calabria, (regina di Napoli 1343) . . . . . 1374 - dep. 1381 († 11 magg. 1382)
Ottone di **Brunswick-Grubenhagen**, marito di Giovanna . . . . 1376 - dep. 1381 († v. 1398)
Giacomo di **Beaux**, nip. di Filippo III pred. . . . . 1381 - † 1383
Maiotto Coccarelli, poi (1386) *Pietro di S. Esuperanzo*
  detto Bordeaux, vicari . . . . *1383 - 1396*

Pietro di Sant'Esuperanzo, pred., principe . . . . . . 1396 - † 1402
Maria **Zaccaria**, vedova . . . . 1402 - † 1404
Centurione **Zaccaria**, nip. (sign. d'Arcadia ecc. 1401)
    principe . . . . 1404 - rin. 1430 († 1432)
Tomaso **Paleologo**, genero, despota di Misithra prin-
    cipe . . . . 1430 - dep. 1460 († 1475)
Il principato viene conquistato dai Turchi . . . . . 1460 - 1685 c.
La Repubblica di Venezia occupa, in diverse riprese,
    la Morea . . . . 1684 - giu. 1714
La Morea è conquistata dai Turchi nel 1714 e ad essi
    viene assegnata (tratt. di Passarowitz) 21 lugl. 1718 (1) V. Grecia.

f. *Signoria, poi ducato d'Atene.*

Ottone de **la Roche**, riceve in feudo dal marchese
    di Monferrato l'Attica e la Beozia formanti la si-
    gnoria d'Atene . . . . 1205 - 1225 († v. 1234)
Guido I, f., sign. d'Atene, poi duca dal 1259 . . . . 1225 - † 1263
Giovanni, f. . . . . 1263 - † 1280
Guglielmo I, fr. . . . . 1280 - † 1287
Guido II. f., ... 1287 - † 1308
Gualtieri I, di **Brienne**, nip. di Guglielmo I pred. . . 1308 - † 1311
I pirati Catalani occupano il Ducato, meno Argo e
    Nauplia (2), ed offrono la sovranità agli Aragonesi
    di Sicilia 1311
Manfredi, f. di Federico II d'**Aragona**, re di Sicilia,
    duca d'Atene . . . . 1312 - † v. 1317
Guglielmo, fr. . . . . 1317 - † 22 ag. 1338
Giovanni, fr. . . . . 22 ag. 1338 - † 3 apr. 1348
Federico I, f. . . . . 3 apr. 1348 - † lugl. 1355
Federico II il *Semplice*, cugino (re di Sicilia 1355)
    succede . . . . lug. 1355 - † 27 lugl. 1377
Maria, f. (regina di Sicilia 1377) . 27 lugl. 1377 - 1381 († 25 magg. 1402)

---

(1) Il principato d'Acaja, dal 1209 in poi, erasi andato dividendo in signorie
che furono più tardi riconquistate dai Greci, come: Geraki nel 1262; Cala-
vrita nel 1263; Passava nel 1314; Akova e Nikli nel 1320; Patrasso nel 1430;
San Salvatore, Arcadia e Chalandritza nel 1432.

(2) Furono duchi di Argo e Nauplia:
Gualtieri II di **Brienne**, f. di Gualtieri I, (signore di Firen-
    ze 1342-43) . . . . 1311 - † 1356
Guido III d'**Enghien**, nip. . . . . 1356 - † 1377
Maria, f., sposa a Pietro **Cornaro** († 1388) . . . . . 1377 - rin. 1388
    Il ducato passò alla Repubb. di Venezia 1388-1540, poi ai Turchi 1540-1686
e di nuovo a Venezia nel 1686, finchè fu occupato ancora dai Turchi
nel 1715.

Pietro [IV] **d'Aragona** *il Cerimoniere* (re d'Aragona 1336)
    succede . . . . 1381 - † 5 genn. 1387
Neri I **Acciajuoli**, f. di Jacopo (sign. di Corinto) . . . 1387 - † 1394
Antonio I, f. nat. . . . . 1394 - 1395
La Repubblica di Venezia occupa Atene . . . . 1395 - 1402
Antonio I, *di nuovo,* . . . . 1402 - † 1435
Neri II, pronip. . . . . 1435 - dep. 1439
Antonio II, fr. . . . . 1439 - † 1441
Neri II, *di nuovo* . . . . 1441 - † 1451
Chiara Giorgio, vedova di Neri II, col marito Bartolo-
    meo **Contarini** dal 1453, succ. . . . . 1451 - † 1454
Francesco I, f. . . . . 1451 - 1454
Francesco II, f. di Antonio II . . . . . . 1455 - dep. 1458 († 1460)
Atene è occupata dai Turchi . . . . 1458 - 1828 (1). V. Grecia.

2. Regno di Grecia.

Insurrezione contro il gov. Turco (mar. 1821). - Istitu-
    zione di un Consiglio esecutivo di 5 membri di-
    retto da Maurocordato e di un Senato di 59 mem-
    bri presieduto da Demetrio Ypsilanti. 1° genn. 1822 - genn. 1828
Governo provvisorio (Panhellenion). - Giovanni **Ca-
    podistria** presid. . . . . 24 genn. 1828 - † 9 ott. 1831
Il sultano Mahmud II riconosce l'indipendenza della
    Grecia (trattato di Adrianopoli). . . . . 14 sett. 1829
Agostino **Capodistria**, presid. del governo provviso-
    rio . . . . 20 dic. 1821 - dep. 18 genn., abd. 10 apr. 1832
Ottone di **Wittelsbach**, f. di Luigi re di **Baviera**, el. re
    7 magg., accetta 5 ott. 1832 (2), sale al trono 6 feb-
    braio 1838, sotto reggenza; dichiarato maggioren-
    ne . . . . 1° giu. 1835 - dep. 22 ott. 1862 († 26 lugl. 1867)

---

(1) Altre signorie, derivanti dal ducato, erano state già occupate dai Turchi, come la contea di Salona nel 1410 e il marchesato di Bodonitza nel
1414. Più tardi essi occuparono la signoria di Tebe nel 1460 e quella d'Egina
nel 1537, la quale apparteneva, dal 1451, alla Repubbl. Veneta.

(2) Il 21 luglio 1832 fu conchiuso a Costantinopoli un trattato pel quale la
Porta acconsentiva all'estensione dei confini del nuovo Regno di Grecia dal
golfo d'Arta a quello di Volo, con l'Ellade, la Morea, Negroponte, le Cicladi.
Le isole Jonie si reggevano dal 1815 a repubblica sotto la protez. dell'Inghilterra;
ma nel nov. 1863 il governo inglese rinunziò al protettorato di queste isole in
favore della Grecia. Nel 1880 (pace di Berlino) vennero aggiunte al reame
anche la Tessaglia con Volo, Larissa, Tricala, Farsalo e la parte dell'Epiro
situata all'est del fiume Arta.

Rivoluzione a Missolungi, Patrasso, Atene ecc. . . . 19 - 23 ott. 1862
Governo provvisorio. - A. G. **Bulgaris** presid. 13 ott. 1862 - giug. 1863
Giorgio I di **Schleswig-Holstein-Sonderbourg-Gluck-**
   sbourg, f. di Cristiano IX re di Danimarca, el. re
   di Grecia 30 mar., accetta 6 giu., dichiar. maggio-
   renne 28 giu., assume il governo . . 31 ott. 1863 -

3. Turchia.

Osman, o Othman I, f. di Ertoghroul, emiro, poi (1299)
   sovrano indip., dopo la caduta del sultanato di
   Konieh . . . . 1288 - † 10 ag. 1326
Orkhan, f., sultano . . . . 10 ag. 1326 - † 1359
Murad o Amurat I, detto *Lamorabaquin*, . . . 1359 - † 15 giu. 1389
Bajazet I il *Lampo*, f. . . . . 1389 - spod. 20 lugl. 1402 († 9 mar. 1403)
Solimano I *Chélébi*, f. . . . . 1403 - † 1410
Musa *Chélébi*, fr., assoc. col fr. che segue . . . 1410 - † apr. 1413
Maometto I, fr., assoc. 1410, solo . . . . 1413 - † magg. 1421
Murad II, f. . . . . magg. 1421 - † 9 febb. 1451
Maometto II, f., (Padichah dopo la presa di Costanti-
   nopoli 29 magg. 1453) succ. . . . . 12 febb. 1451 - † 3 magg. 1481
Bajazet II *Lamorabaquin*, f., 3 mag. 1481 - abd. mag. 1512 († 26 mag. s. a.)
Selim I, f. (Califo nel 1518) succ. . . . . . magg. 1512 - † 21 sett. 1520
Solimano II il *Legislatore*, f. (Sultan es Selatim 1538),
   succ. . . . . 21 sett. 1520 - ÷ 6 sett. 1566
Selim II, f. . . . . 6 sett. 1566 - † 12 dic. 1574
Murad III, f. . . . . 12 dic. 1574 - † 16 genn. 1595
Maometto III, f. . . . . 16 genn. 1595 - † 22 dic. 1603
Ahmed I, f. . . . . 22 dic. 1603 - † 22 nov. 1617
Mustafà I, fr. . . . . 22 nov. 1617 - dep. 26 febb. 1618
Osman II, f. di Ahmed I . . . . . . 26 febb. 1618 - † 20 magg. 1622
Mustafà I *di nuovo*, ... 20 magg. 1622 - 29 ag. 1623 († giu. 1639)
Murad IV *il Prode*, fr. di Osman II . . . 29 ag. 1623 - † 9 febb. 1640
Ibrahim, fr. . . . . 9 febb. 1640 - † 18 ag. 1648
Maometto IV, f. . . . . . . 18 ag. 1648 - 8 nov. 1687 († 17 dic. 1692)
Solimano III, fr. . . . . 8 nov. 1687 - ÷ 23 giu. 1691
Ahmed II, fr. . . . . 23 giu. 1691 - † 6 febb. 1695
Mustafa II, f. di Maometto IV, 6 febbraio 1695 - deposto 22 ag. 1703
                                                    († genn. 1704)
Ahmed III, fr. . . . . 22 ag. 1703 - dep. 1° ott. 1730 († 23 giu. 1736)
Hahmud I, f. di Mustafà II . . . . 1° ott. 1730 - ÷ 13 dic. 1754
Osman III, fr. . . . . 13 dic. 1754 - ÷ 28 ott. 1757
Mustafà III, f. di Ahmet III . . . . . 28 ott. 1757 - † 24 dic. 1773
Abd-el-Hamid I, fr. . . . . 24 dic. 1773 - † 7 apr. 1789
Selim III, f. di Mustafá III, 27 aprile 1789 - deposto 29 maggio 1807
                                                    († 28 lugl. 1808)

Mustafà IV, f. di Abd-el-Hamid I, 29 magg. 1807 - dep. 28 lugl. 1808
(† 16 nov. s. a.)
Mahmud II, fr. . . . . 28 lugl. 1808 - † 2 lugl. 1839
Abd-el-Medjid, f. . . . . 2 lugl. 1839 - † 25 giu. 1861
Abd-el-Aziz, fr. . . . . 25 giu. 1861 - dep. 30 magg. 1876 († 4 giu. s. a.)
Murad V, f· di Abd-el-Medjid, 30 magg. - dep. 30 ag. 1876 († 29 ag. 1904)
Abd-el-Hamid II, fr. . . . . 31 ag. 1876 -

4. Bulgaria.

I Bulgari invadono la Mesia Inferiore e vi fondano un
regno . . . . v. 670 - 1018
La Bulgaria è conquistata dai Bizantini ed unita al-
l'Impero d' Oriente. . . . . 1018 - 1186
Regno Valacco-Bulgaro . . . . 1186 - 1398
Dominazione Ottomana . . . . 1398 - lugl. 1878
La Bulgaria riacquista l'indipendenza, rimanendo solo
tributaria dei Turchi; trattato di Berlino. . . . 15 luglio 1878
Alessandro I di **Battenberg**, eletto principe di Bulga-
ria (1) . . . . 29 apr. 1879 - dep. 21 ag., abd. 3 sett. 1886
Governo provvisorio, reggenti Stamboulow, Montkou-
row e Karawellow . . . . 7 sett. 1886 - ag. 1887
Ferdinando I di **Sassonia-Coburgo-Gotha** (duca di
Sassonia) el. principe 7 luglio, sale al trono 14 ag. 1887 -

5. Rumania.

Alessandro Giovanni I **Couza**, el. principe dei due principati danubiani di Moldavia il 17 genn. e di Va-
lacchia il . . . . 5 febb. 1859 - abd. 23 febb. 1866
A Jassy e a Bukharest è proclamata la riunione dei
due principati danubiani in uno Stato, sotto il
nome di Rumania . . . . 23 dic. 1861
Governo provvisorio (Neculaiu Golescu, Lascaru Ca-
targiu, Neculaiu Haralambie). . . . . . 23 febb. - 20 apr. 1866
Carlo I di **Hohenzollern-Sigmaringen**, procl. principe
con plebiscito 20 apr. 1866, riconosciuto dalla Turchia . 24 ott. 1866, el. re 26 mar., cor. 22 magg. 1881 -

6. Serbia. (2)

All'Impero d'Oriente, con qualche interruzione . . . . 678 - 1186
Stefano **Nemanya**, detto *S. Simone*, f. di Urosch (zu-

---

(1) Alla Bulgaria si unisce la Romelia orientale il 20 sett. 1885.
(2) V. Mas Latrie, *Tresor de Chronologie*. Paris, 1889. — Stokvis, Manuel d'histoire ecc. Leide, 1889.

pan di Raska dal 1159) si rende indip. 1186 - abd. 25 marz. 1195
(† 13 febb. 1200)

Stefano I, Simone, f. succ.   . 25 mar. 1195, re dal 1220 - † 24 sett. 1228
Stefano II Radoslav, f., re   . . . . sett. 1228 - rin. 1234
Vladislao, fr., re   . . . . 1234 - † 1237
Stefano III Urosch I, *il Cieco*, fr., succ. 1237, re . . 1240 - dep. 1272
Stefano IV *Dragoutin*, f., re . . . . 1272 - 1275 († 1317)
Stefano V Urosc II, *Miloutin*, fr., re. . . . . . 1275 - † 29 ott. 1321
Stefano VI Urosch III *Detchansky*, f. nat., re. . 1322 - † 11 nov. 1333
Stefano VII Duschan, *il Grande*, f., re v. dic. 1333, zar
    dei Serbi, Greci e Bulgari . . . . 1340 - † 28 dic. 1355
Stefano VIII Urosch IV, f., zar . . . . 1356 - † 2 dic. 1366
Vouchachin Mrnyavcevitch, *usurp.* . . . . 1366 - † 1371
Simone, detto *Sinisa Urosch*, fr. di Stefano V.II, despota
    di Tessaglia . . . . 1396 - † 1371
Lazzaro I Greblyanovitch, zar . . . . 1371 - † 1389
Stefano Lazarevitch o Lazzaro II *il Cieco*, f. sotto tu-
    tela, dur. min., nella madre Elena Angelina Mi-
    litza, succ. . . . . 1389 - † 19 lugl. 1427
Giorgio I Brankovitch, nip., f. di Vuk Stefano genero
    di Lazzaro I . . . . 1398, despota 1427 - † 24 dic. 1456
Lazzaro II, f., re, assoc. 18 dic. 1446, succ. 24 dic. 1457 - † 20 genn. 1458
La Serbia viene conquistata dai Turchi . . . . . . 1458 - 1808
Giorgio Petrovitch, detto *Kara-Georges* o *Zrini* (*il
    Nero*) principe . . . . . 1808 - dep. 21 sett. 1813 († 13 lugl. 1817)
I Turchi, *di nuovo* . . . . ott. 1813 - apr. 1815
Rivolta dei Serbi: capo Miloch Obrenovitch. . apr. 1815 - 6 nov. 1817
Miloch I Obrenovitch, pred., principe 6 nov. 1817 - abd. 13 giu. 1839
Milan II Obrenovitch, f., principe . . . . . 12 magg. 1839 - † s. a
Michele III Obrenovitch, fr., principe . giu. 1839 - dep. 14 sett. 1842
Alessandro I Kara Georgevitch, f. di Giorgio Petro-
    vitch pred., succ.   14 sett. 1842 - dep. 24 dic. 1858, abd. 3 gen. 1859
(† 2 magg. 1885)
Miloch I Obrenovitch, *restaur.* . . . . . 23 dic. 1858 - † 26 sett. 1860
Michele III Obrenovitch, f, *restaur.* . . 26 sett. 1860 - † 10 giu. 1868
Milan IV Obrenovitch, pronip. di Miloch I, succ. 2 lu-
    glio 1868, proclam. maggiorenne 22 ag. 1872, prin-
    cipe 3 mar. 1878, re 6 mar. 1882 - abd. 6 mar. 1889 († 29 gen. 1901)
Alessandro I Obrenovitch, f., re sotto regg. di Ristitch,
    Belimarkovitch e Protitch, succ. . . 6 mar. 1889 - † 10 giu. 1903
Governo provvisorio . . . . *11 - 15 giu. 1903*
Pietro, f. di Alessandro I Kara-Georgevitch pred., el.
    re 15 giu., assume il governo. . . . . 24 giu. 1903 -

§ IX.

Penisola Iberica.

1. Stati Mussulmani.

a. *Califato di Cordova.*

Abd-el-Rahman I **Ommiade**, venuto in Spagna, fonda
un califato indip. con sede a Cordova 15 mag. 756 - † 29 sett. 788
Hisham I, f. . . . . 1° ott. 788 - † 27 apr. 796
El-Hakim I, f. . . . . 28 apr. 796 - † 22 magg. 822
Abd-el-Rahman II, f. . . . . 22 magg. 822 - † 18 ag. 852
Mohammed I, f. . . . . 18 ag. 852 - † 31 lug. 886
El-Mundhir, f. . . . . 7 ag. 886 - † lugl. 888
Abdallah, fr. . . . . lugl. 888 - † ott. 912
Abd-el-Rahman III, nip. . . . . ott. 912 - † 16 ott. 961
El-Hakim II, f. . . . . 16 ott. 961 - † 30 sett. 976
Hisham II, f., sotto tut. di Mohammed II 4 ott. 976 - dep. 24 febb. 1009
Mohammed II, cugino . . . . 24 febb. - dep. nov. 1009
Suleiman, pronip. di Hakim II . . . . . . 6 dic. 1009 - dep. 1010
Mohammed II, *di nuovo* . . . . 1010 - 21 lugl. 1010
Hisham II, *di nuovo*. . . . . 21 lugl. 1010 - dep. 20 apr. 1013 († 1015)
Suleiman, *di nuovo* . . . . 29 apr. 1013 - † 1016
Abu 'l Hasan Aly, **Ammudita** . . . 1016 - dep. 1017 († mar. 1018)
Abd-el-Rahman IV, **Ommiade**, pronip. di Hakim II 1017
El-Kasim, **Ammudita** . . . . 1017 - 1021
Yahia, **Ammudita**, nip. . . . . sett. 1021 - dep. 1022
El-Kasim, **Ammudita**, *di nuovo* . . . . 1022 - dep. apr. 1023
Abd-el-Rahamn V, **Ommiade**, pronipote di Hakim II
succ. . . . . dic. 1023 - dep. s. a. - († febb. 1024)
Mohammed III **Ommiade**, pronip. di Hakim II . . . 1023 - † 1024
Yahia, **Ammudita**, *di nuovo* . . . . 1024 - † 28 febb. 1026
Hisham III, **Ommiade**, fr. di Abder-Rahman IV, suc-
cede. . . . . magg. 1026 - abd. 30 nov. 1031 († 1037)
Fra il 1009 e il 1031 il Califato di Cordova va dividen-
dosi in tanti piccoli Stati indipendenti, come: Cor-

dova, Toledo, Badajoz, Saragozza, Almeria, Granata,
Denia, Murcia, Malaga, Valenza, Siviglia, Maiorca, ecc.

Cordova si regge a Repubblica	dic. 1031 - 1070
Occupata da Moahmmed II (re di Siviglia 1069) . .	1070 - sett. 1091
Conquistata dagli **Almoravidi**, poi (1148) dagli **Almoadi** della Mauritania.	1091 - 1229
Occupata da ibn Hud di Murcia	1229 - giu. 1239
Aggregata al regno di Castiglia (V. Castiglia).	29 giu. 1236

b. *Toledo.*

Mohammed ibn Jaïsh, si rende indipendente	1009 - 1036
Ismaël, della dinastia dei **Benu Dhin-Nun**	1036 - 1038
Yahia I el-Mamun, f.	1038 - † v. 1075
Yahia II el-Kadir, nip.	1075 - dep. 25 magg. 1085
Alfonso VIII (re di **Castiglia** 1158-1214) accupa Toledo	25 magg. 1085. V. Castiglia.

c. *Saragozza.*

Al Mundhir al-Mansur, dei **Tudjibiti**, si rende indipendente.	v. 1012 - † 2 sett. 1039
Suleiman al-Mustaïn billah, dei **Benu Hud**, . . .	ott. 1039 - † 1046
Ahmed I al-Muktadir billah, f.	1046 - † 1081
Yusuf al-Mutemin, f.	ott. 1081 - † 1085
Ahmed II, al-Mustaïn billah, f.	1085 - † febb. 1110
Abd el-Melik Imad ed-Daula, f.	febb. 1110 - † lugl. 1130
Ahmed III Seif ed-Daula, f.	1130 - dep 1146
Saragozza è occupata dagli **Aragonesi**.	1146. V. Aragona.

d. *Valenza.*

Abd-el-Aziz el-Mansur, f. di Abd er-Rahman, degli **Ameridi**, si rende indip..	1021 - † 1061
Abd el-Melik, f.	1061 - dep. 1 nov. 1065
Yahia I el-Mamun (re di Toledo 1038-75) occupa Valenza	1° nov. 1065 - † v. 1075
Abubeker, fr. di Abd el-Melik pred.	v. 1075 - 1085
Othman, f. di Abd el-Melik	1085
Yahia II el Kadir (re di Toledo 1075)	1085 - † 1092
Valenza si regge a repubblica	1092 - 1094
Rodrigo Diaz de Bivar (il *Cid*), occupa Valenza . .	1094 - † 1099
Valenza è occupata dagli **Almoravidi**	1102 - 1145
Ritorna indipendente	1145 - 1172
Occupata dagli **Almoadi**	1172 - 1229
Ritorna indip. sotto Zeiyan Ibn Mardenish (re di Murcia 1239-40)	1229 - dep. 29 sett. 1238
Giacomo I, re d'**Aragona**, occupa Valenza	29 sett. 1238. V. Aragona.

e. *Siviglia.*

Mohammed I, f. d'Ismaël, degli **Abbaditi**, si rende in-
dip. . . . . 1023 - † 24 genn. 1042
Abbad el-Mutadhid billah, f. . . . . . . 27 genn. 1042 - † 2 apr. 1069
Mohammed II el-Mutamid billah, f., 3 apr. 1069 - dep. sett. 1091 (†1095)
Siviglia è occupata dagli **Almoravidi.** . . . . sett. 1091 - 1147
Occupata dagli **Almoadi** . . . . 1147 - 1228 e 1238 - 1242
Unita al regno di Murcia (ma, 1231-33, indipendente) . . 1228-1238
Occupata dai **Benu Hafs** di Tunisi . . . . 1242 - 1248
Ferdinando III, re di Castiglia, occupa Siviglia . 1248. V. **Castiglia.**

f. *Granata.*

Ai **Benu Zeiri** . . . . 1013 - 1090
Agli **Almoravidi** . . . . 1090 - 1157
Agli **Almoadi.** . . . . 1157 - 1229
Unita al Regno di Murcia . . . . 1229 - 1238
Mohammed I el Ghalib billah, dei **Nasridi**, (princ. di
Jaen 1232), re . . . . 1238 - † genn. 1273
Mohammed II el-Fakih, f. . . . . genn. 1273 - 8 apr. 1302
Mohammed III el-Mahlua, f. . . . 8 apr. 1302 - dep. 15 mar. 1309
(† 24 genn. 1314)
Nasr, fr. . . . . . . 15 mar. 1309 - dep. 16 febb. 1314 († 16 nov. 1322)
Ismael I, nip. . . . . 19 febb. 1314 - † 8 lugl. 1325
Mohammed IV. f., sotto regg. . . . . . . 8 lugl. 1325 - † 25 ag. 1333
Jusuf I, fr. . . . . 25 ag. 1333 - † 19 ott. 1354
Mohammed V, f. . . . . 19 ott. 1354 - dep. 23 ag. 1359
Ismaël II, fr. . . . . 23 ag. 1359 - † 12 lugl. 1360
Mohammed VI, pronip. d'Ismaël I . . . . 12 ag. 1360 - † apr. 1362
Mohammed V, *di nuovo* . . . . 16 apr. 1362 - † 1391
Yusuf II, f. . . . . 1391 - dep. 1392 († 1396)
Mohammed VII, f. . . . . 1392 - † 11 magg. 1408
Yusuf III, fr. . . . . magg. 1408 - † 1423
Mohammed VIII. *el-Aisar (il Mancino)* f. . . . . . 1423 - dep. 1427
Mohammed IX *es-Saghir* (il *Piccolo*), nip. di Moham-
med V . . . . 1427 - † 1429
Mohammed VIII *di nuovo* . . . . 1429 - dep. v. genn. 1432
Yusuf IV, nip. di Mohammed VI . . . . . v. genn. - † 24 giu. 1432
Mohammed VIII *di nuovo* . . . . giu. 1432 - dep. 1444
Mohammed X *el-Ahnaf* (lo *Zoppo*), nip. . . . . . 1444 - dep. 1445
Saad, nip. di Yusuf III . . . . 1445 - dep. 1446
Mohammed X *di nuovo* . . . . 1446 - dep. 1453
Saad, *di nuovo* . . . . 1453 - † 1462
Ali, f, ... 1462 - dep. 1482
Mohammed XI (*Boabdil*) f. . . . . 1482 - dep. 1483

Alì, *di nuovo* . . . . , ... 1483 - dep. 1485
Mohammed XII, *ez-Zaghall (il Bravo)* fr. (gov. di Ma-
    laga) . . . . 1485 - dep. 1486
Mohammed XI *Boabdil, di nuovo* . . . . . 1486 - dep. 5 genn. 1492
Ferdinando II il *Cattolico* (re d'**Aragona** 1479) occupa
    Granata (1) . . . . 5 genn. 1492. V. Spagna.

2. Stati Cristiani.

a. *Oviedo, poi Asturie* (740) *e Leon* (918).

Pelagio, Goto, forse discendente dei **Balti**, fonda lo
    stato di Oviedo nel 718, re . . . . 720 - † 18 sett. 737
Favila, f. . . . . sett. 737 - † 739
Alfonso I il *Cattolico*, genero di Pelagio . . . . . . 739 - † 757
Fruëla I, f. . . . . 757 - † 768
Aurelio, cugino germano di Fruëla I . . . . 768 - † 774
Silo, genero di Alfonso I . . . . 774 - † genn. 783
Mauregato, f. nat. di Alfonfo I . . . . 783 - † 789
Bermudo I, fr. di Aurelio . . . . 789 - † 792
Alfonso II il *Casto*, f. di Fruëla I . . . . 792 - † dic. 842
Ramiro I, f. di Bermudo I . . . . 842 - † 1º febb. 850
Ordoño I, f. . . . . febb. 850 - † 17 magg. 866
Alfonso III il *Grande*, f. . 17 magg. 866 - abd. dic. 910 († 20 dic. 912)
Garcia, f. (risiede a Leon) . . . . dic. 910 - † genn. 914
Ordoño II, fr. (re di Galizia, ottiene Leon genn. 914) dic. 910 - † 924
Fruëla II, fr. (nelle Asturie) . . . . dic. 910 - † 925
Alfonso IV il *Monaco*, f. di Ordoño II . . . . . . 925 - † 931
Ramiro II, fr. . . . . 931 - † 5 genn. 950
Ordoño III, f. . . . . 950 - † 957
Sancio I il *Grosso*, fr. . . . . 957 - dep. 958
Ordoño IV il *Malo*, f. di Alfonso IV . . . . 958 - dep. 960
Sancho I *di nuovo* . . . . 960 - † 966
Ramiro III, f, sotto tutela della madre Teresa di Mon-
    çon . . . . 966 - dep. 982 († 984)
Bermudo II, f. di Ordoño III . . . . 982 - † 999
Alfonso V, f., regg. la madre Elvira e il C.ᵉ di Me-
    landa fino al 1017, succ. . . . . 999 - † 1028

---

(1) La presa di Granata pose fine alla dominazione mussulmana in Spagna.
Gli altri Stati si erano già sottomessi agli Aragonesi e ai Castigliani, e furono, oltre i già accennati: le isole Baleari, prese dagli Aragonesi nel 1229;
Badajoz, nel 1230; Murcia, dai Castigliani nel 1243, Denia nel 1244, Algeciras
nel 1344; Malaga dai Castigliani nel 1487, Almeria, pure dai Castigliani,
nel 1489.

Bermudo III, f. . . . . 1028 - † 1037
Ferdinando I, f. di Sancio III re di Navarra e co-
    gnato di Bermudo III, re di Castiglia 1035, è ac-
    clamato re di Leon . . . . 22 giu. 1037. V. Castiglia.

b. *Navarra.*

Sancio II, f. di **Garcia Iñiguez** conte di Navarra (1), re . 905 - † 925
Garcia II, f. . . . . 925 - † 970
Sancio III *il Grande*, f. (C.ᵉ di Castiglia 1026-35) 970 - † feb. 1035 (2)
Garcia IV, f. . . . . febb. 1035 -† 1° sett. 1054
Sancio IV, f. . . . . sett. 1054 - † 4 giu. 1076
Sancio V, nip. di Sancho III (re d'Aragona 1063) . 1076 - † giu. 1094
Pietro I, f., (re d'Aragona 1094). . . . . . . giu. 1094 - † 28 sett. 1104
Alfonso I *il Battagliero*, fr. (re d'Aragona 1104) succe-
    de . . . . 28 sett. 1104 - † 7 sett. 1134
Garcia V, pronip. di Sancho IV . . . . . sett. 1134 - † 21 nov. 1150
Sancio VI *il Saggio*, f. . . . . 21 nov. 1150 - † 27 giu. 1194
Sancio VII *il Rinchiuso*, f. . . . . 27 giu. 1194 - † 7 apr. 1234
Tibaldo I *il Postumo*, C.ᵉ di **Champagne** (1201), nip.
    succede. . . . . 7 magg. 1234 - † 8 lugl. 1253
Tibaldo II, f. (C.ᵉ di Champagne 1253), regg. Margherita
    di Borbone sua madre († 1258) . . . . lugl. 1253 - † 5 dic. 1270
Enrico I *il Grasso*, fr. (C.ᵉ di Champagne 1270), succe-
    de . . . . 5 dic. 1270 - † 22 lugl. 1274
Giovanna I, f. (C.ᵃ di Champagne 1274) succ., regg. la
    madre Bianca d'Artois fino al 16 ag. 1284; lugl. 1274 - † 2 apr. 1304
Filippo I *il Bello*, **Capetingio**, f. di Filippo l'*Ardito*
    marito di Giovanna I (re di Francia 1285-1314) suc-
    cede . . . . 16 ag. 1284 - 2 ap. 1304 († 29 nov. 1314)
Luigi I *il Protervo*, f. (re di Francia 1314). . apr. 1304 - † 5 giu. 1316
Filippo II *il Lungo*, fr. (re di Francia 1316) 5 giu. 1316 - † 3 genn. 1322
Carlo I *il Bello*, fr. (re di Francia 1322) 3 genn. 1322 -† 1° febb. 1328
Giovanna II, f. di Luigi I (C.ᵃ di Champagne 1316-35)
    succ. . . . . 1° apr. 1328, cor. 1329 - † 8 ott. 1349
Filippo III *il Saggio*, C.ᵉ d'**Évreux**, marito di Giovan-
    na II . . . . 1° apr. 1328, cor. 1329 - † 16 sett. 1343
Carlo II *il Malvagio*, f., succ. . . . . . . 8 ott. 1349 - † 1° genn. 1387
Carlo III *il Nobile*, f. . . . . 1° genn. 1387 - † 8 sett. 1425
Bianca, f. . . . . sett. 1425 - † 1441

---

(1) V. STOKVIS, Manuel d'histoire etc. vol. II, pag. 20.
(2) Sancio III, nel 1034, aveva diviso i propri Stati fra i suoi quattro figli.
Garcia ebbe la Navarra e la Vecchia Castiglia fino a Burgos; Ferdinando, la
Castiglia; Gonzales, la contea di Sobrarbe, la quale fu unita all'Aragona nel
1039 alla morte di Gonzales; Ramiro, l'Aragona. V. Aragona e Castiglia.

Giovanni I **d'Aragona** (re d'Aragona 1458) marito di
  Bianca . . . . sett. 1425 - † 19 genn. 1479
Eleonora, f. (C.ª di **Foix** 1472) . . . . genn. - † 12 febb. 1479
Francesco Febo, C.ᵉ di **Foix**, nip. . . . . febb. 1479 - † 3 febb. 1483
Caterina, sorella di Franc. Febo, succ., regg. la madre
  Maddalena di Francia fino al 1484 . febb. 1483 - † 11 febb. 1517
Giovanni II d'**Albret**, marito di Caterina, 14 giu. 1484 - † 17 giu. 1516
Ferdinando II *il Cattolico* (re d'Aragona 1479 e di Na-
  poli 1503) conquista parte della Navarra (1) lugl. 1512. V. Aragona.
Enrico II d'**Albret**, f. di Giovanni II re della Bassa Na-
  varra o Navarra **Francese**, succ a Caterina sua
  madre . . . . 11 febb. 1517 - † 25 magg. 1555
Giovanna III, f.ª, succ. col marito . . . 25 magg. 1555 - † 9 giu. 1572
Antonio di **Borbone** (duca di **Vendôme** 1537), marito
  di Giovanna III . . . . 25 magg. 1555 - † 17 nov. 1562
Enrico III *il Grande*, f. (re di Francia 1589) 9 giu. 1572 - † 14 magg. 1610
Luigi II *il Giusto*, f. (re di Francia 1610) 14 magg. 1610 - † 14 magg. 1643
La Bassa Navarra è unita alla Francia 1620

C. *Aragona*.

Ramiro I, di **Navarra**, f. di Sancio III re di Navarra, re
  d'Aragona . . . . febb. 1035 - † 8 magg. 1063
Sancio I, f. (re di Navarra 1076) . . . . 8 magg. 1063 - † 4 giu. 1094
Pietro I, f. (re di Navarra 1094) . . . . . 4 giu. 1094 - † 28 sett 1104
Alfonso I *il Battagliero*, fr. (re di Navarra 1104) succe-
  de . . . . 28 sett. 1104 - † 7 sett. 1134
Ramiro II *il Monaco*, fr. . . . . . sett. 1134 - abd. 1137 († 16 ag. 1147)
Petronilla, f., sotto tutela di Raimondo Berengario IV
  C.ᵉ di **Barcellona** (1131), suo marito dal 1151, suc-
  cede . . . . 1137 - 8 ag. 1162 († 1173)
Alfonso II di **Barcellona**, (C.ᵉ di Provenza 1167) suc-
  cede . . . . 8 ag. 1162 - † 25 apr. 1196
Pietro II, f. (sig. di Montepellier 1204) . . 25 apr. 1196 - † 17 sett. 1213
Giacomo I *il Conquistatore*, f. (Sig. di Montpellier 1213)
  regg. Simone di Montfort dur. min. . 17 sett. 1213 - † 25 lugl. 1276
Pietro III, f. (re di Sicilia 1282) succede 25 lugl., 1276
  cor. . . . . 27 nov. 1276 - † 10 nov. 1285
Alfonso III, f., succede . 10 nov. 1285, cor. 14 apr. 1286 - † 18 giu. 1291
Giacomo II, fr., (re di Sicilia 1285-96, di Sardegna 1323)
  cor. . . . . 6 sett. 1291 - † 5 nov. 1327
Alfonso IV, f. (re di Sardegna 1327) succede nov. 1327
  cor. . . . . 31 magg. 1328 - † 7 genn. 1336
Pietro IV *il Cerimoniere*, f. (duca d'Atene 1381) suc-
  cede . . . . genn. 1336 - † 5 genn. 1387

---

(1) Cioè la regione a mezzogiorno dei Pirenei.

Giovanni I, f. (re di Sardegna 1387) . . 5 genn. 1387 - † 19 magg. 1395
Martino, fr. (re di Sicilia 1409) . . . 19 magg. 1395 - † 31 magg. 1410
Interregno . . . . dal 31 magg. 1410 al 24 giu. 1412
Ferdinando I di **Castiglia** *il Giusto*, f. di Giovanni I
    re di Castiglia (re di Sicilia e di Sardegna 1412) re
    d'Aragona . . . . 24 giu. 1412 - † 2 apr. 1416
Alfonso V *il Magnanimo*, f. (re di Sicilia 1416, di Na-
    poli 1442) . . . . 2 apr. 1416 - † 28 giu. 1458
Giovanni II, fr. (re di Navarra 1425, di Sicilia 1458)
    succede . . . . 28 giu. 1458 - † 19 genn. 1479
Ferdinando II *il Cattolico*, f. (re di Castiglia e Leon
    con Isabella 1474, re di Granata 1492, di Napoli 1503,
    di Navarra 1512) succ. . 19 genn. 1479 - † 23 genn. 1516. V. Spagna

d. *Castiglia e Leon.*

Ferdinando I, f. di Sancio III re di Navarra, re di Ca-
    stiglia . . . . febb. 1035, di Leon 1037 - † 27 dic. 1065
Sancio II *il Forte*, f., re di Castiglia . . . 27 dic. 1065 - † 5 ott. 1072
Alfonso VI *il Valoroso*, fr., re di Leon 27 dic. 1065, di
    Castiglia ottobre 1072, re di Galizia nel 1073 (1) - † 29 giugno 1109
Urraca, f.ª, (sposa (1109) Alfonso I re d'Aragona, suc-
    cede . . . . 29 giu. 1109 - † 10 mar. 1126
Alfonfo VII, f. di Urraca e di Raimondo di Borg. suo 1°
    marito, succ. . . . . 10 mar. 1126 - † 21 ag. 1157
Sancio III, f., re di Castiglia . . . . . . 21 ag. 1157 - † 31 ag. 1158
Ferdinando II, fr., re di Leon. . . . . . 21 ag. 1157 - † 21 genn 1188
Alfonso VIII *il Nobile* e *il Buono*, f. di Sancho III, re
    di Castiglia. . . . . 31 ag. 1158 - † 6 ag. 1214
Enrico I, f., re di Castiglia, sotto regg., succ. 6 ag. 1214 - † 6 giu. 1217
Alfonso IX, f. di Ferdinando II, re di Leon 21 genn. 1188 - † sett. 1229
Ferdinando III *Il Santo*, f., re di Castiglia 31 ag. 1217,
    di Leon . . . . 1229 - † 30 mag. 1252
Alfonso X *il Saggio*, f. (re di Germania 1257), re di
    Castiglia e Leon . . . . 30 magg. 1252 - † 4 apr. 1284
Sancio IV, f. . . . . 4 ap. 1284 - † 25 ap. 1295
Ferdinando IV, f. . . . . 25 apr. 1295 - † 7 sett. 1312
Alfonso XI, f. . . . . 7 sett. 1312 - † 26 mar. 1350
Pietro *il Crudele*, f. . . . . 26 mar. 1350 - † 23 mar. 1369
Enrico II *il Trastamare* e *il Magnifico*, f. nat. di Al-
    fonso XI . . . . 23 mar. 1369 - † 29 magg. 1379
Giovanni I, f. . . . . 29 magg. 1379 - † ott. 1390

---

(1) Alla morte di Ferdinando I, la Galizia toccò al suo terzo figlio Garcia,
ma nel 1073 esso fu spogliato del reame dal fratello Alfonso VI. Garcia morì
nel 1090.

Enrico III *il Malaticcio*, f. . . . . ott. 1390 - † 25 dic. 1406
Giovanni II, f. . . . . 26 dic. 1406 - † 21 lugl. 1454
Enrico IV *l'Impotente*, f. . . . . 21 luglio 1454 · † 11 dic. 1474
[*Alfonso XII, fr., acclamato re dai ribelli* 5 giu. 1465 - † 5 lugl. 1468]
Isabella I, sorella di Enrico IV, sposa (1469) Ferdi-
    nando *il Cattolico*, succ. . . . . . . 13 dic. 1474 - † 26 nov. 1504
Giovanna *la Pazza*, f., succ. col marito 26 nov. 1504-1506 († 12 apr. 1555)
Filippo I d'**Austria**, *il Bello*, marito di Giovanna *la
    Pazza* . . . . 26 nov. 1504 - † 25 sett. 1506
Ferdinando V d'**Aragona**, *il Cattolico*, (re di Aragona,
    Sardegna e Sicilia 1479, di Napoli 1503) regg. a no-
    me di Carlo I suo nip. ott. 1506, re di tutta la Spa-
    gna . . . . lugl. 1512. V. Spagna.

3. Spagna.

Ferdinando V d'**Aragona** *il Cattolico, pred.*, re lugl. 1512 - † 13 genn. 1516
Carlo I [V] d'**Absburgo-Austria**, f. di Filippo I *il Bello*
    (re di Napoli 1479, di Sicilia 1516, imp. 1519, sig. dei
    Paesi Bassi 1508-55, ecc.), regg. il card. Ximenes
    † 8 nov. 1517), succ. 13 genn. 1516 - abd. 15 genn. 1556 († 21 sett. 1558)
Filippo II, f. (signore de' Paesi Bassi 1555-81, re di Si-
    cilia 1556, re del Portogallo 1580), succ. 24 mar. 1556 - † 13 sett. 1598
Filippo III, f. (re di Portogallo e di Sicilia 1598) suc-
    cede . . . . 13 sett. 1598 - † 31 mar. 1621
Filippo IV, f. (sovr. de' Paesi Bassi, re di Sicilia e di
    Portogallo 1621), succ. . . . . . . 31 mar. 1621 - † 17 sett. 1665
Carlo II, f. (sovr. de' Paesi Bassi e re di Sicilia 1665)
    succede . . . . 17 sett. 1665 - † 1° nov. 1700
Filippo V **di Borbone**, f. di Luigi delfino di Francia
    (sovr. de' Paesi Bassi 1700-14, re di Sicilia 1700-13)
    succ. . . . . 24 nov. 1700 - abd. 10 genn. 1724
Luigi, f. . . . . 17 genn. - † 31 ag. 1724
Filippo V *di nuovo* . . . . 6 sett. 1724 - † 9 lugl. 1746
Ferdinando VI, f. . . . . 10 ag. 1746 - † 10 ag. 1759
Carlo III, fr. (duca di Parma e Piacenza 1731-35, re di
    Napoli e Sicilia 1735-59) . . . . . . 11 sett. 1759 - † 13 dic. 1788
Carlo IV, f. . . . . . 14 dic. 1788 - abd. 20 mar. 1808 († 19 genn. 1819)
Ferdinando VII, f. . . . . 20 mar. - abd. 2 magg. 1808
Giuseppe **Bonaparte**, fr. di Napoleone I imp. (re di
    Napoli 1806-08) nom. re . 6 giu. 1808 - 11 dic. 1813 († 28 lugl. 1844)
Ferdinando VII **di Borbone**, di nuovo re 11 dic. 1813 - † 29 sett. 1833
Isabella II, f.ª, regg. la madre Maria Cristina fino al
    12 ott. 1840, poi magg. 1841 fino al 1843; succ. 29 sett.,
    procl. 2 ott. 1833, dich. maggiorenne 8 nov. 1843 - dep. 30 sett. 1868

Rivoluzione. Governo provv., reggenza di Francesco
    Serrano . . . . 17 sett. 1868 - dic. 1870
Amedeo di **Savoia**, duca d'Aosta, f. di Vittorio Ema-
    nuele II re, d'Italia eletto re 16 novembre, accet-
    ta . . . . 3 dic. 1870 - abd. 11 febb. 1873 († 18 genn. 1890)
Repubblica federale, poi unitaria; capi: Figueras, Pi y
    Margall, Salmerón, Castellar, Serrano, Canovas del
    Castillo . . . . febb. 1873 - 31 dic. 1874
Alfonso XII di **Borbone**, f. di Isabella II, regg. Canovas
    del Castillo pred. . . . . 31 dic. 1874 - † 25 nov. 1885
Maria Cristina de las Mercedes, vedova di Alfonso XII,
    sotto regg. della madre . . . . . . 25 nov. 1885 - 18 magg. 1886
Alfonso XIII, f. di Alfonso XII, sotto regg. della ma-
    dre Maria Cristina pred. fino al 17 magg. 1902, suc-
    cede . . . . 18 magg. 1886 -

4. Portogallo.

I Visigoti . . . . sec. VI - 712
Gli Arabi . . . . 712 - fine sec. XI
Unione alla Castiglia . . . . v. fine sec. XI - 1094
Enrico I di **Borgogna**, nip. di Roberto I duca di Bor-
    gogna e genero di Alfonso VI re di Castiglia, nom.
    conte delle prov. tra il Minho e il Duero   1094 - † 1° magg. 1114
Alfonso I, f. (1), regg. la madre Teresa di Castiglia fino
    al 1128; succede 1° magg. 1114, acclam. re 25 lugl. 1139 - † 6 dic. 1185
Sancio I *Poplador*, f. (2) . . . . cor. v. 12 dic. 1185 - † 27 mar. 1211
Alfonso II *il Grosso*, f. . . . . 27 mar. 1211 - † 25 mar. 1223
Sancio II *Capello*, f. . . 25 mar. 1223 - dep. 24 lugl. 1245, † 3 genn. 1248
Alfonso III, fr., reggente del reame dal 1245 (3), succe-
    de . . . . 3 genn. 1248 - † 16 febb. 1279
Dionigi *il Liberale*, f. . . . . 16 febb. 1279 - † 7 genn. 1325
Alfonso IV *il Valoroso*, f. . . . . . . 7 genn 1325 - † 28 magg. 1357
Pietro I *il Giustiziere*, f., ... 28 magg. 1357 - † 18 genn. 1367
Ferdinando, f. . . . . 18 genn. 1367 - † 29 ott. 1383
Giovanni I *il Grande*, f. nat. di Pietro I, regg. del rea-
    me . . . . 29 ott. 1383, re 1385 - † 14 ag. 1433
Edoardo, f. . . . . 14 ag. 1433 - † 9 sett. 1438
Alfonso V *l'Africano*, f., regg.[1] la madre Eleonora d'A-
    ragona fino al 1439, poi Pietro suo zio fino al 1449,
    succ. . . . . 9 sett. 1438 - † 28 ag. 1481

---

(1) Acquista le Provincie di Beira ed Estremadura nel 1139.
(2) Acquista l'Alemteio, al sud del Tago, nel 1203.
(3) Assogetta il paese degli Algarvi nel 1251.

Giovanni II *il Perfetto*, f., ... 29 ag. 1481 - † 25 ott. 1495

Emanuele *il Fortunato*, cugino, f. di Ferdinando duca
di Viseo, succ. . . . . ott. 1495 - † 13 dic. 1521

Giovanni III, f. . . . . 19 dic. 1521 - † 11 giu. 1557

Sebastiano, nip., regg.[1] Caterina sua avola fino al 1562,
poi il Card. Enrico suo prozio, succ. . 11 giu. 1557 - † 4 ag. 1578

Enrico II, prozio, (arciv. di Evora 1540, di Lisbona 1564,
card. 1645) già regg., succ. . . . . . 4 ag. 1578 - † 31 genn. 1580

[Antonio, gran priore di Crato, nipote . . 24 giu. - dep. 25 ag. 1580
(† 26 ag. 1595)]

Filippo I d'**Absburgo-Austria** [II], f. di Carlo V imp.
(re di Spagna 1556) procl. re . . . . 2 sett. 1580 - † 13 sett. 1598

Filippo II [III], f. (re di Spagna 1598) . 13 sett. 1598 - † 31 mar. 1621

Filippo III [IV] (re di Spagna 1621) . 31 mar. 1621 - dep. 1° dic. 1640
(† 17 sett. 1665)

Giovanni IV di **Braganza** *il Fortunato*, proclamato
re . . . . 1.° dic. 1640 - † 6 nov. 1656

Alfonso VI, f., regg. la madre Luisa di Guzman fino
al 1662, succ. . . . . 6 nov. 1656 - dep. 23 sett. 1667, † 12 sett. 1683

Pietro II, fr., regg. dal 23 sett. 1667, procl. re 12 sett. 1683 - † 9 dic. 1706

Giovanni V, f., (rex fidelissimus 23 dic. 1748) succe-
de . . . . 9 dic. 1706, cor. 1° genn. 1708 - † 31 lugl. 1750

Giuseppe-Emanuele, f. . . . . 31 lugl. 1750 - † 24 feb. 1777

Maria I, f., succ. col marito, poi (dal 1792) sotto regg.
del figlio . . . . 24 febb. 1777 - dep. 30 nov. 1807

Pietro III, f. di Giovanni V e marito (1760) di **Maria I**,
succ. . . . . 24 febb. 1777 - † 25 magg. 1786

Occupazione francese (gen. Junot). — Smembramento
della monarchia portoghese . . . . . . 30 nov. 1807 - dic. 1813

Maria I, *restaurata* . . . . dic. 1813 - † 20 mar. 1816

Giovanni VI, f., regg. per la madre dal 16 febb. 1792-
1807 (Imp. del Brasile 1808-22), succ. con regg. inglese fino al 24 ag. 1820, ... 20 mar. 1816 - † 10 mar. 1826

Pietro IV, f. (Imp. del Brasile 1822-31) succ., regg. Isabella sua sorella . . . 10 mar. - rin. 2 magg. 1826 († 24 sett. 1834)

Maria II *da Gloria*, f., regg. Isabella pred. fino al 26
febb. 1228, poi Michele suo zio fino al 30 giu. 1828,
succ. . . . . 2 magg. 1826 - † 15 nov. 1853

Michele, fr. di Pietro IV, reggente dal 26 febb. 1828, si
dichiara re . . . . 30 giu. 1828 - rin. 29 mag. 1834

Pietro V, f. di Maria II e di Ferdinando di **Sassonia-
Coburgo-Gotha**; sotto regg. del padre, fino al 16
sett. 1855, succ. . . . . 15 nov. 1853 - † 11 nov. 1861

Luigi I, fr. . . . . 11 nov. 1861 - † 19 ott. 1889

Carlo I, f. . . . . 19 ott. 1889 -

§ X.

Russia e Polonia.

1. Russia.

a. *Granprincipi di Kiew.*

Dinastia dei Rurik.

Rurik, capo dei Normanni, sovrano a Nowgorod . . v. 862 - † 879
Oleg, reggente (?) . . . . 879 - † v. 913
Igor I, f. di Rurik, sotto tutela 879-912, a Kiew . . . v. 913 - † 945
Swiatoslaw I, f., regg. Olga sua madre fino al 964, succ. 945 - † 973
Jarapolk I, f. . . . . 973 - † 980
Wladimiro I *il Grande*, fr. . . . . 980 - † 15 lugl. 1015
Swiatopolk I, f. di Jaropolk . . 15 lugl. 1015 - rin. 1016 e 1017 - † 1019
Jaroslaw I, f. di Wladimiro I . . . . 1016 - dep. 1017 e 1019 - † 1054
Iziaslaw I *Demetrio*, f. . . . . 1054 - dep. 1068
Wseslaw Bracislawitch, pronip. di Wladimiro I . 1068 - dep. 1069
(† 1101)
Iziaslaw I, *di nuovo* . . . . 1069 - dep. 1073
Swiatoslaw II, f. di Jaroslaw I . . . . 1073 - † 1076
Wsewolod I Jaroslawitch, fr. di Iziaslaw I . . . . . 1076 - 1077
Iziaslaw I *di nuovo* . . . . 1077 - † 1078
Wsewolod I *di nuovo* . . . . 1078 - † 13 apr. 1093
Michele Swiatopolk II, f. di Iziaslaw . . . . . 13 apr. 1093 - † 1113
Wladimiro II *Monomaco*, f. di Wsewolod I . . . . 1113 - † 1125
Mstislaw I, f. . . . . 1125 - † 1132
Jaropolk II, fr. . . . . 1132 - † 1139
Wiaceslaw, fr. . . . . 1139 - dep. d. 12 giorni
Wsewolod II Olgowitch, nip. di Swiatoslaw II pred. . 1139 - † 1146
Igor II Olgowitch, fr. . . . . 1146 - dep. d. 40 giorni
Iziaslaw II, f. di Mstislaw I, ... 1146 - dep. 1149
Iouri (Giorgio) I, f. di Wladimiro II . . . . . . 1149 - dep. 1150
Iziaslaw II *di nuovo*, e Wiaceslaw *pred.*, suo zio 1150
Iouri I *di nuovo* . . . . 1150 - dep. 1151
Iziaslaw II *di nuovo* . . . . 1151 - † 1154
Rostislaw, f. di Mstislaw I, *pred.* . . . 1154 - dep. 1155 e 1158 - † 1167
Iziaslaw III Dawidowitch, nipote di Swiatoslaw suc-
cede . . . . 1155 - dep. s. a, 1157 - 1158 e 1161
Mstislaw II, f. di Iziaslaw II . . . . 1167 - 1169 e 1170 († s. a.)
Iouri I *di nuovo* . . . . 1115 - † 1157

b. *Granprincipi di* Souzdal *e* Wladimir.

Andrea I Bogolubskii, f. di Iouri I, principe di Zouzdal e Wladimir	1157 - † 1174
Jaropolk e Mstislaw, nipoti di Andrea I	*1174 - 1175*
Michele I, fr. di Andrea I	1175 - †1176
Wsewolod III, fr., ...	1176 - † 1212
Iouri II, f., princ. di Zouzdal e Wladimir	1212 - dep. 1216
Costantino, fr., princ. di Rostow, e (1216) di Wladimir	1212 - † 1218
Iouri II, *di nuovo*	1218 - †1238
Jaroslaw II Feodor, fr.	1238 - †1246
Swiatoslaw III, fr.	1246 - dep. 1248
Michele, f. di Jaroslaw II	*1148 - † s. a.*
Swiatoslaw III, *di nuovo*	1248 - dep. 1249 († 1250)
Andrea II, f. di Jaroslaw II	1249 - dep. 1252 († 1264)
Alessandro I Newski, fr.	1252 - †1263
Jaroslaw III, fr., (granprinc. di Twer 1246)	1264 - †1272
Wassilii *(Basilio)*, fr.	1272 - †1277
Demetrio I, f. di Alessandro I	1277 - †1294
Andrea III, fr.	1294 - † 1304
Michele II, f. di Jaroslaw III (granprinc. di Twer 1294) succ.	1301 - † 1319
Iouri III Danilowitch, nip. di Andrea III (granprinc. di Mosca 1303) succ..	1319 - † 1325

c. *Granprincipi di Mosca, poi (1547) Zar di Russia.*

Danilo, f. di Alessandro I Newski pred.	1294 - † 1303
Jouri III Danilowtich *predetto*	1303 - † 1325
Iwan (Giovanni) I Danilowitch *Kalita*, fr.	1325 - † 1340
Semen o Simeone *l'Orgoglioso*, f.	1340 - †1353
Iwan II, fr.	1353 - † 1359
Demetrio III, f. di Costantino Wassiliewitch, nip. di Andrea II princ. di Souzdal, succ.	1359 - dep. 1362 († 1383)
Demetrio IV Donski, f. di Iwan II	1362 - † 1389
Wassilii IV, f.	1389 - † 27 feb. 1425
Wassilii V *Temnii*, f.	27 febb. 1425 - † 28 mar. 1462
Iwan III *il Grande*, f. (granduca di Nowgorod e sign. di Pskow 1478, di Twer 1485, di Viatka 1489) succede	28 mar. 1462 - † 7 ott. 1505
Wassilii VI, f.	7 ott. 1505 - †4 dic. 1533
Iwan IV [I], f, sotto la tutela di Elena sua madre fino al 1538, poi di tre reggenti fino al 1543; succede 4 dicembre 1533, zar di Russia con nome di Iwan I	16 genn. 1547 - † 19 mar. 1584

Feodor (Teodoro) I, f., ultimo dei **Rurik**, succ. 19 mar.,
   cor. . . . . 31 lugl. 1584 - † 1598
Boris Feodorowltch **Godunow**, fr. della zarina Irene,
   succ. . . . . 1598 - † 23 apr. 1605
Feodor II, f., sotto regg. della madre . succ. 23 apr. - † 10 giu. 1605
Giorgio Otrepief [falso Demetrio I], usurp., succ. 10
   giu., cor. . . . . 5 lugl. 1605 - † 17 magg. 1606
Wassilii Iwanowitch Choniski . . 21 magg. 1605 - dep. 1610 († 1611)
Falso Demetrio II, usurp. . . . . 1608 - † 11 dic. 1610
Ladislao **Wasa** (re di Polonia 1632) succ. . . . . . sett. 1610 - 1612
Michele Feodorowltch **Romanow**, el. zar 21 febb., as-
   sume il gov. . . . . 19 mar. 1613 - † 12 lugl. 1645
Alessio, f. . . . . 12 lugl. 1645 - † 8 febb. 1676
Feodor III, f. . . . . 8 febb. 1676 - † 27 apr. 1682
Iwan II, fr., regg. Sofia sua sor. 25 giu. 1682 - rin. 1689 († 29 genn. 1696)
Pietro I *il Grande*, fr., co-regg. dal 1689, principe d'E-
   stonia 1710, di Livonia 1721 ecc., imp. e autocrata
   di tutte le Russie . . . . 2 nov. 1721 - † 8 febb. 1725
Caterina I Alexiewna Skawronska, moglie dal 1707 di
   Pietro I, succ. . . . . 8 febb. 1725 - † 17 magg. 1727
Pietro II Alexiewitch, nip. di Pietro I, regg. Menzikof
   sino al 19 sett. 1727, succ. . . . . 17 magg. 1727 - † 30 genn. 1730
Anna, f. di Iwan II pred. (duchessa di Curlandia 1711-
   30) succ. . . . . febb. 1730 - † 28 ott. 1740
Iwan III Antonowitch, pronip. di Iwan II, regg. il duca
   di Biren, succ. . . . . 29 ott. 1740 - dep. 6 dic. 1741 († 1764)
Elisabetta, f.ª di Pietro I 7 dic. 1741, cor. 7 magg. 1742 - † 5 gen. 1762
Pietro III Feodorowitch, nip., f. di Anna Petrowna
   Romanow e di Carlo-Federico d'**Holstein-Gottorp**,
   succ. . . . . 5 genn. - dep. 9 lugl. 1762 († 17 lugl. s. a.)
Caterina II Alexiewna, d'Anhalt-Zerbst, moglie, dal 1°
   sett. 1745, di Pietro III, succ. 9 lugl., cor. 3 ott. 1762 - † 17 nov. 1796
Paolo I Petrowitch, f. . . . . 17 nov. 1796 - † 24 mar. 1801
Alessandro I, f. (granduca di Finlandia 17 sett. 1809,
   re di Polonia 1815) succ. . . . . . 24 mar. 1801 - † 1° dic. 1825
Nicolò I, fr. (zar di Polonia, 26 febbr. 1832) succe-
   de . . . . 1° dic. 1825 - † 2 mar. 1855
Alessandro II, f. . . . . . 2 mar. 1855, cor. 7 sett. 1856 - † 13 mar. 1881
Alessandro III, f. . . . 13 mar. 1881, cor. 27 magg. 1883 - † 1° nov. 1894
Nicolò II, f. . . . . . . 1° nov. 1894, cor. 26 magg. 1896 -

2. Polonia.

Duchi e Re.

Piast, duca . . . . 842 - † 861
[*Ziemowit*, f. . . . . 861 - † 892]

|Lesko (Leszek) I, f. . . . . 892 - † 913|
|Ziemomislao, f. . . . . 913 - 962|
Micislao (Mscilaw) I, f. . . . . 962 - † 992
Boleslao I Chrobry (l'Intrepido), f., succ. 992, re v. 1025 - † 28 ott. 1025
Micislao II, f., re . . . . 28 ott. 1025 - abd. 1031
Bezprim, fr. . . . . 1031 - † 1032
Micislao II di nuovo . . . . 1032 - † 15 mar. 1034
Casimiro I, f. . . . . 1034 - † 28 nov. 1058
Boleslao II Smialy (l'Ardito) f., . . . 28 nov. 1058 - dep. 1079 († 1082)
Ladislao I Herman, fr., duca . . . . 1079 - † 26 lugl. 1102
Boleslao III Krzywousty (Boccatorta), f. . . . 26 lugl. 1102 - † 1189
Ladislao II, f. . . . . 1139 - spod. 1146 († 1163)
Boleslao IV Kedzierzawy (il Ricciuto), fr. . . . 1146 - † 30 ott. 1173
Micislao III Stary (il Vecchio), fr. . . . . . 30 ott. 1173 - dep. 1177
Casimiro II il Giusto, fr. . . . . 1177 - dep. 4 magg. 1194
Lesko II Bialy (il Bianco), f, reggente Elena sua ma-
dre . . . . 4 magg. 1194 - dep. 1200
Micislao III Stary, di nuovo . . . . 1200 - dep. 1201
Lesko II Bialy, di nuovo 1201
Micislao III Stary, di nuovo . . . . 1201 - † 1202
Ladislao III Laskonogi, f. . . . . 1202 - dep. 1206 († 1231)
Lesko II Bialy, di nuovo . . . . 1206 - † 11 nov. 1227
Boleslao V il Casto, f., regg. Corrado suo zio fino al
1238, succ. . . . . 11 nov. 1227 - † 10 dic. 1279
Lesko III Czarny (il Nero), pronip. di Casimiro II, suc-
cede . . . . 10 dic. 1279 - † 1288
Boleslao VI, nip. . . . . 1288 († 1313)
Enrico, pronip. di Ladislao II, (duca di Breslau 1266) v. 1288 - † 1290
Przemislao, pronip. di Ladislao III; (duca di Posnania
1272-96) [1290-1291] re . . . . 26 giu. 1295 - † 8 febb. 1296
Ladislao IV Lokietek, fr di Lesko III, duca . febb. 1296 - dep. 1300
Venceslao I, gen.º (re di Boemia 1283) [1291-1300] re 1300 - † 21 giu. 1305
Venceslao II, f. (re di Boemia 1305) re . . 21 giu. 1305 - † 4 ag. 1306
Ladislao IV Lokietek, di nuovo duca . 1306, re 1320 - † 10 mar. 1333
Casimiro III il Grande, f., re . . . . . 10 mar. 1333 - † 8 nov. 1370
Luigi I d'Anjou il Grande, nip. (re d'Ungheria 1342)
succ. . . . . 8 nov. 1370 - † 11 o 12 sett. 1382
Interregno . . . . 12 sett. 1382 - 1384
Edvige, figlia di Luigi I d'Anjou . . . . 1384 - 17 febb. 1386 († 1399)
Ladislao V Jagellone (granduca di Lituania 1382) ma-
rito di Edvige e re . . . . . . 17 febb. 1386 - † 31 magg. 1434
Ladislao VI Warnenczyk, f. (re d'Ungheria 1440), succ.
sotto reggenza . . . . giu. 1434 - † 10 nov. 1444
Casimiro IV, fr., (gran. di Lituan. 1440) 1445, cor. 26 giu. 1447 - † 7 giu. 1492
Giovanni I Alberto, f. . . . . . . v. giu. 1492 - † 17 giu. 1501
Alessandro, fr., (grand. di Lituania 1492) succ. giu. 1501 - † 19 ag. 1506
Sigismondo I il Vecchio, fr. (granduca di Lituania 1506)
eletto . . . . . . 20 ott. 1506, cor. 24 genn. 1507 - † 1º apr. 1518

Sigismondo II Augusto I, f. (granduca di Lituania dal
  1544) succ. . . . . 1º apr. 1548 - † 7 lugl. 1572
Enrico di **Valois** (re di Francia 1574-1589) eletto
  re . . 9 magg. 1573, cor. feb. 1574 - dep. 15 lugl. 1575 († 1º ag. 1589)
Stefano Batory, cognato di Sigism. II, (principe di
  Transilvania 1572-76) el. . . . . . . 15 dic. 1575 - † 13 dic. 1586
Sigismondo III **Wasa**, nipote (re di Svezia 1592) elet-
  to . . . . 9 ag , cor. 27 dic. 1587 - † 29 apr. 1632
Ladislao VII, f. (zar di Russia 1610-12) 13 nov. 1632 - † 19 magg. 1648
Giovanni II Casimiro V, fr. 20 nov. 1648, cor. 17 genn. 1649 - abd. 1668
                                                    († 16 dic. 1672)
Michele Korybut Wisnowiecki, el . . . 19 giu. 1669 - † 10 nov. 1673
Giovanni III Sobieski . . . . 21 magg. 1674 - † 17 giug. 1696
Interregno . . . . 17 giu. 1696 - 15 sett. 1697
Federico Augusto II di **Sassonia** (elettore di Sassonia
  1694) . . . . cor. 15 sett. 1697 - dep. 15 febb. 1704
Stanislao I **Leszczynski** di Posnania (duca di Lorena
  1736-66) el. . . . . 12 lugl. 1704 - dep. 24 sett. 1709
Federico Aug º II di **Sassonia**, *di nuovo re* fine ag. 1709 - † 1º feb. 1733
Stanislao I **Leszczynski**, di Posnania, *di nuovo re*
  12 sett. 1733 - deposto genn. 1734, rinunzia 3 ott. 1735 († 23 febb. 1766)
Federico Augusto III di **Sassonia**, f. di Federico Au-
  gusto II (elettore di **Sassonia** 1733) re 5 ott. 1733,
  cor. . . . . 17 gen. 1734 - † 17 dic. 1763
Interregno . . . . *dal 17 dic. 1763 al 6 sett. 1764*
Stanislao II **Poniatowski**, el. re 6 sett. cor. 25 nov. 1764 - abd. 1795 († 1798)
Partizione della Polonia fra la Russia, l'Austria e la
  Prussia . . . . ag. 1772, lugl. 1793 e 24 ott. 1795
Pace di Tilsit. — Ricostituzione di uno Stato polacco
  coi ducati di Posen e di Varsavia, detto *Granducato
  di Varsavia*. — Federico Augusto di **Sassonia**, nip.
  di Feder. Aug. III pred. (elettore poi re di Sasso-
  nia 1763) nom. granduca di Varsavia . . 8 lugl. 1807 - giu. 1813
Cracovia è costituita in repubblica separata, sotto il
  protettorato dell'Austria, Russia e Prussia: trattato . . . . 21 apr. e 3 magg. 1815 - 1839 (1)
Il granducato di Posen è restituito alla Prussia. — La
  Russia occupa il granducato di Varsavia. (2) Gov.
  del granduca Costantino, fr. dello zar . giu. 1815 - 29 nov. 1830
Insurrezione di Varsavia e cacciata del granduca Costantino. Governo provvisorio . . . . nov. 1830

---

(1) Cracovia viene occupata dalle truppe austriache . 1839 - 20 febb. 1841
       si regge di nuovo a repubblica . . 20 febb. 1841 - 6 nov 1846
       viene unita ai dominii austriaci . . . . 6 nov. 1846
(2) Lo zar Alessandro I prende il titolo di re di Polonia il 15 giu. 1815.

Il generale Klopicki ottiene la dittatura 5 dic. 1830 - rin. febb. 1831
Princ. Radziwill generalissimo, poi (26 febb) general
    Skrzynecki. . . . . febb. - magg. 1831
Dembiuski generalissimo (in lugl.) poi dopo pochi
    giorni, Krukowiecki dittatore . . . . 16 ag. - 7 sett. 1831
Capitolazione di Varsavia (7 sett.), la Polonia è nuo-
    vamente aggregata all'Impero Russo, con propria
    amministrazione . . . . 9 sett. 1831

§ XI.

Svizzera.

I tre cantoni di Schwytz, Uri ed Unterwalden, feudi
    della casa d'Absburgo, stretti in lega dal 1291, vin-
    cono a Morgarten il duca Leopoldo I d'Austria e
    rinnovano il patto di *Confederazione perpetua* . . . nov. 1315
Entrano a far parte della *Confederazione*: Lucerna nel
    1332, Zurigo nel 1351, Glaris e Zug nel 1352, Berna nel . 1353 (1)
L'Austria riconosce l'indipendenza degli Svizzeri 1394
Entrano ancora nella *Confederazione* i cantoni di Fri-
    burgo e Soletta nel 1481, Basilea e Sciaffusa nel
    1591, Appenzell nel 1513. Altri stringono alleanza
    con essi (2).
L'indipendenza degli Svizzeri è riconosciuta alla pace
    di Westfalia . . . . 24 ott. 1648
Abolizione della lega Svizzera e proclamazione della
Repubblica Elvetica, composta di 22 cantoni, cioè: Val-
    lese, Friburgo, Léman, Lucerna, Berna, Soletta,
    Basilea. Argovia, Unterwalden, Uri. Bellinzona, Lu-
    gano, Turgovia, Rezia, Sargans, Glaris, Appenzell,
    S. Gallo, Sciaffusa. Zurigo, Zug, Schwytz . . . . . 12 apr. 1798
La Repubblica Elvetica viene divisa nei 19 cantoni:
    Vallese, Paese Alto (una parte di Berna), Friburgo,
    Léman, Lucerna, Berna, Soletta, Basilea, Argovia,
    Waldstaetten, Baden, Bellinzona, Lugano, Turgovia,
    Rezia, Sciaffusa, Zurigo, Säntis e Linth 1° magg. 1798 - 19 feb. 1803
Il Vallese viene eretto in repubblica indipenden-
    te . . . . 3 apr. 1802 - 19 febb. 1803

---

(1) Essi rimangono però sotto la giurisdizione dell'Impero fino alla pace di
Basilea nel 1499.

(2) Come: Neuchâtel (1424), S. Gallo (1451), il Vallese (1473), le tre leghe
dei Grigioni (1497), G nevra (1558), ecc.

La Svizzera diviene una *Confederazione di Stati*, comprendente 19 cantoni, cioè: Friburgo, Berna, Soletta, Basilea, Zurigo, Lucerna, Uri, Schwitz, Unterwalden, Zoug, Glaris, Sciaffusa, Appenzel, San Gallo, Grigioni, Argovia, Turgovia, Ticino e Vaud   19 febb. 1803

Cambiamento della costituzione federale. Le redini del governo sono affidate ad un cantone *direttore;* la dieta siederá alternativamente nei cantoni di Zurigo, Berna a Lucerna . . . .   8 sett. 1814

Tre nuovi cantoni si uniscono alla Confederazione: Ginevra, Vallese e Neuchâtel . . . .   14 sett. 1814

Nuova costituzione. La Svizzera diviene uno *stato federativo*. Il potere esecutivo è rappresentato dal consiglio *federale* col presid. della Confederazione alla testa, eletto ogni anno . . . .   27 giu. 1848

La costituzione del 1848 viene modificata in senso ancor più liberale. L'assemblea federale è composta di un *Consiglio nazionale* di 167 membri e di un *Consiglio degli Stati* di 44 membri. Questi due corpi legislativi eleggono a loro volta un *Consiglio federale* come autorità esecutiva per 3 anni. Il presid. della Confederazione è preso ogni anno dal Consiglio federale . . . .   29 magg. 1874

Presidenti della Confederazione.

Ionas Furrer, di Zurigo 1849
Enrico Druey, di Vaud 1850
Giuseppe Munzinger, di Soletta 1851
Ionas Furrer, di Zurigo, (2ª volta) 1852
Guglielmo Näff, di San Gallo 1853
Federico Frey-Herosée, di Argovia 1854
Ulrico Ochsenbein, di Berna 1855
Giacomo Stämpfli, di Berna 1856
Costantino Fornerod, di Vaud 1857
Ionas Furrer, di Zurigo, (3ª volta) 1858
Giacomo Stämpfli, di Berna, (2ª volta) 1859
Federico Frey-Herosée, di Argovia, (2ª volta) . 1860
Martino Knüsel, di Lucerna 1861
Giacomo Stämpfli, di Berna, (3ª volta) 1862
Costantino Fornerod, di Vaud, (2ª volta) . . . 1863
Giacomo Dubs, di Zurigo 1864
Carlo Schenk, di Berna 1865
Martino Knüsel, di Lucerna, (2ª volta) 1866
Costantino Fornerod, di Vaud, (3ª volta) . . . 1867
Giacomo Dubs, di Zurigo, (2ª volta) 1868
Emilio Welti, di Argovia 1869

Giacomo Dubs, di Zurigo, (3ª volta) 1870
Carlo Schenk, di Berna, (2ª volta) 1871
Emilio Welti, di Argovia, (2ª volta) 1872
Pietro Ceresole, di Vaud 1873
Carlo Schenk, di Berna (3ª volta) 1874
Giovanni Giacomo Scherer, di Zurigo 1875
Emilio Welti, di Argovia, (3ª volta) 1876
Gioacchino Heer, di Glaris 1877
Carlo Schenk, di Berna, (4ª volta) 1878
Bernardo Hammer, di Soletta 1879
Emilio Welti, di Argovia, (4ª volta). 1880
Fridolino Anderwert, di Turgovia . . . el. 7 dic. - † 25 dic. 1880
Numa Droz, di Neuchâtel 1981
Simeone Bavier, dei Grigioni 1882
Luigi Ruchonnet, di Vaud 1883
Emilio Welti, di Argovia, (5ª volta) 1884
Carlo Schenk, di Berna (5ª volta) 1885
Adolfo Deucher, di Turgovia 1886
Numa Droz, di Neuchâtel, (2ª volta) 1887
Guglielmo Federico Hertenstein, di Zurigo 1888
Bernardo Hammer, di Soletta, (2ª volta) 1889
Luigi Ruchonet, di Vaud, (2ª volta) 1890
Emilio Welti, di Argovia, (6ª volta) 1891
Guglielmo Hauser, di Zurigo 1892
Carlo Schenk, di Berna, (6ª volta) 1893
E. Frey, di Basilea 1894
Giuseppe Zemp, di Lucerna 1895
Adriano Lachenal, di Ginevra 1896
Adolfo Deucher, di Turgovia, (2ª volta). 1897
Eugenio Ruffy, di Vaud 1898
Edoardo Müller, di Berna 1899
Guglielmo Hauser, di Zurigo, (2ª volta) 1900
Ernesto Brenner, di Basilea 1901
Giuseppe Zemp, di Lucerna, (2ª volta) 1902
Adolfo Deucher, di Turgovia (3ª volta) 1903
Roberto Comtesse, di Neuchâtel 1904
Marco E. Ruchet, di Vaud 1905

FINE.

INDICE ALFABETICO

NB. I nomi degli Stati sono impressi in carattere **grasso**. - I numeri indicano le pagine del volume.

CORREZIONI ED AGGIUNTE

Pag.			Invece di	Leggasi
26	riga 32 e 36:		S. Iginio	S. Igino
29	„ 8:		4732	5732
39	„ 11 e p. 40 riga 2;		S. Simpliciano	S. Simplicio
41	„ 7:		6222	6022
45	„ 15:		Eraclio re	Eraclio imp.
51	„ 16:		Copron. imp.	Copron. augusto
„	„ 35:		imp.	augusto
52	„ 18:		555	755
56	„ 24:		805	865
60	„ ultima:		30 A.	30 M.
72	„ 11:		correggasi lo spostamento di data alla morte di *Riccardo di Cornovaglia*, posta al 1271, anzichè al 1272.	
83	„ 17:		1004	1604
90	„ penultima:		corregasi lo spostamento di data alla morte di Vittorio Emanuele II e success. di Umberto I, poste all'anno 1879 anzichè al 1878; e alla pagina seguente la data della morte di Umberto I e success. di Vittorio Emanuele III, poste al 1901 anzichè al 1900.	
94	„ quart'ultima:		2000	2100
„	„ ultima:		1901	1801
„	„ „		2000 ecc.	2100 ecc.
95	col. III riga 5:		1175	1775
„	„ IV „ 25:		1943	1843
98	„ I „ 16:		*Decimo*	*Decimio*
102	„ I „ terz'ultima:		Giudo	Guido
117 e segg.	col. VII riga 6:		S. Nicolò ab.	S. Nicolò v.
119, 123, 127,	col. III, riga ultima:		S. Ignazio Loy.	S. Raimondo Non.
123	col. VI riga 20:		[Avv. A.]	*dopo Pent.*
125	„ I „ 13:		S. G. d. S. Fac.	S. Antonio di Pad.
132	„ VII „ 24:		*Temp. d'est*	S. Desiderio v.
142, 144	„ VII „ 20:		8ª *dell'Ascen.*	S. Pietro Cel.
„	„ „ „ 22:		S. Felice C.	8ª *dell'Ascen.*
179	„ VI „ 20:		[Avv. A]	*dopo Pent.*

Pag.	Invece di	Leggasi
182 riga 2:	3945, ecc.	2945, ecc.
188 col. II riga 20:	*vinae*	*vineae*
192 „ II „ 41:	il 22 e il 28 marzo	il 22 mar. e il 1° aprile.
258 riga 13:	di Bav. 1139	di Baviera 1138.
„ „ 14:	di Baviera 1141	di Baviera 1143.
266 „ 12:	*Ardicanuto*	*Ardicanuto*, f.
267 „ 22 e 23:	3 dic. 1839	1° dic. 1839.
271 „ 5:	aggiungasi: Lo Storthing norvegese dichiara decaduto dal potere il re Oscar II. — Governo provvisorio 8 giu. - 18 nov. 1905. Haakon VII (Carlo di Danimarca), nip. di Cristiano IX re di Danimarca, el. re di Norvegia. . . . . 18 nov. 1905-	
271 e 273:	Orleans	Orléans.
296 riga 17:	1558	1559
311 „ 36:	1675	1575
314 „ 2 e pag. 316 r. 27	**Bacciocchi**	**Baciocchi**
320 „ 37:	apr. 1571	apr. 1572
329 „ 5:	Guglielmo I, f, aggiungasi: di Ottone I.	
336 „ 38:	unito alla	occupato dalla
337 „ 28:	re d'Etruria 1803-07 (duca di	(re d'Etruria 1803-07, duca di
387 „ 8:	**Angelo Commeno**	**Angelo Comneno.**

AVVERTENZA

Tutti i **Manuali Hoepli** *sono elegantemente legati in tela e si spediscono* **franco di porto** *nel Regno. — Chi desidera ricevere i volumi raccomandati onde evitare lo smarrimento, è pregato di aggiungere la sopratassa di raccomandazione.*

Ai Librai sconto D — spese di porto a loro carico.

☞ **I libri non raccomandati, viaggiano a rischio e pericolo del committente.** ☜

ELENCO COMPLETO DEI MANUALI HOEPLI

Disposti in ordine alfabetico per materia.

L. c.

Agricoltore (Prontuario dell') e dell' ingegnere rurale, di V. Niccoli, 4ª edizione riveduta ed ampliata, di pag. XL-566, con 41 incisioni . . . . 6 —

— (Il libro dell') Agronomia, agricoltura, industrie agricole del Dott. A. Bruttini, di pag. XX-446 con 303 fig. 3 50

Agrimensura (Elementi di), con speciale riguardo all'insegnamento nelle scuole di Agricoltura ed ai bisogni pratici dell'agricoltore, di S. Ferreri Mitoldi, di pag. XVI-257, con 183 inc. e una tavola colorata . 2 50

Agronomia, del Prof. Carega di Muricce, 3ª ediz. riveduta ed ampliata dell'autore, di pag. XII-210 . . 1 50

Agronomia e agricoltura moderna, di G. Soldani, 3ª ediz. di pag. VIII-416 con 134 inc. e 2 tavole cromolit. 3 50

Agrumi (Coltivazione, malattie e commercio degli), di A. Aloi, con 22 inc. e 5 tav. cromolit., pag. XII-238 3 50

Alchimia — *vedi* Occultismo.

Alcool (Fabbricazione e materie prime), di F. Cantamessa, di pag. XII-307, con 24 incisioni . . . . . 3 —

Alcool industriale, di G. Ciapetti. Produzione dell'alcole industriale, applicazione dell'alcole denaturato alla fabbricazione dell'aceto e delle vinacce, alla produzione della forza motrice, al riscaldamento, ecc., con 105 illustraz., di pag. XII-262 . . . . 3 —

— *vedi* Birra - Cantiniere - Cognac - Distillazione - Enologia - Liquorista - Mosti - Vino.

Alcoolismo (L') di G. Allievi, di pag. XI-221 . . . 2 —

Algebra complementare, del Prof. S. Pincherle:
　Parte I. *Analisi Algebrica*, 2ª ediz. di p. VIII-174 . 1 50
　Parte II. *Teoria delle equazioni*, pag. IV-169, 4 inc. 1 50

Algebra elementare, del Prof. S. Pincherle, 9ª ediz. riveduta di pag. VIII-210 e 2 incisioni nel testo . . 1 50

— (Esercizi di), del Prof. S. Pincherle, di pag. VIII-135. 1 50

Alighieri Dante — *vedi* Dantologia - Divina commedia.

Alimentazione, di G. Strafforello, di pag. VIII-122 . 2 —

Alimentazione del bestiame, dei Proff. Menozzi e Niccoli, di pag. XVI-400 con molte tabelle . . . . . 4 —

Alimenti — *vedi* Adulterazione degli - Aromatici - Conserv. sosianze aliment. - Bromatologia - Gastronomo - Pane.

Allattamento — *vedi* Nutrizione del bambino.

Alligazione (Tavole di) per l'oro e per l'argento con esempi pratici per il loro uso, F. Buttari, p. XII-220 2 50

— *vedi* Leghe — Metalli preziosi.

Alluminio (L'), di C. Formenti di pag. XXVIII-324 ' . . 3 50

Aloe — *vedi* Prodotti agricoli.

Alpi (Le), di J. Ball, trad. di I. Cremona, pag. VI-120 . 1 50

Alpinismo, di G. Brocherel, di pag. VIII-312 . . . 3 —

— *vedi* Dizionario alpino — Infortuni — Prealpi.

Amalgame — *vedi* Alligazione — Leghe metalliche.

Amatore (L') di oggetti d'arte e di curiosità, di L. De Mauri, di 600 pag. adorno di numerose incis. e mar-

L. c

che. Contiene le materie seguenti : Pittura - Incisione
- Scoltura in avori - Piccola scoltura - Vetri - Mobili - Smalti - Ventagli - Tabacchiere - Orologi - Vasellame di stagno - Armi ed armature - (è in lavoro
la 2ª edizione).

Amianto — *vedi* Imitazioni

Amido — *vedi* Fecola.

Amministrazione pubblica — *vedi* Asssicurazione - Assicurazione e stima danni - Beneficenza - Bonifiche - Catasto
- Codici - Conciliatore - Contabilità - Cooperative rurali
- Cooperazione - Debito pubblico - Diritti e doveri dei
cittadini - Diritto amministrativo - Enciclopedia amministrativa - Esattore comunale - Estimo - Fognatura cittadina - Giustizia amministr. - Igiene - Imposte dirette
- Infortuni sul lavoro - Interesse e sconto - Ipoteche -
Lavoro donne e fanciulli - Legge comunale - Legge s.
sanità e sicurezza pubblica - Legge sulle tasse di registro e bollo - Legislazione sanitaria - Legislazione rurale - Logismografia - Municipalizzazione d. servizi pubblici - Notaio - Paga giornaliera - Polizia sanitaria -
Posta - Proprietario di case - Ragioneria - Ricchezza
mobile - Scienza d. finanze - Scritture d'affari - Socialismo - Società - Sociologia generale - Statistica - Strade
ferrate - Testamenti - Trasporti e tariffe - Valori pubbl.

Ampelografia descrizione delle migliori varietà di viti
per uve da vino. uve da tavola, porta-innesti e produttori diretti, di G. MOLON, 2 volumi inseparabili,
di pag. XLIV-1243 in busta. . . . . .18 —
— *vedi* Viticoltura.

Anagrammi — *vedi* Enimmistica.

Analisi chimica qualitativa di sostanze minerali e organiche e ricerche tossicologiche, ad uso dei laboratori di chimica in genere e in particolare delle Scuole
di Farmacia, di P. E. ALESSANDRI, 2ª ediz. di pag.
XII-384, con 14 inc. e 5 tav. . . . . .5 —

Analisi di sostanze alimentari — *vedi* Bromatologia - Chimica
applicata all'Igiene.

Analisi delle Orine di F. JORIO (vedi Urina).
— *vedi* Chimica clinica.

Analisi del vino, ad uso dei chimici e dei legali, di M.
BARTH, traduz. di E. COMBONI, 2ª ediz. di p. XVI-140 2 —

Analisi volumetrica applicata ai prodotti commerciali e industriali di P. E. ALESSANDRI di pag. X-342, con incis. 4 50

Ananas — *vedi* Prodotti agricoli.

Anatomia e fisiologia comparate, di R. BESTA, di pag.
VII-218 con 34 inc. 1 50

Anatomia microscopica (Tecnica di), di D. CARAZZI, di
pag. XI-211, con 5 inc. 1 50

Anatomia pittorica, di A. LOMBARDINI, 2ª ed. di pag.
VIII-168, con 53 inc. (esaurito, è in lavoro la 3ª ediz.).

Anatomia topografica, di C. FALCONE. 2ª ediz. rifatta
di pag. XI.625, con 48 inc. 6 50

L. c.

Archeologia e storia dell'arte italica, etrusca e romana.
Un vol. di testo di p. xxxiv-346 con 96 tav. e 1 vol.
Atlante di 79 tav. a cura di S. RICCI 7 50

Architettura (Manuale di) **italiana**, antica e moderna,
di A. MELANI, 4ª ed. 136 tav. e 67 inc.. p. xxv-559 7 50

Archivista (L') di P. TADDEI. Manuale teorico-pratico,
di pag. viii-486 con modelli e tabelle . . . . . . 6 —

Arenoliti — *vedi* Mattoni e pietre.

Argentina (La Repubblica) nelle sue fasi storiche e nelle
sue attuali condiz. geografiche, statistiche ed econom.
di EZIO COLOMBO, di pag. xii-330 con 1 tav. e 1 carta. . 3 50

Argentatura — *vedi* Galvanizzazione - Galvanoplastica -
Galvanostegia - Metallocromia - Metalli preziosi - Piccole industrie.

Argento — *vedi* Alligazione metalli preziosi — Leghe.

Aritmetica pratica, di F. PANIZZA, 2ª ediz. riveduta,
di pag. viii-188 . . . . 1 50

Aritmetica razionale, di F. PANIZZA, 4ª ediz. riveduta
di pag. xii-210 . . . . 1 50

— **(Esercizi di)**, di F. PANIZZA, di pag. viii-150 . . . 1 50

Aritmetica (L') **e Geometria dell'operaio**, di E. GIORLI
di pag. xii-183, con 74 figure. . . . . 2 —

Armi antiche (Guida del raccoglitore e dell'amatore di)
J. GELLI, di pag. viii-389, con 9 tavole, 432 incis. e
14 tavole di marche 6 50

— *vedi* Amatore d'oggetti d'arte — Storia d. arte milit.

Armonia, di G. BERNARDI, con prefazione di E. Rossi
di pag. xx-338 . . . . 3 50

Aromatici e Nervini nell'alimentazione. I condimenti,
l'alcool (Vino, Birra, Liquori, Rosolii, ecc.). Caffè,
Thè, Matè, Guarana, Noce di Kola, ecc. — Appendice
sull'uso del Tabacco da fumo e da naso, di A. VALENTI 3 —

Arte e tecnica del canto, di G. MAGRINI, di pag. vi-160. 2 —

Arte del dire (L') di D. FERRARI. Manuale di rettorica
per lo studente delle Scuole secondarie. 6ª ed. corr.
(11, 12 e 13 migliaio), p. xvi-358 e quadri sinottici 1 50

Arte della memoria (L') sua storia e teoria (parte scien-
tifica). Mnemotecnia Triforme (parte pratica) di B.
PLEBANI, di pag. xxxii-224 con 13 illustr. 2 50

Arte militare — *vedi* Armi antiche - Esplodenti - Nautica
- Storia dell'

Arte mineraria — *vedi* Miniere (Coltivazione delle) - Zolfo.

Arti (Le) **grafiche fotomeccaniche**, ossia la Eliografia
nelle diverse applicaz. (Fotozincotipia, fotozincogra-
fia, fotocromolitografia, fotolitografia, fotocollografia,
fotosilografia, tricromia, fotocollocromia, ecc. con un
Dizionarietto tecnico e un cenno storico sulle arti
grafiche; 3ª ediz., di pag. xvi-238 . . . . 2 —

L.

Asfalto (L') fabbricazoine, applicazione, di E. RIGHETTI con 22 incisioni, di pag. VIII-152. . . . . 2 —

Assicurazione in generale, di U. GOBBI, di pag. XII-308 3 —

Assicurazione sulla vita, di C. PAGANI, di pag. VI-161 1 50

Assicurazioni (Le) **e la stima dei danni** nelle aziende rurali, con appendice sui mezzi contro la grandine, di A. Capilupi, di pag. VIII-284, 17 inc. 2 50

Assistenza degl'infermi nell'ospedale ed in famiglia, di C. CALLIANO, 2ª ediz., pag. XXIV-448, 7 tav. . . . 4 50

Assistenza dei pazzi nel manicomio e nella famiglia. di A. PIERACCINI e prefazione di E. MORSELLI, p. 250 2 50

Astrologia — *vedi* Occultismo.

Astronomia, di J. N. LOCKYER, nuova versione libera con note ed aggiunte di G. CELORIA, 5ª ediz. di pag. XVI-255 con 54 inc. 1 50

— *vedi* Gravitazione.

Astronomia (L') nell'antico testamento, di G. V. SCHIA-PARELLI, di pag. 204 . . . . 1 50

Astronomia nautica, di G. NACCARI, di pag. XVI-320, con 45 incis. e tav. numeriche . . . . 3 —

Atene. Brevi cenni sulla città antica e moderna, seguiti da un saggio di Bibliografia descrittiva e da un'Appendice Numismatica, di S. AMBROSOLI, con 22 tavole e varie incis. 3 50

Atlante geografico-storico d'Italia. di G. GAROLLO. 24 tav. con pag. VIII-67 di testo e un'appendice . . . 2 —

Atlante geografico universale, di R. KIEPERT, 26 carte con testo. *Gli. stati della terra* di G. GAROLLO. 10ª ed. (dalla 91.000ª alla 100.000ª copia) pag. VIII-88 . . 2 —

Atlante numismatico — *vedi* Numismatica.

Atletica — *vedi* Acrobatica.

Atmosfera — *vedi* Igroscopi e igrometri.

Attrezzatura, manovra navale, segnalazioni marittime e Dizionarietto di Marina, di F. IMPERATO, 3ª ediz. di pag. XX-751, con 427 incis. e 28 tav. in cromolit. riproducenti le bandiere marittime di tutte le nazioni 7 50

Autografi (L'amatore d'), di E. BUDAN, con 361 facsimili di pag. XIV-426 . . . . 4 50

Autografi (Raccolte e raccoglit. di) in Italia, di C. VAN-BIANCHI, di pag. XVI-376, 102 tav. di facsimili d'autore e ritratti 6 50

Automobilista (Manuale dell') **e guida pei meccanici conduttori d'automobili.** Trattato sulla costr. dei veicoli semoventi, di G. PEDRETTI, 2ª ediz. di pag. XX-746 8 50

Automobili — *vedi* Ciclista - Locomobili - Motociclista — Trazione a vapore.

Avarie e sinistri marittimi (Manuale del regolatore e liquidatore di) di, V. ROSSETTO. Appendice: Breve dizionario di terminologia tecnico-navale e commer-

L. c.

ciale marittimo inglese-Italiano. Ragguaglio dei pesi
e misure inglesi con le italiane, pag. xv-496, 25 fig. 5 50

Avicoltura — *vedi* Animali da cortile - Colombi - Pollicolt.

Avvelenamenti - *vedi* Analisi chim. - Chimica legale - Veleni.

Bachi da seta, di F. NENCI. 3ª ediz. con note ed aggiunte, di pag. XII-300, con 47 incis. e 2 tav. . . . 2 50

Balbuzie (Cura della) **e dei difetti di pronunzia,** di A.
SALA, di pag. VIII-214 e tavole. . . . . 2 —

Balistica — *vedi* Armi antiche - Esplodenti - Pirotecnia -
Storia dell'arte militare.

Ballo (Manuale del), di F. GAVINA, 2ª Ediz. di pag. VIII-
265, con 103 fig. : Storia della danza - Balli girati -
Cotillon - Danze locali - Feste di ballo - Igiene del ballo 2 50

Bambini — *vedi* Balbuzie - Malattie d'infanzia - Nutrizione
dei bambini - Ortofrenia - Rachitide.

Barbabietola (La) **da zucchero.** Cenni storici, caratteri `
botanici, clima, lavoraz. del terreno, concimaz. rota-
zione, semina, cure durante la vegetaz., raccolta e conservaz., produz. del seme, malattie, fabbricaz. di zucchero, di A. SIGNA, p. XII-225, 29 inc. e 2 tav. color. 2 50

— *vedi* Zucchero.

Batteriologia, di G. CANESTRINI, 2ª ed. pag. x-274 37 inc. 1 50

Beneficenza (Manuale della), di L. CASTIGLIONI, con
appendice sulle contabilità delle istituzioni di pubblica beneficenza, di G. ROTA, di pag. XVI-340 . . 3 50

Belle arti *vedi* — Amatore oggetti d'arte - Anatomia pittorica
- Armi antiche - Archeologia dell'arte greca - Id. del-
l'arte romana - Architettura - Arti grafiche - Calligrafia
- Colori e pittura - Decoraz. ed industrie artistiche - Disegno - Gramm. del disegno - Fiori artificiali - Fotosmaltografia - Gioielleria - Litografia - Luce e colori - Majoliche e porcellane - Marmista - Monogrammi Ornatista
- Pittura italiana - Pittura ad olio - Prospettiva - Ristauratore dipinti - Scolt. - Stor dell'arte - Teoria delle ombre.

Bestiame (Il) **e l'agricoltura in Italia,** di F. ALBERTI
2ª ediz. rifatta di U. BARPI di pag. XII-322, con 47
tavole e 118 figure. 4.50

— *vedi* Abitazioni di animali - Alimentazione d. bestiame
- Araldica zootecnica - Cavallo - Coniglicoltura - Igiene
veterinaria - Majale - Malattie infettive - Polizia sanitaria - Pollicoltura - Razze bovine - Veterinario - Zoonosi
- Zootecnia.

Biancheria (Disegno, taglio e confezione di), Manuale
teorico pratico ad uso delle scuole normali e profes-
sionali femminili e delle famiglie, di E. BONETTI, 3ª
ediz. coll'aggiunta di nuove tavole e prospetti per
l'ingrandimento e l'impicciolimento dei modelli, di
pag. xx-234, 60 tavole e 6 prospetti . . . . 4 —

Bibbia (Man. della), di G. M. ZAMPINI, di pag. XII-308. 2 50

Bibliografia, di G OTTINO, 2ª ed., pag. IV-166, 17 incis. 2 —

— *vedi* Atene Dizionario bibliografico.

Bibliotecario (Manuale del), di G. PETZHOLDT, tradotto

L.

sulla 3ª ediz. tedesca, per cura di G. BIAGI e G. FU-
MAGALLI, di pag. xx-364-ccxiii 7 50
— *vedi anche* Dizionario bibliografico - Paleografia.

Biliardo (Il giuoco del), di J. GELLI, 2ª ediz. riveduta, di
pag. xv-175, con 80 illustrazioni 2 50

lografia — *vedi* Cristoforo Colombo - Dantologia - Diz. biografico - Manzoni - Napoleone I - Omero - Shakespeare.

Biologia animale. Zoologia generale e speciale per Na-
turalisti, Medici e Veterinari, di G. COLLAMARINI, di
di pag. x-426 con 23 tavole . . . . 3 —

Birra (La). Malto, luppolo, fabbricazione. analisi, di S.
RASIO e di F. SAMARANI di pag. 279 con 25 incis. . 3 50

Bollo — *vedi* Codice del Bollo - Leggi registro e bollo.

Bolloneria — *Vedi* Stampaggio a caldo.

Bonificazioni (Manuale amministrativo delle), di G. MEZ-
ZANOTTE, di pag. xii-294 . . . . 3 —

Borsa (Operaz. di) — *vedi* Debito pubbl. - Valori pubblici.

Boschi — *vedi* Consorzi — Selvicoltura.

Botanica, di I. D. HOOKER, traduzione di N. PEDICINO
4ª ediz., di pag. viii-134, con 68 incis. 1 50
— *vedi* Dizionario di botanica.
— *vedi anche* Ampelografia - Anatomia vegetale - Fisiologia
vegetale - Floricoltura - Funghi - Garofano - Malattie crittogamiche - Orchidee - Orticoltura - Piante e fiori - Pomologia - Rose - Selvicoltura - Tabacco - Tartufi.

Botti — *vedi* Enologia.

Bromatologia. Dei cibi dell'uomo secondo le leggi del-
l'igiene, di S. BELLOTTI, di pag. xv-251, con 12 tav. 3 50

Bronzatura — *vedi* Metallocromia - Galvanostegia.

Bronzo — *vedi* Fonditore - Leghe metalliche - Operaio.

Buddismo, di E. PAVOLINI, di pag. xvi-164 . . . 1 50

Buoi — *vedi* Bestiame — Razze bovine

Burro — *vedi* Latte - Caseificio.

Caccia — *vedi* Cacciatore - Falconiere.

Cacciatore (Manuale del), di G. FRANCESCHI, 3ª ediz.
rifatta, di pag. ix-344 con 48 incis. 2 50

Cacio — *vedi* Bestiame - Caseificio - Latte, ecc.

Caffè — *vedi* Prodotti agricoli.

Caffettiere e sorbettiere (Manuale del). Caffè, Thè, Liquori, Limonate, Sorbetti, Granite, Marmellate, Conservazione dei frutti, Ricette per feste da ballo, Vini
Cioccolata di L. MANETTI, di pag. xii-311, con 65 inc. 2 50

Calcestruzzo (Costruzioni in) **ed in cemento armato,** di
G. VACCHELLI, 3ª ediz. , pag. xvi-383, con 270 fig. 4 —
— *vedi anche* Capomastro - Mattoni e pietre.

Calci e Cementi (Impiego delle), di L. MAZZOCCHI, 2ª
edizione riveduta e corretta, pag. xii-225, con 56 fig. 2 50

Calcolazioni mercantili e bancarie — *vedi* Conti e calcoli fatti
- Interesse e sconto - Prontuario del ragioniere - Monete inglesi - Usi mercantili.

Calcoli fatti — *vedi* Conti e

L. c.

Calcolo Infinitesimale di E. PASCAL:
    I. *Calcolo differenziale.* 2ª ediz. rived., di pag.
XII-311, 10 incis. . . . . 3 —
    II. *Calcolo integrale,* 2ª ediz. di pag. VIII-329 . 3 —
    III. *Calcolo delle variazioni e calcolo delle diffe-
renze finite,* di pag. XII-300 . . . . 3 —
— **(Esercizi di)** (calcolo differenziale e integrale), di E.
PASCAL, di pag. XX-372 . . . . 3 —
— *vedi* Determinanti - Funzioni analitiche - Funzioni el-
littiche - Gruppi di trasformaz. - Matematiche superiori.
Calderaio pratico e costruttore di caldaie a vapore, e
di altri apparecchi industriali, di G. BELLUOMINI, di
pag. XII-248, con 220 incis.. . . . . 3 —
— *vedi anche* Locomobili — Macchinista.
Calligrafia (Manuale di), di R. PERCOSSI. (in lavoro).
Calore (Il) di E. JONES, trad. di U. FORNARI, di pag.
VIII-296, con 98 incis. . . . . 3 —
Camera di Consiglio Civile, di A. FORMENTANO. I. Norme
generali sul procedimento in Camera di Consiglio. II.
Giurisdizione volontaria. III. Affari di giurisdizione
contenziosa da trattarsi senza contradditore. IV. Ma-
terie da trattarsi in Cam. di Consiglio, pag. XXXII-574 4 50
Campicello (Il) **scolastico.** Impianto e coltivazione. Ma-
nuale di agricoltura pratica per i Maestri di E. AZI-
MONTI e C. CAMPI, di pag. XI-175, con 126 incis. . 1 50
Cancelliere — *vedi* Conciliatore
Candeggio — *vedi* Industria tintoria.
Candele – *vedi* Industria stearica.
Cane (Il) Razze mondiali, allevamento, ammaestramento,
malattie con una appendice : I cani della spedizione
polare di S. A. R. il Duca degli Abruzzi, di A. VEC-
CHIO 2ª ediz. di pag. XVI-442, con 152 inc. e 63 tav. . 7 50
Cani e gatti, di F. FAELLI (In lavoro).
Canottaggio (Manuale di), del Cap. G. CROPPI, di pag.
XXIV-456 con 387 incis, e 91 tav. cromolit. 7 50
Cantante (Man. del), di L. MASTRIGLI, di pag. XII-132 2 —
Cantiniere (Il). Manuale di vinificazione per uso dei
cantinieri, di A. STRUCCHI, 3ª ediz. con 52 incis. e una
tabella per la riduz. del peso degli spiriti, p. XVI-256 2 —
Canto (Il) **nel suo meccanismo,** di P. GUETTA, di pag.
VIII-253, con 24 incis. 2 50
— *vedi anche* Arte del canto - Cantante.
Capitalista (Il) nelle Borse e nel Commercio dei valori
pubblici. Guida finanziaria per le Borse, Banche, Industrie, Società per azioni e Valori pubblici di F.
PICCINELLI, di pag. LI-1172 . . . . 12 00
Capomastro (Man. del). Impiego e prove dei materiali
idraulici-cementizi, con riassunto della legge per gli
infortuni degli operai sul lavoro e delle disposizioni

L.c.

di legge sui fabbricati, di G. RIZZI, pag. XII-263, con 19 incis. intercalate nel testo 2 50

Cappellaio (Man. d.), di L. RAMENZONI, p. XII-222, 68 inc. 2 50

Capre - *vedi* Razze bovine, ecc.

Carboni fossili inglesi. Coke. Agglomerati di G. GHE-RARDI, pag. XII-586 con fig. nel testo e cinque carte geografiche dei bacini carboniferi inglesi . . . . 6 —

Carburo di calcio — *vedi* Acetilene.

Carta (Ind. della), L. SARTORI, p. VII-326, 106 inc. e 1 tav. 5 50

Carte fotografiche, Preparazioni e trattamento di L. SASSI, pag. XII-353. . . . . 3 50

Carte geografiche -- *vedi* Atlante

Cartografia (Manuale teorico-pratico della), con un sunto della storia della Cartografia, di E. GELCICH, di pag. VI-257, con 36 illustrazioni . . . . 2 —

Casa (La) **dell'avvenire**, di A. PEDRINI. Vade-mecum dei costruttori, dei proprietari di case e degli inquilini. Raccolta ordinata di principi d'ingegneria sanitaria, domestica ed urbana, per la costruzione di case igieniche, civili, operaie e rustiche e per la loro manutenzione, di pag. XV;468, con 213 incis. . . . 4 50

Case coloniche — *vedi* Fabbricati rurali.

Case operaie — *vedi* Abitazioni popolari.

Caseificio, di L. MANETTI, 4ª ediz. nuovamente ampliata da G. SARTORI, di pag. XII-280, con 49 inc. . 2 —
— *vedi* Bestiame — Latte, cacio e burro.

Catasto (Il nuovo) **Italiano**, di E. BRUNI, pag. VII-346. 3 —

Cavallo (Il), di C. Volpini, 3ª ediz. rived. ed ampliata di pag. VI-233 con 48 tavole 5 50

Cavalli — *vedi* Razze bovine, equine, ecc.

Cavi telegrafici sottomarini. Costruzione, immersione, riparazione di E. JONA, di pag. XVI-388, 188 fig. e 1 carta delle comunicazioni telegrafiche sottomarine . 5 50

Cedri -- *vedi* Agrumi.

Celerimensura e tavole logaritmiche a quattro decimali, di F. BORLETTI, di pag. VI-148 con 29 incisioni . 3 50

Celerimensura (Manuale e tavole di). di G. ORLANDI, di pag. 1200, con quadro generale d'interpolazioni . 18 —

Celluloide — *vedi* Imitazioni

Cementazione — *vedi* Tempera.

Cemento armato —*vedi* Calcestruzzo - Calci e cementi - Mattoni

Ceralacca — *vedi* Vernici e lacche.

Ceramiche — *vedi* Maioliche e porcellane - Fotosmaltogr.

Chimica, di H. E. ROSCOE, 6ª ediz. rifatta da E. RICCI, di pag. XII-231, con 47 incis. 1 50

Chimica agraria, di A. ADUCCO, 2ª ediz. di pag. XII-515 3 50
— *vedi* Concimi - Fosfati - Humus - Terreno agrario.

Chimica analitica (Elementi scientifici di), di W. OST-WALD, trad. del Dott. BOLIS, di pag. XVI-234 . . . 2 50

Chimica applicata all'igiene. Ad uso degli Ufficiali sanitari, Medici, Farmacisti, Commercianti, Laboratori

L. c.

Codice metrico internazionale — *vedi* Metrologia.

Codice penale e di procedura penale, secondo il testo ufficiale, di L. FRANCHI, 3ª ediz., di pag. IV-230 . 1 50

Codice penale per l'esercito e penale militare marittimo secondo il testo ufficiale di L. FRANCHI 2ª ediz. di p. 179 1 50

Codice del perito misuratore. Raccolta di norme e dati pratici per la misurazione e la valutazione d'ogni lavoro edile, preventivi, liquidazioni, collaudi, perizie, arbitramenti, di L. MAZZOCCHI e E. MARZORATI, 2ª ediz. di pag. VIII-530. con 169 illustr.. . . . . . . 5 50

Codice di procedura civile, accuratamente riscontrato sul testo ufficiale da L. FRANCHI, 2ª ediz. di p. 167 1 50

Codice sanitario — *vedi* Legislazione sanitaria

Codice del teatro (Il). Vade-mecum legale per artisti lirici e drammatici, impresari, capicomici, direttori d'orchestra, direzioni teatrali, agenti teatrali, gli avvocati e per il pubblico. di N. TABANELLI, pag. XVI-328 3 —

Codici e leggi usuali d'Italia, riscontrati sul testo ufficiale e coordinati e annotati da L. FRANCHI, raccolti in cinque grossi volumi legati in pelle.

Vol. I. **Codice civile - di procedura civile - di commercio - penale - procedura penale - della marina mercantile - penale per l'esercito - penale militare marittimo** (*otto codici*) 2ª edizione, di pag. VIII-1261 . . . . 8 50

Vol. II. **Leggi usuali d'Italia.** Raccolta coordinata di tutte le leggi speciali più importanti e di più ricorrente ed estesa applicazione in Italia ; con annessi decreti e regolam. e disposte secondo l'ordine alfabetico delle materie. 2ª ediz. riveduta ed aumentata, *divisa in 3 parti.*

Parte I. Dalla voce « Abbordi di mare » alla voce « Dominii collettivi », di pag. VIII-1456 a due colonne 12 50

Parte II. Dalla voce « Ecclesiastici » alla voce « Polveri piriche » pag. 1459 a 1855 due colonne . 12 50

Parte III. Dalla voce « Posta » alla voce « Zucchero » pag. 2857 a 4030, a due colonne. 12 50

Vol. III. **Leggi e convenzioni sui diritti d'autore,** raccolta generale delle leggi italiane e straniere di tutti i trattati e le convenzioni esistenti fra l'Italia ed altri Stati 2ª ediz. di pag. VII-617 . . . 6 50

Vol. IV. **Leggi e convenzioni sulle privative industriali.** Disegni e modelli di fabbrica. Marchi di fabbrica e di commercio. Legislazione italiana. Legislazioni straniere. Convenzioni esistenti fra l'Italia ed altri Stati, di pag. VIII-1007 . . . . 8 50

Cognac (Fabbricazione del) e dello spirito di vino e distillazione delle fecce e delle vinacce, di DAL PIAZ,

L. c.

con note di G. PRATO, 2ª ed. con aggiunte e correz.
di F. A. SANNINO, di pag. XII-210, con 38 inc. . . 2 —
— *vedi* Alcool - Distillazione - Enologia - Liquorista.

Coleotteri italiani, di A. GRIFFINI (Entomologia. I), di
pag. XVI-334, con 215 inc. . . . . 3 —
— *vedi* Ditteri - Imenotteri - Insetti — Lepidotteri.

Collezioni — *vedi* Amatore d'oggetti d'arte - Amatore di maioliche - Armi antiche - Autografi - Dizionario filatelico.

Colombi domestici e colombicoltura, di P. BONIZZI, 2ª
edizione rifatta a cura della Società Colombofila fiorentina, di pag. X-211, con 26 figure . . . . . . 2 —

Colorazione dei metalli — *vedi* Metallocromia.

Colori (La scienza dei) **e la pittura,** di L. GUAITA. 2ª
ed. ampliata, di pag. IV-368 . . . . 3 —

Colori e Vernici. Manuale ad uso dei Pittori, Verni-
ciatori, Miniatori, Ebanisti e Fabbricanti di colori e
vernici, di G. GORINI, 4ª ediz. per cura di G. AP-
PIANI, di pag. XV-301 con 39 incis. . . . . 3 —

Commedia — *vedi* Letteratura drammatica.

Commerciante (Manuale del) ad uso della gente di commercio e Istit. d'Istruz. comm., corredato di oltre 200
moduli, quadri esempi, tavole dimostr. e prontuari, di
C. DOMPÉ, 2ª ediz. riveduta ed ampliata di p. X-649 . 6 50

Commercio (Storia del), di R. LARICE, di pag. XVI-336 3 —
— *vedi* Usi mercantili.

Commissario giudiziale — *vedi* Curatore dei fallimenti.

**Compensazione degli errori con speciale applicazione
ai rilievi geodetici,** di F. CROTTI, pag. IV-160 . . . 2 —

Complementi di matematica — *vedi* Matematica.

Computisteria, di V. GITTI: Vol. I. Computisteria commerciale, 6ª ediz., di pag. VIII-184 . . . . 1 50
Vol. II. Computist. finanziaria, 4ª ediz., p. VIII-156 1 50

Computisteria agraria, di L. PETRI, 3ª ediz. riveduta
di pag. VIII-210 e 2 tabelle. 1 50
— *vedi* Contabilità - Ragioneria - Logismografia.

Concia delle pelli ed arti affini, di G. GORINI, 3ª ed. rifatta
da G. B. FRANCESCHI e G. VENTUROLI, di pag. IX-210 . 2 —

Conciliatore (Manuale del), di G. PATTACCINI. Guida
teorico-pratica con formulario completo pel Conciliatore, Cancelliere, Usciere e Patrocinatore di cause,
4ª ediz. ampliata, di pag. XII-461 . . . . 3 —

Concimi, di A. FUNARO. 2ª ediz. di pag. XII-266 . . 2 —

Concimi fosfatici — *vedi* Fosfati - Chimica agraria - Humus
- Terreno agrario.

Concordato preventivo — *vedi* Curatore di fallimenti.

Confettiere — *vedi* Pasticcere e confettiere moderno.

Coniglicoltura pratica, di G. LICCIARDELLI, 2ª ediz.,
di pag. VIII-248, con 53 incisioni e 12 tavole in tricr. 2 50

Conservazione delle sostanze alimentari. di G. GORINI,
4ª ediz. intieramente rifatta da G. B. FRANCESCHI e
G. VENTUROLI (in lavoro).

L. c.

Conservazione dei prodotti agrari, di C. MANICARDI, di
pag. XV-220, con 12 incis. 2 50
Consigli pratici — *vedi* Caffettiere - Ricettario domestico -
Industriale - Soccorsi d'urgenza.
Consorzi di difesa del suolo (Manuale dei). Sistemazioni
idrauliche. Culture silvane e rimboschimento, di A.
RABBENO, di pag. VIII-296 . . . . 3 —
Contabilità comunale, secondo le nuove diposiz. legisla-
tive e regolamentari di A. DE BRUN. (2ª ediz. rifatta,
ed ampliata di pag. XVI-650 . . . . 5 50
— *vedi* Enciclopedia amministrativa.
Contabilità domestica. Nozioni amministrativo-contabili
ad uso delle famiglie e delle scuole femminili, di O.
BERGAMASCHI, di pag. XVI-186 . . . . 1 50
Contabilità generale dello Stato, di E. BRUNI, 2ª ediz.
rifatta, pag. XVI-420 . . . . 3 —
Contabilità d. istituz. pubbl. beneficenza — *vedi* Beneficenza.
Conti e Calcoli fatti, di I. GHERSI, 93 tabelle e istru-
zioni pratiche sul modo di usarle, di pag. 204. . . 2 50
Contrappunto, di G. G. BERNARDI, di pag. XVI-238 . . 3 50
Contratti agrari — *vedi* Mezzeria.
Conversazione italiana e tedesca (Manuale di), ossia
guida completa per chiunque voglia esprimersi con
proprietà e speditezza in ambe le lingue, e per servire
di *vade mecum* ai viaggiatori, di A. FIORI, 8ª ediz.
rifatta da G. CATTANEO, pag. XIV-400 . . . . . . 3 50
Conversazione italiana-francese — vedi *Dottrina popolare - Fraseologia.*
Cooperative rurali, di credito, di lavoro, di produzione,
di assicurazione, di mutuo soccorso, di consumo, di
acquisto di materie prime, di vendita di prodotti
agrari. Scopo, costituzione, norme giuridiche, tecniche, amministr. comput. di V. NICCOLI, pag. VIII-362 3 50
Cooperazione nella sociologia e nella legislazione, di F.
VIRGILII, pag. XII-228 . . . . 1 50
Correnti elettriche alternate semplici, bifasi e trifasi.
Manuale pratico per lo studio, costruzione ed eserci-
zio degli impianti elettrici, di A. MARRO, di pagine
XIV-615-LXIV, con 218 incis. e 46 tabelle 6 50
Corrispondenza commerciale poliglotta, di G. FRISONI
compilata su di un piano speciale nelle lingue italiana
francese, tedesca inglese e spagnuola.
I. — PARTE ITALIANA: *Manuale di Corrispondenza Commerciale italiana* corredato di facsimili dei vari documenti di pratica giornaliera, seguito da un GLOSSARIO
delle principali voci ed espressioni attinenti al Commercio. agli Affari marittimi, alle Operazioni bancarie
ed alla Borsa, ad uso delle Scuole, dei Banchieri, Nego-
zianti ed Industriali di qualunque nazione, che deside-
rano abilitarsi alla moderna terminologia e nella corretta fraseologia mercantile italiana, 2ª ed. di pag. XX-478 4 —

L. c.

II.—**PARTE SPAGNUOLA**: *Manual de Correspondencia Commercial Espanola*, pag. xx-440 . . . . 4 —

III — **PARTE FRANCESE**: *Manuel de Correspondance commerciale française*, di pag. xvi-446 . . . . 4 —

IV — **PARTE INGLESE**: *A Manual of english Commercial correspondence*, pag xvi-448 . . . . 4 —

V — **PARTE TEDESCA**: *Handbuch der deutschen Handelskorrespondenz*, pag. xvi-460 . . . . 4 —

N.B. Sono 5 Manuali di corrispondenza, ognuno dei quali è la traduzione di uno qualunque degli altri quattro, per cui si fanno reciprocamente l'ufficio di chiave.

Corse (Le) con un dizionario delle voci più in uso, di G. FRANCESCHI, di pag. XII-305 . . . . 2 50
— *vedi anche* Cavallo - Proverbi - Razze bovine equine, ecc.

Cosmografia. *Uno sguardo all'universo*, di B. M. LA LETA, pag. XII-197. con 11 incis. e 3 tav. 1 50
— *vedi* Sfere cosmografiche.

Costituziono degli Stati — *vedi* Diritti e doveri - Diritto internazionale - Diritto costituzionale - Ordin. di stati.

Costruttore navale (Manuale del), di G. ROSSI, pagine XVI-517, con 231 fig. interc. nel testo e 65 tab. . . 6 —

Costruzioni — *vedi* Abitazioni - Architettura - Calcestruzzo - Calci - Capomastro - Case dell'avvenire - Città (La) moderna - Fabbricati civili - Fabbricati rurali - Fognatura - Ingegnere civile - Lavori marittimi - Mattoni e pietre - Peso me talli - Resistenza dei materiali - Resistenza e pesi di travi metalliche - Scaldamento.

Cotoni — *vedi* Filatura - Prodotti agricoli - Tintura - Tessitur.

Cremore di tartaro — *vedi* Distillazione.

Cristallo — *vedi* Fotosmaltografia - Specchi - Vetro.

Cristaliografia geometrica, fisica e chimica, applicata ai minerali, di F. SANSONI, p. XVI-367, 284 inc. . . 3 —
— *vedi* Fisica cristallografica

Cristo — *vedi* Imitazione di Cristo.

Cristoforo Colombo di V. BELLIO, p. IV-136 e 10 inc. . 1 50

Crittogame — *vedi* Funghi — Malattie crittogam. - Tartufi.

Crittografia (La) diplomatica, militare e commerciale, ossia l'arte di cifrare e decifrare le corrispondenze segrete. Saggio del conte L. GIOPPI, pag. 177 . . . 3 50

Cronologia e calendario perpetuo. Tavole cronografiche e quadri sinottici per verificare le date storiche dal principio dell' Era cristiana ai giorni nostri, di A. CAPPELLI, di pag. XXXIII-421 . . . . 6 50

Cronologia delle Scoperte e delle esplorazioni geografiche dal 1492 a tutto il sec. XX, di L. HUGUES, p. VIII-487 4 50

Cronologia – *vedi* Storia e cronologia.

Cubatura dei legnami (Prontuario per la), di G. BELLUOMINI, 6ª ediz. corretta ed accresciuta, pag. 220 . 2 50

Cuoio — *vedi* Concia delle pelli - Imitazioni.

Curatore dei fallimenti (Manuale teorico-pratico del) e del Commissario giudiziale nel concordato preventivo e procedura di piccoli fallimenti, di L. MOLINA, di pag. XL-910 8 50

Curve circolari e raccordi. Manuale pratico per il trac-

L. c.

ciamento delle curve in qualunque sistema e in
qualsiasi caso particolare, nelle ferrovie, strade e ca-
nali, di C. FERRARIO, pag. XI-264, con 94 incis. . . 3 50

Curve graduate e raccordi a curve graduate, con speciale
riferimento alle pratiche importanti e nuove applicaz.
nei tracciamenti ferroviari, di C. FERRARIO, in conti-
nuaz. al Manuale « Curve circolari e raccordi a curve
circolari », dello stesso autore, p. XX-251, 25 tav. 41 e fig. 3 50

Danese (Lingua) — *vedi* Grammatica — Letteratura.

Dante Alighieri — *vedi* Divina Commedia.

Dantologia, di G. A. SCARTAZZINI. Vita e opere di Dante
Alighieri, 3ª ed. con ritocchi e agg. di N. SCARANO 3 —

Datteri — *vedi* Prodotti agricoli.

Debito (Il) **pubblico italiano.** Regole e modi per le operaz.
sui titoli che lo rappresentano, di F. AZZONI, p. VIII-376 3 —
— *vedi* Notaio - Valori pubblici.

Decorazione dei metalli — *vedi* Metallocromia.

Decorazioni del vetro — *vedi* Specchi - Fotosmaltologia -Vetro.

Decorazioni e industrie artistiche, di A. MELANI, due
vol., pag. XX-460, 118 inc. (esaurito, la 2ª ed. è in lav).

Denti — *vedi* Igiene della bocca.

Destrina — *vedi* Fecola.

Determinanti e applicazioni, di E. PASCAL, pag. VII-330 3 —

Diagnostica — *vedi* Semeiotica.

Dialetti italici. Grammatica, iscrizione, versione, e les-
sico, di O. NAZARI, pag. XVI-364. . . . . 3 —
— *vedi* Gramm storica della lingua e dei dialetti italiani.

Dialetti letterari greci (epico, neo-ionico, dorico, eolico)
di G. BONINO, pag. XXXII-214. . . . . 1 50

Didattica per gli alunni delle scuole normali e pei
maestri elementari, di G. SOLI, pag. VIII-314 . . . 1 50

Digesto (Il), di G. FERRINI, pag. IV-134. . . . . . 1 50

Dinamica elementare, di G. CATTANEO, p. VIII-146, 26 fig. 1 50

Dinamite — *vedi* Esplodenti.

Dinamometri, apparecchi per le misure delle forze e del
lavoro da queste eseguite mentre agiscono lungo deter-
minate trajettorie di E. N. CAMPAZZI, p. XX-273 e 132 inc. 3 —

Diritti e doveri del cittadini, secondo le Istituzioni dello
Stato, per uso delle pubbliche scuole, di D. MAF-
FIOLI, 11ª ediz. (dal 31 al 35º migliaio) con una ap-
pendice sul Codice penale, pag. XVI-229 . . . . . 1 50

Diritti d'Autore — *vedi* Codici e Leggi usuali d'Italia Vol III.

Diritto — *vedi* Filosofia del Diritto.

Diritto amministrativo e cenni di Diritto costituzionale,
giusta i programmi governativi ad uso di Istituti tecnici, di G. LORIS, 6ª edizione di pag. XIV-424 . . . 3 —

Diritto civile (Compendio di), di G. LORIS, giusta i
programmi ad uso degli Istit. tecnici, 3ª ed. p. XVI-397 3 —

Diritto civile italiano, di C. ALBICINI. p. VIII-128 . . 1 50

Diritto commerciale italiano, di E. VIDARI, 3ª ediz.
diligentemente riveduta, pag. X-448 . . . . 3 —

L. c.

Diritto comunale e provinciale — *vedi* Contabilità comunale - Diritto amministrativo - Enciclopedia amministrativa - Legge comunale.

Diritto costituzionale, di F. P. CONTUZZI, 3ª ediz. interamente rinnovata, di pag. XIX-456 . . . . 3 —

Diritto ecclesiastico, vigente in Italia. 2ª ediz. riveduta ed ampliata di G. OLMO, pag. XVI-483 . . . . . . 3 —

Diritto internazionale privato, di F. P. CONTUZZI, di pag. XIII-391 . . . . 3 —

Diritto internazionale pubblico, di F. P. CONTUZZI, 2ª edizione rifatta, di pag. XXXII-412 . . . . 3 —

Diritto marittimo italiano, ad uso degli Istituti nautici e della gente di mare, di SISTO A., di pag. XII-566 . 3 00

Diritto penale romano di C. FERRRINI, pag. VIII-360. 3 —

Diritto romano, di C. FERRINI, 2ª ed. rif., pag. XVI-178 1 50

Disegnatore meccanico e nozioni tecniche generali di Aritmetica, Geometria, Algebra, Prospettiva, Resistenza dei materiali, Apparecchi idraulici, Macchine semplici ed a vapore, ecc. di V. GOFFI, 3ª ed. pag. XIV-552, con 477 fig. 6 50

Disegno. I principi del disegno, di C. BOITO, 4ª ediz., pag. IV-206, con 61 silografie . . . . 2 —

Disegno (Grammatica del). Metodo pratico per imparare il disegno, di E. RONCHETTI, di pag. VI-190, con 34 fig., 62 schizzi intercalati nel testo e un atlante a parte con 45 lavagnette, 27 foglietti e 34 tav. (Indivisibili) . 7 50

Disegno assonometrico, di P. PAOLONI, pag. IV-122, con 21 tavole e 23 figure nel testo . . . . 2 —

Disegno geometrico, di A. ANTILLI, 3ª ed., pag. XII-88, con 6 figure nel testo e 28 tavole litografiche . . . 2 —

Disegno, teoria e costruzione delle navi, ad uso dei Progettisti e Costrut. di Navi - Capi tecnici, Assistenti e Disegnatori navali - Capi operai carpentieri - Alunni d'Istituti Nautici, di E. GIORLI, p VIII-238, e 310 inc. 2 50

Disegno industriale, di E. GIORLI. Corso regolare di disegno geometrico e delle proiezioni. Degli sviluppi delle superfici dei solidi. Della costruzione dei principali organi delle macchine. Macchine utensili. 3ª ed., pag. VIII-192, con 300 problemi risolti e 348 fig. 2 50

Disegno di proiezioni ortogonali, di D. LANDI, di pag. VIII-152, con 192 incis. . . . . 2 —

Disegno di tessitura — *vedi* Tessuti.

Disegno topografico, di G. BERTELLI, 2ª ediz., pag. VI-156, con 12 tavole e 10 incis. . . . . 2 —

Disinfezione (La pratica della) pubbl. e priv., P. E. ALESSANDRI e L. PIZZINI, 2ª ediz., p. VIII-258, 29 incis. . 2 50

Distillazione del legno (Lavorazione dei prodotti della). Acetone, Alcool metilico, Aldeide formica, Cloroformio, Acido acetico, Acetato di piombo, Acetato di

L. c.

sodio. *Industrie elettrochimiche*. Ossidi di piombo, Minio, Biacca, Soda Caustica, Clorati, Cromati, di F. VILLANI, di pag. XIV-312 . . . . 3 50

Distillazione delle Vinacce, e delle frutta fermentate. Fabbricazione razionale del Cognac, Estrazione del Cremore di Tartaro ed utilizzazione di tutti i residui della distillazione, di M. DA PONTE, 2ª ediz. rifatta, tenenti le leggi italiane sugli spiriti e la legge Austro-Ungarica, pag. XII-375, con 68 inc.. . . . . . . 3 50

Ditteri italiani, di P. LIOY (*Entomologia III*), pag. VII-356, con 227 inc. . . . . 3 —

Divina Commedia di Dante Alighieri (Tavole schematiche della), di L. POLACCO, seguite da 6 tav. topogr. in cromolit. disegn. da G. AGNELLI, pag. X-152 . . 3 —

Dizionario alpino italiano. Parte 1ª *Vette e valichi italiani*, di E. BIGNAMI-SORMANI. — Parte 2ª *Valli lombarde e limitrofe alla Lombardia*, di C. SCOLARI, pag. XXII-310 . . . . 3 50

Dizionario di abbreviature latine ed italiane usate nelle carte e codici specialmente del Medio Evo, riprodotte con oltre 13000 segni incisi, aggiuntovi un prontuario di *Sigle Epigrafiche*, i monogrammi, la numerizzazione romana ed arabica e i segni indicanti monete, pesi, misure, ecc., di A. CAPPELLI, p. LXII-433 7 50

Dizionario bibliografico, di C. ARLIA, pag. 100 . . . 1 50

Dizionario biograf. universale, di G. GAROLLO (In lav.).

Dizionario di botanica generale G. BILANCIONI. Istologia, Anatomia, Morfologia, Fisiologia, Biologia vegetale, Appendice, Biografie di illustri botanici, di p. XX-926 10 —

Dizionario dei comuni del Regno d'Italia, secondo il Censimento del 10 febbraio 1901, compilato da B. SANTI, 2ª ediz., con le altezze sul livello del mare, di pag. VIII-222 . . , ... 3 —

Dizionario Eritreo (Piccolo) **Italiano-Arabo-Amarico**, raccolta di vocaboli più usuali nelle principali lingue parlate nella Col. Eritrea, di A. ALLORI, p. XXXIII-203 2 50

Dizionario filatelico, per il raccoglitore di francobolli con introduzione storica e bibliografica, di J. GELLI 2ª ed., con appendice 1898-99, pag. LXIII-464 . . . 4 50

Dizionario fotografico pei dilettanti e professionisti, con oltre 1500 voci in 4 lingue, 500 sinonimi e 600 formule di L. GIOPPI, p. VIII-600, 95 inc. e 10 tav.. . 7 50

Dizionario geografico universale, di G. GAROLLO, 4ª ediz, del tutto rifatta e molto ampliata, di pag. XII-1451 a due colonne . . , ...10 —

Dizionario gotico — *vedi* Lingua gotica.

Dizionario greco-moderno, di E. BRIGHENTI (In lavoro).

Dizionario tascabile italiano-inglese e inglese-italiano, di

L. c.

J. Vessely, 16ª ediz. interamente rifatta da G. Rigu-
tini e G. Payn, in-16, di pag. vi-226-199 leg. in tela. 3 —

Dizionario italiano-olandese e olandese-italiano, di A.
Nuyens, in-16, di pag. xi-948. . . . . 8 —

**Dizionario milanese-italiano e repertorio italiano-mila-
nese**, di C. Arrighi, pag. 912, a 2 col., 2ª ediz.. . 8 50

Dizionario Numismatico — *vedi* Vocabolarietto numismatico.

Dizionario rumeno — *vedi* Grammatica rumena.

Dizionario di scienze filosofiche. Termini di Filosofia
generale, Logica, Psicologia, Pedagogia, Etica, ecc.,
di C. Ranzoli, pag. viii-683 . . . . 6 50

Dizionario stenografico. Sigle e abbreviature del sistema Gabelsberger-Noe, di A. Schiavenato, p. xvi-156 1 50

Dizionario (Nuovo) italiano-tedesco e tedesco-italiano,
compilato sui migliori vocabolari moderni, coll'ac-
centuazione per la pronunzia dell'Italiano di A. Fiori,
3ª ed., pag. 798, rifatta da G. Cattaneo 3 50

Dizionario tecnico in 4 lingue, di E. Webber, 4 volumi:
I. Italiano-Tedesco-Francese-Inglese, 2ª ediz. riveduta
e aumentata di circa 2000 termini tecnici, p. xii-553 6 —
II. Deutsch-Italienisch-Französisch-Englisch, 2ª ediz.
di circa 2000 termini tecnici, di pag. viii-611. . . 6 —
III. Français-Italien-Allemand-Anglais, pag. 509. . . 4 —
IV. Englisch-Italian-German-French, pag. 659 . . . 6 —
— *Vedi* vocabolario tecnico illustrato.

Dizionario tecnico-navale e commerciale maritt. inglese-italiano.
— *vedi* Avarie e Sinistri marittimi.

Dizionario turco — *vedi* Grammatica turca.

**Dizionario universale delle lingue italiana, tedesca, in-
glese e francese**, disposte in unico alfabeto, di p. 1200 8 —

Dogana — *vedi* Codice doganale - Trasporti e tariffe

Doratura — *vedi* Galvanizzaz. - Galvanostegia - Metallocr.

Dottrina popolare, in 4 lingue, (Italiana, Francese, Inglese e Tedesca), Motti popolari, frasi commerciali e
proverbi, raccolti da G. Sessa, 2ª ediz., pag. iv-112 . 2 —

Doveri del macchinista navale, e condotta della macchina
a vapore marina ad uso del macchinista navale e degli istituti nautici, di M. Lignarolo, di pag. xvi-303 . 2 50

Drammi — *vedi* Letteratura drammatica.

Droghiere (Manuale del) di L. Manetti, di p. xxiv-322 3 —

Duellante (Manuale del) in appendice al *Codice cavalleresco*, di J. Gelli, 2ª ed., p. viii-250, con 26 tav. 2 50
— *vedi* Codice cavalleresco.

Ebanista — *vedi* Falegname - Modellatore mecc - Operaio.

Ebraica (lingua) — *vedi* Grammatica - Letteratura.

Educazione dei bambini — *v* Balbuzie - Ortofrenia - Sordom.

Economia matematica (Introduzione alla), di F. Virgilii e C. Garibaldi, pag. xii-210, con 19 inc. . . 1 50

Economia politica di W. S. Jevons, traduzione di L.
Cossa, 5ª ediz., riveduta, di pag. xv-180 . . . . 1 50

Edilizia — *vedi* Costruzioni.

Elasticità dei corpi — *vedi* Equilibrio.　　　　　　　　　　　　　L. c.

Elettricità, di FLEEMING JENKIN, traduz. di R. FERRINI,
4ª ediz.. rived., pag. XII-237, con 40 inc. 1 50
— *vedi* Cavi telegrafici - Correnti elettriche - Elettrotecnica
- Elettrochimica - Fulmini - Galvanizzazione - Illuminazione elettr. - Ingegnere elettricista - Magnetismo ed
elettricità - Metallocromia - Operaio elettrotec. - Röntgen - Telefono - Telegrafia - Unità assolute.

Elettricità e materia di J. J. THOMSON. Traduzione ed
aggiunte di G. FAÈ. 1905, di pag. XIV-299 con 18 inc. **2 —**

Elettricità medica, Elettroterapia. Raggi Röntgen. Radioterapia. Fototerapia. Ozono, Elettrodiagnostica, di
A. D. BOCCIARDO, di pag. X-201, con 54 inc. e 9 tav. **2 50**
— *vedi* Luce e salute - Röntgen (Raggi).

Elettrochimica (Prime noz. el. di), A. COSSA, VIII-104, 10 inc. 1 50
—*vedi* Distillazione del legno.

**Elettromotori campicni e metodi di misura delle forze
elettromotrici,** di G. P. MAGRINI, p. XVI-185, 76 fig. **2 —**

Elettrotecnica (Manuale di), di GRAWINKEL-STRECKER.
traduz. italiana di F. DESSY, 2ª ed., p. XIV-890, 360 fig. **9 50**
— *vedi* Operaio elettrotecnico.

Elezioni politiche — *vedi* Legge elettorale politica.

Ematologia — *vedi* Malattie del sangue.

Embriologia e morfologia generale, di G. CATTANEO,
pag. X-242, con 71 inc. 1 50

Enciclopedia del giurista — *vedi* Codici e leggi usuali d'Italia.

Enciclopedia (Piccola) amministrativa. Manuale teorico-
pratico per le amministrazioni comunali, provinciali
e delle opere pie, di E. MARIANI, di pag. XV-1327 . **12 50**

Enciclopedia Hoepli (Piccola), in 2 grossi vol. di 3375
pag. di 2 colonne per ogni pagina con Appendice
(146740 voci) — L. 20. (Esaurito).

Energia fisica, di R. FERRINI, pag. VIII-187, con 47
incisioni, 2ª ediz. interamente rifatta 1 50

Enimmistica. Guida per comporre e per spiegare Enimmi,
Sciarade, Anagrammi, Logogrifi, Rebus, ecc, di D. To-
LOSANI (Bajardo), p. XII-516, con 29 ill. e molti esempi . **6 50**

Enologia, precetti ad uso degli enologi italiani, di O.
OTTAVI, 5ª ediz. di A. STRUCCHI, con una Appendice
sul metodo della Botte unitaria pei calcoli relativi alle
botti circolari, di R. BASSI, p. XVI-289, con 42 inc. . **2 50**
— *vedi* Adulterazione vino — Analisi vino - Cantiniere -
Cognac - Distillazione - Liquorista - Malattie vini - Mosti - Tannini - Vino.

Enologia domestica, di R. SERNAGIOTTO, p. VIII-233 . **2 —**

Entomologia di A. GRIFFINI e P. LIOY, 4 vol. — *vedi* Coleot-
tori - Ditteri - Lepidotteri - Imenotteri.

Epigrafia latina. Trattato elementare con esercizi pratici e facsimili, con 65 tav. di S. RICCI, p. XXXII-448 **6 50**
— *vedi* Dizionario di abbreviature latine.

Epilessia. Eziologia, patogenesi, cura, di P. PINI, p. X-277 **2 50**

Equazioni — *vedi* Algebra complementare.

L. c.

Equilibrio dei corpi elastici (Teoria matematica dello), di R. MARCOLONGO, di pag. XIV-366 . . . . 3 —

Equini — *vedi* Cavallo - Razze bovine.

Eritrea (L') dalle sue origini al 1901. Appunti cronistorici con note geografiche e statistiche e cenni sul Benadir e sui viaggi d'esploraz. di B. MELLI, di pag. XII-164 2 —

Eritrea — *vedi* Arabo parlato - Dizionario eritreo - Grammatica galla - Lingue d'Africa - Prodotti del Tropico - Tigrè.

Errori e pregiudizi volgari, confutati colla scorta della scienza e del raziocinio da G. STRAFFORELLO, 2ᵃ ed. accresciuta, pag. XII-196. . . . . 1 50

Esame degli infermi — *vedi* Semeiotica.

Esattore comunale (Manuale dell'), ad uso anche dei Ricevitori prov. ecc., di R. MAINARDI, 2ᵃ ed., p. XVI-480 . 5 50

Esercito — *vedi* Armi antiche - Codice penale per - Storia dell'arte militare.

Esercizi geografici e quesiti, sull'Atlante geografico universale di R. Kiepert, di L. HUGUES, 3ᵃ ediz. rifatta di pag. VIII-208. . . . . 1 50

Esercizi sintattici francesi, con tracce di componimento, temi di ricapitolazione e un indice· alfabetico delle parole e delle regole, di D. RODARI, di pag. XII-403 . 3 —

Esercizi greci, per la 4ᵃ classe ginnasiale in correlazione alle *Nozioni elem. di lingua greca*, di V. INAMA, di A. V. BISCONTI, 2ᵃ ediz. rifatta; p. XXVI-234 . . 3 —

Esercizi latini con regole (Morfologia generale) di P. E. CERETI, pag. XII-332 . . . . 1 50

Esercizi di stenografia — *vedi* Stenografia.

Esercizi di traduzione a complemento della grammatica francese. di G. PRAT, 2ᵃ ed., pag. VI-183 . . 1 50

Esercizi di traduzione con vocabolario a complemento della Grammatica tedesca, G. ADLER, 3ᵃ ed., p. VIII-244 1 50

Esplodenti e modi di fabbricarli, di R. MOLINA, 2ᵃ ediz. completamente rinnovata, con l'aggiunta di un'ampia trattazione degli esplosivi moderni, di pag. XXXII-402 4 —

Espropriazione — *vedi* Ingegneria legale

Espropriazioni per causa di pubblica utilità, di E. SARDI, di pag. VII-212-83 con 5 incis. e 2 tavole col. . . . 3 —

Essenze — *vedi* Distillaz. · Profum. - Liquorista - Ricettario.

Estetica. Lezioni sul bello, di M. PILO, pag. XXIII-257 2 50
— Lezioni sul gusto, di pag. XII-255. . . . . . . 2 50

Estimo dei terreni. Garanzia dei prestiti ipotecari e della equa ripartizione dei terreni, di P. FILIPPINI, pag. XVI-328, con 3 inc.. . . . . 3 —

Estimo rurale, di CAREGA DI MURICCE (esaurito).

Etica (Elementi di), di G. VIDARI, 2ᵃ ediz. riveduta ed ampliata, di pag. XVI-356 . . . . 3 —

Etnografia, di B. MALFATTI, 2ᵃ ed. rifusa, pag. VI-200 1 50

Euclide (L') emendato, del P. G. SACCHERI, traduzione e note di G. BOCCARDINI, di pag. XXIV-126 con 55 inc. 1 50

L. c.

Europa — *vedi* Storia di.

Evoluzione (Storia dell'), di C. FENIZIA, con breve saggio di Bibliografia evoluzionistica, pag. XIV-389 . . 3 —

Fabbricati civili di abitazione, di C. LEVI, 3ª ediz. rifatta, con 200 incisioni, e i Capitolati d'oneri approvati dalle principali città d'Italia di pag. XII-416 . . . 4 50

Fabbricati rurali (Costr. ed economia dei), V. NICCOLI, 3ª ed. riveduta di p. XVI-335, con 159 fig. 3 50

Fabbro — *vedi* Aritmetica dell'operaio - Fonditore - Meccanico - Operaio - Tornitore.

Fabbro-ferraio (Manuale pratico del), di G. BELLUOMINI, opera necessaria ed indispensabile ai fabbri fucinatori, agli aggiustatori meccanici, armajuoli, carrozzieri, carradori, calderai, di p. VIII-242, con 224 inc. 2 50

Falconiere (Il) **moderno**. Descrizione dei falchi, cattura educazione, volo e caccia alla selvaggina con gli uccelli di rapina di G. E. CHIORINO, di p. XV-247 con 15 tav. a colori e 80 illustrazioni nel testo . . . . 6 —

Falegname ed ebanista. Natura dei legnami, maniera di conservarli, colorirli e verniciarli, loro cubatura, di G. BELLUOMINI, 3ª ediz. di pag. X-223, con 104 inc. 2 —

Fallimenti — *vedi* Curatore di

Farfalle — *vedi* Lepidotteri.

Farmacista (Manuale del), di P. E. ALESSANDRI, 3ª ed. rifatta, notevolmente aumentata e corredata di tutti i nuovi medicamenti in uso nella terapeutica, loro proprietà, caratteri, alterazioni, falsificazioni, usi, dosi, ecc., di pag. XX-784 con 154 tav. e 85 incis. . . . 6 50

Farmacoterapia e formulario, di P. PICCININI, p. VIII-382 3 50

Fecola (La), sua fabbricaz. e sua trasformaz. in Destrina, Glucosio, Sagou, e Tapioca artificiali, Amido di Mais, di Riso e di Grano. Nozioni gener. sulla sua fabbricaz. Appendice: Sulla coltura del Lupino, di N. ADUCCI, di pag. XVI-285, con 41 inc. intercalate nel testo . . 3 50

Ferrovie — *vedi* Automobili - Macchin. e Fuochista - Strade ferrate - Trazione a vapore - Trasporti e tariffe.

Figure (Le) **grammaticali**, di G. SALVAGNI (in lavoro).

Filatelia — *vedi* Dizionario filatelico.

Filatura (La) **del cotone**. Manuale teorico-pratico di G. BELTRAMI, di pag. XV-558, con 196 inc. e 24 tab. 6 50

Filatura e torcitura della seta, di A. PROVASI, di pag. VIII-281, con 75 incis. 3 50

Filologia classica, greca e latina, di V. INAMA, p. XII-195 1 50

Filonauta. Quadro generale di navigazione da diporto e consigli ai principianti, con un Vocabolario tecnico più in uso nel panfiliamento, di G. OLIVARI, p. XVI-286 2 50

Filosofia — *vedi* Dizionario di scienze filosofiche - Estetica - Etica - Evoluzione - Logica - Psicologia.

Filosofia del diritto, di A. GROPPALI, pag. XI-378 . . 3 —

L. c.

Filosofia morale, di L. FRISO, 2ª edizione riveduta ed aumentata, di pag. XVI-350. . . . . 3 —

Fillossera e le principali malattie crittogamiche della vite con speciale riguardo ai mezzi di difesa, di V. PEGLION, pag. VIII-302, con 39 inc. . . . . . . 3 —

Finanze (Scienza delle), di T. CARNEVALI, pag. IV-140. 1 50
— *vedi* Matematica attuaria.

Fiori — *vedi* Floricoltura. Garofano, Orchidee, Orticoltura, Piante e fiori, Rose.

Fiori artificiali, Manuale del fiorista, di O. BALLERINI, pag. XVI-278, con 144 inc., e 1 tav. a 36 colori . . 3 50
— *vedi anche* Pomologia artificiale.

Fisica, di O. MURANI, 7ª ediz. accresciuta e riveduta dall'autore di pag. XVI-584 con 340 inc. . . . . . 3 —

Fisica cristallografica. Le proprietà fisiche fondamen. dei cristalli, di W. VOIGT, trad. di A. SELLA, p. VIII-392 3 —
— *vedi* Cristallografia

Fisiologia, di FOSTER, traduz. di G. ALBINI, 4ª ediz., pag. VII-223, con 35 inc. e 2 tavole 1 50

Fisiologia comparata — *vedi* Anatomia.

Fisionomia e mimica. Note curiose, ricerche storiche e scientifiche, osservazioni sulle interpretazioni dei caratteri dai segni della fisionomia e dei sentimenti della mimica della loro espressioni, di L. G. CERCHIARI, di pag. XII-335 con 77 inc. e XXXIII tavole . 3 50

Fisiologia vegetale, di L. MONTEMARTINI, pag. XVI-230, con 68 inc. 1 50

Floricoltura (Manuale di), di C. M. Fratelli RODA, 3ª ed. rived. ed ampliata da G. RODA, pag. VIII-262 e 98 inc. 2 50

Flotte moderne (Le) 1896-1900, di E. BUCCI DI SANTA-FIORA. Complem. del Man. del Marino, di C. DE AME-ZAGA, pag. IV-204 . . . . 5 —

Fognatura cittadina, di D. SPATARO, pag. X-684, con 220 figure e 1 tavola in litografia . . . . 7 —

Fognatura domestica, A. CERUTTI, p. VIII-421, 200 inc. 4 —

Fonditore in tutti i metalli (Manuale del), di G. BEL-LUOMINI, 3ª ediz., pag. VIII-178, con 45 inc. . . . 2 —

Fonologia italiana, di L. STOPPATO, pag. VIII-102 . . 1 50

Fonologia latina, di S. CONSOLI, pag. 208 . . . . . 1 50

Foot-Ball — *vedi* Giuoco del pallone - Lawn-tennis.

Foreste — *vedi* Consorzi - Selvicoltura.

Formaggio — *vedi* Caseificio - Latte, burro e cacio.

Formole e tavole per il calcolo delle risvolte ad arco circolare, adattate alla divisione centesimale ad uso degli ingegneri, di F. BORLETTI, di pag. XII-69, leg. 2 50

Formulario scolastico di matematica elementare (aritmetica, algebra, geometria, trigonometria), di M. A. Ros-SOTTI, di pag. XVI-192 . . . . 1 50

Fosfati perfosfati, e concimi fosfatici. Fabbricazione ed analisi, di A. MINOZZI, di pag. XII-301 con 48 inc. 3 50

L. c.

L. c.

Funzioni poliedriche e modulari, (Elementi della teoria delle), di G. VIVANTI, di pag. VIII-437 . . . . . . 3 —

Fuochista — *vedi* Macchinista e fuochista.

Fuochi artificiali — *vedi* Esplodenti - Pirotecnia.

Furetto (Il). Allevamento razionale, Ammaestramento, Utilizzazione per la caccia, Malattie, di G. LICCIAR-DELLI, di pag. XII-172, con 39 inc. . . . . 2 —

Gallinacei – *vedi* Animali da cortile - Colombi - Pollicolt.

Galvanizzazione, pulitura e verniciatura dei metalli e galvanoplastica in generale. Manuale pratico per l'industriale e l'operaio riguardante la nichelatura, ramatura, doratura, argentat., stagnat., acciaiatura, galvanoplast. in rame, argento, oro, ecc., in tutte le varie applicaz. pratiche, di F. WERTH, (2ª ediz., in lavoro)

Galvanoplastica ed altre applicazioni dell'elettrolisi. Galvanostegia, Elettrometallurgia, Affinatura dei metalli. Preparazione dell'alluminio, Sbiancamento della carta e delle stoffe. Risanamento delle acque, Concia elettrica delle pelli, ecc. di R. FERRINI, 3ª ediz. completamente rifatta, pag. XII-417, con 45 incisioni . . . 4 —

Galvanostegia, di I. GHERSI. Nichelat., argentat., doratura, ramatura, metallizzaz., ecc. p. XII-324 con 4 inc 3 50

Garofano (Il), (Dianthus) nelle sue varietà, coltura e propagazione, di G. GIRARDI, con appendice di A. NONIN, di pag. VI-179, con 98 inc. e 2 tavole colorate. . . 2 50

Gastronomo (Il) **moderno,** di E. BORGARELLO. Vademecum ad uso degli albergatori, cuochi, segretari e personale d'albergo corredato da 250 Menus originali e moderni, e da un dizion. di cucina contenente 4000 termini più in uso nel gergo di cucina francese, di pag. VI-411 3 50

Gaz Illuminante (Industria del), di V. CALZAVARA, pagine XXXII-672, con 375 inc. e 216 tabelle 7 50

— *vedi* Incandescenza a gaz.

Gaz povero, ad esplosione ecc. -- *Vedi* motori.

Gelsicoltura, di D. TAMARO, 2ª diz. p. XXIX-245, 80 inc. 2 50

Geodesia — *vedi* Catasto - Celerimensura - Compensaz. errori - Disegno topograf. - Estimo - Telemetria - Triangolaz.

Geografia, di G. GROVE, traduzione di G. GALLETTI, 2ª ediz. riveduta, pag. XII-160, con 26 inc. 1 50

Geografia classica, di H. F. TOZER, traduzione e note di I. GENTILE, 5ª ediz., pag. IV-168. . . . . . . 1 50

Geografia commerciale economica. *Europa, Asia, Oceania, Africa, America,* P. LANZONI, 2ª ed., p. VII-370 3 —

Geografia fisica, di A. GEIKIE, trad. di A. STOPPANI, 3ª ediz., pag. IV-132, con 20 inc. 1 50

— *vedi* Alpi - Argentina - Atlante geografico - Cosmografia - Cristoforo Colombo - Cronologia scoperte geografiche - Dizionario alpino, geografico, dei comuni ital. - Esercizi geografici - Etnografia - Geologia - Mare - Prealpi bergamasche - Prontuario di geogr. - Statist. - Vulcanismo.

Geografia matematica — *vedi* Sfere cosmografiche.

L. c.

Geologia, di A. GEIKIE, traduz. di A. STOPPANI, quarta ediz., riveduta sull'ultima edizione inglese da G. MERCALLI, pag. XII-176, con 47 inc. 1 50

Geologo (Il) **in campagna e nel laboratorio,** di L. SEGUENZA, di pag. XV-305, con inc. . . . . 3 —

Geometria analitica dello spazio, di F. ASCHIERI, pagine VI-196, con 11 inc. 1 50

Geometria analitica del piano, di F. ASCHIERI, pagine VI-194 con 12 inc. . . . . . . , ... 1 50

Geometria descrittiva, di F. ASCHIERI, pag. VI-222, con 108 inc., 2ª ediz. rifatta 1 50

Geometria elementare, (Complementi di) di C. ALASIA, di pag. XV-244 con 117 figure 1 50

Geometria e trigonometria della sfera, di C. ALASIA, pag. VIII-208, con 34 inc. 1 50

Geometria metrica e trigonometria, di S. PINCHERLE, 6ª ediz., pag. IV-158, con 47 inc. 1 50
— *vedi* Trigonometria.

Geometria pratica, di G. EREDE, 4ª ediz. riveduta ed aumentata, pag. XVI-258, con 134 inc. . . . . . 2 —

Geometria projettiva del piano e della stella, di F. ASCHIERI, 2ª ediz., pag. VI-228, con 86 inc. . . . 1 50

Geometria projettiva dello spazio, di F. ASCHIERI, 2ª ediz. rifatta, pag. VI-264, con 16 inc. 1 50

Geometria pura elementare, di S. PINCHERLE, 6ª ediz. con l'aggiunta delle figure sferiche, p. VIII-176 con 121 inc. 1 50

Geometria elementare (Esercizi sulla), di S. PINCHERLE, pag. VIII-130, con 50 inc. 1 50

Geometria elementare (Problemi di) di, I. GHERSI, (Metodi facili per risolverli), con circa 200 problemi risolti, e 119 inc., di pag. XII-160 . . . . 1 50
— *vedi* Euclide emendato

Geometria dell'Operaio — *vedi* Aritmetica.

Ghiaccio — *vedi* Industria frigorifera.

Giardino (Il) **infantile,** di P. CONTI, pag. IV-213, 27 tav. 3 —

Ginnastica (Storia della), di F. VALLETTI, pag. VIII-184 1 50

Ginnastica femminile, di F. VALLETTI, pag. VI-112, 67 ill. 2 —

Ginnastica maschile (Manuale di), per cura di J. GELLI, pag. VIII-108, con 216 inc. . . . . 2 —
— *vedi anche* Acrobatica - Giuochi ginnastici.

Gioielleria, oreficeria, oro, argento e platino — *vedi* Orefice.
— *vedi anche* Leghe metall. - Metallurgia dell'oro - Metalli preziosi - Pietre preziose - Saggiatore - Tavole alligazione.

Giuochi — *vedi* Biliardo - Lawn-Tennis - Scacchi

Giuochi ginnastici per la gioventù delle Scuole e del popolo. di F. GABRIELLI, pag. XX-218, con 24 tav. . . 2 50

Giuoco (Il) **del pallone e gli altri affini.** Giuoco del calcio (Foot-Ball), della palla a corda (Lawn-Tennis), della palla al muro (Pelota), della palla a maglio e dello sfratto, di G. FRANCESCHI, di pag. VIII-214, con 34 inc. 2 50

L. c.

Giurato (Manuale per il), di A. SETTI, 2ª ediz. rifatta, di pag. XIV-246 . . . . 2 50

Giurisprudenza — *vedi* Avarie - Camera di consiglio - Codici - Conciliatore - Curatore fallimenti - Digesto - Diritto - Economia - Finanze - Enciclopedia amministrativa - Giurato - Giustizia amministrativa - Leggi - Legislazione - Mandato commerciale - Notaio - Ragioneria - Socialismo - Strade ferrate - Testamenti.

Giustizia amministrativa. Principî fondamentali. Competenze dei Tribunali ordinari, Competenza della IV Sezione del Consiglio di Stato e delle Giunte prov. amminist. e relativa procedura, di C. VITTA, p. XII-427 . 4 —

Glottologia, di G. DE GREGORIO, pag. XXXII-318 . . . 3 —

Glucosio — *vedi* Fecola - Zucchero

Gnomonica ossia **l'arte di costruire orologi solari,** lezioni popolari di B. M. LA LETA, pag. VIII-160, con 19 fig. 2 —

Gomma elastica — *ved.* Imitazioni

Grafologia, di C. LOMBROSO, pag. V-245 e 470 facsimili. 3 50

Grammatica albanese con le poesie rare di Variboba, di V. LIBRANDI, pag. XVI-200 . . . . 3 —

Grammatica araba — *vedi* Arabo parlato.

Grammatica araldica — *v di* Araldica - Vocabol. araldico.

Grammatica ed esercizi pratici della lingua danese-norvegiana con un supplemento delle principali espressioni tecnico-nautiche, di G. FRISONI, pag. XX-488 . 4 50

Grammatica ed esercizi pratici della lingua ebraica, di I. LEVI fu ISACCO, pag. 192 . . . . 1 50

Grammatica francese, di G. PRAT, 2ª ediz. pag. XII-299 1 50

Grammatica e dizionario della lingua dei Galla (oromonica) di E. VITERBO: Vol. I. Galla-Italiano, p. VIII-152 2 50
Vol. II. Italiano-Galla, pag. LXIV-106 . . . . . 2 50

Grammatica gotica — *vedi* Lingua gotica.

Grammatica greca. (Nozioni elementari di lingua greca), di V. INAMA, 2ª ediz, pag. XVI-208 . . . . . . 1 50

Grammatica della lingua greca moderna, di R. LOVERA, (2ª ediz., in lavoro).
— *vedi anche* Dizionario.

Grammatica inglese, di L. PAVIA, 2ª ediz. di pag. XII-262 1 50

Grammatica italiana, di T. CONCARI, 2ª ed. pag. XVI-230 1 50
— *Vedi* Dialetti italici. - Figure grammaticali - Grammatica storica.

Grammatica latina, L. VALMAGGI, 2ª ediz., pag. VIII-256 1 50

Grammatica Norvegiana — *vedi* Gramm. Danese.

Grammatica della lingua olandese, di M. MORGANA, di pag. VIII-224 . . . . 3 —

Grammatica ed esercizi pratici della lingua portoghese-brasiliana, di G. FRISONI, pag XII-267 . . . . . 3 —

Grammatica e vocabolario della lingua rumena, di R. LOVERA, con l'aggiunta di un vocabolario delle voci più usate, 2ª ed., rived. e corretta, di p. X-183 . . 1 50

Grammatica russa. di VOINOVICH, di pag. X-272 . . . 3 —

L. c.

Grammatica sanscrita — *vedi* Sanscrito.

Grammatica serbo-croata, di G. ANDROVIC (In lavoro).

Grammatica della lingua slovena. Esercizi e vocabolario di B. GUYON, di pag. XVI-314 . . . . 3 —

Grammatica spagnuola, di L. PAVIA, 2ª ediz. riveduta di pag. XII-194 . . . . 1 50

Grammatica della lingua svedese, di E. PAROLI, di pagine XV-293 . . . . 3 —

Grammatica storica della lingua e dei dialetti italiani di F. D'OVIDIO e G. MEYER-LÜBKE. Trad. sulla 2ª ediz. tedesca di E. POLCARI, di pag. XII-301 . . . 3 —

Grammatica tedesca, di L. PAVIA, 2ª ediz. di p. XVIII-272 1 50

Grammatica del Tigré — *vedi* Tigrè italiano.

Grammatica turca osmanli, con paradigmi, crestomazia, e glossario, di L. BONELLI, di pag. VIII-200 e 5 tavole 3 —

Grandine — *vedi* Assicurazioni.

Granturco — *vedi* Mais - Industria dei molini.

Gravitazione. Spiegazione elementare delle principali perturbazioni nel sistema solare, di Sir G. B. AIRY, traduzione di F. PORRO, con 50 inc., pag. XXII-176 . 1 50

Grecia antica — *vedi* Archeologia (Arte greca) - Atene - Mitologia greca - Monete greche - Storia antica.

Gruppi continui di trasformazioni (Parte generale della teoria), di E. PASCAL, di pag. XI-378 . . . . . . 3 —

Guida numismatica universale, cont. 6278 indirizzi e cenni storico-statistici di collez. pubbliche e private, di numismatici, di società e riviste numism., di incisioni, di monete e medaglie e di negoz. di monete e libri di numismatica, di F. GNECCHI. 4ª ediz., di p. XV-612. . 8 —

Guttaperca — *vedi* Imitazioni.

Humus (L'), la fertilità e l'igiene dei terreni culturali, di A. CASALI, pag. XVI-210. . . . . 2 —

Idraulica, di T. PERDONI (E' in lavoro la 2ª ediz.).
— *vedi* Consorzi di difesa del suolo

Idrografia - *vedi* Fotogrammetria.

Idroterapia, di G. GIBELLI, pag. IV-238, con 30 inc. . 2 —
— *vedi anche* Acque minerali e termali del Regno d'Italia.

Igiene dell'alimentazione — *vedi* Bromatologia.

Igiene della bocca e dei denti, nozioni elementari di Odontologia, di L. COULLIAUX, di pag. XVI-330 e 23 inc. 2 50

Igiene del lavoro, di TRAMBUSTI A. e SANARELLI G., di pag. VIII-262, con 70 inc. 2 50

Igiene della mente e dello studio, di G. ANTONELLI, di pag. XXIII-410 . . . . 3 50

Igiene della pelle, di A. BELLINI, di pag. XVI-240, 7 inc. 2 —

Igiene privata e medicina popolare ad uso delle famiglie, di C. BOCK, 2ª ed. ital. di G. GALLI, di p. XVI-272 2 50

Igiene rurale, di A. CARRAROLI, pag. X-470 . . . . 3 —

Igiene scolastica di A. REPOSSI, 2ª ediz., pag. IV-246. 2 —

Igiene del sonno, di G. ANTONELLI, di p. VI-224 con 1 tav. 2 50

L. c.

Igiene veterinaria, di U. BARPI, di pag. VIII-228. . . . 2 —

Igiene della vista sotto il rispetto scolastico, di A. LoMONACO, di pag. XII-272 . . . . 2 50

Igiene della vita pubblica e privata, G. FARALLI, p. XII-250   2 50

Igroscopi, igrometri, umidità atmosferica, di P. CANTONI, pag. XII-142, con 24 inc. e 7 tabelle 1 50

Illuminazione — *vedi* Acetilene - Gaz illum. - Incandescenza

Illuminazione elettrica (Impianti di), Manuale pratico di E. PIAZZOLI, 5ª ediz. interamente rifatta, (9-11 migliaio) seguita da un'appendice contenente la legislazione Ital. relativa agli impianti elettr., di pag. 606, con 264 inc., 90 tab. e 2 tav. (è in lavoro la 6ª ediz.)

Imbalsamatore — *vedi* Naturalista preparatore - Naturalista viaggiatore - Zoologia.

Imbianchimento — *vedi* Industria tintoria - Ricettario industriale.

Imenotteri, Neurotteri, Pseudoneurotteri, Ortotteri e Rincoti italiani, di E. GRIFFINI (Entomologia IV), di pag. XVI-687, con 243 inc. 4 50

Imitazione di Cristo (Della), Libri quattro di GIO. GERSENIO, volgarizzamento di CESARE GUASTI, con proemio e note di G. M. ZAMPINI, pag. LVI-396. . . . . 3 50

Imitazioni e succedanei nei grandi e piccoli prodotti industriali. Pietre e materiali da costruz. Materiali refrattari, Carborundum, Amianto, Pietre e metalli preziosi, Galvanoplastica, Cuoio, Seta e fibre tessili, Paste da carta, Materie plastiche, Gomma elastica e Guttaperca, Avorio, Corno, Ambra, Madreperla, Celluloide, ecc. di I. GHERSI, di pag. XVI-591, con 90 inc. 6 50

Immunità e resistenza alle malattie, di A. GALLI VALERIO, pag. VIII-218 . . . . 1 50

Impalcature — *vedi* Costruzioni.

Impiego ipodermico (L') **e la dosatura dei rimedi,** Manuale di terapeutica di G. MALACRIDA, pag. 305 . . 3 —

Imposte dirette (Riscos. delle), di E. BRUNI, p. VIII-158 . 1 50

Incandescenza a gas. (Fabbricazione delle reticelle) di L. CASTELLANI, pag. X-140, con 33 inc. . . . . . 2 —

Inchiostri — *vedi* Ricettario industriale - Vernici ecc.

Incisioni — *vedi* Amatore d'oggetti d'arte - Raccoglitore di oggetti minuti.

Indovinelli — *vedi* Enimmistica

Industria (L') **frigorifera** di P. ULIVI. Nozioni fondamentali, macchine frigorifere, raffreddamento dell'aria, ghiaccio artificiale e naturale, dati e calcoli numerici, nozioni di fisica e cenni sulla liquefazione dell'aria e dei gaz, di pag. XII-168, 36 fig. e 16 tab. 2 —

Industria tintoria, di M. PRATO. — I. Imbianchimento e Tintura della Paglia; — II. Sgrassatura e imbianchimento della Lana; — III. Tintura e stampa del

L. c.

Cotone in indaco; — IV. Tintura e stampa del Cotone in colori azoici. di pag. XXI-292, con 7 inc. . . 3 —
ustrie elettrochimiche — *vedi* Distillazione del legno.
Industrie Grafiche — *v.* Arti Grafiche - Litografia - Tipografia.
Indu trie (Piccole). Scuole e musei industriali - Industrie agricole e rurali - Industrie manifatturiere ed artistiche, di I. GHERSI, di pag. XII-372 . . . . . 3 50
Infanzia – *vedi* Rachitide - Malattie dell' - Giardino infantile - Nutrizione - Ortofrenia - Posologia della terapia infantile - Sordomuto.
Infezione — *vedi* Disinfezione - Medicatura antisettica.
Infortuni della montagna (Gli). Manuale pratico degli Alpinisti, delle guide e dei portatori, di O. BERNHARD, trad. di R. CURTI, di p. XVIII-60, con 65 tav. e 175 figure. 3 50
Infortuni sul lavoro (Mezzi tecnici per prevenirli), di E. MAGRINI, di pag. XXXII-252, con 257 inc. . . . 3 —
— *vedi anche* Legge per gli.
Ingegnere agronomo - *v.* Agricoltore (Pront. dell') - Agronom.
Ingegnere civile. Manuale dell'ingegnere civile e industriale, di G. COLOMBO, 22ª ediz. e aumentata (58º al 60º migliaio), con 231 fig. e una tav., di p. XII-452 . . 5 50
Il medesimo tradotto in francese da P. MARCILLAC 5 50
— *vedi* Costruzioni.
Ingegnere elettricista, di A. MARRO, di pag. XV-689 con 192 inc. e 115 tabelle. 7 50
Ingegnere navale, di A. CIGNONI, di p. XXXII-292, con 36 fig. 5 50
Ingegnere rurale — *vedi* (Prontuario dell') - Agricoltore.
Ingegneria legale — *vedi* Codice dell'Ingegnere.
Inghilterra — *vedi* Storia d'Inghilterra.
Insegnamento (L') dell'italiano nelle Scuole secondarie, di C. TRABALZA, di pag. XVI-254 . . . . . . 1 50
Insegnamento d. Letteratura — *vedi* Letteratura.
Insetti nocivi, di F. FRANCESCHINI, p. VIII-264, con 96 inc. 2 —
Insetti utili, di F. FRANCESCHINI, di pag. XII-160, con 42 inc. e 1 tavola . . . . 2 —
Interesse e sconto, di E. GAGLIARDI, 2ª ediz. rifatta e aumentata, pag. VIII-198. . . . . 2 —
numazioni — *vedi* Morte vera.
Ipnotismo — *vedi* Magnetismo - Occultismo - Spiritismo - Telepatia.
Ipoteche (Man. per le) di A. RABBENO, di pag. XVI 247 1 50
Islamismo (L'), di I. PIZZI, di pag. VIII-494. . . . . 3 —
Ittiologia italiana, di A. GRIFFINI, con 244 inc. Descriz. dei pesci di mare e d'acqua dolce, di pag. XVIII-469 4 50
— *vedi anche* Piscicoltura - Ostricoltura.
Lacche — *vedi* Vernici ecc.
Lanterna magica — *vedi* Cinematografo.
Laringologia — *v.* Malattie dell'orecchio, del naso e della gola.
Latte, burro e cacio. Chimica analitica applicata al caseificio, di G. SARTORI, pag. X-162, con 24 inc. . . 2 —
Lavori femminili — *vedi* Abiti per Signora - Biancheria - Macchine da cucire - Monogrammi - Trine a fuselli.

L. c.

Lavori marittimi ed impianti portuali, di F. BASTIANI,
di pag. xxiii-424, con 209 figure 6 50
Lavori pubblici — *vedi* Leggi sui lavori pubblici.
Lavori in terra (Man. di), di B. LEONI, p. xi-305 con 38 inc. 3 —
Lavoro (Il) **delle donne e dei fanciulli.** Nuova legge e regol.
19 giugno 1902 - 28 febbraio 1903. Testo, atti parlam.
e commento, per cura di E. NOSEDA di pag. xv-174 . 1 50
Lawn-Tennis, di V. BADDELEY, prima traduz. italiana
con note e aggiunte del trad. pag. xxx-206 con 13 ill. 2 50
Legge (La nuova) **comunale e provinciale,** annotata da
E. MAZZOCCOLO, 5ª ediz. coordinata coi decreti e leggi
posteriori a tutto il 1904, con due indici di pag. 976 7 50
— *vedi* Enciclopedia amministrativa.
Legge (La) **elettorale politica nelle sue fonti e nella sua
giurisp udenza,** di C. MONTALCINI, di pag. xvi-496 . 5 50
Legge sui lavori pubblici e regolamenti, di L. FRANCHI,
pag. iv-110-xlviii 1 50
Legge lavoro donne e fanciulli — *vedi* lavoro.
Legge sull'ordinamento giudiziario, di L. FRANCHI, di
pag. iv-92-cxxvi. 1 50
Leggende popolari, di E. MUSATTI, 3ª ediz., pag. viii-181 1 50
Leggi sugli infortuni sul lavoro, di A. SALVATORE, di
pag. 312 . . . . 3 —
Leggi e convenzioni sui diritti d'autore — *vedi* Codici e leggi
usuali d'Italia, vol. III.
Leggi e convenzioni sulle privative industriali — *vedi* Codici
e Leggi usuali d'Italia, v. l. IV.
Leggi sulla sanità e sicurezza pubblica, di L. FRANCHI,
pag. iv-108-xcii 1 50
Leggi sulle tasse di Registro e bollo, con appendice,
di L. FRANCHI, pag. iv-124-cii 1 50
Leggi usuali d'Italia. Vedi Codici e Leggi.
Leghe metalliche ed amalgame, alluminio, nichelio, me-
talli preziosi e imitazione, bronzo, ottone, monete e
medaglie, saldature, di I. GHERSI, p. xvi-431, 15 inc. 4 —
Legislazione sulle acque, di D. CAVALLERI, pag. xv 274 2 50
Legislazione mortuaria — *vedi* Morte.
Legislazione sanitaria italiana (La nuova), di E. No-
SEDA, di pag. viii-570. . . . . 5 —
Legislazione rurale, secondo il programma governativo
per gli Istituti Tecnici, di E. BRUNI, 2ª ed. p. xv-423 3 —
Legnami — *vedi* Cubatura dei legnami - Falegname.
Legno artificiale — *vedi* Imitazioni.
Legno (Lavoraz. dei prodotti di distillaz. del) — *vedi* Distillaz.
Lepidotteri italiani, di A. GRIFFINI (Entomol. II). pa-
gine xiii-248, con 149 inc. 1 50
Letteratura albanese (Manuale di), di A. STRATICÒ, pa-
gine xxiv-280. . . . . 3 —
Letteratura americana, di G. STRAFFORELLO, pag. 158 1 50
Letteratura araba, di I. PIZZI, di pag. xii-388 . . . . 3 —

L. c.

— *vedi anche* Islamismo.

Letteratura assira, di B. TELONI, pag. xv-266 e 3 tav. 3 —

Letteratura catalana, di A. Restori (In lavoro).

Letteratura danese — *vedi* Letteratura norvegiana.

Letteratura drammatica, di C. LEVI, pag. XII-339 . . 3 —

Letteratura ebraica, di A. REVEL, 2 vol. pag. 364 . . 3 —

Letteratura egiziana, di L. BRIGIUTI. (In lavoro).

Letteratura francese, di E. MARCILLAC, traduz. di A.
PAGANINI, 3ª ediz., pag. VIII-198 . . . . 1 50

Letteratura greca, di V. INAMA. 14ª ediz. riveduta (dal
56° al 61° migliaio), pag. VIII-236 e una tavola . . 1 50

Letteratura indiana, di A. DE GUBERNATIS, p. VIII-159 1 50

Letteratura inglese, di E. SOLAZZI, 2ª ed. di p. VIII-194 1 50

Letteratura italiana, di C. FENINI, dalle origini al 1748
5ª ed. complet. rifatta da V. FERRARI, p. XVI-291 . 1 50

Letteratura italiana moderna (1748-1870). Aggiunti 2
quadri sinottici della letteratura contemporanea (1870-
1901), di V. FERRARI, pag. 290 . . . . 1 50

**Letteratura italiana moderna e contemporanea 1748-
1903.** di V. FERRARI, di pag. VIII-429 . . . . . 3 —

Letteratura italiana (Insegnamento pratico della) di
A. DE GUARINONI, ad uso delle Scuole medie e degli
studiosi di lingua italiana, di pag. XIX-386 . . . . 3 —

Letteratura militare (Nozioni di) compilate secondo i
programmi del Minist. della Guerra, da E. MARANESI,
di pag. VIII-224 . . . . 1 50

Letteratura latina — *vedi* Letteratura romana.

Letteratura norvegiana, di S. CONSOLI, p. XVI-272 . . 1 50

Letteratura persiana, di I. PIZZI, pag. x-208 . . . . 1 50

Letteratura provenzale, di A. RESTORI, pag. x-220 . . 1 50

Letteratura romana, di F. RAMORINO, 7ª ediz. corretta
(dal 28° al 32° migliaio), di pag. VIII-349 . . . . 1 50

Letteratura rumena di R. LOVERA (in lavoro).

Letteratura spagnuola e portoghese, di L. CAPPELLETTI
2ª ediz. rifatta da B. SANVISENTI (In lavoro).

Letteratura tedesca, di O. LANGE, 3ª ediz. rifatta da
R. MINUTTI, pag. XVI-188 . . . . 1 50

Letteratura ungherese, di ZIGÁNY ÀRPÀD, p. XII-295 . 1 50

Letteratura universale (Compendio di) di P. PARISI,
di pag. VIII-391 . . . . 3 —

Letteratura — *vedi anche* Arabo parlato - Arte del dire -
Corrispondenza - Conversazione - Crittografia - Danto-
logia - Dialetti - Dizionari - Dottrina - Enciclopedia -
Esercizi - Filologia - Fonologia - Fraseologia - Glotto-
logia - Grammatiche - Leggende - Lingua - Metrica dei
greci e rom. - Morfologia greca - Id. italiana - Omero -
Ortoepia e ortografia - Paleografia - Relig. e ling. di India
Rettorica - Ritmica italiana - Sanscrito - Shakespeare -
Sintassi francese - Sintassi latina - Stilistica - Stilistica
latina - Tigrè - Traduttore - tedesco - Verbi greci -
Verbi latini - Vocabol. russo - Volapuk.

L. c.

Letterature slave, di D. CIÀMPOLI. 2 volumi:
  I. Bulgari, Serbo-Croati. Yugo-Russi, pag. IV-144 . 1 50
  II. Russi, Polacchi, Boemi, pag. IV-142 . . . . . 1 50
Levatrice — *vedi* Ostetricia
Limnologia di G. MAGRINI (In lavoro).
Limoni — *vedi* Agrumi.
Lingua araba — *vedi* Arabo parlato - Dizionario eritreo
  Grammatica Galla - Lingue dell'Africa - Tigrè.
Lingua giapponese parlata. Elementi grammaticali e
  glossario di F. MAGNASCO, di pag, XVI-110 . . . . 2 —
Lingua cinese pariata. Elementi grammaticali e glos-
  sario di F. MAGNASCO, di pag. XVI-114 . . . . . 2 —
Lingua gotica, grammatica, esercizi, testi, vocabolario
  comparato con ispecial riguardo al tedesco, inglese,
  latino e greco, di S. FRIEDMANN, pag. XVI-333 . . 3 —
Lingua greca — *vedi* Dialetti - Dizionario - Esercizi - Filolo-
  gia - Florilegio - Grammatica - Letteratura - Morfologia -
  Verbi.
Lingua dell' Africa, di R. CUST, versione italiana di A.
  DE GUBERNATIS, di pag. IV-110 . . . . 1 50
Lingua persiana, di D. ARGENTIERI. Grammatica, cre-
  stomazia, glossario. (In lavoro).
Lingua latina — *vedi* Dizionario di abbreviature latine -
  Epigrafia - Esercizi - Filologia classica - Fonologia -
  Grammatica - Letteratura romana - Metrica - Verbi.
Lingue Germaniche — *vedi* Grammatica danese-norvegiana,
  inglese, olandese, tedesca, svedese.
Lingua Russa (Manualetto della) con la pronunzia fi-
  gurata di P. G. SPERANDEO, contenente la gramma-
  tica e gli esercizi, oltre 3000 vocaboli della lingua
  parlata, con le flessioni irregolari, una scelta di prose
  e di poesie, un frasario. 2ª ediz. di pag. IX-274 . . 4 —
Lingua turca osmanli — *vedi* Grammatica.
Lingue neo-latine, di E. GORRA, di pag. 147 . . . . 1 50
Lingue straniere (Studio delle), di C. MARCEL, ossia
  l'arte di pensare in una lingua straniera, traduzione
  di G. DAMIANI, di pag. XVI-136 . . . . 1 50
Linguistica — *vedi* Grammatica storica della lingua e dei
  dialetti italiani - Figure (Le) grammaticali.
Linoleum — *vedi* Imitazioni.
Liquidatore di sinistri marittimi - *vedi* Avarie e sinistri maritt.
Liquorista (Manuale del), di A. ROSSI, con 1450 ricette
  pratiche, 2ª ediz. con modificazioni ed aggiunte a
  cura di A. CASTOLDI, di pag. XVI-682 con figure . . 6 50
Litografia, di C. DOYEN, di pag. VIII-261, con 8 tavole
  e 40 figure di attrezzi, ecc. occorrenti al litografo . 4 —
Liuto — *vedi* Chitarra - Mandolinista - Strumenti ad arco
  - Violino - Violoncello.
Locomobili (Manuale pei conduttori di) con appendice
  sulle trebbiatrici, di L. CEI. 2ª ediz., di pag. XII-314,
  con 147 incis. e 32 tabelle 2 50

L. c.

— *vedi* Automobili - Macchinista - Trazione a vapore.

Logaritmi (Tavole di), con 6 decimali, di O. MULLER, 9ª ediz. aumentata dalle tavole dei logaritmi d'addizione e sottrazione per cura di M. RAINA, di pagine XXXVI-191. (14, 15, 16° migliaio) 1 50

Logica, di W. STANLEY JEVONS, traduz. di C. CANTONI, 5ª ediz. di pag. VIII-166, con 15 inc. . . . 1 50

Logica matematica, di C. BURALI-FORTI, p. VI-158 . . 1 50

Logismografia, di C. CHIESA. 3ª ediz., pag. XIV-172 . 1 50

Logogrifi — *vedi* Enimmistica.

Lotta — *vedi* Pupilato.

Luce e colori, di G. BELLOTTI, pag. X-157, con 24 inc. 1 50

Luce e suono, di E. JONES, traduzione di U. FORNARI, di pag. VIII-336, con 121 inc. . . . . —

Luce e salute. Fototerapia e radioterapia, di A. BELLINI, di pag. XII-362, con 65 figure 3 50

Lupino — *vedi* Fecola.

Lupus — *vedi* Luce e salute.

Macchine (Atlante di) e di Caldaie, con testo e note di tecnologia, di S. DINARO di pag. XV-80, con 112 tavole e 170 figure in iscala ridotta . . . . 3 —

Macchine (Il Montatore di). Opera arricc. da oltre 250 es. pratici e problemi risolti, di S. DINARO, pag. XII-468 4 —

Macchine agricole — *vedi* Meccanica agraria.

Macchine a vapore (Manuale del costruttore di), di H. HAEDER. 2ª edizione italiana con notevoli aggiunte di E. WEBBER (In lavoro).

Macchine per cucire e ricamare, di A. GALASSINI, pag. VII-230, con 100 inc. 2 50

Macchinista e fuochista, di G. GAUTERO, riveduto e ampliato da L. LORIA, 10ª ediz. con Appendice sulle locomobili e le locomotive e del Regolamento sulle caldaie a vapore di pag. XX-194, con 34 inc. . . . 2 —

Macinazione – *vedi* Industrie dei molini - Panificazione.

Magnetismo ed elettricità. Principi e applicazioni esposti elementarmente, di F. GRASSI, 3ª ediz. di pag. XVI-508, con 280 figure 6 tavole 5 50

Magnetismo e ipnotismo, di G. BELFIORE, 2ª ed. rifatta pag. VIII-396 . . . . 3 50

Maiale (Il). Razze, metodi di riproduzione, di allevamento, ingrassamento, commercio, salumeria, patologia suina e terapeutica, tecnica operatoria, tossicologia, dizionario suino-tecnico, di E. MARCHI, 2ª ed. pag. XX-736, con 190 inc. e una Carta 6 50

Maioliche e porcellane (L'amatore di), di L. DE MAURI, illustrato da 3000 marche e da 12 tavole a colori. Contiene: Tecnica della fabbricazione - Cenni storici ed artistici - Dizionario di termini — Prezzi correnti - Bibliografia ceramica, pag. XII-650 . . . . 12 50

Mais (Il) o granoturco, o formentone, o granone, o mel-

L· c.

Matematiche — *vedi* Algebra - Aritmetica - Astronomia - Calcolo - Celerimensura - Compensazione errori - Computisteria - Conti e calcoli fatti - Cubatura legnami - Curve - Determinanti - Disegno - Economia matematica - Equilibrio corpi - Euclide (L') emendato - Formulario di matemat. - Fotogrammetria - Funzioni analitiche - Id. ellittiche - Geometria - Gnomonica - Gruppi di trasformaz. - Gravitaz. - Interesse e sconto - Logaritmi - Logica matematica - Logismografia - Matematica (compl. di) - Matematiche superiori - Metrologia - Peso metalli - Prospettiva - Ragioneria - Ragioniere - Regolo calcolatore - Repertor. di matematica - Stere ometria - Strumenti metrici - Telemetria - Teoria dei numeri - Teoria d. ombre - Termodinamica Triangolazioni - Trigonometria.

Matematiche superiori (Repertorio di), Definizioni, formole, teoremi, cenni bibliografici, di E. PASCAL.

    Vol. I. *Analisi*, pag. xvi-642 . . . . 6 —
    Vol. II. *Geometria*, e indice per i 2 vol. pag. 950 9 50

Materia medica moderna (Man di), di G. MALACRIDA, pag. xi-761 . . . . 7 50

Mattoni e pietre di sabbia e calce (Arenoliti) in relazione specialmente al processo di indurimento a vapore sotto alta pressione, di E. STOFFLER e M. GLASENAPP. Ediz. italiana con note ed aggiunte di G. REVERE, di pag. viii-232, con 85 figure e 3 tavole . 3 —
— *vedi* Calcestruzzo - Calci e cementi - Imitazioni.

Meccanica, di R. STAWELL BALL traduz. di J. BENETTI 4ª ed. pag xvi-214, con 89 inc. 1 50

Meccanica agraria di V. NICCOLI.

    Vol. I. *Lavorazione del terreno*. I lavori del terreno. - Strumenti a mano per la lavorazione delle terre - Dell'aratro e delle arature - Strumenti per lavori di maturamento e di colturamento - Trazione funicolare e meccanica - Strumenti da tiro per i trasporti, di pag. xii-410, con 257 inc. . . 4 —
    Vol. II. *Dal seminare al compiere la prima manipolazione dei prodotti*. Macchine e strumenti per seminare e concimare - Per il sollevamento delle acque - Per la raccolta dei prodotti - Per la conservazione e preparazione dei foraggi - Per trebbiare - Sgranare - Pulire - Dicanapulare e per la conservazione dei prodotti agrari, di pag. xii-426, con 175 incis. . . . . 4 —

Meccanica (La) del macchinista di bordo, per gli ufficiali macchinisti della R. Marina, i Costruttori e i Periti meccanici, gli Allievi degli Istituti Tecnici e Nautici, ecc. di E. GIORLI, con 92 figure 2 50

Meccanica razionale di R. MARCOLONGO.

    I. Cinematica-Statica, di pag. xii-271. 3 inc. . . 3 —
    II. Dinamica, Principi di Idromecc., di p. vi-324, 24 inc. 3 —

Meccanico (Il), ad uso dei capi tecnici, macchinisti, elet-

L. c.

tric., disegnat., assist., capi operai, condutt. di cald. a
vap., scuole ind., E. GIORLI, 4ª ediz. p. xv-423, 204 inc. 3 —
Meccanismi (500), scelti fra i più import. e recenti riferen-
tisi alla dinamica, idraul., idrostat., pneumat., di T.
BROWN, trad. F. CERRUTI. 4ª ed. ital., VIII-176, 500 inc. 2 50
Medicamenti — *vedi* Farmacista - Farmacoter. - Impiego ipodermico - Materia medica - Medicat. antis. - Posologia -
Sieroterapia.
Medicatura antisettica, di A. ZAMBLER, con prefazione
di E. TRICOMI, pag. XVI-124, con 6 incis. 1 50
Medicina legale, di M. CARRARA (In lavoro).
Medicina — *vedi* Acque miner. e term. - Anatomia micro-
scopica - Anatomia topografica – Animali parassiti del-
l'uomo - Antropometria - Aromatici - Assistenza infer-
mi - Id. pazzi - Batteriologia - Bromatologia - Chimica
applicata all'igiene - Chimica clinica - Chimica legale -
Chirurgia operativa - Climatologia - Disinfez. (Pratica d.)
Elettricità medica - Embriologia - Epilessia - Fisiologia
- Fototerapia - Idroterapia - Igiene - Immunità malatt.
- Infortuni d. montagna - Legislazione sanitaria - Luce
e salute - Malattie dei paesi caldi - Malattie del sangue
Malattie infanzia - Malattie sessuali - Massaggio - Medi-
cina legale - Medico pratico - Microbiologia - Microscopio
Morte vera e appar. - Nevrastenia - Nutrizione bambini
- Organoterapia - Ortofrenia - Ostetricia - Pellagra - Pro-
tistologia - Psichiatria - Psicologia fisiolog. - Psicoterapia
- Rachitide - Radioterapia - Röntgen Raggi - Semejotica
Soccorsi d'urgenza - Spettrofotometria - Tisici e sanatori
- Ufficiale sanitario - Veleni - Zoonosi.
Medico pratico, (Il) di C. MUZIO. 3ª ediz. del Nuovo
memoriale pei medici pratici, di pag. XVI-492 . . . 5 —
Memoria (L'arte della) — *vedi* Arte.
Mercedi — *vedi* Paga giornaliera
Merceologia tecnica, P. E. ALESSANDRI: Vol. I. Materie
prime (gregge e semilavorate) di uso commerciale e
industriale (in lav.). — Vol. II. Prodotti chimici (inor-
ganici e organici) di uso comm. e industr. (in lav.).
Merciologia, ad uso delle scuole e degli agenti di commercio, di O. LUXARDO, pag. XII-452 . . . . . . 4 —
— *vedi* Analisi volumetrica - Chimica applicata all'igiene.
Meridiane — *vedi* Gnomonica.
Metalli preziosi, di A. LINONE. Dell'argento: Metallurgia dell'arg. - Arg. puro - Leghe d'arg. - Saggi del-
l'arg. Dell'oro: Giacimento dell'oro - Affinamento del-
l'oro - Leghe d'oro - Saggi dell'oro. - Platino: estraz.
e leghe di platino - Applicaz. dell'oro e dell'argento
- Decorazione dei metalli preziosi, di pag. XI-315 . 3 —
Metallizzazione — *vedi* Galvanizzazione - Galvanoplastica
- Galvanostegia.
Metallocromia. Color. e decor. chim. ed elettr. dei me-
talli, bronz., ossid., preserv. e pul., I. GHERSI. VIII-192 2 50
Metallurgia dell'oro, E. CORTESE, pag. XV-262. con 35 inc. 3 —
Metallurgia — *vedi* Coltivazione delle miniere - Fonditore

L. c.

- Leghe metalliche - Ricettario di metallurgia - Siderurgia - Tempera e cementazione.

Meteorologia generale, di L. DE MARCHI, 2ª ediz. ampliata di pag. xv-225, con 13 figure e 6 tavole . . 1 50
— *vedi anche* Climatologia - Igroscopi.

Metrica dei greci e dei romani, di L. MÜLLER, 2ª ed. italiana confrontata colla 2ª tedesca ed annotata da G. CLERICO, pag. xvi-186 . . . . 1 50

Metrica italiana — *vedi* Ritmica e metrica italiana.

Metrologia Universale ed il **Codice Metrico Internazionale**, coll'indice alfabet. di tutti i pesi misure, monete, ecc. di A. TACCHINI, pag. xx-482 . . . . 6 50

Mezzeria (Man. prat. della) e dei vari sistemi della colonia parziaria in Italia di A. RABBENO, di pag. viii-196 1 50

Micologia - *vedi* Funghi - Malattie crittog Tartufi e funghi.

Microbiologia. Perchè e come dobbiamo difenderci dai microbi. Malattie infettive. Disinfezioni, Profilassi, di L. PIZZINI, pag. viii-142. . . . . 2 —

Microscopia — *vedi* Anatomia microscopica - Animali parassiti - Bacologia - Batteriologia - Chimica clinica - Protistolog'a - Tecnica protistologica.

Microscopio (Il), Guida elementare alle osservazioni di microscopia, di C. ACQUA, (esaurito la 2ª ed. è in lavoro)

Mimica — *vedi* Fisionomia.

Mineralogia generale, di L. BOMBICCI, 3ª ed. per cura di P. VINASSA de REGNY, con 193 figure e due tavole a colori, di pag. xvi-220 . . . . 1 50

Mineralogia descrittiva, di L. BOMBICCI, 2ª ediz., di pag. iv-300, con 119 incis. . . . . 3 —

Miniere (Coltiv. delle), di S. BERTOGLIO, 2ª ed. rifatta del Man. « *Arte Min.* » di V. ZOPPETTI, di p. viii-284 2 50

Miniere di zolfo — *vedi* Zolfo.

Misurazione delle botti — *vedi* Enologia.

Misure — *vedi* Avarie e sinistri marittimi - Codice del Perito misuratore - Metrologia - Monete - Strum. metrici.

Mitilicoltura — *vedi* Ostricoltura - Piscicoltura.

Mitologia (Dizionario di), di F. RAMORINO. (In lavoro).

Mitologia classica illustr., di F. RAMORINO, 2ª edizione corretta e accresciuta di pagine vii-338, con 91 inc. 3 —

Mitologia greca, di A. FORESTI: 1. *Divinità*, p. viii-284 1 50
II. *Eroi*, di pag. 188 . . . . 1 50

Mitologie orientali, di D. BASSI:
Vol. I. *Mitologia babilonese-assira*, pag. xvi-219. 1 50

Mnemotecnia — *vedi* Arte della memoria.

Mobili artistici — *vedi* Amatore d'oggetti d'arte.

Moda *vedi* Abiti - Biancheria - Fiori artificiali - Trine.

Modellatore meccanico, falegname ed ebanista, di G. MINA, pag. xvii-428, con 293 incis. e 1 tavola. . . 5 50

Molini (L'Industria dei). Costruz., impianti, macinaz., di C. SIBER-MILLOT, 2ª ed. rif., p. xvii-296, 161 inc., 3 tav. 5 —

Monete greche, S. AMBROSOLI, xiv-286, 200 fotoinc., 2 c. g. 3 —

L. c.

Monete papali moderne, di S. AMBROSOLI, in sussidio del CINAGLI, di pag. XII-131, 200 fotoinc. 2 50

Monete (Prontuario delle), **pesi e misure inglesi,** ragguagliate a quelle del sistema decimale, di I. GHERSI, di pag. XII-196, con 47 tabelle di conti fatti e 40 facsimili delle monete in corso 3 50

— *vedi anche* Avarie e sinistri marittimi.

Monete romane, di F. GNECCHI, 2ª ediz. ampliata, di pagine XXVII-370, con 25 tavole e 90 figure . . . . 3 —

Monogrammi, di A. SEVERI, 73 tavole divise in tre serie di due e di tre cifre 3 50

Mentatore di macchine — *vedi* Macchine.

Morfologia generale — *vedi* Embriologia.

Morfologia greca. di V. BETTEI, pag. XX-376 . . . . 3 —

Morfologia italiana, di E. GORRA, pag. VI-142. . . . 1 50

Morte (La) **vera e la morte apparente,** con appendice « *La legislazione mortuaria* » di F. DELL'ACQUA, di pag. VIII-136 . . . . 2 —

Mosti (Densità dei), dei vini e degli spiriti ed i problemi che ne dipendono, ad uso degli enochimici, di E. DE CILLIS, di pag. XVI-230, con fig. e 46 tav. 2 —

Motori a gas. Manuale teorico pratico dei motori a gas di carbone fossile - Acetilene - Petrolio - Alcool, con Monografie dei gasogeni per gaz d'acqua - Gaz povero - Gaz Richè, Gas degli alti forni, Gaz Dowson, Gaz Strache, Gaz Delwich-Fleischer, Gaz Strong, Gaz Jonkers, Gaz d'aria, Gaz Siemens, Gaz Otto, ecc. - Gazogeni ad aspirazione Benier, Taylor, Lencauches Pierson, Winterthur, ecc. - Gazogeni a combustione rovesciata Gazogeni autoriduttori - Carburatori, ecc. di V. CALZAVARA, di pag. XXXI-423, con 160 incisioni 4 50

Motori ad esplosione a gas luce e gas povero. Manuale pratico di F. LAURENTI, pag. XII-361 con 162 inc. . 4 50

Motociclista (Man. del), di P. BORRINO. Guida pratica pei dilett. di motocicletta, di p. XI-124, con 38 inc. 2 —

— *vedi* Automobilista - Ciclista.

Mull — *vedi* Razze bovine, ecc.

Municipalizzazione dei servizi pubblici. Legge e regolamento riguardanti l'assunzione diretta dei servizi municipali con note illustr. di C. MEZZANOTTE, p. XX-324 3 —

Musei — *vedi* Amatore oggetti d'arte e curiosità - Amatore majoliche e porcellane - Armi antiche - Pittura - Raccoglitore - Scoltura.

Musica. Espressione e interpretazione di G. MAGRINI. Approv. d. R. Conservatorio di Torino, di pag. VIII-119, con 238 incis. . . . . 2 —

— *vedi* Armonia - Arte e tecnica del canto - Ballo - Cantante - Canto - Chitarra - Contrappunto - Mandolinista - Pianista - Psicologia musicale - Semiografia musicale - Storia della musica - Strumentazione - Strumenti ad arco - Violoncello - Violino e violinisti.

Mutuo soccorso — *vedi* Società mutuo soccorso.

Napoleone Iº, di L. CAPPELLETTI, 23 fot. p. XX-272. 2 50

L. c.

Naso (Malattie del) *vedi* Oto-rino-laringojatria.

Naturalista preparatore (Il) (Imbalsamatore) di R. GE-
STRO, 3ª ediz. riveduta di pag. XVI-168, con 42 inc. 2 —

Naturalista viaggiatore, di A. ISSEL e R. GESTRO (Zoologia), di pag. VIII-144, con 38 inc. . . . . 2 —

Nautica — *vedi* Astronomia nautica - Attrezzatura navale -
Avarie e sinistri marittimi - Canottaggio - Codice di ma-
rina - Costruttore navale - Disegno e costruzione navi -
Doveri macchinista navale - Filonauta - Flotte moderne
- Ingegnere navale - Lavori marittimi - Macchinista
navale - Marine da guerra - Marino - Meccanica di bordo.

Nautica stimata o Navigazione piana, di F. TAMI, di
pag. XXXII-179. con 47 inc. 2 50

Neurotteri — *vedi* Imenotteri.

Nevrastenia di L. CAPPELLETTI, di pag. XX-490 . . . 4 —

Nichelatura — *vedi* Galvanostegia.

Notaio (Manuale del), aggiunte le Tasse di registro, di
bollo ed ipotecarie, norme e moduli pel Debito pubblico, di A. GARETTI, 5ª ediz. ampliata di p. VIII-383 . 3 50

Numeri — *vedi* Teoria dei numeri.

Numismatica. Atlante numismatico italiano, Monete moderne di S. AMBROSOLI, p. XVI-428, 1746 fotoinc. . . . 8 50

Numismatica (Manuale di), di S. AMBROSOLI, 3ª ediz.
riveduta, pag. XVI-250, 250 fotoinc. e 4 tavole . . . 1 50
— *vedi* Atene - Guida numismatica - Monete greche, papali, romane Vocab. numismatico.

Nuotatore (Manuale del), di P. ABBO, p. XII-148, con 97 inc. 2 50

Nutrizione del bambino. Allattamento naturale ed artificiale, di L. COLOMBO, pag. XX-228, con 12 inc. . . 2 50

Oceanografia, di G. MAGRINI (In lavoro).

Occultismo, di N. LICÒ, di pag. XVI-328, con tav. illustr. 3 —
— *vedi* Chiromanz. - Magnetismo - Spiritismo - Telepatia.

Oculistica — *vedi* Igiene della vista - Ottica.

Odontologia — *vedi* Igiene della bocca.

Olandese (lingua) — *vedi* Dizionario - Grammatica.

Olii vegetali, animali e minerali, di G. GORINI, 2ª ediz.
rifatta da G. FABRIS, di pag. VIII-214, con 7 incis. 2 —

Olivo ed olio. Coltivazione dell'olivo, estrazione, purificazione e conservazione dell'olio, di A. ALOI, 5ª ed.
accresciuta e rinnovata, di p. XVI-365, con 65 inc. . 3 —

Omero, di W. GLADSTONE, traduzione di R. PALUMBO,
e C. FIORILLI, di pag. XII-196 . . . . 1 50

Onde Hertziane — *vedi* Telegrafo senza fili

Operaio (Manuale dell'). Raccolta di cognizioni utili ed
indispensabili agli operai tornitori, fabbri, calderai,
fonditori di metalli, bronzisti aggiustatori e meccanici, di G. BELLUOMINI, 6ª ediz. di p. XVI-272. . . 2 —

Operaio elettrotecnico (Manuale pratico per l'), di G.
MARCHI, 2ª ed. di pag. XX-410, con 265 inc. . . 3 —

Operazioni doganali — *vedi* Codice dogan. - Trasporti e tariffe.

Opere pie — *vedi* Enciclopedia amministrativa.

Oratoria — *vedi* Arte del dire - Rettorica - Stilistica.

L. c.

Orchidee, di A. Pucci, di pag. VI-303, con 95 inc. . 3 —

Ordinamento degli Stati liberi d'Europa, di F. Racioppi, 2ª ediz. di pag. XII-316 . . . . 3 —

Ordinamento degli Stati liberi fuori d'Europa, di F. Racioppi, di pag. VIII-376 . . . . 3 —

Ordinamento giudiziario — *vedi* Leggi sull'.

Orecchio (Malattie dell') — *vedi* Oto-rino-laringojatria.

Orefice (Manuale per l') Seconda edizione del manuale « Gioielleria oreficeria » di E. Boselli. Metalli utensili, pietre, valute e monete, tariffe doganali, marchio dell'oreficeria; a cura di F. Boselli, p. XI-370. 4 —

Oreficeria — *vedi* Leghe metall.- Met. preziosi - Saggiatore.

Organoterapia, di E. Rebuschini, pag. VIII-432 . . . 3 50

Oriente antico — *vedi* Storia antica.

Orine - *vedi* (Analisi delle) Chimica clinica.

Ornatista (Manuale dell'), di A. Melani. Raccolta di iniziali miniate e incise, d'inquadrature di pagina, di fregi e finalini, esistenti in opere antiche di biblioteche, musei e collezioni private. XXVIII tavole in colori per miniatori calligrafi, pittori di insegne, ricamatori incisori, disegnatori di caratteri, ecc. 2ª ed. 4 50

Ornitologia Italiana (Manuale di), di E. Arrigoni degli Oddi. Elenco descrittivo degli uccelli stazionari o di passaggio finora osservati in Italia. di pag. 907 con 36 tavole e 401 inc. da disegni originali . . . . . 15 —

Oro — *vedi* Alligaz. - Metalli prez. - Metallurgia dell'oro.

Orologeria moderna, di E. Garuffa, p. VIII-302, 276 inc. 5 —

Orologi artistici — *vedi* Amatore di oggetti d'arte.

Orologi solari — *vedi* Gnomonica.

Orticoltura, di D. Tamaro, 3ª ediz., pag. XVI-598, 128 inc. 4 50

Ortocromatismo — *vedi* Fotografia.

Ortoepia e ortografia italiana moderna, di G. Malagoli di pag. XVI-193 . . . . 1 50

Ortofrenia (Manuale di), per l'educazione dei fanciulli frenastenici o deficienti (idioti, imbecilli, tardivi, ecc.) di P. Parise, di pag. XII-231 . . . . 2 —

Ortografia — *vedi* Ortoepia.

Ortotteri — *vedi* Imenotteri ecc.

Ossidazione — *vedi* Metallocromia.

Ostetricia (Manuale di). *Ginecologia minore,* per le levatrici, di L. M. Bossi, di pag. XV-493. con 113 inc. 4 50

Ostricoltura e mitilicoltura, di D. Carazzi, pag. VIII-202 2 50

Oto-rino-laringoiatria — *v.* Malattie orecchio, naso, e gola.

Ottica, di E. Gelcich, pag. XVI-576, 216 inc. e 1 tav. 6 —

Ottone — *vedi* Leghe metalliche.

Paga giornaliera (Prontuario della), da cinquanta centesimi a cinque lire. di G. Negrin, di pag. XI-222. 2 50

Paleoetnologia di J. Regazzoni, di pag. XI-252 con 10 inc. 1 50

Paleografia, di E. M. Thompson, traduzione dall'inglese, con aggiunte e note di G. Fumagalli, 2ª ed. rifatta di pag. XII-178, con 30 inci e 6 tav.. . . . 2 —

L. c.

Paleografia musicale — *vedi* Semiografia.

Paleontologia (Compendio di), di P. VINASSA DE REGNY
di pag. XVI-512 con 356 figure . . . . . . : . 5 50

Pallone (Giuoco del) — *vedi* Giuoco.

Pane (Il) e la panificazione di G. ERCOLANI (in lavoro).

Parafulmini — *vedi* Elettricità - Fulmini.

Parassiti dell'uomo — *vedi* Animali.

Parrucchiere (Manuale del), di A. LIBERATI, 1904, di
pag. XII-219, con 88 inc. 2 50

Pasticcere e confettiere moderno, di G. CIOCCA. Racc.
comp. di ricette per ogni genere di biscotti, torte, paste
al lievito, petit fours, confetteria, creme, frutti canditi,
gelati, ecc., c. metodo prat. p. la decoraz. d. torte e dolci
fantasia, e pref. del Dr. Cav. ALBERTO COUGNET. 1907,
pag. L-274, illust. da circa 300 dis. e 36 tav. a col. (Prem.
c. Gran Dip. e Med. d'oro alla 1ª Esp. Gast. Milano 1905). 8 50

Patate (Le) di gran reddito. Loro coltura, loro importanza
nell'alimentaz. del bestiame, nell'economia domest. e
negli usi industr., di N. ADUCCI, p. XXIV-221, c. 20 inc. 2 50

Pazzia — *vedi* Assistenza pazzi - Psichiatra - Grafologia.

Pecore — *vedi* Razze bovine, ecc.

Pedagogia — *vedi* Balbuzie - Campicello scolastico - Didattica - Giardino infantile - Igiene scolastica - Ortofrenia - Sordo muto.

Pediatria — *vedi* Nutrizione del bambino - Ortopedia - Terapia - Malattie infanzia.

Pellagra (La), Storia, eziologia, patogenesi, profilassi,
di G. ANTONINI, di pag. VIII-166 con 2 tav. . . . . 2 —

Pelle (Malattie della) — *vedi* Igiene della

Pelli — *vedi* Concia delle pelli

Pensioni — *vedi* Società di mutuo soccorso.

Pepe — *vedi* Prodotti agricoli.

Perfosfati — *vedi* Fosfati - Concimi - Chimica agraria.

Perizia e stima — *vedi* Assicurazioni - Avarie - Codice del
perito misuratore - Estimo.

Pesci — *vedi* Ittiologia - Ostricoltura - Piscicoltura.

Pesi e misure — *vedi* Avarie e sinistri marittimi - Metrologia - Misure e pesi inglesi - Monete - Strumenti metrici
- Tecnologia monetaria.

Pescatore (Man. del) di L. MANETTI. p. XV-241 c. 107 inc. 2 50

**Peso dei metalli, ferri quadrati, rettangolari-cilindrici,
a squadra, a U, a Y, a Z, a T e a doppio T, e delle
lamiere e tubi di tutti i metalli**, di G. BELLUOMINI,
2ª ediz. di pag. XXIV-248 . . . . 3 50

Pianista (Manuale del), di L. MASTRIGLI, pag. XVI-112 2 —

Piante e fiori sulle finestre, sulle terrazze e nei cortili.
Coltura e descrizione delle principali specie di varietà,
di A. PUCCI, 3ª ed. rived., p. VIII-214, e 117 inc. . 2 50

Piante industriali. Delle piante zuccherine in generale. Piante
saccarifiche. Piante alcooliche. Piante narcotiche. Piante aroma-
tiche e profumate. Piante tintorie. Piante da concia. Piante tessili.
Piante da carta. Piante da cardare. Piante da spazzole e scope.

L. c.

Piante da legare o intrecciare. Piante da soda. Piante medicinali. Piante da diversi impieghi. Terza ediz. rifatta da A. ALOI, del manuale " Piante industriali , del GORINI, di pag. XI-274, con 64 incis. 2 50

Piante tessili (Coltivazione ed industrie delle), propriamente dette e di quelle che danno materia per legacci, lavori di intreccio, sparteria, spazzole, scope, carta, ecc., coll'aggiunta di un dizionario delle piante ed industrie tessili, di oltre 3000 voci, di M. A. SAVORGNAN D'OSOPPO, di pag. XII-476, con 72 inc. . . 5 —

Pietre artificiali — *vedi* Imitazioni

Pietre preziose, classificazione, valore, arte del gioielliere, di G. GORINI, (esaurito, è in lavoro la 3ª ediz.)

Pirotecnia moderna, di F. DI MAIO, 2ª edizione riveduta ed ampliata, di pag. XV-183 con 21 inc. . . . 2 50

Piscicoltura d'acqua dolce, di E. BETTONI, di pagine VIII-318, con 85 inc. . . . . 3 —

Pittura ad olio, acquerello e miniatura (Man. per dilettante di), (paesaggio, figura e fiori) di G. RONCHETTI, di p. XVI-239, 29 inc. e 24 tav. 4 00

Pittura italiana antica e moderna, di A. MELANI, 2ª ediz. rifatta, di pag. XXX-430 con 23 inc. e 137 tav. 7 50
— *vedi* Anatomia pittorica - Colori e pittura - Decoraz. - Disegno - Luce e colori - Ristauratore dipinti - Scenografia.

Plastica — *vedi* Imitazioni.

Pneumonite crupale con speciale riguardo alla sua cura di A. SERAFINI, di pag. XVI-222 . . . . 2 50

Polizia sanitaria degli animali (Manuale di), d A. MINARDI, di pag. VIII-333, con 7 inc. . . . . 3 —

Pollicoltura, di G. TREVISANI, 6ª ediz. di pag. XVI-230, con 90 incis. 2 50

Polveri piriche — *vedi* Esplodenti — Pirotecnia.

Pomologia, descrizione delle migliori varietà di Albicocchi, Ciliegi, Meli, Peri, Peschi, di G. MOLON, con 86 incis. e 12 tavole colorate, di pag. XXXII-717 . . . 8 50

Pomologia artificiale, secondo il sistema Garnier-Valletti, di M. DEL LUPO, pag. VI-132, e 34 inc. . . . . . 2 —

Poponi — *vedi* Frutta minori.

Porcellane - *vedi* Maioliche - Ricettario domestico.

Porco (Allevamento del) — *vedi* Maiale.

Porti di mare — *vedi* Lavori marittimi.

Posologia (Prontuario di) **dei rimedi più usati nella terapia infantile** di A. CONELLI, di pag. VIII-186. . . 2 —
— *vedi* Impiego ipodermico.

Posta. Manuale postale, di A. PALOMBI. Notizie storiche sulle Poste d'Italia, organizzazione, legislazione, posta militare, unione postale universale, con una appendice relativa ad alcuni servizi access., pag. XXX-309 3 —

Prato (Il), di G. CANTONI, di pag. 146, con 13 inc. . 2 —

Prealpi bergamasche (Guida-itinerario alle), compresa la Valsassina ed i Passi alla Valtellina ed alla Valcamo-

L. c.

nica, colla prefaz. di A. STOPPANI, e cenni geologici di A. TARAMELLI, 3ª ediz. rifatta per cura della Sezione di Bergamo del C. A. I., con 15 tavole, due carte topografiche, ed una carta e profilo geologico. Un vol. di p. 290 e un vol. colle carte topografiche in busta . 6 50

Pregiudizi — *vedi* Errori e pregiudizi · Leggende popolari.

Prestiti ipotecari — *vedi* Estimo dei terreni.

Previdenza — *vedi* Assicuraz. - Cooperazioni - Società di M.S.

Privative industriali — *vedi* Codice e leggi d'Italia Volume IV.

Procedura civile · Procedura penale — *vedi* Codici.

Procedura privilegiata fiscale per la riscossione delle imposte dirette — *vedi* Esattore.

Procedura dei piccoli fallimenti — *vedi* Curat. dei fallimenti.

Processi fotomeccanici (I moderni). Fotocollografia, fototipogr. fotocalcografia, fotomodellatura, tricromia, di R. NAMIAS, di p. VIII-316, 53 fig., 41 illust. e 9 tavole . 3 50

Prodotti agrari — *vedi* Conservazione dei.

Prodotti agricoli del Tropico (Manuale pratico del piantatore), di A. GASLINI. (Il caffè, la canna da zucchero, il pepe, il tabacco, il cacao, il tè, il dattero, il cotone, il cocco, la coca, il baniano, l'aloè, l'indaco, il tamarindo, l'ananas, l'albero d. chinino, la juta, pag. XVI-270 2 —

Produzione e commercio del vino in Italia, di S. MONDINI, di pag. VII-303 . . . . 2 50

Profumiere (Manuale del), di A. ROSSI, con 700 ricette pratiche, di pag. IV-476 e 58 inc. . . . . 5 —
— *vedi anche* Ricettario domes. - Ricettario indust. - Saponi.

Proiezioni (Le), Materiali, Accessori, Vedute a movimento, Positive sul vetro, Proiezioni speciali, policrome, stereoscopiche, panoramiche, didattiche, ecc. di L. SASSI, di pag. XVI-447, con 141 inc. . . . . 5 —
— *vedi* Cinematografo.

Proiezioni ortogonali — *vedi* Disegno.

Prontuario di geografia e statistica di G. GAROLLO, p. 62 1 —

Prontuario per le paghe — *vedi* Paghe - Conti fatti.

Proprietà letteraria, artistica e industriale — *vedi* Leggi.

Proprietario di case e di opifici. Imposta sui fabbricati, di G. GIORDANI, di pag. XX-264 . . . . 1 50

Prosodia — *vedi* Metrica dei greci e dei romani · Ritmica.

Prospettiva (Manuale di), di L. CLAUDI, 2ª ediz. riveduta di pag. XI-61 con 28 tavole. . . . . 2 —

Protezione degli animali (La), di N. LICÒ, p. VIII-200 . 2 —

Protistologia di L. MAGGI, 2ª ediz. p. XVI-278 con 93 inc. 3 —

Proverbi in 4 lingue — *vedi* Dottrina popolare.

Proverbi (516) **sul cavallo**, raccolti ed annotati da C. VOLPINI, di pag. XIX-172 . . . . 2 50

Psichiatra. Confini, cause e fenomeni della pazzia. Concetto, classificazione, forme cliniche o diagnosi delle materie mentali. Il manicomio, di J. FINZI. p. VIII-225 2 50
— *vedi* Antropologia criminale.

Psicologia, di C. CANTONI, pag. VIII-168, 2ª ediz. . . 1 50

L. c.

Psicologia fisiologica, di G. MANTOVANI, 2ª ediz. riveduta, di pag. XII-175. con 16 inc. 1 50

Psicologia musicale. Appunti, pensieri e discussioni, di M. PILO, di pag. X-259 . . . . 2 50

Psicoterapia, di G. PORTIGLIOTTI, di pag. XII-318, 22 inc. 3 —

Pugilato e lotta per la difesa personale, Box inglese e francese, di A. COUGNET, pag. XXIV-198, con 104 inc. 2 50

Raccoglitore (Il) **di oggetti minuti e curiosi**. Almanacchi, Anelli, Armi, Bastoni, Biglietti d'ingresso, d'invito, di visita, Calzat., Chiavi, Cartelloni, Giarrettiere, Orologi, Pettini, ecc., di J. GELLI, p. X-344, con 310 inc. 5 50

Rachitide (La) **e le deformità da essa prodotte**, di P. MANCINI, di pag. XXVIII-300, con 116 fig. nel testo . 4 —

Radioattività di G. A. BLANC (in lavoro).

Radiografia — vedi Raggi Röntgen.

Radioterapia — vedi Elettricità medica - Luce e salute

Ragioneria, di V. GITTI, 4ª ediz. riveduta, di pagine VIII-141 con 2 tavole 1 50

Ragioneria delle cooperative di consumo (Manuale di), di G. ROTA, di pag. XV-408. . . . . 3 —

Ragioneria industriale (Aziende industriali), di O. BERGAMASCHI, 2ª ediz. di pag. XII-392, e tabelle . . . 4 —

Ragioniere (Prontuario del). (Manuale di calcolazioni mercantili e bancarie), di E. GAGLIARDI, pap. XII-603 6 50

Ramatura — vedi Galvanostegia.

Razze bovine, equine, suine, ovine e caprine, di F. FAELLI di p. XX-372, con 75 illustr., delle quali 16 colorate 5 50

Rebus — vedi Enimmistica.

Reclami ferroviarii — vedi Trasporti e tariffe.

Registro e Bollo — vedi Leggi sulle tasse di.

Regolo calcolatore e sue applicazioni nelle operazioni topografiche, di G. POZZI, di pag. XV-238 con 182 incisioni e 1 tavola 2 50

Religione — vedi Bibbia - Buddismo - Diritto ecclesiastico - Imitazione di Cristo

Religioni e lingue dell'India Inglese, di R. CUST, tradotto da A. DE GUBERNATIS, di pag. IV-124 . . . . . 1 50

Resistenza dei materiali e stabilità delle costruzioni, di P. GALLIZIA, 2ª ediz. rifatta da C. SANDRINELLI di pag. XXIV-476 con 269 incisioni 5 50

Resistenza (Momenti di) **e pesi di travi metalliche composte**. Prontuario ad uso degli Ingegneri, Architetti e costruttori, con 10 figure ed una tabella per la chiodatura di E. SCHENCK, di pag. XIX-188 . . . . . . 3 50

Responsabilità — vedi Codice dell'ingegnere.

Rettili — vedi Zoologia.

Rettorica, ad uso delle Scuole, di F. CAPELLO, di p. VI-122 1 50

Ribes — vedi Frutta minori.

Ricami — vedi Biancheria - Macchine da cucire - Monogrammi - Piccole industrie - Ricettario domestico - Trine

Ricchezza mobile, di E. BRUNI, pag. VIII-218 . . . 1 50

L. c.

Ricettario domestico, di I. GHERSI. Adornamento della casa. Arti del disegno. Giardinaggio. Conservazione di animali, frutti, ortaggi, piante. Animali domestici e nocivi. Bevande. Sostanze alimentari. Combustibil e illuminazione. Detersione e lavatura, smacchiatura. Vestiaric. Profumeria e toeletta Igiene e medicina. Mastici e plastica. Colle e gomme. Vernici ed encaustici. Metalli. Vetrerie, 3ª ediz. rifatta da A. CASTOLDI. pag. XVI-854, con 4280 ricette e 59 incis. 7 50

Ricettario Industriale, di I. GHERSI. Procedimenti utili nelle arti, industrie e mestieri, caratteri; saggio e conservazione delle sostanze naturali ed artificiali di uso comune; colori, vernici, mastici, colle, inchiostri, gomma elastica, materie tessili, carta, legno. flammiferi, fuochi d'artificio, vetro; metalli, bronzatura, nichelatura, argentatura, doratura, galvanoplastica, incisione, tempera, leghe; filtrazione; materiali impermeabili, inconbustibili, artificiali; cascami, olii, saponi, profumeria, tintoria, smacchiatura, imbianchimento; agricoltura, elettricità; 4ª ediz. riveduta e corretta dell'Ing. P. MOLFINO, pag. VII-704 con 27 incis e 2887 ricette. 6 50

Ricettario fotografico, 3ª ed. di L. SASSI, pag. XXIV-229 2 —

Ricettario pratico di metallurgia. Raccolta di cognizioni utili ed indispensabili, dedicato agli studiosi e agli operai meccanici, aggiustatori, tornitori, fabbri ferrai, ecc. di G. BELLUOMINI, di pag. XII-328. . . 3 50

Rilievi — *vedi* Cartografia - Compens. errori - Telemetria.

Rimboschimento — *vedi* Consorzi di difesa del suolo - Selvicoltura.

Rimedi — *vedi* Impiego ipodermico - Mat. medica - Posologia

Risorgimento italiano (Storia del) 1814-1870, con l'aggiunta di un sommario degli eventi posteriori, di L. BERTOLINI, 2ª ediz. di pag. VIII-208 . . . . . 1 50

Ristauratore dei dipinti (Il), di G. SECCO-SUARDO, 2 volumi, di pag. XVI-269, e XII-362 con 47 inc. . . . 6 —

Ritmica e metrica razionale italiana, di R. MURARI, di pag. XVI-216 . . . . 1 50

Rivoluzione francese (La) (1789-1799), di G. P. SOLERIO di pag. IV-176 . . . . 1 50

Roma antica — *vedi* Antichità private - Antichità pubbliche - Archeologia d'arte etrusca e romana - Mitologia - Monete - Topografia.

Röntgen (I raggi di) **e le loro pratiche applicazioni,** di I. TONTA, di pag. VIII-160, con 65 inc. e 14 tavole . 2 50
— *vedi* Elettrecità medica - Fototerapia e radioterapia.

Rose (Le). Storia, coltivazione, varietà, di G. GIRARDI, di pag. XVIII-284, con 96 illustr. e 8 tav. cromolit. . 3 50

Rhum — *vedi* Liquorista.

Saggiatore (Man. del), di F. BUTTARI, di pag. VIII-245. 2 50

Sale (Il) **e le saline,** di A. DE GASPARIS. (Processi industriali, usi del sale, prodotti chimici, industria manifatturiera, industria agraria, il sale nell' eeonomia pubblica e nella legislazione), di pag. VIII-358, 24 inc. 3 50

Salsamentario (Manuale del) di L. MANETTI, di pagine 224, con 76 incisioni . . . . 2 —

— *vedi* Majale.

Sanatorii — *vedi* Tisici e sanatorii.

Sangue — *vedi* Malattie del.

Sanità e sicurezza publica — *vedi* Leggi sulla.

Sanscrito (Avviamento allo studio del), di F. G. Fumi, 3ª ediz. rinnovata, di pag. xvi-343 . . . . 4 —

Saponi (L'industria saponiera), con alcuni cenni sull'industria della soda e della potassa. Guida pratica di E. Marazza (esaurito, è in lavoro la 2ª ediz.).

Sarta da donna — *vedi* Abiti - Biancheria.

Scacchi (Manuale del giuoco degli), di A. Seghieri, 3ª ediz. ampliata da E. Miliani, con aggiunta della Teoria del giuoco, lo sviluppo delle aperture e 100 fiscali e 100 problemi, di pag. x-487 . . . . 4 50

Scaldamento e ventilazione degli ambienti abitati, di R. Ferrini, 2ª ediz., di pag. viii-300, con 98 inc. . . 3 —

Scenografia (La). Cenni storici dall'evo classico ai nostri giorni, di G. Ferrari, di pag. xxiv-327, con 16 inc. nel testo, 160 tavole e 5 tricromie . . . . 12 —

Scherma italiana, di J. Gelli, 2ª ediz., pag. vi-251, 108 fig. 2 50

Sciarade — *vedi* Enimmistica.

Scienze filosofiche — *vedi* Dizionario di.

Scienze occulte — *vedi* Chiromanzia - Fisonomia - Grafologia - Magnetismo - Occultismo - Spiritismo - Telepatia.

Scritture d'affari (Precetti ed esempi di), per uso delle Scuole tecniche, popolari e commerciali, di D. Maffioli, 3ª ediz. ampliata e corretta, di pag. viii-221 . 1 50

Sconti — *vedi* Interesse e sconto.

Scoperte geografiche — *vedi* Cronologia.

Scoltura italiana antica e moderna (Manuale di), di A. Melani, 2ª ediz. rifatta con 24 inc. nel testo e 100 tavole, di pag. xvii-248 . . . . 5 —

Segretario comunale (Manuale del). Enciclopedia amministrativa, di E. Mariani, di pag. xv-1337 . . . . . 12 50

— *vedi* Esattore.

Selvicoltura, di A. Santilli, di pag. viii-220, e 46 inc. 2 —

— *vedi* Consorzi di difesa del suolo.

Semeiotica. Breve compendio dei metodi fisici di esame degli infermi, di U. Gabbi, di p. xvi-216. con 11 incis. 2 50

Semiografia musicale, (Storia della) di G. Gasperini. Origine e sviluppo della scrittura musicale nelle varie epoche e nei vari paesi, di pag. viii-317 . . . . . . 3 50

Sericoltura — *vedi* Bachi da seta - Filatura - Gelsicoltura - Industria della seta - Tessitore - Tintura della seta.

Servizi pubblici — *vedi* (Municipalizzazione dei).

Sagou — *vedi* Fecola.

Shakespeare, di Dowden, trad. di A. Balzani, p. xii-242 1 50

Seta (Industria della), di L. Gabba, 2ª ediz., pag. vi-208. 2 —

Seta — *vedi* Bachi da seta - Filatura e torcitura della seta - Gelsicoltura - Tessitore - Tessitura - Tintura della seta.

Seta artificiale, di G. B. Baccione, di pag. viii-221 . 3 50

L. c.

— *vedi* Imitazioni.

Sfere cosmografiche e loro applicazione alla risoluzione di problemi di geografia matem., A. ANDREINI (in lav.).

Sicurezza pubblica — *vedi* Leggi di sanità.

Siderurgia (Man. di), V. ZOPPETTI, pubblicato e completato per cura di E. GARUFFA, di p. IV-368, con 220 incis. 5 50

Sieroterapia, di E. REBUSCHINI, di pag. VIII-424 . . 3 —

Sigle epirafiche — *vedi* Dizionario di abbreviature.

Sindaci (Guida teorico-pratica pei), Segretari comunali e provinciali e delle opere pie, di E. MARIANI — *vedi* Enciclopedia amministrativa.

Sinistri marittimi — *vedi* Avarie.

Sintassi francese, razionale pratica, arricchita della parte storico-etimologica, della metrica, della fraseologia commerciale ecc., di D. RODARI, di pag. XVI-206. . 1 50

Sintassi francese — *vedi* Esercizi sintattici.

Sintassi greca, di V. QUARANTA, di pag. XVIII-175. . 1 50

Sintassi latina, di T. G. PERASSI, di pag. VII- 168. . 1 50

Sismologia, di L. GATTA, di pag. VIII-175, con 16 incis. 1 50

Smalti — *vedi* Amatore d'oggetti d'arte - Fotosmaltografia - Ricettario industriale.

Soccorsi d'urgenza, di C. CALLIANO, 6ª ediz. riveduta ed ampliata, di pag. XL-428, con 134 incis. e 1 tav. . 3 50
— *vedi* Infortuni della montagna.

Socialismo, di G. BIRAGHI, di pag. XV-285 . . . . . 3 —

Società di mutuo soccorso. Norme per l'assicurazione delle pensioni e dei sussidi per malattia e per morte di G. GARDENGHI, di pag. VI-152. . . . . 1 50

Società industriali italiane per azioni, di F. PICCINELLI, di pag. XXXVI-534 . . . . 5 50
— *vedi* Debito pubblico - Prontuario del ragioniere - Valori pubblici.

Sociologia generale (Elementi di), di E. MORSELLI, di pag. XII-172 . . . . 1 50

Soda caustica, cloro e clorati alcalini per elettrolisi. Fabbricaz. chimica, P. VILLANI, p. VIII-314, e una tav. 3 50

Sorbettiere — *vedi* Caffettiere.

Sonno — *vedi* Igiene del.

Sordomuto (Il) e la sua istruzione. Manuale per gli allievi e allieve delle R. Scuole normali, maestri e genitori, di P. FORNARI, di pag. VIII-232, con 11 inc. 2 —
— *vedi anche* Ortofrenia.

Sostanze alimentari — *vedi* Conservazione delle.

Specchi (Fabbricazioni degli) e la decorazione del vetro e cristallo, di R. NAMIAS, di p. XII-156 con 14 incis. . 2 —
— *vedi* Fotomaltografia - Vetro.

Speleologia. Studio delle caverne, C. CASELLI, p. XII-163 1 50

Spettrofotometria (La) applicata alla Chimica fisiologica, alla Clinica e alla Medicina legale, di G. GALLERANI, di pag. XIX-395, con 92 incisioni e tre tavole . . . 3 50

Spettroscopio (Lo) e le sue applicazioni, di R. A. PRO-

L. c.

sinottiche, di V. CASAGRANDI, 3ª edizione, con nuove correzioni ed aggiunte, di pagine VIII-254 . . . . .1 50
— *vedi* Cronologia universale.

Storia d'Europa, di E. A. FREEMAN. Edizione italiana per cura di A. GALANTE, di pagine XII-472. . . . 3 —

Storia della ginnastica — *vedi* Ginnastica.

Storia d'Italia (Breve), di P. ORSI, 3ª edizione riveduta di pagine XII-281 . . . . 1 50

Storia di Francia, dai tempi più remoti ai giorni nostri, di G. BRAGAGNOLO, di pag. XVI-424. . . . . 3 —

Storia d'Inghilterra dai tempi più remoti ai giorni nostri, di G. BRAGAGNOLO, di pag. XVI-367 . . . . 3 —

Storia — *vedi* Argentina - Astronomia nell'antico testamento - Commercio - Cristoforo Colombo - Cronologia - Dizionario biografico - Etnografia - Islanismo - Leggende - Manzoni - Mitologia - Omero - Rivoluzione francese - Shakespeare.

Storia Romana — *vedi* Antichità private - Antichità pubbliche - Topografia di Roma

Storia della musica, di A. UNTERSTEINER, 2ª ediz. ampliata, di pag. XII-330. . . . . 3 —

Storia naturale — *vedi* Agraria - Acque minerali e term. - Anatomia e fisiologia comp. - Anatomia microscopica - Animali parass. uomo - Antropologia - Batteriologia - Biologia animale - Botanica - Coleotter - Cristallografia - Ditteri - Embriol. e morfologia gen. - Fisica cristallografica - Fisiologia - Geologia - Imenotteri ecc. - Insetti nocivi - Insetti utili - Ittiologia - Lepidotteri - Limnologia - Metalli preziosi - Mineralogia generale - Mineralogia descrittiva - Naturalista preparatore - Naturalista viaggiatore - Oceanografia - Ornitologia - Ostricoltura e mitilicoltura - Paleoetnologia - Paleontologia - Pietre preziose - Piscicoltura - Sismologia - Speleologia - Tecnica protistol. - Uccelli canori - Vulcanismo - Zoologia.

Strade ferrate (Le) in Italia. Regime legale economico ed amministrativo di F. TAJANI, di pag. VIII-265. . 2 50

Strumentazione, per E. PROUT, versione italiana con note di V. RICCI, 2ª ediz. di pag. XVI-314, 95 incis. 2 50

Strumenti ad arco (Gli) e la musica da camera, del Duca di CAFFARELLI, di pagine X-235 . . . . 2 50
— *vedi anche* Chitarra - Mandolinista - Pianista - Violino - Violoncello.

Strumenti metrici (Principî di statica e loro applicazione alla teoria e costruzione degli), di E. BAGNOLI, di pagine VIII-252, con 192 incisioni 3 50

Stufe — *vedi* Scaldamento.

Suini — *vedi* Majale - Razze bovine.

Suono — *vedi* Luce e suono

Succedanei — *vedi* Ricettario industriale - Imitazioni.

Sughero — *vedi* Imitazioni e succedanei.

Surrogati — *vedi* Ricettario industriale - Imitazioni.

Tabacco, di G. CANTONI, di pagine IV-176 con 6 inc. 2 —

L. c.

Tabacchiere — *vedi* Amatore di oggetti d'arte - Raccoglitore di oggetti.

Tacheometria — *vedi* Celerimensura - Telemetria - Topografia - Triangolazioni.

Tannini (I) nell'uva e nel vino, di R. AVERNA-SACCÀ, di pag. VIII-240 . . . . 2 50

Tapioca — *vedi* Fecola.

Tariffe ferroviarie — *v.* Codice doganale - Trasporti e tariffe.

Tartufi (I) e i funghi, loro natura, storia, coltura, conservaz. e cucinatura, di FOLCO BRUNI, pag. VIII-184 2 —

Tasse di registro, bollo, ecc. — *vedi* Codice di bollo - Esattore - Imposte - Leggi, tasse registro e bollo - Notaio - Ricchezza mobile.

Tassidermista -- *vedi* Imbalsamat. - Naturalista viaggiatore.

Tatuaggio — *vedi* Chiromanzia e tatuaggio.

Tavole logaritmiche — *vedi* Logaritmi.

Tè — *vedi* Prodotti agricoli.

Teatro — *vedi* Letteratura drammatica - Codice del teatro

Tecnica microscopica — *vedi* Anat. microscop. - Microscopio.

Tecnica protistologica, di L. MAGGI, di pag. XVI-318 . 3 —

Tecnologia — *vedi* Dizionario tecnico.

Tecnologia meccanica – *vedi* Modellatore meccanico.

Tecnologia e terminologia monetaria, di G. SACCHETTI, di pagine XVI-191 . . . . 2 —

Telefono (Il), di G. MOTTA. Sostituisce il manuale. « Il telefono » di D. V. PICCOLI), p. 327, con 149 inc. e 1 tav. 3 50

Telegrafia, elettrica, aerea, sottomarina e senza fili, di R. FERRINI, 3ª edizione, pag. VIII-322, con 104 incis. 2 50 — *vedi* Cavi telegrafici.

Telegrafo senza fili e Onde Hertziane, di O. MURANI, di pag. XV-341, con 172 incisioni. . . , . . . 3 50

Telemetria, misura delle distanze in guerra, di G. BERTELLI, di pag. XIII-145, con 12 zincotipie. . . . . 2 —

Telepatia (Trasmissione del pensiero), di A. PAPPALARDO. 2ª edizione, di pag. XVI-279. . . . . . . 2 50 — *vedi anche* Magnetismo e Ipnotismo - Occultismo - Spiritismo.

Tempera e cementazione, di S. FADDA, p. VIII-108, 20 inc. 2 —

Teoria dei numeri (Primi elementi della), di U. SCARPIS, di pagine VIII -152 . . . . 1 50

Teoria delle ombre, con un cenno sul chiaroscuro e sul colore dei corpi, E. BONCI, p. VIII-164, 36 tav. e 62 fig. 2 —

Teosofia, di GIORDANO G., di pag. VIII-248. . . . . 2 50

Termodinamica, di G. CATTANEO. di pag. X-196, 4 fig. . 1 50

Terremoti — *vedi* Sismologia - Vulcanismo

Terreni — *vedi* Chimica agraria - Concimi - Humus.

Terreno agrario. Manuale di Chimica del terreno, di A. FUNARO, di pag. VIII-200 . . . . 2 —

Tessitore (Manuale del), di P. PINCHETTI, 2ª edizione riveduta, di pag. XVI-312, con illustrazioni 3 50

Tessitura meccanica della seta di P. PONCI, di pagine XII-343, con 179 incisioni 4 50

L. c.

Tessuti di lana e di cotone (Analisi e fabbricazione dei).
Manuale pratico razionale, di O. GIUDICI, di pagine
XII-864 con 1098 incisioni colorate 16 50

Testamenti (Manuale dei), per cura di G. SERINA, 2ª
edizione riveduta ed aumentata di pag. xv-312 . . 3 —

Tigrè-Italiano (Manuale), con due dizionarietti italiani-
tigrè e tigrè-italiano ed una cartina dimostrativa degli
idiomi parlati in Eritrea, di M. CAMPERIO, di p. 180 . 2 50

Tintore (Manuale del), di R. LEPETIT, 4ª ediz. di pag.
XVI-466, con 20 incisioni. . . . . 5 —

Tintoria — *vedi* Industria tintoria.

Tintura della seta, studio chimico tecnico, di T. PA-
SCAL, di pagine XVI-432 . . . . 5 —

Tipografia (Vol. I). Guida per chi stampa e fa stampare.
Compositori, Correttori, Revisori, Autori ed Editori,
di S. LANDI, di pagine 280. . . . . 2 50

Tipografia (Vol. II). Lezioni di composizione ad uso degli
allievi e di quanti fanno stampare, di S. LANDI, di
pagine VIII-271, corredato di figure e di modelli . . 2 50
— *vedi anche* Vocabolario tipografico.

Tisici e sanatorii (La cura razionale dei), di A. ZU-
BIANI, prefaz. di B. SILVA, pag. XLI-240, 4 inc. . . 2 —

Titoli di rendita — *vedi* Debito pubblico - Valori pubblici.

Topografia e rilievi — *vedi* Cartografia - Catasto - Celerimensura - Codice d. perito - Compensazioni errori -
Curve - Disegno topografico - Estimo terreni - Estimo
rurale - Fotogrammetria - Geometria pratica - Prospettiva - Regolo calcolatore - Telemetria - Triangolazioni.

Topografia di Roma antica, di L. BORSARI, di pag. VIII-
436, con 7 tavole 4 50

Torcitura della seta — *vedi* Filatura.

Tornitore meccanico (Guida pratica del), ovvero sistema
unico per calcoli in generale sulla costruzione di viti
e ruote dentate, di S. DINARO, 3ª ediz., di pag. x-147 2 —

Tossicologia — *vedi* Analisi chimica - Chimica legale - Veleni.

Traduttore tedesco (Il), compendio delle principali difficoltà grammaticali della Lingua Tedesca, di R. MI-
NUTTI, di pag. XVI-224 . . . . 1 50

**Trasporti, tariffe, reclami ferroviari ed operazioni do-
ganali**. Manuale pratico ad uso dei commercianti e
privati, colle norme per l'interpretazione delle tariffe
vigenti, di A. G. BIANCHI, 2ª ediz. rifatta, p. XVI-208 2 —

Travi metallici composti — *vedi* Resistenza.

Trazione a vapore sulle ferrovie ordinarie, di G. OT-
TONE, di pag. LXVIII-469. . . . . 4 50

Triangolazioni topografiche e triangolazioni catastali,
di O. JACOANGELI, Modo di fondarle sulla rete geo-
detica, di rilevarle e calcolarle, di pag. XIV-340, con
32 incisioni, 4 quadri, 32 modelli pei calcoli 7 50

Trigonometria piana (Esercizi ed applicazioni di), con

L. c.

400 esercizi e problemi proposti da C. ALASIA, pag.
xvi-292, con 30 incisioni. 1 50

Trigonometria — *v.* Celerimensura - Geom. metr - Logaritmi.

Trigonometria della sfera — *vedi* Geom. e trigonom. della.

Trine (Le) **a fuselli in Italia.** Loro origine, discussione,
confronti, cenni bibliografici, analisi, divisione, istru-
zioni tecnico-pratiche con 200 illustrazioni nel testo
di GIACINTA ROMANELLI-MARONE, di pag. VIII-331 . 4 50

Tubercolosi (La) di M. VALTORTA e G. FANOLI, con prefazione del Prof. AUGUSTO MURRI, ed illustr. . . . . —

— *vedi* Tisici.

Uccelli — *vedi* Ornitologia.

Uccelli canori (I nostri migliori). Loro caratteri e co-
stumi. Modo di abituarli e conservarli in schiavitù.
Cura delle loro infermità. Maniera per ottenere la
produz. del Canarino, di L. UNTERSTEINER, p. XII-175 2 —

Ufficiale (Manuale dell') del Regio Esercito Italiano, di
U. MORINI, di pag. xx-388 . . . . 3 50

Ufficiale sanitario (Manuale dell'), di C. TONZIG e G.
RUATA (In lavoro).

Unità assolute. Definizione, Dimensioni, Rappresenta-
zione, Problemi, di G. BERTOLINI, pag. x-124 . . . 2 50

Urina (L') **nella diagnosi delle malattie.** Trattato di chimica e microsc. clinica dell'urina, F. JORIO, p. XVI-216 2 —

Usciere — *vedi* Conciliatore.

Usi mercantili (Gli). Raccolta di tutti gli usi di piazza
riconosciuti dalle Camere di Commercio ed Arti in
Italia, di G. TRESPIOLI, di pag. XXXIV-689 . . . . 6 —

— *vedi* Commerciante.

Uva spina - *vedi* Frutta minori.

Uve da tavola. Varietà, coltivaz. e commercio, di D. TA-
MARO, 3ª ed., p. XVI-278, tavole color. 7 fototip. e 57 inc. 4 —

Valli lombarde *vedi* Diz. alpino - Prealpi bergamasche.

Valori pubblici (Manuale per l'apprezzamento dei), e
per le operazioni di Borsa, di F. PICCINELLI, 2ª ed.
rifatta e accresciuta, di pag. XXIV-902 . . . . . . 7 50

— *vedi* Debito pubblico - Società per azioni.

Valutazione - *vedi* Prontuario del ragioniere.

Vasellame antico - *vedi* Amatore di oggetti d'arte e curiosità.

Veleni ed avvelenamenti, di C. FERRARIS, di pagine
XVI-208, con 20 incis. 2 50

Velocipedi — *vedi* Ciclista.

Ventagli artistici — *vedi* Amatore di oggetti d'arte e di curiosità - Raccoglitore di oggetti minuti.

Ventilazione — *vedi* Scaldamento.

Verbi greci anomali (I), di P. SPAGNOTTI, secondo le
Grammatiche di CURTIUS e INAMA, pag. XXIV-107 . 1 50

**Verbi latini di forma particolare nel perfetto e nel su-
pino**, di A. F. PAVANELLO, con indice alfabetico di
dette forme, di pag. VI-215. . . . . 1 50

Vermouth — *vedi* Liquorista.

L. c.

Vernici (Fabbricazione delle), **e prodotti affini, lacche, mastici, inchiostri da stampa, ceralacche,** di U. FORNARI, 2ª ediz. ampliata di pag. XII-244 . . . . . 2 —

Veterinario (Manuale per il) di C. ROUX e V. LARI, di pag. XX-356, con 16 incis. 3 50
— *vedi* Araldica zootecnica - Cavallo - Igiene veterinaria Malattie infettive - Majale - Polizia sanitaria - Razze bovine - Zootecnia.

Vetri artistici — *vedi* Amatore oggetti d'arte - Specchi - Fotosmaltografia.

Vetro, (Il) Fabbricazione, lavorazione meccanica, applicazione alle costruzioni, alle arti ed alle industrie, di G. D'ANGELO, di pag. XIX-527, con 325 figure intercalate, delle quali 25 in tricromia 9 50
— *vedi* Fotosmaltografia - Specchi.

Vini bianchi da pasto e vini mezzo colore (Guida pratica per la fabbricazione, l'affinamento e la conservazione dei), di G. A. PRATO, pag. XII-276, 40 inc. 2 —

Vino (Il) di G. GRASSI-SONCINI, di pag. XVI-152 . . . 2 —

Vino aromatizzato — *vedi* Adulteraz - Cognac - Liquorista.

Violino (Storia del), **dei violinisti e della musica per violino,** di A. UNTERSTEINER, con una appendice di A. BONAVENTURA, di pag. VIII-228 . . . . 2 50

Violoncello (Il), **il violoncellista ed i violoncellisti,** di S. FORINO, di pag. XVII-444 . . . . 4 50

Viticoltura. Precetti ad uso dei Viticultori italiani, di O. OTTAVI. 6ª ed. riveduta ed ampliata da A. STRUCCHI, di pag. XVI-232, con 30 inc. . . . . 2 —
— *vedi* Ampelografia - Enologia.

Vocabolarietto pei numismatici (in 7 lingue), di S. AMBROSOLI, di pag. VIII-134. . . . . 1 50

Vocabolario araldico ad uso degli italiani, di G. GUELFI, di pag. VIII-294, con 356 incis. 3 50

Vocabolario compendioso della lingua russa, V. VOINOVICH, di pag. XVI-238 . . . . 3 —

Vocabolario tecnico illustrato nelle sei lingue: Italiana, Francese, Tedesca, Inglese, Spagnuola, Russa, sistema Deinhardt-Schlomann, diviso in volumi per ogni singolo ramo della tecnica industriale, compilato da Ingegneri speciali dei vari paesi con la collaborazione di numerosi stabilimenti industriali. **VOLUME I. Elementi di macchine e gli utensili più usuali per la lavorazione del legno e del metallo,** in 16, di p. VIII-403, con 823 inc. e una *Prefazione* dell'Ing. Prof. G. COLOMBO. . 6 50
I volumi II. e seguenti sono in preparazione e comprenderanno le seguenti materie:
II. Impianti elettrici e trasmissioni di forze elettriche; macchine ed apparecchi elettrici, con un appendice ferrovie elettriche. — III. Caldaie e macchine a vapore. — IV. Macchine idrauliche (turbine, ruote ad acqua, pompe a stantuffo e centrifughe. — V. Elevatori e trasportatori. — VI. Utensile e macchine utensili. — VII. Ferrovie e costruzione di macchine ferroviarie. — VIII. Costruzioni in ferro e ponti. — IX. Metal-

lurgia. — X Forme architettoniche. — XI. Costruzioni navali. — XII. Industrie tessili.

Vocabolario tipografico, di S. LANDI (In lavoro).

Volapük (Dizionario italiano-volapük), preceduto dalle Nozioni compendiose di grammatica della lingua di C. MATTEI, secondo i principî dell' inventore M. SCHLEYER, ed a norma del *Dizionario Volapuk* ad uso dei francesi, di KERCKHOFFLS, di pag. xxx-198 . **2 50**

Volapük (Dizion. volapük-ital.), di C. MATTEI, p. xx-204 **2 50**

Volapük, Manuale di conversazione e raccolta di vocaboli e dialoghi italiani-volapük, per cura di M. ROSA, TOMMASI e A. ZAMBELLI, di pag. 152 . . . . . . **2 50**

Volatili — *vedi* Animali da cortile - Colombi - Pollicoltura

Vulcanismo, di L. GATTA, di pag. VIII-268 e 28 inc. . **1 50**

Zecche — *vedi* Terminologia monetaria.

Zolfo (Le miniere di), di G. CAGNI, di pag. XII-275, con 34 inc. e 10 tabelle . . . . **3 —**

Zoologia, di E. H. GIGLIOLI e CAVANNA G.
    I. Invertebrati, di pag. 200, con 45 figure . . **1 50**
    II. Vertebrati, Parte I, Generalità, Ittiopsidi (Pesci ed Anfibi), di pag. XVI-156, con 33 inc. . . **1 50**
    III. Vertebrati. Parte II, Sauropsidi, Teriopsidi (Rettili, Uccelli e Mammiferi), di pag. XVI-200, 22 inc. **1 50**

Zoonosi di B. GALLI VALERIO, di pag. XV-227. . . . **1 50**

Zootecnia, di G. TAMPELINI, 2ª ediz. interamente rifatta di pag. XVI-444 con 179 inc. e 12 tavole **5 50**
  — *vedi* Araldica Zootecnica - Bestiame - Razze bovine.

Zucchero e alcool nei loro rapporti agricoli, fisiolog. e sociali, di S. LAURETI. Di pag. XVI-426 . . . . . **4 50**

Zucchero (Industria dello):
    I. *Coltivazione della barbabietola da zucchero,* di B. R. DEBARBIERI, di pag. XVI-220, con 12 inc. . **2 50**
    II. *Commercio, importanza economica e legislazione doganale,* di L. FONTANA-RUSSO, di pag. XII-244 **2 50**
    III. *Fabbricazione dello zucchero di barbabietola,* di A. TACCANI, di pag. XII-228, con 71 inc. . . . **3 50**
— *vedi* Barbabietola.

INDICE ALFABETICO PER AUTORI